Lubia R... 6.7.08

W9-BNM-793

Webster's Diccionario de Sinónimos y Antónimos en Inglés

Webster's Diccionario de Sinónimos y Antónimos en Inglés

Creado en Colaboración con los Editores de Merriam-Webster

A Division of Merriam-Webster, Incorporated
Springfield, Massachusetts

Copyright © by Merriam-Webster, Incorporated

Federal Street Press es una marca registrada de Federal Street Press, una división de Merriam-Webster, Incorporated.

Reservados todos los derechos. Queda rigurosamente prohibida sin la autorización escrita del titular de los derechos de reproducción antedichos ©, la reproducción de esta obra por cualquier modo – gráfico, electrónico, o mecánico – comprendidos la fotocopia, la grabación magnetofónica y los sistemas de procesamiento informático.

Esta edición 2008 publicada por

Federal Street Press
Una división de Merriam-Webster, Incorporated
P.O. Box 281
Springfield, MA 01102

ISBN 13 978-1-59695-044-3

ISBN 10 1-59695-044-7

Hecho en Los Estados Unidos de América

08 09 10 11 12 5 4 3 2 1

Índice

Prefacio

Este libro es una guía concisa al uso de sinónimos ingleses, y es diseñado para estudiantes a nivel intermedio y avanzado que desean identificar las palabras correctas y precisas para usar en su escritura en el idioma inglés.

El libro brinda al lector una máxima facilidad de uso. Cada entrada que trata de un juego de sinónimos comienza por una breve definición general que presenta el significado compartido por cada uno de los sinónimos en la entrada. Esta definición es seguida por un tratamiento dedicado a cada sinónimo individual, en el cual se precisan los diferentes modos en los que el sinónimo en cuestión difiere de los otros que aparecen en la lista. Cada tratamiento de un sinónimo individual incluye por lo menos un ejemplo, presentado entre corchetes angulares (< >), del lema tal y como se usa en un contexto idiomático realista.

Cuando una palabra es tratada en dos o más entradas diferentes, una remisión directa aparece para dirigir al lector hacia las entradas relevantes. Cuando una de estas palabras representa más de una categoría gramatical (nombre, verbo, adjetivo o adverbio), un calificativo en cursiva *(n, vb, adj, adv)* aparece junto a la entrada principal (en negrita). Como ejemplo, a continuación aparecen las entradas correspondientes a *abandon*:

Abandon *vb* **1. Abandon, desert, forsake, leave** significan dejar, renunciar por completo.

• **Abandon** puede indicar una indiferencia total hacia el porvenir de lo que se renuncia o se deja <new research led him to *abandon* his theory>.

• **Desert** connota una relación . . . .

2. V. RELINQUISH.

Abandon *n* V. SPONTANEITY.

La primera entrada trata un sentido del verbo *abandon,* y remite al lector a otra entrada que trata un sentido ligeramente diferente. (La remisión a veces dirigirá al lector a una entrada que trata todo un juego de los sinónimos del lema, pero sin tratar el lema en sí.) La segunda entrada indica al lector que, para encontrar el tratamiento del sustantivo *abandon,* tendrá que dirigirse a la entrada que corresponde a *spontaneity.*

Al final de algunas de las sub-entradas para los sinónimos, puede haber uno o más *antónimos*—palabras que representan el significado opuesto—precedido del calificativo ***ant.*** Ya que la mayoría de las palabras carecen de antónimos genuinos, la mayor parte de los sinónimos presentados no vienen acompañados de un antónimo. Aún en entradas en las que sí aparece un antónimo, éstos son reducidos al mínimo, y una palabra que podría servir de antónimo a todos los sinónimos en una entrada dada aparece una vez solamente. Por consiguiente, si el lector desea saber más en cuanto a los antónimos de un lema dado, se le recomienda examinar todos aquéllos que aparecen en la entrada completa, y luego buscar sus definiciones en un diccionario.

El índice en la parte trasera de este libro puede consultarse cuando se desea encontrar un juego de sinónimos ingleses para una palabra en español.

A

Abandon *vb* **1. Abandon, desert, forsake, leave** significan dejar, renunciar por completo.

• **Abandon** puede indicar una indiferencia total hacia el porvenir de lo que se renuncia o se deja <new research led him to *abandon* his theory>.

• **Desert** connota una relación (por ejemplo, de ocupación o de custodia); puede indicar desolación <*deserted* farms growing up to brush> o culpabilidad <several soldiers had *deserted* their posts>. ***ant*** stick to

• **Forsake** indica la ruptura de una asociación estrecha a causa de un rechazo o una renuncia <wouldn't *forsake* her beliefs>. ***ant*** return to

• **Leave** connota el finalizar una asociación y suele ser emocionalmente neutral <*left* his wife>.

2. V. RELINQUISH.

Abandon *n* V. SPONTANEITY.

Abase, demean, debase, degrade, humble, humiliate, lower significan reducir la dignidad, categoría o clase.

• **Abase** indica perder o ceder de forma voluntaria, la dignidad o el prestigio <willing to *abase* himself to win her back>.

• **Demean** indica que una falta de conducta o una asociación inapropiada es la causa de la pérdida de categoría <as a former professor, he felt *demeaned* by his job as a store clerk>.

• **Debase** pone énfasis en la pérdida de valor o de calidad <extreme inflation quickly *debased* the currency> y particularmente en el deterioro de normas morales <she told them they were *debasing* themselves by associating with criminals>.

• **Degrade** connota un paso hacia abajo, una reducción en grado o categoría, o con más frecuencia, en estatura ética, y suele indicar la presencia de fines vergonzosos o corruptos <many thought the shouting match had *degraded* both candidates>. ***ant*** uplift

• **Humble** suele usarse en lugar de *degrade* cuando se desea poner énfasis en la deshonra causada por la reducción de categoría <an upset victory that *humbled* the champion team>.

• **Humiliate** indica herir gravemente el orgullo y causar profunda vergüenza <*humiliated* by his suggestive remarks>.

• **Lower** indica un deterioro en el carácter moral <won't *lower* myself to that level>. ***ant*** elevate

Abash V. EMBARRASS.

Abate 1. Abate, subside, wane, ebb, moderate, weaken significan amainar, disminuir en fuerza o intensidad.

• **Abate** pone énfasis en una disminución gradual <waited until the storm *abated*>. ***ant*** rise, revive

• **Subside** indica un rebajamiento considerable, una disminución en el grado de turbulencia <the protests *subsided* after a few days>.

• **Wane** agrega a *abate* la acción de menguar, de irse debilitando o desvaneciendo <a *waning* moon> y suele aplicarse a algo intenso o impresionante <the public's *waning* interest in spaceflight>. ***ant*** wax

• **Ebb** indica una mengua progresiva, particularmente de algo que comúnmente va y viene <confidence in the police had *ebbed*>. ***ant*** flow (*la marea,* etc.)

• **Moderate** connota reducir a un estado normal <the sun *moderated* the chill>.

• **Weaken** significa perder fuerza o efectividad <his grip *weakened*>. ***ant*** strengthen

2. v. DECREASE.

Abbey v. CLOISTER.

Abbreviate v. SHORTEN.

Abdicate 1. Abdicate, renounce, resign, relinquish quieren decir renunciar formalmente o de forma definitiva.

• **Abdicate** indica la renuncia al poder soberano <the king was forced to *abdicate*> o también puede indicar la evasión de responsabilidad, como en el caso de un padre de familia <claimed they had *abdicated* their responsibilities>. ***ant*** assume, usurp

• **Renounce** puede usarse cuando se desea poner énfasis en el sacrificio realizado, particularmente cuando éste es motivado por fines morales <surprised everyone by *renouncing* the presidency>.

• **Resign** se aplica sobre todo a la renuncia de un puesto o responsabilidad cuyo plazo no ha expirado <forced to *resign* from office>.

• **Relinquish** puede connotar cierto arrepentimiento o debilidad <*relinquished* her crown>. ***ant*** keep

2. v. ABJURE.

Aberrant v. ABNORMAL.

Abet v. INCITE.

Abhor v. HATE.

Abhorrent 1. v. HATEFUL. **2.** v. REPUGNANT.

Abide 1. v. BEAR. **2.** v. CONTINUE.

Ability v. POWER.

Abjure 1. Abjure, renounce, recant, retract, repudiate significan retractarse uno de su palabra o creencia.

• **Abjure** supone un rechazo o abandono formal y definitivo, a veces bajo juramento <new citizens must *abjure* allegiance to any foreign country>. ***ant*** pledge *(una lealtad,* etc.), elect *(un estilo de vida,* etc.)

• **Renounce** suele ser igual a *abjure* pero puede llevar el significado de *disclaim* o *disown* <*renounced* his lifelong friends>.

• **Recant** hace énfasis en la retractación o la negación de algo que se ha profesado o enseñado <a year later he *recanted* his confession>.

• **Retract** se aplica a la retractación de una oferta, una promesa o de una acusación <the threat of a lawsuit led the newspaper to *retract* the statement>.

• **Repudiate** indica una negación o rechazo decisivo <*repudiated* her religious beliefs>. ***ant*** adopt

2. v. ABDICATE.

Able 1. Able, capable, competent, qualified, proficient significan tener capacidad o idoneidad para trabajar.

• **Able** indica una capacidad superior a la media, según se ha demostrado en la ejecución de un trabajo <an *able* Shakespearean actress>. ***ant*** inept, unable

• **Capable** indica que uno posee las cualidades necesarias para realizar un trabajo determinado, pero sin connotar una capacidad sobresaliente <they were all *capable* of excellent work>. ***ant*** incapable

• **Competent** y **qualified** connotan la experiencia o capacitación necesarias para el desempeño adecuado de una acción <a leap that any *competent* ballet dancer can execute> <seek help from a *qualified* medical professional>. ***ant*** incompetent, unqualified

• **Proficient** implica tener una competencia completa derivada del entrenamiento y de la práctica <she was *proficient* in French>. ***ant*** incompetent

2. v. PROFICIENT.

Abnormal 1. Abnormal, atypical, aberrant, unusual, eccentric, odd indican un alejamiento considerable de las normas o pautas de su género.

• **Abnormal** suele indicar rareza, y a veces deformidad o monstruosidad <a psychological study of *abnormal* personalities>. ***ant*** normal

• **Atypical** subraya la divergencia, sea hacia arriba o hacia abajo, de una norma establecida <an *atypical* reaction to the drug>. ***ant*** typical, representative

• **Aberrant** indica una desviación del modelo normal o natural <alarmed by his *aberrant* behavior>.

• **Unusual** es una palabra neutral que significa simplemente poco común <an *unusual* sighting of a white tiger>. ***ant*** usual, common

• **Eccentric** implica una desviación de manera errática o caprichosa, especialmente en comportamiento <her *eccentric* aunt>.

• **Odd** suele connotar una peculiaridad inofensiva <his *odd* little habits>.

2. v. STRANGE.

Abolish, annihilate, extinguish, destroy, eradicate, eliminate significan hacer inexistente.

• **Abolish** suele indicar poner fin a cosas que son fruto de la ley, las costumbres y las condiciones de existencia <hoped to *abolish* the entire department>. ***ant*** establish, institute

• **Annihilate** indica la destrucción completa y total de algo, sea material o inmaterial <whole cities *annihilated* by the bombing>.

• **Extinguish** generalmente connota un final o una terminación total, pero gradual (como en la acción de sofocar, ahogar o estrangular) <the religion was almost *extinguished* by the government's harsh repression>.

• **Destroy** generalmente significa arruinar por violencia <the armies were crippled but not *destroyed*>.

• **Eradicate** connota eliminar completamente algo que se ha establecido como si tuviese raíces fuertes <programs to *eradicate* illiteracy>.

• **Eliminate** connota extracción o erradicación que aplica especialmente a conceptos y condiciones <the need to *eliminate* poverty>.

Abominable v. HATEFUL.

Abomination, anathema, horror, plague quieren decir una persona o cosa que despierta una intensa antipatía o aversión.

• **Abomination** indica el despertar de fuertes sentimientos de aversión, asco y desagrado <in her opinion, all recent art is an *abomination*>.
• **Anathema** indica que algo es tan odioso que se desecha o rechaza sin reparo ni consideración <talk about raising taxes is *anathema* to the conservatives>.
• **Horror** connota algo que inspira miedo, temor o aversión dolorosa <the *horror* of war>.
• **Plague** implica algo que aparece o que se propaga como una enfermedad o pestilencia <a *plague* of bank robberies in the area>.

Aboriginal V. NATIVE.
Abortive V. FUTILE.
Abound V. TEEM.
Aboveboard V. STRAIGHTFORWARD.
Abridge V. SHORTEN.
Abridgment 1. Abridgment, abstract, synopsis, digest, summary, brief significan un tratado condensado.

• **Abridgment** indica una disminución de amplitud, reteniendo aún una relativa completitud o integridad <an *abridgment* of a dictionary>. ***ant*** expansion
• **Abstract** se aplica a un sumario de puntos (de un estudio, documento, tratado, etc.) <published short *abstracts* of medical articles>.
• **Synopsis** indica un esquema de las nociones fundamentales de un artículo o relato para facilitar una revisión breve <a *synopsis* of the opera>.
• **Digest** connota una versión escrita que es más larga que un resumen o sinopsis pero más corta que un compendio <a *digest* of the laws>.
• **Summary** es un término general usado para las versiones orales y escritas acortadas <a *summary* of the story>.
• **Brief** generalmente aplica a un resumen de los hechos que un abogado prepara para un caso judicial <he presented his *brief* in a pretrial meeting>.

2. V. COMPENDIUM.
Abrogate V. NULLIFY.
Abrupt 1. V. PRECIPITATE. **2.** V. STEEP.
Absentminded V. FORGETFUL.
Absolute, autocratic, arbitrary, despotic, tyrannical, dictatorial significan el ejercicio, sin límites ni restricciones, del poder o autoridad.

• **Absolute** indica que uno se encuentra libre de restricción legal alguna o del control de otros <Louis XIV was an *absolute* monarch>.
• **Autocratic** connota el uso egocéntrico del poder o la arrogante imposición de la voluntad de una persona sobre los demás <the orchestra's *autocratic* conductor>.
• **Arbitrary** indica el ejercicio, y con frecuencia el abuso, del poder conforme al capricho o a la inclinación momentánea que se tenga <her *arbitrary* decisions enraged the rest of the council>. ***ant*** legitimate
• **Despotic** indica el ejercicio arbitrario e imperioso de poder o control absoluto <the most *despotic* of the Roman emperors>.

• **Tyrannical** indica el abuso del poder absoluto y un dominio severo y opresivo <a new regime as *tyrannical* as the one it had deposed>.

• **Dictatorial** enfatiza los métodos autocráticos y despóticos, y una conducta dominante <exercised *dictatorial* control over the provincial government>.

2. V. OUTRIGHT.

Absolution V. PARDON.

Absolve V. EXCULPATE.

Absorb, imbibe, assimilate, ingest, soak up significan embeber, incorporar algo dentro de uno mismo, imbuyéndose de ello.

• **Absorb** connota a menudo cierta pérdida de identidad por parte de lo que se incorpora o un enriquecimiento por parte de aquél que lo incorpora <the lotion is *absorbed* quickly by the skin>. ***ant*** dissipate *(tiempo, energías,* etc.)

• **Imbibe** indica embeber o empaparse de algo y puede también dar a entender una absorción inconsciente cuyo efecto puede ser significativo o profundo <children *imbibe* the values of their parents>. ***ant*** ooze, exude

• **Assimilate** pone énfasis en la incorporación dentro de la sustancia del cuerpo o de la mente <had to *assimilate* a mass of data in a brief time>.

• **Ingest** connota el tomar o tragar como para la digestión y a veces se usa figuradamente <she could *ingest* large amounts of information quickly>.

• **Soak up** connota la admisión por succión o absorción <lay on the grass *soaking up* the sunshine>.

Abstain V. REFRAIN.

Abstinence V. TEMPERANCE.

Abstinent V. SOBER.

Abstract *n* V. ABRIDGMENT.

Abstract *adj* V. THEORETICAL.

Abundant V. PLENTIFUL.

Abuse, vituperation, invective significan reprobación o crítica expresada con vehemencia.

• **Abuse** indica ira por parte del que habla y pone énfasis en la severidad del lenguaje usado <she had endured her husband's verbal *abuse* for years>. ***ant*** adulation

• **Vituperation** indica un sostenido flujo de abuso <his latest book was greeted with *vituperation* from the critics>. ***ant*** acclaim, praise

• **Invective** indica una vehemencia comparable pero connota una mayor destreza verbal y retórica, y puede aplicarse a una denuncia pública <a politician known for his harsh *invective*>.

Abutting V. ADJACENT.

Abysmal V. DEEP 2.

Academic 1. V. PEDANTIC. **2.** V. THEORETICAL.

Accede V. ASSENT.

Accept 1. V. ADOPT. **2.** V. RECEIVE.

Accepted V. PREVAILING.

Access 1. V. ADMITTANCE.

Accident V. CHANCE *n.*
Accidental 1. Accidental, fortuitous, casual, random, unplanned significan que sucede por casualidad.

- **Accidental** subraya el azar o la ocurrencia imprevista <claimed the error had been deliberate rather than *accidental*>. ***ant*** planned
- **Fortuitous** indica el azar de manera tan fuerte que a veces connota la ausencia total de una causa <believes that life is more than a series of *fortuitous* events>. ***ant*** deliberate
- **Casual** pone énfasis en la falta de intención o premeditación real o aparente <a *casual* encounter on the street>.
- **Random** enfatiza la falta de un plan, propósito o patrón definitivo <reading *random* passages from the book>.
- **Unplanned** implica el dejar inciertas las partes o los detalles de algo <an *unplanned* vacation>. ***ant*** planned

2. V. RANDOM.
Accolade V. ENCOMIUM.
Accommodate 1. V. ADAPT. **2.** V. OBLIGE. **3.** V. CONTAIN. **4.**V. HARBOR.
Accompany, attend, escort, conduct, chaperone significan ir junto con algo o alguien.

- **Accompany** cuando se refiere a personas, indica por lo general la igualdad de categoría o condición <*accompanied* his wife to the theater>.
- **Attend** connota la atención con el fin de servir, normalmente como un subordinado <a group of aides *attending* the President>.
- **Escort** añade a *accompany* nociones de protección, ceremonia o cortesía <police on motorcycles *escorted* the royal visitors into the city>.
- **Conduct** enfatiza el acto de dirigir o guiar <*conducting* tourists through the museum>.
- **Chaperone** generalmente implica una persona mayor que acompaña a las personas jóvenes para asegurar un comportamiento apropiado <*chaperoning* teenagers at the dance>.

Accomplice V. PARTNER.
Accomplish 1. V. REACH. **2.** V. PERFORM.
Accomplishment, attainment significan capacidad o poder que se gana mediante la lucha o el esfuerzo.

- **Accomplishment** indica una capacidad socialmente útil <mastering a foreign language is a major *accomplishment*>.
- **Attainment** indica un logro distinguido (en las artes o las ciencias) y connota talentos plenamente desarrollados <honored for her many *attainments*>.

Accord *vb* V. AGREE 3.
Accord *n* V. HARMONY.
Accordingly V. THEREFORE.
Accountable V. RESPONSIBLE.
Accredit V. APPROVE.
Accuracy 1. V. PRECISION. **2.** V. TRUTH.
Accurate V. CORRECT *adj.*
Accuse 1. Accuse, charge, indict, impeach, blame significan declarar a una persona culpable de una falta u ofensa.

- **Accuse** indica una declaración directa y personal <*accused* him of lying>. ***ant*** exculpate, acquit

• **Charge** suele indicar la declaración formal de una ofensa grave <an athlete *charged* with taking illegal drugs before the race>. ***ant*** absolve, acquit

• **Indict** se usa normalmente en contextos legales y connota una consideración formal de la evidencia antes de un proceso o juicio <*indicted* by a grand jury>.

• **Impeach** se refiere técnicamente a un cargo formal, contra un funcionario público, de mala conducta en el ejercicio de su mandato <attempted to have the judge *impeached*>.

• **Blame** se usa frecuentemente en casos de error o mala conducta, pero menos frecuente para ofensas más serias <they *blame* me for everything>.

2. V. CRITICIZE.

Accustomed V. USUAL.

Acerbic V. SARCASTIC.

Acerbity V. ACRIMONY.

Ache V. LONG.

Achieve 1. V. PERFORM. **2.** V. REACH *vb.*

Achievement V. FEAT.

Acknowledge, admit, avow, confess, concede significan reconocer y revelar algo contra la voluntad o inclinación propia.

• **Acknowledge** connota la revelación de algo que se ha ocultado o que podría haberse ocultado <*acknowledged* that there was some truth in the claims>. ***ant*** deny

• **Admit** subraya la desgana con la que se revela, da o concede algo, y por lo general se refiere más a los hechos que a sus consecuencias <*admitted* that the project had cost too much>. ***ant*** disclaim, deny

• **Avow** indica atreverse a declarar manifiestamente lo que se supondría uno callar <*avowed* her innocence>. ***ant*** disavow

• **Confess** puede aplicarse a una admisión de flaqueza o debilidad, de fracaso, omisión o culpa <*confessed* that she had always loved sweets>. ***ant*** renounce *(las creencias o los principios de uno)*

• **Concede** implica admitir que un oponente en una discusión está correcto <he was unwilling to *concede* that the economy wasn't improving>. ***ant*** dispute

Acid V. CAUSTIC.

Acquaint V. INFORM.

Acquiesce V. ASSENT.

Acquire V. GET.

Acquisitive V. COVETOUS.

Acquit V. EXCULPATE.

Acrid V. CAUSTIC.

Acrimony 1. Acrimony, acerbity significan mal carácter o un lenguaje caracterizado por la irritabilidad, la ira o el rencor.

• **Acrimony** connota sentimientos de amargura y un punzante ataque verbal <the *acrimony* of the campaign was unusual>.

• **Acerbity** indica un tono agrio así como amargo, y se aplica sobre todo al humor o carácter <his letters are filled with *acerbity*>.

2. V. MALICE.

3. V. ANGER.

Act *n* v. LAW.
Act *vb* v. SEEM.
Action v. BATTLE.
Activate v. VITALIZE.
Actual v. REAL.
Actuality v. TRUTH.
Acumen v. DISCERNMENT.
Acute 1. Acute, critical, crucial significan lleno de incertidumbre en cuanto a resultado.

• **Acute** pone énfasis en la intensificación de condiciones que llevan a la cumbre o al límite <the housing shortage is becoming *acute*>.

• **Critical** añade a *acute* la connotación de cambio inminente, de suspenso y de firmeza en el resultado <the war has entered a *critical* phase>.

• **Crucial** indica la separación de caminos, y suele connotar una prueba o dificultad que determinará el rumbo a seguir <for the campaign, the final weeks will be *crucial*>.

2. v. SHARP.
Adamant v. INFLEXIBLE.
Adapt, adjust, accommodate, conform, reconcile, compromise significan entrar una cosa en correspondencia con otra.

• **Adapt** connota facilidad de modificación a circunstancias mudables <they had quickly *adapted* to the warmer climate>.

• **Adjust** indica poner en armonía o en una correspondencia tan estrecha como la que existe entre dos piezas de un mecanismo, normalmente mediante el tacto o el ingenio <*adjusted* the figures to allow for inflation>.

• **Accommodate** puede connotar el hacer una concesión o llegar a un arreglo con el fin de lograr una correspondencia <altered his theory to *accommodate* these new facts>.

• **Conform** se usa para indicar una puesta en armonía o una concordancia con una pauta, un ejemplo o un principio <she refused to *conform* to local ideas about how women should behave>.

• **Reconcile** indica demostrar la coherencia o congruencia subyacente entre cosas que parecen ser incompatibles <tried to *reconcile* these two accounts of what had happened>.

• **Compromise** indica que dos o más lados renuncian a algunas demandas para poder llegar a un acuerdo <the two parties were unwilling to *compromise*>.

Adaptable 1. v. PLIABLE. **2.** v. VERSATILE.
Adduce v. CITE.
Adept 1. v. PROFICIENT. **2.** v. DEXTEROUS.
Adequate v. SUFFICIENT.
Adhere v. STICK.
Adherence, adhesion, fidelity significan pegarse una cosa a otra.

• **Adherence** indica un apego mental o moral <the party's *adherence* to its traditions>. ***ant*** nonadherence

• **Adhesion** connota una conexión o un acoplamiento físico <the *adhesion* of paint to a surface>.

• **Fidelity** implica una lealtad estricta y continua a una persona, organización o deber <her *fidelity* to her husband>. ***ant*** infidelity

Adherent V. FOLLOWER.

Adhesion V. ADHERENCE.

Adjacent, adjoining, contiguous, abutting, tangent, juxtaposed, bordering significan estar muy próxima una cosa de otra.

• **Adjacent** puede o no indicar el contacto entre dos cosas, pero en todos los casos indica la ausencia de algo del mismo género entre ellas <there was a large park *adjacent* to their property>. ***ant*** nonadjacent

• **Adjoining** indica de manera definitiva que, en algún punto o línea, una cosa toca con otra <they asked for *adjoining* rooms at the hotel>. ***ant*** detached

• **Contiguous** indica que una cosa toca con otra de un lado o en la mayor parte de éste <48 of the 50 states in the U.S. are *contiguous*>.

• **Abutting** subraya que el borde de una cosa toca con otra a lo largo de una línea de contacto <land *abutting* on the road>.

• **Tangent** indica contacto en un solo punto <a line *tangent* to a curve>.

• **Juxtaposed** quiere decir puestos el uno junto al otro, para posibilitar, por lo general, la comparación o el contraste <Renaissance masterpieces *juxtaposed* with works by Andy Warhol>.

• **Bordering** aplica a un área en o justo dentro de una línea fronteriza <the *bordering* region was a desert>.

Adjoining V. ADJACENT.

Adjourn, dissolve, recess significan terminar las actividades de (una asamblea legislativa, una reunión, etc.).

• **Adjourn** connota una suspensión, sea por un plazo determinado o un tiempo indefinido <the chairman *adjourned* the meeting at 4:00>. ***ant*** convene, convoke

• **Dissolve** connota una condición de permanencia, e indica que un cuerpo deja de existir tal y como es en la actualidad, lo que crea la necesidad de celebrar elecciones para reconstituirlo <the committee was *dissolved* at the end of the year>.

• **Recess** enfatiza una interrupción o suspensión temporal, frecuentemente para una vacación o pausa corta <the court will *recess* at noon for lunch>.

Adjust 1. V. ADAPT. **2.** V. CORRECT *vb.*

Ad-lib V. EXTEMPORANEOUS.

Administer V. CONDUCT.

Admire V. REGARD.

Admission V. ADMITTANCE.

Admit 1. V. ACKNOWLEDGE. **2.** V. RECEIVE.

Admittance, admission, access, entry significan una entrada permitida.

• **Admittance** por lo general se aplica al mero hecho de entrar físicamente a una localidad o a un edificio <she was denied *admittance* because she wasn't a member of the club>.

• **Admission** se aplica a la entrada o a la aceptación formal (a un club o asociación) que lleva consigo ciertos derechos, privilegios, posición de miembro o membresía <the *admission* fee is $25>.

• **Access** se refiere a la libertad o habilidad para acercarse o llegar a algo o a alguien <she had *access* to the secret files>.

• **Entry** connota el derecho o privilegio de entrar <managed to gain *entry* to the hall>.

Admixture V. MIXTURE.

Admonish V. REPROVE.

Ado V. STIR.

Adopt, embrace, espouse, accept significan tomar para sí una opinión, política o práctica ajena.

• **Adopt** indica la aceptación de algo creado por otra persona o que es ajeno a la naturaleza de uno <forced to *adopt* new methods>. ***ant*** repudiate, discard

• **Embrace** indica una pronta y feliz aceptación <eagerly *embraced* the customs of their new country>. ***ant*** spurn

• **Espouse** añade un matiz de estrecho apego a una causa así como una participación en su destino <spent her life *espousing* equal rights for women>. ***ant*** reject

• **Accept** significa acceder, pero no necesariamente con entusiasmo <*accept* an offer>. ***ant*** reject, turn down

Adorable V. SWEET.

Adore V. REVERE.

Adorn, decorate, ornament, embellish, beautify, deck, bedeck, garnish, grace, enhance significan mejorar la apariencia de una cosa al añadir algo no esencial.

• **Adorn** indica un mejoramiento por algo bello en sí <*adorned* the rooms with paintings and sculptures>.

• **Decorate** connota la adición de color o de interés a algo aburrido o monótono <*decorating* the birthday cake>.

• **Ornament** indica la adición de algo sobrante para realzar o contrastar el original <her gown was richly *ornamented* with tiny jewels>.

• **Embellish** suele subrayar la adición de un elemento superfluo o adventicio <the emperor *embellished* the city with parks and monuments>.

• **Beautify** connota una contrarrestación de la llaneza o de la fealdad <will *beautify* the park with flower beds>.

• **Deck** y **bedeck** indican la adición de algo que contribuye a la alegría, esplendor o atractivo <a house *decked* out for Christmas> <his uniform was *bedecked* with medals>.

• **Garnish** indica decorar con un ligero toque final, y se usa generalmente en referencia a la forma de servir los alimentos <the soup was *garnished* with parsley>.

• **Grace** implica añadir belleza en lugar de mero color, interés u ornamento <elaborate fountains and marble statues *grace* the courtyard>.

• **Enhance** implica una mejoría en valor, calidad o deseabilidad <*enhancing* her skin's natural glow>.

Adroit 1. V. CLEVER. **2.** V. DEXTEROUS.

Adult V. MATURE.

Adulterate V. CONTAMINATE.

Advance 1. Advance, promote, further significan ayudar (a alguien o algo) a seguir adelante.

• **Advance** indica ayuda eficaz en la acelaración de un proyecto o el logro de un fin deseado <a visit intended to *advance* the cause of peace>. ***ant*** retard, check

• **Promote** indica un estímulo o fomento manifiesto <a company trying to *promote* better health among employees>, y puede denotar un aumento en categoría o condición <all the students were *promoted* to third grade>. ***ant*** demote, downgrade

• **Further** indica la eliminación de obstáculos en el camino del avance deseado <used the marriage to *further* his career>. ***ant*** hinder, retard, impede, hamper

2. V. HELP.

Advantageous V. BENEFICIAL.

Advent V. ARRIVAL.

Adventurous 1. Adventurous, venturesome, daring, daredevil, rash, reckless, foolhardy, brash, audacious significan exponerse al peligro en un grado mayor a lo que el buen sentido sugeriría.

• **Adventurous** da a a entender una disposición a aceptar riesgos pero sin ser necesariamente imprudente <*adventurous* pioneers>. ***ant*** unadventurous, cautious

• **Venturesome** connota un animoso entusiasmo para las labores peligrosas <the most *venturesome* of the boys had almost drowned>.

• **Daring** realza la indicación de intrepidez o audacia en la búsqueda del peligro <a *daring* mountain climber>.

• **Daredevil** subraya la ostentación en el desafío <a show put on by *daredevil* motorcyclists>.

• **Rash** connota imprudencia, prisa y falta de reflexión previa <a *rash* decision that you'll regret later>. ***ant*** calculating, cautious

• **Reckless** indica una actitud irresponsable hacia las consecuencias probables <a *reckless* driver>. ***ant*** calculating, cautious, careful

• **Foolhardy** connota una irresponsabilidad que no concuerda con el buen sentido <only a *foolhardy* sailor would take his boat out in such a storm>. ***ant*** wary

• **Brash** frecuentemente connota descuido juvenil <he's *brash* but not actually rude>.

• **Audacious** implica intrépidamente atrevido y precipitadamente arriesgado <her most *audacious* film so far>.

2. V. BRAVE.

Adversary 1. V. OPPONENT. **2.** V. ENEMY.

Adverse, antagonistic, hostile, negative quieren decir opuesto hasta el punto de poder causar una interferencia dañina.

• **Adverse** se aplica a lo que es desfavorable, dañino o perjudicial <very sensitive to *adverse* criticism>. ***ant*** propitious

• **Antagonistic** suele indicar oposición mutua, así como hostilidad o incompatibilidad <the neighboring countries were *antagonistic* to the new nation>. ***ant*** favorable, friendly

• **Hostile** indica oposición activa y poco amistosa <regarded the blockade as a *hostile* act>. ***ant*** friendly

• **Negative** un término amplio, significa desfavorable en general y también podría expresar desagrado <the reviews were mostly *negative*>. ***ant*** positive

Adversity V. MISFORTUNE.

Advertise V. DECLARE.

Advice, counsel, tip, guidance significan una recomendación relacionada con una decisión o línea de conducta.

- **Advice** indica conocimiento o experiencia real o fingida, muchas veces profesional o técnica, por parte de uno que aconseja <a book of *advice* about starting a business>.
- **Counsel** suele subrayar el fruto de la sabiduría o de la deliberación y puede presuponer una ocasión de gran importancia, o una mayor autoridad o una mayor preocupación por parte de la persona que da el consejo <grateful for his best friend's *counsel*>.
- **Tip** connota un pequeño consejo o información experta útil <some household cleaning *tips*>.
- **Guidance** implica ayuda o dirección provista por un guía, frecuentemente consta de consejos a estudiantes con problemas vocacionales o educativos <couldn't have done it without her *guidance*>.

Advisable V. EXPEDIENT.

Advocate *vb* V. SUPPORT.

Affable V. GRACIOUS.

Affair 1. Affair, business, concern, matter, thing, case quieren decir, en términos generales, algo que se ha hecho o que está en vías de hacerse.

- **Affair** connota acción o función y puede indicar un procedimiento, una operación, un proceso, una tarea o una transacción <the press turned the *affair* into a huge story>.
- **Business** pone énfasis en el deber o el oficio e indica una tarea impuesta <attention to quality is everybody's *business*>.
- **Concern** connota una relación personal o directa con algo que ejerce un impacto sobre el bienestar, el éxito o los intereses de uno <it's no *concern* of yours>.
- **Matter** se refiere por lo general a algo que se está considerando o que está en vías de hacerse <the last *matter* on the agenda>.
- **Thing** suele usarse cuando se desea ser impreciso o vago <this *thing* wasn't going away>.
- **Case** implica una situación que requiere investigación o acción, frecuentemente acción legal <her disappearance is a *case* for the police>.

2. V. AMOUR.

Affect 1. Affect, influence, touch, impress, strike, sway significan producir o tener un efecto sobre algo o alguien.

- **Affect** indica la acción de un estímulo que puede producir una respuesta o reacción <his visit to the refugee camp *affected* him deeply>.
- **Influence** indica una fuerza que ocasiona un cambio (por ejemplo, en el carácter o el comportamiento) <our beliefs are *influenced* by our upbringing> <tax policy often *influences* the stock market>.
- **Touch** puede acarrear un vivo indicio de contacto directo, y puede asimismo connotar movimiento, excitación o daño <plants *touched* by frost> <her sorrow *touched* him deeply>.
- **Impress** pone énfasis en la profundidad y la persistencia del efecto <only one of the plans *impressed* him>.
- **Strike** puede dar la impresión de una percepción o apreciación aguda

y repentina <*struck* by the resemblance between father and son>.

• **Sway** indica la acción de influencias que no se resisten o que son irresistibles, y que causan un cambio en el carácter o en la línea de conducta <politicians are usually *swayed* by popular opinion>.

2. V. ASSUME.

Affectation V. POSE.

Affecting V. MOVING.

Affiliate V. JOIN.

Affiliated V. RELATED.

Affinity V. ATTRACTION.

Affirm V. ASSERT.

Affix V. FASTEN.

Afflict, try, torment, torture, rack, vex, plague significan imponer a una persona algo muy duro de llevar.

• **Afflict** se aplica a la causación de cualquier dolor o sufrimento, de una irritación aguda, de vergüenza o de cualquier tipo de aflicción <the endless troubles that have *afflicted* central Africa>. ***ant*** comfort

• **Try** connota la imposición de algo que agota las facultades de resistencia o del dominio de sí mismo <young children often *try* their parents' patience>.

• **Torment** connota persecución o la imposición repetida de sufrimiento o angustia <the horses are *tormented* by flies>.

• **Torture** indica dolor o sufrimiento inaguantable <*tortured* his captive by withholding food>.

• **Rack** indica una fuerza agotadora o desgarradora <a mind *racked* by guilt>.

• **Vex** implica causar problemas o angustia, pero raramente de tipo serio <*vexed* by the heat and the mosquitoes>.

• **Plague** enfatiza el atacar con algo que asemeja a una enfermedad o calamidad, generalmente dolorosamente y persistentemente <crime *plagues* the inner city>.

Affluent V. RICH.

Affront V. OFFEND.

Afraid V. FEARFUL.

Age *n* V. PERIOD.

Age *vb* V. MATURE *vb.*

Agent V. MEANS.

Aggravate 1. V. INTENSIFY. **2.** V. IRRITATE.

Aggregate V. SUM.

Aggression V. ATTACK *n* 1.

Aggressive, militant, assertive, self-assertive, pushy, forceful quieren decir enérgico e impertinente, sobre todo en la búsqueda de objetivos particulares.

• **Aggressive** indica una predisposición a dominar, a menudo sin respetar los derechos de los demás, o asimismo en la resuelta búsqueda de sus metas <a loud, *aggressive* lawyer>.

• **Militant** connota, no tanto la búsqueda de intereses egoístas, sino devoción a una causa, movimiento o principio <the years of *militant* feminism>.

• **Assertive** connota una osada confianza en sí mismo, tanto en la expresión como en la opinión <told her she should be more *assertive* at work>. ***ant*** retiring, acquiescent, submissive

• **Self-assertive** connota atrevimiento o una descarada confianza en sí mismo <*self-assertive* hospital patients may get better more quickly>. ***ant*** diffident, modest

• **Pushy** puede aplicarse a la ambición, la iniciativa o a la impertinencia o indiscreción pedante y grosera <a *pushy* real-estate agent>.

• **Forceful** implica efectividad por medio de la fuerza <a *forceful* argument>.

Agile, nimble, brisk, spry, deft, lithe significan actuar o moverse con facilidad y rapidez.

• **Agile** indica destreza y facilidad en la acción mental o física <*agile* at answering questions on a variety of issues>.

• **Nimble** subraya la ligereza y la rapidez de la acción o del pensamiento <a *nimble* tennis player>. ***ant*** awkward, clumsy

• **Brisk** connota vivacidad, animación o vigor en el movimiento, a veces con una connotación de prisa <took a *brisk* walk every morning>. ***ant*** sluggish, leisurely

• **Spry** pone énfasis en una agilidad y rapidez de acción que no se esperarían a causa de la edad o enfermedad <several *spry* tennis players in their 70s>. ***ant*** doddering, feeble

• **Deft** implica destreza y velocidad, generalmente en una tarea manual <a surgeon's *deft* hands>. ***ant*** clumsy, awkward, inept

• **Lithe** connota un movimiento con flexibilidad fácil y gracia <a *lithe* dancer>.

Agitate 1. V. DISQUIET. **2.** V. SHAKE. **3.** V. STIR *vb.*

Agony V. DISTRESS.

Agree 1. Agree, concur quieren decir entrar o estar, en armonía con respecto a una cuestión de opinión.

• **Agree** indica acuerdo completo, normalmente logrado con la discusión y el ajuste de diferencias <we all can *agree* on several points>. ***ant*** differ, disagree

• **Concur** tiende a dar a entender una cooperación, en el pensamiento o en la acción, hacia un fin dado, pero a veces no indica más que la aprobación (por ejemplo, de una decisión tomada por otras personas) <the committee members *concurred* with his decision>. ***ant*** contend

2. Agree, tally, square, conform, accord, comport, harmonize, correspond, jibe, dovetail significan ir o existir juntos sin conflicto o incongruencia.

• **Agree** se aplica a cualquier instancia precisa en la que una cosa va, existe o encaja con otra <the conclusion *agrees* with the evidence>. ***ant*** differ, disagree

• **Tally** indica una concordancia exacta entre dos relatos correctos e idénticos, no sólo en la conclusión general, sino también detalle por detalle <your story *tallies* with earlier accounts>.

• **Square** connota una concordancia precisa o matemáticamente exacta <unfortunately, these facts don't *square* with the theory>.

• **Conform** indica una semejanza fundamental en la forma, naturaleza, calidad esencial <forced to *conform* to local customs>. ***ant*** diverge

• **Accord** indica una aptitud o idoneidad perfecta en una relación o asociación (por ejemplo, en carácter, espíritu, calidad o tono) <the speaker's opinions apparently didn't *accord* with those of his listeners>. ***ant*** conflict

• **Comport**, como *accord,* pone énfasis en la idoneidad de una relación <acts that *comport* with ideals>.

• **Harmonize** subraya la combinación de cosas diferentes para formar un conjunto congruente o agradable <two very different countries trying to *harmonize* their interests>. ***ant*** clash, conflict

• **Correspond** pone énfasis en la manera en que elementos diferentes van bien el uno con el otro, se complementan o se responden entre sí <the items on the bill didn't *correspond* to the jobs that were actually done>.

• **Jibe** a veces puede tener una equivalencia exacta con *agree,* a veces con *harmonize* y a veces con *accord* <his actions didn't *jibe* with his words>.

• **Dovetail** connota el encaje en una manera lógica o hábil, como en la unión de madera hecha por un carpintero <our efforts *dovetail* nicely>.

3. v. ASSENT.

Agreeable **1.** v. PLEASANT. **2.** v. AMIABLE.

Agreement v. HARMONY.

Aid *vb* v. HELP.

Aid *n* v. ASSISTANT.

Aide v. ASSISTANT.

Ail v. TROUBLE.

Aim v. INTENTION.

Air *vb* v. EXPRESS.

Air *n* v. BEARING.

Airs v. POSE.

Akin **1.** v. SIMILAR. **2.** v. RELATED.

Alacrity v. HASTE.

Alarm *n* v. FEAR.

Alarm *vb* v. DISMAY.

Alarmed v. FEARFUL 1.

Alarming v. FEARFUL.

Alert **1.** v. INTELLIGENT. **2.** v. WATCHFUL.

Alibi v. APOLOGY.

Alien v. EXTRINSIC.

Alienate v. ESTRANGE.

Align v. LINE UP.

Alike v. SIMILAR.

Alive v. LIVING.

All v. WHOLE.

All-around v. VERSATILE.

Allay v. RELIEVE.

Allege v. CITE.

Allegiance v. FIDELITY.
Alleviate 1. v. RELIEVE. **2.** v. CURE.
Alliance, league, coalition, confederation, federation, partnership significan una asociación para favorecer los intereses comunes de sus miembros.

• **Alliance** se aplica a una asociación formada para el beneficio mutuo de sus miembros <an *alliance* between Russia and France>.

• **League** connota un pacto más formal, a menudo con una finalidad específica <the *League* of Nations> y puede usarse para dar a entender una asociación con fines malévolos <in *league* with the devil>.

• **Coalition** se aplica a una asociación provisional de grupos cuyos intereses con frecuencia son opuestos <formed a *coalition* government with two other parties>.

• **Confederation** se aplica a una unión de estados independientes bajo un gobierno central al que se le delega la facultad de conducir las relaciones exteriores comunes a cada uno <the Egyptian president had hoped to join all the Arab states together in a single *confederation*>.

• **Federation** indica cualquier unión bajo los términos de una liga o pacto, y en particular, un poder soberano formado por una unión de estados, el cual está dotado de un gobierno central así como de varios gobiernos al nivel estatal y local <the states of the U.S. are joined in a *federation* under a federal government>.

• **Partnership** implica el estado de ser socios en una empresa de negocios o en algo que asemeja a una <the *partnership* dissolved soon after their argument>.

Allied v. RELATED.
Allocate v. ALLOT.
Allot, assign, apportion, allocate, dole out, set aside significan dar como porción, parte o cantidad correspondiente o papel a desempeñar.

• **Allot** indica una distribución arbitraria, al azar, sin consideración alguna de imparcialidad o igualdad <each returning soldier was *alloted* a plot of land>.

• **Assign** subraya una repartición fija y autoritaria, pero sin señalar claramente una división equitativa <every employee has been *assigned* a parking space>.

• **Apportion** indica una división de acuerdo a algún principio de distribución igual o proporcional <profits are carefully *apportioned* among the directors according to their income>.

• **Allocate** connota una apropiación fija de dinero, propiedad, territorio o poderes a una persona o un grupo para un uso determinado <*allocated* $50,000 for park improvements>.

• **Dole out** frecuentemente implica la distribución de pequeñas porciones de algo que está en corto abasto <*doled out* what little food there was>.

• **Set aside** connota el estar ahorrado o reservado para algún propósito <*set aside* 15% of the revenues>.

Allotment v. RATION.
Allow v. LET.
Allowance v. RATION.

Allude v. REFER.
Allure v. ATTRACT.
Ally v. PARTNER.
Almost 1. v. NEARLY. **2.** v. VIRTUALLY.
Alone, solitary, lonely, lonesome, lone, forlorn, desolate, unique significan aislado de los demás.

• **Alone** connota el hecho objetivo de estar uno sin compañía, con una ligera noción de relación afectiva <he was actually happiest when he was *alone*>. ***ant*** accompanied

• **Solitary** puede indicar el aislamiento como un camino elegido <glorying in the calm of her *solitary* life> pero con más frecuencia evoca nociones de tristeza o pérdida <had led a *solitary* life since the death of his wife>.

• **Lonely** añade una noción de añoranza por la compañía de otros <feeling *lonely* on a Saturday night>.

• **Lonesome** acentúa la noción de tristeza y lo conmovedor de la separación <with no brothers or sisters, she was often *lonesome*>.

• **Lone** puede ocupar el lugar de *lonely* o *lonesome* pero por lo general tiene la misma objetividad que *alone* <a *lone* robin pecking at the lawn>.

• **Forlorn** subraya el abatimiento, la aflicción y la languidez como consecuencia de la separación de un ser querido o algo preciado <the *forlorn* sound of a distant bell through the night fog>.

• **Desolate** indica una pena inconsolable que acompaña el aislamiento causado por una pérdida, en particular de un ser querido <her brother's death left her *desolate*>.

• **Unique** enfatiza el ser el único de su clase <every snowflake is *unique*>, pero no necesariamente aplica a un objeto físico <his work experience was *unique*>.

Alter v. CHANGE.
Altercation v. QUARREL.
Alternate *vb* v. ROTATE.
Alternative v. CHOICE *n.*
Although v. THOUGH.
Altitude v. HEIGHT.
Amalgam v. MIXTURE.
Amalgamate v. MIX.
Amateur, dilettante, dabbler quieren decir una persona que sigue una actividad sin alcanzar un alto nivel de competencia o estatus profesional.

• **Amateur** suele aplicarse a uno que practica un arte sin llegar a dominar sus puntos fundamentales <a painting by an *amateur*>, y en el deporte puede connotar no tanto la falta de maestría como el rehusar cualquier remuneración directa <until recently, only *amateurs* could qualify for the Olympics>. ***ant*** expert, professional

• **Dilettante** puede aplicarse a una persona que se considera más amante de un arte que su diestro practicante, pero suele connotar un jugueteo elegante en las artes y la ausencia de un compromiso serio <a serious piano teacher with no patience for *dilettantes*>.

• **Dabbler** connota la carencia de propósito serio, cierta desgana en los hábitos de trabajo y falta de perseverancia <called him a *dabbler* who had never finished a single novel>.

Amaze V. SURPRISE 2.

Ambience V. ATMOSPHERE.

Ambiguity, equivocation, double entendre significan una expresión capaz de ser interpretada de más de una manera.

• **Ambiguity** normalmente se refiere al uso de una palabra o frase de tal manera que puede entenderse de una forma u otra <the *ambiguity* in the wording caused confusion>. ***ant*** lucidity, explicitness

• **Equivocation** deja entender que la ambigüedad es intencional y el propósito es de engañar <the official report on the Chernobyl accident was filled with *equivocations*>. ***ant*** explicitness

• **Double entendre** se refiere a una palabra o expresión que permite dos interpretaciones, de las cuales una suele cubrir una insinuación ingeniosa, indecorosa o atrevida <a bawdy farce filled with *double entendres*>.

Ambiguous 1. V. OBSCURE. **2.** V. DOUBTFUL.

Ambition, aspiration, pretension significan un fuerte deseo de avanzar o triunfar.

• **Ambition** se aplica al deseo de ascenso personal o promoción y puede connotar un deseo laudable al igual que uno desmedido <an intense *ambition* to make money>.

• **Aspiration** indica una lucha por alcanzar algo superior a uno mismo, y suele también indicar que la persona que libra esta lucha es, de esta forma, ennoblecida o elevada <her *aspiration* to become president someday>.

• **Pretension** connota un deseo ardiente de que se reconozcan los logros de uno, pero sin poseer realmente las aptitudes requeridas, lo que indica, por lo tanto, cierto atrevimiento o desatino <a magazine writer with literary *pretensions*>.

Ambivalence V. UNCERTAINTY.

Amble V. SAUNTER.

Ambush *vb* V. SURPRISE 1.

Ambush *n* V. ATTACK *n* 1.

Ameliorate V. IMPROVE.

Amend V. CORRECT.

Amiable 1. Amiable, good-natured, obliging, complaisant, genial, agreeable significan tener deseos de, o la predisposición a, complacer a los demás.

• **Amiable** indica poseer ciertas cualidades que hacen a uno agradable y fácil de tratar <she usually chatted a while with the *amiable* storekeeper>.

• **Good-natured** indica una jovial disposición a complacer a otros, a ser servicial, a veces al grado de permitir el abuso <their *good-natured* son was always willing to help>. ***ant*** contrary

• **Obliging** recalca una disposición a ser servicial o a adaptarse a los deseos de los demás <our *obliging* landlord granted the request>. ***ant*** disobliging, inconsiderate

• **Complaisant** suele indicar pasividad o una voluntad pusilánime de complacer a los demás o ganarse la aprobación de otros <too *complaisant* to protest the decision>. ***ant*** contrary, perverse

• **Genial** implica afabilidad, simpatía y amabilidad <a *genial* host>.
• **Agreeable** significa dispuesto a estar de acuerdo <an *agreeable* companion for the trip>.
2. V. AMICABLE.

Amicable 1. Amicable, neighborly, friendly, cordial, congenial significan demostrar buena voluntad y la ausencia de antagonismo.
• **Amicable** indica un estado de paz, así como un deseo, por parte de todos los interesados, de no discutir <maintained *amicable* relations even after the divorce>. ***ant*** antagonistic
• **Neighborly** indica una predisposición a tener buenas relaciones con otros dentro de una proximidad necesaria, y de ser, por principio, servicial y amable hacia ellos <inquired about her health out of *neighborly* concern>. ***ant*** unneighborly
• **Friendly** destaca la cordialidad y, con frecuencia, afecto o intimidad en las relaciones personales <his neighbor's *friendly* greeting every morning>. ***ant*** unfriendly, belligerent
• **Cordial** enfatiza cordialidad y sinceridad <our host's greeting was *cordial*>.
• **Congenial** connota una persona o cosa en acorde con la naturaleza, gustos o perspectiva de uno <a *congenial* group>.
2. V. AMIABLE.

Amnesty V. PARDON.

Amoral V. IMMORAL.

Amount V. SUM.

Amour, liaison, intrigue, affair significan una relación sexual ilícita.
• **Amour** subraya la pasión como fuerza motivadora, connotando a menudo la fugacidad <went from one *amour* to another>.
• **Liaison** indica duración, pero no necesariamente permanencia, de la relación <known for her *liaison* with a powerful senator>.
• **Intrigue** recalca el elemento de clandestinidad en la relación <he seemed to enjoy these complicated *intrigues*>.
• **Affair** es el término menos específico y connota algo equívoco más que algo definitivamente ilícito sobre la relación <had a series of *affairs* after his divorce>.

Ample 1. V. PLENTIFUL. **2.** V. SPACIOUS.

Amplify V. EXPAND.

Amulet V. FETISH.

Amuse, divert, entertain, regale, beguile significan pasar o hacer que pase el tiempo agradablemente.
• **Amuse** deja entender que la atención que se dirige es superficial o frívola <*amuse* yourselves while I prepare dinner>. ***ant*** bore
• **Divert** indica distraer la atención de la inquietud o el deber, particularmente mediante algo diferente o algo frívolo <tired businessmen looking for a comedy to *divert* them>.
• **Entertain** indica proveer diversión o entretenimiento con métodos especialmente preparados o ingeniosos <comedians and Hollywood stars *entertained* the troops>.
• **Regale** implica entretener magnificentemente <he *regaled* us with stories of his amazing adventures>.
• **Beguile** connota el uso de encantos, persuasión y decepción en el

curso del entretenimiento <*beguiled* by her seductive voice>.
Amusement V. FUN.
Amusing V. LAUGHABLE.
Analogous V. SIMILAR.
Analogue V. PARALLEL.
Analogy V. LIKENESS.
Analytic *or* **analytical** V. LOGICAL.
Analyze, resolve, dissect, break down, deconstruct significan dividir un todo complejo en sus partes o elementos constitutivos.

• **Analyze** connota la separación o distinción de los componentes de algo (como una sustancia, un proceso o una situación) con el fin de descubrir la verdad sobre su naturaleza o relaciones internas <*analyzed* the causes of the recent trade deficits>. ***ant*** compose, compound, construct

• **Resolve** suele connotar únicamente la separación o división en elementos o partes <seen through the microscope, the tissue *resolved* into distinct cells>. ***ant*** blend

• **Dissect** connota un análisis a fondo mediante la exposición de las partes o elementos a una examinación individual <the newspapers *dissected* the president's speech word by word>.

• **Break down** indica la reducción metódica de un todo complejo en sus partes o divisiones más sencillas <wanted to *break down* the company's expenses more specifically>.

• **Deconstruct** connota una separación de los elementos de algo para exponer las faltas o inconsistencias <another book that claimed to *deconstruct* society's myths>.

Anathema V. ABOMINATION.
Anatomy V. STRUCTURE.
Ancient V. OLD.
Anecdote V. STORY.
Anemic V. PALE 2.
Anger, ire, outrage, rage, fury, indignation, wrath significan excitación emocional inducida por un disgusto intenso.

• **Anger** el término más general, identifica la reacción emocional, pero no acarrea en sí nada sobre la intensidad, la justificación o la manifestación de este estado <the depth of the voters' *anger* was evident in the election results>.

• **Ire** más común en contextos literarios, puede connotar una mayor intensidad de emoción y a menudo puede mostrarse <this comment aroused the *ire* of the chairman>.

• **Outrage** connota ira fuerte evocada por un agravio o un insulto <his *outrage* seemed excessive>.

• **Rage** connota la pérdida del autocontrol emocional, a menudo con violentas exteriorizaciones <screaming with *rage*>.

• **Fury** indica una ira incontenible que raya en la locura <in her *fury* she hurled a lamp at his head>.

• **Indignation** destaca una ira justificada hacia lo que uno considera injusto, cruel, intolerable o vergonzoso <her growing *indignation* at being kept waiting>.

• **Wrath** puede connotar ira o indignación acompañada de un deseo o intención de venganza o castigo <his grandfather's anger was like the *wrath* of an Old Testament prophet>.

2. V. ACRIMONY.

Angle V. SIDE.

Anguish 1. V. SORROW. **2.** V. DISTRESS *n.*

Animate *vb* V. PROVOKE.

Animated V. LIVELY.

Animosity V. ENMITY.

Animus V. ENMITY.

Annals V. HISTORY.

Annihilate V. ABOLISH.

Announce V. DECLARE.

Annoy 1. Annoy, vex, irk, bother, provoke, irritate significan perturbar la compostura de una persona.

• **Annoy** señala una irritación causada por molestias persistentes y a menudo mezquinas <*annoyed* by his constant talking>. ***ant*** soothe

• **Vex** indica una provocación y perturbación más fuertes, suele connotar la ira, o a veces la perplejidad o la ansiedad <a problem that *vexes* cancer researchers>. ***ant*** please

• **Irk** recalca la dificultad en aguantar o tolerar algo, y la fatiga o impaciencia resultante <his chronic lateness *irks* his colleagues>.

• **Bother** connota una interferencia desconcertante o molesta sobre el bienestar o la serenidad <*bothered* by the tone of her answer>. ***ant*** comfort

• **Provoke** implica tentar a propósito <her husband knew how to *provoke* her with his jokes>.

• **Irritate** connota el causar que alguien esté impaciente o disgustado, frecuentemente con el tiempo <several passengers were clearly *irritated* by the child's loud complaining>.

2. V. WORRY.

Annul V. NULLIFY.

Anomalous V. IRREGULAR.

Answer 1. Answer, respond, reply, rejoin, retort significan decir, escribir o hacer algo a cambio.

• **Answer** indica la satisfacción de una pregunta, petición, llamado o necesidad <*answered* all the questions on the form>.

• **Respond** puede dar a entender una reacción complaciente, espontánea, y a menudo, rápida <chose not to *respond* to the comment>.

• **Reply** indica reciprocar acorde con la pregunta o petición original <the invitation asks that we *reply* immediately>.

• **Rejoin** suele indicar un tono tajante o seco en la respuesta <she *rejoined* instantly to his comment>.

• **Retort** indica responder a una acusación determinada o una crítica a modo de represalia <he *retorted* to her charge with sarcasm>.

2. V. SATISFY 2.

Answerable V. RESPONSIBLE.

Antagonism V. ENMITY.

Antagonist V. OPPONENT.

Antagonistic 1. V. ADVERSE. **2.** V. BELLIGERENT.
Anticipate 1. V. FORESEE. **2.** V. EXPECT.
Anticipation V. PROSPECT.
Antipathy V. ENMITY.
Antiquated V. OLD.
Antisocial V. UNSOCIAL.
Antithetical V. OPPOSITE.
Anxiety V. CARE.
Anxious V. EAGER.
Apathetic 1. V. IMPASSIVE. **2.** V. INDIFFERENT.
Ape V. COPY.
Aperture, interstice, outlet, gap, vent significan una brecha que permite el paso, la entrada o la salida.

• **Aperture** se aplica a una brecha en una estructura o superficie que normalmente estaría cerrada <light enters the camera through its *aperture*>.

• **Interstice** indica un espacio hueco o una ruptura en una sustancia continua o entrelazada, particularmente en algo holgado, de grano grueso o hecho a capas <moss growing in the *interstices* of the old stone wall>.

• **Outlet** connota simplemente una abertura a través de la cual se libera algo, frecuentemente algo no físico <drumming seemed to be an *outlet* for his violent emotions>.

• **Gap** implica una ruptura en una barrera tal como una pared, seto, cadena montañosa o línea de defensas militares <the sheep escaped through a *gap* in the fence>.

• **Vent** connota una abertura especialmente para el escape de gas o líquido o para el alivio de presión <a *vent* for the clothes dryer>.

Apex V. SUMMIT.
Aplomb V. CONFIDENCE.
Apocryphal V. FICTITIOUS.
Apologia V. APOLOGY.
Apology, apologia, excuse, plea, pretext, alibi, justification significan un argumento que se ofrece como explicación o defensa.

• **Apology** suele aplicarse a una expresión de arrepentimiento por un error o una ofensa con una presunta admisión de culpa, y puede ser a veces acompañada de una alusión a circunstancias atenuantes <offered an *apology* for what he had said>.

• **Apologia** indica, no la admisión de culpa o de arrepentimiento, sino un deseo de esclarecer el fundamento de una línea de conducta, una creencia o una posición <the great speech was an effective *apologia* for his foreign policy>.

• **Excuse** indica una intención de evitar o eliminar la culpa o el reproche <used his illness as an *excuse* to miss the meeting>.

• **Plea** recalca un argumento o una súplica de comprensión, compasión o clemencia <her *plea* to the magistrate was ignored>.

• **Pretext** insinúa subterfugio y el ofrecimiento de falsos motivos como excusa o explicación <used any *pretext* to get out of work>.

• **Alibi** indica un deseo de transferir la culpa o de eludir un castigo, e imputa la verosimilitud más que la verdad a la explicación ofrecida <his *alibi* was that he had been at the office, but no one believed him>.

• **Justification** implica una razón dada para mostrar que una acción es apropiada <there was no *justification* for such terrible behavior>.

Appall V. DISMAY.

Appalling V. FEARFUL 2.

Apparent 1. Apparent, illusory, seeming, ostensible significan no ser en realidad lo que el aspecto indica.

• **Apparent** connota un aspecto percibido por los sentidos solos, y que no es comprobado o no puede comprobarse, con un examen más riguroso o con más información <the *apparent* cause of the train wreck>. ***ant*** real

• **Illusory** indica una falsa impresión basada en apariencias o similitudes engañosas, o influenciada por emociones que impiden ver claramente <he now saw that his hopes had been *illusory*>. ***ant*** factual

• **Seeming** indica cierto carácter en la cosa observada que le da el aspecto, a veces intencionalmente, de otra cosa <his *seeming* honesty>.

• **Ostensible** deja entender una discrepancia entre un motivo que se ha declarado manifiestamente o que se presupone lógicamente, y el verdadero <business was the *ostensible* reason for their visit>.

2. V. EVIDENT.

Appealing 1. V. PLEASANT. **2.** V. SWEET.

Appear V. SEEM.

Appease 1. V. PACIFY. **2.** V. SATISFY 1.

Appetizing V. PALATABLE.

Appliance V. IMPLEMENT.

Applicable 1. V. RELEVANT. **2.** V. FIT *adj.*

Apply V. USE *vb.*

Apportion V. ALLOT.

Appraise V. ESTIMATE.

Appreciable V. PERCEPTIBLE.

Appreciate 1. Appreciate, value, prize, treasure, cherish, esteem significan tener en gran estima.

• **Appreciate** suele connotar un entendimiento suficiente para permitir el disfrute o la admiración de la excelencia de una cosa <she *appreciates* fine wine>. ***ant*** despise

• **Value** indica tener una buena opinión de una cosa por su valor intrínseco <he *values* our friendship>.

• **Prize** indica tener mucho orgullo en, o dar mucho valor a, algo que se posee <most people *prize* their freedom>.

• **Treasure** recalca el salvaguardar celosamente algo que se considera precioso <she *treasured* these mementos of her youth>.

• **Cherish** indica el amor y atención especial hacia un objeto de apego <she *cherishes* her children above all>. ***ant*** neglect

• **Esteem** implica establecer un alto valor en una persona <no citizen of the town was more highly *esteemed*>.

2. V. UNDERSTAND.

Appreciative V. GRATEFUL.

Apprehension 1. Apprehension, foreboding, misgiving, presentiment, dread, premonition significan una sensación de que algo no deseado va a ocurrir o está a punto de ocurrir.

• **Apprehension** indica una mente preocupada con miedo y ansiedad <approached the journey with great *apprehension*>. ***ant*** confidence

• **Foreboding** connota un miedo opresivo, irracional o indefinible <a mood of anxiety and *foreboding* about what the next week would bring>.

• **Misgiving** connota inquietud y desconfianza <he had *misgivings* about her from the start>.

• **Presentiment** indica una sensación indefinida o extraña de que algo, a menudo desagradable, está por ocurrir <a *presentiment* that some of our group would not survive>.

• **Dread** enfatiza al menos ansiedad extrema <her *dread* of the exams> y frecuentemente gran temor <survivors of the tsunami now viewed the ocean with *dread*>.

• **Premonition** implica una expectativa no racional de un evento frecuentemente desagradable <*premonitions* of disaster>.

2. V. FEAR.

Apprehensive 1. V. FEARFUL 1. **2.** V. TIMID.

Apprentice V. NOVICE.

Apprise V. INFORM.

Approach V. MATCH.

Appropriate *vb* **1. Appropriate, preempt, arrogate, usurp, confiscate, grab, commandeer** significan apoderarse arbitrariamente de algo.

• **Appropriate** connota hacerse dueño de algo o convertir algo para uso propio, sin autorización o con derecho cuestionable <the dictator had soon *appropriated* the grandest houses for his own use>.

• **Preempt** indica premeditación en el acto de tomar algo que otros desean o necesitan <the shocking news *preempted* the regular TV programs all evening>.

• **Arrogate** indica insolencia, atrevimiento y la exclusión de los demás en la toma o confiscación de derechos, poderes o funciones <the president's advisers had *arrogated* powers belonging to the Congress>. ***ant*** renounce, yield

• **Usurp** indica una intrusión ilegal o injustificada en el lugar de otro, y el quitar a éste lo que es suyo por costumbre, derecho o ley <this new wife had *usurped* the daughter's place in the household>. ***ant*** abdicate

• **Confiscate** siempre indica apoderarse de una cosa mediante el ejercicio de la autoridad <customs officials *confiscate* tons of drugs every year>.

• **Grab** indica una toma o apropiación simple, súbita y frecuentemente injusta <called the bill an attempt to *grab* public lands for private corporations>.

• **Commandeer** indica la toma de algo, tal como un vehículo o edificio, por la fuerza, especialmente para propósitos militares <the soldiers were *commandeering* farmers' trucks to transport the injured>.

2. V. TAKE.
Appropriate *adj* V. FIT *adj.*
Approval V. PERMISSION.
Approve, endorse, sanction, accredit, certify, ratify, authorize significan tener o expresar una opinión favorable de alguien o algo.

• **Approve** indica elogio o conformidad y puede señalar una actitud sensata <his boss *approved* the contract>. ***ant*** disapprove

• **Endorse** connota una declaración explícita de apoyo <publicly *endorsed* her for Senator>.

• **Sanction** indica tanto aprobación como autorización y puede connotar un establecimiento de pautas o criterios <the president had *sanctioned* these secret military operations>.

• **Accredit** y **certify** normalmente indican aprobación oficial que afirman la conformidad con criterios establecidos <a new law school that had recently been *accredited*> <you must be *certified* before you can begin teaching>.

• **Ratify** implica aprobar formalmente <*ratified* the treaty>.

• **Authorize** implica la otorgación de poder o permiso para actuar a alguien o a algo <*authorized* him to use my name>.

Approximately V. NEARLY.
Apt V. FIT *adj.*
Aptitude GIFT.
Arbitrary 1. V. ABSOLUTE. **2.** V. RANDOM.
Archaic V. OLD.
Arcane V. MYSTERIOUS.
Archetype V. MODEL.
Ardent V. IMPASSIONED.
Ardor V. PASSION.
Arduous V. HARD.
Argue 1. V. ASSERT. **2.** V. DISCUSS.
Arid V. DRY.
Arise 1. V. SPRING. **2.** V. RISE 1.
Aristocracy 1. Aristocracy, nobility, gentry, elite, society, upper class significan un grupo de personas que constituye una casta social superior.

• **Aristocracy** se refiere normalmente a aquellas personas de buen nacimiento, buena cuna y elevado rango social <the country's wealthy *aristocracy*>. ***ant*** people, proletariat

• **Nobility** se refiere a personas de clase privilegiada, con título, y cuyo rango social es inmediatamente inferior a la realeza <the duke ranks highest in British *nobility*>.

• **Gentry** se refiere a una clase de personas acomodadas, de buena cuna, consideradas como gente de buena familia, pero que carecen de títulos hereditarios <a private school favored by the local *gentry*>.

• **Elite** se refiere a los miembros de cualquier grupo o clase a los que se les considera como los más elevados según ideales sociales o culturales <regarded as one of the *elite* in his field>.

• **Society** se refiere a aquella clase de personas que son célebres a causa de su activa vida social, su llamativa vida de ocio, sus diversiones y moderno modo de vestir <in San Francisco *society* there were few women who could match her elegance>.

• **Upper class** indica la clase con el estatus más alto en una sociedad, a veces excluyendo a la nobleza <sailing is a sport of the *upper class*>.

2. V. OLIGARCHY.

Arm V. FURNISH.

Aroma 1. V. SMELL. **2.** V. FRAGRANCE.

Aromatic V. FRAGRANT.

Around-the-clock V. CONTINUAL.

Arouse V. STIR.

Arrange 1. V. NEGOTIATE. **2.** V. ORDER.

Array V. LINE UP.

Arresting V. NOTICEABLE.

Arrival, advent significan el acto de alcanzar un destino.

• **Arrival** recalca el viaje o movimiento precedente <the plane's *arrival* was delayed by storms>. ***ant*** departure

• **Advent** se aplica a un arribo o venida de suma importancia, o una aparición en un ámbito dado, sobre todo si es por primera vez <the *advent* of a new age in space travel>. ***ant*** exit

Arrogant V. PROUD.

Arrogate V. APPROPRIATE *vb.*

Art 1. Art, skill, cunning, craft, know-how, expertise significan la facultad de desempeñar hábilmente lo que uno ha planeado o concebido.

• **Art** indica particularmente una fuerza creadora que es propia de la persona y que es incapaz de ser analizada <the *art* of public speaking>.

• **Skill** recalca conocimiento técnico y capacidad <the *skills* required of a surgeon>.

• **Cunning** deja entender el ingenio y la sutileza en la trama, la invención y la realización <a *cunning* writer but not a very good one>.

• **Craft** puede indicar ingenio y habilidad pero connota asimismo cierta pericia en el trabajo y facilidad en el manejo de las herramientas <shaped the story with considerable *craft*>.

• **Know-how** implica conocimiento de cómo hacer algo eficientemente <his technical *know-how*>.

• **Expertise** indica la destreza de un experto <her *expertise* in legal matters>.

2. V. GIFT.

Article V. THING.

Artificial, synthetic, ersatz, man-made, imitation significan traído a la existencia no por la naturaleza, sino por el esfuerzo o arte humano.

• **Artificial** se puede aplicar a cualquier cosa que no nace de procesos o condiciones naturales, pero sobre todo a algo que tiene un equivalente en la naturaleza, o que imita algo que es natural <*artificial* teeth>. ***ant*** natural

• **Synthetic** se aplica particularmente a una sustancia fabricada o a una sustancia natural tratada de tal manera que adquiere la apariencia o las características de otra sustancia y puede sustituirla <*synthetic* furs>.

• **Ersatz** a menudo indica el uso de un sucedáneo inferior al producto natural que reemplaza <*ersatz* intellectuals>. ***ant*** genuine

• **Man-made** indica cualquier cosa manufacturada o construida por los seres humanos <a *man-made* lake>.

• **Imitation** indica el imitar de algo más que es genuino y generalmente de mejor calidad <*imitation* leather>.

Artless V. NATURAL.

Ascend 1. Ascend, mount, climb, scale significan moverse hacia arriba o hacia una cima.

• **Ascend** indica un movimiento progresivo hacia arriba <slowly *ascended* the staircase>. ***ant*** descend

• **Mount** connota subirse a algo elevado <*mounting* his horse>. ***ant*** dismount

• **Climb** connota el esfuerzo que conlleva el movimiento hacia arriba y se usa cuando la situación supone alguna dificultad <*climbed* the mountain>. ***ant*** descend

• **Scale** connota habilidad y destreza en el movimiento hacia arriba <he had tried *scaling* the wall>.

2. V. RISE.

Ascendancy V. SUPREMACY.

Ascertain 1. V. DISCOVER. **2.** V. DECIDE.

Ascetic V. SEVERE.

Ascribe, attribute, assign, impute, credit, charge significan considerar que algo se debe a la acción o efecto de una persona o cosa.

• **Ascribe** connota la suposición o conjetura de una causa, cualidad o autoría no evidente <they *ascribed* her poor grades in school to an unhappy home life>.

• **Attribute** puede connotar lo verosímil o apropiado de la relación en cuestión <*attributed* the project's failure to poor planning>.

• **Assign** indica atribuir con certeza o después de reflexionar <the commission *assigned* blame to top officials>.

• **Impute** connota atribuir algo que desprestigia por acusación o reproche <they tried to *impute* sinister motives to her actions>.

• **Credit** indica atribuir una cosa o especialmente una acción, a una persona o a otra cosa como su agente, origen o explicación <his partners *credited* him with more experience than he actually had>.

• **Charge** indica fijar sobre una persona la responsabilidad de una falta, un crimen o una maldad <he was *charged* with murder>.

Ashen V. PALE 1.

Ashy V. PALE 1.

Asinine V. SILLY.

Ask 1. Ask, question, interrogate, query, inquire, quiz, grill significan dirigirse a una persona con el fin de adquirir información.

• **Ask** indica meramente el hacer una pregunta <*asked* if there were any more doughnuts>.

• **Question** suele connotar el hacer una serie de preguntas <*questioned* them about every detail of their trip>. ***ant*** answer

• **Interrogate** connota una serie sistemática de preguntas en un contexto formal u oficial <the police had *interrogated* him all day>.

• **Query** indica un deseo de obtener información fidedigna o confirmación <she *queried* her neighbors about the incident>.

• **Inquire** indica en particular el hacer preguntas con el fin de descubrir los hechos o la verdad <*inquired* into the possibility of a job at the company>.
• **Quiz** connota preguntarle a alguien muchas preguntas, como en un examen corto <they *quizzed* him about old jazz recordings>.
• **Grill** implica un cuestionamiento intensivo, haciendo preguntas difíciles y desagradables <the professor *grilled* the student about whether she had written the paper herself>.

2. Ask, request, solicit significan expresar lo que se desea con la intención de obtenerlo.
• **Ask** indica meramente el expresar lo que se desea <*asked* a favor of her friend>.
• **Request** indica mayor formalidad y cortesía <*requesting* a new chair in her office>.
• **Solicit** connota atraer la atención, a menudo públicamente, hacia lo que uno quiere o desea con la intención de que estos deseos sean satisfechos <placed an advertisement *soliciting* a situation as a maid>.

3. v. BEG.

Asocial v. UNSOCIAL.
Aspect 1. v. SIDE. **2.** v. ELEMENT.
Asperity v. ACRIMONY.
Asphyxiate v. SUFFOCATE.
Aspiration v. AMBITION.
Assail v. ATTACK *vb.*
Assassinate v. KILL.
Assault *n* v. ATTACK *n* 1.
Assault *vb* v. ATTACK *vb.*
Assemble v. GATHER 1.

Assent 1. Assent, consent, accede, acquiesce, agree significan coincidir en lo que se ha propuesto.
• **Assent** indica un acto que supone el entendimiento o el criterio y se aplica a las proposiciones u opiniones <he *assented* with a nod>. ***ant*** object
• **Consent** conlleva la voluntad o las emociones, e indica conformidad con lo que se pide o se desea <they *consented* to their daughter's request to go on the trip>. ***ant*** object
• **Accede** indica una concesión de conformidad, a menudo bajo presión <the prison officials *acceded* to the prisoners' demands>. ***ant*** demur, object
• **Acquiesce** indica aceptar tácitamente o tolerar la oposición <he usually *acquiesces* to his wife's wishes>. ***ant*** object
• **Agree** a veces indica una disconformidad anterior, o intentos de persuadir, negociar o tratar (un asunto). <finally *agreed* to give him a raise>

2. v. AGREE.

Assert 1. Assert, declare, affirm, protest, avow, argue, claim, insist significan decir o manifestar de forma positiva, normalmente ante una negación u objeción.
• **Assert** indica decir con toda seguridad o aun con cierta des-

fachatez, sin necesidad de pruebas ni consideración de la evidencia <*asserted* that modern music is just noise>. ***ant*** deny

• **Declare** recalca el decir o manifestar algo abiertamente o públicamente <the jury *declared* the defendant guilty>.

• **Affirm** indica convicción y disposición a atenerse a lo que se ha dicho por motivo de evidencia, experiencia o fe <the church *affirms* that there is a life after death>. ***ant*** deny

• **Protest** recalca la afirmación, especialmente ante la negación o la duda <*protested* that he had never signed an agreement>.

• **Avow** recalca la declaración franca así como la admisión de responsabilidad personal por lo que se ha declarado <*avowed* that all investors would be paid in full>.

• **Argue** implica el cuestionar la opinión contraria de alguien más <asked for a chance to *argue* his case>.

• **Claim** significa el declarar algo como cierto, frecuentemente a pesar de la sugerencia de que puede no serlo <he *claimed* he was a distant relative>.

• **Insist** connota el afirmar persistentemente <they *insist* on going>.

2. V. MAINTAIN.

Assertive V. AGGRESSIVE.

Assess V. ESTIMATE.

Assiduous V. BUSY.

Assign 1. V. ALLOT. **2.** ASCRIBE.

Assignment V. TASK.

Assimilate V. ABSORB.

Assist V. HELP.

Assistant, helper, aid, aide, deputy, lieutenant significan una persona que se encarga de los deberes de otro, particularmente en capacidad de subordinado.

• **Assistant** se aplica a tal persona, sin importar la posición o estatus del trabajo <a carpenter's *assistant*>.

• **Helper** suele indicar el aprendizaje de una profesión o estatus de trabajador no calificado <she referred to her children as her *helpers*>.

• **Aid** y **aide** son a menudo intercambiables <a nurse's *aid*> <a teacher's *aide*>, pero con frecuencia *aide*, y más raramente *aid*, denota un ayudante especial, altamente calificado, que funge como consejero <the President's chief *aides*>.

• **Deputy** implica un asistente que está a cargo cuando su jefe está ausente <a sheriff's *deputy*>.

• **Lieutenant** indica un subordinado de confianza que trabaja de cerca con un oficial superior <the mobster's most loyal *lieutenants*>.

Associate V. JOIN.

Assorted 1. V. MISCELLANEOUS. **2.** V. RELATED.

Assuage V. RELIEVE.

Assume 1. Assume, affect, pretend, simulate, feign, sham significan adoptar una apariencia falsa o engañosa.

• **Assume** suele indicar un motivo justificable más que una intención de engañar <she always *assumed* an air of cheerfulness when visiting

her sick father>.

• **Affect** indica demostrar falsamente que algo se posee, se usa o se siente, normalmente para llamar la atención <he sometimes *affected* an English accent>.

• **Pretend** indica una falsa profesión, manifiesta y sostenida, de lo que es <*pretended* not to know about the party>.

• **Simulate** connota la adopción de características pertenecientes a otra cosa en una imitación exacta <video games that *simulate* the experience of actual warfare>.

• **Feign** indica una invención más ingeniosa que *pretend,* una imitación menos detallada que *simulate* <*feigned* sickness to avoid school>.

• **Sham** destaca una obvia intención de defraudar con una falsedad que sólo engaña a los más crédulos <she knew he was only *shamming*>.

2. v. PRESUPPOSE.

Assurance 1. v. CERTAINTY. **2.** v. CONFIDENCE.

Assure v. ENSURE.

Astonish v. SURPRISE 2.

Astound v. SURPRISE 2.

Astute v. SHREWD.

Asylum v. SHELTER.

At fault v. BLAMEWORTHY.

Atmosphere, feeling, aura, ambience, mood significan una cualidad intangible que confiere a algo un carácter individual y distintivo.

• **Atmosphere** indica una cualidad que va acumulándose en una cosa o que la penetra toda y determina la impresión que ésta da <a country inn with a warm and friendly *atmosphere*>.

• **Feeling** indica que algo posee ciertas cualidades distintivas que crean una impresión clara, si bien inanalizable <the suburb had a rural *feeling*>.

• **Aura** deja entender una cualidad etérea o misteriosa que parece emanar de una persona o cosa <his aunt's mysterious *aura* of glamour>.

• **Ambience** connota un sentimiento o un estado de ánimo asociado con un lugar en particular, frecuentemente por diseño <the restaurant's quiet *ambience*>.

• **Mood** implica una emoción colectiva <the *mood* at the office was grim>.

Atrocious v. OUTRAGEOUS.

Atrophy v. DETERIORATION.

Attach v. FASTEN.

Attack *n* **1. Attack, assault, onslaught, onset, ambush, aggression, offense, offensive** significan acción en una lucha por establecer supremacía militar o atlética, o un intento de herir, destruir, o defamar.

• **Attack** sea sobre la persona o el carácter, indica animosidad o enemistad como motivo, pero puede asimismo indicar otros motivos como la crueldad, el partidismo o la crítica <a speech *attacking* governmental policies>.

• **Assault** indica una mayor violencia, con más malicia o saña, y a menudo indica el causar daños más graves que *attack,* a veces con connotaciones legales o militares específicas <a victim of a brutal *assault*>.

• **Onslaught** connota un vigoroso y destructivo intento de abrumar a fuerza del ímpetu, de números o de intensidad <prepared for a fierce verbal *onslaught* from the other party>.

• **Onset** se aplica tanto al ataque inicial como a toda renovación sucesiva en la fuerza del ataque <the sudden *onset* of winter>.

• **Ambush** implica un ataque sorpresa, frecuentemente desde una posición oculta <many soldiers were killed in the *ambush*>.

• **Aggression** recalca la falta de provocación y el deseo de conquista o dominio, generalmente mediante una invasión militar del territorio de otro <a war of *aggression*>.

• **Offense** caracteriza la posición o los métodos de los atacantes, con referencia particular a su deseo de supremacía <abandoned their defensive posture and went on the *offense*>.

• **Offensive** indica una vigorosa agresión en la acción, sobre todo en un contexto bélico, o puede también denotar un episodio particular caracterizado por tal acción <an economic *offensive* intended to end the recession>.

2. v. FIT *n.*

Attack *vb* **1. Attack, assault, assail, bombard, storm, charge** significan ir en contra (de algo o alguien) de forma más o menos violenta.

• **Attack** indica tomar agresivamente la iniciativa en una lucha <seek new ways to *attack* the problem of poverty>.

• **Assault** connota un intento directo de vencer o de conquistar por lo violento y repentino de la arremetida en un enfrentamiento directo <troops *assaulted* the building from all sides>.

• **Assail** indica intentar conquistar o vencer la resistencia a base de golpes o tiros repetidos <*assailed* the town with their artillery>.

• **Bombard** se aplica al hecho de atacar, de forma continua y devastadora, con bombas o proyectiles <*bombarded* the city nightly with mortar fire>.

• **Storm** indica un intento de arrasar con todo obstáculo que se interponga en el camino a la victoria <a fortress that was never successfully *stormed*>.

• **Charge** indica precipitarse en contra, a pie o a caballo <fans *charged* the stage but were beaten back>.

2. v. CRITICIZE.

Attain 1. v. REACH. **2.** v. PERFORM.

Attainment v. ACCOMPLISHMENT.

Attempt, try, endeavor, strive significan hacer un esfuerzo para lograr un fin.

• **Attempt** recalca el inicio de un esfuerzo y connota a menudo asimismo una fuerte posibilidad de fracaso <had *attempted* to photograph the rare bird>.

• **Try** recalca un esfuerzo o una experimentación que se hace con el fin de probar o comprobar algo <*tried* several times to find a solution>.

• **Endeavor** intensifica las inferencias de esfuerzo y dificultad, y connota una lucha para cumplir con el deber <*endeavored* to find survivors of the crash>.

• **Strive** indica esfuerzo sostenido contra grandes dificultades y deja entender asimismo la perseverancia <continues to *strive* for a lasting peace>.

Attend 1. v. ACCOMPANY. **2.** v. TEND.

Attentive 1. v. THOUGHTFUL 2. **2.** v. AWARE.

Attest v. CERTIFY.

Attitude v. POSITION 1.

Attorney v. LAWYER.

Attract, entice, allure, charm, captivate, fascinate, bewitch, enchant significan traer hacia sí algo o alguien mediante una influencia irresistible o poderosa.

• **Attract** se aplica a cualquier grado o tipo de capacidad de traer o mover hacia sí <a university that *attracts* students from around the world>. ***ant*** repel

• **Entice** connota atraer por medios astutos <advertising designed to *entice* new customers>.

• **Allure** indica captar o engatusar con lo que es bello, agradable o seductor <the *alluring* excitement of the city>. ***ant*** repel

• **Charm** puede connotar la magia e indica el poder de suscitar o llamar la atención <*charmed* by the island and its people>. ***ant*** disgust

• **Captivate** indica la captura, a menudo transitoria, de la imaginación o de las emociones <her grace and beauty *captivated* us all>. ***ant*** repulse

• **Fascinate** connota una influencia mágica y tiende a recalcar la inutilidad de todo intento de resistir o de escapar <a story that continues to *fascinate* children>.

• **Bewitch** indica el ejercicio de un abrumador poder de atracción <*bewitched* by the music>.

• **Enchant** recalca el poder de provocar deleite, gozo o una extasiada admiración en la persona afectada <*enchanted* by his dashing looks and deep voice>.

Attraction, affinity, sympathy, chemistry significan la relación existente entre cosas o personas que, de manera natural o involuntaria, son llevadas la una hacia la otra.

• **Attraction** indica el poseer una cualidad que tiende a impeler a otros hacia uno <the odd *attraction* between people of opposite types>.

• **Affinity** indica una susceptibilidad o predisposición por parte del atraído <had an *affinity* for mathematics>.

• **Sympathy** indica una relación recíproca entre dos cosas que son susceptibles a la misma influencia <mutual *sympathy*>. ***ant*** antipathy

• **Chemistry** indica una fuerte atracción, afecto o simpatía mutua <we soon noticed the special *chemistry* between them>.

Attractive v. BEAUTIFUL.

Attribute *vb* v. ASCRIBE.

Attribute *n* **1.** v. QUALITY. **2.** v. SYMBOL.

Atypical v. ABNORMAL.

Audacious v. ADVENTUROUS

Audacity v. TEMERITY.

Augment v. INCREASE.

Aura v. ATMOSPHERE.

Auspicious V. FAVORABLE.
Austere V. SEVERE.
Authentic 1. Authentic, genuine, veritable, bona fide, legitimate, faithful, valid significan ser en verdad exactamente lo que se pretende.

• **Authentic** indica ser totalmente fidedigno en cuanto a exactitud y correspondencia a los hechos <claimed the document wasn't *authentic*>. ***ant*** spurious

• **Genuine** indica el coincidir con un original o un tipo sin falsificación, adición o adulteración <*genuine* leather>, o puede asimismo recalcar la sinceridad <*genuine* concern for her happiness>. ***ant*** counterfeit, fraudulent

• **Veritable** indica una correspondencia con la verdad y conlleva normalmente una insinuación de afirmación <his front yard was a *veritable* graveyard of old automobiles>.

• **Bona fide** puede aplicarse cuando existe una duda en cuanto a la sinceridad de intención <a *bona fide* member of the club>. ***ant*** counterfeit, bogus

• **Legitimate** indica una correspondencia a las reglas, los estándares, la ley o a las costumbres <a *legitimate* complaint>.

• **Faithful** implica ser fidedigno a los hechos, a un estándar o a un original <a *faithful* copy of the original>.

• **Valid** implica estar basado en una verdad o un hecho <he had mentioned several *valid* concerns>.

2. V. REAL.

Authenticate 1. V. CERTIFY. **2.** V. CERTIFY.
Author V. MAKER.
Authority 1. V. INFLUENCE. **2.** V. POWER 3.
Authorization V. PERMISSION.
Authorize 1. V. APPROVE. **2.** V. ENABLE.
Autocratic V. ABSOLUTE.
Automatic V. SPONTANEOUS.
Autonomous V. FREE *adj.*
Autonomy V. FREEDOM.
Avaricious V. COVETOUS.
Average *n* **Average, median, mean, norm, midpoint** significan algo que representa un punto intermedio entre dos extremos.

• **Average** es, exacta o aproximadamente, el cociente obtenido por la división de la suma total de un conjunto de cifras por el número de éstas <scored an *average* of 85 in a series of five tests>. ***ant*** maximum, minimum

• **Mean** puede ser un promedio, o puede representar un valor intermedio entre dos extremos <an annual temperature *mean* of 50°>.

• **Median** se aplica al valor que representa el punto en el cual se encuentra el mismo número de valores superiores a él, como inferiores <if five people earn $30, $40, $50, $80, and $100 a day, respectively, the mean is $60, but the *median* is $50>.

• **Norm** denota el promedio calculado o estimado de rendimiento de un grupo, clase o grado considerablemente grande, e indica una pauta de referencia <in general maturity she's far above the *norm* for her

age>.

• **Midpoint** significa simplemente un punto en el centro, ya sea en el espacio o en el tiempo <the crowd begins to leave after the *midpoint* of the final period>.

Average *adj* V. REGULAR.
Averse V. DISINCLINED.
Aversion V. ENMITY.
Avert V. PREVENT 1.
Avid V. EAGER.
Avoid V. ESCAPE.
Avow **1.** V. ACKNOWLEDGE. **2.** V. ASSERT.
Await V. EXPECT.
Awake V. AWARE.
Awaken V. STIR *vb.*
Award V. GRANT.

Aware, cognizant, conscious, awake, mindful, attentive significan tener conocimiento de algo.

• **Aware** indica vigilancia en la observación o en el llegar a inferencias basadas en lo que se ha observado <became *aware* that a crowd had gathered>. ***ant*** unaware

• **Cognizant** indica la posesión de conocimientos seguros o especiales, como aquéllos provenientes de fuentes de primera mano <not fully *cognizant* of all the facts>. ***ant*** ignorant

• **Conscious** indica que uno está concentrando la atención en algo que ya es perceptible a la mente o los sentidos <*conscious* that my heart was pounding>. ***ant*** unconscious

• **Awake** indica que uno se ha concientizado acerca de algo y está alerta <*awake* to the dangers of inflation>.

• **Mindful** implica el tener en mente algo importante <investors need to be *mindful* of political trends>.

• **Attentive** implica una conciencia observadora constante <*attentive* to the task>.

Awful V. FEARFUL 2.

Awkward, clumsy, maladroit, inept, gauche, klutzy, bungling significan que se carece de gracia o facilidad (por ejemplo, de ejecución o de movimiento).

• **Awkward** se aplica extensivamente y puede dar a entender falta de aptitud, inconveniencia, falta de control, vergüenza o carencia de tacto <there were periods of *awkward* silence>. ***ant*** handy, deft, graceful

• **Clumsy** indica rigidez y falta de ligereza, y por consiguiente puede connotar asimismo inflexibilidad, dificultad de manejo, falta de agilidad o de capacidad ordinaria <the writer's *clumsy* style>. ***ant*** dexterous, adroit, facile

• **Maladroit** connota deficiencia de tacto y cierta tendencia a crear situaciones incómodas <his *maladroit* handling of a delicate situation>. ***ant*** adroit

• **Inept** suele indicar un carácter inapropiado, inútil y absurdo <blamed his *inept* defense attorney>. ***ant*** apt, adept, able

• **Gauche** recalca los efectos de la timidez, la inexperiencia o la mala educación <always felt *gauche* and unsophisticated at formal parties>.

• **Klutzy** un término informal, connota el tipo de torpeza física que resulta en el dejar caer o el romper cosas <his sincere but *klutzy* attempts to help around the house>.

• **Bungling** implica una torpeza cómica, no siempre física <easily caught the *bungling* burglar>.

B

Baby V. INDULGE.

Back 1. V. RECEDE. **2.** V. SUPPORT.

Backbone V. FORTITUDE.

Background, setting, environment, milieu, context significan el lugar, el tiempo y las circunstancias en las que algo ocurre.

• **Background** se refiere a los aspectos de un escenario o imagen que se encuentran lo más apartado del espectador, y ante los cuales la acción o las figuras están puestas <city streets visible in the *background*> y por extensión, suele referirse asimismo a las circunstancias o eventos que preceden a algún fenómeno o acontecimiento <her *background* had prepared her well for the task>.

• **Setting** describe el tiempo, el lugar y las condiciones en la que los personajes actúan en una obra literaria, artística o dramática <chose a 19th-century *setting* for her novel> y connota que se está contemplando una situación en la vida real como si fuese una representación dramática o literaria <this calm field would be the *setting* for a bloody battle>.

• **Environment** se aplica a todos los factores externos que ejercen una influencia formativa en el desarrollo físico, mental o moral de una persona <the kind of *environment* that produces criminals>.

• **Milieu** se aplica particularmente al entorno físico y social de una persona o de un grupo de personas <a lively intellectual *milieu*>.

• **Context** implica el grupo de condiciones dentro de las cuales algo ocurre, lo cual frecuentemente ayuda a explicar el factor o evento <the historical *context* of the war>.

Backslide V. LAPSE *vb.*

Bad, evil, ill, wicked, naughty, sinful, wrong significan no ser moralmente bueno o éticamente aceptable.

• **Bad** puede aplicarse a todo lo que es considerado censurable o reprensible, en cualquier grado o especie <the *bad* guys in a Western>. ***ant*** good

• **Evil** es un término más fuerte que *bad* y suele conllevar una connotación siniestra o funesta <he seemed to think that everyone he didn't like was *evil*>. ***ant*** saintly

• **Ill** puede indicar malevolencia o vicio <paid for his *ill* deeds>. ***ant*** good

• **Wicked** suele connotar malicia y malevolencia <a *wicked* villain in a children's story>.

• **Naughty** se aplica ya sea a fechorías insignificantes, a malos modales o a algo frívolamente atrevido <looked up *naughty* words in the dictionary>.

• **Sinful** implica la violación de una ley religiosa o moral <the nuns warned the children against *sinful* acts>.

• **Wrong** implica que no es correcto o apropiado según un código o estándar <it was *wrong* not to thank your host>.

Badge V. SYMBOL.

Badger V. BAIT.

Baffle **1.** V. FRUSTRATE. **2.** V. PUZZLE.

Bag V. CATCH.

Bait 1. Bait, badger, heckle, hound, taunt significan acosar, irritar constantemente con la intención de quebrantar el ánimo.

• **Bait** indica una crueldad despiadada o gozo en la persecución de una víctima indefensa <her big brother *baited* her constantly>.

• **Badger** indica fastidiar a alguien de tal manera que lo lleva al desconcierto o la exasperación <*badgered* her father for money to buy clothes>.

• **Heckle** indica la interrupción constante de un orador para hacerle preguntas con el fin de confundirlo o desconcertarlo <protestors *heckled* the speaker>.

• **Hound** indica una persecución incesante <a film star *hounded* by photographers>.

• **Taunt** connota burlas provocativas <the local fans *taunted* the visiting team>.

2. V. WORRY *vb.*

3. V. ANNOY.

Balance *vb* V. COMPENSATE.

Balance *n* V. SYMMETRY.

Balanced V. FAIR.

Bald V. BARE.

Balk V. FRUSTRATE.

Balky V. CONTRARY.

Balmy **1.** V. SOFT. **2.** V. FRAGRANT.

Bamboozle V. DUPE.

Ban V. FORBID.

Banal V. INSIPID.

Banish 1. Banish, exile, deport significan alejar, mediante la autoridad o la fuerza, de un estado o país.

• **Banish** indica el alejamiento o traslado forzoso de un país, no necesariamente el suyo propio <a country that once *banished* the Jesuits>.

• **Exile** puede indicar un traslado forzoso o una ausencia, voluntaria o no, del propio país de uno <a writer who *exiled* himself from South Africa>.

• **Deport** indica enviar fuera de un país, a menudo al país de origen, a un extranjero que ha entrado ilegalmente a un país, o cuya estancia allí se ha declarado como nociva al bienestar público <*deported* many illegal aliens>.

2. V. EJECT.
3. V. EXCLUDE.
Bankrupt V. DEPLETE.
Banned V. UNLAWFUL.
Bar V. EXCLUDE.
Barbarian, barbaric, barbarous, savage, primitive significan característico de un pueblo incivilizado.

• **Barbarian** indica a menudo un estado medio entre el salvajismo tribal y la civilización total <the relations between the Romans and the *barbarian* peoples to the north>. ***ant*** civilized

• **Barbaric** tiende a indicar una profusión desenfrenada y falta de compostura que señalan el mal gusto y la falta de control de sí mismo <treated animals with *barbaric* cruelty>. ***ant*** restrained, refined, subdued

• **Barbarous** suele usarse más para indicar una crueldad incivilizada, la ausencia total de compasión, o puede indicar asimismo la falta total de gusto cultivado y de refinamiento <outlawed the *barbarous* practices of war>. ***ant*** civilized, humane

• **Savage,** en su uso básico, indica un mayor alejamiento de lo civilizado que *barbarian* <claimed the inhabitants of the island were *savage*> y, en su uso más ampliado se aproxima mucho a *barbarous* <a *savage* attack>. ***ant*** civilized

• **Primitive** generalmente es un término neutral que enfatiza la falta de sofisticación <had built a *primitive* hut>.

Barbaric V. BARBARIAN.
Barbarous 1. V. BARBARIAN. **2.** V. FIERCE.
Bare, naked, nude, bald, barren, exposed significan despojado de ropa o de cubierta, sea ésta natural o convencional.

• **Bare** indica la ausencia de todo lo que es de más, superfluo, ornamental o prescindible <a bleak apartment with *bare* walls>. ***ant*** covered

• **Naked** connota la ausencia total de ropa o cubierta, sea protectora u ornamental, pero puede asimismo indicar un estado natural, de indigencia, de indefensión o de belleza sencilla <poor half-*naked* children shivering in the cold>.

• **Nude** se aplica primordialmente a la figura humana desarropada <a *nude* model posing for art students>. ***ant*** clothed

• **Bald** indica la ausencia, real o aparente, de cubierta natural, y puede connotar una llaneza severa o carencia de adorno <a *bald* mountain peak>.

• **Barren** suele connotar la aridez, el empobrecimiento o la esterilidad por la carencia de cubierta natural o apropiada <*barren* plains with no trees>.

• **Exposed** implica que no está protegido <*exposed* to the elements> y está descubierto <left her navel *exposed*>.

Barefaced V. SHAMELESS.
Barren 1. V. BARE. **2.** V. STERILE.
Base *n* **Base, basis, foundation, ground, groundwork, substructure, underpinning** significan una cosa sobre la cual otra se erige, y sobre la

cual se apoya.

• **Base** indica un elemento subyacente que apoya o aparenta apoyar, algo material o inmaterial <the *base* of a column>. ***ant*** top

• **Basis,** de significado similar, se asocia muy raramente con cosas materiales y suele conllevar una implicación más clara de apoyo <used these beliefs as the *basis* of her argument>.

• **Foundation** tiende a indicar solidez por parte de lo que subyace, y estabilidad y fijeza por parte de lo que se apoya <the theory rested on a *foundation* of facts>. ***ant*** superstructure

• **Ground** connota solidez y suele indicar un sustrato comparable a la tierra en su capacidad de apoyo, y en ocasiones, de justificación <argues that all these actions were *grounds* for dismissal>.

• **Groundwork** puede aplicarse a una infraestructura pero se usa primordialmente en sentido figurado <laid the *groundwork* for future negotiations>. ***ant*** superstructure

• **Substructure** casi siempre indica una base física <the bridge's *substructure* was damaged in the crash>.

• **Underpinning** puede significar una base física o no física <debating the moral *underpinnings* of the government's policy>.

Base *adj* **1. Base, low, vile, loathsome** significan merecer desprecio por ser inferior a lo que se espera de la persona común.

• **Base** recalca lo innoble y puede connotar crueldad, traición, avaricia u ordinariez <she regarded all his motives as *base*>. ***ant*** noble

• **Low** puede connotar astucia, maña, vulgaridad o inmoralidad e indica comúnmente un ultraje al sentido de la decencia o del decoro <refused to listen to such *low* talk>.

• **Vile,** la más fuerte de estas palabras, tiende a connotar una depravación asquerosa u obscenidad total <a *vile* remark> <the *vilest* of crimes>.

• **Loathsome** implica que causa sentimientos de odio o disgusto <*loathsome* behavior>.

2. V. BAD.

Bashful V. SHY.

Basic V. ESSENTIAL.

Basis V. BASE.

Bathos V. PATHOS.

Batter V. MAIM.

Battle 1. Battle, engagement, action, fight, clash, contest, struggle significan un encuentro, a menudo militar, entre fuerzas opuestas.

• **Battle** describe un combate general y de larga duración, y puede indicar asimismo una grande y prolongada lucha o controversia <fighting a losing *battle* over free speech>.

• **Engagement** recalca el combate real entre fuerzas y puede aplicarse a una batalla mayor o a una escaramuza menor; en uso ampliado, tiende a reemplazar la connotación de hostilidad con una de interacción <the scene of an *engagement* between two small groups of soldiers>.

• **Action** recalca el activo toma y dame de esfuerzos ofensivos y defensivos, o del logro de una meta o de la resistencia ante la presión <he first saw *action* at the Battle of the Bulge>.

• **Fight** implica un enfrentamiento violento pero corto, generalmente no militar <a *fight* broke out in the bar>, y frecuentemente no es físico <predicting a *fight* over the budget>.
• **Clash** implica un encuentro hostil menor, generalmente físico <four protesters were injured in a *clash* with police>.
• **Contest** implica una competencia no violenta <she entered it in a short-story *contest*>.
• **Struggle** puede connotar una lucha física o una contienda con alguien <their *struggle* for the gun>, o un esfuerzo extenuante a largo plazo contra fuerzas opositoras, con o sin nombre <a *struggle* to succeed>.
2. V. QUARREL.

Bawl out V. SCOLD.

Beam V. FLASH.

Bear 1. Bear, suffer, endure, abide, tolerate, brook, stand, stomach, swallow significan aguantar algo difícil o doloroso.
• **Bear** suele indicar el poder de sufrir algo penoso o doloroso sin retroceder o quebrantarse <he had *borne* one personal tragedy after another>.
• **Suffer** connota a menudo la aceptación o pasividad más que valentía o paciencia en el aguantar <the hardships *suffered* by the refugees>.
• **Endure** indica hacer frente a las pruebas y dificultades con una continua firmeza de resolución <the building *endured* years of neglect>.
• **Abide** connota una aceptación sin resistencia o protesta <I can't *abide* her rudeness>.
• **Tolerate** connota el vencer o controlar efectivamente el impulso de resistir, evitar o resentir algo perjudicial o desagradable <she *tolerated* her husband's abuse for the sake of the children>.
• **Brook** indica autoaserción y desafío <the kind of professor who would *brook* no argument from his students>.
• **Stand** recalca con mayor fuerza aún la capacidad de aguantar sin retroceder o perder la compostura <she can't *stand* being teased>.
• **Stomach** implica tolerar algo desagradable sin resentimiento obvio <his behavior is often hard to *stomach*>.
• **Swallow** connota aceptar dócilmente sin preguntas o protesta <this latest insult was more than she could *swallow*>.
2. V. CARRY.

Bearing, deportment, demeanor, mien, manner, air significan la manifestación exterior de la personalidad o actitud.
• **Bearing** es la más general de estas palabras pero en su uso actual suele indicar la postura característica <he kept his military *bearing* long after he had left the army>.
• **Deportment** connota las acciones o el comportamiento, formados según la crianza o entrenamiento, con relación a las amenidades de la vida <his *deportment* throughout the scandal remained dignified>.
• **Demeanor** connota la actitud que uno tiene según se manifiesta en el comportamiento hacia los demás <the head waiter's formal *demeanor*>.
• **Mien** se refiere tanto a *bearing* como a *demeanor,* a menudo como indicación de humor o temperamento <a man of serious *mien*>.
• **Manner** indica los modos característicos o habituales de

movimiento o de gesto en un contexto social <they appreciated his friendly *manner*>.

• **Air** implica la expresión de alguna cualidad o emoción personal a través de la apariencia <an *air* of dignity>.

Bear out 1. V. CERTIFY. **2.** V. CERTIFY

Beat *v* V. CONQUER.

Beat *n* V. RHYTHM.

Beautiful, lovely, handsome, pretty, fair, gorgeous, attractive, good-looking significan estéticamente o sensualmente agradable o placentero.

• **Beautiful** se aplica a cualquier cosa que excita un fino y penetrante placer a los sentidos y estimula la emoción intelectual o espiritual <*beautiful* mountain scenery>. ***ant*** ugly

• **Lovely** se aplica a una gama más estrecha de excitación emocial más que al placer intelectual o espiritual <a *lovely* melody>. ***ant*** unlovely, plain

• **Handsome** connota el placer estético como resultado de la proporción, simetría o elegancia <a *handsome* gentleman> <a *handsome* 18th-century mansion>.

• **Pretty** se aplica al atractivo superficial o insustancial que agrada por su delicadeza, gracia o encanto <*pretty* young girls>.

• **Fair** connota belleza que se basa en la pureza, la perfección o la frescura <in fairy tales the princesses are always young and *fair*>.

• **Gorgeous** connota un rico esplendor, especialmente en color <a *gorgeous* red dress>.

• **Attractive** aplica ampliamente a personas y objetos <an *attractive* smile>.

• **Good-looking** simplemente indica el tener una apariencia agradable o atractiva <a very *good-looking* woman>.

Beautify V. ADORN.

Bedeck V. ADORN.

Bedraggled V. UNKEMPT.

Before long V. PRESENTLY.

Beg 1. Beg, entreat, implore, plead significan pedir o solicitar con urgencia.

• **Beg** connota seriedad o insistencia, particularmente en la petición de un favor <children *begging* to stay up later>.

• **Entreat** indica un esfuerzo de persuadir o de vencer la resistencia por parte de otro <*entreated* him to change his mind>.

• **Implore** tiende a connotar una mayor urgencia o angustia en la solicitud <*implored* her not to leave him>.

• **Plead** implica un pedido intenso y frecuentemente desesperado <*pleading* for help>.

2. V. ASK.

Begin 1. Begin, commence, start, initiate, inaugurate significan tomar el primer paso en un curso, proceso u operación.

• **Begin** es el más general y se aplica particularmente a contextos menos formales <school *begins* at 8:00> <*began* to wash the dishes>. ***ant*** end

• **Commence** connota mayor formalidad <after a short prayer they

commenced eating>. ***ant*** conclude

• **Start** connota el poner en marcha <the procession *started* slowly>. ***ant*** stop

• **Initiate** connota el tomar un primer paso en un proceso o una serie <one of the math professors *initiated* a discussion of the new courses>.

• **Inaugurate** indica un comienzo solemne <the discovery of penicillin *inaugurated* a new medical age>.

2. V. SPRING.

Beginner V. NOVICE.

Beginning V. ORIGIN.

Beguile 1. V. DECEIVE. **2.** V. AMUSE.

Behave 1. Behave, conduct significan actuar, determinarse a hacer o permitirse hacer algo de cierta manera.

• **Behave** puede aplicarse al seguimiento de una pauta de lo que es apropiado o decoroso <*behaved* badly throughout the affair>.

• **Conduct** indica acción o comportamiento que demuestra la capacidad que se tiene de controlarse o dirigirse <*conducted* herself well at the party>.

2. V. SEEM.

Behold V. SEE 1.

Beholder V. SPECTATOR.

Belated V. TARDY.

Belie V. DISPROVE.

Belief 1. Belief, faith, credence, credit significan conformidad que se da a la verdad de algo que se ofrece para ser aceptado.

• **Belief** connota aceptación mental, pero puede o no indicar certitud por parte del que cree <customers' *belief* in the company's honesty>. ***ant*** disbelief

• **Faith** siempre connota la certitud aún cuando no hay evidencia o prueba <his strong religious *faith*>. ***ant*** doubt

• **Credence** connota conformidad intelectual sin indicación alguna en cuanto a la validez de los motivos sobre los cuales esta aceptación se basa <scientists give the theory little *credence*>.

• **Credit** indica conformidad basada en motivos aparte de pruebas directas <give no *credit* to idle rumors>.

2. V. OPINION.

Believable V. PLAUSIBLE.

Believe V. KNOW.

Belittle V. DECRY.

Bellicose V. BELLIGERENT.

Belligerent, bellicose, pugnacious, combative, quarrelsome, contentious, hostile, antagonistic significan tener una actitud agresiva o truculenta.

• **Belligerent** indica estar activamente en guerra o comprometido en hostilidades <he had drunk too much and his tone was becoming *belligerent*>. ***ant*** friendly

• **Bellicose** connota una predisposición a pelear <Hitler's *bellicose*

speeches threatening Germany's neighbors>. ***ant*** pacific, amicable

• **Pugnacious** connota una predisposición a disfrutar el combate personal <as a student he was small but muscular and *pugnacious*>. ***ant*** pacific

• **Combative,** de modo parecido a *pugnacious,* connota una predisposición a pelear por un motivo legítimo <he became increasingly *combative* under questioning>.

• **Quarrelsome** recalca una disposición malintencionada de pelear sin motivo determinado <the heat and discomfort made us all *quarrelsome*>.

• **Contentious** indica una afición perversa y molesta por discutir y pelear <a *contentious* personality>. ***ant*** peaceable

• **Hostile** indica oposición activa y poco amistosa <regarded the blockade as a *hostile* act>. ***ant*** friendly

• **Antagonistic** implica el mostrar oposición u hostilidad <negotiators find it difficult to deal with such *antagonistic* groups>.

Belt v. STRIKE.

Bemoan v. DEPLORE.

Benchmark v. STANDARD.

Bend v. CURVE.

Beneficial, advantageous, profitable, favorable significan traer bien o ganancia.

• **Beneficial** indica de modo especial el fomento de la salud o del bienestar <legislation *beneficial* to the elderly>. ***ant*** harmful, detrimental

• **Advantageous** recalca una decisión o preferencia que trae superioridad o mayor éxito en el logro de un fin <a strategy that might be *advantageous* for his future career>. ***ant*** disadvantageous

• **Profitable** indica traer rendimientos útiles o lucrativos <a more *profitable* way to use your time>. ***ant*** unprofitable

• **Favorable** implica que las condiciones para una tarea son buenas <a *favorable* wind>.

Beneficent v. LIBERAL 1.

Beneficial v. HEALTHFUL.

Benevolent v. KIND.

Benign v. KIND.

Bent *n* v. GIFT.

Bent *vb* v. CROOKED.

Bequest v. HERITAGE.

Berate v. SCOLD.

Beset v. WORRY.

Bestow v. GRANT.

Bête noire v. ABOMINATION.

Betray v. REVEAL.

Better v. IMPROVE.

Bewail v. DEPLORE.

Bewilder v. PUZZLE.

Bewitch v. ATTRACT.

Bias *n* v. PREDILECTION.

Bias *vb* v. INCLINE.

Bid v. INVITE.

Big V. LARGE.
Bilk V. CHEAT.
Bill V. PRICE.
Bind V. TIE.
Birth V. ORIGIN.
Biting V. INCISIVE.
Bit V. PARTICLE.
Bizarre V. FANTASTIC.
Blah V. DULL.
Blamable V. BLAMEWORTHY.
Blame 1. V. CRITICIZE. **2.** V. ACCUSE.
Blameworthy, blamable, guilty, culpable, at fault, negligent significan merecedor de reproche o castigo.

• **Blameworthy** y **blamable** admiten la cualidad reprochable de la acción o del agente, pero sin hacer indicación alguna sobre el grado de responsabilidad <found the general *blameworthy* for the failed military operation> <no one is *blamable* for these kinds of accident>. ***ant*** blameless

• **Guilty** indica responsabilidad o conciencia de un crimen, pecado, o cuando menos, un grave error o fechoría <the defendant was found *guilty*>. ***ant*** innocent

• **Culpable** es más débil que *guilty* y connota a menudo la mala conducta, o errores causados por ignorancia, omisión o negligencia <the landlord's *culpable* neglect of the building>.

• **At fault** connota ser merecedor de culpa, pero rara vez para crímenes o pecados serios <couldn't determine who was really *at fault*>.

• **Negligent** indica una falta casual en tomar el cuidado apropiado o normal <she had been a *negligent* mother>.

Blanch V. WHITEN.
Bland 1. V. SOFT. **2.** V. INSIPID.
Blandish V. COAX.
Blank V. EMPTY.
Blanket V. INDISCRIMINATE.
Blaring V. LOUD.
Blasé V. SOPHISTICATED.
Blatant 1. V. FLAGRANT. **2.** V. SHAMELESS.
Blaze, flame, flare, glare, glow significan una luz o un fuego que arde vivamente, o algo que lo evoca.

• **Blaze** indica rapidez de encendimiento y la intensa irradiación de calor y de luz <the crackle and *blaze* of dry oak logs> <the angry *blaze* of her eyes>.

• **Flame** connota una o varias lenguas centelleantes de fuego <the *flames* rose above the burning building>.

• **Flare** recalca un estallido súbito de fuego o llama contra un fondo oscuro (como en un fuego que se apaga) <the sudden *flare* of a match>.

• **Glare** connota a menudo una brillantez inaguantable <the *glare* of a searchlight>.

• **Glow** es más propenso a indicar un ardor moderado que rinde una luz tenue y sin llama, o un suave calor y resplandor <the comforting *glow* of the coals>.

Bleach V. WHITEN.
Bleak V. DISMAL.
Blemish, defect, flaw, blotch, stain significan una imperfección que estropea o que daña.

• **Blemish** connota algo que afecta sólo la superficie o la apariencia <her skin was fair and free of *blemishes*>.

• **Defect** indica la carencia, a menudo oculta, de algo esencial a la integridad o al funcionamiento perfecto <a mechanical *defect*>.

• **Flaw** connota un pequeño defecto en la continuidad o la cohesión y que es susceptible de causar una falla o mal funcionamiento bajo presión <she pointed out a *flaw* in his reasoning>.

• **Blotch** implica una mancha irregular y generalmente de color oscuro <brown *blotches* on her hands>.

• **Stain** indica una mancha desteñida, que frecuentemente no puede removerse <a wine *stain* on the carpet>.

Blend V. MIXTURE.
Blithe V. MERRY.
Block V. HINDER.
Bloodbath V. MASSACRE.
Bloodless V. PALE 2.
Blot V. STIGMA.
Blotch V. BLEMISH.
Blot out V. ERASE.
Blow-by-blow V. DETAILED.
Blueprint V. PLAN.
Bluff, blunt, brusque, curt, crusty, gruff significan abrupto o poco ceremonioso en el habla o la manera de ser.

• **Bluff** connota una franqueza bondadosa y una actitud poco convencional <a bartender with a *bluff* and hearty manner>. ***ant*** smooth, suave

• **Blunt** indica una franqueza de expresión sin tomar en cuenta los sentimientos de los demás <had a *blunt* way of speaking that could almost seem rude>. ***ant*** tactful, subtle

• **Brusque** se aplica a una abrupta descortesía o tosquedad <her polite question received a *brusque* response>.

• **Curt** indica una aspereza desconcertante o una concisión grosera <a *curt* reply>.

• **Crusty** connota un comportamiento duro u hosco que puede ocultar una bondad interior <he's a *crusty* old fellow but actually very kind>.

• **Gruff** connota una ronquedad en la voz que puede indicar mal carácter pero que con mayor frecuencia puede ser indicativa de vergüenza o timidez <his *gruff* manner frightened the children>.

Blunder V. ERROR.
Blunt V. DULL.
Board V. HARBOR.
Boast, brag, crow significan expresar verbalmente orgullo en sí mismo o en los logros de uno.

• **Boast** suele connotar ostentación y exageración <always *boasting* about the important people he knew>, pero puede indicar orgullo apropiado y justificable <the town *boasts* one of the best hospitals in the area>. ***ant*** depreciate

• **Brag** connota engreimiento, rudeza e ingenuidad en la glorificación de sí mismo <boys *bragging* about their computers>. ***ant*** apologize

• **Crow** suele indicar el jactarse triunfantemente o un fanfarroneo descarado <loved to *crow* about his triumphs>.

Boat, vessel, ship, craft significan una estructura flotante diseñada para transportar personas o bienes sobre el agua.

• **Boat** se puede aplicar a veces de modo general a tales estructuras, pero denota más particularmente una estructura pequeña, abierta por lo normal, y operada con remos, canaletes, mástiles, velas o un motor <took the *boat* out to fish>.

• **Vessel** connota primordialmente un barco grande, de altura, que se usa para contener o transportar personas o mercancía, o bien para servir como base de operaciones <a fleet of fishing *vessels*>.

• **Ship** recalca el aspecto navegacional de un gran buque de altura y tiene ciertas connotaciones de individualidad y de romance <the beauty of the great sailing *ships*>.

• **Craft** se aplica a cualquier barco o buque que navega por el agua, y suele ser un término vago o general <the lake was full of small *craft* of all kinds>.

Bodily, physical, corporeal, corporal significan perteneciente a, o relacionado con, el cuerpo humano.

• **Bodily** connota un contraste con mental o espiritual <a sport that involves much *bodily* contact>.

• **Physical** connota, de forma menos explícita, una estructura orgánica <*physical* and mental exhaustion>.

• **Corporeal** connota la sustancia de la cual el cuerpo está constituido <in paintings, angels are shown as *corporeal* beings>.

• **Corporal** se aplica primordialmente a cosas que afectan o conciernen al cuerpo <banned *corporal* punishment in the schools>.

Bold v. BRAVE.

Bombard v. ATTACK *vb.*

Bona fide v. AUTHENTIC.

Bondage v. SERVITUDE.

Bon vivant v. EPICURE.

Bony v. LEAN.

Bookish v. PEDANTIC.

Booming v. LOUD.

Boorish 1. Boorish, crude, ill-bred significan burdo, tanto en manera de ser como en apariencia.

• **Boorish** indica rudeza de carácter debido a la falta de cultura, e indica asimismo una insensibilidad hacia los sentimientos de los demás, o poca disposición a ser agradable <told him his behavior at the wedding had been *boorish*>. ***ant*** gentlemanly

• **Crude** connota vulgaridad o rudeza desagradable <they tell a lot of *crude* jokes>.

• **Ill-bred** un término un poco anticuado que describe a alguien cuyo comportamiento indica una mala educación <she thought talking about money in this way showed he was *ill-bred*>.

2. v. RUDE.

Boost v. LIFT.

Bootleg V. SMUGGLED.
Booty V. SPOILS.
Border, margin, verge, edge, rim, brim, brink, fringe significan una raya o parte exterior que demarca el límite de algo.

- **Border** se refiere, ya sea a la parte de una superficie que está cerca de un borde o de un límite <the magazine cover's red *border*>, o al límite en sí <across international *borders*>.
- **Margin** denota un borde, una anchura determinada o un carácter distintivo <the page had one-inch *margins* on each side>.
- **Verge** se aplica a la raya que marca un límite extremo o la terminación de algo <a species on the *verge* of extinction>.
- **Edge** denota la raya de terminación formada por dos superficies convergentes, como por ejemplo, de una navaja o de una caja <the *edge* of a table>.
- **Rim** se aplica al borde de algo circular o curvo <the *rim* of a wheel>.
- **Brim** se aplica al borde superior e interior de algo hueco <filled the cup to the *brim*>.
- **Brink** denota el borde de algo que cae precipitadamente <the *brink* of the cliff> y puede indicar una transición abrupta <two nations on the *brink* of war>.
- **Fringe** implica un área estrecha a lo largo de un borde <a *fringe* of trees on the edge of the property> o justo por encima del borde <they lived on the *fringe* of the forest>.

Bordering V. ADJACENT.
Boredom V. TEDIUM.
Boring V. DULL.
Borrow V. QUOTE.
Bossy V. DOMINEERING.
Bother V. ANNOY.
Bottomless V. DEEP.
Bough V. SHOOT.
Bounds V. PERIMETER.
Bountiful 1. V. FERTILE. **2.** V. PLENTIFUL.
Bouquet V. FRAGRANCE.
Box V. STRIKE 2.
Brag V. BOAST.
Brainless V. STUPID.
Brainy V. INTELLIGENT.
Branch V. SHOOT.
Brand V. STIGMA.
Brandish V. SWING 1.
Brash V. ADVENTUROUS.

Brave 1. Brave, courageous, unafraid, fearless, intrepid, valiant, dauntless, bold, gutsy significan no tener o demostrar miedo al hacer frente a algo peligroso, difícil o desconocido.

- **Brave** indica la ausencia de miedo en circunstancias alarmantes o difíciles <a *brave* little kitten walking up to a big dog>.
- **Courageous** indica una característica firmeza de corazón y una disposición a enfrentar el peligro o las dificultades <admired for his

courageous acts as a senator>.

• **Unafraid** indica simplemente la falta de temor o miedo <*unafraid* of the possible consequences of her decision>. ***ant*** afraid

• **Fearless** puede indicar falta de miedo o, más positivamente, resolución impasible <his *fearless* opposition to the powerful corporate interests>. ***ant*** fearful

• **Intrepid** connota temeridad en el enfrentamiento al peligro o fortaleza al estar expuesto a él <stories about the *intrepid* explorers>.

• **Valiant** indica coraje resuelto y fortaleza, sea en el enfrentamiento al peligro, o en el logro de algún fin <her *valiant* efforts to free her imprisoned husband>. ***ant*** timid

• **Dauntless** recalca determinación, resolución e impavidez <a *dauntless* warrior>.

• **Bold** implica un espíritu intrépido y aventurero <*bold* pioneers>.

• **Gutsy** un término informal que connota el mostrar valentía y determinación terca <a *gutsy* little fighter>.

2. V. ADVENTUROUS.

Bravery V. COURAGE.

Brazen V. SHAMELESS.

Breach, infraction, violation, infringement significan el incumplimiento de una ley, deber u obligación.

• **Breach** indica el incumplimiento de una promesa <sued for *breach* of contract>. ***ant*** observance

• **Infraction** suele indicar la inobservancia de una ley u obligación <an *infraction* of the school's rules>. ***ant*** observance

• **Violation** indica el flagrante desacato a la ley o a los derechos de los demás y connota a menudo el ejercicio de la fuerza o de la violencia <a *violation* of their right to practice their religion freely>.

• **Infringement** indica la usurpación de un derecho protegido por ley o de un privilegio <an *infringement* of the workers' rights>.

Breakable V. FRAGILE.

Break down V. ANALYZE.

Brief *adj* **1. Brief, short, pithy, terse** significan carente de longitud.

• **Brief** se aplica primordialmente a la duración, y puede indicar condensación, concisión o a veces intensidad <a *brief* speech>. ***ant*** prolonged, protracted

• **Short** puede indicar una terminación súbita o un estado incompleto <the interview was rather *short*>. ***ant*** long

• **Pithy** connota el usar pocas palabras en una manera astuta y efectiva <a book of *pithy* sayings about love>.

• **Terse** connota el ser breve en una manera que carece de cordialidad <received a *terse* rejection letter>.

2. V. TRANSIENT.

Brief *n* V. ABRIDGMENT.

Bright 1. Bright, brilliant, radiant, luminous, lustrous, sunny, gleaming significan reluciente o resplandeciente.

• **Bright** indica el emitir o reflejar un alto grado de luz <one of the *brightest* stars in the sky>. ***ant*** dull, dim

• **Brilliant** indica una brillantez intensa, a menudo centelleante <the stage was suddenly flooded with *brilliant* light>. ***ant*** subdued

• **Radiant** recalca la emisión, real o aparente, de rayos o de luz <a smile as *radiant* as the sun>.
• **Luminous** indica la emisión de una luz constante y resplandeciente por reflexión, o en un entorno oscuro <*luminous* paintings that seemed to be lit from behind>.
• **Lustrous** recalca una luz rica, uniforme, proveniente de una superficie que refleja vivamente pero sin chispear o centellear <the *lustrous* sheen of satin>.
• **Sunny** significa iluminado por el sol <a *sunny* apartment>.
• **Gleaming** connota el ser brillante con una luz sojuzgada y constante, a menudo reflejada <the piano's *gleaming* surface>.
2. V. INTELLIGENT.

Brilliant 1. V. BRIGHT. **2.** V. INTELLIGENT.
Brim V. BORDER.
Brimming V. FULL.
Brink V. BORDER.
Brisk V. AGILE.
Brittle V. FRAGILE.
Broach V. EXPRESS.
Broad 1. Broad, wide significan que tiene extensión horizontal.
• **Broad** se prefiere cuando se está considerando la plena extensión horizontal <*broad* shoulders>. ***ant*** narrow
• **Wide** es más común cuando se hace mención de unidades de medida <the rug was eight feet *wide*>, o cuando éstas se aplican a un espacio vacío entre bordes <a *wide* doorway>.
2. V. INDISCRIMINATE.
Broadcast V. DECLARE.
Broad-minded V. LIBERAL 2.
Brook V. BEAR.
Browbeat V. INTIMIDATE.
Brusque V. BLUFF.
Bucolic V. RURAL.
Bugbear V. ABOMINATION.
Build *n* V. PHYSIQUE.
Build *vb* V. MAKE.
Bulge V. PROJECTION.
Bulk, mass, volume significan el conjunto o el todo que forma un cuerpo o una unidad.
• **Bulk** indica un conjunto que es impresivamente grande, pesado o numeroso <despite all their hard labor, the *bulk* of the work still remained to be done>.
• **Mass** connota un todo formado por el agrupamiento de cosas de un mismo tipo <the lawyers had assembled a *mass* of evidence>.
• **Volume** se aplica a un todo carente de forma o contorno, y capaz de fluir o fluctuar <a tremendous *volume* of water>.
Bully V. INTIMIDATE.
Bunch V. GROUP.
Bungling V. AWKWARD.
Burdensome V. ONEROUS.

Burglary V. THEFT.
Burlesque V. CARICATURE.
Bury V. HIDE.
Business 1. Business, commerce, trade, industry, traffic significan actividad relacionada con la provisión y distribución de artículos de comercio.

• **Business** puede ser un término inclusivo, pero se usa para designar específicamente las actividades de los que participan en la compra o venta de artículos de comercio o en transacciones financieras relacionadas a estas actividades <the *business* section of the newspaper>.

• **Commerce** y **trade** indican el intercambio y transporte de artículos de comercio, especialmente en gran escala <the power to regulate *commerce* between the states> <foreign *trade*>.

• **Industry** se aplica a la producción de artículos de comercio, sobre todo mediante la fabricación o el procesamiento <*industry* has now surpassed agriculture in the country's economy>.

• **Traffic** se aplica a la operación y el funcionamiento de transportadores públicos de bienes y de personas <heavy *traffic* keeps commuters waiting for hours on the highway>, o bien a las actividades de los que participan en el intercambio de artículos de comercio <widespread *traffic* in drugs>.

2. V. WORK 2.
3. V. AFFAIR 1.

Bustle V. STIR *n.*
Busy, industrious, diligent, assiduous significan activamente ocupado en una tarea.

• **Busy** recalca primordialmente la actividad, en contraposición a la inercia, el desuso o el ocio <too *busy* to spend time with the children>. ***ant*** idle, unoccupied

• **Industrious** indica devoción, característica o habitual, al trabajo <an *industrious* people>. ***ant*** slothful, indolent

• **Diligent** connota la aplicación concienzuda a un objeto o actividad específica <a *diligent* worker>. ***ant*** dilatory

• **Assiduous** recalca la aplicación esmerosa e infatigable <he spent hours every day in *assiduous* study>. ***ant*** desultory

Butchery V. MASSACRE.
Butt in V. INTRUDE.
Bystander V. SPECTATOR.

C

Cabal V. PLOT.
Cajole V. COAX.
Calamity V. DISASTER.
Calculate, compute, estimate, figure significan determinar algo matemáticamente.

• **Calculate** suele preferirse en relación con procesos sumamente intrincados o precisos que producen un resultado que no es inmediatamente comprobable por la confirmación física <*calculated* when the comet would next appear>.

• **Compute** significa alcanzar un resultado exacto mediante procesos de aritmética que son más simples aunque a menudo más prolongados <*computed* the interest at a quarterly rate>.

• **Estimate** se aplica primordialmente a la previsión de costos o de tendencias y supone la búsqueda de resultados útiles pero provisionales y aproximados <the mechanic *estimated* the cost of repairs>.

• **Figure**, un término coloquial que es aproximadamente equivalente a *estimate* <he *figures* he spent $10,000 on the project>.

Caliber V. QUALITY 2.

Call *vb* V. SUMMON.

Call *n* V. VISIT.

Call for V. DEMAND.

Calling V. WORK 2.

Calm *adj* **Calm, tranquil, serene, placid, peaceful, untroubled, sedate** significan silencioso y libre de disturbio o perjuicio.

• **Calm** suele indicar un contraste con un estado de violencia o agitación anterior o cercano <the protests ended, and the streets were *calm* again>. ***ant*** stormy, agitated

• **Tranquil** connota una profunda quietud o compostura <the *tranquil* beauty of a formal garden>. ***ant*** troubled

• **Serene** recalca una noble y perfecta tranquilidad <a woman of *serene* beauty>. ***ant*** upset

• **Placid** connota la carencia de alboroto o agitación, un temperamento ecuánime y puede insinuar cierta autocomplacencia <led a *placid* existence>.

• **Peaceful** indica un estado de reposo, a menudo en contraste con un alboroto o disturbio anterior <this demonstration, unlike the last one, was *peaceful*>. ***ant*** turbulent

• **Untroubled** describe una persona o una cosa cuya paz no se ve afectada por eventos o condiciones <*untroubled* by rival claims>. ***ant*** troubled, flustered

• **Sedate** connota una actitud de calma habitual <they enjoyed a *sedate* life in their retirement>.

Calm *n* V. EQUANIMITY.

Calm *vb* V. PACIFY.

Camouflage V. DISGUISE.

Cancel 1. V. ERASE. **2.** V. NULLIFY. **3.** V. REVOKE.

Cancer V. TUMOR.

Candid V. FRANK.

Cantankerous V. IRASCIBLE.

Capability V. POWER 2.

Capable V. ABLE.

Capacious V. SPACIOUS.

Capacity V. POWER.

Capitulate V. YIELD.

Capitulation V. SURRENDER.

Caprice, freak, whim, fancy significan una idea o un deseo irracional, extravagante o poco práctico.

• **Caprice** recalca la carencia de motivo aparente y connota la determinación deliberada <the whole trip had been nothing but a *caprice*>.

• **Freak** indica un súbito cambio de parecer, aparentemente sin causa <struck by a *freak* notion>.

• **Whim** indica una disposición o inclinación estrafalaria o humorosa <on a *whim* he bought an antique clock>.

• **Fancy** indica una atracción repentina e impredecible <she took a *fancy* to the stray dog>.

Capricious v. FICKLE.

Captious v. CRITICAL.

Captivate v. ATTRACT.

Capture v. CATCH.

Cardinal v. ESSENTIAL.

Care, concern, anxiety, worry, uneasiness, disquiet significan un estado de ánimo agitado o absorto, o lo que lo causa.

• **Care** indica una opresión de la mente causada por responsabilidades o aprensión <weary from *care*>.

• **Concern** indica un estado de ánimo agitado, así como el interés, la relación, el afecto o la responsabilidad que lo produce <your happiness is my only *concern*>. ***ant*** unconcern

• **Anxiety** recalca una angustiada incertidumbre o temor a la desgracia o al fracaso <plagued by *anxiety* and self-doubt>. ***ant*** security

• **Worry** connota una prolongada inquietud sobre asuntos que pueden o no ser motivos genuinos de ansiedad <a mother's constant *worry* about her children>.

• **Uneasiness** indica incertidumbre y un poco de presentimiento <the thunder aroused the crew's *uneasiness*>. **ant** serenity

• **Disquiet** indica ansiedad aguda <the dropping stock prices caused *disquiet* among the shareholders>.

Careful 1. Careful, meticulous, scrupulous, punctilious, conscientious, fussy, painstaking significan que demuestra mucha atención al detalle.

• **Careful** indica una gran atención hacia personas o asuntos al cargo de uno, y esmero y precaución en el evitar errores <a *careful* worker>. ***ant*** careless, negligent

• **Meticulous** puede indicar ya sea cuidado extremo o una precaución melindrosa en cuanto a pormenores <*meticulous* scholarship>.

• **Scrupulous** se aplica a lo que es apropiado, adecuado o ético <*scrupulous* honesty>. ***ant*** remiss

• **Punctilious** indica una atención minuciosa, y hasta excesiva, a los detalles más pequeños <*punctilious* observance of ritual>. ***ant*** lax

• **Conscientious** indica una preocupación sincera por hacer algo correctamente <a *conscientious* employee>. ***ant*** lax, lazy

• **Fussy**, un término un poco denigrante, describe una preocupación excesiva por detalles pequeños <always *fussy* about refolding road maps>.

• **Painstaking** indica un esfuerzo diligente y cuidado extremo <measured the ingredients with *painstaking* accuracy>. ***ant*** sloppy

2. v. CAUTIOUS.

Caress, fondle, pet, cuddle, stroke significan demostrar afecto mediante el tocar o el rozar.

• **Caress** indica el expresar afecto rozando suavemente o dando palmaditas <the *caress* of a soft breeze>.

• **Fondle** indica un cariño mimoso y a veces una falta de dignidad, y puede connotar una mayor intimidad y menos delicadeza que *caress* <*fondle* a baby's head>.

• **Pet** se aplica a las caricias afectuosas que se hacen a niños o animales <*petting* a dog>.

• **Cuddle** se aplica a un abrazo estrecho pero suave, y cuyo fin es de calmar y confortar <*cuddle* a frightened puppy>.

• **Stroke** se usa más frecuentemente al hablar de animales que de humanos <quietly *stroking* his dog>.

Caricature, burlesque, parody, travesty, takeoff, spoof, satire significan una imitación cómica o grotesca.

• **Caricature** indica una exageración absurda de los rasgos característicos o peculiaridades de un tema o sujeto <the movie is a *caricature* of the novel>.

• **Burlesque** indica la mofa, ya sea en el tratar un tema de poca importancia como si fuera algo grandioso, o bien, en el tratar un tema noble con frivolidad <a *burlesque* that treats a petty quarrel as a great battle>.

• **Parody** se aplica en particular al tratamiento de un tema según el estilo de un autor famoso o de una obra artística bien conocida, mediante la exageración o distorción sutil y continua <a witty *parody* of a popular soap opera>.

• **Travesty** indica el uso de un estilo extravagante o absurdo que a la vez degrada al usuario tanto como el tema <he denounced the court's ruling as a *travesty* of justice>.

• **Takeoff, spoof** ambos son términos un poco informales y connotan una imitación cómica de un estilo o trabajo conocido <did a *takeoff* on the popular TV ad> <a *spoof* of Shakespeare's play>.

• **Satire** generalmente indica un trabajo escrito o una actuación que se burla de alguien o algo <a political *satire* by a well-known author>.

Caring V. KIND.

Carnage V. MASSACRE.

Carnal, fleshly, sensual significan que tiene origen en o es orientado hacia lo físico.

• **Carnal** puede significar esto solamente, pero con mayor frecuencia acarrea cierta connotación de una acción o manifestación de la naturaleza inferior de una persona <these *carnal* pleasures only ended up deepening his depression>. ***ant*** spiritual, intellectual

• **Fleshly** similar en su significado, es un poco menos peyorativo que *carnal* <a 4th-century saint who wrote at length on his *fleshly* temptations>.

• **Sensual** se puede aplicar a cualquier gratificación de un deseo o placer físico, pero comúnmente insinúa apetito sexual o satisfacción física <the city seemed to offer every kind of *sensual* delight>. ***ant*** spiritual

Carping V. CRITICAL.

Carry, bear, convey, transport, lug, tote significan mover algo de un lugar a otro.

• **Carry** tiende a recalcar el medio por el cual algo se mueve o la acción de apoyar por encima del suelo durante el movimiento <*carried* the basket on her head>.

• **Bear** recalca el esfuerzo de sostener o la importancia de lo que se carga <*bear* the banner aloft>.

• **Convey** connota el movimiento continuo de algo en masa <the pipeline *conveys* oil for more than a thousand miles>.

• **Transport** indica el movimiento ordenado de algo, a menudo a través de grandes distancias, a su destino <trucks *transporting* fruits and vegetables to market>.

• **Lug** aplica a una persona que carga algo con esfuerzo <had to *lug* her suitcases out to the car by herself>.

• **Tote** indica el cargar algo con la mano sin dificultad alguna <he's been *toting* that bag around all day>.

Carry on V. PERSEVERE.

Carry out V. PERFORM.

Cartel V. MONOPOLY.

Case 1. V. INSTANCE. **2.** V. AFFAIR.

Cast *vb* **1.** V. DISCARD. **2.** V. THROW.

Cast *n* V. COLOR.

Castigate 1. V. PUNISH. **2.** V. CRITICIZE.

Casual 1. V. ACCIDENTAL. **2.** V. RANDOM. **3.** SUPERFICIAL.

Cataclysm V. DISASTER.

Catastrophe V. DISASTER.

Catastrophic V. PERNICIOUS.

Catch 1. Catch, capture, trap, snare, entrap, ensnare, bag, net significan llegar a poseer o controlar una cosa al asirla o agarrarla, o mediante una acción similar.

• **Catch** indica agarrar algo que ha estado en movimiento, desplazándose por el aire o escondido <*caught* the dog as it ran by>. ***ant*** miss

• **Capture** connota tomar al superar la resistencia o las dificultades <*capture* an enemy stronghold>.

• **Trap, snare, entrap, ensnare** indican agarrar por medio de algún dispositivo que hace que la presa quede a la merced de su captor. *Trap* y *snare* se aplican más comúnmente a una captura física <*trap* animals> <*snared* butterflies with a net>. *Entrap* y *ensnare* suelen usarse más en sentido figurado <*entrapped* the witness with a trick question> <a police operation that *ensnared* burglars>.

• **Bag** indica el tener éxito en la captura de una presa difícil, valiéndose de la habilidad, el sigilo o el artificio, y suele suponer el talento de un cazador <*bagged* a deer>.

• **Net** indica el pescar a alguien o algo como si fuera con una red puesta por un cazador <the escaped convict was *netted* by police>.

2. V. INCUR.

Cause, reason, source significan algo que produce un efecto o resultado.

• **Cause** se aplica a cualquier evento, circunstancia o condición que produce o ayuda a producir un resultado <an icy road was the *cause* of the accident>.

• **Reason** se aplica a una causa, localizable o explicable, de un efecto

conocido <the *reason* I was late was that my car wouldn't start>.
• **Source** connota una fuente o fuerza que da comienzo a algo <a major *source* of strength>.

Caustic, acrid, scathing, acid, stinging, sarcastic, sardonic significan ácidamente incisivo.
• **Caustic** connota un ingenio mordaz <*caustic* comments about her singing ability>.
• **Acrid** indica amargura y a menudo malevolencia <a speech marked by *acrid* invective>.
• **Scathing** indica un ataque que se lanza con indignación y con una severidad feroz <a *scathing* response from his rival>.
• **Acid** connota un modo de expresión mordaz y agudamente claro <*acid* criticism>.
• **Stinging** indica el causar dolor rápido y punzante <replied with a *stinging* rebuke>.
• **Sarcastic** connota el usar palabras que normalmente significan una cosa para significar lo contrario, generalmente para herir los sentimientos de alguien o para mostrar desprecio <yelled *sarcastic* insults at anyone who disagreed>.
• **Sardonic** indica desdén o escepticismo burlón, a veces mostrado meramente con expresiones faciales <his *sardonic* smile>.

Caution V. WARN.

Cautious 1. Cautious, circumspect, wary, careful, guarded, gingerly significan prudentemente alerta y discreto frente al riesgo.
• **Cautious** indica el ejercicio de la premeditación o la prudencia, generalmente motivada por el miedo al peligro <a *cautious* driver>. ***ant*** adventurous, bold, daring, reckless
• **Circumspect** recalca la prudencia, la discreción, la vigilancia y el análisis de todas las consecuencias posibles antes de actuar o decidir <the panel must be *circumspect* in assigning blame>. ***ant*** audacious
• **Wary** recalca la suspicacia y un estado alerta en la vigilancia contra el peligro, así como astucia en escaparlo <be *wary* of anyone claiming to have all the answers>. ***ant*** foolhardy, brash
• **Careful,** un término muy común y amplio, se usa ampliamente para situaciones cotidianas <be very *careful* with knives>.
• **Guarded** connota el no estar abierto o libre en el hablar o en la conducta <a *guarded* response>. ***ant*** spontaneous, open
• **Gingerly** indica algo hecho con indecisión <his first, *gingerly* attempt to bring up the subject>.

2. V. CAREFUL.

Cease V. STOP.

Ceaseless V. CONTINUAL.

Cede V. RELINQUISH.

Celebrate V. OBSERVE.

Celebrated V. FAMOUS.

Censor V. SUPPRESS.

Censorious V. CRITICAL.

Censure V. CRITICIZE.

Ceremonial, ceremonious, formal, conventional, stately, solemn significan caracterizado por la atención o que se adhiere estrictamente a las formas prescritas.

• **Ceremonial** *y* **ceremonious** indican atención estricta a lo prescrito por costumbre o ritual, pero *ceremonial* se aplica a cosas asociadas con una ceremonia <a *ceremonial* offering>, mientras que *ceremonious* suele aplicarse a personas dadas a la ceremonia o a actos relacionados con ella <a *ceremonious* old man>. ***ant*** unceremonious, informal

• **Formal** se aplica a cosas prescritas por y para las personas que obedecen las costumbres y puede connotar un comportamiento rígido, sobrio o anticuado <a *formal* report on the summit meeting>. ***ant*** informal, casual

• **Conventional** indica armonía con la costumbre y usos generales y puede dejar entender una falta de originalidad o de independencia <*conventional* courtesy> <*conventional* standards of beauty>. ***ant*** unconventional, original

• **Stately** indica un evento o una conducta lenta, formal e impresionante <a *stately* procession>.

• **Solemn** connota una seriedad y formalidad que son prácticamente religiosas <a *solemn* declaration>.

Ceremonious V. CEREMONIAL.

Certain V. SURE.

Certainty, certitude, assurance, conviction, confidence significan una condición en la que se está libre de toda duda.

• **Certainty** puede recalcar la existencia de una prueba objetiva <lacking in scientific *certainty*>. ***ant*** uncertainty, doubt

• **Certitude** puede subrayar una fe suficientemente fuerte para resistir cualquier ataque <believed in his innocence with a fair degree of *certitude*>. ***ant*** doubt

• **Assurance** indica más la confianza que la certidumbre, e indica en particular el tener confianza en los propios poderes o métodos de uno, o el confiar en otro <their *assurance* that the story would remain secret>.

• **Conviction** indica por lo general una duda o incertidumbre previa, y recalca una reacción sujetiva y racional a la evidencia <she holds firm *convictions* about everything>.

• **Confidence** connota confianza <had lost *confidence* in the government>.

Certify 1. Certify, attest, witness, vouch, authenticate, warrant, confirm, corroborate, substantiate, verify, validate, bear out significan atestiguar la verdad o la autenticidad de algo.

• **Certify** suele aplicarse a una declaración escrita, sobre todo una que lleva una firma o un sello <*certified* that the candidate had met all requirements>.

• **Attest** se aplica al testimonio oral o escrito, proveniente por lo general de testigos o expertos, y a menudo bajo juramento o palabra de honor <*attested* the authenticity of the document>.

• **Witness** se aplica al acto de suscribir un documento como evidencia de su autenticidad <two persons who *witnessed* the signing of the will>.

• **Vouch** connota que el que testifica es una autoridad competente, o bien una persona de confianza que avalará una afirmación <willing to *vouch* for the woman's integrity>.

• **Authenticate** connota probar que algo es genuino <experts *authenticated* the painting>.

• **Warrant** indica asegurar la naturaleza o la calidad de algo <the tires are *warranted* for 40,000 miles>.

• **Confirm** indica la eliminación de dudas por una declaración autorizada o un hecho indiscutible <*confirmed* reports of troop movements>. ***ant*** deny

• **Corroborate** connota el consolidar una evidencia que ya ha sido parcialmente establecida o aceptada <witnesses *corroborated* his story>. ***ant*** contradict

• **Substantiate** indica la presentación de evidencia que demuestra o comprueba algo que se alega <claims that have yet to be *substantiated*>.

• **Verify** indica el establecimiento de una correspondencia entre los hechos o detalles reales con aquéllos que se han propuesto o conjeturado <all statements of fact in the article have been *verified*>.

• **Validate** indica establecer la validez mediante una afirmación o certificación autorizada, o bien por una prueba basada en los hechos <*validate* a passport>. ***ant*** invalidate

• **Bear out** raramente toma un sujeto personal <the facts *bore out* her story>.

2. V. APPROVE.

Certitude V. CERTAINTY.

Challenging V. HARD.

Champion V. SUPPORT.

Chance *n* **Chance, accident, fortune, luck, fate** significan algo que sucede sin causa aparente o como resultado de fuerzas imprevistas.

• **Chance** es el término más general y puede indicar la determinación de algo por fuerzas irracionales e incontrolables <left things to *chance*>, o por un grado de probabilidad <a *chance* of one in ten>.

• **Accident** subraya la falta de intención <met by *accident*>. ***ant*** design, intent

• **Fortune** se refiere a menudo a la causa *hipotética* de algo que sucede fortuitamente <their journey was favored by *fortune*>, o al resultado de una empresa difícil <the *fortunes* of war>.

• **Luck** menos decoroso que *fortune,* conlleva insinuaciones de juegos de azar <her good *luck* lasted until June>, y puede indicar éxito o un resultado feliz <I wish you *luck*>.

• **Fate** supone un poder, frecuentemente no amistoso, que controla la vida humana <her careful plan was demolished by *fate*>.

Chance *adj* V. RANDOM.

Change, alter, vary, modify, mutate, morph, evolve significan hacer o hacerse diferente.

• **Change** indica efectuar, ya sea una diferencia esencial que resulta en la pérdida de la identidad original, o bien una sustitución de una

cosa por otra <the town had *changed* little over the years>.
• **Alter** indica efectuar una diferencia en algún particular, pero no connota la pérdida de identidad <slightly *altered* the original design>.
• **Vary** subraya un alejamiento de la uniformidad, la duplicación o la repetición exacta <you can *vary* the speed of the conveyor belt>.
• **Modify** connota una diferencia que limita, restringe o adapta para un nuevo propósito <*modified* the building for use by the handicapped>.
• **Mutate** indica cambiar a algo muy diferente y a veces indeseable <over time, her feelings *mutated* from love into hatred>.
• **Morph** indica cambiar gradualmente e imperceptiblemente de una cosa a otra, frecuentemente de manera sorpresiva <a quiet college student who *morphed* into a glamorous actress>.
• **Evolve** sugiere cambiar o desarrollarse gradualmente mediante un proceso de cambio lento y por pasos <birds *evolved* from dinosaurs>.

Changeable V. FICKLE.

Chaperone V. ACCOMPANY.

Character **1.** V. DISPOSITION. **2.** V. TYPE.

Characteristic, individual, peculiar, distinctive, idiosyncratic, trademark, unique significan que revela una cualidad o identidad especial.
• **Characteristic** se aplica a algo que distingue o identifica a una persona, cosa o clase <responded with his *characteristic* wit>.
• **Individual** recalca las cualidades que distinguen a un miembro de otros del mismo grupo o clase <a highly *individual* writing style>. ***ant*** common
• **Peculiar** destaca lo raro o singular de las cualidades poseídas por un individuo determinado de un grupo o especie <a habit *peculiar* to the British>.
• **Distinctive** indica cualidades que distinguen, son excepcionales y que a menudo merecen reconocimiento o elogio <her *distinctive* aura of grace and elegance>. ***ant*** typical
• **Idiosyncratic** supone el tener un rasgo o hábito inusual que raya en excentricidad <an *idiosyncratic* style of dressing>. ***ant*** conventional
• **Trademark** indica una característica o acción distintiva, generalmente adoptada intencionalmente y que está asociada firmemente con una persona o cosa <wearing his *trademark* bow tie and striped pants>.
• **Unique** connota una cualidad única conectada con una sola cosa, lugar o persona <beautiful autumn leaves are not *unique* to North America>.

Charade V. PRETENSE.

Charge *vb* **1.** V. ACCUSE. **2.** V. COMMAND. **3.** V. ASCRIBE. **4.** V. ATTACK.

Charge *n* V. PRICE.

Charitable V. FORBEARING.

Charity V. MERCY.

Charm *vb* V. ATTRACT.

Charm *n* V. FETISH.

Charming V. SWEET.

Charter V. HIRE.

Chase V. FOLLOW 2.

Chaste, pure, modest, decent significan libre de toda mancha de lo lascivo o salaz.

• **Chaste** indica ante todo el abstenerse de actos, o incluso de pensamientos o deseos, que no sean virginales o sancionados por los votos matrimoniales <maintained *chaste* relations until marriage>. ***ant*** lewd, wanton, immoral

• **Pure** indica más la inocencia y la ausencia de tentación que el autocontrol sobre los impulsos y las acciones <the *pure* of heart>. ***ant*** impure, immoral

• **Modest** recalca la ausencia, en el vestir o en la forma de comportarse, de características impropias de uno que es casto y puro <her clothes were always *modest*>. ***ant*** immodest

• **Decent** recalca el respeto hacia lo que es considerado como correcto o apropiado <*decent* people didn't go to that part of town>. ***ant*** indecent, obscene

Chastise V. PUNISH.

Chat V. SPEAK.

Cheap 1. V. CONTEMPTIBLE. **2.** V. STINGY.

Cheat, defraud, swindle, gyp, bilk, fleece, con significan obtener algo valiéndose de la deshonestidad o del engaño.

• **Cheat** connota el uso del engaño o de trampas con la intención de eludir la observación <*cheated* on the written examination>.

• **Defraud** recalca el privar a alguien de lo que es legítimamente suyo, y suele asimismo connotar las tergiversaciones deliberadas de la verdad <her own lawyer *defrauded* her of her inheritance>.

• **Swindle** indica el defraudar a gran escala mediante la distorsión de los hechos o del abuso de confianza, primordialmente con el fin de obtener dinero <widows *swindled* of their savings by con artists>.

• **Gyp** se usa informalmente para indicar el estafar a alguien de su dinero, generalmente de una cantidad pequeña <he *gypped* us out of a hundred dollars>.

• **Bilk, fleece, con** connotan el engañar o estafar a una persona o una organización, frecuentemente a través de un plan bien calculado <convicted of *bilking* the insurance company out of a lot of money> <an unsuspecting tourist *fleeced* by a girl he met in a bar> <he'd been *conned* into investing thousands in a nonexistent company>.

Cheeky V. SAUCY.

Cheer *vb* V. ENCOURAGE.

Cheer *n* V. MIRTH.

Cheerful V. GLAD.

Cheerless V. DISMAL.

Cheer up V. COMFORT.

Cherish V. APPRECIATE.

Chemistry V. ATTRACTION.

Chicanery V. DECEPTION.

Chide V. REPROVE.

Chief V. DOMINANT.

Choice *n* **Choice, option, alternative, preference, selection, druthers** significan el acto o la oportunidad de escoger, o lo que se escoge.

• **Choice** connota la oportunidad o el privilegio de escoger libremente de entre un número de alternativas <total freedom of *choice* in the matter>.

• **Option** indica un poder, específicamente dado, de escoger entre cosas que se excluyen mutuamente <the *option* of paying now or later>.

• **Alternative** indica una necesidad de escoger una posibilidad y rechazar otra <the *alternatives* were peace with dishonor or war>.

• **Preference** connota parcialidad y predilección personal como determinantes de la elección <stated a *preference* for red-haired women>.

• **Selection** indica una amplia gama de opciones posibles, y a menudo la necesidad de reflexión o discriminación en la elección <a store offering a wide *selection* of furniture>.

• **Druthers** un término informal y coloquial, connota una preferencia personal <if I had my *druthers,* I'd travel all the time>.

Choice *adj* **1. Choice, exquisite, elegant, rare, dainty, delicate** significan que posee cualidades atractivas a un gusto cultivado.

• **Choice** subraya la preeminencia de la calidad o clase <a *choice* bit of gossip>. ***ant*** indifferent

• **Exquisite** indica una perfección en la calidad de trabajo o en el diseño que sólo complace los gustos más sensibles <an *exquisite* gold bracelet>.

• **Elegant** se aplica a lo que es rico y lujoso pero moderado por el buen gusto <an *elegant* dining room with genuine French antiques>.

• **Rare** connota una excelencia poco común <would drink only the *rarest* wines>.

• **Dainty** connota pequeñez combinada con exquisitez <*dainty* food that leaves you hungry>. ***ant*** gross

• **Delicate** indica exquisitez, sutileza o fragilidad <the play's *delicate* charm vanished when it was filmed>. ***ant*** gross

2. V. SELECT.

Choke V. SUFFOCATE.

Chore V. TASK.

Chosen V. SELECT.

Chronic 1. V. INVETERATE. **2.** V. CONTINUAL.

Chronicle V. HISTORY.

Chuck V. THROW.

Chummy V. FAMILIAR.

Chutzpah V. TEMERITY.

Circadian V. DAILY.

Circle V. SET *n.*

Circuit V. PERIMETER.

Circumference V. PERIMETER.

Circumscribe V. LIMIT.

Circumspect V. CAUTIOUS.

Circumstance V. OCCURRENCE.

Circumvent V. FRUSTRATE.

Citation V. ENCOMIUM.

Cite 1. Cite, advance, allege, adduce significan presentar como explicación, prueba o ilustración.

• **Cite** indica el presentar algo como pertinente o específico de una investigación o discusión <couldn't *cite* a single piece of recent environmental legislation>.

• **Advance** recalca la noción de presentar algo para que se considere o estudie <he *advanced* the idea of a global oil conference>.

• **Allege** conlleva a menudo una fuerte insinuación de duda en cuanto a la validez de lo que se presenta <tried the *alleged* murderer>, y a veces viene siendo lo mismo que un descargo de responsabilidad por la afirmación <the existence, real or *alleged*, of ghosts>.

• **Adduce** se aplica más concretamente a la presentación de evidencia, hechos, casos o argumentos que apoyan una posición u opinión determinada <reasons *adduced* by those who doubt the reality of UFOs>.

2. V. SUMMON.
3. V. QUOTE.
4. V. MENTION.

Citizen, subject, national significan una persona que debe lealtad a un estado soberano y tiene derecho a la protección de éste.

• **Citizen** se prefiere para una persona que debe lealtad a un estado en el cual el poder soberano es retenido por el pueblo, y que participa de los derechos políticos de dicho pueblo <the rights of a free *citizen*>. ***ant*** alien

• **Subject** indica lealtad a un soberano personal, tal como un monarca <the king enjoys the loyalty of his *subjects*>. ***ant*** sovereign

• **National** designa a uno que puede reivindicar la protección de un estado, y se aplica especialmente a uno que reside o que viaja fuera de dicho estado <American *nationals* living in Europe>.

Civil, polite, courteous, gallant, genteel, mannerly significan que observa las formas que exige la buena crianza.

• **Civil** con frecuencia connota poco más que el evitar un comportamiento manifiestamente grosero <a *civil* but cool greeting>. ***ant*** uncivil, rude

• **Polite** comúnmente indica refinamiento de habla y modales, a veces con una falta de cordialidad <she always managed to be *polite* when talking to her ex-husband>. ***ant*** impolite

• **Courteous** indica modales caracterizados por una mayor consideración o dignidad <clerks who were unfailingly *courteous* to customers>. ***ant*** discourteous

• **Gallant** connota un comportamiento enérgico y bizarro y adornadas expresiones de cortesía <a *gallant* suitor who always held the door for her>.

• **Genteel** significa calladamente elegante, de buen gusto o cortés <they lived in a more *genteel* era>.

• **Mannerly,** un término un poco anticuado, indica mostrar buenos modales <her grandmother called him a *mannerly* young man>. ***ant*** unmannerly

Claim 1. V. DEMAND. **2.** V. ASSERT. **3.** V. MAINTAIN.
Clamor V. DIN.
Clandestine V. SECRET.
Clash V. BATTLE.
Class V. TYPE.

Classify V. ORDER.

Clear *adj* **1. Clear, transparent, translucent, limpid** significan que es posible ver a través (del objeto al cual se aplica).

• **Clear** indica la ausencia de toda nebulosidad, confusión o turbidez <*clear* water>. ***ant*** turbid, cloudy, murky

• **Transparent** se aplica a cualquier cosa por medio de la cual se puede ver clara y nítidamente <a *transparent* sheet of film>. ***ant*** opaque

• **Translucent** se aplica a lo que permite el pasaje de la luz pero sin permitir una vista nítida de lo que se encuentra más allá <*translucent* frosted glass>.

• **Limpid** connota la suave claridad del agua pura <*limpid* blue eyes>.

2. Clear, lucid significan que se entiende rápidamente y fácilmente.

• **Clear** indica la ausencia de oscuridad, ambigüedad o complejidad excesiva <the instructions were perfectly *clear*>. ***ant*** unintelligible, obscure, unclear

• **Lucid** connota una clara coherencia lógica, así como un orden evidente de composición <a *lucid* description of nuclear physics>. ***ant*** obscure, vague, unclear

3. V. EVIDENT.

Clear V. EXCULPATE.

Clear-cut 1. V. INCISIVE. **2.** V. EXPLICIT.

Clemency V. MERCY.

Clever 1. Clever, adroit, ingenious, resourceful significan que se tiene o se demuestra inteligencia o habilidad práctica en la maniobra.

• **Clever** recalca la rapidez o aptitud física o mental <*clever* at constructing puzzles of all kinds>.

• **Adroit** indica a menudo el uso hábil o astuto de recursos para lograr los propósitos de uno <an *adroit* negotiator>. ***ant*** maladroit

• **Ingenious** connota inteligencia o astucia en inventar o descubrir <an *ingenious* computer engineer>.

• **Resourceful** supone una capacidad inventiva al tratar con circunstancias imprevistas <a *resourceful* leader>.

2. V. INTELLIGENT.

3. V. SLY.

Clichéd V. TRITE.

Climax V. SUMMIT.

Climb 1. V. ASCEND. **2.** V. RISE.

Cling V. STICK.

Clique V. SET *n*.

Cloak V. DISGUISE.

Cloister, convent, nunnery, monastery, abbey, priory significan un lugar de alejamiento del mundo para miembros de una comunidad religiosa.

• **Cloister** recalca la noción de aislamiento del mundo para miembros de ambos sexos <kept a strict silence within the *cloister* walls>.

• **Convent, nunnery** pueden referirse a un retiro para miembros de ambos sexos, o bien a un retiro para monjas, y recalca la noción de vida comunitaria <the shared labor of life within the *convent*> <found life in a *nunnery* too restrictive>.

• **Monastery** se refiere a un claustro para monjes y puede señalar una comunidad que combina la vida enclaustrada con la enseñanza, la predicación u otro tipo de trabajo <left his job on Wall Street and entered a *monastery*>.

• **Abbey** denota un monasterio o convento gobernado por un abad o una abadesa <in the religious wars the old *abbey* had been badly damaged>.

• **Priory** señala una comunidad gobernada por un prior o una priora <summoned the monks of the *priory* to prayer>.

Clone 1. V. COPY. **2.** V. REPRODUCTION.

Close *n* V. END.

Close *vb* **Close, end, conclude, finish, complete, terminate, wind up, wrap up** significan traer o venir hasta un límite o punto de detención.

• **Close** suele indicar que algo ha estado, de alguna manera, abierto o inacabado <*closed* the meeting with a joke>.

• **End** conlleva un fuerte sentido de terminación o irrevocabilidad, e indica un acontecimiento que se ha llevado a cabo <*ended* his life>. ***ant*** begin

• **Conclude** puede indicar un cierre formal (como en el caso de una reunión) <the service *concluded* with a blessing>. ***ant*** open

• **Finish** puede recalcar la terminación de la última etapa de un proceso <once it's painted, the house will be *finished*>.

• **Complete** indica la eliminación de toda deficiencia, o bien la terminación exitosa de lo que se ha emprendido <the resolving of this last issue *completes* the agreement>.

• **Terminate** indica el fijar un límite en el tiempo o espacio <your employment *terminates* after three months>. ***ant*** initiate

• **Wind up, wrap up** sugieren el hacer las cosas finales necesarias antes de acabar algo <hoped to *wind up* the meeting by 4:00> <let's *wrap up* this discussion>.

Close *adj* **1. Close, dense, compact, thick, crowded** significan estrechamente juntado o apiñado.

• **Close** se aplica a algo compuesto de elementos distintos que están o parecen estar apretados el uno contra el otro <paintings hung *close* together>. ***ant*** open

• **Dense** indica la compresión de partes o elementos tan estrechamente como para ser casi impenetrables <the *dense* growth in a tropical rain forest>. ***ant*** sparse

• **Compact** connota una unión firme y ordenada, o bien una consolidación efectiva de partes dentro de un alcance <a *compact*, muscular body>.

• **Thick** indica una abundancia condensada y concentrada de partes o unidades <a *thick* head of hair>.

• **Crowded** supone un área llena con demasiadas personas o cosas, o cosas apiñadas <a *crowded* waiting room>.

2. V. FAMILIAR.

Closest V. NEAREST.

Closing V. LAST.

Clout V. INFLUENCE.

Clumsy V. AWKWARD.

Cluster *n* V. GROUP.

Cluster *vb* v. GATHER.
Clutch *vb* v. TAKE.
Clutch *n* v. HOLD.
Coach v. TEACH.
Coalesce v. MIX.
Coalition v. ALLIANCE.
Coarse 1. v. ROUGH. **2.** v. RUDE.

Coax, cajole, wheedle, blandish, soft-soap, sweet-talk significan influenciar o instar suavemente mediante halagos o caricias.

• **Coax** connota un rogar suave y diestro en el intento de lograr uno sus propósitos <*coaxed* them into staying for dinner>. ***ant*** bully

• **Cajole** connota el atraer o tentar mediante engaños <*cajoled* by his friend into trying the exotic dish>.

• **Wheedle** recalca el uso de la palabra suave, el halago seductor o la tentación <*wheedled* the old man out of his money>.

• **Blandish** connota la adulación patente y el uso obvio del encanto para ganarse a alguien <shamelessly *blandishing* her wealthy customers>.

• **Soft-soap** se refiere al usar un hablar suave y un poco insincero generalmente para ganancia personal <politicians *soft-soaping* eligible voters>.

• **Sweet-talk** significa usar adulación y frecuentemente coqueteo para convencer a otra persona a hacer algo <he tried to *sweet-talk* her into falsifying the account>.

Coerce v. FORCE.
Cogent 1. v. VALID. **2.** v. PLAUSIBLE.
Cognizant v. AWARE.
Cohesion v. UNITY.
Cohesiveness v. UNITY.
Cohort v. PARTNER.
Collapse v. RUIN *n.*
Collar v. TAKE.
Colleague v. PARTNER.
Collect v. GATHER.

Color, hue, shade, tint, tinge, cast, tone significan una propiedad correspondiente a una cosa visible que puede reconocerse en la luz, y que puede distinguirse de otras propiedades, tales como la forma, el tamaño y la textura.

• **Color** es el término ordinario y genérico para esta propiedad, y se aplica particularmente a la propiedad de las cosas que aparecen a la vista como rojas, amarillas, azules, etc., a diferencia del gris, el negro o el blanco <gave the white room touches of *color*>.

• **Hue** puede ser un sinónimo cercano de *color* <flowers of many *hues*> pero connota la gradación o modificación de los colores <the many green *hues* of spring>.

• **Shade** indica más a menudo la gradación de un color o tono según su claridad o brillantez <use a paler *shade* of blue for the curtains>.

• **Tint** suele aplicarse al color que es pálido, tenue o diluido (con blanco, por ejemplo) <the rose *tints* of the evening sky>.

• **Tinge** se aplica particularmente a un color que modifica otro color al mezclarse con él o al recubrirlo <embarrassment brought a *tinge* of red to her pale cheeks>.

• **Cast** connota el añadir un poco de un color a otro color existente <a greenish *cast* to his skin>.

• **Tone** significa un color que cambia notablemente a otro <gray with a blue *tone*>.

Colossal V. ENORMOUS.

Combat V. OPPOSE.

Combative V. BELLIGERENT.

Combine 1. V. JOIN. **2.** V. MIX.

Comfort 1. Comfort, console, solace, cheer up significan dar o brindar ayuda para aliviar el sufrimiento o el pesar.

• **Comfort** indica el dar alegría, fuerza o ánimo, así como el aliviar dolor <a message intended to *comfort* the grieving family>. ***ant*** afflict, bother

• **Console** pone énfasis en el alivio de la pena o de la sensación de pérdida <*consoled* herself by remembering the good times>.

• **Solace** connota el levantar los ánimos, sobre todo de uno afligido por la soledad o el aburrimiento, o por el dolor o la pena <*solaced* himself by reading books and writing poetry>.

• **Cheer up** indica el hacer a alguien esperanzado o feliz <we tried our best to *cheer* her *up*>.

2. V. RELIEVE.

3. V. PACIFY.

Comfortable, cozy, snug, easy, restful, cushy significan que goza de, o provee, circunstancias de satisfacción y de seguridad.

• **Comfortable** se aplica a cualquier cosa que fomenta la serenidad, el bienestar o la autocomplacencia, así como el relajamiento físico <began to feel *comfortable* in his new surroundings>. ***ant*** uncomfortable, miserable

• **Cozy** connota la comodidad derivada del calor, el refugio, el relajamiento y la amabilidad <a *cozy* local coffee shop>.

• **Snug** connota el tener justo lo suficiente de algo para alcanzar la comodidad y la seguridad, pero no más <a *snug* little cottage>.

• **Easy** indica el alivio o la ausencia de cualquier cosa que pueda causar malestar o restricción física o mental <our host had a warm, *easy* manner>.

• **Restful** se aplica a todo lo que induce o contribuye al descanso o relajamiento <a quiet, *restful* inn>.

• **Cushy**, un término informal, describe una situación que es fácil y placentera, a veces de manera inapropiada <a *cushy* job with a high salary>.

Comic V. LAUGHABLE.

Comical V. LAUGHABLE.

Command *vb* **1. Command, order, direct, instruct, charge** significan emitir órdenes.

• **Command** indica autoridad y cierto grado de formalidad, así como impersonalidad en el ejercicio oficial de la autoridad <when his superior *commands,* a soldier obeys>. ***ant*** comply, obey

• **Order** puede añadir la noción de un ejercicio imperioso o arbitrario del poder <*ordered* his men about like slaves>.

• **Direct** connota una expectativa de obediencia, y suele referirse a puntos específicos de procedimiento o método <*directed* her assistant to hold all her phone calls>.

• **Instruct** a veces indica un carácter más explícito o formal <the judge *instructed* the jury to ignore the remark>.

• **Charge** añade una indicación de la imposición de un deber o responsabilidad <*charged* by the President with a covert mission>.

2. V. DICTATE.

Command *n* V. POWER 3.

Commandeer V. APPROPRIATE.

Commemorate V. OBSERVE.

Commence V. BEGIN.

Commensurate V. PROPORTIONAL.

Comment V. REMARK.

Commerce V. BUSINESS.

Commiseration V. SYMPATHY.

Commit 1. Commit, entrust, consign significan asignar (algo) a una persona o un lugar, especialmente con el fin de guardar o poner en buen recaudo.

• **Commit** puede expresar la idea general de entregar al cargo de otro <*commit* his child to her care>, o el sentido especial de transferir a un poder superior o a un lugar de custodia <*committed* the two drug dealers to prison>.

• **Entrust** indica el asignar con confianza y seguridad <the president is *entrusted* with broad powers>.

• **Consign** connota una transferencia que quita una cosa del control inmediato de uno <*consigned* my paintings to a gallery for sale>.

2. V. GIVE.

Common 1. Common, ordinary, plain, familiar, popular, everyday, standard, conventional significan aceptado por lo general, y que no es de ninguna manera especial, extraño o inusual.

• **Common** indica normalidad en la cualidad cotidiana o la frecuencia de uso <a *common* error> <lacked *common* honesty>. ***ant*** uncommon, exceptional

• **Ordinary** recalca conformidad en cualidad o tipo con el orden regular de las cosas <an *ordinary,* pleasant summer day> <a *very* ordinary sort of man>. ***ant*** extraordinary

• **Plain** connota normalidad, así como una sencillez elemental <she comes from *plain,* hard-working folk>. ***ant*** fancy, ornamental

• **Familiar** recalca el hecho de ser generalmente conocido y fácilmente reconocido <a *familiar* melody>. ***ant*** unfamiliar, strange

• **Popular** se aplica a lo que se acepta o es común entre las personas en general, a veces en contraste con las clases altas o grupos especiales <the kind of hero typically found in *popular* fiction>. ***ant*** unpopular, esoteric

• **Everyday** connota algo encontrado o usado constantemente <*everyday* clothes>.

• **Standard** indica algo usado ampliamente y aceptado como la norma <*standard* practice in his industry>.

• **Conventional** indica algo aceptado por la mayoría de las personas basado en convención pero que frecuentementente es aburrido <his views on dating are more *conventional* than those of his peers>.

2. V. RECIPROCAL.

3. V. REGULAR.

Commonplace V. REGULAR.

Common sense V. SENSE.

Commotion 1. Commotion, tumult, turmoil, upheaval, turbulence, pandemonium significan gran agitación física, mental o emocional.

• **Commotion** connota un bullicio o escándalo perturbador y a veces violento <the unexpected dinner guests caused quite a *commotion*>.

• **Tumult** connota una agitación acompañada de alboroto, estrépito o gran desorden <the town was in a *tumult* over news of the approaching hurricane>.

• **Turmoil** connota un estado carente de tranquilidad y bulliendo con gran alboroto <her well-ordered life had suddenly been thrown into *turmoil*>.

• **Upheaval** connota un violento y forzoso empujar que da como resultado un estado de gran desorden o un derrocamiento <a nation in need of peace after years of *upheaval*>.

• **Turbulence** indica un estado de gran confusión o agitación <the crowd's growing *turbulence* threatened to lead to a riot>.

• **Pandemonium** supone una multitud de personas que actúan salvajemente o violentamente porque están emocionadas, asustadas o confundidas <*pandemonium* erupted in the courtroom when the verdict was announced>.

2. V. DIN.

3. V. STIR.

Compact *adj* V. CLOSE.

Comparable V. SIMILAR.

Compare, contrast significan poner lado a lado con el fin de demostrar semejanzas y diferencias.

• **Compare** indica el propósito de demostrar valores o excelencias relativas, en la puesta de manifiesto de las cualidades características, tanto similares como divergentes <*comparing* the attractions of the two cities>.

• **Contrast** indica el propósito de hacer hincapié en las diferencias <*contrasted* the computerized system with the old filing system>.

Compassion V. SYMPATHY.

Compatible V. CONSONANT.

Compel V. FORCE.

Compelling V. VALID.

Compendium 1. Compendium, syllabus, digest, survey, sketch, précis significan un breve tratamiento de una materia o un tema.

• **Compendium** se usa para denotar algo que reúne todos los detalles y datos esenciales de una materia y los presenta en forma concisa o resumida <a *compendium* of computer technology>.

• **Syllabus** es algo que da el material necesario para una vista inclusiva de una materia entera, a menudo en la forma de una serie de encabezamientos o proposiciones <the *syllabus* for her college history course>.
• **Digest** es algo que presenta material reunido de varias fuentes y arreglado con el fin de hacerlo accesible de forma rápida y conveniente <a *digest* of world opinion on the Iraq question>.
• **Survey** se usa para denotar un tratamiento breve, pero inclusivo, que suele presentarse como preámbulo a un estudio o a una discusión más a fondo <a *survey* of current trends in higher education>.
• **Sketch** se usa para denotar un tratamiento ligero y provisional, sujeto a cambios o amplificaciones posteriores <a *sketch* of the proposal>.
• **Précis** se usa para denotar una declaración concisa de datos o puntos esenciales, a menudo en el estilo o tono del original <a *précis* of the lengthy article>.
2. V. ABRIDGMENT.

Compensate 1. Compensate, balance, offset, neutralize, equalize significan equilibrar, nivelar o contrarrestar el efecto de algo que es excesivo o deficiente, útil o dañino en otro.
• **Compensate** indica contrarrestar una carencia o hacer reparación por una herida o pérdida <*compensated* for an injury on the job>.
• **Balance** indica el igualar o ajustar de dos o más cosas que son contrarias u opuestas de manera que una no exceda la otra en peso o efecto <in sentencing prisoners, the judge *balanced* justice and mercy>.
• **Offset** indica el neutralizar el efecto bueno o malo de una cosa por medio del efecto contrario de otra <overeating will *offset* the benefits of exercise>.
• **Neutralize** supone contrarrestar exitosamente los efectos de algo <propaganda that is difficult to *neutralize*>.
• **Equalize** indica el hacerse o volverse igual <hoping to *equalize* pay for workers with similar jobs>.
2. V. PAY.
3. V. NULLIFY.

Compensation V. WAGE.

Compete, contend, spar, vie, struggle significan esforzarse para alcanzar dominio o maestría.
• **Compete** indica una lucha para vencer o dominar en una actividad en la que hay una rivalidad entre dos o más participantes, y puede a veces connotar un incentivo o aliciente <teams *competed* for the championship>.
• **Contend** recalca la necesidad de lidiar o luchar contra una oposición que tiene las mismas o mayores probabilidades de triunfar <hope *contended* with despair>.
• **Spar** connota el hacer movimientos de boxeo con los puños para práctica o entretenimiento, o el discutir con un espíritu similar <the young men *sparred* playfully before the game>.
• **Vie** implica esforzarse para ganarle a otro, generalmente en una

competencia no violenta <four teams are still *vying* for first prize>.

• **Struggle** indica el intentar muy fuertemente de defenderse a uno mismo o de derrotar a alguien o a algo <continued to *struggle* against the government>.

Competent V. ABLE.
Complaisant V. AMIABLE.
Complete *vb* **1.** V. CLOSE **2.** V. PERFORM.
Complete *adj* **1.** V. FULL. **2.** V. WHOLE.
Complex, complicated, intricate, involved, knotty, elaborate significan que tiene partes que están confusamente interrelacionadas.

• **Complex** connota el resultado inevitable de reunir varias partes, nociones o detalles, sin indicar falta o falla <a *complex* problem that calls for a *complex* solution>. ***ant*** simple

• **Complicated** se aplica a lo que presenta dificultades para comprender, resolver o tratar <baffled by the *complicated* procedures>. ***ant*** simple

• **Intricate** connota dificultad de comprensión o apreciación rápida, debido a una desconcertante interacción o entretejer de las partes <the *intricate* balance of power among nations>.

• **Involved** indica una complicación extrema, y con frecuencia, desorden <an *involved* explanation that clarifies nothing>.

• **Knotty** connota una complicación y un enredo que hacen improbable la solución o el entendimiento <*knotty* questions concerning free expression and censorship>.

• **Elaborate** connota el tener muchos elementos que están arreglados o planificados cuidadosamente <they made *elaborate* preparations for his visit>.

Complicated V. COMPLEX.
Comply V. OBEY.
Component V. ELEMENT.
Comport V. AGREE.
Composed V. COOL.
Composite V. MIXTURE.
Composition V. STRUCTURE.
Composure V. EQUANIMITY.
Compound *n* V. MIXTURE.
Compound *vb* V. INCREASE.
Comprehend V. UNDERSTAND.
Compress V. CONTRACT.
Comprise V. INCLUDE.
Compromise V. ADAPT.
Compunction 1. V. PENITENCE. **2.** V. QUALM.
Compute V. CALCULATE.
Comrade V. PARTNER.
Con V. CHEAT.
Conceal V. HIDE.
Concede V. ACKNOWLEDGE.
Conceit V. PRIDE *n*.
Conceive 1. V. THINK 1. **2.** V. INVENT.
Concentrate V. CONTRACT.

Concept V. IDEA.
Conception V. IDEA.
Concern 1. V. AFFAIR. **2.** V. CARE. **3.** V. FUNCTION. **4.** V. QUALM.
Conciliatory V. PACIFIST.
Concise 1. Concise, terse, succinct, laconic, summary, pithy significan muy breve, sea en afirmación o expresión.

• **Concise** connota la eliminación de todo lo que es superfluo o detallado <a *concise* study of the situation>. ***ant*** redundant

• **Terse** indica una concisión deliberada y elegante <his *terse* reply ended the conversation>.

• **Succinct** indica una expresión precisa sin desperdicio de palabras <a *succinct* letter of resignation>. ***ant*** discursive

• **Laconic** indica brevedad al punto de parecer grosero, indiferente o misterioso <the islanders tend to be *laconic* and cold to strangers>. ***ant*** verbose

• **Summary** connota la declaración de puntos primordiales sin elaboración ni explicación <a *summary* listing of the year's main events>.

• **Pithy** añade a *succinct* o a *terse* la indicación de riqueza de significado o sustancia <the play's dialogue is full of *pithy* wit>.

2. V. BRIEF.

Conclude 1. V. CLOSE *vb.* **2.** V. INFER. **3.** V. DECIDE.
Concluding V. LAST.
Conclusion V. END.
Conclusive 1. Conclusive, decisive, definitive, ultimate significan que lleva a un fin.

• **Conclusive** se aplica a un razonamiento o prueba lógica que pone fin a un debate o cuestionamiento <*conclusive* evidence of criminal guilt>. ***ant*** inconclusive

• **Decisive** puede aplicarse a algo que pone fin a una controversia, un concurso o a cualquier incertidumbre <the *decisive* battle of the war>. ***ant*** indecisive

• **Definitive** se aplica a lo que se propone como final y permanente <the *definitive* biography of Jefferson>. ***ant*** tentative, provisional

• **Ultimate** describe el último en una serie <their *ultimate* destination was Paris>.

2. V. LAST.

Concoct V. CONTRIVE.
Concoction V. MIXTURE.
Concur V. AGREE 1.
Concurrent V. CONTEMPORARY.
Condemn V. CRITICIZE.
Condense V. CONTRACT.
Condescend V. STOOP.
Condescending V. PROUD.
Condition *n* **1.** V. STATE. **2.** V. REQUIREMENT.
Condition *vb* V. PREPARE.
Conditional V. PROVISIONAL.
Condone V. EXCUSE.
Conduct 1. Conduct, manage, control, direct, operate, run, steer,

supervise, administer significan servirse uno de su capacidad de guiar, liderar o dominar.

• **Conduct** indica el tomar, por parte del líder, la responsabilidad por, o la supervisión de las acciones y logros de un grupo <in charge of *conducting* the negotiations>.

• **Manage** indica el manipular y maniobrar directamente hacia un resultado deseado <*manages* the financial affairs of the company>.

• **Control** indica regular o contener con el fin de permanecer dentro de los límites o de seguir el curso <try to *control* the number of people using the park>.

• **Direct** indica un guiar o regular constante, como para lograr un funcionamiento sin complicaciones <*directs* the day-to-day running of the store>.

• **Operate, run** son términos amplios que significan dirigir las actividades de trabajo de algo <*operating* a business> <*run* a factory>.

• **Steer** connota el guiar firmemente algo en una dirección en particular <tried to *steer* the agency back toward its original mission>.

• **Supervise** connota el estar directamente a cargo de un proyecto, actividad o grupo de trabajadores <she was already *supervising* nine employees>.

• **Administer** implica el manejar la operación o el uso de algo, generalmente en una manera oficial <the UN envoy chosen to *administer* the territory>.

2. V. BEHAVE.

3. V. ACCOMPANY.

Confederation V. ALLIANCE.

Confer 1. Confer, consult, parley, negotiate, huddle, meet significan entrar en discusiones con el fin de alcanzar una decisión o un acuerdo.

• **Confer** indica la comparación de perspectivas u opiniones, y suele asimismo indicar una igualdad entre los partícipes <the executives *confer* weekly about the changing situation>.

• **Consult** añade a *confer* la indicación de solicitar o recibir consejo <before acting, she *consulted* with her aides>.

• **Parley** indica una conferencia con el propósito de resolver diferencias <the government refusing to *parley* with the rebels>.

• **Negotiate** connota un arreglo mutuo o el hacer concesiones <unwilling to *negotiate* a new price>.

• **Huddle** una palabra informal, implica el acercarse en un grupo para discutir algo privadamente <union representatives are *huddling* to consider the latest proposal>.

• **Meet** subraya el reunirse físicamente para una discusión <we *meet* every Wednesday to discuss the plans>.

2. V. DISCUSS.

Confess V. ACKNOWLEDGE.

Confidence 1. Confidence, assurance, self-possession, aplomb, poise, savoir faire significan un estado de ánimo o una actitud caracterizada por serenidad y soltura, así como el estar libre de incertidumbre, de vergüenza o de la falta de seguridad en sí mismo.

• **Confidence** recalca la fe en sí mismo y en sus aptitudes propias, sin connotación alguna de engreimiento o arrogancia <had the *confidence* that comes only with long experience>. ***ant*** diffidence

• **Assurance** conlleva una indicación más fuerte de certitud, y puede connotar arrogancia o falta de objetividad en la evaluación de las propias aptitudes de uno <moved among the guests with great *assurance*>.

• **Self-possession** indica cierta soltura y serenidad bajo presión que reflejan un perfecto control de sí mismo y el dominio de sus propias aptitudes <she answered their tough questions with complete *self-possession*>.

• **Aplomb** indica el estar en posesión de sí mismo en situaciones desafiantes o angustiantes <handled the horde of reporters with great *aplomb*>. ***ant*** shyness

• **Poise** indica una seguridad propia social, que frecuentemente también implica gracia física <kept his *poise* even when under attack>. ***ant*** awkwardness

• **Savoir faire** significa una seguridad pulida en comportamiento social basada en experiencia extensiva <her sophistication and *savoir faire*>.

2. V. CERTAINTY.

Confident V. SURE.

Configuration V. FORM.

Confine V. LIMIT.

Confirm V. CERTIFY.

Confirmed V. INVETERATE.

Confiscate V. APPROPRIATE *vb.*

Conflict V. DISCORD.

Confluence V. JUNCTURE.

Conform 1. V. ADAPT. **2.** V. AGREE 2.

Confound V. PUZZLE.

Confront V. OPPOSE.

Confuse 1. V. MISTAKE. **2.** V. DISQUIET. **3.** V. PUZZLE.

Congenial 1. V. CONSONANT. **2.** V. AMICABLE.

Congenital V. INNATE.

Congregate V. GATHER.

Conjecture 1. Conjecture, surmise, guess, suppose, suspect, speculate significan sacar una conclusión a base de escasa evidencia.

• **Conjecture** indica el formar una opinión basada en evidencia insuficiente para el conocimiento definitivo <scientists could only *conjecture* about the animal's breeding habits>.

• **Surmise** indica una evidencia aún más escasa y connota la influencia de la imaginación o de la sospecha <*surmised* the real reason for the generous gift>.

• **Guess** recalca el caer en una conclusión, sea completamente por casualidad o por una evidencia muy incierta <you would never *guess* that they were wealthy>.

• **Suppose** connota el pensar algo que es probable, pero frecuentemente sugiere cierta duda <seems reasonable to *suppose* that he would profit>.

• **Suspect** supone el imaginar que algo es cierto o probable <I *suspect* he's right>.

• **Speculate** indica el inventarse ideas o teorías cuando mucho permanence desconocido <*speculated* that a virus caused the disease>.

2. V. PRESUPPOSE.

Conjugal V. MATRIMONIAL.

Connect V. JOIN.

Conquer 1. Conquer, defeat, vanquish, overcome, subdue, subjugate, overthrow, rout, beat, lick significan ganarle a alguien o algo mediante la fuerza o la estrategia.

• **Conquer** indica una acción de gran importancia, un esfuerzo total y un resultado más o menos permanente <working to *conquer* this disease>.

• **Defeat** indica meramente el hecho de ganarle a un adversario en un momento determinado, a menudo poniéndole un freno o frustrándolo sólo por un tiempo <*defeated* her opponent in the tennis match>.

• **Vanquish** connota una acción de importancia y dignidad, normalmente en la derrota de una persona más que de una cosa <*vanquished* the Gauls>.

• **Overcome** indica un obstáculo opuesto, y a menudo fijo, con el que se puede tratar solamente con dificultad o después de una ardua lucha <*overcome* a legal obstacle>.

• **Subdue** indica traer bajo control mediante la dominación o algo semejante a ella <the police *subdued* the drunken fans>. ***ant*** awaken, waken

• **Subjugate** recalca el poner y mantener en sometimiento, y suele asimismo indicar un estado de humillación y de servilismo por parte del subyugado <*subjugated* the minority populations>.

• **Overthrow** recalca echar abajo o destruir un poder enemigo <a futile attempt to *overthrow* the leader>.

• **Rout** connota una derrota tan apabullante como para dar lugar a una fuga o una total dispersión y desorganización por parte del adversario <the guerrillas *routed* the attacking force>.

• **Beat** próximo a *defeat* en significado pero menos formal, tiende hacia la neutralidad pero puede conllevar la irrevocabilidad asociada con *vanquish* <*beat* an opponent at cards>.

• **Lick** en muchas ocasiones puede indicar una humillación total o el rendir ineficaz al que ha sido derrotado <*lick* a problem>.

2. V. CRUSH.

Conquest V. VICTORY.

Conscientious 1. V. UPRIGHT. **2.** V. CAREFUL. **3.** V. MORAL.

Conscious V. AWARE.

Consciousness V. SENSATION.

Consecrate V. DEVOTE.

Consecutive, successive, sequential significan que sigue uno al otro.

• **Consecutive** recalca la inmediatez en el seguir, regularidad o fijeza en el orden, y un estrecho enlace entre las unidades <four *consecutive* terms in office>.

• **Successive** se aplica a cosas que siguen, sin tener en cuenta la duración, la extensión, el tamaño o el intervalo entre las unidades <weakened by *successive* illnesses>.

• **Sequential** connota algo arreglado en o siguiendo una secuencia <*sequential* file systems>.

Consent *n* v. PERMISSION.

Consent *vb* v. ASSENT.

Consequence 1. v. EFFECT. **2.** v. IMPORTANCE.

Consequently v. THEREFORE.

Conserve v. SAVE 1.

Consider 1. Consider, study, contemplate, weigh, ponder, mull over significan pensar o meditar con el fin de aumentar el conocimiento o llegar a una conclusión o decisión.

• **Consider** puede connotar el pensar o meditar una cosa para llegar a una buena conclusión, opinión o decisión <refused even to *consider* my proposal>.

• **Study** indica una concentración sostenida y determinada, y una atención que revelará detalles y minucias <*study* the budget before making sweeping cuts>.

• **Contemplate** recalca el enfocar uno sus pensamientos en algo, a menudo sin indicación alguna de propósito o resultado <*contemplate* the consequences of such a decision>.

• **Weigh** indica el hacer un intento de alcanzar la verdad o de llegar a una decisión balanceando las afirmaciones o la evidencia en conflicto <*weigh* the pros and cons of the case>.

• **Ponder** supone el dar consideración seria y juiciosa a algo <for several minutes she *pondered* the situation in silence>.

• **Mull over** indica pensar acerca de algo lentamente y cuidadosamente <it's an interesting offer, but we need time to *mull* it *over*>.

2. v. DISCUSS

Considerate v. THOUGHTFUL 2.

Consign v. COMMIT.

Consistent 1. v. CONSONANT. **2.** v. STEADY.

Console v. COMFORT.

Consonant, consistent, compatible, congenial, sympathetic significan que está en armonía con otro o que le es agradable.

• **Consonant** indica la ausencia de elementos que causan discordia o dificultad <a motto *consonant* with the company's philosophy>.

• **Consistent** puede recalcar la ausencia de contradicción entre cosas o entre detalles de la misma cosa <behavior *consistent* with her general character>. ***ant*** inconsistent

• **Compatible** connota una capacidad de existir o funcionar juntos sin desacuerdo, discordia o interferencia <looking for a *compatible* roommate>. ***ant*** incompatible

• **Congenial** connota una armonía generalmente satisfactoria entre personalidades, o una idoneidad al gusto particular de uno <didn't find the atmosphere of the bar *congenial*>. ***ant*** uncongenial, antipathetic *(dicho de las personas),* abhorrent *(dicho de los trabajos o deberes)*

• **Sympathetic** connota una clase de armonía más suave o sutil <her father was *sympathetic* to her complaints>.

Conspicuous v. NOTICEABLE.

Conspiracy v. PLOT.

Constant 1. V. CONTINUAL. **2.** V. STEADY.
Constituent V. ELEMENT.
Constitution V. PHYSIQUE.
Constrain V. FORCE.
Constrict V. CONTRACT.
Construct V. MAKE.
Consult V. CONFER.
Consume V. WASTE.
Contain 1. Contain, hold, accommodate, enclose, surround significan llevar dentro de sí o tener esta capacidad.

• **Contain** indica la presencia real de una sustancia o cantidad determinada dentro de algo <the can *contains* about a quart of oil>.

• **Hold** indica la capacidad de contener o guardar <the container will *hold* a gallon of liquid>.

• **Accommodate** indica el contener sin amontonamiento o inconveniencia <the banquet hall can *accommodate* 500 diners>.

• **Enclose** generalmente implica encercar <they *enclosed* the area> o colocar en un sobre <I'm *enclosing* a check>.

• **Surround,** un término amplio que frecuentemente indica rodear, ya sea activamente o pasivamente <trees *surround* the house>.

2. V. INCLUDE.

Contaminate, taint, pollute, defile, soil, adulterate significan hacer impuro o inmundo.

• **Contaminate** indica la intrusión de o contacto con, suciedad o inmundicia de origen exterior <water *contaminated* by industrial wastes>. ***ant*** purify

• **Taint** recalca la pérdida de la pureza o limpieza como resultado de la contaminación <the scandal *tainted* the rest of his political career>.

• **Pollute,** a veces intercambiable con *contaminate,* puede indicar que el proceso que comienza con la contaminación está completo, y lo que era puro o estaba limpio se ha hecho inmundo, tóxico o sucio <had *polluted* the waters of the lake, which by now was almost a sewer>.

• **Defile** indica el hacer impuro lo que podría o debería haberse conservado en estado de pureza y limpieza, o haberse considerado como sagrado, y connota la violación y la profanación <*defile* a hero's memory with slander>. ***ant*** cleanse, purify

• **Soil** puede implicar ensuciar superficialmente <*soiled* the rug with his muddy boots> o el dañar la reputación moral de uno <the revelations *soiled* his name>.

• **Adulterate** indica el hacer algo impuro o más débil al añadirle algo de calidad pobre <the company *adulterated* its products with cheap additives>.

Contemplate V. CONSIDER.
Contemplative V. THOUGHTFUL 1.
Contemporaneous V. CONTEMPORARY.
Contemporary 1. Contemporary, contemporaneous, simultaneous, concurrent significan que existen u ocurren al mismo tiempo.

• **Contemporary** suele aplicarse a personas y a lo relacionado con ellas <Abraham Lincoln was *contemporary* with Charles Darwin>.

• **Contemporaneous** se aplica a eventos <Victoria's reign was *contemporaneous* with the height of British power>.

• **Simultaneous** indica una coincidencia exacta en un momento específico <a *simultaneous* ringing of church bells miles apart>.

• **Concurrent** aplica a los eventos de alguna duración que ocurren al mismo tiempo <serving two *concurrent* life sentences for murder>.

2. V. MODERN.

Contemptible 1. Contemptible, despicable, pitiable, sorry, cheap, wretched, ignoble, loathsome significan que provoca o merece el desprecio.

• **Contemptible** puede indicar cualquier cualidad que provoca desprecio o una baja posición en cualquier escala de valores <a *contemptible* liar>. ***ant*** admirable, estimable, formidable

• **Despicable** puede indicar una rotunda falta de valor, y suele significar que provoca una actitud de indignación moral <the *despicable* crime of child abuse>. ***ant*** praiseworthy, laudable

• **Pitiable** se aplica a lo que provoca una mezcla de desprecio y lástima, y suele atribuir debilidad al agente <the play was Smithson's one, *pitiable* attempt at tragedy>.

• **Sorry** puede recalcar una ridícula o lamentable deficiencia, desdicha o sordidez <after all these years the barn was in a *sorry* state>.

• **Cheap** puede indicar un carácter despreciable que resulta de una familiaridad o accesibilidad indebida <treatment that made her feel *cheap*>. ***ant*** noble

• **Wretched** describe algo extremadamente malo y de mala reputación <deposing a *wretched* dictator>.

• **Ignoble** generalmente implica deshonorable <an *ignoble* past>.

• **Loathsome,** un término fuerte, generalmente describe algo odioso o desagradable <*loathsome* behavior>.

2. V. BASE.

Contend 1. V. COMPETE. **2.** V. MAINTAIN.

Content V. SATISFY 1.

Contention V. DISCORD.

Contentious V. BELLIGERENT.

Conterminous V. ADJACENT.

Contest V. BATTLE.

Context V. BACKGROUND.

Contiguous V. ADJACENT.

Contingent V. ACCIDENTAL.

Continual, continuous, constant, incessant, perpetual, perennial, interminable, around-the-clock, ceaseless, unending, persistent, chronic, eternal significan caracterizado por una continua ocurrencia o repetición.

• **Continual** indica una sucesión o repetición cercana o incesante <*continual* showers through the whole weekend>. ***ant*** intermittent

• **Continuous** normalmente indica la ausencia de interrupción, en el flujo o en la extensión, ya sea del tiempo o del espacio <the *continuous* roar of the falls>. ***ant*** interrupted

• **Constant** indica uniformidad o persistencia en la ocurrencia o la repetición <lived in *constant* pain>. ***ant*** fitful
• **Incessant** indica una actividad, sin cesar o sin interrupción, y que es considerada como indeseable o de mal gusto <the *incessant* quarreling was making her ill>. ***ant*** intermittent
• **Perpetual** connota una repetición constante o una larga duración <the fear of *perpetual* torment after death>. ***ant*** transitory, transient
• **Perennial** indica una existencia duradera, a menudo como resultado de una constante renovación <a *perennial* source of controversy>.
• **Interminable** indica algo molestoso o agotador debido a su duración <an *interminable* wait> o algo que parece no tener fin <an *interminable* war>.
• **Around-the-clock** describe una actividad que continúa todo el día y toda la noche <the burn victim required *around-the-clock* care>.
• **Ceaseless** indica nunca parar o cesar, pero frecuentemente sólo por un tiempo limitado <the *ceaseless* efforts of the rescuers>.
• **Unending** connota el durar para siempre <an *unending* quest>.
• **Persistent** indica continuar por más tiempo de lo usual <he has been fighting a *persistent* cold>.
• **Chronic** aplica a algo que continúa o recurre a través de un largo periodo de tiempo <suffers from a *chronic* infection> o que siempre está presente <inflation has become *chronic*>.
• **Eternal** significa que no tiene principio ni fin en el tiempo <*eternal* truths>.

Continue, last, endure, abide, persist, survive significan existir por un periodo de tiempo o indefinidamente.
• **Continue** se aplica a un proceso que prosigue sin terminar <the stock market will *continue* to rise>. ***ant*** cease
• **Last,** sobre todo cuando no lleva calificador, puede recalcar el existir por un periodo más largo que el previsto <buy shoes that will *last*>.
• **Endure** añade una indicación de resistencia contra fuerzas o agentes destructores <in spite of everything, her faith *endured*>. ***ant*** perish
• **Abide** indica un existir estable y constante, sobre todo en contraposición a la mutabilidad <their love *abided* through 40 years of marriage>. ***ant*** pass
• **Persist** connota el durar por más tiempo que lo normal o designado, y connota a menudo la obstinación o terquedad <his sense of guilt *persisted*>. ***ant*** desist, cease
• **Survive** connota el continuar viviendo, existiendo o prosperando después de algún evento o condición <they *survived* the flood>. ***ant*** perish

Continuous V. CONTINUAL.
Contort V. DEFORM.
Contour 1. V. OUTLINE. **2.** V. FORM.
Contraband V. SMUGGLE.
Contract 1. Contract, shrink, condense, compress, constrict, deflate, concentrate, shrivel significan reducir en cuerpo o volumen.
• **Contract** se aplica a la acción de juntar las superficies o partículas,

o de una reducción del área, el volumen, o la longitud <caused his muscles to *contract*>. ***ant*** expand

• **Shrink** indica una contracción o pérdida de material y recalca la incapacidad de alcanzar las dimensiones originales <the sweater will *shrink* if washed improperly>. ***ant*** swell, enlarge

• **Condense** indica una reducción de algo, homogénea a una mayor concisión o brevedad, pero sin pérdida significante de contenido <*condense* an essay into a single paragraph>. ***ant*** amplify

• **Compress** indica el apretar dentro de un espacio reducido y una forma definida, normalmente contra una resistencia <managed to *compress* the computer file>. ***ant*** stretch, spread, expand

• **Constrict** indica hacer más estrecho, ya sea contrayendo o apretando <too tight a collar may *constrict* your throat>.

• **Deflate** indica el contraer mediante la reducción de la presión interna de una sustancia contenida, y recalca el estado flácido o vacío resultante <slightly *deflated* his tires>. **ant** inflate

• **Concentrate** supone condensar algo para aumentar su fuerza <the sauce should be simmered to *concentrate* its flavors>. ***ant*** dilute

• **Shrivel** indica reducir algo a un estado arrugado, especialmente debido a la falta de humedad <the project's budget *shriveled* after the governor lost interest>. ***ant*** blossom

2. V. INCUR.

Contradict V. DENY.

Contradictory V. OPPOSITE.

Contrary 1. Contrary, perverse, balky, wayward, ornery, wrongheaded significan que tiende a resistir la autoridad, el control o las circunstancias.

• **Contrary** indica una innata indisposición a tomar órdenes o recibir consejos <the most *contrary* child in my class>. ***ant*** complaisant

• **Perverse** puede indicar una oposición obstinada, decidida, perniciosa o malhumorada a lo que es razonable o generalmente aceptado <offered the most *perverse* argument for declaring war>.

• **Balky** connota el rehusarse a proseguir en o a someterse a una línea de conducta deseada <workers became *balky* when asked to accept pay cuts>.

• **Wayward** connota una volubilidad obstinada, así como irregularidades en el comportamiento <a *wayward* child>.

• **Ornery** es un término informal con sabor rural que sugiere una terquedad irritable <an *ornery* old farmer with a shotgun>.

• **Wrongheaded** aplica a las ideas y opiniones defectuosas sostenidas tercamente y a aquellos que las sostienen <a *wrongheaded* approach to the problem>.

2. V. OPPOSITE.

Contrast V. COMPARE.

Contribute V. PROVIDE.

Contrition V. PENITENCE.

Contrive 1. Contrive, devise, invent, concoct, hatch, cook up significan encontrar una manera de hacer algo o de lograr un fin mediante el ejercicio de la mente.

• **Contrive** indica ingenio o astucia en la planificación, diseño o intriga <*contrive* a way of helping them anonymously>.

• **Devise** recalca el esfuerzo mental más que el ingenio, e indica a menudo la reflexión y experimentación que preceden a la creación de algo <*devise* new dishes to add to the menu>.

• **Invent** contiene una noción de hallazgo, y connota la creación, sobre todo después de la reflexión, como el resultado de una feliz casualidad <the telescope was *invented* by Galileo>.

• **Concoct** connota el juntar ingredientes de una forma nueva o inesperada con el fin de aumentar su efectividad <*concoct* a good excuse for his lateness>.

• **Hatch,** sugiere el haber nacido de un huevo, implica el concebir una idea, un plan o un complot <they *hatched* a plot to overthrow the government>.

• **Cook up,** un término informal que implica el inventar algo, tal como una idea o escusa, generalmente rápido y sin escrúpulos morales <they had *cooked up* a scheme to fool their rivals>.

2. V. MAKE.

Control *vb* V. CONDUCT.

Control *n* V. POWER 3.

Conundrum V. MYSTERY.

Convene V. SUMMON.

Convent V. CLOISTER.

Convention V. HABIT.

Conventional 1. V. CEREMONIAL. **2.** V. COMMON.

Converge V. GATHER.

Converse V. SPEAK.

Convert V. TRANSFORM.

Convey V. CARRY.

Conviction 1. V. CERTAINTY. **2.** V. OPINION.

Convince V. INDUCE.

Convinced V. SURE.

Convincing 1. V. VALID. **2.** V. PLAUSIBLE.

Convoke V. SUMMON.

Convulsion V. FIT.

Convulsive V. FITFUL.

Cook up V. CONTRIVE.

Cool *n* V. EQUANIMITY.

Cool *adj* **1. Cool, composed, unruffled, imperturbable, nonchalant, unflappable** significan libre, ya sea en realidad o en apariencia, de agitación o excitación.

• **Cool** puede indicar calma, apacibilidad o ecuanimidad <kept a *cool* head during the emergency>. ***ant*** ardent, agitated

• **Composed** indica el estar libre de agitación como resultado de la autodisciplina o de una disposición tranquila <though he suffered from severe anxiety, he could manage to appear *composed*>. ***ant*** discomposed, anxious

• **Unruffled** connota serenidad y aplomo aparentes ante los reveses o en medio del alboroto <he remained *unruffled* in the midst of the

uproar>. ***ant*** ruffled, excited

• **Imperturbable** indica un temperamento tranquilo o seguro, aún bajo severa provocación <the speaker maintained her air of *imperturbable* calm>. ***ant*** touchy

• **Nonchalant** recalca una manera serena y sencilla, o una tranquilidad que indica indiferencia o despreocupación <his *nonchalant* manner only enraged her more>.

• **Unflappable** indica que no se molesta fácilmente en situaciones difíciles <an *unflappable* manager>.

2. V. CALM.

Copious V. PLENTIFUL.

Copy *vb* **Copy, imitate, mimic, ape, replicate, simulate, clone, reproduce** significan hacer o crear algo de tal forma que se parezca a una cosa existente.

• **Copy** connota el duplicar un original lo más exactamente posible <*copied* the painting and sold the fake as an original>. ***ant*** originate

• **Imitate** connota el seguimiento de un modelo o patrón, pero puede incorporar cierta variación, y puede indicar inferioridad en el producto <*imitate* a poet's style>.

• **Mimic** indica el hacer una copia exacta (por ejemplo en la voz o los manerismos), con el fin de divertirse, de ridiculizar a alguien o para lograr una simulación verosímil <pupils *mimic* their teacher>.

• **Ape** puede connotar la imitación impertinente, simple o inepta de un original superior <American fashion designers used to *ape* their European colleagues>.

• **Replicate** sugiere el hacer una contraparte que es igual al original en todos los aspectos significativos <*replicate* a statistical experiment>.

• **Simulate** indica el dar la apariencia o efecto de algo, frecuentemente con la intención de engañar al observador casual <*simulates* the look and feel of mink fur>.

• **Clone** significa hacer una copia genética de algo viviente y, más ampliamente y frecuentemente humorísticamente, el hacer una copia exacta de una forma original <wished he could *clone* his most efficient workers>.

• **Reproduce** connota el hacer una imagen o representación de algo <*reproduce* a face on canvas>.

Copy *n* V. REPRODUCTION.

Cordial V. GRACIOUS. **2.** V. AMICABLE.

Corporal V. BODILY.

Corporeal **1.** V. BODILY. **2.** V. MATERIAL.

Correct *vb* **1. Correct, rectify, emend, remedy, redress, amend, reform, revise, fix, mend, repair, adjust** significan quitar las faltas o defectos de lo que está en error.

• **Correct** indica el tomar acción para eliminar errores, faltas, desviaciones o defectos <*corrected* all her spelling errors>.

• **Rectify** indica una acción de mayor eficacia para hacer que algo esté en conformidad con una regla o pauta de lo que es correcto, justo o adecuadamente controlado o dirigido <a major error that should be *rectified* at once>.

• **Emend** indica en particular la corrección de un texto o manuscrito

<*emend* the text to match the first edition>.

• **Remedy** indica eliminar o hacer inocua, la causa de un disturbio, daño o mal <set out to *remedy* the evils of the world>.

• **Redress** indica el compensar o reparar una injusticia o desigualdad <we must *redress* past social injustices>.

• **Amend** indica el hacer cambios correctivos que suelen ser menores <a law that needs to be *amended*>. ***ant*** impair

• **Reform** indica cambios correctivos que son más drásticos <plans to *reform* the entire court system>.

• **Revise** connota un examen minucioso de algo y el efectuar los cambios necesarios <forced to *revise* the production schedule>.

• **Fix** connota el hacer algo completo o funcional nuevamente <he *fixed* the fence last weekend>.

• **Mend** indica el hacer completo algo que está desgarrado o lesionado <fishermen were *mending* their nets>, y frecuentemente se usa figuradamente <trying to *mend* his reputation>.

• **Repair** generalmente se usa en conexión con objetos físicos <he *repairs* clocks>.

• **Adjust** supone el cambiar algo de una pequeña manera para que funcione mejor <the car is much easier to drive since the clutch was *adjusted*>.

2. V. CURE.

Correct *adj* **Correct, accurate, exact, precise, right, proper** significan que está en conformidad con los hechos, las pautas o la verdad.

• **Correct** suele indicar el estar libre de falta o error <the *correct* spelling of your name>. ***ant*** incorrect, wrong

• **Accurate** indica una fidelidad a los hechos o a la verdad que se ha logrado con cuidadoso esmero <an *accurate* description of the whole situation>. ***ant*** inaccurate

• **Exact** recalca una correspondencia muy estricta con los hechos, las pautas o la verdad <a suit tailored to *exact* measurements>. ***ant*** imprecise

• **Precise** añade a *exact* un énfasis en la claridad de la definición o la delimitación <the *precise* terms of the contract>. ***ant*** loose, approximate, imprecise, rough

• **Right** es cercano a *correct* pero tiene un mayor énfasis positivo sobre la conformidad con los hechos o con la verdad, más que la mera carencia de error o falta <the *right* thing to do>. ***ant*** wrong

• **Proper** describe algo que está de acuerdo con las reglas sociales <not the *proper* way to dress for school>. ***ant*** improper

Correspond V. AGREE 2.

Corresponding V. SIMILAR.

Corroborate 1. V. CERTIFY. **2.** V. CERTIFY.

Corrupt *vb* V. DEBASE.

Corrupt *adj* **1.** V. VICIOUS. **2.** V. CROOKED.

Cosmopolitan V. SOPHISTICATED.

Cost V. PRICE.

Costly, expensive, valuable, precious, invaluable, priceless, pricey significan que tiene un alto valor o valoración, especialmente en términos de dinero.

• **Costly** indica un alto precio y puede connotar que algo es lujoso, suntuoso o raro <an elegant apartment filled with the *costliest* furnishings>. ***ant*** cheap, reasonable

• **Expensive** puede indicar un precio que sobrepasa el valor del objeto o los medios del comprador <the resort's shops seemed rather *expensive*>. ***ant*** inexpensive, cheap

• **Valuable** puede indicar valor, tanto en términos de utilidad o amenidad, como en términos mercantiles <iron ore was a *valuable* commodity>. ***ant*** valueless, worthless

• **Precious** se aplica a lo que es de gran valor, o incluso de un valor inestimable por ser escaso o irreemplazable <our *precious* natural resources>. ***ant*** cheap, worthless

• **Invaluable** indica un valor tan alto que hace la valoración casi imposible <a good education is *invaluable*>. ***ant*** worthless

• **Priceless** se usa al igual que *invaluable* en un sentido hiperbólico, pero añade un matiz de aún mayor intensidad <a *priceless* quip from the talk-show host>.

• **Pricey** un término informal, simplemente indica el tener un precio alto <a *pricey* suit>. ***ant*** reasonable

Coterie V. SET *n.*

Counsel 1. V. ADVICE. **2.** V. LAWYER.

Count on V. RELY.

Counter V. OPPOSE.

Counterfeit *n* V. FRAUD.

Counterpart V. PARALLEL *n* 1.

Count on V. EXPECT.

Couple V. JOIN.

Courage, mettle, spirit, resolution, tenacity, bravery, guts significan fuerza mental o moral para resistir la oposición, el peligro o las dificultades.

• **Courage** indica firmeza de la mente y de la voluntad frente al peligro o en extrema dificultad <the *courage* to support unpopular causes>. ***ant*** cowardice

• **Mettle** connota una capacidad arraigada de hacer frente a las presiones o dificultades con fortaleza y una marcada capacidad de recuperación <a challenge that will test your *mettle*>.

• **Spirit** connota cierta cualidad del temperamento que da a uno las fuerzas para resistir o para mantener el ánimo frente a la oposición o las amenazas <repeated failures had broken his *spirit*>.

• **Resolution** connota la firme determinación de lograr uno sus fines <the strong *resolution* of the pioneer women>.

• **Tenacity** añade a *resolution* indicaciones de terca persistencia y una indisposición a aceptar la derrota <won the match through sheer *tenacity*>.

• **Bravery** generalmente, pero no exclusivamente, aplica a atrevimiento físico <he received a medal for *bravery*>. ***ant*** cowardice

• **Guts** es un término informal para fortaleza o valentía <I didn't have

the *guts* to do it>.
Courageous V. BRAVE.
Courteous V. CIVIL.
Courtly V. SUAVE.
Cover V. HIDE.
Covert V. SECRET.
Covet V. DESIRE.
Covetous, greedy, acquisitive, grasping, avaricious, grabby significan que tiene o demuestra un poderoso afán de posesiones, particularmente las posesiones materiales.

• **Covetous** suele indicar un afán desordenado de lo que en justicia corresponde a otro <*covetous* of his brother's wealth>.

• **Greedy** recalca un afán caracterizado por la ausencia de control y discernimiento <*greedy* for even higher profits>.

• **Acquisitive** indica tanto el anhelo de poseer como la aptitud de adquirir y mantener las posesiones <mansions that were the pride of the *acquisitive* class>.

• **Grasping** añade una indicación de anhelo y de egoísmo, y connota a menudo el uso de medios injustos o despiadados <his *grasping* relatives had gotten most of the estate>.

• **Avaricious** indica una codicia obsesiva, en particular por las riquezas acumulables, y conlleva una fuerte insinuación de tacañería <*avaricious* officials continue to rob the lower classes>. ***ant*** generous

• **Grabby,** un término informal, implica codicia infantil e impulsiva <don't be so *grabby,* there's enough for everyone>.

Cow V. INTIMIDATE.
Cowardly 1. Cowardly, craven, timid, fearful significan que tiene o demuestra una falta de valentía.

• **Cowardly** indica una débil o innoble falta de valentía <the *cowardly* retreat of the army>. ***ant*** brave, courageous

• **Craven** connota una extrema flaqueza de ánimo y falta de resistencia <secretly despised her *craven* colleagues>.

• **Timid** connota sentir o mostrar una falta de confianza en sí mismo <*timid* and shy when meeting strangers>.

• **Fearful** indica sentir miedo <a *fearful* clerk> o causado por miedo <a *fearful* glance>. ***ant*** bold, fearless

2. V. TIMID.

Cower V. RECOIL.
Cozy V. COMFORTABLE.
Crack *adj* V. PROFICIENT.
Crack *n* V. JOKE.
Craft 1. V. ART. **2.** V. BOAT.
Crafty V. SLY.
Cranky 1. V. IRASCIBLE. **2.** V. SULLEN.
Crass V. RUDE.
Crave V. DESIRE.
Craven V. COWARDLY.
Crawl V. CREEP.
Craze V. FASHION.
Crazed V. INSANE.

Crazy V. INSANE.
Create V. INVENT.
Creator V. MAKER.
Credence V. BELIEF.
Credible V. PLAUSIBLE.
Credit *vb* V. ASCRIBE.
Credit *n* V. BELIEF.
Creed V. DOCTRINE.

Creep 1. Creep, crawl, slither significan desplazarse sobre una superficie en una posición agachada o boca abajo.

• **Creep** se usa más en relación con cuadrúpedos o seres humanos que se mueven a gatas y proceden con lentitud, sigilo o silencio <she *crept* up close to the door to listen>.

• **Crawl** se aplica a animales que carecen de patas o tienen muchas patas pequeñas, y que parecen desplazarse tirando o jalando el cuerpo sobre una superficie, o bien se aplica a seres humanos que imitan este movimiento <unable to walk, he tried to *crawl* to the door>.

• **Slither** significa moverse deslizándose como una serpiente <a cat *slithered* under the porch as we approached>.

2. V. LURK.

Crime V. OFFENSE 2.
Criminal V. UNLAWFUL.
Cringe V. RECOIL.
Cripple 1. V. MAIM. **2.** V. WEAKEN.
Crisis V. JUNCTURE.
Criterion V. STANDARD.

Critical 1. Critical, hypercritical, faultfinding, captious, carping, censorious significan que tiene tendencia a buscar y señalar las faltas y defectos.

• **Critical** puede indicar un esfuerzo para ver algo claramente, tal y como aparece, con el fin de evaluarlo justamente <a *critical* essay on modern drama>. ***ant*** uncritical

• **Hypercritical** connota una tendencia a perder la objetividad y a juzgar según pautas excesivamente estrictas <the kind of *hypercritical* father who ends up wrecking his children's lives>.

• **Faultfinding** indica un criticismo caracterizado por la pequeñez, la nimiedad o la mala información, y un temperamento quejoso o exigente <a *faultfinding* theater reviewer>.

• **Captious** connota el estar dispuesto a detectar faltas insignificantes o a poner objeciones por motivos insignificantes <no fault is too small for this *captious* critic to overlook>. ***ant*** appreciative

• **Carping** indica una busca de faltas perversa y maliciosa <the *carping* tone she always used when talking to her son>.

• **Censorious** indica la disposición a ser severamente crítico y condenatorio <the *censorious* tone of the pope's message>.

2. V. ACUTE.

Criticize 1. Criticize, blame, censure, condemn, denounce, pan, roast, rap, reproach, castigate significan señalar las faltas manifiestamente.

• **Criticize** indica señalar faltas particularmente con métodos o intenciones <*criticized* the police for using violence>. ***ant*** praise

• **Blame** puede indicar simplemente lo opuesto a la alabanza, pero connota con más frecuencia el asignar responsabilidad o culpabilidad por una maldad <*blames* herself for the accident>.

• **Censure,** a diferencia de *blame,* conlleva una indicación más fuerte de autoridad, y de una reprimenda más o menos formal <a Senator formally *censured* by his peers>. ***ant*** commend

• **Condemn** connota una decisión final e incondicional que es desfavorable y despiadada <*condemn* the government's racial policies>.

• **Denounce** añade a *condemn* la connotación de una declaración pública <stood and *denounced* the war>.

• **Pan,** un término informal, implica criticar severamente algo tal como un libro o una película, generalmente en una crítica <the *Post*'s critic *panned* the new thriller>.

• **Roast** sugiere criticar a alguien severamente, pero frecuentemente de manera bromista <friends and family *roasted* him at his 40th-birthday party>.

• **Rap,** un término informal, indica criticar bruscamente a alguien o algo en público <the report *raps* the organization for failing to develop a satisfactory plan>.

• **Reproach** connota un regaño leve <she *reproached* her daughter for her selfishness>.

• **Castigate** significa regañar o criticar a alguien severamente <the judge *castigated* the lawyers for their lack of preparation>.

2. V. SCOLD.

Crony V. PARTNER.

Crooked 1. Crooked, bent, skewed, zigzag, slanted significan que no es derecho, recto o directo.

• **Crooked** puede indicar la presencia de curvas o vueltas materiales <a *crooked* road>. ***ant*** straight

• **Bent** connota tener una forma que cambia al doblarse <a *bent* metal wire>.

• **Skewed** sugiere algo distorcionado <*skewed* facts>.

• **Zigzag** indica una línea o un camino con una serie de giros, ángulos o cambios cortos y abruptos <a *zigzag* road>.

• **Slanted** indica inclinado físicamente hacia un lado <a *slanted* roof>, y también puede aplicarse a información presentada de una manera que favorece inapropiadamente un punto de vista en particular <the news program claimed to be objective but was clearly *slanted*>.

2. Crooked, corrupt significan habitualmente involucrado en actividad criminal dirigida a una ganacia fianciera.

• **Crooked** suele connotar deshonestidad o fraude <set up a *crooked* deal to force his partner out of the business>. ***ant*** honest, upright

• **Corrupt** generalmente describe oficiales que habitualmente se involucran en prácticas ilegales, o a las prácticas mismas <*corrupt* judges accepting bribes>. ***ant*** honest, ethical

3. V. DISHONEST.

Cross V. IRASCIBLE.

Crossroads v. JUNCTION.
Crow v. BOAST.
Crowd 1. Crowd, throng, crush, mob, horde significan un gran número de personas congregadas.

• **Crowd** indica una concentración de personas, a menudo con pérdida de individualidad <a small *crowd* greeted the returning athletes>.

• **Throng** lleva una fuerte connotación de movimiento brusco y empujones <a *throng* of reporters followed him>.

• **Crush** recalca lo compacto de la concentración del grupo, la dificultad del movimiento individual, y la incomodidad resultante <a *crush* of fans waited outside the theater>.

• **Mob** indica una muchedumbre desordenada con potencial o intención violenta <heard an angry *mob* outside the jail>.

• **Horde** connota una muchedumbre apresurada o tumultuosa, a menudo de carácter inferior, rudo, o salvaje, y vinculada por intereses o problemas en común <a *horde* of shoppers looking for bargains>.

2. v. SET *n.*
Crowded v. CLOSE *adj.*
Crucial v. ACUTE.
Crude 1. v. RUDE. **2.** v. BOORISH.
Cruel v. FIERCE.
Crumble v. DECAY.
Crush *vb* **1. Crush, quell, extinguish, suppress, quash, put down** significan poner fin a algo mediante su destrucción o su derrota.

• **Crush** indica una fuerza que destruye toda oposición o que pone fin a una operación <a rebellion that was brutally *crushed*>.

• **Quell** significa arrollar completamente y reducir a la sumisión, inactividad o pasividad <statements intended to *quell* the fears of the people>.

• **Extinguish** connota el poner fin a algo de una forma tan abrupta y tan completa que es como si se estuviera apagando un fuego <a promising life *extinguished* by a bullet>. ***ant*** inflame

• **Suppress** indica una resolución deliberada de dominar <the government *suppressed* all opposition newspapers>.

• **Quash** indica una extinción súbita e inmediata <the army had easily *quashed* the rebellion>.

• **Put down** connota derrotar una insurrección por la fuerza <*put down* a riot>.

2. v. CONQUER.
Crush *n* v. CROWD.
Crusty v. BLUFF.
Cryptic v. OBSCURE.
Cuddle v. CARESS.
Cue v. SIGN 2.
Cuff v. STRIKE.
Culmination v. SUMMIT.
Culpable v. BLAMEWORTHY.
Cultivated v. SOPHISTICATED.
Cultured 1. v. LEARNED. **2.** v. SOPHISTICATED.

Cumbersome V. HEAVY.
Cunning *n* V. ART.
Cunning *adj* V. SLY.
Curb 1. V. RESTRAIN. **2.** V. MODERATE.
Cure 1. Cure, heal, remedy, mend, alleviate significan rectificar una condición insalubre o indeseable.

• **Cure** indica la restauración de la salud después de una enfermedad <managed to *cure* his tuberculosis>.

• **Heal** puede aplicarse también a esto, pero por lo general connota restituir la salud a una parte afectada por una herida o llaga <his wounds were slow to *heal*>.

• **Remedy** connota la corrección o el alivio de una condición malsana o nociva mediante el uso de una sustancia u otras medidas <vainly searched for something to *remedy* her arthritis>.

• **Mend** implica arreglar o sanar algo dañado <only time can *mend* a broken heart>.

• **Alleviate** indica reducir el dolor o los problemas de uno <the doctor tried to *alleviate* her suffering>.

2. V. CORRECT.
3. V. RELIEVE.

Curious 1. Curious, inquisitive, prying, nosy, intrusive significan que se tiene interés en lo que no es de incumbencia personal o propia de uno.

• **Curious** un término neutro, connota un deseo activo de aprender o de saber <children are *curious* about everything>. ***ant*** incurious, uninterested

• **Inquisitive** connota una curiosidad impertinente y habitual, el hacer preguntas constantemente y el escudriñar en busca de información <dreaded the visits of their *inquisitive* relatives>. ***ant*** incurious

• **Prying** indica un animado entrometimiento y oficiosidad <*prying* neighbors who refuse to mind their own business>.

• **Nosy** connota la tendencia de curiosear en los asuntos de alguien más <her *nosy* cousin>.

• **Intrusive** sugiere mostrar curiosidad insistente e inoportuna <his constant, *intrusive* questions>.

2. V. STRANGE.

Current *adj* **1.** V. PREVAILING. **2.** V. MODERN.
Curse V. EXECRATE.
Cursory V. SUPERFICIAL.
Curt V. BLUFF.
Curtail V. SHORTEN.
Curve 1. Curve, bend, turn significan virar o hacer virar, de una línea recta o un curso rectilíneo.

• **Curve** indica seguir o producir una línea en forma similar al arco de un círculo o una elipse <the road *curves* sharply to the left>.

• **Bend** connota ceder a una fuerza e indica una distorsión de la rectitud anticipada, normal o deseada <metal rods *bend* under the immense weight>. ***ant*** straighten

• **Turn** indica un cambio de dirección efectuado esencialmente por una rotación, y no normalmente como resultado de fuerza o presión

<the comet will *turn* toward the earth>.
2. V. SWERVE.
Cushy V. COMFORTABLE.
Custom V. HABIT.
Customary 1. V. USUAL. **2.** V. REGULAR.
Cutting V. INCISIVE.
Cynical, misanthropic significan profundamente desconfiado.

• **Cynical** indica tener una incredulidad desdeñosa hacia la sinceridad o la integridad, o a veces una cruel desconsideración de los derechos o inquietudes de los demás <always *cynical* about other people's motives>.

• **Misanthropic** connota una desconfianza arraigada y antipatía hacia los seres humanos y su sociedad <he had grown *misanthropic* as he aged>.

D

Dabbler V. AMATEUR.
Daily, diurnal, circadian, everyday, day-to-day significan de cada día o de todos los días.

• **Daily** se usa en referencia a los asuntos ordinarios del día y puede referirse a días entre semana en contraste con días festivos o fines de semana, y puede asimismo indicar una oposición a *nightly* <the *daily* struggle for existence>.

• **Diurnal** se usa en contraste con *nocturnal* y ocurre primordialmente en contextos poéticos o técnicos <*diurnal* mammals such as squirrels>.

• **Circadian,** un término primordialmente técnico, difiere de *daily* o *quotidian* en indicar sólo un equivalente aproximado a la jornada de veinticuatro horas <*circadian* rhythms in insect behavior>.

• **Everyday** connota algo encontrado rutinariamente o en uso normal y ordinario <*everyday* clothes>.

• **Day-to-day** describe algo hecho o sufrido cada día <her *day-to-day* management duties>.

Dainty V. CHOICE *adj.*
Dally 1. V. DELAY 2. **2.** V. TRIFLE.
Damage V. INJURE.
Damn V. EXECRATE.
Damp V. WET.
Dangerous, hazardous, precarious, perilous, risky, treacherous, unsafe significan que lleva o supone la posibilidad de pérdida o daño.

• **Dangerous** se aplica a todo lo que puede causar daño o pérdida si no se trata con cuidado <soldiers on a *dangerous* mission>. ***ant*** safe, secure

• **Hazardous** indica un gran y continuo riesgo de daño o fracaso y una pequeña probabilidad de evitar el desastre <smoking is *hazardous* to your health>.

• **Precarious** connota la inseguridad e incertidumbre como resultado del peligro o riesgo <has only a *precarious* grasp of reality>.
• **Perilous** lleva una fuerte indicación de la inmediatez del peligro <looking toward a *perilous* future>.
• **Risky** suele aplicarse a un peligro que se conoce y se acepta voluntariamente <avoiding *risky* investments>.
• **Treacherous** indica algo que da la falsa apariencia de seguridad o solidez <the almost invisible ice made the streets *treacherous*>.
• **Unsafe** alude ampliamente a cualquier cosa que no está libre de peligro <those old toys are *unsafe* for four-year-olds>.

Dank V. WET.
Daredevil V. ADVENTUROUS.
Daring V. ADVENTUROUS.
Dark 1. Dark, dim, dusky, murky, gloomy significan más o menos carente de luz.
• **Dark,** el término general, indica una falta de iluminación absoluta o virtual <a *dark* cave>. ***ant*** light
• **Dim** connota una luz demasiado débil como para ver claramente las cosas <always met in a *dim* corner of the bar>. ***ant*** bright, distinct
• **Dusky** connota una profunda penumbra y una estrecha proximidad a la oscuridad <returning through the *dusky* woods at the end of the day>.
• **Murky** indica una oscuridad pesada y espesa como la causada por el humo, la niebla, el polvo en el aire o el lodo en el agua <fish cannot live in the river's *murky* waters>.
• **Gloomy** indica una seria interferencia con la radiación normal de la luz y connota tristeza y pesimismo <a *gloomy* room in the basement of the house>.
2. V. OBSCURE.
Dash V. FRUSTRATE.
Daunt V. DISMAY.
Dauntless V. BRAVE.
Dawdle V. DELAY 2.
Day-to-day V. DAILY.
Dead, defunct, deceased, departed, late significan desprovisto de vida.
• **Dead** se aplica de manera literal a lo que está desprovisto de fuerza vital, pero se usa de manera figurada con cualquier cosa que haya perdido algún atributo de vida, como por ejemplo, la energía, la actividad o el resplandor <a *dead* engine>. ***ant*** alive
• **Defunct** recalca la cesación de existencia u operación activa <a *defunct* television series>. ***ant*** alive, live
• **Deceased, departed** y **late** se aplican a personas que han muerto recientemente. *Deceased* se usa primordialmente en contextos legales <the *deceased* child's share of the property>; *departed* suele usarse como eufemismo <pray for our *departed* mother>; y *late* se aplica en particular a una persona en una relación específica de estatus o condición <the *late* president of the company>.
Deadly, mortal, fatal, lethal, toxic, poisonous significan que causa o es capaz de causar la muerte.

• **Deadly** se aplica a lo que es seguro de causar la muerte, o que es muy capaz de causarla <a *deadly* disease>.
• **Mortal** se aplica a lo que ha causado la muerte o está a punto de causarla <a *mortal* wound>. ***ant*** venial *(dicho sobre todo del pecado)*
• **Fatal** recalca lo inevitable de la muerte o destrucción eventual <*fatal* consequences>.
• **Lethal** se aplica a algo que es seguro de causar la muerte o cuya finalidad es la destrucción de la vida <*lethal* gas>.
• **Toxic** connota algo suficientemente venenoso como para causar la muerte o debilitación severa <an insecticide highly *toxic* to birds>.
• **Poisonous** significa que causa enfermedad o muerte cuando penetra o entra en contacto con el cuerpo <*poisonous* mushrooms>.

Deadpan V. IMPASSIVE.

Deafening V. LOUD.

Deal 1. V. DISTRIBUTE. **2.** V. TREAT.

Debase 1. Debase, deprave, corrupt, debauch, pervert significan causar un deterioro o reducción en la calidad o el carácter.
• **Debase** indica una pérdida de posición, valor o dignidad <saying he had *debased* himself by abandoning his family>. ***ant*** elevate, amend
• **Deprave** indica deterioro moral causado por malos pensamientos o influencias <claimed that rock music were *depraving* the young>.
• **Corrupt** indica la pérdida de solidez, pureza, o integridad como resultado de influencias degradantes o destructoras <believes that slang *corrupts* the language>.
• **Debauch** indica una desmoralización o envilecimiento como resultado de la gratificación sensual <fell into a *debauched* life after the divorce>.
• **Pervert** indica una distorsión o desviación de lo natural o normal que envilece totalmente <*perverted* the original goals of the institute>.
2. V. ABASE.

Debate V. DISCUSS.

Debauch V. DEBASE.

Debilitate V. WEAKEN.

Decadence V. DETERIORATION.

Decay, decompose, rot, putrefy, spoil, crumble, disintegrate, molder, deteriorate significan experimentar una disolución destructiva.
• **Decay** indica un cambio, lento y no necesariamente completo, de un estado de solidez o perfección <a *decaying* mansion>.
• **Decompose** recalca una desintegración como consecuencia de un cambio químico y suele indicar una corrupción <the body had *decomposed* badly>.
• **Rot** indica deterioro y descomposición, normalmente de la materia, y suele connotar suciedad e inmundicia <grain left to *rot* in warehouses>.
• **Putrefy** recalca la cualidad ofensiva de lo que se descompone o pudre <garbage *putrefying* in the hot sun>.
• **Spoil** se aplica primordialmente a la descomposición de los alimentos <the meat had *spoiled* after a week>.
• **Crumble** connota el romperse como el pan seco en pedazos pequeños, ya sea rápidamente o lentamente <the arch had *crumbled*

under the weight of all those stones>.

• **Disintegrate** connota el romperse en muchos pedazos pequeños, ya sea rápidamente o lentamente <the rock cracked and eventually *disintegrated*>.

• **Molder** indica descomposición lenta, especialmente debido al descuido <a shipment of fruit is *moldering* in the warehouse because of the strike>.

• **Deteriorate** sugiere el volverse peor a medida que pasa el tiempo <her health has continued to *deteriorate*>.

Deceased V. DEAD.

Deceit V. DECEPTION.

Deceitful V. DISHONEST.

Deceive, mislead, delude, beguile significan frustrar o inducir a una persona al error, valiéndose de medios poco honestos.

• **Deceive** indica el imponer una falsa idea o creencia que causa confusión, desconcierto o incapacidad <*deceived* by his best friend>. ***ant*** enlighten

• **Mislead** indica llevar a alguien al error, de una manera que puede o no ser intencional <*misled* by a confusing sign>.

• **Delude** indica engañar tan perfectamente como para hacer a uno incapaz de distinguir lo falso de lo verdadero <*deluded* into thinking we were safe>. ***ant*** enlighten

• **Beguile** recalca el uso del encanto y la persuasión para engañar <his charm *beguiled* us all>.

Decency V. DECORUM.

Decent V. CHASTE.

Deception, deceit, fraud, double-dealing, subterfuge, trickery, chicanery, duplicity, hoax, ruse, scam significan los actos o las prácticas de una persona que engaña deliberadamente, o los medios que emplea.

• **Deception, deceit** pueden o no indicar culpabilidad, ya que se puede usar tanto en relación con la defraudación o la estafa, como con artes o juegos cuyo fin es el de confundir <magicians are masters of *deception*> <he achieved his goals through lies and *deceit*>.

• **Fraud** siempre indica culpabilidad, e indica a menudo la criminalidad en acción o práctica <sent to prison for *fraud*>.

• **Double-dealing** connota duplicidad o traición, o bien una acción contraria a la actitud profesada <accused his business partner of *double-dealing*>.

• **Subterfuge** connota decepción en la adopción de una estratagema, o la acción de mentir con el fin de evadir una responsabilidad o un deber, o de lograr un fin <obtained the papers by *subterfuge*>.

• **Trickery** indica actos ingeniosos o deshonestos cuyo fin es el de engañar o defraudar <the kind of *trickery* that computer programmers are always using>.

• **Chicanery** implica decepción astuta <they've always relied on *chicanery* to win elections>.

• **Duplicity** sugiere cubrir las verdaderas intenciones de uno con palabras y acciones engañosas <he exposed the agency's *duplicity*>.

• **Hoax** significa un acto cuyo propósito es engañar <the bomb threat is probably a *hoax*, but we should still evacuate the building>.

• **Ruse** sugiere un truco astuto usado para engañar a alguien <his act was just a *ruse* intended to get me to go out with him>.
• **Scam,** un término informal, indica un acto o una oferta cuya intención es engañar a las personas para tomar su dinero <the victim of an insurance *scam*>.

Deceptive V. DISHONEST.

Decide 1. Decide, determine, settle, rule, resolve, judge, conclude, ascertain significan llegar o hacer llegar a una conclusión.
• **Decide** indica consideración previa, así como el poner fin a la duda, la vacilación, el debate, o la controversia <will *decide* tonight where to build the school>.
• **Determine** indica una fijación de la identidad, el carácter, la extensión, los límites o la dirección de algo <*determined* the cause of the problem>.
• **Settle** indica el llegar a una conclusión que pone fin a toda duda, vacilación o disputa <the court's decision *settles* the matter>.
• **Rule** indica una determinación hecha por una autoridad administrativa o judicial <the judge will *rule* on the case next week>.
• **Resolve** indica una decisión o determinación, clara o expresa, de hacer una cosa o de abstenerse de hacerla <had *resolved* to speak to his boss that afternoon>.
• **Judge** puede connotar el tomar una decisión oficial acerca de un asunto legal <*judge* a case> o simplemente alcanzar una conclusión cuidadosa <*judged* the situation correctly>.
• **Conclude** sugiere formar o declarar una opinión después de un periodo de pensamiento o investigación <we *conclude* from our review of the evidence that they are right>.
• **Ascertain** connota determinar la verdad de algo <attempts to *ascertain* the population of the region>.
2. V. DISCOVER.

Declare 1. Declare, announce, publish, proclaim, promulgate, advertise, broadcast, pronounce significan dar a conocer públicamente.
• **Declare** indica un carácter explícito y connota a menudo cierta formalidad en el acto de dar a conocer <the referee *declared* him the winner>.
• **Announce** indica una declaración, particularmente por primera vez, de algo que es de interés o cuyo fin es el de satisfacer una curiosidad <*announced* their engagement to be married>.
• **Publish** el hacer algo público, particularmente por medios impresos <*published* the list of winners in the newspaper>.
• **Proclaim** indica declarar oralmente con claridad, fuerza y autoridad <the president *proclaimed* a national day of mourning>.
• **Promulgate** indica proclamar un dogma, una doctrina o una ley <the agency had *promulgated* a new rule>.
• **Advertise** se aplica a la acción de informar al público sobre algo por medio de afirmaciones extensivamente circuladas, y a menudo caracterizadas por la extravagancia o una falta de moderación <were *advertising* a new model of vacuum cleaner>.
• **Broadcast** significa hacer algo conocido ampliamente, especialmente cuando alguien desea que permanezca en secreto <you didn't

have to *broadcast* it!>.

• **Pronounce** indica declarar algo en una manera solemne u oficial <his parents *pronounced* themselves satisfied with his new girlfriend>.

2. V. ASSERT.

Decisive V. CONCLUSIVE.

Deck V. ADORN.

Decline *vb* **Decline, refuse, reject, turn down, repudiate, spurn, dismiss, rebuff** significan negar la aceptación, la recepción o la consideración.

• **Decline** indica una gentil denegación, particularmente de ofertas o invitaciones <*declined* the invitation to dinner>. ***ant*** accept

• **Refuse** connota una mayor resolución o descortesía y a menudo indica la denegación de algo que se espera o que se ha pedido <the bank had *refused* them the loan they needed>.

• **Reject, turn down** indican una negativa imperiosa que equivale a despachar a la persona que hace la petición o desechar lo que se ha propuesto <*rejected* the plan as unworkable> <*turning down* every offer they made>. ***ant*** accept, choose, select

• **Repudiate** indica desechar o renegar de algo que se considera falso, no autorizado o que no merece aceptación <*repudiating* the values of their parents>. ***ant*** adopt

• **Spurn** recalca el desprecio con el cual se rechaza o repudia <*spurned* his generous offer>. ***ant*** crave, embrace

• **Dismiss** indica el rehusarse a pensar acerca de algo o a discutir algo seriamente <we *dismissed* his accusations>.

• **Rebuff** implica el rehusar una oferta o sugerencia abruptamente y descortésmente <she *rebuffed* him when he asked for a date>.

Decline *n* V. DETERIORATION.

Decompose V. DECAY.

Deconstruct V. ANALYZE.

Decorate V. ADORN.

Decorum, decency, propriety, etiquette, protocol significan observación de las normas de buena conducta.

• **Decorum** connota una conducta que está en conformidad con el buen gusto o con el código de normas que regulan la conducta en condiciones determinadas <lacked any sense of *decorum*>. ***ant*** license

• **Decency** indica un comportamiento que concuerda con un respeto normal de sí mismo o un sentimiento humanitario hacia los demás, o que concuerda con lo que es apropiado para una profesión o condición de vida en particular <greatly respected for his *decency*>. ***ant*** indecency

• **Propriety** connota una pauta artificial de lo que es correcto en la conducta o en el habla <doubted the *propriety* of asking her such an intimate question>. ***ant*** impropriety

• **Etiquette** es el término usual que se aplica a las normas detalladas de modales y de conducta, y para la observancia de estas normas <the *etiquette* observed in the U.S. Senate>.

• **Protocol** aplica especialmente a los procedimientos formales requeridos para las reuniones entre oficiales de países o gobiernos <according to *protocol,* the ambassador is the first to speak>.

Decrease, lessen, diminish, reduce, abate, dwindle, recede, wane, shrink, subside significan hacerse más pequeño o hacerse menos.

• **Decrease** connota un decrecimiento progresivo en el tamaño, la cantidad, los números o la intensidad <slowly *decreased* the pressure>.

• **Lessen** connota un decrecimiento en cantidad más que en número <managed to *lessen* the bad effects of the drug>.

• **Diminish** pone énfasis en una pérdida perceptible, e indica su sustracción de un total <his strength has *diminished* with age>.

• **Reduce** indica una baja o rebaja <**reduce** the fat in your diet>.

• **Abate** indica una reducción de algo cuya fuerza o cantidad es excesiva u oprimente <by then the noise had **abated**>. ***ant*** augment, intensify (*esperanzas, miedos, una fiebre*)

• **Dwindle** indica una disminución progresiva y se aplica a lo que es capaz de hacerse visiblemente más pequeño o desaparecer <their provisions *dwindled* slowly day by day>.

• **Recede** connota el moverse hacia atrás, hacia afuera o hacia abajo <the flood waters *receded*>.

• **Wane** sugiere volverse menos brillante o poderoso gradualmente <the nation's economy *waned* as its commerce declined>.

• **Shrink** sugiere una reducción en cantidad, tamaño o valor <their income has *shrunk* over the years>.

• **Subside** connota una reducción gradual en intensidad a los niveles normales <if the wind *subsides,* we can take the boat out>.

Decree *vb* V. DICTATE.

Decree *n* V. LAW.

Decrepit V. WEAK.

Decry 1. Decry, depreciate, disparage, belittle, minimize, discount, put down, denigrate, deprecate significan expresar una mala opinión acerca de algo.

• **Decry** indica una condena manifiesta con el fin de desprestigiar <*decried* their laziness>. ***ant*** extol

• **Depreciate** indica el representar una cosa como si tuviera menos valor de lo que comúnmente se supone <critics *depreciate* his plays for their sentimentality>. ***ant*** appreciate

• **Disparage** indica un menosprecio por medios indirectos tales como el desaire o la comparación injusta <*disparaged* golf as recreation for middle-aged businessmen>. ***ant*** applaud

• **Belittle** connota una actitud desdeñosa y un intento de hacer que algo se vea más pequeño de lo que es <always *belittling* the achievements of others>. ***ant*** magnify

• **Minimize** connota un intento de hacer que algo se vea lo más pequeño posible <they *minimized* the danger involved>. ***ant*** magnify

• **Discount** sugiere pensar en algo como si tuviera poca importancia o valor <you shouldn't *discount* the effect of these speeches>.

• **Put down** es un sinónimo informal para *disparage* <she was always *putting down* her teachers>.

• **Denigrate, deprecate** indican minimizar <*denigrating* the achievements of women> <always *deprecating* his own talents> o difamar a alguien <the candidates *denigrated* each other throughout the campaign> <*deprecated* her rivals>.
2. V. RIDICULE.
Dedicate V. DEVOTE.
Deduce V. INFER.
Deep, profound, abysmal, bottomless significan dotado de gran extensión hacia abajo o hacia adentro.
• **Deep** es el término más general, y recalca el hecho más que el grado de extensión hacia abajo desde una superficie, o a veces hacia atrás o hacia adentro desde una parte delantera o exterior <a *deep* river>; cuando se aplica a personas o a procesos mentales, indica la presencia o la necesidad de una gran actividad intelectual o convicción emocional <felt *deep* concern for his brother's safety>. ***ant*** shallow
• **Profound** puede indicar la necesidad o presencia de esmero o minuciosidad <a *profound* thinker>. ***ant*** shallow
• **Abysmal** puede conllevar la noción de un grado inconmensurable, sobre todo cuando se aplica a palabras que denotan la carencia de algo <*abysmal* ignorance>.
• **Bottomless** sugiere algo tan profundo que parece no tener fondo o límite <a *bottomless* pit>.
Deep-rooted V. INVETERATE.
Deep-seated V. INVETERATE.
Deface 1. Deface, disfigure, mar, mutilate significan estropear la apariencia de una persona o cosa.
• **Deface** se aplica normalmente a objetos inanimados e indica un daño que afecta la apariencia superficial <*defaced* the building with graffiti>.
• **Disfigure** indica un daño más profundo o permanente a la superficie, y qué impacta de manera permanente el atractivo o la belleza de la persona o cosa afectada <a face *disfigured* by scars>. ***ant*** adorn
• **Mar** connota dañar la belleza o buena condición de algo <its shiny surface was *marred* by a long scratch>.
• **Mutilate** denota el causar daño severo, especialmente por medio de cortes <someone had *mutilated* the painting with a knife>.
2. V. MAIM.
Defame V. MALIGN.
Defeat V. CONQUER.
Defect V. BLEMISH.
Defend 1. Defend, protect, shield, guard, safeguard, secure significan mantener en seguridad contra el peligro o el ataque.
• **Defend** denota el rechazar o repeler un ataque real o potencial <the large army needed to *defend* the country>. ***ant*** combat, attack
• **Protect** indica el empleo de algo como barrera contra la admisión o el impacto de lo que puede atacar, herir o destruir <*protect* their eyes with sunglasses>.
• **Shield** connota la intervención de una barrera contra el peligro inminente o un ataque real <tried to *shield* her child from the real

world>.

• **Guard** indica proteger con vigilancia y fuerza contra un peligro esperado <all White House entrances are well *guarded*>.

• **Safeguard** indica el tomar medidas de seguridad como precaución contra un peligro meramente potencial <individual rights must be *safeguarded*>.

• **Secure** significa hacer algo seguro <*secure* the country's borders>.

2. v. MAINTAIN.

Defer 1. Defer, postpone, suspend, put off significan retrasar una acción o un procedimiento.

• **Defer** indica cambiar deliberadamente a una fecha u hora posterior <*deferred* payment of the loan>. ***ant*** advance

• **Postpone** indica un aplazamiento intencional, normalmente por un término determinado <the game was *postponed* until Saturday>.

• **Suspend** indica una cesación temporal, con la connotación de un periodo de espera hasta que alguna condición, expresa o implícita, sea satisfecha <all business has been *suspended* temporarily>.

• **Put off,** un término un poco informal, significa posponer <*put off* my visit to the dentist> o hacer a alguien esperar <*put* the bill collector *off*>.

2. v. YIELD.

3. v. DELAY.

Deference v. HONOR.

Defile v. CONTAMINATE.

Define v. PRESCRIBE.

Definite v. EXPLICIT.

Definitive v. CONCLUSIVE.

Deflate v. CONTRACT.

Deform, distort, contort, warp significan desfigurar o estropear como efecto de una torcedura real o figurada.

• **Deform** puede connotar un cambio de forma, apariencia, carácter o naturaleza causado por la presión, una herida o un accidente del crecimiento <the steady winds had *deformed* the pines into bizarre shapes>.

• **Distort** indica el torcer algo de su forma o dirección natural, normal o verdadera <his face is *distorted* in the photograph>.

• **Contort** connota una distorsión extrema que es grotesca o dolorosa <*contorting* his body by placing his heel behind his neck>.

• **Warp** señala una contracción dispareja que dobla o tuerce partes de una superficie plana <the boards had been *warped* by moisture>.

Defraud v. CHEAT.

Deft 1. v. DEXTEROUS. **2.** v. AGILE.

Defunct v. DEAD.

Defy v. OPPOSE.

Degenerate v. VICIOUS.

Degeneration v. DETERIORATION.

Degrade v. ABASE.

Deign v. STOOP.

Dejected v. DOWNCAST.

Dejection v. SADNESS.

Delay 1. Delay, retard, slow, slacken, detain significan causar un retraso o demora en el movimiento o progreso.

• **Delay** indica una retención, normalmente causada por una interferencia, que impide la finalización o la llegada <bad weather *delayed* our trip>. ***ant*** expedite, hasten

• **Retard** se aplica primordialmente al movimiento y connota una reducción de velocidad, causada a menudo por una interferencia <language difficulties *retarded* their learning>. ***ant*** accelerate, advance, further

• **Slow,** empleado a menudo con *up* o *down,* también indica una reducción de velocidad, a menudo con intención deliberada <the engineer *slowed* the train>. ***ant*** speed up

• **Slacken** connota un relajamiento o aflojamiento del poder o del esfuerzo <after five miles he *slackened* his pace>. ***ant*** quicken

• **Detain** indica una retención que sobrepasa un plazo fijado o razonable, causando a menudo una demora <late for dinner because she had been *detained* by unexpected business>.

2. Delay, procrastinate, lag, loiter, dawdle, dally, linger significan moverse o actuar tan lentamente como para causar retraso.

• **Delay** suele indicar el cambiar (un comienzo o una salida o partida) a una hora posterior <to *delay* any longer would be risky>.

• **Procrastinate** connota una demora reprochable sobre todo cuando es causada por pereza, vacilación, o apatía <*procrastinates* whenever she has to make a decision>. ***ant*** hasten, hurry

• **Lag** indica el hecho de no mantener una velocidad o un ritmo fijado por otros <*lags* behind neighboring countries in industrial production>.

• **Loiter** indica una demora al desplazarse, sobre todo al caminar <*loitered* outside waiting for his friends>.

• **Dawdle** indica con mayor claridad el ocio, la falta de ambición o propósito, y una mente errante <children *dawdling* on their way home from school>.

• **Dally** connota una demora causada por nimiedades o vacilaciones cuando es preciso ser puntual <stop *dallying* and get to work>. ***ant*** hasten

• **Linger** implica quedarse en algún lugar más de lo usual o del tiempo esperado, generalmente por interés en lugar de por inercia <she *lingered* at the art exhibit>.

Delayed V. TARDY.

Delete V. ERASE.

Deleterious V. PERNICIOUS.

Deliberate *vb* **1.** V. THINK 2. **2.** V. DISCUSS.

Deliberate *adj* V. VOLUNTARY.

Delicate 1. V. CHOICE *adj.* **2.** V. FRAGILE.

Delicious V. PALATABLE.

Delight V. PLEASURE.

Delighted V. GLAD.

Delightful V. SWEET.

Delirium V. MANIA.

Deliver 1. V. RESCUE. **2.** V. GIVE. **3.** V. PROVIDE.

Delude V. DECEIVE.

Delusion, illusion, hallucination, mirage, fantasy significan algo que se cree o se acepta como real o verdadero aunque en realidad es falso o irreal.

• **Delusion** indica autoengaño o engaño cometido por otros en cuanto a hechos o situaciones y suele indicar un estado mental perturbado <suffered from a *delusion* that his family hated him>.

• **Illusion** indica el atribuir verdad o realidad a algo que parece ser real o verdadero pero en realidad no lo es <chasing after the *illusion* of happiness>.

• **Hallucination** indica la percepción de visiones u otras impresiones sensoriales que carecen de realidad y son el producto de una función desordenada <suffered from terrifying *hallucinations*>.

• **Mirage** es comparable a las palabras anteriores, particularmente en sentido extendido, en el que se aplica a una visión, un sueño, una esperanza o una meta ilusoria <the *mirage* of world peace>.

• **Fantasy** connota una idea imaginativa que frecuentemente está bien removida de la realidad normal <her *fantasy* is to be a film star>.

Deluxe V. LUXURIOUS.

Demand 1. Demand, claim, require, call for significan pedir algo que se considera como debido, necesario o fuertemente deseado.

• **Demand** indica un tono perentorio e insistente y a menudo el reclamar el derecho de hacer peticiones que han de considerarse como órdenes <*demanded* payment>.

• **Claim** indica exigir la entrega o concesión de algo que le pertenece a uno, o de una cosa a la que se tiene derecho <*claimed* to be the first>. ***ant*** disclaim, renounce

• **Require** connota la cualidad imperativa que surge de una necesidad interior, de la coacción de una ley o reglamento o de las exigencias de una situación dada <the patient *requires* constant attention>.

• **Call for** sugiere requerir por ser necesario o apropiado <the design *calls for* three windows>, a veces a través de una petición pública <*called for* 75,000 volunteer troops>.

2. V. ASK 2.

Demanding 1. V. HARD. **2.** V. ONEROUS.

Demean V. ABASE.

Demeanor V. BEARING.

Demented V. INSANE.

Demolish V. RUIN *vb.*

Demonstrate V. SHOW 1.

Denigrate 1. V. DECRY. **2.** V. MALIGN.

Denounce V. CRITICIZE.

Dense 1. V. CLOSE *adj* 1. **2.** V. STUPID.

Deny 1. Deny, contradict, impugn, negate significan rehusarse a aceptar algo como verdadero o válido.

• **Deny** indica el negarse firmemente a aceptar como verdadero, a conceder o a admitir la existencia o las reclamaciones de algo o alguien <tried to *deny* the charges>. ***ant*** confirm, concede

• **Contradict** indica una negación manifiesta y rotunda de la verdad de una afirmación, y suele connotar que lo contrario es verdadero <her report *contradicts* every point of his statement>. ***ant*** corroborate

• **Impugn** connota el atacar, discutir o contradecir con energía una persona o cosa, a menudo mediante argumentos prolongados <dared to *impugn* his motives>. ***ant*** authenticate, advocate

• **Negate** connota la negación exitosa de la existencia o verdad de algo <the facts *negate* his argument>.

2. V. DISPROVE.

3. V. NULLIFY.

Depart 1. V. GO. **2.** V. SWERVE.

Departed V. DEAD.

Depend V. RELY.

Dependable V. FAITHFUL.

Deplete 1. Deplete, drain, exhaust, impoverish, bankrupt, use up, sap significan privar de algo esencial para la existencia o potencia.

• **Deplete** indica una reducción en número o cantidad, y el daño potencial o real, causado por tal reducción <*depleting* our natural resources>. ***ant*** renew, replace

• **Drain** indica retirar gradualmente, y por último privar completamente, de lo que es necesario para la existencia y funcionamiento de una cosa <taking care of her mother had *drained* her of energy>.

• **Exhaust** recalca un vaciamiento o consumo total <their supplies had been *exhausted*>.

• **Impoverish** connota la privación de algo que es esencial para un bienestar activo <without the arts we would lead an *impoverished* existence>. ***ant*** enrich

• **Bankrupt** connota un empobrecimiento al grado de llegar a una ruina inminente <war had *bankrupted* the nation>.

• **Use up** connota hacer uso completo de algo <you've *used up* all the milk>.

• **Sap** sugiere debilitar por medio del uso lento del abasto de algo <gradually *sapped* her strength>.

2. V. WEAKEN.

Deplore, lament, bewail, bemoan significan expresar dolor o pena por algo.

• **Deplore** indica una fuerte objeción o dolorosa reprobación con respecto a la pérdida o el perjuicio de una cosa de valor <*deplores* the bad manners of drivers>.

• **Lament** indica una fuerte y efusiva expresión de pena <*lamenting* the loss of their only son>. **ant** exult, rejoice

• **Bewail** indica pena, desilusión o protesta que se expresa mediante fuertes palabras o gritos <fans *bewailed* the defeat of their team>. ***ant*** rejoice

• **Bemoan** connota una cualidad sumamente lúgubre en tales expresiones <scientists *bemoan* the lack of funding for research>. ***ant*** exult

Deport V. BANISH.

Deportment V. BEARING.

Deprave V. DEBASE.

Depraved v. VICIOUS.
Deprecate v. DECRY.
Depreciate v. DECRY.
Depressed v. DOWNCAST.
Depressing v. DISMAL.
Depression v. SADNESS.
Deputy v. ASSISTANT.
Deranged v. INSANE.
Deride v. RIDICULE.
Derive v. SPRING.
Derogatory, uncomplimentary, disparaging, pejorative, snide significan que tiene por fin el denigrar o que tiende a ello.

• **Derogatory, uncomplimentary** suelen aplicarse a expresiones o medios de expresión con los que se pretende atacar o menospreciar con insinuaciones de algo deshonroso <treats "politician" as a *derogatory* term> <an *uncomplimentary* remark about his brother>. ***ant*** complimentary

• **Disparaging** indica el propósito de menospreciar mediante el uso de métodos indirectos <a *disparaging* look at some popular heroes>.

• **Pejorative** se aplica en particular a palabras cuyo significado básico se ha distorsionado, dándoles una cualidad despectiva <"egghead" is a *pejorative* word for an intellectual>.

• **Snide** sugiere el ser descortés o insultante en una manera furtiva o indirecta <a *snide* tone>.

Description v. TYPE.
Desecration v. PROFANATION.
Desert v. ABANDON.
Design 1. v. INTENTION. **2.** v. PLAN.
Desire, wish, want, crave, covet significan tener ansia o anhelo de algo.

• **Desire** recalca la fuerza del sentimiento e indica a menudo una fuerte intención o una meta fija <*desires* to start a new life in another state>.

• **Wish** indica con frecuencia un anhelo general o transitorio por lo que no se puede obtener <she *wished* that she could help>.

• **Want** connota específicamente un anhelo de algo que podría satisfacer una necesidad que se siente <*wants* to have a family>.

• **Crave** connota la fuerza del apetito físico o la necesidad emotiva <he *craves* sweets constantly>. ***ant*** spurn

• **Covet** indica un deseo fuerte y envidioso, típicamente por algo que pertenece a otro <one of the most *coveted* honors in the sports world>.

Desist v. STOP.
Desolate 1. v. ALONE. **2.** v. DISMAL.
Despairing v. DESPONDENT.
Desperate v. DESPONDENT.
Despicable v. CONTEMPTIBLE.
Despise, scorn, disdain significan percibir una cosa como no digna de atención o consideración.

• **Despise** puede connotar una reacción emotiva que puede abarcar desde la antipatía hasta el aborrecimiento <*despises* weakness most of all>. ***ant*** appreciate

• **Scorn** indica un desprecio vivo o indignado y profundo <*scorns* the idea of retirement>. ***ant*** respect

• **Disdain** indica una arrogante aversión hacia lo que se considera como despreciable o indigno <*disdained* every kind of popular music>. ***ant*** favor, admit

Despoil V. RAVAGE.

Despondency V. SADNESS.

Despondent, despairing, desperate, hopeless, miserable, wretched significan que ha perdido toda o casi toda la esperanza.

Despondent indica un profundo abatimiento que resulta de la convicción de que todo futuro esfuerzo es inútil <*despondent* over the death of her father>. ***ant*** lighthearted, cheerful

• **Despairing** connota la fuga gradual de toda esperanza y suele estar acompañado por el desaliento <*despairing* appeals for the return of the kidnapped boy>. ***ant*** hopeful, optimistic

• **Desperate** indica una desesperanza a tal grado que induce a una acción imprudente e incluso a la violencia ante una derrota o frustración esperada <one last *desperate* attempt to save their farm>. ***ant*** serene

• **Hopeless** connota desaliento y la cesación de esfuerzos o de resistencia y suele indicar aceptación o resignación <the situation appeared *hopeless*>. ***ant*** hopeful, optimistic

• **Miserable** indica que una persona se encuentra en un estado de miseria que puede manifestarse en extrema aflicción física o mental, o en una pobreza o degradación lamentable <looked *miserable,* with eyes red and swollen>; en referencia a una cosa, connota un carácter tan mezquino, inferior, o desagradable que suscita en el observador un fuerte desprecio o incluso asco <what *miserable* weather>.

• **Wretched** recalca la desdicha o el desánimo de una persona que está pasando por una grave angustia como la indigencia, el dolor emocional, la opresión, la aflicción, o la ansiedad <*wretched* survivors of the terrible flood>; en su aplicación a las cosas, recalca un carácter extremadamente malo <made a life as best they could in their *wretched* hovel>.

Despotic V. ABSOLUTE.

Destiny V. FATE.

Destitution V. POVERTY.

Destroy 1. V. ABOLISH. **2.** V. RUIN *vb.*

Destruction V. RUIN.

Detach V. SEPARATE *vb.*

Detached V. INDIFFERENT.

Detail V. ITEM.

Detailed, minute, blow-by-blow, itemized, full, thorough, in-depth significan que tratan a fondo una cuestión, normalmente punto por punto.

• **Detailed** recalca más la abundancia de detalle que su integridad <a *detailed* description of the event>.

• **Minute** indica una atención plena y meticulosa hacia los más pequeños detalles <a *minute* examination of a fossil>.

• **Blow-by-blow** es un término informal que indica el describir en detalle cada cosa que ocurre en orden <gave a *blow-by-blow* account of the meeting>.

• **Itemized** connota una lista detallada y precisa <a list of *itemized* expenses>.

• **Full** significa incluir todo que se desea o necesita <he promised a *full* disclosure of his assets>.

• **Thorough** indica algo que estudia cada detalle posible <a *thorough* examination>.

• **In-depth** indica el cubrir el trasfondo de un sujeto al igual que sus detalles <*in-depth* news coverage>.

Detain 1. V. DELAY 1. **2.** V. KEEP.

Detect V. DISCOVER.

Detectable V. PERCEPTIBLE.

Deter V. PREVENT.

Deteriorate V. DECAY.

Deterioration, degeneration, decadence, decline, atrophy significan el caer de un nivel más alto a uno más bajo en cuanto a calidad, carácter o vitalidad.

• **Deterioration** indica un daño a cualidades tan valiosas como el vigor, la adaptabilidad o la utilidad <the *deterioration* of her memory in recent years>. ***ant*** improvement, amelioration

• **Degeneration** recalca el retroceso físico, intelectual, o moral <the *degeneration* of rug weaving in Iraq>. ***ant*** regeneration, rebirth

• **Decadence** presupone que se ha alcanzado previamente la madurez o la excelencia, e indica un cambio hacia abajo con la pérdida consiguiente de vitalidad o energía <regarded rock music as a sign of cultural *decadence*>.

• **Decline** connota una dirección hacia abajo más marcada, con un ímpetu más fuerte, y con una evidencia de deterioro más patente <the swift rise and *decline* of his career>. ***ant*** rise

• **Atrophy** connota un desgaste por desuso <intellectual *atrophy*>.

Determine 1. V. DECIDE. **2.** V. DISCOVER.

Detest V. HATE.

Detestable V. HATEFUL.

Devastate 1. V. RAVAGE. **2.** V. RUIN *vb.*

Devastating V. PERNICIOUS.

Devastation V. RUIN *n.*

Develop 1. V. MATURE. **2.** V. HAPPEN.

Deviate V. SWERVE.

Devious V. SLY.

Devise V. CONTRIVE.

Devote, dedicate, consecrate, hallow significan reservar para un fin específico, y a menudo, más alto.

• **Devote** indica muy a menudo renunciar o reservar por motivos de fuerza mayor <*devoted* his evenings to study>.

• **Dedicate** indica una devoción solemne y exclusiva a un uso o propósito serio o sagrado <*dedicated* her life to medical research>.

• **Consecrate** recalca la investidura de una cualidad solemne o sagrada <to *consecrate* the church to the worship of God>.

• **Hallow,** que suele diferir muy poco de *dedicate* o *consecrate,* puede indicar específicamente una atribución de santidad intrínseca <the church had *hallowed* the day of the martyr's death>.

Devoted V. FAITHFUL.

Devotee V. FOLLOWER.

Devotion V. FIDELITY.

Devout, pious, religious, sanctimonious, prayerful, reverent significan que demuestra fervor en la práctica religiosa.

• **Devout** recalca sentimiento genuino y una actitud mental que lleva a la reverencia solemne y la observancia adecuada de ritos y prácticas <*devout* Muslims journeying to Mecca>.

• **Pious** se aplica al cumplimiento fiel y esmerado de los deberes religiosos y al mantenimiento de una actitud religiosa en lo exterior <a *pious* family that avoided TV and movies>.

• **Religious** puede indicar un carácter devoto y pío, pero pone el énfasis en una fe en una deidad y en la adhesión a un estilo de vida consistente con la fe <a basically *religious* man, although not a regular churchgoer>. ***ant*** irreligious

• **Sanctimonious** indica pretensiones de santidad o una apariencia devota petulante <his *sanctimonious* uncle, who had never loved his children>.

• **Prayerful** indica que implica oración <with *prayerful* gratitude>.

• **Reverent** subraya la muestra de honor o respeto, generalmente en un contexto religioso o casi religioso <the priest asked for a *reverent* silence for those who had died>.

Dexterity V. SKILL.

Dexterous 1. Dexterous, adroit, deft, handy, adept significan preparado y capaz en el movimiento físico o a veces en la actividad mental.

• **Dexterous** indica pericia junto con facilidad y aptitud para la manipulación <her *dexterous* handling of a difficult situation>. ***ant*** clumsy

• **Adroit** indica destreza, pero puede también connotar inventiva al tratar con situaciones espontáneas <the *adroit* host of a radio talk show>. ***ant*** maladroit

• **Deft** pone énfasis en la ligereza, el ingenio y la seguridad de tacto o manejo <her *deft* fingers moved faster than the eye could follow>. ***ant*** awkward

• **Handy** indica astucia o destreza en el uso de las manos <she's *handy* with a paintbrush>.

• **Adept** implica ser diestro al hacer algo manual o mentalmente desafiante <he's *adept* at learning languages>.

2. V. PROFICIENT.

Dialect, vernacular, lingo, jargon, slang significan una forma de lenguaje que no se reconoce como oficial.

• **Dialect** se aplica comúnmente a una forma de lenguaje que se halla en regiones determinadas o entre personas no educadas <the *dialect* of the local Indians>.

• **Vernacular** se aplica al habla cotidiana de las personas, a diferencia del habla erudita <Dr. Johnson used the *vernacular* when talking to his patients>.

• **Lingo** es un término levemente peyorativo que se aplica a cualquier idioma o forma de lenguaje que no se entiende de manera inmediata <the *lingo* of computer programmers>.

• **Jargon** se aplica al lenguaje técnico o esotérico empleado en una profesión, industria o culto <the *jargon* used by educational theorists>.

• **Slang** designa una clase de palabras o usos de palabras cuya invención es reciente y cuya duración suele ser breve, y que se usan informalmente por tener más fuerza y novedad, o por estar más de moda que el lenguaje estándar <the changing *slang* of college students>.

Dictate 1. Dictate, prescribe, ordain, decree, impose, command, mandate significan promulgar una cosa para que sea observada, seguida, obedecida o aceptada.

• **Dictate** indica una directiva autoritaria que se da de manera oral o como si fuera oral <his action was *dictated* by urgent need>.

• **Prescribe** indica una declaración autoritaria que es clara, definitiva e incontrovertible <the memo *prescribed* the new procedure for requesting supplies>.

• **Ordain** indica una institución, establecimiento o promulgación efectuada por una autoridad suprema o incuestionable <nature had *ordained* that nothing should grow on these hills>.

• **Decree** indica una declaración formal hecha por alguien de gran o absoluta autoridad <the Pope has *decreed* that next year will be a holy year>.

• **Impose** indica el someter a una persona a algo que tiene que aguantar o tolerar <morality cannot be *imposed* by law>.

• **Command** sugiere dar una orden formal por alguien en autoridad, especialmente autoridad militar <he *commanded* the troops to move forward>.

• **Mandate** connota demandar o requerir algo oficialmente <ours was the first state to *mandate* the change>.

2. V. PRESCRIBE.

3. V. SAY.

Dictatorial V. ABSOLUTE.

Different 1. Different, diverse, divergent, disparate, various, dissimilar, distinct, varied significan desemejante en clase o carácter.

• **Different** puede indicar poco más que un estado de separación, pero puede también indicar contraste o una cualidad contraria <*different* foods from *different* lands>. ***ant*** identical, alike, same

• **Diverse** indica tanto distinción como un marcado contraste <such *diverse* interests as dancing, economics, and football>. ***ant*** identical, self-same

• **Divergent** indica un alejamiento entre el uno y el otro, así como la improbabilidad de un encuentro o reconciliación eventual <the sisters went on to pursue very *divergent* careers>. ***ant*** convergent

• **Disparate** destaca una incongruencia o incompatibilidad <*disparate* concepts of freedom>. ***ant*** comparable, analogous

• **Various** recalca el número de clases o tipos <*various* methods have been tried>. ***ant*** uniform

• **Dissimilar,** un término neutral, para cosas que difieren claramente <the writers have *dissimilar* backgrounds>.

• **Distinct** sugiere algo marcado claramente como diferente de otro <there are three *distinct* categories>.

• **Varied** connota tener diversidad de muchas formas o tipos <enjoyed a widely *varied* diet>.

2. V. MISCELLANEOUS.

Difficult V. HARD.

Difficulty, hardship, rigor, vicissitude, trial, ordeal significan algo que obstruye el curso de uno, y que requiere de esfuerzo y fortaleza para poder uno lograr su objetivo.

• **Difficulty** puede aplicarse a cualquier condición, situación, experiencia o trabajo que presenta un problema duro de resolver y que parece ser más de lo que puede uno aguantar o superar <trying to understand the child's *difficulties* in reading>.

• **Hardship** recalca gran sufrimiento, trabajo arduo o privación extrema, pero no indica necesariamente un esfuerzo de superar el problema o paciencia en tolerarlo <faced many *hardships* during that long, harsh winter>.

• **Rigor** connota una dificultad que se ha impuesto obligatoriamente sobre uno, por ejemplo, por una religión austera, un clima pesado o una tarea exigente <endured the *rigors* of military training>.

• **Vicissitude** se aplica a una dificultad que es inevitable o que ocurre en conexión con la vida o con un estilo de vida, con una carrera o con una línea de conducta <the *vicissitudes* of ten years of teaching in an urban high school had left them tired and bitter>.

• **Trial** sugiere una prueba de fe, paciencia o fuerza <cold winters can be a *trial* for older people>.

• **Ordeal** denota una experiencia que es muy fuerte o difícil <being trapped in the elevator was a harrowing *ordeal*>.

Diffident V. SHY.

Diffuse V. SCATTER.

Digest 1. V. COMPENDIUM. **2.** V. ABRIDGMENT.

Digress V. SWERVE.

Dilate V. EXPAND.

Dilemma V. PREDICAMENT.

Dilettante V. AMATEUR.

Diligent V. BUSY.

Dim V. DARK.

Diminish V. DECREASE.

Diminute V. SMALL.

Din 1. Din, uproar, pandemonium, hullabaloo, hubbub, clamor, racket, tumult significan un confuso e inquietante revoltijo de sonidos o una situación caracterizada por tal desorden.

• **Din** connota un prolongado y ensordecedor estruendo metálico <the *din* of the factory>. ***ant*** quiet

• **Uproar** connota tumulto o gran desorden, o con frecuencia, el sonido de una multitud que con mucho ruido y desenfreno protesta, clama por algo o desafío <threw the crowd into an *uproar*>.

• **Pandemonium** connota el estruendo tumultuoso que se produce cuando una muchedumbre o un grupo se vuelve incontrolablemente bullicioso <*pandemonium* erupted as soon as the teacher left the room>.

• **Hullabaloo** connota gran excitación, turbulenta protesta y una interrupción a la paz y la tranquilidad más que una agitación ruidosa <the *hullabaloo* in the news media about the recent scandal>.

• **Hubbub** denota la mezcla confusa de sonidos característica del incesante movimiento de actividades y comercio <the *hubbub* of city streets>.

• **Clamor** y **racket** recalcan el efecto psicológico de una combinación de sonidos o cualquier situación excesivamente ruidosa, e indica irritación y perturbación <the *clamor* in the stadium after the goal> <the *racket* on the street made it impossible to sleep>.

• **Tumult** connota una confusión de ruidos altos y movimiento que involucran una multitud de personas <after the second goal a great *tumult* arose in the stands>.

2. V. COMMOTION.

3. V. STIR.

Diplomacy V. TACT.

Diplomatic V. SUAVE.

Dire V. FEARFUL 2.

Direct *vb* **1.** V. COMMAND. **2.** V. CONDUCT.

Direct *adj* **Direct, immediate, firsthand** significan ininterrumpido.

• **Direct** connota una conexión continua entre una cosa y otra, por ejemplo, entre causa y efecto, fuente y producto o principio y fin <payments that may have had a *direct* connection with the murder>.

• **Immediate** recalca la ausencia de un medio o influencia interviniente <dealing with the *immediate* situation required all his attention>.

• **Firsthand** connota venir directamente de experiencia u observación actual <a *firsthand* account of the battle>.

Directly V. PRESENTLY.

Disable V. WEAKEN.

Disagreement V. DISCORD.

Disallow V. DISCLAIM.

Disaster, catastrophe, calamity, cataclysm, tragedy significan un evento o una situación que es o se considera como una terrible desgracia.

• **Disaster** indica una desgracia imprevista, ruinosa y a menudo repentina, que nace de una falta de previsión o mediante una acción hostil externa <the war proved to be a *disaster* for the country>.

• **Catastrophe** indica una conclusión desastrosa y recalca un carácter definitivo y terminante <the *catastrophe* that destroyed the dinosaurs>.

• **Calamity** recalca una desgracia que incluye una gran pérdida personal o pública <the father's sudden death was a *calamity* for the family>. ***ant*** boon

• **Cataclysm** originalmente un diluvio o una convulsión geológica, se aplica a cualquier evento o situación que produce un trastorno o cambio total en el orden existente <the French Revolution was a *cataclysm* that changed Europe forever>.
• **Tragedy** connota un evento terrible que resulta en muerte <the *tragedy* of the terrorist attacks>.

Disastrous V. PERNICIOUS.
Disavow V. DISCLAIM.
Disband V. SCATTER.
Disbelief V. UNBELIEF.
Disburse 1. V. SPEND. **2.** V. DISTRIBUTE.

Discard, throw away, cast, shed, slough, scrap, junk, dump, jettison significan desechar por haber dejado de ser útil, valioso o provecho.
• **Discard, throw away** indica el soltar o arrojar de sí algo que ha perdido su utilidad o se ha hecho superfluo, sin haber perdido necesariamente su valor intrínseco <*discarding* the clothes he had worn in college> <*threw* the old ones *away*>.
• **Cast** sobre todo cuando se usa con *off, away* y *out,* indica un rechazo o repudio forzoso <*cast* off her old friends the moment she achieved success>.
• **Shed** se refiere al acto de desechar periódicamente algunas partes naturales tales como astas, pelo, piel u hojas, y de cualquier cosa que se ha vuelto pesada o inconveniente <hoping to *shed* some of his responsibilities>.
• **Slough** indica el desechar un tejido, como por ejemplo, de una cicatriz o una herida, o puede indicar asimismo el descartar lo que se ha hecho indeseable o inútil <felt she had finally *sloughed* off her old skin and emerged as a new person>.
• **Scrap** connota el echar o despedazar algo que ya no se considera útil, pero indica la posibilidad de salvar las piezas para un uso futuro <old ideas of warfare are constantly being *scrapped*>.
• **Junk** es cercano a *scrap* pero tiende a recalcar un carácter irreversible en el acto de desechar <said we should *junk* the whole idea>.
• **Dump**, un término informal, implica deshacerse de algo o alguien rápidamente o sin preocupación <after the murder, they *dumped* the body and headed to France>.
• **Jettison** implica descartar algo superfluo o que estorba, como en una embarcación que necesita ser alivianada para sobrevivir <having *jettisoned* the fuel, they made an emergency landing>.

Discern V. SEE 1.
Discernible V. PERCEPTIBLE.

Discernment, perception, insight, acumen, intuition indican una capacidad para ver lo que no es evidente a la mente ordinaria.
• **Discernment** recalca la precisión en, por ejemplo, el juzgar carácter o motivos o en la apreciación del arte <lacked any *discernment* about art>.
• **Perception** indica un discernimiento rápido, y a menudo comprensivo, así como una sensibilidad refinada <a novelist of keen *perception*>.

• **Insight** connota una profundidad de discernimiento junto con una capacidad elevada de comprensión <provided *insight* into the condition of the homeless>.

• **Acumen** indica una penetración constante junto con un criterio agudo y práctico <her impressive financial *acumen*>. ***ant*** obtuseness

• **Intuition** connota una habilidad o poder inexplicable para saber algo sin prueba o evidencia <*intuition* was telling her that something was very wrong>.

Discharge v. PERFORM.

Disciple v. FOLLOWER.

Discipline v. PUNISH.

Disciplined v. SOBER.

Disclaim 1. Disclaim, disavow, repudiate, disown, disallow significan rehusarse a admitir, aceptar o aprobar.

• **Disclaim** indica el rehusarse a aceptar una reclamación legítima o una imputación hecha por otro <*disclaimed* any interest in the property>. ***ant*** claim

• **Disavow** indica una vigorosa negación de responsabilidad personal, aceptación o aprobación <the radical group *disavowed* responsibility for the bombing>. ***ant*** avow

• **Repudiate** indica el rechazo o la negación de algo que había sido previamente admitido, aceptado o reconocido <*repudiated* the socialist views of his college years>.

• **Disown** indica un vigoroso rechazo o renuncia de algo con lo que se había tenido una estrecha asociación en el pasado <*disowned* his own daughter>.

• **Disallow** indica el retener la sanción o la aprobación, y a veces connota un absoluto rechazo o condenación <the judge *disallowed* the company's claim>. ***ant*** allow

2. v. DENY.

3. v. DECLINE.

Disclose v. REVEAL.

Discomfit v. EMBARRASS.

Disconcert v. EMBARRASS.

Disconnect v. SEPARATE *vb.*

Disconsolate v. DOWNCAST.

Discontinue v. STOP.

Discord, strife, conflict, contention, dissension, disagreement, dissent, dissidence, friction significan un estado o una condición caracterizada por la carencia de concordia o armonía.

• **Discord** indica una falta de armonía, esencial o intrínseca, que produce disputas, división o antagonismo entre personas o cosas <remembered the 1960s as years of *discord*>. ***ant*** concord, harmony

• **Strife** pone énfasis en una lucha por la superioridad más que en una desarmonía o incompatibilidad fundamental <during his reign the empire was free of *strife*>. ***ant*** peace

• **Conflict** suele recalcar la acción de fuerzas opuestas, pero puede también indicar un carácter incompatible o irreconciliable, por ejemplo, en conexión con deberes o deseos <a *conflict* of professional

interests>. ***ant*** harmony

• **Contention** se aplica a conflictos o competencias caracterizadas por riñas, disputas o controversia <several points of *contention* between the two sides>.

• **Dissension** indica conflicto o discordia y recalca una división en facciones <religious *dissension* threatened to split the colony>. ***ant*** accord

• **Disagreement**, un término neutral, simplemente implica no estar de acuerdo <there's considerable *disagreement* between the two witnesses>.

• **Dissent, dissidence** sugiere una expresión de desacuerdo, generalmente en protesta en contra de una autoridad establecida <the dictator allowed no expression of *dissent*> <religious *dissidence*>.

• **Friction** implica un desacuerdo continuo e inamistoso entre personas o grupos <the obvious *friction* between the two sides>.

Discount 1. V. DECRY. **2.** V. NEGLECT.

Discover 1. Discover, ascertain, determine, unearth, learn, detect, figure out significan averiguar uno algo que no se sabía anteriormente.

• **Discover** puede aplicarse a algo que requiere de exploración o investigación, o también a un encuentro casual, e indica siempre la existencia previa de lo que se llega a conocer <*discovered* the source of the river>.

• **Ascertain** indica el estar uno consciente de su ignorancia o incertidumbre, y el hacer un esfuerzo deliberado de encontrar los hechos o la verdad <will try to *ascertain* the population of the region>.

• **Determine,** usado primordialmente en contextos legales o científicos, recalca la intención de establecer los hechos o de resolver una disputa o controversia <unable to *determine* the exact cause of the disease>.

• **Unearth** indica traer a la luz algo que se ha olvidado u ocultado <*unearth* old records>.

• **Learn** indica adquirir conocimientos, bien sea con poco esfuerzo o intención deliberada <*learned* the truth accidentally>, o bien mediante el estudio y la práctica <spent years *learning* Greek>.

• **Detect** connota notar la presencia de algo que está escondido o difícil de sentir <this test is used to *detect* the presence of alcohol in the blood>.

• **Figure out**, un término un poco informal, indica encontrar una respuesta o solución para algo <*figure out* a math problem>.

2. V. INVENT.

Discredit V. DISGRACE.

Discrete V. DISTINCT.

Discuss, argue, debate, dispute, deliberate significan disertar sobre algo con el fin de llegar a conclusiones o de convencer a otros de la validez de la posición de uno.

• **Discuss** indica pasar por el tamiz todas las posibilidades, presentando las consideraciones a favor y en contra <*discussed* the need for widening the expressway>.

• **Argue** indica el presentar, a menudo de manera acalorada, las razones o la evidencia a favor de convicciones que uno ya tiene <*argued* that the project would be too costly>.

• **Debate** connota argumentos formales o públicos entre partes opuestas <*debated* the merits of the proposed legislation>, y puede también aplicarse a una deliberación consigo mismo <I'm *debating* whether I should go>.

• **Dispute** indica una discusión combativa o acalorada <scientists *dispute* the reasons for the dinosaurs' extinction>. ***ant*** concede

• **Deliberate** connota el discutir y ponderar algo seriamente para tomar una decisión <the jury *deliberated* for two days before returning with a verdict>.

Disdain V. DESPISE.

Disdainful V. PROUD.

Disentangle V. EXTRICATE.

Disfigure 1. V. DEFACE. **2.** V. MAIM.

Disgrace, dishonor, disrepute, shame, infamy, ignominy, discredit significan la pérdida de estima y de la buena reputación y el soportar reproches y desprecio.

• **Disgrace** indica a menudo la pérdida de aceptación o la humillación total, y a veces el ostracismo <the prime minister had recently resigned in *disgrace*>. ***ant*** respect, esteem

• **Dishonor** pone énfasis en la pérdida del honor o de la autoestima <prefer to die rather than to live with *dishonor*>. ***ant*** honor

• **Disrepute** recalca el perder la buena fama o el adquirir una mala reputación <the proud family name had now fallen into *disrepute*>. ***ant*** repute

• **Shame** indica una desgracia o deshonra particularmente humillante y suele recalcar una fuerte reacción emotiva por parte de la persona afectada <the *shame* of losing>. ***ant*** glory, pride

• **Infamy** indica notoriedad, así como una deshonra extrema <the *infamy* of the brutal Serbian leader>.

• **Ignominy** recalca el carácter casi intolerablemente despreciable o vil de la desgracia <Columbus had suffered the *ignominy* of being brought back to Spain as a prisoner>.

• **Discredit**, un término relativamente benigno, sugiere un pérdida de reputación o respeto <the chairman's hiring practices brought *discredit* on the agency>.

Disguise, cloak, mask, camouflage significan alterar la vestimenta o el aspecto con el fin de ocultar la identidad, intención o el verdadero sentimiento.

• **Disguise** indica un engañoso cambio de aspecto o comportamiento que sirve para ocultar una identidad, un motivo o una actitud <*disguised* himself as a peasant to escape>.

• **Cloak** connota el empleo de algo que cubre y oculta completamente la identidad o la intención <tried to *cloak* her greed in speeches about business opportunity>.

• **Mask** connota la prevención del reconocimiento del carácter verdadero de una cosa, normalmente por medios obvios, y no indica siempre la intención de engañar <a charming manner that *masks* an iron will>.

• **Camouflage** implica hacer algo más difícil de ver por medio de medios visualmente engañosos <the makeup *camouflages* blemishes>.

Disgusting V. REPUGNANT.

Dishonest 1. Dishonest, deceitful, mendacious, lying, untruthful, deceptive significan que no es digno de confianza o de crédito.

• **Dishonest** indica una perversión deliberada de la verdad con el fin de engañar, estafar o defraudar <the scheme seemed *dishonest* at best, and perhaps illegal>. ***ant*** honest

• **Deceitful** suele indicar una intención de engañar, y connota por lo general una falsa apariencia o un comportamiento mañoso <only slowly realized how *deceitful* his partner had been>. ***ant*** trustworthy

• **Mendacious,** que es menos directo que *lying,* puede connotar un engaño travieso, leve o inocuo, y suele connotar un hábito de decir falsedades <defending himself against her *mendacious* claims>.

• **Lying** indica un acto o una instancia en particular más que un hábito o una tendencia, y connota culpabilidad <the testimony of a *lying* witness>.

• **Untruthful** es un término menos severo que *lying* y recalca una discrepancia entre lo que se dice o se representa y los hechos o la realidad de la situación, más que una intención de engañar <the story she told in her memoirs was *untruthful* in several respects>. ***ant*** truthful

• **Deceptive** generalmente aplica a cosas en lugar de personas <an article accusing the company of *deceptive* advertising>.

2. V. CROOKED.

Dishonor V. DISGRACE.

Disinclined, hesitant, reluctant, loath, averse, unwilling significan que carece la voluntad o el deseo de hacer una cosa indicada.

• **Disinclined** indica una falta de interés o de inclinación hacia una cosa y puede indicar desaprobación <*disinclined* to go out in bad weather>. ***ant*** inclined

• **Hesitant** indica el contenerse o refrenarse a causa del miedo, la incertidumbre o una aversión <*hesitant* about asking her for a date>.

• **Reluctant** indica el contenerse mediante la resistencia o indisposición <*reluctant* to blame anyone else for her problems>.

• **Loath** indica una falta de armonía entre lo que se tiene previsto hacer y las opiniones, los gustos o las predilecciones de uno <seemed *loath* to believe that his son could do anything right>. ***ant*** anxious

• **Averse** indica el apartarse uno de lo que encuentra desagradable o inoportuno <*averse* to physical work of any kind>. ***ant*** avid *(of o for)*

• **Unwilling,** un término neutral, connota no querer hacer algo <I am *unwilling* to let it go> o ser obligado a hacer algo en contra de la voluntad de uno <she is an *unwilling* participant in the scheme>.

Disintegrate V. DECAY.

Disloyal V. FAITHLESS.

Dismal, dreary, cheerless, bleak, desolate, gloomy, depressing significan desprovisto de todo lo que es alegre o cómodo.

• **Dismal** puede indicar un aspecto sumamente sombrío y deprimente

<a *dismal* day of constant rain>.
• **Dreary** indica un aspecto continuamente lúgubre, aburrido o fastidioso que desanima o debilita <a *dreary* apartment with no windows>.
• **Cheerless** recalca una falta de alegría o de esperanza que es penetrante y desalentadora <Christmas was *cheerless* that year>. ***ant*** cheerful
• **Bleak** indica una esterilidad sosa que desalienta y que carece de cualquier indicio de alegría, refugio o comodidad <a *bleak,* gray landscape>.
• **Desolate** indica que una cosa desanima a causa de ser totalmente estéril, carente de vitalidad, inhabitable o abandonado <the long journey into the country's *desolate* interior>.
• **Gloomy** connota el reflejar sentimientos de pesimismo y desesperanza <she doesn't agree with their *gloomy* economic forecasts>.
• **Depressing** indica que causa bajos ánimos o depresión <this rainy weather is *depressing*>.

Dismay, appall, horrify, daunt, alarm significan desconcertar o disuadir mediante el miedo, la aprensión o la aversión.
• **Dismay** indica el perder la capacidad de proseguir por motivo de un repentino temor o ansiedad, y porque no se sabe cómo tratar con una situación determinada <*dismayed* to find her daughter's bed empty in the morning>. ***ant*** cheer
• **Appall** indica el encontrarse ante lo que perturba, confunde u horroriza <*appalled* by his cynicism>.
• **Horrify** connota una reacción de horror o repugnancia ante lo que es espantoso o terriblemente ofensivo <the extent of the famine turned out to be *horrifying*>.
• **Daunt** connota el acobardar, vencer, desanimar o espantar en una labor que requiere de valentía <conditions that would *daunt* even the bravest reporters>.
• **Alarm** connota causar que alguien perciba un sentimiento súbito de peligro <I didn't mean to *alarm* you>.

Dismiss 1. V. EJECT. **2.** V. DECLINE.
Disown V. DISCLAIM.
Disparage V. DECRY.
Disparaging V. DEROGATORY.
Disparate V. DIFFERENT.
Dispel V. SCATTER.
Dispense V. DISTRIBUTE.
Disperse V. SCATTER.
Dispirited V. DOWNCAST.
Dispiriting V. DISMAL.
Display V. SHOW 2.
Dispose V. INCLINE.

Disposition, temperament, temper, character, personality, nature significan la cualidad o cualidades dominantes que distinguen a una persona o un grupo.
• **Disposition** indica humores y actitudes habituales que uno tiene hacia la vida en su derredor <her cheerful *disposition*>.
• **Temperament** indica un patrón de características innatas que surgen de la composición física, emocional y mental particular de uno <an

artistic *temperament* inherited from his mother>.

• **Temper** indica cualidades adquiridas mediante la experiencia, y determina cómo una persona o un grupo enfrenta dificultades o trata con situaciones <the nation's optimistic *temper*>.

• **Character** se aplica al conjunto de cualidades morales mediante el cual una persona es juzgada aparte de su inteligencia, competencia o talentos especiales <a woman of strong *character*>.

• **Personality** se aplica a un conjunto de cualidades que distinguen a uno como individuo <a somber *personality*>.

• **Nature** connota la esencia de una persona o cosa <he explains his love of skydiving by saying it's his *nature* to seek out danger>.

Disprove, refute, rebut, belie significan demostrar o tratar de demostrar mediante la presentación de evidencia que una cosa no es cierta.

• **Disprove** indica la demostración exitosa, por cualquier método, de la falsedad o invalidez de una afirmación o argumento <seeking to prove or *disprove* the existence of God>. ***ant*** prove, demonstrate

• **Refute** connota un método lógico de contradecir y connota la aducción de evidencia, el citar testigos y autoridades competentes y un razonamiento detenido <*refuted* every point in his argument>.

• **Rebut** connota formalidad de método, pero no una garantía de éxito en el responder al argumento, la evidencia o el testimonio de un adversario <give the opposing side a chance to *rebut*>.

• **Belie** sugiere mostrar que algo es falso o incorrecto, frecuentemente por medio de acciones en lugar de palabras <their behavior *belies* their claim to be innocent>.

Dispute V. DISCUSS.

Disquiet 1. Disquiet, disturb, perturb, agitate, upset, fluster, unsettle, rattle, confuse, faze significan destruir la capacidad para pensar con serenidad o de tomar una acción decisiva.

• **Disquiet** connota una pérdida del sentido de seguridad o de paz mental, a menudo con la incertidumbre o el miedo resultante <*disquieted* by the news of the approaching army>. ***ant*** quiet, tranquilize, soothe

• **Disturb** indica una interferencia con los procesos mentales o con el equilibrio emocional de uno causada por la preocupación, la perplejidad o el miedo <this puzzling discovery *disturbed* me>.

• **Perturb** indica un profundo disturbio de la mente y las emociones <*perturbed* by her husband's strange behavior>. ***ant*** compose

• **Agitate** connota signos externos manifiestos de excitación nerviosa o mental <in his *agitated* state he was unfit to go to work>. ***ant*** calm, tranquilize

• **Upset** indica una interrupción en el funcionamiento normal o habitual causada por desilusión, angustia o dolor <their constant quarreling greatly *upsets* their son>.

• **Fluster** connota agitación y desconcierto causado por una exigencia inesperada o repentina <*flustered* by the way he kept staring at her>.

• **Unsettle** connota hacer a alguien intranquilo o nervioso <such a sudden change will *unsettle* her>.

• **Rattle** sugiere alterar repentinamente la compostura de alguien <the

unexpected question *rattled* the speaker>.

• **Confuse** implica hacer a alguien inseguro <the general is trying to *confuse* the enemy> y frecuentemente se usa en construcciones pasivas <I am *confused* about whose responsibility this is>.

• **Faze,** que casi siempre se usa en una construcción negativa, sugiere hacer que alguien vacile o sienta miedo o se sienta inseguro <nothing *fazes* her>.

Disquiet *n* V. CARE.

Disregard V. NEGLECT.

Disrepute V. DISGRACE.

Dissect V. ANALYZE.

Dissension V. DISCORD.

Dissidence V. DISCORD.

Dissimilar V. DIFFERENT.

Dissent V. DISCORD.

Dissipate 1. V. SCATTER. **2.** V. WASTE.

Dissolve V. ADJOURN.

Distant, far, far-off, faraway, remote, far-flung, outlying significan no estar cercano en el espacio, tiempo o relación.

• **Distant** recalca separación e indica un intervalo obvio, sea éste corto o largo <went to live in a *distant* city>.

• **Far,** en la mayoría de sus usos, se aplica a lo que queda a una gran distancia <at the *far* end of the field>. ***ant*** near

• **Far-off** recalca la distancia y suele preferirse cuando se indica específicamente una distancia en el tiempo <some *far-off* day>. ***ant*** near-at-hand

• **Faraway** difiere poco de *far-off,* pero a veces puede connotar una vaga lejanía o incluso la oscuridad <her eyes had a *faraway* look>. ***ant*** near

• **Remote** connota una gran distancia de uno en cuanto a perspectiva, tiempo o localidad, y puede asimismo connotar una disminución en importancia para uno como consecuencia de esta distancia <spent her summers in a *remote* cabin>. ***ant*** close, adjacent

• **Far-flung** implica bien sea lejanía <several *far-flung* colonies> o una extensión a través de un rango amplio <a *far-flung* media empire>.

• **Outlying** sugiere estar lejos del centro de un lugar <the *outlying* areas of the city>.

Distasteful V. REPUGNANT.

Distend V. EXPAND.

Distinct 1. Distinct, separate, discrete significan no ser iguales todos y cada uno.

• **Distinct** indica que algo se percibe mental o visualmente como siendo aparte o diferente de otros <each bowl is hand-painted and *distinct*>. ***ant*** indistinguishable

• **Separate** suele recalcar la falta de conexión en el tiempo o el espacio, o una diferencia de identidad, entre las cosas en cuestión <this subject requires a *separate* memo>.

• **Discrete** pone mucho énfasis en la individualidad y en la falta de conexión material a pesar de una similitud o continuidad aparente <two *discrete* issues are being confused here>.

2. V. EVIDENT.
3. V. DIFFERENT.
4. V. SINGLE.
Distinctive V. CHARACTERISTIC.
Distinguished V. FAMOUS.
Distort 1. V. DEFORM. **2.** V. MISREPRESENT.
Distress *n* **1. Distress, suffering, misery, agony, anguish, torment** significan la condición de experimentar gran pena o dolor físico o mental.

• **Distress** indica una causa externa de gran presión y tensión física o mental y suele connotar la posibilidad o necesidad de alivio <her *distress* over her son's disappearance>.

• **Suffering** indica el aguante consciente de dolor o aflicción y, a menudo, una aceptación estoica <attempts to lessen the patient's *suffering*>.

• **Misery** recalca la desdicha que acompaña la aflicción o el sufrimiento, y suele connotar un carácter sórdido, abyecto o aburridamente pasivo <most of the country's poor live in *misery*>.

• **Agony** connota un dolor demasiado intenso para ser tolerado por el cuerpo o la mente <in *agony* over their daughter's suicide>.

• **Anguish** connota sufrimiento, pena o dolor extremo <cries of *anguish*>.

• **Torment** sugiere dolor físico extremo o especialmente mental, generalmente de alguna duración <none of his friends perceived his inner *torment*>.

2. V. SORROW.
Distress *vb* V. TROUBLE.
Distribute 1. Distribute, dispense, divide, deal, dole, disburse, give out, hand out significan repartir o dar, normalmente en porciones, a cada miembro de un grupo.

• **Distribute** indica el disponer una cosa en porciones, separándola en partes, unidades o cantidades, y el repartir estas partes de manera igual, sistemática o al azar <*distributed* the work among several employees>. ***ant*** collect, amass

• **Dispense** connota el proporcionar una parte, esmeradamente pesada o medida, a cada miembro de un grupo según sus necesidades, o bien como un derecho o como algo que se le debe <*dispensed* medicine from the van>.

• **Divide** recalca la separación de un todo en partes antes de repartirlo o entregarlo, e indica que todas las partes son iguales <*divided* the coins into two piles>.

• **Deal** pone énfasis en la distribución de algo, pieza por pieza, a cada uno de los miembros de un grupo <expertly *dealing* out the cards>.

• **Dole** indica escasez o tacañería en la cantidad distribuida <carefully *doled* out the little food there was>.

• **Disburse** generalmente connota una distribución oficial de dinero, como de los pensionados o herederos <needed a court decree to *disburse* the funds>.

• **Give out, hand out** son términos un poco informales que significan distribuir algo a muchas personas, generalmente indiscriminadamente <*giving out* unwanted advice> <*handing out* copies of the newsletter>.

2. V. ALLOT.

Distrust V. UNCERTAINTY.

Disturb V. DISQUIET.

Dither V. HESITATE.

Diurnal V. DAILY.

Dive V. PLUNGE.

Diverge V. SWERVE.

Divergent V. DIFFERENT.

Diverse 1. V. DIFFERENT. **2.** V. MISCELLANEOUS.

Divert V. AMUSE.

Divide 1. V. DISTRIBUTE. **2.** V. SEPARATE.

Divine V. FORESEE.

Division V. PART.

Divorce V. SEPARATE.

Divulge V. REVEAL.

Doable V. POSSIBLE.

Docile V. OBEDIENT.

Dock V. PENALIZE.

Doctrinaire, dogmatic, magisterial significan el imponer la voluntad u opiniones de uno sobre los demás.

• **Doctrinaire** indica el estar dispuesto a seguir teorías y doctrinas abstractas o personales al enseñar, formular leyes o tomar decisiones en cuanto a políticas que afectan a las personas <a *doctrinaire* approach to a complex situation>.

• **Dogmatic** indica el demostrar uno una actitud arrogante y excesivamente categórica en el establecimiento de principios y en la expresión de sus opiniones <annoyingly *dogmatic* in her opinions>.

• **Magisterial** recalca la asunción o el uso de prerrogativas, típicas de un magistrado o de un maestro de escuela, al imponer uno la aceptación de sus opiniones <many found his *magisterial* tone impressive>.

Doctrine, dogma, tenet, creed significan un principio reconocido como válido y autoritario.

• **Doctrine** puede indicar una enseñanza autoritaria, respaldada por su aceptación por un cuerpo de creyentes o partidarios <religious *doctrines*>, pero *doctrine* puede usarse más ampliamente para denotar una teoría formulada que cuenta con el apoyo de evidencia, el respaldo de autoridad y que se ha propuesto para la aceptación <the *doctrine* of organic evolution>.

• **Dogma** indica una doctrina que se ha establecido como cierta e indiscutible y puede connotar una insistencia arbitraria, o incluso arrogante, en la autoridad o en la imposición de la autoridad <had left the cult because he could no longer accept its *dogma*>.

• **Tenet** recalca aceptación y creencia más que enseñanza, y se aplica a una noción o tesis en la que se cree o a la cual se adhiere, e indica un cuerpo de partidarios <the *tenets* of socialism>.

• **Creed** sugiere un grupo de creencias que guían las acciones de un individuo o grupo <the religion's *creed*>.

Dodge V. ESCAPE.
Dog V. FOLLOW.
Dogged V. OBSTINATE.
Dogma V. DOCTRINE.
Dogmatic V. DOCTRINAIRE.
Dole *n* V. RATION.
Dole *vb* **1.** V. DISTRIBUTE. **2.** V. ALLOT.
Domestic V. NATIVE.
Dominance V. SUPREMACY.
Dominant, predominant, paramount, preponderant, sovereign, preeminent, supreme, principal, chief, foremost, leading significan superior a todos los demás en cuanto a poder, influencia, o importancia.

- **Dominant** se aplica a algo que está en la posición más alta porque gobierna o controla <a *dominant* wolf>. ***ant*** subordinate
- **Predominant** se aplica a algo que ejerce, muchas veces de forma pasajera, la influencia más marcada sobre una persona o una situación <the region's *predominant* religions are Buddhism and Hinduism>. ***ant*** subordinate
- **Paramount** indica supremacía en importancia, rango o jurisdicción <inflation was the *paramount* issue in the campaign>.
- **Preponderant** se aplica a un elemento o factor que tiene más peso que todos los otros con los que se puede comparar en cuanto a influencia, poder, número o efecto <the *preponderant* evidence was in his favor>.
- **Sovereign** indica calidad o rango en relación al cual todo lo demás es subordinado o inferior <in a democracy the *sovereign* power belongs to the people>.
- **Preeminent** connota tener rango, dignidad o importancia excelente <one of the *preeminent* scientists attending the conference>.
- **Supreme** connota el rango, la autoridad, la calidad o el grado más alto <the *supreme* leader>.
- **Principal, chief** implican simplemente el más importante <vegetables are the *principal* ingredients of the soup> <their *chief* claim to fame>.
- **Foremost, leading** indican ser el primero en rango e importancia <her *foremost* opponent> <the *leading* health problem for older women>.

Domineering 1. Domineering, imperious, peremptory, bossy, highhanded, overbearing significan que tiende a imponer su voluntad por encima de la voluntad de los demás.

- **Domineering** connota una manera de ser que es autoritaria o tiránica, y una obstinada determinación a imponer uno su voluntad <a quiet little man with a *domineering* wife>. ***ant*** subservient
- **Imperious** indica una naturaleza o actitud imponente y suele connotar una confianza arrogante <a wealthy woman with an *imperious* manner>. ***ant*** abject
- **Peremptory** indica una actitud abrupta y dictatorial, y el negarse a tolerar la desobediencia o la disensión <a *peremptory* announcement that the bar was closing>.

• **Bossy**, un término informal, connota dar órdenes frecuentemente en una manera que no le gusta a las personas <he's much too *bossy*>.

• **High-handed** sugiere no mostrar consideración por las opiniones, sentimientos o derechos de otros <the country's *high-handed* treatment of the U.N.>.

• **Overbearing** indica tener control o influencia sobre alguien a través de arrogancia o fuerza de personalidad <his *overbearing* mother>.

2. V. DOCTRINAIRE.

Dominion V. POWER 3.

Donate V. PROVIDE.

Doom V. FATE.

Dormant V. LATENT.

Double-dealing V. DECEPTION.

Double entendre V. AMBIGUITY.

Doubt 1. V. UNCERTAINTY. **2.** V. QUALM.

Doubtful, dubious, problematic, questionable, ambiguous, uncertain, iffy significan que no brinda una garantía en cuanto al valor, la solidez o la certeza de algo o alguien.

• **Doubtful** suele imputar falta de valor o de solidez, o bien, fracaso o incertidumbre <still *doubtful* about the cause of the explosion>. ***ant*** positive

• **Dubious** recalca la sospecha, desconfianza o vacilación <*dubious* about this new scheme>. ***ant*** reliable, trustworthy

• **Problematic** se aplica sobre todo a cosas o situaciones cuya existencia, sentido o realización es muy incierta <realized that the situation had become *problematic*>. ***ant*** unproblematic

• **Questionable** puede indicar meramente que existe una duda, pero suele connotar duda en cuanto a decoro, o bien, sospechas fundamentadas <a real estate agent of *questionable* honesty>. ***ant*** authoritative, unquestioned

• **Ambiguous** connota tener más de un posible significado <confused by the *ambiguous* wording of the message>.

• **Uncertain** sugiere que es desconocido o poco seguro <a financially *uncertain* future>.

• **Iffy,** un término informal, connota tener cualidades o condiciones inciertas o desconocidas que pone en duda el futuro o el resultado <an *iffy* situation>.

Dour V. SULLEN.

Dovetail V. AGREE 2.

Dovish V. PACIFIST.

Dowdy, blowsy significan deficiente en cuanto a pulcritud, aseo, y elegancia, especialmente en el vestir o en el aspecto.

• **Dowdy** suele connotar una carencia total de gusto, producida por una combinación de desaseo, sosería, y mal gusto <a *dowdy* old hotel>.

• **Blowsy** indica desaliño o desorden, a los cuales a menudo se añade una noción de vulgaridad o rudeza <a *blowsy* woman drinking at the hotel bar and laughing too loudly>.

Downcast, dispirited, dejected, depressed, disconsolate, woebegone

significan afectado por, o que demuestra tener, un ánimo muy bajo.

• **Downcast** indica el estar abrumado por la vergüenza o la pérdida de esperanza o confianza, y una falta absoluta de alegría <the critics' negative reviews had left the actors feeling *downcast*>. ***ant*** elated

• **Dispirited** indica unos ánimos extremadamente bajos como resultado de no haber logrado lo que uno se ha propuesto <*dispirited* by a series of losses>. ***ant*** high-spirited

• **Dejected** indica una pérdida severa y repentina, pero a menudo temporal, de esperanza, valor o vigor <a crushing defeat that left the team *dejected*>. ***ant*** animated

• **Depressed** puede indicar una condición de desánimo temporal o crónico, y puede indicar una seria incapacidad para ser normalmente feliz y activo <*depressed* by his failures and thinking about suicide>. ***ant*** exhilarated, animated

• **Disconsolate** indica estar inconsolable o muy incómodo <*disconsolate* voters on the morning after the election>. ***ant*** cheerful

• **Woebegone** connota una condición de fracaso y desánimo, y pone énfasis en la impresión de abatimiento y desaliento creada por la expresión facial, la postura y el entorno <a *woebegone* motel on an empty back road>.

Downfall V. RUIN (n).

Drag V. PULL.

Drain V. DEPLETE.

Dramatic, theatrical, melodramatic, histrionic significan que posee las características o los efectos típicos de obras actuadas.

• **Dramatic** se aplica al habla, la acción, los gestos o las situaciones que pueden despertar vivamente la imaginación o las emociones <the evening news reported *dramatic* developments in the Soviet Union>.

• **Theatrical** indica un burdo intento de apelar a las emociones mediante la artificialidad o exageración en el gesto, la acción o la expresión oral <her *theatrical* way of entering a room>.

• **Melodramatic** connota una emotividad exagerada o una teatralidad inapropiada <making a *melodramatic* scene in public>.

• **Histrionic** se aplica a tonos, gestos o movimientos y connota una afectación o teatralidad deliberada <a *histrionic* show of grief>.

Draw V. PULL.

Dread 1. V. FEAR. **2.** V. APPREHENSION.

Dreadful V. FEARFUL 2.

Dreary V. DISMAL.

Drench V. SOAK.

Drift V. TENDENCY.

Drill V. PRACTICE.

Drive 1. V. MOVE. **2.** V. PUSH.

Droopy V. LIMP.

Drowsy V. SLEEPY.

Drudgery V. WORK 1.

Drunk, drunken, intoxicated, inebriated, tipsy, plastered significan considerablemente y visiblemente afectado por el consumo de alcohol.

• **Drunk** y **drunken** son los términos llanos, directos e inclusivos

<arrived at the party already *drunk*> <a *drunken* man stumbled out of the bar>, pero *drunken* puede indicar un exceso habitual en el beber, y se aplica asimismo a cualquier cosa que resulta de la intoxicación <a *drunken* brawl>. ***ant*** sober

• **Intoxicated** es un término más formal y menos despectivo que se usa comúnmente en contextos legales o médicos <arrested for driving while *intoxicated*>. ***ant*** sober

• **Inebriated** indica intoxicación a tal grado que ocasiona euforia, ruido o una excitación inapropiada <*inebriated* fans celebrating the Red Sox victory>.

• **Tipsy** puede indicar sólo un ligero estado de ebriedad y el aflojamiento consiguiente del control muscular y mental <left the bar feeling happily *tipsy*>.

• **Plastered** se refiere a uno que ha perdido toda competencia como resultado de la intoxicación <so *plastered* they couldn't stand up straight>.

Drunken V. DRUNK.

Druthers V. CHOICE *n.*

Dry, arid significan carente o deficiente de humedad.

• **Dry** puede connotar la condición de estar libre de una humedad notable como un estado característico o deseable <a *dry* climate>, o bien puede connotar una deficiencia de humedad o la carencia o pérdida de la humedad normal o necesaria <the well has gone *dry*>, o la carencia de las cualidades que en cualquier cosa llaman el interés o la atención, o que en una persona indican vitalidad, calor o receptividad <had a *dry* sense of humor>. ***ant*** wet

• **Arid** indica una marcada carencia o privación de humedad y una sequedad extrema; se aplica normalmente a regiones o territorios, para indicar tierras yermas o desiertas <a bare, *arid* landscape>, y puede también connotar la ausencia de las cualidades que hacen que una cosa sea de valor, productiva o significante <most of his writing is *arid* and hard to read>. ***ant*** moist

Dubious V. DOUBTFUL.

Duck V. ESCAPE.

Dull 1. Dull, obtuse, humdrum, boring, plodding, tedious, monotonous, blah significan que no es afilado, penetrante o agudo.

• **Dull** connota una falta o pérdida de agudeza, brío o acrimonia <a *dull* novel>. ***ant*** sharp, poignant, lively

• **Obtuse** indica un embotamiento a tal grado que insensibiliza en la percepción, el habla, o la imaginación <she was too *obtuse* to realize that she had insulted them>. ***ant*** acute

• **Humdrum** sugiere algo poco interesante debido a la rutina <*humdrum* household chores>.

• **Boring** implica simplemente poco interesante <a *boring* job>.

• **Plodding** sugiere lentitud y falta de imaginación <the book was written in *plodding* prose>.

• **Tedious** sugiere una pesadez como resultado de tomar mucho tiempo <he made a *tedious* 45-minute speech>.

• **Monotonous** describe algo que consume tiempo y es invariable <a *monotonous* task>.

• **Blah,** un término muy informal y coloquial, indica que es aburrido y poco interesante <that club is just totally *blah*>.

2. V. STUPID.

3. V. INSIPID.

Dumb V. STUPID.

Dumbfound V. PUZZLE.

Dump V. DISCARD.

Dumpy V. STOCKY.

Dupe 1. Dupe, trick, hoax, bamboozle, hoodwink significan engañar, con métodos poco limpios, con el objeto de lograr uno sus propios fines.

• **Dupe** connota una falta de malicia por parte de la persona engañada <*duped* them into buying a worthless piece of land>.

• **Trick** indica un intento, no necesariamente malicioso, de engañar mediante una artimaña o un fraude <*tricked* by his kids into taking them to a movie>.

• **Hoax** indica el idear un fraude complicado con el fin de engañar <*hoaxed* the public with his radio broadcast about an invasion from Mars>.

• **Bamboozle, hoodwink** son términos informales que significan engañar, timar o confundir a alguien <*bamboozled* by his business partner> <claimed the mayor was *hoodwinking* the public>.

2. V. CHEAT.

Duplicate V. REPRODUCTION.

Duplicity V. DECEPTION.

Durable V. LASTING.

Dusky V. DARK.

Duty 1. V. FUNCTION. **2.** V. TASK.

Dwell V. RESIDE.

Dwindle V. DECREASE.

Dynamic V. VIGOROUS.

E

Eager, avid, keen, anxious, zealous, impatient significan motivado por un fuerte y urgente deseo o interés.

• **Eager** indica ardor y entusiasmo, y a veces impaciencia hacia el retraso o el control <*eager* to get started on the trip>. ***ant*** listless

• **Avid** añade a *eager* la indicación de insaciabilidad o codicia <*avid* for adventure>. ***ant*** indifferent, averse

• **Keen** connota intensidad de interés y una pronta receptividad en la acción <very *keen* on the new movies>.

• **Anxious** connota un vivo deseo, pero pone énfasis en el miedo a la frustración, al fracaso o a la desilusión <*anxious* to learn if her son had gotten home safely>. ***ant*** loath

• **Zealous** connota mostrar apoyo apasionado por una persona, una causa o un ideal <*zealous* fans>.

• **Impatient** sugiere afán hasta el punto de inquietud <she was *impatient* to leave>.

Earlier V. PRECEDING.

Earn V. GET.

Earnest V. SERIOUS.

Earnings V. WAGE.

Earsplitting V. LOUD.

Earthly, mundane, worldly, terrestrial significan que pertenece a, o es característico de, la tierra.

• **Earthly** suele indicar un contraste con lo que es celestial o espiritual <she thought of her garden as an *earthly* paradise>.

• **Mundane** indica una relación a los intereses y actividades inmediatas de los seres humanos, y recalca lo que es transitorio y efímero o práctico y ordinario <they were talking about *mundane* subjects like house repair>. ***ant*** eternal

• **Worldly** connota una indiferencia hacia temas espirituales y una preocupación con lo mundano y con la satisfacción de los apetitos <for a priest he was surprisingly *worldly*>. ***ant*** otherworldly

• **Terrestrial** indica relacionado a la tierra, especialmente como un cuerpo físico <*terrestrial* magnetism>.

Ease *n* V. SKILL.

Ease *vb* V. RELIEVE.

Easy 1. Easy, facile, simple, light, effortless, smooth significan que no exige un esfuerzo excesivo, ni supone dificultad.

• **Easy** puede aplicarse, sea a personas o cosas que imponen tareas o hacen exigencias, o bien a las actividades que estas tareas o exigencias suponen <an *easy* college course>. ***ant*** hard

• **Facile** se aplica primordialmente a algo que se logra o que alcanza sus objetivos aparentemente sin esfuerzo, e indica falta de control, prisa excesiva o superficialidad <offers only *facile* solutions to complex problems>. ***ant*** arduous *(en referencia a lo que se logra),* clumsy *(en referencia al agente o método)*

• **Simple** recalca una facilidad de comprensión como resultado de la ausencia de complicación o complejidad <a *simple* problem in arithmetic>. ***ant*** complicated, difficult

• **Light** recalca el estar libre de lo que es pesado, complicado o difícil, y connota a menudo rapidez de movimiento <her novels are *light* but enjoyable>. ***ant*** heavy, arduous, burdensome

• **Effortless** connota la apariencia de facilidad, e indica la obtención previa de capacidad artística o pericia <a figure skater moving with *effortless* grace>. ***ant*** painstaking

• **Smooth** recalca la ausencia o eliminación de toda dificultad, contrariedad u obstáculo de un curso o carrera <made a *smooth* transition to her new job>. ***ant*** labored

2. V. COMFORTABLE.

Ebb 1. V. ABATE. **2.** V. RECEDE.

Eccentric 1. V. STRANGE. **2.** V. ABNORMAL.

Eccentricity, idiosyncrasy, quirk, mannerism, peculiarity significan singularidad de comportamiento o un ejemplo de ella.

• **Eccentricity** retiene su noción fundamental de encontrarse uno fuera del centro, y en este uso recalca la divergencia de lo acostumbrado o usual <as she grew older, her *eccentricity* increased>.
• **Idiosyncrasy** recalca una característica plenamente individual e independiente, y en muchas ocasiones connota seguidores de las extrañas inclinaciones o temperamento de uno <he regarded the habit as a harmless *idiosyncrasy*>.
• **Quirk** sugiere un rasgo personal o un hábito que es inusual o raro <his *quirks* only made him more attractive to her>.
• **Mannerism** indica un hábito de comportamiento pequeño pero distintivo <she had a *mannerism* of constantly adjusting her glasses>.
• **Peculiarity** connota algo raro o anormal, no necesariamente un rasgo de conducta <the illness was caused by a *peculiarity* of his nervous system>.

Economic V. FINANCIAL.

Economical V. SPARING.

Ecstasy, rapture, elation, euphoria significan gran exaltación mental o emocional.
• **Ecstasy** puede aplicarse a cualquier emoción fuerte (como júbilo, temor, rabia o adoración) que puede embelesar <during the show's final musical number, the audience was in *ecstasy*>. ***ant*** depression
• **Rapture** indica una intensa dicha o deleite <the bride stood in quiet *rapture* through the entire wedding>.
• **Elation** indica estar muy contento y emocionado <her *elation* at being chosen for the job>.
• **Euphoria** sugiere un fuerte y frecuentemente amplio sentimiento de alegría y emoción <the initial *euphoria* following their victory in the election>.

Edge V. BORDER.

Educate V. TEACH.

Eerie V. WEIRD.

Efface V. ERASE.

Effect *n* **Effect, consequence, result, outcome, upshot** significan una condición o un suceso que puede atribuirse a una causa.
• **Effect** designa algo que sigue u ocurre, directa y necesariamente, por razón de una causa <the *effects* of radiation on the body>. ***ant*** cause
• **Consequence** indica una conexión directa, pero menos rígida o inmediata, con una causa, y suele indicar que la causa ya no está en operación <an innocent act that had serious *consequences*>. ***ant*** antecedent
• **Result** se aplica a menudo al último de una serie de efectos <the surprising *result* was a huge growth in business>.
• **Outcome** connota el resultado final de causas o fuerzas complejas o en conflicto <the *outcome* of the election remains uncertain>.
• **Upshot** indica un resultado final, a veces uno inesperado <the *upshot* of this decision is that now no one will be able to use the park>.

Effect *vb* V. PERFORM.

Effective, efficient, efficacious significan que produce o es capaz de producir un resultado.

• **Effective** recalca la producción, real y verdadera, de un efecto, o bien el poder de producirlo <his strategy proved to be *effective*>. ***ant*** ineffective, futile

• **Efficient** connota una acción, o un potencial para una acción o un uso en el que se evita la pérdida o el desperdicio de energía al efectuar o producir una cosa, o al funcionar <the most *efficient* use of his employees>. ***ant*** inefficient

• **Efficacious** connota el poseer una cualidad o virtud especial que da un poder efectivo <the most *efficacious* AIDS drugs>. ***ant*** inefficacious, powerless

Effectively V. VIRTUALLY.

Effectual V. EFFECTIVE.

Effeminate V. FEMALE.

Efficacious V. EFFECTIVE.

Efficient V. EFFECTIVE.

Effort 1. Effort, exertion, pains, trouble significan el uso activo de energía en la producción de un resultado.

• **Effort** suele connotar una sola acción, intento o actividad persistente, e indica el reunir y dirigir de energía por la voluntad consciente <they make a special *effort* to satisfy their customers>. ***ant*** ease

• **Exertion** puede describir la puesta en efecto de un poder de la mente o del cuerpo, y puede connotar un esfuerzo laborioso y agotador <a job requiring no physical *exertion*>.

• **Pains** indica un esfuerzo arduo o diligente por parte de un agente concienzudo <took *pains* to do the job well>.

• **Trouble** indica un esfuerzo que incomoda o que desperdicia el tiempo y la paciencia <went to a lot of *trouble* to find the right equipment>.

2. V. WORK.

Effortless V. EASY.

Effrontery V. TEMERITY.

Egoism V. PRIDE *n.*

Egotism V. PRIDE *n.*

Egregious V. FLAGRANT.

Eject 1. Eject, expel, oust, evict, dismiss, throw out, kick out significan hacer salir por la fuerza.

• **Eject** lleva una indicación particularmente fuerte de echar o de empujar hacia afuera <*ejected* the demonstrators from the auditorium>.

• **Expel** connota arrojar o sacar por la fuerza, de forma deliberada, y a menudo, permanente <a student *expelled* from the university>.

• **Oust** indica expulsión o desposesión por el poder de la ley, por la fuerza o a fuerza de necesidad <abruptly *ousted* from her job by the new mayor>.

• **Evict** se aplica primordialmente al acto de echar de casa y hogar mediante un proceso legal o algo parecido <*evicted* for not paying their rent>.

• **Dismiss** indica el deshacerse de algo desagradable o problemático, rehusándose a pensarlo más a fondo <simply *dismissed* the subject from her mind>.

• **Throw out, kick out** son términos informales que indican remover a alguien de un lugar o posición o de participación <finally *threw* the coach himself *out* of the game> <was *kicked out* of school for cheating again>.

2. V. BANISH.

Elaborate V. COMPLEX.

Elastic 1. Elastic, resilient, springy, flexible, supple significan capaz de tolerar tensión sin dañarse o alterarse permanentemente.

• **Elastic** indica la propiedad de resistir la deformación por ser capaz de estirarse <pants with an *elastic* waistband>. ***ant*** rigid

• **Resilient** indica la capacidad de recuperar rápidamente la forma cuando la fuerza o presión deformadora se quita <a running shoe with *resilient* soles>.

• **Springy** recalca tanto la facilidad con la cual algo cede a la presión, como la rapidez con la cual regresa a su forma original <the cake is done when its top is *springy*>. ***ant*** rigid

• **Flexible** se aplica a algo que puede o no tener elasticidad, pero que puede torcerse o doblarse sin quebrarse <a *flexible* plastic tube>. ***ant*** inflexible

• **Supple** se aplica a algo que puede doblarse o torcerse con facilidad y sin señal de daño <shoes made of *supple* leather>. ***ant*** stiff

2. V. PLIABLE.

Elation V. ECSTASY.

Electrify V. THRILL.

Elegant V. CHOICE *adj.*

Element, component, constituent, ingredient, factor, feature, aspect significan una de las partes, sustancias o principios de un compuesto o un todo complejo.

• **Element** se aplica a cualquiera de dichas partes, y a menudo connota una simplicidad irreducible <the basic *elements* of the gothic novel>. ***ant*** compound, composite

• **Component** recalca la identidad por separado o el carácter distintivo de los elementos <able to identify every *component* of his computer>. ***ant*** composite, complex

• **Constituent** recalca la relación esencial y formativa de los elementos, sustancias o cualidades con el todo <analyzed the *constituents* of the oil>. ***ant*** aggregate, whole

• **Ingredient** se aplica a cualquiera de las sustancias que pueden combinarse en una mezcla cuyas características pueden ser distintas a las de los componentes <the *ingredients* of a cocktail>.

• **Factor** se aplica a cualquier componente o elemento cuya presencia ayuda activamente a desempeñar una función en particular o a producir un resultado determinado <price was a *factor* in her decision to buy>.

• **Feature** connota una parte o un aspecto atractivo de algo <this year's car models include several new safety *features*>.

• **Aspect**, un término amplio, puede referirse a una parte física pero más frecuentemente a un componente no físico <their religion affects almost every *aspect* of their lives>. **Elevate** V. LIFT.

Elevation V. HEIGHT.

Elicit V. EVOKE.

Eliminate V. ABOLISH.
Elite V. ARISTOCRACY.
Elongate V. EXTEND.
Eloquent V. VOCAL 2.
Elucidate V. EXPLAIN.
Elude V. ESCAPE.
Emanate V. SPRING.
Emancipate V. FREE *vb.*
Embarrass 1. Embarrass, discomfit, abash, disconcert, rattle, faze significan perturbar, causando confusión y perplejidad.

• **Embarrass** indica alguna influencia que impide el pensamiento, el habla o la acción <*embarrassed* to admit that she liked the movie>.

• **Discomfit** indica el poner obstáculos y frustrar, acompañado de confusión <*discomfited* by the demonstrators who showed up for his speeches>.

• **Abash** presupone una confianza inicial en sí mismo, la cual es súbitamente frenada por algo que produce timidez, vergüenza o una convicción de inferioridad <*abashed* to hear herself praised so highly>.

• **Disconcert** indica un trastorno a la ecuanimidad o seguridad en sí mismo, causando incertidumbre o vacilación <*disconcerted* by the size of the audience>.

• **Rattle** indica una agitación confusa que perjudica el pensamiento y la razón, y debilita el aplomo y la compostura normal <hostile questions had *rattled* the speaker>.

• **Faze,** que se usa primordialmente en frases negativas, connota una pérdida de la seguridad en sí mismo o de ecuanimidad, a menudo de forma súbita y total <after so much experience, almost nothing could *faze* him>.

2. V. DISQUIET.
Embellish V. ADORN.
Emblem V. SYMBOL.
Embolden V. ENCOURAGE.
Embrace 1. V. ADOPT. **2.** V. INCLUDE.
Emend V. CORRECT *vb.*
Emerge V. SPRING.
Emergency V. JUNCTURE.
Eminent V. FAMOUS.
Emotion V. FEELING.
Empathy V. SYMPATHY.
Employ V. USE *vb.*
Employment V. WORK 2.
Empower V. ENABLE.
Empty 1. Empty, vacant, blank, void, vacuous significan carente de contenido que podría o debería estar presente.

• **Empty** connota una ausencia total de contenido <an *empty* box>. ***ant*** full

• **Vacant** connota una ausencia de contenido u ocupantes apropiados <a *vacant* apartment>. ***ant*** occupied

• **Blank** recalca la ausencia de toda cualidad significante, aliviadora o inteligible en una superficie <a *blank* piece of paper>.

• **Void** connota un vacío absoluto según lo que la mente o las sensaciones pueden determinar <a statement *void* of meaning>.

• **Vacuous** connota un estado completamente vacío, y en particular, la falta de inteligencia o de significado <a *vacuous*-looking young man>.

2. V. VAIN.

3. V. BARREN.

Enable 1. Enable, empower, qualify, authorize, license, entitle significan hacer a uno capaz de hacer algo.

• **Enable** indica el proveer los medios o la oportunidad de hacer algo <an income that *enables* them to live rather well>.

• **Empower** se refiere al acto de proveer el poder, la delegación o la autoridad para hacer algo <the courts are *empowered* to try such cases>.

• **Qualify** connota darle a alguien la destreza o el conocimiento para hacer un trabajo o una actividad en particular <his experience *qualifies* him for the office>, o el derecho o privilegio especial para hacer algo <the win *qualifies* her for the next race>.

• **Authorize** sugiere darle poder o permiso a alguien <I *authorized* him to use my name>.

• **License** connota la expedición de un permiso formal, generalmente de forma escrita <the restaurant has been *licensed* to sell liquor>.

• **Entitle** connota darle un derecho o un reclamo a alguien <this card *entitles* us to a discount> y frecuentemente se usa en construcciones pasivas <you're *entitled* to your opinion>.

2. V. LET.

Enchant V. ATTRACT.

Enclose V. CONTAIN.

Encomium, eulogy, tribute, citation, accolade significan una expresión formal de alabanza.

• **Encomium** indica caluroso entusiasmo en la alabanza de una persona o cosa <she was the subject of several *encomiums* at the banquet>.

• **Eulogy** se aplica a un discurso preparado, y en particular a una oración fúnebre, o a un ensayo que ensalza las virtudes y los servicios prestados por una persona <delivered the *eulogy* at the funeral>.

• **Tribute** indica una alabanza profundamente sentida y que se expresa mediante palabras o una acción importante <a collection of *tributes* marking his fifty years of service>.

• **Citation** se aplica a la alabanza formal que acompaña la mención de honor de una persona <a *citation* noting her important contributions to biology>.

• **Accolade** connota un premio o una expresión de adoración <the university's highest *accolade* is an honorary degree>.

Encompass V. INCLUDE.

Encourage, inspirit, hearten, embolden, cheer, inspire, rally significan llenar de valor o fuerza de propósito.

• **Encourage** connota el levantar la seguridad en sí mismo de uno, particularmente mediante una acción externa <*encouraged* by her teacher to try even harder>. ***ant*** discourage

• **Inspirit** indica el infundirle vida, energía, valor o vigor a algo <the lieutenant's attempts to *inspirit* his soldiers>. ***ant*** dispirit

• **Hearten** indica el levantar de un estado desalentado o desanimado, infundiendo un renovado valor o celo <their elderly mother always seemed to be *heartened* by their visits>. ***ant*** dishearten

• **Embolden** indica el dar valor suficiente para vencer la timidez o la resistencia <*emboldened* by her early success>. ***ant*** abash

• **Cheer** sugiere mostrar aprobación y apoyo con gritos de júbilo y entusiasmo <we were *cheering* for you all the way>.

• **Inspire** implica conmover a alguien a actuar o crear <he was *inspired* by his teachers>.

• **Rally** sugiere conmover a un grupo de personas a actuar, especialmente después de un periodo de inacción <the coach *rallied* his players for the second half of the game>.

Encroach V. TRESPASS.

End *n* **1. End, termination, ending, close, conclusion, finish** significan el punto o la línea más allá de la cual algo no va o no puede ir.

• **End** es el término inclusivo, que indica el límite final en el tiempo o el espacio, en la extensión de una influencia o en la gama de posibilidades <the report put an *end* to the rumors>. ***ant*** beginning

• **Termination** se aplica al fin de algo provisto de límites predeterminados, o de algo que se está completando o acabando <the *termination* of a lease>. ***ant*** inception, source

• **Ending** incluye con frecuencia la porción que conduce al punto final <disliked the film's *ending*>. ***ant*** beginning

• **Close** indica el final de una actividad o de un periodo de tiempo <by the *close* of trading, the stock market had gained 2%>.

• **Conclusion** es un sinónimo un poco informal de *close* <the strike reached its *conclusion* with a negotiated settlement>.

• **Finish** significa la etapa final, especialmente en eventos deportivos <the race was close from start to *finish*>.

2. V. INTENTION.

End *vb* V. CLOSE *vb.*

Endeavor V. ATTEMPT.

Endemic V. NATIVE.

Ending V. END.

Endorse V. APPROVE.

Endure 1. V. BEAR. **2.** V. CONTINUE.

Enduring V. LASTING.

Enemy 1. Enemy, foe, opponent, adversary significan un individuo o un grupo que demuestra hostilidad o animosidad hacia otro.

• **Enemy** recalca un antagonismo que puede abarcar desde un odio profundo o el deseo de dañar y destruir, hasta algo no más nocivo que una antipatía activa o manifiesta o una costumbre de depredar <a man with many friends and no *enemies*>.

• **Foe,** que es preferido en usos retóricos o poéticos, recalca el pelear o luchar activamente más que una reacción emotiva <a longtime *foe* of the Cuban leader>. ***ant*** friend

• **Opponent**, **adversary** son términos emocionalmente neutrales que significan alguien que contiende o se opone a otro <her *opponent* in the debate was a young British scholar> <his political *adversaries*>.

2. V. OPPONENT.

Energetic 1. V. VIGOROUS. **2.** V. LIVELY.

Energize V. VITALIZE.
Energy V. POWER 1.
Engage V. HIRE.
Engagement V. BATTLE.
Engaging 1. V. SWEET. **2.** V. PLEASANT.
Engineer V. GUIDE.
Enhance 1. V. INTENSIFY. **2.** V. ADORN. **3.** V. IMPROVE.
Enigma V. MYSTERY.
Enigmatic V. OBSCURE.
Enjoy V. HAVE.
Enjoyable V. PLEASANT.
Enjoyment V. PLEASURE.
Enlarge 1. V. INCREASE. **2.** V. EXPAND.
Enliven V. REFRESH.
Enmity, hostility, antipathy, antagonism, animosity, rancor, aversion significan una aversión o malevolencia profundamente arraigada, o una manifestación de tal emoción.

- **Enmity** connota un odio absoluto, que puede ser manifiesto u oculto <the reasons for the *enmity* between the two tribes>. ***ant*** amity
- **Hostility** connota una enemistad fuerte y evidente que se manifiesta en ataques o en agresividad <a history of *hostility* between the two nations>.
- **Antipathy** indica una base natural o lógica para el odio o la aversión que se tiene, y connota repugnancia, o el deseo de evitar o rechazar <her deep *antipathy* toward lawyers>. ***ant*** taste *(for),* affection *(for)*
- **Antagonism** connota un choque de temperamentos que conduce rápidamente a la hostilidad <the long-standing *antagonism* between the two families>. ***ant*** accord
- **Animosity** connota ira, intensa malevolencia, y un deseo de venganza que amenazan con herir o destruir <*animosity* that eventually led to revenge>. ***ant*** good will
- **Rancor** recalca una amargura melancólica o el guardar resentimientos <the *rancor* between the brothers made Christmas a difficult time>.
- **Aversion** connota un fuerte sentimiento de no gustarle a alguien, que generalmente conlleva a un deseo de evasión en lugar de un deseo de combate <after that incident, his *aversion* for his classmates increased>.

Ennui V. TEDIUM.
Enormous 1. Enormous, immense, huge, vast, gigantic, colossal, titanic, mammoth significan sumamente grande.

- **Enormous** connota el sobrepasar todos los límites normales de tamaño, cantidad o grado, y suele añadir una indicación de anormalidad o monstruosidad <the *enormous* expense of the program>. ***ant*** tiny
- **Immense** indica un tamaño muy en exceso de las medidas normales o los conceptos habituales <the *immense* new shopping mall>.
- **Huge** connota comúnmente una inmensidad de tamaño, volumen o capacidad <the *huge* national debt>.
- **Vast** connota extrema grandeza o amplitud e inmensidad de extensión <the *vast* forests of Siberia>.

• **Gigantic, colossal, titanic** se aplican particularmente a algo de dimensiones tremendas o increíbles <a *gigantic* sports stadium> <a *colossal* statue of the dictator> <they put up a *titanic* struggle>.

• **Mammoth** connota tanto enormidad como pesantez de volumen <a *mammoth* task>.

2. V. MONSTROUS.

Enough V. SUFFICIENT.

Enrapture V. TRANSPORT 1.

Ensnare V. CATCH.

Ensue V. FOLLOW.

Ensure 1. Ensure, insure, assure, secure, guarantee significan hacer segura a una persona o una cosa.

• **Ensure** indica una garantía virtual <the government has *ensured* the safety of all voters at the polls>.

• **Insure** a veces recalca el tomar de antemano las medidas necesarias para garantizar un resultado o para prever cualquier contingencia probable <careful planning will *insure* its success>.

• **Assure** indica de manera particular el quitar la duda, la inquietud o la incertidumbre de la mente <they were *assured* that there was no danger>.

• **Secure** indica el tomar acción para garantizar la seguridad, la protección o la certeza contra contingencias adversas <*secured* their cooperation by paying a large fee>.

• **Guarantee** sugiere una promesa para prevenir una lesión futura, tal como pérdida financiera <they can't *guarantee* our safety>.

2. V. DEFEND.

Enter, penetrate, pierce, probe significan abrirse camino dentro de algo.

• **Enter** el más general de estos términos, puede indicar el ir hacia adentro, o el forzar un camino hacia adentro <*entered* the city in triumph>. ***ant*** issue *(from)*

• **Penetrate** conlleva la fuerte indicación de una fuerza impulsora que hace una entrada <no bullet has ever *penetrated* a vest of that material>.

• **Pierce** añade a *penetrate* la clara indicación de un punto de entrada o una brecha <a fracture in which the bone *pierces* the skin>.

• **Probe** indica una penetración para investigar o explorar algo oculto de la observación sencilla o del conocimiento inmediato <*probed* the depths of the sea>.

Entertain V. AMUSE.

Entertainment V. FUN.

Enthuse V. THRILL.

Enthusiasm V. PASSION.

Entice V. LURE.

Entire 1. V. WHOLE. **2.** V. ATTRACT.

Entirety V. SUM.

Entitle V. ENABLE.

Entity V. THING.

Entrance V. TRANSPORT 1.

Entrap V. CATCH.
Entreat V. BEG.
Entrust V. COMMIT.
Entry V. ADMITTANCE.
Envious, jealous significan que se está resentido con otro por estar en posesión de algo que se desea.

• **Envious** recalca el codiciar algo, como riquezas o logros, que pertenecen o corresponden a otro, o bien, algo como el éxito o la buena suerte que otro ha tenido; puede indicar un deseo urgente, o incluso malévolo, de ver al otro quedar despojado de lo que da gratificación, o puede también implicar simplemente una leve codicia sin el deseo de perjudicar <*envious* of his success>.

• **Jealous** recalca con mucha frecuencia la intolerancia hacia un rival por poseer algo que uno considera que pertenece o corresponde a uno de manera especial, pero a veces no indica más que un intenso afán de conservar o mantener lo que se posee; conlleva a menudo una fuerte indicación de desconfianza, sospecha, envidia o a veces ira <stabbed by a *jealous* lover>.

Environment V. BACKGROUND.
Envisage V. THINK 1.
Envision V. THINK 1.
Ephemeral V. TRANSIENT.
Epicure, gourmet, bon vivant significan uno que obtiene placer en el comer y beber.

• **Epicure** indica gran exigencia y voluptuosidad en los gustos <a delicacy that only an *epicure* would appreciate>.

• **Gourmet** se aplica a un conocedor del buen comer y beber, y connota un disfrute refinado <*gourmets* rate the restaurant highly>.

• **Bon vivant** recalca vivacidad y ánimo en el disfrute de la buena comida y el buen vino en compañía <an elegant bar filled with *bon vivants*>.

Episode V. OCCURRENCE.
Epoch V. PERIOD.
Equal *adj* V. SAME.
Equal *vb* V. MATCH.
Equalize V. COMPENSATE.
Equanimity 1. Equanimity, composure, calm, cool, serenity, poise significan la cualidad de uno que tiene dominio de sí mismo y no es fácilmente perturbado.

• **Equanimity** connota un hábito mental que es perturbado raramente, o sólo bajo gran tensión <accepted her losses with great *equanimity*>.

• **Composure** indica un gran control de agitación emocional o mental mediante un esfuerzo de la voluntad, o como algo acostumbrado <maintained his *composure* even when the crowd started chanting hostile slogans>.

• **Calm** es un término amplio que implica un estado mental o emocional tranquilo, o la apariencia de tal estado <everyone noticed her outward *calm* at the funeral>.

• **Cool** un término informal, sugiere una apariencia de calma desprendida <she never loses her *cool*>.

• **Serenity** connota calma completa y reposo sereno <he felt peace and *serenity* only when fishing>.

• **Poise** connota una confianza tranquila y grácil <he kept his *poise* even when under attack>.

2. V. CONFIDENCE.

Equip V. FURNISH.

Equitable V. FAIR.

Equivalent V. SAME.

Equivocal V. OBSCURE.

Equivocate V. LIE.

Equivocation V. AMBIGUITY.

Era V. PERIOD.

Eradicate 1. V. EXTERMINATE. **2.** V. ABOLISH.

Erase 1. Erase, expunge, cancel, efface, obliterate, blot out, delete, wipe out significan erradicar o quitar algo para que cese de tener efecto o existencia.

• **Erase** indica el acto de quitar o desvanecer, como en el caso de letras o impresiones, a menudo como preparación para la corrección o la sustitución de nuevo material <*erase* what you wrote and start over>.

• **Expunge** recalca una eliminación o destrucción que no deja huella o rastro <*expunged* all references to the rebels' victories>.

• **Cancel** indica una acción, como marcar, revocar o neutralizar, que anula o invalida una cosa <the trip was *cancelled*>.

• **Efface** indica el erradicar una impresión, huella o imagen, al dañar o eliminar la superficie sobre la cual aparece, o la eliminación de todo signo visible de su existencia <the images on the coins had been *effaced* by wear>.

• **Obliterate** indica el cubrir o manchar una cosa ocultándola de la vista, o puede indicar asimismo su destrucción total, eliminando toda huella de su existencia <an outdoor mural almost *obliterated* by graffiti>.

• **Blot out,** al igual que *obliterate,* connota el hacer una cosa indescifrable o inexistente manchándola u ocultándola completamente <*blotted out* the names with black ink>.

• **Delete** indica la exclusión deliberada de material escrito o el acto de marcarlo para dirigir su exclusión <his editor *deleted* two paragraphs>.

• **Wipe out** sugiere destruir completamente <disease *wiped out* the potato crop last year>.

2. V. ABOLISH

Erratic V. STRANGE.

Error, mistake, blunder, slip, lapse, faux pas, goof, gaffe significan una desviación de lo que es verdadero, correcto o apropiado.

• **Error** connota la existencia de una pauta o guía, e indica el extraviarse del curso correcto al no hacer uso efectivo de éstas <a mathematical *error* had deleted $8 million from the budget>.

• **Mistake** indica una idea falsa o una inadvertencia, y generalmente expresa menos crítica que *error* <dialed the wrong number by *mistake*>.

• **Blunder** suele imputar la estupidez o la ignorancia como causa, y connota un grado de culpabilidad <a political campaign noted mostly

for its *blunders*>.

• **Slip** recalca la inadvertencia o un accidente, y se aplica particularmente a errores triviales pero embarazosos <reporters noted that he had made several *slips* during the speech>.

• **Lapse** recalca la mala memoria, la debilidad o la falta de atención como causa <when asked for her phone number she had a memory *lapse*>.

• **Faux pas** se aplica a un error de etiqueta <committed a *faux pas* by starting to eat before the wine was poured>.

• **Goof** se usa informalmente para indicar un error o una equivocación menor <the last of the programming *goofs* had been fixed>.

• **Gaffe** connota una equivocación hecha especialmente en una situación social <committed a diplomatic *gaffe*>.

Ersatz V. ARTIFICIAL.

Erudite V. LEARNED.

Erudition V. KNOWLEDGE.

Escalate V. INTENSIFY.

Escape, avoid, evade, elude, shun, duck, dodge significan alejarse o mantenerse lejos de algo.

• **Escape** recalca el hecho de alejarse, o de haber sido pasado o dejado de lado, sin haber hecho necesariamente un esfuerzo o haber tenido una intención deliberada <nothing *escapes* her sharp eyes>.

• **Avoid** recalca premeditación y precaución en el mantenerse lejos de peligro o dificultad <through careful planning they *avoided* the fate of the previous expeditions>. ***ant*** face, meet

• **Evade** indica destreza, ingenio o falta de escrúpulos en el escapar o evitar <*evaded* the question by changing the subject>.

• **Elude** indica una cualidad resbalosa o desconcertante en la persona o cosa que se aleja <by taking back roads they had *eluded* the police for hours>.

• **Shun** suele indicar el evitar como práctica o política de costumbre y puede indicar repugnancia o aborrecimiento <after her husband's arrest, she noticed she was being *shunned* by their neighbors>.

• **Duck** se usa informalmente para implicar la evasión de una pregunta o responsabilidad <she *ducked* the issue whenever it was mentioned>.

• **Dodge** sugiere evadir diestramente a alguien o algo, especialmente por engaño <they managed to *dodge* the reporters by leaving through the back exit>.

Escort V. ACCOMPANY.

Espouse V. ADOPT.

Essential *adj* **Essential, fundamental, vital, cardinal, basic, necessary, indispensable** significan tan importante como para ser indispensable.

• **Essential** indica que pertenece a la naturaleza misma de una cosa, y es por lo tanto incapaz de ser eliminado sin destruir la cosa en sí o alterar su carácter <conflict is an *essential* element in drama>.

• **Fundamental** se aplica a algo que forma una base sin la cual un sistema entero o un todo complejo se derrumbaría <the *fundamental* principles of democracy>.

• **Vital** connota algo que es necesario para la existencia u operación continua de una cosa <military bases that are *vital* to our national security>.

• **Cardinal** connota algo que ejerce una influencia activa sobre un resultado, o del cual éste depende <an event of *cardinal* importance>. ***ant*** negligible

• **Basic** indica formar la parte más importante de algo, la cual también puede ser la más simple <in this class, you will learn the *basic* principles of chemistry>.

• **Necessary** significa simplemente necesitado o requerido <he made only the repairs *necessary* to get the car running again>.

• **Indispensable** es una palabra enfática que significa demasiado importante para omitirse o perderse <she is an *indispensable* part of the team>.

Essential *n* V. REQUIREMENT.

Establish V. SETTLE.

Esteem *vb* V. REGARD.

Esteem *n* V. APPRECIATE.

Estimate 1. Estimate, appraise, evaluate, value, rate, assess, gauge, judge significan juzgar o considerar algo en cuanto a su valor o importancia.

• **Estimate** indica una opinión, considerada o casual, que precede o que toma el lugar de una medida, una enumeración, o un examen propiamente hecho <*estimated* that there were a hundred people in the audience>.

• **Appraise** típicamente indica la fijación, por parte de un perito, del valor monetario de una cosa, pero puede aplicarse también a cualquier intento de hacer un cálculo crítico <a real estate agent has *appraised* the house>.

• **Evaluate** connota un intento de determinar el valor, relativo o intrínseco, de algo en términos no monetarios <instructors will *evaluate* all students' work>.

• **Value** se aproxima en su significado a *appraise,* pero sin indicar pericia en la estimación <a watercolor *valued* at $500>.

• **Rate** añade a *estimate* la noción de situar una cosa dentro de una escala de valores <*rated* as one of the best law schools>.

• **Assess** indica el preparar una evaluación crítica con el fin de asignar un valor imponible, o para facilitar la comprensión o interpretación de algo, o bien como un guía para la acción <officials are still trying to *assess* the hurricane damage>.

• **Gauge** connota hacer un juicio sagaz y medido acerca de algo <he had accurately *gauged* the mood of the voters>.

• **Judge** indica formar una opinión acerca de algo o alguien, frecuentemente una opinión moral, después de pensamiento cuidadoso <historians have *judged* his military leadership harshly>.

2. V. CALCULATE.

Estrange, alienate significan causar el que uno rompa un vínculo de afecto o de lealtad.

• **Estrange** indica el desarrollo de una indiferencia u hostilidad que resulta en la pérdida de afinidad o en el divorcio <had become *estranged* from his father>. ***ant*** reconcile

• **Alienate** puede o no connotar la separación, pero siempre indica la pérdida de afecto o interés <managed to *alienate* all her coworkers with her arrogance>. ***ant*** unite, reunite

Eternal V. CONTINUAL.
Ethical V. MORAL.
Etiquette V. DECORUM.
Eulogy V. ENCOMIUM.
Euphoria V. ECSTASY.
Evade V. ESCAPE.
Evaluate V. ESTIMATE.
Evanescent V. TRANSIENT.
Even 1. V. LEVEL. **2.** V. STEADY.
Evenhanded V. FAIR.
Event V. OCCURRENCE.
Eventual V. LAST.
Eventuate V. FOLLOW.
Everyday 1. V. COMMON. **2.** V. DAILY. **3.** V. REGULAR.
Evict V. EJECT.
Evident 1. Evident, manifest, patent, distinct, obvious, apparent, plain, clear, visible significan que se percibe o se comprende fácilmente.

• **Evident** indica la presencia de señales visibles que apuntan hacia una conclusión definitiva <an *evident* fondness for the entire family>.

• **Manifest** indica una demostración que es tan evidente que requiere de poca o ninguna inferencia <her *manifest* surprise and joy upon receiving the award>. ***ant*** latent

• **Patent** se aplica a una causa, un efecto o una característica significativa que es clara e inequívoca desde el momento en que se nota <had sold them an appliance with *patent* defects>.

• **Distinct** indica tal nitidez de contorno o definición que no requiere de un esfuerzo inusual para ver, oír o comprender <his *distinct* lack of enthusiasm>. ***ant*** indistinct, nebulous

• **Obvious** indica tal facilidad de descubrimiento o de explicación en un objeto que connota con frecuencia un carácter llamativo en éste, o bien, poca necesidad de perspicacia por parte del observador <no *obvious* reason to do such a thing>. ***ant*** obscure, abstruse

• **Apparent** puede indicar el ejercicio consciente de un razonamiento elaborado, así como una inferencia a partir de la evidencia <it became *apparent* that no help would be arriving soon>. ***ant*** unintelligible

• **Plain** indica algo que no requiere de sofisticación para percibirse <it's *plain* that she doesn't love him>.

• **Clear** indica la ausencia de cualquier cosa que confunda la mente o los temas a tratar <made it *clear* that he was displeased>. ***ant*** obscure

• **Visible** connota visto o entendido fácilmente <she has no *visible* source of income>.

2. V. NOTICEABLE.
Evil V. BAD.

Evince v. SHOW 1.

Evoke, elicit, extract, extort significan sacar o hacer salir algo oculto, latente o reservado.

• **Evoke** indica un fuerte estímulo que excita una emoción o un interés o que trae a la memoria una imagen del pasado o un recuerdo <a song that *evokes* many memories>.

• **Elicit** indica cierto esfuerzo o talento para obtener una respuesta, y suele indicar resistencia por parte del que responde <unable to *elicit* an honest answer from the candidate>.

• **Extract** indica el uso de la fuerza o presión en la obtención de respuestas o de información <trying to *extract* testimony from a hostile witness>.

• **Extort** connota el arrancar algo de uno que resiste con fuerza <*extorting* money from local store owners with threats>.

Evolve v. CHANGE.

Exact *adj* v. CORRECT *adj.*

Exacting v. ONEROUS.

Exactitude v. PRECISION.

Exaggeration, overstatement, hyperbole significan el traspasar los límites de la verdad, sobre todo en lo que respecta a la descripción de la extensión, el tamaño, el tipo o la cantidad de una cosa.

• **Exaggeration** indica una indisposición a atenerse a los hechos, o una parcialidad tan grande que impide el ver las cosas con claridad o juzgar la situación tal como es <unable to tell the story without *exaggeration*>. ***ant*** understatement

• **Overstatement** connota un simple agrandamiento de la verdad <avoided *overstatement* of his achievements>. ***ant*** understatement

• **Hyperbole** connota el deseo, típicamente literario, de crear un cierto efecto o impresión en una declaración mediante el uso de extravagancia <in praising her employees, she always indulges in *hyperbole*>. ***ant*** litotes

Examine v. SCRUTINIZE.

Example 1. v. INSTANCE. **2.** v. MODEL.

Exasperate v. IRRITATE.

Exceed 1. Exceed, surpass, transcend, excel, outdo, outstrip, outweigh significan ir o estar más allá de un límite, una medida o un grado, sea éste declarado o implícito.

• **Exceed** indica ir más allá de un límite puesto por la autoridad o establecido por la costumbre o por un logro anterior <*exceed* the speed limit>.

• **Surpass** connota superioridad en cuanto a calidad, mérito o aptitud <the book *surpassed* our expectations>.

• **Transcend** indica el subir o extenderse notablemente más allá de los límites normales <religious beliefs that *transcend* national boundaries>.

• **Excel** indica el alcanzar un lugar de preeminencia en calidad, aptitud o logro, y suele connotar superioridad en comparación con todos los demás <he *excels* in mathematics>.

• **Outdo** se aplica a un mejoramiento o un traspaso de lo que se ha hecho anteriormente <they agreed that she had *outdone* herself this time>.

• **Outstrip** connota el superar o sobrepasar en una carrera o competencia <at football he soon *outstripped* his older brother>.

• **Outweigh** connota ser más grande que algo más en peso, valor o importancia <in this case, the advantages *outweigh* the disadvantages>.

2. V. CONQUER.

Excel V. EXCEED.

Exceptional V. IRREGULAR.

Excessive, inordinate, extravagant, exorbitant, extreme, undue, unjustifiable significan que va más allá de un límite normal o aceptable.

• **Excessive** indica una cantidad o un grado demasiado grande como para ser razonable o tolerable <a job that required an *excessive* amount of work>. ***ant*** deficient

• **Inordinate** indica el exceder los límites dictados por la razón o el buen criterio <an *inordinate* portion of their income is spent on eating out at restaurants>. ***ant*** temperate

• **Extravagant** indica una divagación errática, ingobernable, pródiga o insensata de los límites apropiados y acostumbrados <making *extravagant* claims for the new truck models>. ***ant*** restrained

• **Exorbitant** indica un alejamiento de las pautas aceptadas en cuanto a cantidad o grado <a menu with *exorbitant* prices>. ***ant*** just *(price, charge)*

• **Extreme** puede indicar el aproximarse al límite más lejano posible o imaginable, pero por lo general no indica más que el llegar a un grado notablemente alto <he has rather *extreme* views about raising children>.

• **Undue** sugiere más de lo que es razonable o apropiado, y frecuentemente implica comportamiento poco ético <wealthy businessmen who exerted *undue* influence on city officials>.

• **Unjustifiable** connota no ser capaz de ser defendido, excusado o aceptado <such harsh punishment is *unjustifiable*>.

Exchange V. REPLACE.

Excite 1. V. PROVOKE. **2.** V. THRILL.

Exclude 1. Exclude, bar significan echar o dejar fuera.

• **Exclude** indica hacer que algo permanezca afuera mediante la erección de una barrera o un efecto similar <laws that *excluded* women from voting>. ***ant*** admit, include

• **Bar** puede referirse a una exclusión que puede ser física <two men in uniform *barred* him from entering> o no física <the club's regulations *barred* blacks from membership>.

2. V. EJECT.

Exclusive V. SELECT.

Exculpate, absolve, exonerate, clear, acquit, vindicate significan librar de una acusación o de una carga.

• **Exculpate** indica el dar por libre de una culpa o carga <this new evidence seemed to *exculpate* the suspect>. ***ant*** accuse

• **Absolve** indica la liberación de una obligación que compromete la conciencia, o de las consecuencias de su incumplimiento <*absolved* him of responsibility>. ***ant*** hold *(to),* charge *(with)*

• **Exonerate, clear** indica el quedar completamente libre de una acusación, así como de toda sospecha o culpabilidad asociada con ella <a committee *exonerated* the governor> <the investigation *cleared* him of all the charges>. ***ant*** incriminate

• **Acquit** indica una decisión a favor de uno con respecto a un cargo determinado <*acquitted* of murder by a jury>. ***ant*** convict

• **Vindicate** puede referirse tanto a cosas como a personas que han sido objeto de un ataque crítico de imputación de culpabilidad, debilidad o locura, e indica el dejar libre de sospecha habiendo establecido la injusticia de tal imputación <when the results were announced, she felt her opinions had been *vindicated*>.

Excusable V. VENIAL.

Excuse *vb* **Excuse, condone, pardon, forgive, overlook** significan no imponer castigo ni exigir reparación.

• **Excuse** indica dejar pasar determinados actos, particularmente en situaciones sociales o convencionales, o a la persona responsable de estos actos <couldn't *excuse* his behavior>. ***ant*** punish

• **Condone** indica que se deja pasar sin censura o castigo un tipo de comportamiento, como la deshonestidad o la violencia, que supone una grave infracción de un código moral, ético o legal <a society that *condones* alcohol but not drugs>.

• **Pardon** indica que se remite la pena merecida por una ofensa admitida o establecida, o que se abstiene uno de infligir un castigo <*pardon* a criminal>. ***ant*** punish

• **Forgive** indica que se abandona todo reclamo de retribución, así como el rencor o el deseo de venganza <*forgave* them for their previous mistakes>.

• **Overlook** implica deliberadamente no prestarle atención a algo <she had learned to *overlook* her boyfriend's minor faults>.

Excuse *n* V. APOLOGY.

Execrate 1. Execrate, curse, damn, revile significan denunciar, con violencia e indignación.

• **Execrate** indica aborrecimiento intenso, acompañado normalmente de una furia apasionada <she heard her husband *execrating* the president and his party>. ***ant*** eulogize

• **Curse** indica una colérica denuncia caracterizada por juramentos impíos o imprecaciones profanas <*cursed* the day he had taken the job>. ***ant*** bless

• **Damn,** al igual que *curse,* connota el invocar con fervor la venganza divina, pero es más informal <*damned* the fate that had done this to her>.

• **Revile** frecuentemente se usa en construcciones pasivas para significar atacar verbalmente a alguien o a algo <the policy was *reviled* as racist>.

2. V. SCOLD.

3. V. CRITICIZE.

Exemplar V. MODEL.

Exercise 1. V. PRACTICE. **2.** V. USE.

Exertion V. EFFORT.

Exhaust 1. V. DEPLETE. **2.** V. TIRE.

Exhibit v. SHOW 2.
Exile v. BANISH.
Exonerate v. EXCULPATE.
Exorbitant v. EXCESSIVE.
Exotic v. EXTRINSIC.
Expand 1. Expand, amplify, swell, distend, inflate, dilate, mushroom, enlarge, widen, spread significan aumentar en tamaño o volumen.

• **Expand** puede aplicarse tanto cuando el aumento viene de adentro como cuando viene de afuera, y sin tomar en cuenta el modo de aumentar, sea éste por crecimiento, desdoblamiento, o la adición de partes <our business has *expanded* with every passing year>. ***ant*** contract, abridge

• **Amplify** indica la extensión o el agrandamiento de algo que es inadecuado <was asked to *amplify* her statement with some details>. ***ant*** abridge, condense

• **Swell** indica la expansión gradual de una cosa más allá de sus límites originales o normales <the bureaucracy had *swelled* over the previous three years>. ***ant*** shrink

• **Distend** indica una expansión hacia afuera causada por una presión interior <children with *distended* stomachs>. ***ant*** constrict

• **Inflate** indica una hinchazón causada por el efecto de la introducción de un gas o de algo insustancial, o por una acción similar, y connota una inestabilidad y una extrema mutabilidad como resultado <an *inflated* ego>. ***ant*** deflate

• **Dilate** se aplica especialmente a la expansión en diámetro y connota el ensanchamiento de algo circular <dim light causes the pupils of the eyes to *dilate*>. ***ant*** constrict

• **Mushroom** connota aumentar o desarrollar rápidamente <the population has *mushroomed* over the past ten years>.

• **Enlarge** puede indicar una expansión física <*enlarge* the kitchen> o darle un alcance mayor a algo <education *enlarges* one's view of the world>.

• **Widen** connota aumentar el ancho, el alcance o la extensión de algo <the mayor wants to *widen* the road>.

• **Spread** sugiere aumentar en tamaño <the fire had soon *spread* to the second floor> o en ocurrencia <the rumors *spread* quickly>.

2. v. INCREASE.

Expect, hope, look, await, count on, anticipate significan anticipar en la mente algún suceso o desenlace.

• **Expect** indica un grado elevado de certeza y supone la idea de preparar o imaginar <I *expect* to be finished by Tuesday>. ***ant*** despair *(of)*

• **Hope** indica poca certeza pero connota confianza en la posibilidad de que lo que se desea o se anhela sucederá <she *hopes* to find a job soon>. ***ant*** despair *(of)*

• **Look,** cuando es seguido de *for,* connota un grado de expectación y de vigilancia más que confianza o certeza <we *look* for great things in the new year>; seguido de *to,* indica fuertemente el estar seguro de una cosa, o la ausencia de duda <*looked* to their children to care for them in old age>. ***ant*** despair *(of)*

• **Await** suele añadir a *look for* la indicación de estar preparado, mental o físicamente <we *await* your decision>. ***ant*** despair

• **Count on** indica esperar que algo suceda, generalmente algo positivo <he is *counting on* a big tax refund this year>, o depender de alguien para hacer algo <you can *count on* her to contribute>.

• **Anticipate** sugiere pensar en un evento futuro probable para poder preparase para él <they did not *anticipate* any major problems during construction>.

Expectation V. PROSPECT.

Expected V. PROBABLE.

Expedient *adj* **Expedient, politic, advisable, pragmatic, prudent** significan dictado por motivos prácticos o prudentes.

• **Expedient** suele indicar una decisión que es inmediatamente ventajosa sin consideraciones de ética o principios consistentes <always favored the *expedient* solution>. ***ant*** inexpedient

• **Politic** connota practicalidad, sensatez y valor táctico, pero suele indicar motivos materiales o egocéntricos <joined the Communist Party when it was *politic* to do so>.

• **Advisable** se aplica a lo que es práctico, prudente o ventajoso, sin las connotaciones negativas de *expedient* y *politic* <she thought it *advisable* to remain silent for now>. ***ant*** inadvisable

• **Pragmatic** connota pensar acerca de problemas en una manera lógica y práctica en lugar de en manera idealista <a *pragmatic* approach to health care>.

• **Prudent** indica ser cuidadoso, sabio y sagaz en asuntos prácticos <the *prudent* use of resources>.

Expedient *n* V. RESOURCE.

Expeditious V. FAST.

Expel V. EJECT.

Expense V. PRICE.

Expensive V. COSTLY.

Expert V. PROFICIENT.

Expertise V. ART.

Explain, expound, explicate, elucidate, interpret, spell out significan hacer algo claro o comprensible.

• **Explain** indica el hacer claro o inteligible lo que no es inmediatamente obvio o claramente sabido <the surgeon *explained* what the operation would involve>. ***ant*** obfuscate

• **Expound** indica una explicación esmerada, y a menudo elaborada o erudita <a professor *expounding* the theory of relativity>.

• **Explicate** añade a *expound* la noción de un análisis minucioso de un tema <*explicating* the most difficult passage required an entire chapter>.

• **Elucidate** recalca el traer a la luz mediante una explicación, exposición o ilustración <a newspaper report that *elucidated* the company's complex finances>.

• **Interpret** añade a *explain* la indicación de la necesidad de imaginación, de empatía o de un conocimiento especial para hacer algo claro <*interprets* the play as an allegory about good and evil>.

• **Spell out** implica explicar claramente todos los detalles de algo que generalmente no requiere tal explicación <she didn't take the hint, so he had to *spell* it *out* for her>.

Explicate V. EXPLAIN.

Explicit, express, specific, definite, clear-cut, unambiguous significan perfectamente claro en su significado.

- **Explicit** indica tal sencillez y claridad verbal que no existe necesidad de inferencia, ni motivo de ambigüedad o dificultad en el entendimiento <the laws regarding gun ownership are *explicit*>. ***ant*** ambiguous
- **Express** indica tanto la claridad como la articulación directa y energética <her *express* wish was to be cremated>.
- **Specific** se aplica a algo a lo cual se alude plena y precisamente, o que es tratado en detalle o en particular <wanted *specific* examples rather than general observations>. ***ant*** vague
- **Definite** recalca tal precisión y claridad en la afirmación o la organización que no deja lugar a la incertidumbre o la indecisión <the law is *definite* regarding such cases>. ***ant*** indefinite, equivocal
- **Clear-cut** significa definido claramente, como por un corte <a *clear-cut* distinction>.
- **Unambiguous** significa completamente careciente en ambigüedad <*unambiguous* evidence>.

Exploit V. FEAT.

Expose 1. V. SHOW 2. **2.** V. REVEAL.

Exposed 1. V. LIABLE. **2.** V. BARE.

Expound V. EXPLAIN.

Express *vb* **1. Express, vent, utter, voice, broach, air** significan exteriorizar o dar a conocer lo que se piensa o se siente.

- **Express** connota un impulso de revelar mediante palabras, gestos o acciones o por medio de lo que se crea o se produce <paintings that seem to *express* a deep loneliness>.
- **Vent** recalca una fuerte compulsión interior de expresar algo como una emoción reprimida, especialmente de una manera exaltada <only to her best friend could she *vent* her frustration>.
- **Utter** indica el uso de la voz, pero no necesariamente en un habla articulada <would occasionally *utter* words of encouragement>.
- **Voice** indica expresión o formulación en palabras, pero no necesariamente mediante articulación vocal <finally *voiced* her opposition>.
- **Broach** connota el revelar por primera vez algo que se ha meditado por mucho tiempo, o que se ha guardado para un momento apropiado <in May she first *broached* the subject of divorce>.
- **Air** indica el exponer u ostentar uno sus opiniones, a menudo con el fin de conseguir alivio, compasión o atención <publicly *airing* their complaints>.

2. V. SAY.

3. V. DECLARE.

Express *adj* V. EXPLICIT.

Expression V. PHRASE.

Expunge V. ERASE.

Exquisite V. CHOICE *adj*.

Extemporaneous, improvised, impromptu, offhand, spur-of-the-moment, ad-lib significan compuesto, hecho o elaborado en el momento, y no de antemano.

• **Extemporaneous** recalca las exigencias impuestas por la ocasión o situación y puede indicar un carácter muy básico o tosco <good at *extemporaneous* speaking>.

• **Improvised** indica el elaborar o construir algo sin conocimiento previo, premeditación o preparación, y a menudo sin el equipo necesario o adecuado <*improvised* a tune on the piano>.

• **Impromptu** recalca la inmediatez y la espontaneidad de lo que se ha compuesto o elaborado <an *impromptu* speech at an awards ceremony>.

• **Offhand** lleva una fuerte indicación de informalidad, descuido o indiferencia <his *offhand* remarks often got him into trouble>.

• **Spur-of-the-moment** describe algo hecho súbitamente e impulsivamente <a *spur-of-the-moment* decision>.

• **Ad-lib** connota improvisar las palabras de uno en una función o un discurso <even her *ad-lib* remarks are usually very clever>.

Extend, lengthen, elongate, prolong, protract, stretch significan hacer más largo, o añadir (a algo) con el fin de extender la longitud.

• **Extend** indica el hacer más largo en términos de espacio o de tiempo, y puede asimismo indicar un aumento de amplitud, ámbito, área, influencia o alcance <*extend* welfare services to more of the population>. ***ant*** abridge, shorten

• **Lengthen** connota un aumento de longitud, sea de tiempo o espacio <discussed *lengthening* the school year>. ***ant*** shorten

• **Elongate** suele indicar un aumento en la longitud espacial y connota a menudo un estiramiento <the dancer's ability to *elongate* her body>. ***ant*** abbreviate, shorten

• **Prolong** connota primordialmente un aumento en la duración, especialmente más allá de los límites usuales, normales o agradables <a *prolonged* illness>. ***ant*** curtail

• **Protract** añade a *prolong* indicaciones de ser innecesario, molesto o de duración indefinida <*protracted* negotiations on nuclear weapons>. ***ant*** curtail

• **Stretch** sugiere extender en largo o ancho <the road *stretched* for miles>, a veces enfatizando el extender hasta el punto de tensión <the budget had been *stretched* to its limit>.

Exterior V. OUTER.

Exterminate 1. Exterminate, extirpate, eradicate, uproot, wipe out significan llevar a cabo la destrucción o la abolición de algo.

• **Exterminate** indica la extinción completa e inmediata efectuada por una matanza <failed attempts to *exterminate* the mosquitoes>.

• **Extirpate** indica la extinción de una raza, familia, especie, tipo o a veces una idea o doctrina, como resultado de su destrucción o de la eliminación de sus medios de propagación <believed they had *extirpated* the religion entirely>.

• **Eradicate** indica la expulsión o eliminación de algo que se ha arraigado o establecido firmemente <polio had been *eradicated* on

the continent>.

• **Uproot** indica el sacar forzosamente o con violencia, y recalca el desplazamiento más que la destrucción inmediata <the war had *uprooted* thousands of farmers>. ***ant*** establish

• **Wipe out** puede indicar el exterminio o connotar el cancelar u obliterar <*wipe out* the entire population>.

2. V. ABOLISH.

External V. OUTER.

Extinguish 1. V. CRUSH. **2.** V. ABOLISH.

Extirpate V. EXTERMINATE.

Extort V. EVOKE.

Extract V. EVOKE.

Extraneous V. EXTRINSIC.

Extravagant V. EXCESSIVE.

Extreme V. EXCESSIVE.

Extricate 1. Extricate, disentangle, untangle significan librar de lo que sujeta o refrena.

• **Extricate** indica el uso de la fuerza o del ingenio en el librar de una posición o situación difícil <clever at *extricating* himself from awkward situations>.

• **Disentangle** connota una meticulosa separación de una cosa de algo que enreda o enmaraña <a biography that *disentangles* the myths surrounding the subject>. ***ant*** entangle

• **Untangle** a veces se usa en lugar de *disentangle* <*untangled* the telephone cord>. ***ant*** entangle, tangle

2. V. FREE *vb.*

Extrinsic, extraneous, foreign, alien, exotic significan externo a la cosa, a su naturaleza esencial o a su carácter original.

• **Extrinsic** se aplica a lo que es claramente externo a la cosa en cuestión, o que no se contiene en, o se deriva de su naturaleza esencial <the owners' sentimental attachment is always *extrinsic* to a house's actual market value>. ***ant*** intrinsic

• **Extraneous** se aplica a lo que se encuentra en o proviene de, el exterior, y puede o no ser capaz de convertirse en una parte esencial <these *extraneous* arguments only obscure the real issue>. ***ant*** relevant

• **Foreign** se aplica a algo que es tan diferente que es rechazado o repelido o, si en el caso de ser admitido, que no puede ser identificado o asimilado por la cosa en cuestión <Mexican food is *foreign* to my mother but familiar to me>. ***ant*** germane

• **Alien** es más fuerte que *foreign* en connotar una naturaleza que es tan extraña que causa oposición, repugnancia o incompatibilidad <a practice that is totally *alien* to democratic principles>. ***ant*** akin

• **Exotic** connota ser muy diferente, extraño o inusual en una manera que sugiere extranjerismo <they made the film in an *exotic* locale>.

Eyeball V. GAZE.

Eye-catching V. NOTICEABLE.

Eyewitness V. SPECTATOR.

F

Fabricate V. MAKE.
Facet V. SIDE.
Facetious V. WITTY.
Facile V. EASY.
Facility V. SKILL.
Facsimile V. REPRODUCTION.
Factor V. ELEMENT.
Faculty 1. V. GIFT. **2.** V. POWER 2.
Fad V. FASHION.
Failing V. FAULT.
Fainthearted V. TIMID.
Fair 1. Fair, just, equitable, impartial, unbiased, objective, evenhanded, balanced significan totalmente libre de favoritismo.

• **Fair** indica el eliminar uno sus propios sentimientos, prejuicios e intereses para establecer un equilibrio apropiado de intereses en conflicto <a tough but *fair* professor>. ***ant*** unfair

• **Just** indica el seguimiento exacto de las normas de lo correcto y apropiado <a *just* decision by the court>. ***ant*** unjust

• **Equitable** indica una pauta más libre y menos rigurosa que *just* y connota un tratamiento justo e igualitario de todos los interesados <the *equitable* distribution of his property>. ***ant*** inequitable, unfair

• **Impartial** recalca la falta de favoritismo o prejuicio en el llegar a una decisión <an *impartial* jury>. ***ant*** partial

• **Unbiased** indica con más fuerza aún la ausencia de todo prejuicio, e indica la firme intención de ser justo para con todos <*unbiased* reporting>. ***ant*** biased

• **Objective** recalca una tendencia de ver eventos o personas aparte de uno mismo, y aparte de los intereses o de las emociones de uno <found it hard to be *objective* about his own child>. ***ant*** subjective

• **Evenhanded** connota ser concienzudamente justo para cada lado o grupo <*evenhanded* justice>.

• **Balanced** connota darle atención por igual a las opiniones de ambos o todos los lados de un asunto <most news articles gave a *balanced* account of the situation>.

2. V. BEAUTIFUL.
Fairness V. JUSTICE.
Fair play V. JUSTICE.
Faith V. BELIEF.
Faithful 1. Faithful, loyal, staunch, steadfast, resolute, devoted, trusty, dependable, reliable significan firme en la adhesión a aquello a que se debe devoción.

• **Faithful** indica una férrea adhesión a una persona o cosa, o al juramento o a la promesa mediante la cual se ha establecido un vínculo <his *faithful* dog>. ***ant*** faithless

• **Loyal** indica una firme resistencia a cualquier tentación de abandonar o traicionar <the army remained *loyal* to the czar>. ***ant*** disloyal

• **Staunch** connota fortaleza y resolución en la adhesión, así como una impermeabilidad hacia las influencias que podrían debilitar esta adhesión <a *staunch* defender of free speech>.
• **Steadfast** indica un curso estable y firme en el amor, la devoción o la convicción <couldn't have done it without her *steadfast* support>. ***ant*** capricious
• **Resolute** pone énfasis en la firme determinación de adherirse a una causa o a un fin <despite her passionate arguments, he remained *resolute*>.
• **Devoted** connota tener fuerte amor o lealtad <a rock star's most *devoted* fans>.
• **Trusty,** un término cómicamente anticuado, frecuentemente describe a un amigo de mucho tiempo en quien se puede confiar <even Jack, his *trusty* companion, was nervous about this new adventure>.
• **Dependable, reliable** connotan ser fidedigno <a *dependable* employee> <described themselves in their ad as honest and *reliable*>.
2. V. AUTHENTIC.

Faithless, false, disloyal, treacherous, fickle, unfaithful significan no ser fiel a alguien o algo que tiene derecho a la fidelidad o lealtad de uno.
• **Faithless** se aplica al incumplimiento de una promesa, o a cualquier violación o traición de una obligación, fidelidad o lealtad <England's *faithless* allies had pulled out>. ***ant*** faithful
• **False** recalca el hecho de no ser fiel en cualquier manera o en cualquier grado, desde la inconstancia hasta la traición despiadada <betrayed by *false* friends>. ***ant*** true
• **Disloyal** indica la falta de fidelidad total en pensamiento, palabra o acción hacia un amigo, una causa, un líder o un país <wondered if his own secretary had been *disloyal*>. ***ant*** loyal
• **Treacherous** indica una inclinación a violar la confianza <the weather on the mountain could be *treacherous*>.
• **Fickle** implica cambiable en una manera errática o caprichosa <abandoned by her *fickle* lover>.
• **Unfaithful** subraya el no adherirse a las promesas o deberes de uno, especialmente a los votos de fidelidad matrimonial <suspected her husband of being *unfaithful*>.

Fake V. FRAUD.

False V. FAITHLESS.

Falsify V. MISREPRESENT.

Falter V. HESITATE.

Familiar 1. Familiar, intimate, chummy, close significan conocerse bien el uno al otro.
• **Familiar** connota la comodidad, informalidad y falta de reserva o restricción que existe normalmente entre miembros de una familia o entre personas que se conocen desde hace mucho tiempo <complete strangers would start talking to her in a *familiar* way>. ***ant*** aloof
• **Intimate** recalca la estrechez e intensidad más que la mera frecuencia o continuidad de la asociación personal, y connota un profundo entendimiento mutuo o bien el compartir de pensamientos y sentimientos profundamente personales <their friendly letters became increasingly *intimate*>.

• **Chummy,** un término informal, implica ser muy amigable <she was *chummy* with some of the reporters>.

• **Close** sugiere tener una relación marcada por afecto y confianza <they were *close* in school but rarely see each other anymore>.

2. V. COMMON.

Famous, renowned, celebrated, noted, notorious, distinguished, eminent, illustrious, well-known, leading, prominent significan conocido por doquier.

• **Famous** indica poco más que el hecho de ser, a veces brevemente, popularmente conocido por todas partes <a *famous* television actress>. ***ant*** obscure

• **Renowned** indica más gloria y aclamación <one of the most *renowned* hitters in baseball history>.

• **Celebrated** indica la atención popular, sobre todo en los medios impresos <the most *celebrated* dancer of her time>. ***ant*** obscure

• **Noted** connota una atención pública bien merecida <the *noted* mystery writer>.

• **Notorious** suele añadir a *famous* insinuaciones de integridad cuestionable o de maldad <a *notorious* gangster>.

• **Distinguished** indica una excelencia o superioridad reconocida <a *distinguished* scientist who had recently won the Nobel Prize>. ***ant*** undistinguished

• **Eminent** indica el ser insigne por motivo de alguna cualidad o carácter sobresaliente y se aplica a uno que sobrepasa a otros de su misma clase <the country's most *eminent* historians>.

• **Illustrious** recalca el honor y la gloria imperecedera y merecida, en referencia a una hazaña o una persona <the *illustrious* deeds of Simón Bolívar>.

• **Well-known** simplemente indica ser conocido por muchas personas <a *well-known* actor who later was elected senator>.

• **Leading** connota tener gran importancia o influencia <one of the *leading* figures in international architecture>.

• **Prominent** significa bien conocido, pero frecuentemente implica importancia, dignidad y riqueza también <it was signed by an impressive list of *prominent* New Yorkers>.

Fanciful 1. V. IMAGINARY. **2.** V. FANTASTIC.

Fancy V. CAPRICE.

Fantastic 1. Fantastic, bizarre, grotesque, outlandish, surreal, fanciful significan concebido, hecho o realizado sin ninguna referencia o adherencia evidente a la verdad o la realidad.

• **Fantastic** puede connotar extravagancia desenfrenada en una concepción o idea, un alejamiento de la realidad o simplemente lo ingenioso de una invención decorativa <*fantastic* theories about the pyramids>.

• **Bizarre** se aplica a lo que es sensacionalmente raro o extraño e indica violencia en un contraste o incongruencia en una combinación <told the police a *bizarre* story about being kidnapped>.

• **Grotesque** puede aplicarse a lo que es convencionalmente feo pero efectivo desde un punto de vista artístico; puede asimismo connotar una torpeza o incongruencia ridícula, a menudo con matices siniestros o trágicos <*grotesque* scenes filled with dancing skeletons>.

• **Outlandish** describe algo extremadamente raro y frecuentemente de manera extravagante <she fills her novels with *outlandish* characters>.

• **Surreal** connota ser muy extraño en manera de sueño <the cheerful music accompanying the scenes of violence produced a *surreal* effect>.

• **Fanciful** connota mostrar imaginación al ser inusual y atractivo <they gave all their children *fanciful* names>.

2. V. STRANGE.

Fantasy V. DELUSION.

Faraway V. DISTANT.

Fare V. PRICE.

Far-flung V. DISTANT.

Far-off V. DISTANT.

Fascinate V. ATTRACT.

Fashion *n* **1. Fashion, style, vogue, fad, rage, craze, trend** significan el uso en el vestir, la decoración o en el estilo de vida, que es aceptado por aquellos que desean estar al corriente.

• **Fashion** es el término más general y se aplica a cualquier modo de vestir, comportarse, escribir o desempeñar que es favorecido en un tiempo o lugar determinado o por cualquier grupo <the *fashion* for memoirs of terrible childhoods>.

• **Style** indica con frecuencia una moda particular que ha sido adoptada por personas de dinero o de buen gusto <known for her flamboyant *style*>.

• **Vogue** recalca la preponderancia o la amplia aceptación de una moda <a novelist no longer in *vogue*>.

• **Fad** connota el capricho en el adoptar o abandonar una moda <nothing is more dated than last year's *fad*>.

• **Rage** recalca un intenso entusiasmo en la adopción de una moda <body piercing was the *rage* in the 1990s>.

• **Craze,** al igual que *rage,* pone énfasis en el entusiamo insensato con el cual se adopta una moda <more than a passing *craze*>.

• **Trend** sugiere una dirección general de desarrollo <digital technology was the current *trend* in television sets>, frecuentemente en un área de gusto popular inestable <a *trend* toward adopting babies from foreign countries>.

2. V. METHOD.

Fashion *vb* V. MAKE.

Fast, rapid, swift, quick, speedy, hasty, expeditious significan que se mueve, procede o actúa con rapidez.

• **Fast** se aplica en particular a un objeto en movimiento <a *fast* horse>. ***ant*** slow

• **Rapid** pone el énfasis en el movimiento en sí <a *rapid* current>. ***ant*** deliberate, leisurely

• **Swift** connota gran rapidez junto con facilidad de movimiento <returned the ball with one *swift* stroke>. ***ant*** sluggish

• **Quick** connota prontitud y el tomar poco tiempo <a *quick*

response>. ***ant*** sluggish

• **Speedy** indica rapidez en el cumplimiento exitoso, y puede también connotar una velocidad inusual <a *speedy* recovery from his illness>. ***ant*** dilatory

• **Hasty** connota prisa y precipitación, y connota con frecuencia el descuido y la confusión o ineficiencia resultante <a *hasty* inspection failed to discover the problem>.

• **Expeditious** connota eficiencia junto con rapidez de realización <the *expeditious* handling of his order>. ***ant*** sluggish

Fasten, fix, attach, affix, secure, moor significan hacer que algo permanezca firmemente en su lugar.

• **Fasten** indica una acción tal como atar, abotonar, clavar, trabar o asegurar de alguna forma <*fastened* the door shut>. ***ant*** unfasten, loosen, loose

• **Fix** suele indicar el clavar, implantar o incrustar una cosa con el fin de asegurarla <*fixed* the stake in the ground>.

• **Attach** connota el conectar o unir con un vínculo, un enlace o algo parecido con el fin de mantener las cosas juntas <*attaching* a wire to the pole>. ***ant*** detach

• **Affix** indica el imponer de una cosa sobre otra mediante una acción como el pegar, apretar o clavar <*affixed* a label on the package>. ***ant*** detach

• **Secure** connota colocar o sujetar algo de manera que no se mueva <*secure* your luggage under the seat>.

• **Moor** generalmente indica atar un bote o una nave en su lugar <the sailboat was *moored* at the dock>.

Fastidious V. FUSSY.

Fatal V. DEADLY.

Fate 1. Fate, destiny, doom significan un estado o fin predeterminado.

• **Fate** indica un desenlace inevitable y a veces desfavorable <the sailors' *fate* remains unknown>.

• **Destiny** indica algo que ha sido predeterminado y suele connotar un curso o fin noble o grandioso <our country's *destiny*>.

• **Doom** claramente recalca el carácter terminante e indica un destino nefasto o catastrófico <joked that he was luring the rats to their *doom*>.

2. V. CHANCE.

Fateful V. OMINOUS.

Fathom V. UNDERSTAND.

Fatigue V. TIRE.

Fault, failing, shortcoming, frailty, foible, vice, flaw significan una imperfección o debilidad de carácter.

• **Fault** indica el hecho, no necesariamente culposo, de no haber alcanzado un nivel de perfección en el temperamento, la acción o el hábito <a woman of many virtues and few *faults*>. ***ant*** merit

• **Failing, shortcoming** connotan un pequeño defecto de carácter del cual se puede o no ser consciente <smoking is one of my *failings*> <he has more strengths than *shortcomings*>.

• **Frailty** indica una propensión, general o crónica, a ceder a la tentación <thought of sins as the result of human *frailties*>.

• **Foible** se aplica a una debilidad o idiosincrasia inofensiva o simpática <*foibles* that make him all the more lovable>.
• **Vice** puede ser un término general para cualquier imperfección o debilidad, pero connota con frecuencia la violación de un código moral o el ofender las sensibilidades morales de los demás <gambling and drinking were his main *vices*>.
• **Flaw** sugiere una pequeña falla o debilidad que detrae del todo, como un pequeño defecto en un objeto <vanity was his one character *flaw*>.

Faultfinding v. CRITICAL.
Faux pas v. ERROR.
Favor v. OBLIGE.
Favorable 1. Favorable, auspicious, promising, propitious significan que indica un desenlace feliz.
• **Favorable** indica que las personas involucradas dan su aprobación o su ayuda, o que las circunstancias son ventajosas <*favorable* weather conditions for a rocket launch>. ***ant*** unfavorable, antagonistic
• **Auspicious, promising** connota la presencia de señas y augurios que prometen el éxito <an *auspicious* beginning> <a student with a *promising* future>. ***ant*** inauspicious
• **Propitious,** menos fuerte que *auspicious,* describe eventos o condiciones que constituyen indicaciones favorables, y connota una condición favorable continua <the time was not *propitious* for starting a new business>. ***ant*** unpropitious
2. v. LUCKY.
3. v. BENEFICIAL.
Fawn, toady significan actuar o comportarse de manera abyecta ante un superior.
• **Fawn** indica el intento de ganar favor mediante el halago servil, la atención exagerada y la sumisión <waiters *fawning* over a TV star>.
• **Toady** connota el intento de congraciarse con alguien mediante una actitud abyectamente servil <always *toadying* to his boss>.
Fawning v. FULSOME.
Faze 1. v. EMBARRASS. **2.** v. DISQUIET.
Fear 1. Fear, dread, fright, alarm, panic, terror, horror, trepidation, phobia significan una agitación dolorosa en la presencia o la anticipación del peligro.
• **Fear,** que suele ser el término más general, indica ansiedad y la pérdida del valor <*fear* of the unknown>. ***ant*** fearlessness
• **Dread** suele añadir la idea de gran renuencia de hacer frente a una persona o situación, y connota aversión y ansiedad <the child's *dread* of doctors and needles>.
• **Fright** indica el choque de una sensación de temor súbita y estremecedora <the children's *fright* at hearing the screams>.
• **Alarm** connota una aprensión súbita e intensa producida por un peligro inmediato recién percibido <there was *alarm* in her voice>. ***ant*** assurance, composure
• **Panic** indica un temor irracional y abrumador que da lugar a la actividad histérica, desordenada e inútil <news of the approaching

hurricane was causing *panic*>.

• **Terror** indica el grado más extremo de consternación o temor <paralyzed with *terror*>.

• **Horror** añade la indicación de aborrecimiento o aversión estremecedora ante una vista, actividad o exigencia que causa miedo <her *horror* of spiders>.

• **Trepidation** añade a *dread* las indicaciones de timidez, temblor y vacilación <with great *trepidation* he finally raised the subject of marriage>.

• **Phobia** indica un temor extremadamente fuerte hacia una situación o una cosa en particular <his dislike of crowds eventually developed into a severe *phobia*>.

2. V. APPREHENSION.

Fearful 1. Fearful, apprehensive, afraid, alarmed, scared, frightened significan perturbado por el miedo.

• **Fearful** indica un temperamento medroso o preocupado más que un verdadero motivo de miedo <*fearful* of loud noises>. ***ant*** fearless, intrepid

• **Apprehensive** connota el tener auténticos motivos de miedo e indica un presagio de maldad o peligro <*apprehensive* that war would break out>. ***ant*** confident

• **Afraid** suele connotar debilidad o cobardía e indica con regularidad la inhibición de la acción o de la expresión <*afraid* to speak the truth>. ***ant*** unafraid, sanguine

• **Alarmed** connota sentir una aprensión de peligro súbita e intensa <*alarmed* at news of the rapid spread of the disease>.

• **Scared, frightened** pueden sugerir ser habitualmente temeroso o nervioso acerca de algo <she is *scared* of snakes> <had always been *frightened* of loud noises> o en reacción a una causa o situación inmediata <so *scared* that he was trembling> <a badly *frightened* child>.

2. Fearful, awful, dreadful, frightful, terrible, horrible, horrific, shocking, appalling, dire, alarming significan de un tipo o clase que causa gran angustia. Todas estas palabras tienen además un sentido más leve, y primordialmente coloquial, en el cual significan poco más que *extreme.*

• **Fearful** se aplica a lo que produce miedo, agitación, pérdida de valentía o simple inquietud <a *fearful* slaughter that left 3,000 dead>. ***ant*** reassuring

• **Awful** indica la creación de una conciencia cuya fuerza, potencia o importancia es trascendente o abrumadora <finally heard the *awful* truth about the disaster>.

• **Dreadful** se aplica a lo que llena a uno de un miedo o una aversión que estremece y que causa una sensación sumamente desagradable <cancer is a *dreadful* disease>.

• **Frightful** indica una cualidad que es tan horrorosa o atroz que produce una consternación absoluta o una parálisis de miedo <heard a *frightful* crashing outside>.

• **Terrible** connota que es más doloroso de lo que se puede aguantar, o bien indica una capacidad de producir y prolongar un temor extremo y angustioso <the *terrible* news of her sister's accident>.

• **Horrible** se aplica a algo que a la simple vista causa miedo o terror

junto con una profunda aversión, y connota asimismo un carácter odioso u horrendo <the *horrible* destruction of war>.
• **Horrific** connota cualidades o propiedades con las que se pretende producir un efecto horrible <a *horrific* account of the tragedy>.
• **Shocking** indica características que causan estremecimiento por ser contrarias a lo que se espera, o a las pautas del buen gusto, al pensamiento racional o al sentido moral <liked to tell *shocking* stories to his elderly relatives>.
• **Appalling** describe lo que llena a uno de consternación, terror y horror <the refugees lived in *appalling* conditions>. ***ant*** reassuring
• **Dire** connota causar gran temor o preocupación <even the smallest mistake could have *dire* consequences>.
• **Alarming** connota perturbador o atemorizante <the stock market had been dropping with *alarming* speed>.
3. V. COWARDLY.
Fearless V. BRAVE.
Feasible V. POSSIBLE.
Feat, exploit, achievement significan una acción notable.
• **Feat** se aplica a una acción caracterizada por la fuerza, la destreza o la temeridad <the *feat* of crossing the Atlantic in a balloon>.
• **Exploit** connota una acción intrépida, brillante o heroica <his celebrated *exploits* as a spy>.
• **Achievement** indica un éxito que se ha obtenido con mucho esfuerzo ante gran dificultad u oposición <honored for her *achievements* as a chemist>. ***ant*** failure
Feature *vb* V. SHOW 2.
Feature *n* **1.** V. ELEMENT. **2.** V. QUALITY.
Federation V. ALLIANCE.
Fee 1. V. WAGE. **2.** V. PRICE.
Feeble V. WEAK.
Feel V. TOUCH.
Feeling 1. Feeling, emotion, sentiment, passion significan una reacción subjetiva a una persona, cosa o situación.
• **Feeling** denota cualquier reacción caracterizada por cualidades tales como el placer, el dolor, la atracción o la repulsión, y puede no indicar nada en cuanto a la naturaleza o la intensidad de la reacción <never lost her fond *feelings* for him>.
• **Emotion** conlleva una fuerte indicación de excitación o agitación y, al igual que *feeling,* abarca tanto las reacciones positivas como las negativas <tries not to show any real *emotion* at the office>.
• **Sentiment** indica una emoción refinada, quizás romántica, y a veces artificial o afectada, y que tiene un componente intelectual <her feminist *sentiments* are well known>.
• **Passion** connota una emoción poderosa o controladora caracterizada por la urgencia del deseo <his *passion* for trains eventually led to their divorce>.
2. Feeling, hunch, sense, inkling significan una idea intuitiva.
• **Feeling** connota una opinión intuitiva, una creencia o una expectativa <she had a *feeling* that they weren't being honest>.
• **Hunch,** un término informal, sugiere un fuerte sentimiento, no

basado en hechos o evidencia, de que algo es cierto o que va a suceder <had a *hunch* that the horse was going to win>.

• **Sense** connota un conocimiento consciente pero vago de algo <he had a *sense* that something had gone wrong>.

• **Inkling** connota un conocimiento leve o una noción vaga acerca de algo específico <didn't have an *inkling* of what she meant>.

3. V. SENSATION.

4. V. ATMOSPHERE.

5. V. OPINION.

Feign V. ASSUME.

Feint V. TRICK.

Female, feminine, womanly, effeminate, ladylike significan de, característico de o parecido a una hembra, en especial a una mujer.

• **Female** (opuesto a *male*) se aplica tanto a plantas y animales como a personas y recalca el sexo o género <more *female* births than male>. ***ant*** male

• **Feminine** se aplica a las cualidades o atributos o actitudes características de las mujeres y que no son compartidas por los hombres <models whose bodies were more boyish than *feminine*>. ***ant*** masculine

• **Womanly** connota las cualidades de la mujer madura, sobre todo aquellas cualidades que la hacen eficaz como esposa y madre, o que indican la ausencia de cualidades masculinas <thought his rebellious daughter lacked the *womanly* virtues>. ***ant*** unwomanly, manly

• **Effeminate** recalca los aspectos más suaves y delicados de la natureza de la mujer, y en su aplicación usual a los hombres indica la carencia de virilidad o masculinidad <a somewhat *effeminate* young man>. ***ant*** virile

• **Ladylike** connota decencia y decoro <her grandmother was always scolding her for not being *ladylike*>.

Feminine V. FEMALE.

Ferocious V. FIERCE.

Fertile, fruitful, prolific, productive, bountiful significan que produce o es capaz de producir progenie o fruto.

• **Fertile** indica el poder de reproducirse o de contribuir a la reproducción y el crecimiento <*fertile* soil>, o puede también connotar una agudeza para la invención y el desarrollo <a *fertile* imagination>. ***ant*** infertile, sterile

• **Fruitful** añade a *fertile* la indicación de resultados favorables o útiles <this research proved to be *fruitful*>. ***ant*** unfruitful, fruitless

• **Prolific** recalca la rapidez de propagación o multiplicación mediante la reproducción natural o un método similar <one of the most *prolific* writers of science fiction>. ***ant*** barren, unfruitful

• **Productive** connota dar resultados buenos o útiles <spent a highly *productive* year working on the project>.

• **Bountiful** significa ricamente productivo <*bountiful* harvests>.

Fervent V. IMPASSIONED.

Fervid V. IMPASSIONED.

Fervor V. PASSION.

Fetish, talisman, charm, amulet significan un objeto al que se atribuye el poder de alejar el mal o atraer el bien.

• **Fetish** se aplica a un objeto que se considera sagrado o mágico o a algo que se aprecia excesiva u obsesivamente <mocked the Constitution as a *fetish*>.

• **Talisman,** que se aplica primordialmente a una figura o imagen astrológica a la que se atribuye poderes mágicos de sanación o protección, puede también denotar algo que parece ejercer una influencia mágica, extraordinaria y generalmente feliz <wore the ring as a *talisman*>.

• **Charm** se aplica a un objeto o a una fórmula de palabras que se cree es capaz de repeler los malos espíritus o influencias malignas, o de atraer lo opuesto a ellos <a *charm* against the evil eye>; puede también aplicarse a alguna cualidad que es simpática o atrayente <the *charm* of the old inn>.

• **Amulet** se aplica especialmente a algo que se lleva puesto o que se lleva consigo como protección contra el mal, el peligro o la enfermedad <protected by an *amulet* of jaguar teeth>.

Few v. INFREQUENT.

Fib v. LIE.

Fickle 1. Fickle, capricious, mercurial, unstable, changeable, temperamental, undependable, unreliable significan carente de firmeza o fijeza en cosas tales como la resolución o la devoción.

• **Fickle** connota un carácter poco fiable como consecuencia de una volubilidad obstinada y una incapacidad para la firmeza <most pop stars soon discover how *fickle* the public can be>. ***ant*** constant, true

• **Capricious** connota una motivación que nace de un antojo o fantasía fugaz, y recalca la imprevisibilidad <her *capricious* shopping habits>. ***ant*** steadfast

• **Mercurial** indica una rápida volubilidad de temperamento, particularmente entre la depresión y la euforia <so *mercurial* that her friends never knew what to expect next>.

• **Unstable** indica una incapacidad para permanecer en una posición o curso fijo, y cuando se aplica a personas, connota la carencia de equilibrio emocional <a dictator with a dangerously *unstable* personality>. ***ant*** stable

• **Changeable** connota cambiar frecuentemente o súbitamente <her moods were as *changeable* as the weather>.

• **Temperamental** sugiere ser impredecible en el comportamiento o en el desempeño debido a cambios en las emociones <a *temperamental* horse that sometimes threw its riders>.

• **Undependable, unreliable** implican que no se puede confiar o depender de ello <his father had always thought him *undependable*> <she's *unreliable* as a source of information>.

2. v. FAITHLESS.

Fictional v. FICTITIOUS.

Fictitious 1. Fictitious, legendary, mythical, apocryphal, fictional, make-believe significan que posee la naturaleza de algo que se ha imaginado o inventado mentalmente.

• **Fictitious** indica fabricación y connota artificialidad o ingenio más que una falsificación o engaño deliberado <had set up several *fictitious* companies to make it easier to avoid paying taxes>.

• **Legendary** connota la elaboración de detalles inventados y la distorsión de hechos históricos producidas por la tradición popular <the *legendary* island of Atlantis>.

• **Mythical** indica una explicación fantástica, y a veces simbólica, de hechos o de la creación de seres y eventos <*mythical* creatures such as centaurs>. ***ant*** historical

• **Apocryphal** indica una fuente u origen desconocido o dudoso, y puede indicar que la cosa en sí es dudosa o errónea <a book full of *apocryphal* stories>.

• **Fictional** se refiere a la literatura que cuenta historias creadas por el autor <a *fictional* character from a Dickens novel>.

• **Make-believe** sugiere imaginario o pretendido, en una manera infantil <he has been living in a *make-believe* world>.

2. V. IMAGINARY.

Fidelity 1. Fidelity, allegiance, loyalty, devotion, piety significan el acto de guardar fe hacia algo con el cual uno se ha comprometido mediante un juramento, un deber o una noción de lo que es correcto y apropiado.

• **Fidelity** indica una fe estricta y continua hacia una obligación, confianza o deber <the movie showed little *fidelity* to the original play>. ***ant*** faithlessness, perfidy

• **Allegiance** connota una adhesión, tal como la que un ciudadano tiene a su país, e indica una fidelidad inquebrantable que se mantiene a pesar de obligaciones o aserciones opuestas <a senator who owed *allegiance* mostly to huge corporations>. ***ant*** treachery, treason

• **Loyalty** indica una fidelidad personal y emotiva que permanece constante ante cualquier tentación a renunciar, abandonar o traicionar <valued the *loyalty* of her friends>. ***ant*** disloyalty

• **Devotion** recalca un celo y un servicio que equivalen a la dedicación total de sí <his *devotion* to his family>.

• **Piety** recalca la fidelidad a las obligaciones que son vistas como naturales y fundamentales y a la observación de los deberes exigidos por tal fidelidad <out of filial *piety* he visited his parents every Sunday>. ***ant*** impiety

2. V. ADHERENCE.

Fierce, ferocious, barbarous, savage, cruel significan que demuestra furia o malignidad en el aspecto o las acciones.

• **Fierce** se aplica a seres humanos y animales que inspiran terror debido a su aspecto salvaje y amenazante o la furia de su ataque, o bien se aplica a cualidades, expresiones o eventos característicos de éstos <a battle marked by *fierce* fighting>. ***ant*** tame, mild

• **Ferocious** indica una fiereza extrema y una violencia y brutalidad desenfrenadas <the sign warned of a *ferocious* dog>. ***ant*** tender

• **Barbarous** indica un carácter feroz o despiadado visto como impropio de las personas civilizadas <the *barbarous* treatment of prisoners>.

• **Savage** indica la ausencia de las inhibiciones que refrenan la ira, la lujuria, el odio, el temor u otras pasiones violentas entre las personas civilizadas <a *savage* attack on his character>.

• **Cruel** indica una indiferencia hacia el sufrimiento, o incluso el placer en observarlo o infligirlo <the *cruel* jokes of young children>.

Fiery V. IMPASSIONED.

Fight 1. V. QUARREL. **2.** V. BATTLE.
Figure *vb* V. CALCULATE.
Figure *n* V. FORM.
Figure out V. DISCOVER.
Filch V. STEAL.
Final V. LAST.
Financial, monetary, fiscal, economic significan perteneciente o relativo al dinero.

• **Financial** indica asuntos de dinero que se conducen en gran escala o que suponen cierta complejidad <paid for his medical training through a complex *financial* arrangement>.

• **Monetary** se refiere al dinero que se acuña, se distribuye o se pone en circulación <the country's basic *monetary* unit is the peso>.

• **Fiscal** se refiere al dinero en términos de rentas públicas o de los asuntos financieros de una institución o compañía <the government's disastrous *fiscal* policies>.

• **Economic** implica relacionado con la economía <an emergency program to prevent *economic* collapse>.

Fine V. PENALIZE.
Finger V. TOUCH.
Finicky V. FUSSY.
Finish V. CLOSE *vb.*
Finish *n* V. END *n.*
Firm, hard, solid, tough significan que tiene una textura o consistencia que resiste a la deformación.

• **Firm** recalca lo compacto, la cohesión y a menudo la elasticidad de una sustancia que le permite resistir contra el ser tirado o jalado, distorsionado o apretado <a *firm* mattress with good back support>. ***ant*** loose, flabby

• **Hard** indica impenetrabilidad y una resistencia, completa aunque no elástica, a la presión o la tensión <diamonds are the *hardest* natural substance known>. ***ant*** soft

• **Solid** indica una textura de densidad uniforme, que es firme y resistente a las fuerzas deformadoras externas <*solid* furniture that will last>.

• **Tough** implica firmeza en combinación con una flexibilidad física <a *tough* leather surface>.

Firsthand V. DIRECT.
Fiscal V. FINANCIAL.
Fit *adj* **1. Fit, suitable, proper, appropriate, fitting, apt, applicable** significan justo o idóneo para un fin, necesidad, uso o circunstancia determinada.

• **Fit** recalca la adaptabilidad y a veces una preparación especial para el uso o acción <prayed for a world *fit* for children>. ***ant*** unfit

• **Suitable** indica el satisfacer ciertos requisitos o exigencias <clothes *suitable* for camping>. ***ant*** unbecoming, unsuitable

• **Proper** connota una idoneidad que se debe a la naturaleza esencial o a la observación de costumbres <the *proper* role of the vice president>. ***ant*** improper

• **Appropriate** indica una idoneidad eminente o distintiva <an *appro-*

priate gift for a graduate>. ***ant*** inappropriate

• **Fitting** indica una armonía de temperamento, tono o propósito <it was *fitting* that she should be honored along with her husband>.

• **Apt** connota una idoneidad caracterizada por la sutileza y el discernimiento <included some *apt* quotations in her speech>. ***ant*** inapt

• **Applicable** describe una regla o un principio general que es apropiado a un caso en particular <none of these laws were *applicable* to the current situation>.

2. V. RELEVANT.

3. V. HEALTHY.

Fit *n* **Fit, attack, paroxysm, spasm, convulsion, throe, tantrum** significan un acometimiento repentino causado por una condición física o mental anormal.

• **Fit** a veces señala un acometimiento repentino o un periodo de actividad caracterizado por un aumento de actividad característica de una enfermedad <a *fit* of rage>.

• **Attack** indica un acometimiento súbito y a menudo violento, pero sin hacer indicación alguna en cuanto a duración <an anxiety *attack*>.

• **Paroxysm** se refiere a un súbito acometimiento o intensificación de un síntoma o de un estado, y a su repetición <*paroxysms* of coughing>.

• **Spasm** connota contracciones musculares súbitas e involuntarias <suffered from *spasms* of his back muscles>, o el estar momentáneamente dominado por una emoción o un estado paralizante <seized by *spasms* of fear>.

• **Convulsion** connota repetidos espasmos que contraen y relajan los músculos alternativamente y producen violentas contorsiones y distorsiones <a revolutionary *convulsion* that almost brought down the government>.

• **Throe** generalmente se usa en el plural y connota un esfuerzo, una emoción o una sensación violenta y temporal <the *throes* of childbirth>.

• **Tantrum** sugiere un periodo corto de temperamento malo o comportamiento irrazonable <a child's noisy *tantrum*>.

Fitful 1. Fitful, spasmodic, convulsive, sporadic, intermittent, irregular significan que no es regular o fijo en su movimiento.

• **Fitful** indica un carácter intermitente y una sucesión de tropezones o de subidas y caídas <her sleep was *fitful*>.

• **Spasmodic** añade a *fitful* la indicación de una violenta intensidad de actividad, esfuerzo o de ardor que se alterna con una falta de intensidad <*spasmodic* fits of yelling>.

• **Convulsive** connota una ruptura en la regularidad o la tranquilidad por un movimiento descontrolado y suele connotar una perturbación del cuerpo, la mente o el espíritu <*convulsive* laughter>.

• **Sporadic** connota que ocurre frecuentemente pero no regularmente <*sporadic* gunfire>.

• **Intermittent** sugiere comenzar, detener y comenzar nuevamente <the forecast was for *intermittent* rain>.

• **Irregular** indica que sucede en intervalos desiguales de tiempo <at *irregular* intervals his fever would return>.

2. V. RANDOM.
3. V. INFREQUENT.
Fitting V. FIT *adj*.
Fix *vb* **1.** V. FASTEN. **2.** V. SETTLE. **3.** V. CORRECT *vb*. **4.** V. MEND.
Flabbergast V. SURPRISE 2.
Flaccid V. LIMP.
Flagrant 1. Flagrant, glaring, egregious, gross, rank, blatant significan patentemente malo o no deseado.

• **Flagrant** se aplica normalmente a ofensa o errores tan graves que no pueden pasar inadvertidos o tolerarse <*flagrant* abuse of power>.

• **Glaring** indica la dolorosa o dañina prominencia de algo que es patentemente incorrecto, defectuoso o inapropiado <*glaring* errors>. ***ant*** unnoticeable

• **Egregious** puede aplicarse a algo que resalta por motivo de su baja calidad o porque es de mal gusto <her *egregious* behavior at the party>.

• **Gross** indica el exceder los límites razonables o disculpables de lo que se considera malo con referencia a la actitud, las cualidades o los defectos <accused him of *gross* carelessness>. ***ant*** petty

• **Rank** se aplica a lo que es patentemente y extremadamente ofensivo, y absolutamente condenado <dismissed his rival as a *rank* amateur>.

• **Blatant** connota ser completamente obvio en una manera atrevida y ofensiva <a *blatant* lie>.

2. V. SHAMELESS.
Flair V. LEANING.
Flame V. BLAZE.
Flare V. FLASH.
Flare V. BLAZE.
Flash, gleam, glance, glint, sparkle, glitter, glisten, glimmer, shimmer, twinkle, shine, flare, beam, glow significan emitir luz.

• **Flash** indica un repentino y pasajero estallido de luz fuerte <lightning *flashed*>.

• **Gleam** connota una luz fija que se ve a través de un medio oscurecedor o contra un fondo oscuro <the black piano *gleamed* under the stage lights>.

• **Glance** connota una luz fuerte que se lanza y es reflejada sobre una superficie móvil <sunlight *glanced* off the hull of the boat>.

• **Glint** indica una luz que es reflejada y destella rápidamente <her earrings *glinted* as she tossed her head>.

• **Sparkle** connota un sinnúmero de puntos de luz fuerte en movimiento <the *sparkling* waters of the gulf>.

• **Glitter** connota un brillante chispear o destellar <*glittering* diamonds>.

• **Glisten** se aplica a un destello suave y continuo proveniente de una superficie mojada, aceitosa o similar <sidewalks *glistened* in the rain under the street lamps>.

• **Glimmer** connota un rayo leve, oscurecido o parpadeante <a dim light *glimmering* in the distance>.

• **Shimmer** indica un destello suave y trémulo, o un reflejo borroso <a

shimmering satin dress>.

• **Twinkle** connota parpadeante o chispeante <stars *twinkled* in the night sky>.

• **Shine** connota dar una luz conspicua, brillante y sostenida <the sun *shone* all day>.

• **Flare** connota ser brillante o resplandeciente súbitamente y brevemente <a match *flared* in the darkness>.

• **Beam** sugiere emitir rayos de luz <morning sunlight was *beaming* through the window>.

• **Glow** sugiere brillar con una luz y calor sostenido pero generalmente sin llama <coals *glowing* in the fireplace>.

Flashback V. MEMORY.

Flashy V. GAUDY.

Flat 1. V. INSIPID. **2.** V. LEVEL.

Flat-out V. OUTRIGHT.

Flaunt V. SHOW 2.

Flavor V. TASTE 1.

Flaw 1. V. BLEMISH. **2.** V. FAULT.

Flawless V. PERFECT.

Fleece V. CHEAT.

Fleeting V. TRANSIENT.

Fleshly V. CARNAL.

Flexible V. ELASTIC.

Flimsy V. WEAK.

Flinch V. RECOIL.

Fling V. THROW.

Flippancy V. LEVITY.

Flippant V. SAUCY.

Flirt V. TRIFLE.

Flock V. GATHER.

Floor V. SURPRISE 2.

Floppy V. LIMP.

Flourish 1. V. SUCCEED. **2.** V. SWING 1.

Flow V. SPRING.

Fluctuate V. SWING 2.

Fluency V. SKILL.

Fluent V. VOCAL 2.

Flurry V. STIR *n.*

Flush V. LEVEL.

Fluster V. DISQUIET.

Foe V. ENEMY.

Fog V. HAZE.

Foible V. FAULT.

Foil V. FRUSTRATE.

Follow 1. Follow, succeed, ensue, result, eventuate significan venir después de algo o de alguien.

• **Follow** puede aplicarse al acto de venir después en el tiempo, en la posición, en el entendimiento o en la secuencia lógica <the salad course *followed* the soup>. ***ant*** precede

• **Succeed** indica el venir inmediatamente después en una secuencia determinada por alguna regla o causa racional, como el orden natural, una herencia, una elección o las leyes de rango <she *succeeded* her father as head of the business>.

• **Ensue** connota comúnmente una consecuencia lógica o un acontecimiento naturalmente esperado <the lecture ended and a general discussion *ensued*>.

• **Result** implica que ocurre como un efecto, una consecuencia o una conclusión <serious injury may *result* from failing to wear a seat belt>.

• **Eventuate** implica tener un efecto o una consecuencia después de un largo periodo de tiempo <lengthy negotiations *eventuated* in a treaty>.

2. Follow, chase, pursue, trail, tail, dog, shadow, hunt, hound, stalk, track significan ir en pos de algo o de alguien o estar sobre su pista.

• **Follow** es el término más inclusivo y suele indicar la dirección o guía de uno que va antes, pero, por sí mismo; no da información alguna en cuanto al propósito del que está siguiendo <*followed* the path to town>. ***ant*** precede

• **Chase** indica velocidad en el seguimiento, a veces con el fin de capturar lo que huye, y a veces para ahuyentar lo que se acerca <*chasing* the boys out of the store>.

• **Pursue** suele connotar el tratar de pasar, alcanzar o lograr, a menudo con entusiasmo e insistencia, y a veces con fines hostiles <*pursued* the thief on foot>.

• **Trail** indica el seguir la pista de uno que ha ido antes <*trailing* along behind the leader>.

• **Tail** implica seguir a alguien de cerca y frecuentemente secretamente <the police had been *tailing* the suspect for several miles>.

• **Dog** sugiere seguir a alguien como un perro <beggars *dogging* her wherever she went> o más ampliamente, acompañar a alguien como un problema crónico <an athlete *dogged* by injuries>.

• **Shadow** sugiere seguir a alguien secretamente <hired a detective to *shadow* her husband>.

• **Hunt** implica buscar algo o a alguien cuidadosamente y completamente <*hunted* for the missing evidence>.

• **Hound** indica perseguir a alguien de una manera persistente o determinada <*hounded* by reporters>.

• **Stalk** puede significar cazar a una persona o un animal lenta y calladamente <liked to *stalk* deer through the woods> pero también implica seguir, observar y acosar ilegalmente a alguien <convicted of *stalking* the movie star>.

• **Track** connota seguir las pistas o los rastros de animales <*tracked* a bear>, la trayectoria en movimiento de un proyectil <*tracking* missiles with radar> o el progreso de algo <the budget office is *tracking* your expenses>.

Follower, adherent, disciple, partisan, supporter, devotee significan uno que se une a otro.

• **Follower** denota una persona que se adhiere ya sea a la persona o a las creencias de otro <the chieftain and his *followers*>. ***ant*** leader

• **Adherent** connota un compromiso estrecho y continuo <*adherents* of this diet>. ***ant*** renegade

• **Disciple** indica gran devoción a las doctrinas de uno que ha sido elegido o aceptado como maestro <*disciples* of Gandhi>.

• **Partisan** connota una adherencia celosa, y a menudo con prejuicio <*partisans* of the two leaders fought in the streets>.

• **Supporter** indica una persona que lucha por o toma partido con algo o alguien <the candidate's *supporters* had planned a rally for Saturday>.

• **Devotee** sugiere una persona que tiene una fuerte lealtad hacia una figura religiosa <a *devotee* of the Dalai Lama> o, más frecuentemente, un entusiasta de algo <the nightclub is popular among jazz *devotees*>.

Foment V. INCITE.

Fondle V. CARESS.

Foolhardy V. ADVENTUROUS.

Foolish V. SILLY.

Forbearing 1. Forbearing, tolerant, lenient, indulgent, charitable, merciful significan no ser dado a la severidad o la rigurosidad, ya sea por naturaleza, disposición o circunstancia.

• **Forbearing** indica la paciencia ante la provocación, así como el abstenerse de juzgar severamente, castigar o vengarse <her *forbearing* teacher>. ***ant*** unrelenting

• **Tolerant** indica el estar uno libre de parcialidad o dogmatismo, y una renuencia a juzgar o restringir severamente a personas que tienen opiniones o sostienen doctrinas diferentes a las de uno <a *tolerant* attitude toward foreigners>. ***ant*** intolerant

• **Lenient** indica suavidad de temperamento y una relajación de la disciplina o del rigor <*lenient* parents>. ***ant*** stern, exacting

• **Indulgent** indica conformidad, compasión y el estar dispuesto a hacer concesiones por caridad o clemencia <too *indulgent* of her grandchildren>. ***ant*** strict

• **Charitable** sugiere ser amable al juzgar a otras personas <she has tried to be *charitable* about her sister's problems>.

• **Merciful** connota mostrar tratamiento amable y suave hacia otros, especialmente por parte de una posición de poder <a *merciful* ruler>.

2. V. KIND.

Forbid, prohibit, ban, outlaw significan prohibir que alguien use o haga algo, u ordenar que algo no se use o se haga.

• **Forbid** indica una proscripción absoluta y el acatamiento esperado a una orden dada por uno en autoridad <smoking is *forbidden* in the building>. ***ant*** permit

• **Prohibit** connota el promulgar leyes, estatutos o reglamentos <*prohibited* the sale of pistols>. ***ant*** permit

• **Ban** indica una prohibición proveniente de presiones legales o sociales, y lleva una fuerte connotación de condenación o desaprobación <the government had *banned* the movie>.

• **Outlaw** significa hacer algo ilegal <those guns were *outlawed* last year>.

Forbidden V. UNLAWFUL.

Force *vb* **Force, compel, coerce, constrain, oblige, strong-arm** significan hacer ceder a alguien o algo.

• **Force** es el término general e indica el vencer la resistencia mediante el ejercicio de la fuerza, el poder, el peso, la tensión o la coacción <*forced* the prisoner to sign the confession>.

• **Compel** típicamente requiere un objeto personal o personalizado y connota el ejercicio de autoridad o de una fuerza irresistible <*compelled* to pay taxes>.

• **Coerce** connota el vencer resistencia o indisposición mediante una severa violencia o intimidación, real o amenazada <*coerced* by gangsters into selling his business>.

• **Constrain** connota un forzar u obligar mediante una decisión o una acción que aprieta, confina o ata <felt *constrained* to remain at work>.

• **Oblige** indica la constricción impuesta por la necesidad, la ley, la razón o el deber <*obliged* to take care of her friend's children>.

• **Strong-arm**, un término informal, connota el uso de fuerza u otras amenazas para hacer que alguien haga algo <the U.S. had *strong-armed* several smaller nations into signing the agreement>.

Force *n* V. POWER 1.

Forceful V. AGGRESSIVE.

Foreboding V. APPREHENSION.

Forecast V. PROSPECT.

Foregoing V. PRECEDING.

Foreign V. EXTRINSIC.

Foremost V. DOMINANT.

Forerunner, precursor, harbinger, herald significan uno que va antes o que anuncia la venida de otro.

• **Forerunner** se puede aplicar a cualquier cosa que sirve como signo, augurio o advertencia de algo que viene <the assassination was a *forerunner* to war>.

• **Precursor** se aplica a una persona o cosa que prepara el terreno para el éxito o el logro de otra <*precursors* of modern conservatism>.

• **Harbinger** y **herald** se aplican, primordialmente en un sentido figurado, a uno que proclama o anuncia la venida o la llegada de un evento o una persona importante <the return of the birds was always a *harbinger* of spring> <a *herald* of the new scientific age>.

Foresee 1. Foresee, divine, anticipate, foretell, predict, forecast, prophesy, prognosticate significan saber o profetizar de antemano.

• **Foresee** no hace indicación alguna en cuanto al método por el cual se ha obtenido el conocimiento, y puede aplicarse al razonamiento y la experiencia ordinaria <no one had *foreseen* the crisis>.

• **Divine** añade a *foresee* la connotación de sabiduría o discernimiento excepcional <trying to *divine* the document's meaning>.

• **Anticipate** indica conocimiento previo suficiente como para permitir el tomar acción o el responder emocionalmente con respecto a algo antes de que suceda <the servants *anticipated* all our needs>.

• **Foretell** se aplica al acto de anunciar un evento futuro por cualquier método, o a partir de cualquier fuente de información <claimed that seers had *foretold* these events>.

• **Predict** comúnmente indica una inferencia a partir de los hechos o de las leyes aceptadas de la naturaleza <astronomers *predicted* the return of the comet>.

• **Forecast** añade la indicación de anticipar eventualidades y difiere de *predict* en que suele usarse más en relación con probabilidades que con certezas <*forecast* six inches of rain>.

• **Prophesy** connota un conocimiento inspirado o místico del porvenir, particularmente en lo que concierne el cumplimiento de amenazas o promesas divinas, o puede indicar asimismo gran confianza en la predicción <preachers *prophesying* a day of divine judgment>.

• **Prognosticate** connota una predicción basada en la interpretación erudita o experta de signos o síntomas <*prognosticating* a business boom>.

2. V. EXPECT.

Forestall V. PREVENT 1.

Foretaste V. PROSPECT.

Forewarn V. WARN.

Forge V. MAKE.

Forget V. NEGLECT.

Forgetful, oblivious, absentminded significan perder de la mente lo que una vez se ha sabido o aprendido.

• **Forgetful** indica la costumbre o tendencia irresponsable o negligente de no recordar <*forgetful* of her duties>.

• **Oblivious** connota el no notar o recordar como resultado de causas o condiciones externas, o de una resolución de ignorar <*oblivious* to the rushing crowd around her>.

• **Absentminded** indica que tiende a olvidar y pasar por alto las cosas por tener la mente preocupada <an *absentminded* driver who had taken a wrong turn>.

Forgivable V. VENIAL.

Forgive V. EXCUSE.

Forgiveness V. PARDON.

Forlorn 1. V. ALONE. **2.** V. PITIFUL.

Form *n* **1. Form, figure, shape, contour** significan apariencia exterior.

• **Form** suele connotar referencia tanto a la estructura interior como al contorno exterior, y es a menudo el principio que proporciona unidad al todo <an architect's use of *forms*>.

• **Figure** se aplica primordialmente a la forma tal y cómo se determina según los contornos que la encierran o limitan <cutting doll *figures* out of paper>.

• **Shape,** al igual que *figure,* connota un contorno pero lleva una fuerte indicación del cuerpo o la masa encerrada dentro <the rounded *shape* of the monument>.

• **Contour** aplica a la silueta, especialmente al borde curvo externo, de algo <he loved the car's sleek *contours*>.

2. V. OUTLINE.

3. V. STRUCTURE.

Form *vb* V. MAKE.

Formal V. CEREMONIAL.

Former V. PRECEDING.

Forsake V. ABANDON.

Forth V. ONWARD.

Forthright V. STRAIGHTFORWARD.

Fortitude 1. Fortitude, grit, backbone, pluck, guts significan valentía y aguante.

• **Fortitude** recalca firmeza en soportar dificultades y sufrimiento, tanto físico como mental <a journey that would test their *fortitude*>.

• **Grit** recalca una resolución tenaz y un espíritu indomable frente a las dificultades o el peligro <wondered if she had the necessary *grit* for the job>.

• **Backbone** pone énfasis en lo resuelto del carácter, e indica, ya sea la capacidad de mantenerse firme frente a la oposición, o bien una determinación e independencia que no requieren de apoyo externo <doubted he had the *backbone* to stand up to them>. ***ant*** spinelessness

• **Pluck** indica el estar dispuesto a luchar o a continuar aún cuando las probabilidades de salir airoso son pocas <fought on with *pluck* and courage>.

• **Guts,** que algunos consideran ser poco refinado, recalca la fortaleza y resistencia, e indica eficacia y determinación en enfrentar y tolerar lo que alarma, repele o desanima <lacked the *guts* to do it>. ***ant*** gutlessness

2. V. COURAGE.

Fortuitous V. ACCIDENTAL.

Fortunate V. LUCKY.

Fortune V. CHANCE.

Forward *adv* V. ONWARD.

Foundation V. BASE *n.*

Foxy V. SLY.

Fraction V. PART.

Fragile 1. Fragile, brittle, delicate, breakable significan que se quiebra con facilidad.

• **Fragile** indica la extrema delicadeza del material o de la construcción y la necesidad de tratar con cuidado <a *fragile* antique chair>. ***ant*** durable

• **Brittle** indica dureza junto con una falta de elasticidad, flexibilidad o resistencia <elderly patients with *brittle* bones>.

• **Delicate** connota una delicadeza y fineza que sugiere cuán fácil un objeto puede romperse o dañarse <a *delicate* china vase>.

• **Breakable** significa que se rompe fácilmente <she kept everything *breakable* out of reach of her children>.

2. V. WEAK.

Fragment V. PART.

Fragrance 1. Fragrance, perfume, bouquet, scent, aroma significan un olor dulce o agradable.

• **Fragrance** connota los agradables olores de las flores o de otras cosas crecientes <the *fragrance* of the pine woods>. ***ant*** stench, stink

• **Perfume** puede connotar un olor más fuerte o más concentrado y se aplica sobre todo a un líquido preparado o sintético <the *perfume* of lilacs filled the room>.

• **Bouquet,** que suele usarse con respecto al vino, indica un olor delicado y complejo que connota la calidad y el sabor particular de su origen <the *bouquet* of the wine>.

• **Scent** es muy cercano a *perfume* pero más neutro en su connotación <furniture polish with a lemon *scent*>.

• **Aroma** connota un olor distintivo, penetrante y agradable <the *aroma* of fresh-baked bread>.

2. v. SMELL.

Fragrant, redolent, aromatic, scented significan que despide y difunde un olor.

• **Fragrant** se aplica a cosas tales como flores o especias, cuyos aromas son suaves y agradables y dan gran placer <roses that were especially *fragrant*>. ***ant*** fetid

• **Redolent** suele aplicarse a un lugar o a una cosa que difunde olores o está impregnado de ellos <the kitchen was often *redolent* of baking bread>.

• **Aromatic** se aplica a cosas que despiden olores fuertes, y a menudo, frescos <an *aromatic* blend of spices>. ***ant*** acrid

• **Scented** connota ser fragante debido a un perfume añadido <soap is usually *scented*>.

Frail v. WEAK.

Frailty v. FAULT.

Framework v. STRUCTURE.

Frank 1. Frank, candid, open, plainspoken significan que demuestra estar dispuesto a decir lo que se siente o se piensa.

• **Frank** recalca la falta de reticencia al expresarse, y connota el estar libre de timidez, reserva excesiva o consideraciones de tacto o de conveniencia <called him in for a *frank* discussion of his recent work>. ***ant*** reticent

• **Candid** connota expresión caracterizada por la sinceridad y la honestidad, especialmente la expresión de una crítica o de una opinión poco grata <a *candid* opinion of her talent>. ***ant*** evasive

• **Open** indica franqueza y candor pero connota más ingenuidad que *frank* y menos seriedad que *candid* <young children tend to be *open* about their desires>.

• **Plainspoken** connota la expresión de opiniones honesta y bruscamente <a *plainspoken* fighter for women's rights>.

2. v. STRAIGHTFORWARD.

Fraud 1. Fraud, sham, fake, counterfeit significan algo que aparenta ser cierta cosa en su naturaleza, carácter o cualidades, pero que en realidad es otra.

• **Fraud** suele indicar una distorsión deliberada de la verdad, pero cuando se aplica a una persona, puede indicar simplemente fingimiento e hipocresía <"Hitler's diaries" were exposed as a *fraud*>.

• **Sham** se aplica a una imitación exacta, pero fraudulenta, de una cosa o acción genuina <condemned the election as a *sham*>.

• **Fake** indica una imitación o una sustitución de algo genuino, pero sin indicar necesariamente un motivo deshonesto <she owned valuable jewelry but usually wore *fakes*>.

• **Counterfeit** se aplica particularmente a una imitación exacta de algo valioso <all the $20 bills were *counterfeits*>.

2. V. DECEPTION.

Freak V. CAPRICE.

Free *adj* **Free, independent, autonomous, sovereign** significan que no está sujeto al dominio o control de otro.

• **Free** recalca la ausencia total de control externo y el pleno derecho de tomar uno todas sus propias decisiones <you're *free* to do as you like>.

• **Independent** indica el estar solo; cuando se aplica a un estado, indica la falta de conexión con cualquier otro que pueda tener el poder de interferir con sus ciudadanos, leyes o política <Ireland's struggle to become *independent*>. ***ant*** dependent

• **Autonomous** recalca la independencia junto con la libertad; o, en su uso político, la independencia en asuntos relacionados con el autogobierno <an *autonomous* region with its own parliament>.

• **Sovereign** recalca la ausencia de un poder superior o dominante, e indica el ejercer uno la supremacía dentro de los límites de su propio dominio o esfera <Ukraine is now a *sovereign* nation>.

Free *vb* **Free, release, liberate, emancipate** significan dejar suelto o libre de una restricción o limitación.

• **Free** suele indicar el apartar permanentemente de lo que ata, confina, enreda u oprime <*freed* the animals from their cages>.

• **Release** connota el dejar salir de un estado de confinamiento, restricción, presión o tensión <*released* him from his obligations>. ***ant*** detain

• **Liberate** recalca en particular el estado de libertad resultante <*liberated* the population from foreign domination>.

• **Emancipate** indica la liberación de la persona que ha estado bajo sometimiento o dominio <electric appliances that *emancipated* women from housework>. ***ant*** enslave

Freedom, liberty, autonomy, independence significan el poder o la condición de actuar sin compulsión.

• **Freedom** abarca un amplio campo de aplicación y puede indicar cualquier cosa, comenzando por una falta total de restricción, hasta la mera sensación de no estar excesivamente obstaculizado o frustrado <*freedom* of the press>.

• **Liberty** connota el poder de decidir, o el quedar suelto o emancipado después de haber estado bajo restricción o compulsión <willing to fight for their *liberty*>. ***ant*** restraint

• **Autonomy** connota existencia o el actuar por uno mismo en libertad e independencia moral <feeble though she was, she refused to move into a nursing home and give up her *autonomy*>.

• **Independence** connota el estado de ser libre del apoyo y control exterior <her ambition is to achieve financial *independence*>.

Frenzy V. MANIA 1.

Frequently V. OFTEN.

Fresh **1.** V. NEW. **2.** V. SAUCY.

Friction V. DISCORD.

Friendly V. AMICABLE.

Fright V. FEAR.

Frightened V. FEARFUL.
Frightful V. FEARFUL 2.
Fringe V. BORDER.
Fritter V. WASTE.
Frivolity V. LEVITY.
Frown, scowl, glower significan poner una cara o apariencia sombría o amenazadora.

• **Frown** indica una cara austera y cejas contraídas que expresan concentración, perplejidad, enojo, desagrado o desdén <the teachers *frowned* on such behavior>. ***ant*** smile

• **Scowl** connota una expresión facial similar que comunica mal humor, hosquedad o un desconcierto rencoroso <*scowled* at customers who arrived as she was closing the store>.

• **Glower** indica una mirada hostil, directa y perturbadora, que comunica desdén o desafío <*glowering* at the tourists invading her beach>.

Frugal V. SPARING.
Fruitful V. FERTILE.
Fruitless V. FUTILE.
Frustrate, thwart, foil, baffle, balk, circumvent, outwit, dash significan poner freno a, o derrotar, el deseo, el plan o la meta de otro.

• **Frustrate** indica el hacer vano o inefectivo todo esfuerzo, no obstante su vigorosidad o persistencia <the senate had *frustrated* all the president's attempts at government reform>. ***ant*** fulfill

• **Thwart** connota el frustrar o frenar mediante la oposición directa a uno que avanza <his hopes were constantly being *thwarted*>.

• **Foil** connota el frenar o derrotar con el fin de inhibir futuros esfuerzos <her parents *foiled* all my efforts to see her>.

• **Baffle** indica el frustrar mediante la confusión o el desconcierto <*baffled* by the maze of rules and regulations>.

• **Balk** connota el poner obstáculos o estorbos <his research was constantly *balked* by the authorities>.

• **Circumvent** indica el frustrar mediante una estratagema particular <*circumventing* the law with the help of his attorneys>. ***ant*** conform to *(en referencia a una ley u orden),* cooperate *(con personas)*

• **Outwit** connota astucia y artimañas en el frustrar o evadir <the rebels *outwitted* the army repeatedly>.

• **Dash** connota aplastar una emoción, especialmente la esperanza <her hopes of winning a medal were *dashed* by a broken leg>.

Fulfill 1. V. PERFORM. **2.** V. SATISFY 2.
Full 1. Full, complete, brimming, jammed, jam-packed, packed, stuffed significan que contiene todo lo que es deseado, necesario o posible.

• **Full** indica la presencia o la inclusión de todo lo que algo desea o requiere, o todo lo que algo puede sostener, contener, o lograr <his schedule was *full* on Tuesday>. ***ant*** empty

• **Complete** se aplica cuando todo lo que es necesario o deseado está presente <the report does not give a *complete* account of the situation>. ***ant*** incomplete

• **Brimming** connota estar lleno o desbordándose de algún líquido

<eyes *brimming* with tears>.

• **Jammed** sugiere estar presionado dentro de una posición apretada para llenar un espacio <a closet *jammed* with dirty clothes>.

• **Jam-packed,** un término informal, indica estar lleno o apiñado ceñidamente <the hall was *jam-packed* for the final performance>.

• **Packed** connota apiñado o relleno <a *packed* auditorium>, pero frecuentemente no en un sentido físico <a novel *packed* with adventure>.

• **Stuffed** sugiere estar lleno por el empaque de cosas, tales como comida <though he was *stuffed,* he couldn't resist dessert> o material blando <bought a *stuffed* animal for her daughter>.

2. V. DETAILED.

Full-blown V. MATURE *adj.*

Full-fledged V. MATURE *adj.*

Fulsome, unctuous, slick, smarmy, fawning significan que es tan patentemente extravagante u obsequioso que no puede ser aceptado como genuino o sincero.

• **Fulsome** indica que algo que es esencialmente bueno ha sido llevado a un punto excesivo y ofensivo <introduced to the audience with *fulsome* praise>.

• **Unctuous** indica la adopción hipócrita de una actitud seria, devota o espiritual <found the minister *unctuous* and irritating>.

• **Slick** indica una manera de ser que es poco sincera, junto con una maña obvia de manipular a las personas para aprovecharse de ellas, sirviéndose a veces de la adulación como un instrumento <buying expensive cars meant dealing with the *slickest* salesmen>.

• **Smarmy** connota una seriedad presumida o falsa <annoyed by his *smarmy* manner toward their boss>.

• **Fawning** sugiere un intento de ganar la aprobación o la amistad mediante halagos <a sports star surrounded by *fawning* fans>.

Fun, entertainment, amusement, recreation significan acción o habla que provee entretenimiento o hace reír.

• **Fun** suele indicar risa y alegría, pero puede indicar simplemente la ausencia de un propósito serio o ulterior <played cards just for *fun*>. ***ant*** earnestness, seriousness

• **Entertainment** generalmente connota una interpretación provista para el placer <for *entertainment* they preferred orchestra concerts or the opera>.

• **Amusement** sugiere una actividad placentera <her only *amusement* was sitting on a bench watching children playing>.

• **Recreation** connota algo hecho para relajación o disfrute, especialmente actividad física <the park was used for *recreation* of all kinds>.

Function *n* **1. Function, duty, role, concern** significan las acciones u operaciones que se esperan de una persona o una cosa.

• **Function** se puede aplicar a cualquier cosa viviente, natural o construida, e indica un fin o propósito determinado que ésta se supone servir, o bien un tipo de trabajo en particular que se supone desempeñar <the *function* of the stomach>.

• **Duty** se aplica a cualquier tarea o responsabilidad impuesta por la ocupación, el rango, el estatus o la vocación de uno <the lieutenant governor had various official *duties*>.

• **Role** sugiere la parte que alguien juega en una familia o sociedad <after her husband died, she had to take on the dual *role* of mother and father for her children>.

• **Concern** indica algo por lo que una persona es responsable o está involucrada <it's not our *concern*>.

2. V. POWER 2.

3. V. TASK.

Functional V. PRACTICABLE.

Fundamental V. ESSENTIAL.

Funny V. LAUGHABLE.

Furnish, equip, outfit, arm, supply significan proveer a uno con lo que es necesario.

• **Furnish** indica el suministro de todo lo esencial para desempeñar una función o servir un propósito <*furnished* his apartment with items from the dump>.

• **Equip** connota el suministro de algo que contribuye hacia la eficacia de acción o de uso <had *equipped* the kitchen with expensive new appliances>.

• **Outfit** indica el suministro de una lista o juego completo de artículos para, por ejemplo, un viaje, una expedición o una ocupación especial <*outfitted* the whole family for a skiing trip>.

• **Arm** indica un suministro para la acción u operación efectiva, particularmente en la guerra <*armed* with knives and bats>.

• **Supply** connota hacer algo disponible para uso <the company *supplied* him with a car>.

2. V. PROVIDE.

Further V. ADVANCE.

Furtive V. SECRET.

Fury V. ANGER.

Fuss V. STIR *n.*

Fussy 1. Fussy, fastidious, finicky, particular, picky signfican que tiene o demuestra criterios estrictos.

• **Fussy** indica un carácter quejumbroso <very *fussy* about his shoes>.

• **Fastidious** indica el tener criterios éticos, artísticos o sociales que son muy exigentes y a menudo caprichosos <a *fastidious* woman who thinks most restaurants are dirty>.

• **Finicky** indica una quisquillosidad que es afectada y a menudo exasperante <the customers at expensive boutiques can be very *finicky*>.

• **Particular** indica el insistir en que se reúnan los exigentes criterios de uno <a carpenter who is very *particular* about his tools>.

• **Picky,** un término informal, connota aceptar solamente cosas en particular y ser difícil de complacer <he's a *picky* eater>.

2. V. CORRECT *adj.*

3. V. CAREFUL.

Futile, vain, fruitless, abortive, unproductive significan que carece de, o no da, un resultado.

• **Futile** puede connotar la totalidad del fracaso o de la imprudencia de una tarea <ended the *futile* search for survivors of the crash>. ***ant*** effective

• **Vain** suele indicar la mera incapacidad de obtener un resultado deseado <a *vain* attempt to get the car started>.
• **Fruitless** es cercano de *vain* pero suele connotar un esfuerzo largo y arduo, o una desilusión severa <her constant but *fruitless* efforts>. ***ant*** fruitful
• **Abortive** connota un fracaso que toma lugar antes de que hayan madurado los planes o comenzado las actividades <an *abortive* attempt to escape>.
• **Unproductive** indica que no da resultados buenos o útiles <at the office she spent most of her time in *unproductive* meetings>.

G

Gaffe V. ERROR.
Gain 1. V. GET. **2.** V. REACH.
Gall V. TEMERITY.
Gallant V. CIVIL.
Gallantry V. HEROISM.
Galvanize V. STIR *vb.*
Gambit V. TRICK *n.*
Gamut V. RANGE.
Gap V. APERTURE.
Gape V. GAZE.
Garble V. MISREPRESENT.
Garish V. GAUDY.
Garner V. REAP.
Garnish V. ADORN.
Garrulous V. TALKATIVE.
Gather 1. Gather, collect, assemble, congregate, cluster, flock, converge, meet significan reunir en un grupo, masa o unidad.
• **Gather, collect, assemble** indican una unión u organización ordenada de personas que se ha reunido con un fin consciente o específico <a crowd *gathers* whenever there is excitement> <groups of students *collected* in the hall> <all the leading experts on aeronautics *assembled* under one roof>. ***ant*** disperse, distribute, scatter
• **Congregate** indica la concentración espontánea de personas, a menudo similares entre sí, en un grupo o una muchedumbre <under martial law, citizens were forbidden to *congregate*>. ***ant*** disperse
• **Cluster** connota el colectar en un grupo apretado <they *clustered* around the campfire>.
• **Flock** connota recoger o moverse en un gentío <thousands of people *flocked* to the beach each weekend>.
• **Converge** connota reunirse para unirse en un solo propósito <economic forces *converged* to produce a deep recession>.
• **Meet** significa ir a un lugar acordado para estar en compañía de otra persona o grupo <we arranged to *meet* for lunch>.
2. V. REAP.

3. V. INFER.
4. V. SUMMON.
5. V. JOIN.
Gauche V. AWKWARD.
Gaudy, tawdry, garish, flashy significan que demuestra un exhibicionismo vulgar u ordinario.
• **Gaudy** suele indicar el uso, de mal gusto, de adornos excesivos o de colores demasiado vivos y mal combinados <circus performers in *gaudy* costumes>. ***ant*** quiet
• **Tawdry** se aplica a lo que es a la vez chillón, vulgar y sórdido <a *tawdry* nightclub>.
• **Garish** describe lo que es perturbadoramente u ofensivamente brillante <*garish* signs on the casinos>. ***ant*** somber
• **Flashy** indica un efecto de brillantez que con facilidad se descubre ser superficial o vulgar <bought himself a *flashy* car>.
Gauge *vb* V. ESTIMATE.
Gauge *n* V. STANDARD.
Gaunt V. LEAN.
Gawk V. GAZE.
Gay V. LIVELY.
Gaze, gape, stare, glare, peer, gawk, eyeball significan mirar con atención.
• **Gaze** indica una atención fija y prolongada, como en el caso de estar asombrado, lleno de admiración o perdido en la abstracción <*gazing* out to sea>.
• **Gape** connota un asombro boquiabierto, y a menudo estúpido <the crowd *gaped* in amazement>.
• **Stare** indica el mirar directamente, con los ojos muy abiertos, de modo de connotar curiosidad incredulidad, o insolencia <kept *staring* at them as they tried to eat>.
• **Glare** connota el mirar con rabia o ferocidad <silently *glared* back at her accusers>.
• **Peer** connota el esforzarse para ver mejor o más de cerca, a menudo con los ojos entrecerrados como si se estuviese mirando por un pequeño hueco <*peered* at the bird through his binoculars>.
• **Gawk** sugiere mirar fijamente en una manera estúpida <tourists were *gawking* at the ancient relics>.
• **Eyeball** es un término informal para mirar fijamente a alguien o algo para poder evaluar o escoger <the children were *eyeballing* the desserts>.
General 1. V. UNIVERSAL. **2.** V. INDISCRIMINATE. **3.** V. PREVAILING.
Generous V. LIBERAL 1.
Genesis V. ORIGIN.
Genial 1. V. GRACIOUS. **2.** V. AMIABLE.
Genius V. GIFT.
Genteel V. CIVIL.
Gentle V. SOFT.
Gentry V. ARISTOCRACY.
Genuine V. AUTHENTIC.
Germane V. RELEVANT.

Gesture V. SIGN.

Get 1. Get, obtain, procure, secure, acquire, gain, win, earn significan entrar en posesión de algo.

• **Get** es un término muy general, y puede o no indicar esfuerzo o iniciativa <*got* a bicycle for his birthday>.

• **Obtain** connota el conseguir algo, habiendo dedicado tiempo y esfuerzo en alcanzarlo <*obtained* statements from the witnesses>.

• **Procure** indica esfuerzo en la obtención de algo, ya sea para uno mismo o para otro <in charge of *procuring* supplies for the office>.

• **Secure** indica contratiempos en el obtener, o el tener seguramente en la posesión o bajo el control de uno <had *secured* a valuable construction contract>.

• **Acquire** suele connotar el añadir a lo que ya se posee <*acquired* several large farms>. ***ant*** forfeit

• **Gain** connota lucha o competencia y por lo general un valor material en lo obtenido <gradually *gained* a reputation as a drummer>. ***ant*** lose

• **Win** connota qué circunstancias o cualidades favorables fueron factores en la obtención <*won* the admiration of his teammates>. ***ant*** lose

• **Earn** indica una correspondencia entre el esfuerzo de uno y lo que se consigue mediante este esfuerzo <the performance *earned* her several awards>.

2. V. INDUCE.

3. V. RECEIVE.

4. V. CATCH.

Ghastly 1. Ghastly, grisly, gruesome, macabre, grim, lurid, hideous, horrid significan horripilante y repelente en apariencia o aspecto.

• **Ghastly** connota los aspectos horrorosos de derramamiento de sangre, muerte, cadáveres y fantasmas <a *ghastly* description of life after a nuclear war>.

• **Grisly** y **gruesome** connotan además los resultados de extrema violencia o crueldad, y una apariencia que inspira estremecimiento o terror <an unusually *grisly* murder> <the *gruesome* history of the Nazi death camps>.

• **Macabre** indica una preocupación marcada o excesiva con los aspectos horrorosos, particularmente de la muerte <a *macabre* tale of men who dig up dead bodies>.

• **Grim** connota un aspecto feroz y severo <the *grim* task of hunting for the earthquake's victims>.

• **Lurid** connota una fascinación estremecedora con la muerte violenta, y en particular con el homicidio <heard all the *lurid* details of the crime>.

• **Hideous** connota extremadamente feo <the house was filled with *hideous* furniture>.

• **Horrid** sugiere ser chocante, ofensivo y repulsivo <people there are living in *horrid* conditions>.

2. V. UGLY.

Gibe V. SCOFF.

Gift 1. Gift, aptitude, bent, talent, genius, knack significan una habilidad especial o una rara capacidad de hacer algo.

• **Gift** suele indicar un favor especial de Dios, la naturaleza o el destino <they began noticing her outstanding musical *gifts* when she was a child>.

• **Aptitude** indica tanto una capacidad innata como una preferencia natural para una actividad determinada <his natural mechanical *aptitude*>.

• **Bent** es casi igual a *aptitude* pero tiende a recalcar inclinación más que habilidad <a family with an artistic *bent*>.

• **Talent** connota una habilidad natural marcada que requiere de desarrollo <developing his playwriting *talent*>.

• **Genius** connota una impresionante habilidad innata de crear, y con frecuencia connota asimismo una fuerza interior que empuja a la persona que la posee a expresar con éxito su creatividad <the *genius* of Mozart>.

• **Knack** indica una habilidad que es especial aunque de poca importancia relativa, que facilita la diestra ejecución de algo <has a *knack* for hiring good employees>.

2. V. LEANING.

Gigantic V. ENORMOUS.

Gingerly V. CAUTIOUS.

Gist V. MEANING.

Give 1. Give, donate, deliver, hand over, transfer significan transferir o comunicar a otro.

• **Give,** el término general, se puede aplicar a toda instancia de transferir algo por cualquier medio <*giving* money to the beggar> <*gave* the girl a ride on a pony> <*give* my love to your mother>.

• **Donate** connota a menudo un acto público de dar, por ejemplo, a una organización benéfica <*donated* a piano to the nursing home>.

• **Deliver** connota simplemente llevar algo a una persona o a un lugar <she *delivers* the mail on my street>.

• **Hand over** sugiere ceder control de algo <the rebels agreed to *hand over* their weapons>.

• **Transfer** connota mover algo o alguien, frecuentemente en una manera formal, de un lugar o de una persona a otra <they *transferred* the patient by helicopter to a different hospital>.

2. V. GRANT.

3. V. OFFER.

Give out V. DISTRIBUTE.

Give up V. RELINQUISH.

Glad, happy, cheerful, lighthearted, joyful, joyous, delighted, pleased significan que expresa, o es caracterizado por, el temperamento de uno que está contento o encantado.

• **Glad** puede comunicar expresiones de complacencia convencionales y corteses <we're so *glad* you could come>. ***ant*** sad

• **Happy** indica un sentido de bienestar y un agrado total <nothing made him so *happy* as to be at home with his family>. ***ant*** unhappy

• **Cheerful** connota un torrente espontáneo de buen humor <gave a

cheerful greeting to everyone he passed>. ***ant*** cheerless
• **Lighthearted** recalca el estar libre de preocupaciones, cuidado y descontento <a *lighthearted* film about a difficult subject>. ***ant*** despondent
• **Joyful** suele connotar una reacción emocional hacia una situación que suscita regocijo o júbilo <her *joyful* reunion with her son>. ***ant*** joyless
• **Joyous** suele aplicarse más a algo que es por su propia naturaleza lleno de gozo o que es en sí una fuente de gozo <a *joyous* celebration>. ***ant*** lugubrious
• **Delighted** indica lleno de gran placer o satisfacción como resultado de algo <*delighted* to receive an invitation>.
• **Pleased** implica estar satisfecho como resultado de algo <*pleased* with the grade she was given>.

Glance V. FLASH.
Glare 1. V. GAZE. **2.** V. BLAZE.
Glaring V. FLAGRANT.
Glassy V. SLEEK.
Gleam V. FLASH.
Gleaming V. BRIGHT.
Glean V. REAP.
Glee V. MIRTH.
Glib V. VOCAL 2.
Glimmer V. FLASH.
Glint V. FLASH.
Glisten V. FLASH.
Glitter V. FLASH.
Gloat V. PRIDE *vb.*
Global 1. V. OMNIPRESENT. **2.** V. UNIVERSAL.
Gloom V. SADNESS.
Gloomy 1. V. DARK. **2.** V. SULLEN. **3.** V. DISMAL.
Glorious V. SPLENDID.
Glory V. PRIDE *vb.*
Glossy V. SLEEK.
Glow *n* V. BLAZE.
Glow *vb* V. FLASH.
Glower V. FROWN.
Glum V. SULLEN.
Glut V. SATIATE.
Gluttonous V. VORACIOUS.

Go, leave, depart, quit, withdraw significan moverse fuera de o lejos del lugar donde se está.
• **Go** es el término general y suele usarse simplemente como lo contrario de *come* <*go* away for the day>. ***ant*** come
• **Leave** recalca el hecho de separarse de alguien o de algo <*leave* home to take a new job>.
• **Depart** conlleva una indicación de separación que es más fuerte que la de *leave,* y connota a menudo la formalidad <the plane *departs* at 5:40>. ***ant*** arrive, remain
• **Quit** puede añadir a *leave* la noción de liberarse, deshacerse o desenredarse de algo que oprime o pone a prueba a uno <*quit* a dull

job>.

• **Withdraw** connota el quitarse deliberadamente por un buen motivo <the visitors *withdrew* when the doctor arrived>.

Go-ahead V. PERMISSION.

Goal V. INTENTION.

Good-hearted V. KIND.

Good-looking V. BEAUTIFUL.

Good-natured V. AMIABLE.

Goof V. ERROR.

Gorge V. SATIATE.

Gorgeous 1. V. SPLENDID. **2.** V. BEAUTIFUL.

Gossip V. RUMOR.

Gourmet V. EPICURE.

Govern 1. Govern, rule, reign significan ejercer poder o autoridad en el control de otros.

• **Govern** indica el mantener en un curso fijo o en buena función para el bien del individuo o del todo <*governing* the country requires more than an ability to read poll results>.

• **Rule** puede indicar simplemente poseer el poder de imponer leyes o dar órdenes que tienen que ser cumplidas, pero con frecuencia connota el ejercicio de un poder despótico o arbitrario <a dictator who *ruled* by terror>.

• **Reign** connota ejercer autoridad en la manera de un monarca <at city hall the mayor *reigns* supreme>.

2. V. CONDUCT.

Grab 1. V. TAKE. **2.** V. APPROPRIATE.

Grabby V. COVETOUS.

Grace V. ADORN.

Graceful V. SUPPLE.

Gracious 1. Gracious, cordial, affable, genial, sociable significan notablemente agradable y fácil de tratar.

• **Gracious** indica la cortesía y amable consideración <a *gracious* speech in which she thanked all her friends>.

• **Cordial** recalca el calor humano y la gentileza <our *cordial* host greeted us at the door>.

• **Affable** indica facilidad de acceso y una disposición a responder agradablemente a la conversación, a peticiones o propuestas <a wealthy but surprisingly *affable* woman>. ***ant*** reserved

• **Genial** recalca la alegría e incluso la jovialidad <looking for a *genial* companion to go fishing with>.

• **Sociable** connota una genuina afición y necesidad por la compañía de otros, así como una presta disposición a entablar conversación <her *sociable* husband was always happiest at a party>. ***ant*** unsociable

2. V. AMIABLE.

3. V. AMICABLE.

Grand, magnificent, imposing, stately, majestic, grandiose, impressive significan grande e impresionante.

• **Grand** añade indicaciones de atractivo y dignidad a la grandeza de tamaño o de concepto <a mansion with a *grand* staircase>.

• **Magnificent** indica una grandeza impresionante en proporción a una escala, pero sin pérdida de dignidad o de buen gusto <*magnificent* paintings and sculptures>. ***ant*** modest

• **Imposing** indica gran tamaño y dignidad, pero recalca lo impresionante <an avenue lined with *imposing* buildings>. ***ant*** unimposing

• **Stately** puede connotar un tamaño impresionante junto con una dignidad elegante, una compostura erguida, proporciones atractivas y un movimiento ceremoniosamente deliberado <a *stately* funeral procession>.

• **Majestic** combina las indicaciones de *imposing* y *stately*, y añade una connotación de esplendor solemne <a *majestic* mountain range>.

• **Grandiose** indica un tamaño o alcance que sobrepasa la experiencia ordinaria, pero se usa más con sentido despectivo para denotar la ampulosidad o la exageración absurda <his *grandiose* schemes of world conquest>.

• **Impressive** implica que merece atención, admiración o reverencia <an *impressive* list of accomplishments>.

Grandiose V. GRAND.

Grant, award, bestow significan dar como favor o derecho.

• **Grant** indica el dar a un demandante, un peticionario o a menudo a un subordinado, una cosa que podría retenerse <*granted* her student another week to finish the paper>.

• **Award** indica el dar lo merecido, después de una consideración minuciosa de varios factores pertinentes <*awarded* the company a contract for a huge construction project>.

• **Bestow** sugiere la entrega formal de un regalo <the university *bestowed* on her an honorary degree>.

Graphic, vivid, picturesque, realistic significan que da una clara impresión visual, sobre todo en palabras.

• **Graphic** recalca el evocar de una imagen clara y verosímil <a *graphic* account of the accident scene>.

• **Vivid** recalca la intensa cualidad vital de la descripción o bien de la reacción a ésta <still had *vivid* memories of that terrible day>.

• **Picturesque** connota la presencia de cualidades que son de notar por motivo de su nitidez, su aspecto raro o desconocido, su subido contraste y su encanto <a *picturesque* little village in the mountains>.

• **Realistic** indica que es fiel a la realidad o naturaleza <a sober, *realistic* description of the situation>.

Grasp 1. V. TAKE. **2.** V. HOLD. **3.** V. UNDERSTAND.

Grasping V. COVETOUS.

Grateful, thankful, obliged, appreciative, indebted significan que siente o expresa gratitud.

• **Grateful** se usa para expresar un sentido apropiado de haber recibido favores de otra persona <*grateful* for the work he had done>. ***ant*** ungrateful

• **Thankful** suele preferirse para expresar uno su reconocimiento del favor divino o de lo que vagamente se siente ha sido providencial <*thankful* that she wasn't badly hurt>.

• **Obliged** connota deber algo a cambio de un favor, generalmente en un nivel personal <*obliged* to her neighbor for babysitting>.

• **Appreciative** implica reconocer el valor o la importancia de algo o alguien <an *appreciative* audience>.

• **Indebted** significa deber algo tal como dinero o las gracias <the museum is deeply *indebted* to its many generous patrons>.

Gratification V. PLEASURE.

Gratify V. SATISFY.

Gratifying V. PLEASANT.

Gratuitous, uncalled-for, wanton significan hecho sin necesidad, compulsión, justificación, o provocación.

• **Gratuitous** suele aplicarse a algo ofensivo o desagradable que se da o se hace sin provocación <a *gratuitous* insult>.

• **Uncalled-for** indica una impertinencia gratuita o un absurdo lógico <resented her *uncalled-for* advice>.

• **Wanton** indica no sólo la falta de provocación sino incluso un motivo malicioso, arbitrario, o travieso <the *wanton* destruction of property by street gangs>.

Grave V. SERIOUS.

Great V. LARGE.

Greedy V. COVETOUS.

Grief V. SORROW.

Grievance V. INJUSTICE.

Grieve, mourn, lament significan sentir o expresar tristeza o dolor.

• **Grieve** indica sufrimiento mental, ya sea expresado o no, y connota el tener uno la mente concentrada en la pérdida o en la pena que se ha sufrido, o en otro motivo de aflicción <still *grieves* for her dead child>. ***ant*** rejoice

• **Mourn** recalca las expresiones de dolor, sean éstas sinceras o convencionales, y suele connotar un motivo específico, como la muerte de alguien que se ama o se respeta <a nation *mourns* the loss of its hero>.

• **Lament** connota expresar pena o lamento acerca de algo <he *lamented* the closing of the factory>.

Grill V. ASK.

Grim V. GHASTLY.

Grind V. WORK 1.

Grip V. HOLD.

Grisly V. GHASTLY.

Grit V. FORTITUDE.

Gross V. FLAGRANT.

Grotesque V. FANTASTIC.

Grouchy V. IRASCIBLE.

Ground V. BASE *n.*

Group 1. Group, cluster, bunch, lot significan una colección o compilación de unidades individuales.

• **Group** indica alguna relación unificadora y normalmente cierto grado de proximidad física <a *group* of people waiting for a bus>.

• **Cluster** se refiere básicamente a un grupo de cosas que crecen juntas <a *cluster* of grapes>, pero su uso suele extenderse a personas o cosas que forman pequeños grupos, particularmente dentro de masas más grandes <*clusters* of stars>.

• **Bunch** generalmente indica una asociación natural u homogénea de cosas o personas similares <a *bunch* of bananas>.

• **Lot** se aplica a personas o cosas asociadas entre sí o que tienen que ser tratadas como un todo <the books were sold in *lots*>.

2. v. CROWD.

Grown-up v. MATURE *adj.*

Grudge v. MALICE.

Gruesome v. GHASTLY.

Gruff v. BLUFF.

Guarantee v. ENSURE.

Guard 1. v. DEFEND 1. **2.** v. TEND.

Guarded v. CAUTIOUS.

Guess v. CONJECTURE.

Guidance v. ADVICE.

Guide 1. Guide, lead, steer, pilot significan dirigir en algún curso o contexto o mostrar el camino a seguir.

• **Guide** connota el conocer a fondo el camino a seguir, con sus dificultades y peligros <*guided* them through the complex and difficult procedure>. ***ant*** misguide

• **Lead** indica el ir adelante para mostrar el camino, y a menudo para mantener a los que siguen bajo control y en orden <*leading* her fourth-grade class down the street>.

• **Steer** indica la capacidad de mantenerse en un curso deseado y recalca la capacidad de maniobrar correctamente <*steered* the ship through the narrow channel>.

• **Pilot** connota un conocimiento o capacidad especial que se usa para guiar sobre un curso peligroso, intrincado o complicado <successfully *piloted* the bill through the Senate>.

2. v. CONDUCT.

Guilt v. PENITENCE.

Guilty v. BLAMEWORTHY.

Gull v. DUPE.

Gush v. POUR.

Guts 1. v. FORTITUDE. **2.** v. COURAGE.

Gutsy v. BRAVE.

Gyp v. CHEAT.

H

Habit, practice, custom, routine, convention significan un modo de actuar que se vuelve fijo por su repetición.

• **Habit** indica el hacer algo inconscientemente o sin premeditación, a menudo de manera compulsiva <his *habit* of constantly tapping his fingers>.

• **Practice** connota una acción o un método que se sigue con frecuencia, normalmente de forma deliberada <made a *practice* of picking up trash on his walks>.

• **Custom** se aplica a una práctica o un uso que es tan consistentemente asociado con un individuo o un grupo que su fuerza se aproxima a la de una ley <the *custom* of wearing black at funerals>.

• **Routine** sugiere una manera estándar, regular o habitual de hacer algo <her daily exercise *routine*>.

• **Convention** connota una regla o costumbre, especialmente de comportamiento social <by *convention,* the president always called on the oldest female reporter first>.

Habitual 1. v. USUAL. **2.** v. INVETERATE.

Hackneyed v. TRITE.

Hallow v. DEVOTE.

Hallucination v. DELUSION.

Halt v. STOP.

Handle 1. Handle, manipulate, wield significan manejar o llevar con destreza o eficiencia.

• **Handle** indica el dirigir una capacidad adquirida hacia la obtención de un fin inmediato <*handled* the crisis with cool efficiency>.

• **Manipulate** indica el manejar con destreza y suele connotar el uso de maña o fraude para alcanzar uno sus fines <*manipulates* other people for his own selfish ends>.

• **Wield** indica maestría y vigor en el dominio de una herramienta o arma, o en el ejercicio de la influencia, autoridad o poder <the vice president *wields* tremendous influence>.

2. v. TOUCH.

3. v. TREAT.

Hand out v. DISTRIBUTE.

Hand over v. GIVE.

Handsome v. BEAUTIFUL.

Handy v. DEXTEROUS.

Hang back v. HESITATE.

Hanger-on v. PARASITE.

Hanker v. LONG.

Haphazard v. RANDOM.

Happen, take place, occur, develop significan acaecer o efectuarse.

• **Happen, take place, occur** son los términos comunes y generales que se aplican a cualquier hecho que se efectúa, sea o no con causalidad o intención obvia <remembering an incident that *happened* in his childhood> <the wedding *took place* yesterday> <told him what had *occurred* in the middle of the night>.

• **Develop** sugiere que llega a existir gradualmente <a dangerous situation is *developing*>.

Happy v. GLAD.

Harass v. WORRY.

Harbinger v. FORERUNNER.

Harbor, shelter, lodge, house, board, accommodate, put up significan proveer uno un lugar, por ejemplo, su hogar o sus habitaciones, con el fin de que alguien o algo permanezca allí por un tiempo.

• **Harbor** indica el proveer un lugar de refugio, particularmente para una persona o un animal que es maligno, perseguido o dañino <accused of *harboring* criminals>, o bien puede connotar el tener en mente pensamientos, deseos o planes, en particular aquellos que son malos o dañinos <*harbored* thoughts of suicide>.

• **Shelter** connota el lugar o la cosa que brinda protección o abrigo, en particular de cosas tales como los elementos, agresores o un bombardeo <found a cave to *shelter* them>.

• **Lodge** indica el proveer un lugar donde permanecer, a menudo temporalmente <she *lodged* with her nephew for several weeks>, o la recepción mental de cualquier lugar en el que una cosa puede depositarse o incrustarse <a series of events that are *lodged* in her memory>.

• **House** indica abrigo como el que provee una construcción con techo y muros que brindan protección de los elementos <the building *houses* several organizations>.

• **Board** indica el proveer comidas o una habitación con comidas por una compensación <during his university years he *boarded* with a nice family>.

• **Accommodate** connota proveerle a alguien un lugar para quedarse y dormir <the hotel can *accommodate* 250 guests>.

• **Put up** sugiere proveer comida y albergue, especialmente en un trasfondo modesto <they *put* us *up* overnight>.

Hard 1. Hard, difficult, arduous, demanding, tough, strenuous, challenging, laborious significan que exige gran esfuerzo.

• **Hard** indica lo opuesto a todo lo fácil <farming is *hard* work>. ***ant*** easy

• **Difficult** indica la presencia de obstáculos por vencer o complicaciones por resolver y connota la necesidad de habilidad, paciencia, aguante o valor <a *difficult* decision>. ***ant*** simple

• **Arduous** recalca la necesidad de esfuerzos laboriosos y constantes <the *arduous* task of rebuilding the town>.

• **Demanding** indica que requiere mucho tiempo, atención o esfuerzo <she had a *demanding* schedule and little free time>.

• **Tough** connota dificultad para lograr, resolver, soportar o tratar <the one who always asked the *toughest* questions>.

• **Strenuous** sugiere requerir mucha energía muscular y esfuerzo <advised her to avoid all *strenuous* exercise>.

• **Challenging** connota que es suficientemente difícil para ser interesante <teaching is *challenging* but rewarding work>.

• **Laborious** connota que requiere mucho tiempo y exige esfuerzo <a *laborious*, eight-hour operation>.

2. V. FIRM.

Hardship V. DIFFICULTY.

Hardy V. STRONG.

Harm V. INJURE.

Harmonize V. AGREE 2.

Harmony 1. Harmony, accord, agreement significan el estado que resulta cuando cosas diferentes se juntan sin choque o desacuerdo.

• **Harmony** indica un efecto bello que se logra mediante una placentera interrelación, mezcla, o arreglo de partes en un todo complejo <designed a house that would exist in *harmony* with its natural set-

ting>. ***ant*** conflict

• **Accord** puede indicar consentimiento o buena voluntad a nivel personal, o la ausencia de fricción o malevolencia <parents and teachers are in *accord* on this issue>. ***ant*** dissension, strife, antagonism

• **Agreement** implica una situación en la cual las personas comparten una opinión <there is widespread *agreement* on this issue>.

2. v. SYMMETRY.

Harry v. WORRY.

Harsh v. ROUGH.

Harvest v. REAP.

Hassle v. WORRY.

Haste, hurry, speed, rush significan rapidez de movimiento o de acción.

• **Haste** indica urgencia, apresuramiento excesivo, y a menudo, precipitación en las personas <surprised at their *haste* to get married>. ***ant*** deliberation

• **Hurry** suele llevar una fuerte connotación de ajetreo o confusión agitada <in a *hurry* to finish the job>.

• **Speed** connota rápida eficacia de movimiento o de acción <working to increase her reading *speed*>.

• **Rush** connota una erupción de actividad o velocidad <in his *rush* to leave, he forgot his hat>.

Hasty 1. v. FAST. **2.** v. PRECIPITATE.

Hatch v. CONTRIVE.

Hate 1. Hate, detest, abhor, loathe significan sentir una fuerte aversión o intensa antipatía hacia algo o alguien.

• **Hate** indica una aversión emocional a menudo combinada con enemistad o malicia <*hated* the government so much that it was all he could talk about>. ***ant*** love

• **Detest** connota una violenta antipatía o aversión, pero sin hostilidad o malevolencia <*detested* her greedy brother-in-law>. ***ant*** adore

• **Abhor** indica una repugnancia que es profunda y a menudo estremecedora, causada por miedo, terror o algo similar <because of her terrible childhood she particularly *abhorred* child abuse>. ***ant*** admire

• **Loathe** indica un asco e intolerancia total <*loathed* rats and cockroaches>. ***ant*** dote on

2. v. DESPISE.

Hateful 1. Hateful, odious, abhorrent, detestable, abominable, horrid, unspeakable, vile, loathsome significan que merece o causa intensa antipatía.

• **Hateful** se aplica a algo o alguien que provoca odio y hostilidad activa <remembered the *hateful* things he and his wife said to each other>. ***ant*** lovable, sympathetic

• **Odious** se aplica a lo que es desagradable u ofensivo, o que provoca repugnancia <forced to spend time with her friend's *odious* husband>.

• **Abhorrent** caracteriza todo aquello que viola el sentido de lo que es correcto, decente, justo u honorable <the idea of lying was *abhorrent* to her>. ***ant*** admirable

• **Detestable** connota algo que merece un desprecio total <his *detestable* habit of blaming his employees for his own errors>. ***ant*** adorable

• **Abominable** connota algo que es duramente condenado como vil o antinatural <always criticizing them for having *abominable* taste>. ***ant*** laudable, delightful, enjoyable

• **Horrid** connota chocantemente malo <people living in *horrid* conditions> o repugnante y desagradable <the medicine tasted *horrid*>.

• **Unspeakable** sugiere inexpresablemente malo o perverso <the *unspeakable* horror of the Holocaust>.

• **Vile** sugiere moralmente despreciable <a *vile* insult> o físicamente repulsivo <a *vile* slum>.

• **Loathsome** denota que causa sentimientos de odio o disgusto <*loathsome* behavior>.

2. V. CONTEMPTIBLE.

Haughty V. PROUD.

Haul V. PULL.

Have 1. Have, hold, own, possess, enjoy significan guardar, controlar, retener o experimentar como siendo propio de uno.

• **Have** es un término general que carece de indicación específica de la causa o el motivo por el cual se considera lo tenido como propio de uno <they *have* plenty of money>.

• **Hold** connota más fuerza en el control o en la retención, y connota la continuidad o la ocupación <*held* several offices in the government>.

• **Own** indica un derecho natural o legal de considerar una cosa como propiedad de uno, y bajo el control absoluto de uno <*owns* property in several states>.

• **Possess** suele ser el término preferido en referencia a un imponderable, como por ejemplo una característica, un poder o una cualidad <*possesses* a first-rate mind>.

• **Enjoy** indica el tener algo como propiamente suyo o para el uso de uno <a company that *enjoyed* a fine reputation>.

2. V. KEEP.

Haven V. SHELTER.

Havoc V. RUIN *n.*

Hazardous V. DANGEROUS.

Haze, mist, fog, smog indican una condición atmosférica que priva el aire de su transparencia.

• **Haze** indica un grado de difusión de humo, polvo, o de vapores ligeros que hace borrosa la vista, pero sin llegar a obstruirla <the *haze* turned the distant mountains blue>.

• **Mist** indica una suspensión de gotitas de agua que flotan y caen suavemente en el aire, y que impiden el ver con claridad <her hair was damp from the *mist*>.

• **Fog** indica una suspensión más densa que un rocío, con la capacidad de envolver y de obstruir la vista de una forma más o menos absoluta <the cars crept by slowly in the thick *fog*>.

• **Smog** se aplica a una bruma, rocío o niebla que se hace más espesa y oscura por el humo y los gases despedidos en un área industrial <a blanket of yellow *smog* hovered over the city>.

Headlong V. PRECIPITATE.

Headstrong V. UNRULY.

Heal V. CURE.

Healthful 1. Healthful, healthy, wholesome, salutary, beneficial significan que conduce o favorece la salud o la firmeza del cuerpo o la mente.

• **Healthful** indica una contribución beneficiosa a una condición saludable <had adopted a *healthful* diet>. ***ant*** unhealthful

• **Healthy,** al igual que *healthful,* se aplica a lo que fomenta la salud y el vigor <a *healthy* climate>. ***ant*** unhealthful

• **Wholesome** se aplica a lo que beneficia, desarrolla o sustenta física, mental o espiritualmente, o a lo que no es nocivo a la salud o al bienestar <*wholesome* foods> <the movie is *wholesome* family entertainment>. ***ant*** noxious, unwholesome

• **Salutary** describe algo que es correctivo o beneficiosamente eficaz, aunque puede ser desagrable en sí <believed that spanking children had a *salutary* effect>. ***ant*** deleterious

• **Beneficial** connota que produce resultados o efectos buenos <the new drug should prove *beneficial* to many people>.

2. V. HEALTHY.

Healthy 1. Healthy, sound, robust, well, fit significan que goza de buena salud o es indicativo de ella.

• **Healthy** indica la posesión de plena fuerza y vigor o el estar libre de todo indicio de enfermedad, o bien puede aplicarse a lo que manifiesta o indica estas condiciones <the doctor pronounced the whole family *healthy*>. ***ant*** unhealthy

• **Sound** pone el énfasis en la ausencia de enfermedad, debilidad, o falla <an examination showed his heart to be *sound*>.

• **Robust** indica lo opuesto de todo lo que es delicado o enfermizo, y connota el vigor y la salud, evidentes por la muscularidad, frescura de color, fuerza en la voz y la capacidad de trabajar arduamente <envied his athletic brother's *robust* health>. ***ant*** frail, feeble

• **Well** indica meramente el estar libre de enfermedad <he asked if her parents were *well*>. ***ant*** ill, unwell

• **Fit** significa físicamente sólido y fuerte <at forty he was as *fit* as a twenty-year-old>.

2. V. HEALTHFUL.

Hearsay V. RUMOR.

Heartache V. SORROW.

Hearten V. ENCOURAGE.

Heartfelt V. SINCERE.

Hearty V. SINCERE.

Heated V. IMPASSIONED.

Heave V. LIFT.

Heavy, cumbersome, hefty significan que tiene mucho peso.

• **Heavy** indica que algo tiene una densidad, un grosor o a veces un poder que es mayor al promedio de su tipo o clase <a *heavy* child for his age>. ***ant*** light

• **Cumbersome** indica un gran peso y una voluminosidad masiva que hacen que una cosa sea difícil de agarrar, mover, cargar o manipular <forced to march for days with their *cumbersome* packs>.

• **Hefty** indica pesadez caracterizada por grandeza, volumen y generalmente fuerza <a *hefty* football player>.

Heckle V. BAIT.

Hector V. BAIT.

Hedge V. HESITATE.

Hedonistic V. SENSUOUS.

Hefty V. HEAVY.

Height, altitude, elevation, stature significan la distancia vertical que existe entre el punto más alto y el fondo de una cosa, o bien la distancia entre una base y algo que está por encima de ella.

- **Height** se refiere a cualquier distancia vertical, grande o pequeña <the nurse measured his *height* and weight>.
- **Altitude** se refiere a la distancia vertical sobre la superficie de la tierra o el nivel del mar, o puede referirse a la distancia vertical sobre el horizonte en una medida angular <flying at an *altitude* of 10,000 meters>.
- **Elevation** se usa en particular para denotar la altura vertical sobre el nivel del mar en tierra firme <La Paz lies at an *elevation* of over 3,500 meters>.
- **Stature** puede denotar la altura de una persona <a nice woman, rather short in *stature*> o más frecuentemente, la calidad o el prestigio ganado por un logro <a writer of his *stature*>.

Heighten V. INTENSIFY.

Heinous V. OUTRAGEOUS.

Help 1. Help, aid, assist significan proveer lo necesario para lograr un fin.

- **Help** conlleva una fuerte indicación de avance hacia un objetivo <*helped* to find a cure for the disease>. ***ant*** hinder
- **Aid** connota la necesidad de ayuda o de alivio, y por lo tanto imputa debilidad a la persona que recibe la ayuda, y fuerza a aquella que la provee <an army of volunteers *aided* the flood victims>.
- **Assist** connota un papel secundario por parte de la persona que provee la ayuda, o un carácter subordinado en la ayuda <*assisted* the chief surgeon during the operation>.

2. V. IMPROVE.

Helper V. ASSISTANT.

Helpless V. POWERLESS.

Hence V. THEREFORE.

Herald V. FORERUNNER.

Hereditary V. INNATE.

Heritage, inheritance, legacy, bequest significan una cosa que se recibe o a la que se tiene derecho por sucesión, como en el caso de algo que proviene de un padre o de un antecesor.

- **Heritage** puede aplicarse a cualquier cosa que se transmite, no sólo a un heredero o herederos, sino a la generación o generaciones siguientes <constantly reminding her children of their family's proud *heritage*>.
- **Inheritance** se refiere a lo que se transmite de los padres a los hijos, por ejemplo, dinero, propiedad o rasgos de carácter, o bien puede aplicarse al hecho de heredar o los medios por los cuales se hereda

<expecting a large *inheritance* from her father>.

• **Legacy** sugiere algo tal como pobreza, dinero, recuerdos o conocimiento que continúa afectando a las personas después que una persona ha muerto o una situación ha terminado <her artistic *legacy* lives on through her gifted daughter>.

• **Bequest** aplica a algo que uno promete, a través de un testamento, darle a otra persona u organización luego de la muerte <he made a *bequest* of his paintings to the museum>.

Heroism 1. Heroism, valor, prowess, gallantry significan conducta que es patentemente valerosa.

• **Heroism** indica una valentía excepcional, sobre todo en la realización de un elevado propósito cuando las probabilidades no son ventajosas <the boy's outstanding act of *heroism* during the fire>. ***ant*** cowardice

• **Valor** indica un ilustre coraje y una vigorosa temeridad en la lucha o el combate <awarded the army's highest honor for *valor*>.

• **Prowess** recalca tanto habilidad como valentía en las armas como en otras labores <demonstrated her *prowess* with a bow and arrow>.

• **Gallantry** indica temple y brío así como valentía y una indiferencia hacia el peligro o la dificultad <believed that *gallantry* in war was no longer possible>.

2. V. COURAGE.

3. V. FORTITUDE.

Hesitant V. DISINCLINED.

Hesitate, waver, vacillate, falter, dither, hang back, stall, waffle, hedge significan demostrar irresolución o incertidumbre.

• **Hesitate** indica el hacer una pausa antes de decidir o tomar acción <*hesitated* before answering the question>.

• **Waver** indica vacilar después de haber tomado aparentemente una decisión y connota por lo tanto la debilidad o una retirada <this new evidence had caused her to *waver* in her belief in the man's innocence>.

• **Vacillate** indica un titubeo prolongado que resulta de la incapacidad de tomar una decisión con firmeza, y connota asimismo la acción de factores opuestos que llevan a la indecisión <had *vacillated* until it was too late>.

• **Falter** indica un titubeo o tropiezo y suele connotar nerviosismo, falta de coraje o un miedo absoluto <never once *faltered* during her testimony>.

• **Dither**, un término informal, connota retrasar una decisión debido a nerviosismo o duda <found it hard to respect someone who *dithered* so much>.

• **Hang back** connota estar reacio a hacer algo <he always *hangs back* when everyone else is dancing>.

• **Stall** connota retrasar con el propósito de evasión <when asked for the documents, the agency *stalled*>.

• **Waffle** sugiere evadir el tomar una decisión clara <*waffled* on all the important issues>.

• **Hedge** connota evitar el dar una contestación o promesa directa o exacta <when he was questioned about it he *hedged*>.

Heterogeneous V. MISCELLANEOUS.

Hide, conceal, screen, secrete, bury, cover, stash significan apartar o retirar de la vista u observación.

- **Hide** puede o no connotar intención <the house was *hidden* by trees>.
- **Conceal** suele indicar intención y, con frecuencia, el rehusarse a divulgar o revelar <had *concealed* a knife in his jacket>. ***ant*** reveal
- **Screen** indica la interposición de algo que abriga y esconde, o que simplemente oscurece <planted high shrubs to *screen* the swimming pool>.
- **Secrete** connota el depositar, a menudo furtivamente, en un sitio apartado de la vista o desconocido por los demás <*secreted* the cocaine in a hollow book>.
- **Bury** indica el cubrir con algo o sumergir en algo que oculta completamente <the note was now probably *buried* in a pile of papers>.
- **Cover** connota colocar algo encima de o al frente de algo más, generalmente para protegerlo o esconderlo <she *covered* the child with a blanket>.
- **Stash,** un término informal, sugiere guardar en un lugar generalmente seguro para uso futuro <*stashed* the pictures in her closet>.

Hideaway V. SHELTER.

Hideous 1. V. GHASTLY. **2.** V. UGLY.

Hideout V. SHELTER.

High, tall, lofty, towering significan por encima de la media en altura.

- **High** indica una marcada extensión hacia arriba y se aplica primordialmente a una cosa que sube a partir de una base o un fundamento <a *high* hill>, o a cosas que se encuentran a una altura evidente con relación a un nivel inferior <a *high* ceiling>. ***ant*** low
- **Tall** se aplica a lo que se eleva o crece alto en comparación con otros de su tipo y suele indicar una estrechez relativa <a *tall* thin man>.
- **Lofty** connota una elevación grande o imponente <*lofty* mountain peaks>.
- **Towering** significa impresionantemente alto e imponente <*towering* skyscrapers>.

High-handed V. DOMINEERING.

Hilarity V. MIRTH.

Hinder, impede, obstruct, block, inhibit, hamper, shackle significan interferir con la actividad o el progreso, obstruir o impedir el movimiento o la acción de algo o alguien.

- **Hinder** recalca una demora nociva o irritante, o interferencia con el progreso <the search was *hindered* by the increasing darkness>. ***ant*** further
- **Impede** indica el dificultar el progreso mediante el atascamiento, el poner obstáculos o el aprisionamiento <the economy's growth had been *impeded* by oil prices>. ***ant*** assist, promote
- **Obstruct** indica el interferir con algo que está en movimiento o en progreso mediante la colocación de obstáculos en el camino, a menudo deliberadamente <the view was *obstructed* by a high fence>.
- **Block** indica la obstrucción total del paso o progreso <fallen rocks

had *blocked* the road>.

• **Inhibit** connota evitar que alguien, especialmente uno mismo, haga lo que siente ganas de hacer <always *inhibited* by his fear of failure>.

• **Hamper** indica el efecto obstructor o entorpecedor de cualquier influencia que impide o que limita <their attempts to *hamper* the government investigation>. ***ant*** assist *(una persona, etc.),* expedite *(un trabajo, etc.)*

• **Shackle** connota una pérdida total de la libertad de movimiento, progreso o acción <*shackled* by small-town conventions>.

2. V. FRUSTRATE.

3. V. FORBID.

Hint V. SUGGEST.

Hire, let, lease, rent, charter, retain, engage significan emplear o permitir el uso de algo por un precio.

• **Hire** indica la acción de emplear o de tomar con el fin de usar <we *hired* a carpenter to fix the porch>.

• **Let** connota el conceder permiso para usarse <decided to *let* the cottage to a young couple>.

• **Lease** se aplica estrictamente a la acción de alquilar o rentar algo bajo los términos de un contrato <*leased* the fields to a local farmer for his cows>.

• **Rent** recalca el pagar una suma de dinero por el pleno uso de una propiedad y puede indicar ya sea el alquilar una propiedad a otra persona, o el acto de alquilar uno una propiedad para su uso propio <instead of buying a house, they decided to *rent*>.

• **Charter** se aplica al alquiler de una nave o vehículo público, normalmente para el uso exclusivo <the group had *chartered* a bus>.

• **Retain** connota contratar a un abogado o un consejero para servicios específicos, frecuentemente pagando un honorario regular <increasingly nervous about the investigation, he *retained* a lawyer>.

• **Engage** sugiere hacer arreglos para el uso o los servicios de alguien, especialmente temporalmente <for the wedding they *engaged* a professional chef>.

History, chronicle, annals significan un registro escrito de eventos.

• **History** indica más que una simple recitación de sucesos y suele suponer orden y propósito en la narración, así como un nivel de interpretación de los sucesos narrados <studied Venezuela's *history*>.

• **Chronicle** se aplica estrictamente a cualquier recitación de sucesos en orden cronológico y sin interpretación <had kept a detailed *chronicle* of the voyage>.

• **Annals** tiende a poner el énfasis en el progreso o la sucesión de eventos de un año al siguiente, sin indicar necesariamente un tratamiento discursivo o una narrativa continua <the *annals* of the senate>.

Histrionic V. DRAMATIC.

Hit V. STRIKE.

Hitch V. JOIN.

Hoax *vb* V. DUPE.

Hoax *n* V. DECEPTION. **2.** V. TRICK.

Hoist v. LIFT.
Hold *vb* **1.** v. CONTAIN. **2.** v. HAVE.
Hold, grip, grasp, clutch significan el poder de obtener o mantener la posesión o el control de algo.

- **Hold** se aplica ampliamente y puede indicar meramente la posesión o el control, o una posesión o un control que es mantenido firmemente <kept his *hold* on the investments>.
- **Grip** connota con regularidad un agarre o un control firme o tenaz <finally loosened her *grip* on her children>.
- **Grasp** difiere de *grip* primordialmente en connotar el poder de alcanzar para obtener la posesión o el control de algo <success was almost within her *grasp*>.
- **Clutch** indica capturar y sostener con la avidez y tenacidad de un ave rapaz <trying to free him from this woman's *clutches*>.

Hold back 1. v. KEEP. **2.** v. REFRAIN.
Hollow v. VAIN.
Homage v. HONOR.
Homely v. PLAIN.
Homogeneous v. SIMILAR.
Honest v. UPRIGHT.
Honesty, honor, integrity, probity, rectitude significan rectitud de carácter o de acción.

- **Honesty** indica el rehusarse a mentir, robar o engañar de cualquier forma <doubted the child's *honesty*>. ***ant*** dishonesty
- **Honor** connota una consideración activa de los principios y criterios correspondientes a la profesión, vocación o posición que se tiene <hoped he could rely on his partner's sense of *honor*>. ***ant*** dishonor
- **Integrity** indica honradez e incorruptibilidad al grado de ser incapaz de ser falso o faltar a una confianza, responsabilidad o promesa <her proven *integrity* as a journalist>.
- **Probity** indica una honestidad e integridad probada <a judge with a reputation for *probity*>.
- **Rectitude,** un término un poco anticuado, sugiere rectitud e integridad de carácter <moral *rectitude*>.

Honor 1. Honor, homage, reverence, deference significan respeto y estima que se muestra a otro.

- **Honor** puede aplicarse al reconocimiento del derecho que se tiene a un gran respeto, o bien a cualquier expresión de tal reconocimiento <to be nominated was a great *honor*>. ***ant*** dishonor
- **Homage** indica la inclusión de alabanza, tributos o estima provenientes de aquellos que deben su lealtad <paid *homage* to the great actor with speeches and toasts>.
- **Reverence** indica un profundo respeto junto con amor, devoción o asombro <a respect for his father that was almost *reverence*>.
- **Deference** indica el ceder o someterse a la opinión o la preferencia de otro por el respeto o la reverencia que se le tiene <showed *deference* only to the chairman>. ***ant*** disrespect

2. v. HONESTY.
Honorable v. UPRIGHT.

Hoodwink v. DUPE.
Hope v. EXPECT.
Hopeless v. DESPONDENT.
Horde v. CROWD.
Horizontal v. LEVEL.
Horrible v. FEARFUL 2.
Horrid 1. v. GHASTLY. **2.** v. HATEFUL.
Horrific v. FEARFUL 2.
Horrify v. DISMAY.
Horror 1. v. FEAR. **2.** v. ABOMINATION.
Hostile 1. v. ADVERSE. **2.** v. BELLIGERENT.
Hostility v. ENMITY.
Hound 1. v. BAIT. **2.** v. FOLLOW.
House v. HARBOR.
Hubbub 1. v. DIN. **2.** v. STIR *n*.
Huddle v. CONFER.
Hue v. COLOR.
Huff v. OFFENSE 1.
Huge v. ENORMOUS.
Hullabaloo v. DIN.
Humane v. KIND.
Humble *adj* **Humble, meek, modest, unassuming** significan carente de todo indicio de orgullo, agresividad o autoafirmación.

- **Humble** puede connotar una ausencia virtuosa de orgullo o de vanidad, o puede connotar un desprecio excesivo de sí mismo o humillación <for a wealthy woman, her manner was surprisingly *humble*>. ***ant*** conceited
- **Meek** puede connotar apacibilidad o gentileza de temperamento, o puede indicar una sumisión excesiva <she was followed by her *meek*, quiet husband>. ***ant*** arrogant
- **Modest** indica una ausencia de jactancia o presunción, sin indicación alguna de abatimiento <she seemed sincerely *modest* about her singing talents>. ***ant*** ambitious
- **Unassuming** connota que no es atrevido <his father is quiet and *unassuming*>.

Humble *vb* v. ABASE.
Humdrum v. DULL.
Humid v. WET.
Humiliate v. ABASE.
Humor *vb* v. INDULGE.
Humor *n* v. WIT.
Humorous 1. v. WITTY. **2.** v. LAUGHABLE.
Hunch v. FEELING.
Hunger v. LONG.
Hunt v. FOLLOW.
Hurl v. THROW.
Hurry v. HASTE.
Hurt v. INJURE.

Hushed V. STILL.
Hybrid V. MIXTURE.
Hyperbole V. EXAGGERATION.
Hypercritical V. CRITICAL.
Hypocritical, sanctimonious, self-righteous significan que finge más virtud o devoción religiosa que uno que las posee en realidad.

• **Hypocritical** indica una apariencia de bondad, sinceridad o piedad en alguien que carece estas cualidades, o que es corrupto, deshonesto o irreligioso <thought it *hypocritical* to talk about spreading democracy while giving aid to dictators>. ***ant*** sincere

• **Sanctimonious** indica una afectación o una ostentación de santidad o piedad <couldn't bear to listen to his uncle's *sanctimonious* preaching>.

• **Self-righteous,** un término de desaprobación, implica estar convencido fuertemente y con suficiencia de la rectitud de las acciones o creencias de uno <her critical, *self-righteous* aunt>.

Hypothesis, theory, law significan una formulación de un principio general o abstracto que se deriva a partir de datos observados y que explica dichos datos.

• **Hypothesis** indica una insuficiencia de evidencia como para proveer más que una explicación provisional <a new *hypothesis* about the extinction of the dinosaurs>.

• **Theory** indica una gama más amplia de evidencia y mayores probabilidades de verdad que *hypothesis* <the *theory* of evolution>.

• **Law** pone énfasis en la certeza y la verdad, e indica una afirmación del orden y las relaciones que se ha mostrado ser invariable bajo condiciones determinadas <the *laws* of gravity>.

Hypothetical V. THEORETICAL.
Hysteria V. MANIA.

I

Idea, concept, conception, thought, notion, impression, image significan lo que existe en la mente como una representación o formulación.

• **Idea** puede aplicarse a una imagen o formulación mental de algo que se ha visto, sabido o imaginado, a una abstracción pura o a algo que se ha supuesto o sentido vagamente <offered many good *ideas* for the project>.

• **Concept** puede aplicarse a la idea que se ha formado después de la consideración de las instancias de una categoría o, más generalmente, a cualquier idea ampliamente aceptada de lo que una cosa debería ser <a society with no *concept* of private property>.

• **Conception,** a menudo intercambiable con concept, recalca el proceso de imaginar o de formular, y suele aplicarse a una idea original o individual más que a una idea que es ampliamente aceptada <the architect's grand *conception*>.

• **Thought** suele connotar el resultado de la reflexión, el razonamiento o la meditación, más que la imaginación <asked if he had any *thoughts* on the matter>.

• **Notion** connota una idea que no ha sido sujeta a mucho análisis o reflexión, y puede connotar lo provisional, caprichoso o accidental <she has an odd *notion* that she's being watched all the time>.

• **Impression** se aplica a una idea o noción que es producida inmediatamente por algún estímulo exterior <her first *impression* of the city was that it was terribly dirty>.

• **Image** connota el pensamiento de cómo algo se ve o puede verse <couldn't forget the *image* of the girl pleading for help>.

Ideal *n* V. MODEL.
Ideal *vb* V. PERFECT.
Identical V. SAME.
Identification V. RECOGNITION.
Idiom V. PHRASE.
Idiosyncratic V. CHARACTERISTIC.
Idiosyncrasy V. ECCENTRICITY.
Idiotic V. STUPID.
Idle 1. V. INACTIVE. **2.** V. VAIN.
Iffy V. DOUBTFUL.
Ignite V. LIGHT.
Ignoble 1. V. MEAN. **2.** V. CONTEMPTIBLE.
Ignominy V. DISGRACE.

Ignorant, illiterate, uneducated significan que carece de conocimientos.

• **Ignorant** puede indicar una condición general <an *ignorant* fool> o puede aplicarse a una carencia de conocimientos o el no estar enterado de algo en particular <he's *ignorant* of physics>. ***ant*** cognizant, conversant, informed

• **Illiterate** se aplica a la incapacidad, absoluta o relativa, de leer y escribir <much of the population is still *illiterate*>. ***ant*** literate

• **Uneducated** sugiere tener o mostrar poca o ninguna educación formal <*uneducated* but not stupid>.

Ignore V. NEGLECT.
Ilk V. TYPE.
Ill V. BAD.
Ill-bred V. BOORISH.
Illegal V. UNLAWFUL.
Illegitimate V. UNLAWFUL.
Illicit V. UNLAWFUL.
Illiterate V. IGNORANT.
Illogical V. IRRATIONAL.
Illusion 1. V. DELUSION. **2.** V. IMAGINARY.
Illusory V. APPARENT.
Illustrate V. SHOW 1.
Illustration V. INSTANCE.
Illustrious V. FAMOUS.
Ill will V. MALICE.

Image V. IDEA.

Imaginary 1. Imaginary, fanciful, visionary, illusory significan irreal o increíble.

• **Imaginary** se aplica a algo que es ficticio y que es meramente el producto de la imaginación de uno <all his illnesses are *imaginary*>. ***ant*** actual, real

• **Fanciful** connota algo afectado o creado por el libre juego de la imaginación <the *fanciful* characters of "Alice in Wonderland">. ***ant*** realistic

• **Visionary** se aplica a una cosa que parece ser real y práctica a aquél que la concibe, pero que es poca práctica o imposible de realizar <*visionary* schemes for building a new city in the jungle>.

• **Illusory** connota estar basado en algo que no es verdadero o real <an *illusory* sense of security>.

2. V. FICTITIOUS.

3. V. APPARENT.

Imagine V. THINK 1.

Imbibe V. ABSORB.

Imbue V. INFUSE.

Imitate V. COPY.

Imitation V. ARTIFICIAL.

Immediate V. DIRECT *adj.*

Immense V. ENORMOUS.

Immoral 1. Immoral, amoral, unethical, wrong, sinful significan que no es moral.

• **Immoral** indica una oposición positiva y activa a lo que es moral, y puede denotar cualquier cosa opuesta a los principios éticos aceptados o a los dictados de la conciencia <a religious sect that condemns dancing as *immoral*>. ***ant*** moral

• **Amoral** se aplica con frecuencia a algo que no suele estar exento del criterio moral <he liked to say that the stock market is *amoral*>.

• **Unethical** connota que no es correcto ni bueno ni moralmente aceptable, especialmente dentro de una profesión particular <*unethical* medical behavior, such as disclosing a patient's records without her consent>.

• **Wrong** indica que no es moralmente correcto o propio <stealing is simply *wrong*>.

• **Sinful** se aplica especialmente a los actos que van en contra de la ley moral o religiosa <the Bible tells us that adultery is *sinful*>.

2. V. BAD.

Immune V. SAFE.

Impair V. INJURE.

Impartial V. FAIR.

Impasse V. PREDICAMENT.

Impassioned 1. Impassioned, passionate, ardent, fervent, fervid, heated, intense, vehement, fiery, zealous significan que demuestra un intenso sentimiento.

• **Impassioned** indica calor e intensidad sin violencia y connota una fluida expresión verbal o artística <an *impassioned* plea for aid>.

ant unimpassioned

• **Passionate** indica gran vehemencia, y a menudo violencia junto con un derroche de emoción <the bombing had fueled *passionate* hatred for the invaders>. *ant* dispassionate

• **Ardent** indica un intenso nivel de celo, devoción o entusiasmo <an *ardent* admirer of the novels of Jane Austen>. *ant* cool

• **Fervent** recalca la sinceridad y la estabilidad del celo o calor emocional <*fervent* Catholics on a pilgrimage to Lourdes>.

• **Fervid** connota una emoción que es calurosamente espontánea, y con frecuencia febrilmente urgente <*fervid* love letters>.

• **Heated** connota sentimientos excitados y frecuentemente furiosos <their disagreement led to *heated* arguments>.

• **Intense** sugiere mostrar seriedad y fuerte emoción <an *intense* young artist>.

• **Vehement** connota ser altamente emocional y expresarlo por la fuerza <stunned by this *vehement* attack>.

• **Fiery** connota estar lleno de espíritu, ira y pasión <a *fiery* sermon>.

• **Zealous** sugiere mostrar apoyo energético y fuerte por una persona o un ideal <*zealous* fans>.

2. V. EAGER.

Impassive 1. Impassive, stoic, phlegmatic, apathetic, stolid, deadpan significan indiferente o insensible hacia algo que podría normalmente estimular el interés o la emoción.

• **Impassive** recalca la ausencia de todo signo externo de emoción en la acción o en la expresión facial <he listened calmly to the verdict, his face *impassive*>. *ant* responsive

• **Stoic** indica una aparente indiferencia hacia el placer o, en particular, hacia el dolor, a menudo como cuestión de principios o de autodisciplina <they marveled at his *stoic* reaction to the news of his son's death>.

• **Phlegmatic** indica un temperamento o constitución difícil de excitar o alterar <a *phlegmatic,* slow-talking, pipe-smoking gentleman>.

• **Apathetic** puede indicar una indiferencia deplorable o desconcertante, o puede indicar inercia <*apathetic* teenagers who watched TV all day>.

• **Stolid** indica una carencia habitual de interés, receptividad o curiosidad hacia cualquier tema que no sea parte de la rutina de siempre <a crowd of *stolid,* unsmiling peasants>.

• **Deadpan** connota no mostrar emociones o sentimientos, frecuentemente mientras dice algo gracioso <his *deadpan* delivery of jokes>.

2. V. COOL.

3. V. INDIFFERENT.

Impatient V. EAGER.

Impeach V. ACCUSE.

Impede V. HINDER.

Impel V. MOVE.

Imperious V. DOMINEERING.

Impertinent, meddlesome, intrusive, obtrusive, presumptuous significan dado a irrumpir en los asuntos de otro.

• **Impertinent** indica el exceder los límites del decoro en el interés o la curiosidad que se demuestra, o en el consejo que se ofrece <told the reporter his questions were *impertinent*>.
• **Meddlesome** recalca una interferencia en los asuntos de los demás que es irritante, y a menudo indiscreta <her *meddlesome* landlord>.
• **Intrusive** indica una curiosidad en los asuntos de los demás que es indiscreta y generalmente ofensiva, o una tendencia similar a meterse en los asuntos o en la compañía de otros <*intrusive* neighbors>. ***ant*** retiring, unintrusive
• **Obtrusive** recalca lo patentemente inapropiado u ofensivo de las interferencias <could hardly hear each other over the *obtrusive* TV>. ***ant*** unobtrusive, shy
• **Presumptuous** indica rudeza o falta de cortesía que resulta del actuar en una manera muy familiar <*presumptuous* enough to ask the bride when she would start having babies>.

Imperturbable V. COOL.
Impetuous V. PRECIPITATE.
Impetus V. MOTIVE.
Implant, inculcate, instill significan introducir en la mente.
• **Implant** indica una enseñanza que da un carácter permanente a lo que se ha enseñado <hoped he had *implanted* some doubts in the jurors' minds>.
• **Inculcate** indica esfuerzos constantes o repetidos de grabar en la mente <tried to *inculcate* high moral standards in her children>.
• **Instill** recalca la comunicación gradual y suave de conocimientos a través de un largo período <*instilling* a respect for tradition in his fifth-graders>.

Implement *n* **Implement, tool, instrument, appliance, utensil** significan un aparato relativamente sencillo que realiza un trabajo.
• **Implement** puede aplicarse a cualquier cosa que es necesaria para desempeñar una tarea <lawn and gardening *implements*>.
• **Tool** connota un instrumento que ha sido adaptado para facilitar una fase determinada de trabajo y que requiere de cierta aptitud <a carpenter's *tools*>.
• **Instrument** connota una herramienta o un aparato que es capaz de realizar un trabajo delicado o preciso, o que está adaptado con precisión para el fin determinado que sirve <the surgeon's *instruments*>.
• **Appliance** se refiere a una herramienta o un instrumento que utiliza una fuente de corriente y que suele estar adaptado para un uso especial <household *appliances* such as washing machines>.
• **Utensil** se aplica a un aparato, herramienta o envase, normalmente con una función específica, que se usa en trabajo doméstico o en alguna actividad rutinaria que no requiere de habilidad especial <kitchen *utensils*>.

Implement *vb* V. PERFORM.
Implore V. BEG.
Imply V. SUGGEST.
Impolite V. IMPROPER.
Import 1. V. MEANING. **2.** V. IMPORTANCE.
Importance, consequence, weight, significance, import, magnitude,

note significan una cualidad o aspecto que se considera de gran valor o influencia.

• **Importance** indica una consideración que atribuye un valor o una influencia superior a algo o alguien <emphasized the *importance* of staying healthy>. ***ant*** unimportance

• **Consequence** puede indicar importancia de rango social, pero indica de manera más general una importancia por motivo de los efectos probables o posibles <his opinions on other subjects are of no *consequence*>.

• **Weight** indica una consideración de la importancia inmediata y pertinente de algo que debe tenerse en cuenta o que puede tener un impacto sobre un resultado <the judge gave no *weight* to the lawyer's objections>.

• **Significance** indica una cualidad o un carácter que puede identificar una cosa como importante o de trascendencia, pero que puede o no ser manifiesto o reconocido <she wondered about the *significance* of his remark>. ***ant*** insignificance

• **Import** es esencialmente intercambiable con *significance* <an issue of great *import* to Russia>.

• **Magnitude** indica tamaño o extensión, frecuentemente de algo no físico <no one yet knows the *magnitude* of the problem>.

• **Note** sugiere reputación o distinción <a biologist of *note*>.

Impose V. DICTATE.

Imposing V. GRAND.

Impotent V. POWERLESS.

Impoverish V. DEPLETE.

Impregnate V. SOAK.

Impress V. AFFECT.

Impression 1. V. IDEA. **2.** V. SENSATION.

Impressive V. GRAND.

Impromptu V. EXTEMPORANEOUS.

Improper, unseemly, indecent, unbecoming, rude, impolite, tactless significan que no concuerda con lo que es aceptado como propio, adecuado o de buen gusto.

• **Improper** se aplica a una gama más amplia de infracciones de las normas, no sólo de comportamiento social sino también de la práctica ética, el procedimiento lógico o el método prescrito <the *improper* use of campaign contributions>. ***ant*** proper

• **Unseemly** añade la connotación de una cualidad particularmente inapropiada a una situación o una ofensa al buen gusto <married again with *unseemly* haste after his first wife's death>. ***ant*** seemly

• **Indecent** indica una cualidad notoriamente indecorosa u ofensiva, particularmente con referencia a asuntos sexuales <arrested for *indecent* behavior>. ***ant*** decent

• **Unbecoming** connota un comportamiento o lenguaje que es percibido como indigno del carácter o condición de uno <conduct *unbecoming* an officer>. ***ant*** becoming, seemly

• **Rude** aplica a los modales o las acciones ofensivas o incluso ásperas <scolded the children for being *rude* to their grandfather>.

• **Impolite** connota la ausencia de deferencia o cortesía <it's *impolite*

to talk during the performance>.

• **Tactless** sugiere ser carente de un sentido agudo de qué hacer o decir para mantener buenas relaciones con otros o para evitar ofender <his *tactless* remarks often offended his friends>.

Improve 1. Improve, better, help, ameliorate, perfect, strengthen, enhance significan hacer más aceptable o acercar más a algún estándar.

• **Improve,** el término general, se aplica a lo que puede hacerse mejor, sea bueno o malo <*improving* the quality of medical care>. ***ant*** impair, worsen

• **Better,** más vigoroso y casero que *improve,* difiere poco de éste en su significado <helping immigrants *better* themselves>.

• **Help** indica un mejoramiento que podría ser más extenso <a coat of paint would *help* that house>.

• **Ameliorate** indica el hacer más tolerable o aceptable una condición difícil de llevar <efforts to *ameliorate* the lives of the poor>. ***ant*** worsen

• **Perfect** connota refinar o hacer mejor, y especialmente hacer perfecto <*perfecting* her technique>.

• **Strengthen** sugiere causar que algo se vuelva más fuerte o más efectivo <holidays often serve to *strengthen* family bonds>.

• **Enhance** connota aumentar o mejorar algo <*enhance* the flavor with herbs> <the image has been digitally *enhanced*>.

2. V. ADVANCE.

3. V. RENEW.

Improvised V. EXTEMPORANEOUS.

Impudent 1. V. SHAMELESS. **2.** V. SAUCY.

Impugn V. DENY.

Impulse V. MOTIVE.

Impulsive V. SPONTANEOUS.

Impute V. ASCRIBE.

Inactive 1. Inactive, idle, inert, passive significan no ocupado en un trabajo o actividad.

• **Inactive** se aplica a cualquier persona o cosa que no está en acción, en uso o trabajando <she had been physically *inactive* for years>.

• **Idle** se aplica a personas o a sus capacidades o instrumentos que no están ocupados o en uso <tractors were standing *idle* in the fields>.

• **Inert,** cuando se aplica a una cosa, indica la incapacidad por parte de ésta para mover o afectar otra cosa <*inert* ingredients in drugs>; cuando se aplica a una persona, connota una indisposición, inherente o habitual, hacia la actividad <lay *inert* in her bed for days>. ***ant*** dynamic, animated

• **Passive** indica inmovilidad, o la falta de una reacción normalmente esperada a una fuerza o influencia externa, y connota a menudo la sumisión deliberada del autocontrol <too *passive* to hunt for another job>. ***ant*** active

2. V. LATENT.

Inadequate V. MEAGER.

Inane V. INSIPID.

Inaugurate V. BEGIN.

Inborn V. INNATE.

Inbred V. INNATE.

Incentive V. MOTIVE.

Inception V. ORIGIN.
Incessant V. CONTINUAL.
Incident V. OCCURRENCE.
Incisive 1. Incisive, trenchant, clear-cut, cutting, biting, penetrating significan que tiene, demuestra o connota una aguda viveza mental.

• **Incisive** indica el poder de impresionar la mente mediante un tono directo y decisivo <her *incisive* film reviews were widely feared in Hollywood>.

• **Trenchant** indica un enérgico cortar o profundizar que define con claridad y agudeza las diferencias o revela lo oculto <some *trenchant* comments on free trade>.

• **Clear-cut** connota la ausencia de todo carácter borroso, incierto o ambiguo de una declaración o análisis <made a *clear-cut* distinction between the two military actions>.

• **Cutting** indica una despiadada precisión o franqueza que hiere los sentimientos y puede connotar sarcasmo, rudeza o aspereza <making the most *cutting* remarks in that quiet voice>.

• **Biting** añade una mayor indicación de áspera vehemencia o fuerza irónica, y connota el poder de impresionar profundamente la mente o la memoria <his *biting* wit>.

• **Penetrating** connota una inteligencia capaz de discernir las verdades escondidas <had written a *penetrating* article on the subject>.

2. V. SHARP.

Incite 1. Incite, instigate, abet, foment, stir up, prompt significan motivar o empujar hacia la acción o la actividad.

• **Incite** recalca el agitar y espolear hacia una acción, y puede o no indicar la provocación activa <charged with *inciting* a riot>. ***ant*** restrain

• **Instigate** indica de forma definitiva la responsabilidad por haber iniciado las acciones de otro, y connota con regularidad una intención deshonesta o maliciosa <*instigated* a series of lawsuits>.

• **Abet** indica tanto ayudar como alentar alguna acción ya iniciada <accused of *abetting* the car thieves>. ***ant*** deter

• **Foment** indica el provocar con insistencia algo que está ya en un agitado estado de actividad <*fomented* a revolt within the army>. ***ant*** quell

• **Stir up** significa provocar <he knew his comments would *stir up* controversy>.

• **Prompt** connota causar que alguien haga algo, frecuentemente incidentalmente <curiosity *prompted* her to ask a few questions>.

2. V. PROVOKE.

Inclination V. LEANING.

Incline 1. Incline, bias, dispose, predispose, prejudice significan influir sobre uno, o tener o adoptar una actitud hacia algo.

• **Incline** indica una tendencia a favorecer una de dos o más acciones o conclusiones <*inclined* to do nothing for the moment>. ***ant*** disincline, indispose

• **Bias** connota una inclinación, establecida y previsible, en una dirección determinada y connota un prejuicio injusto <*biased* against women>.

• **Dispose** connota el afectar el temperamento o humor de uno con el fin de hacerlo más receptivo hacia algo o alguien <she had never

been *disposed* to arguing>.

• **Predispose** indica la operación de una influencia que dispone a uno mucho antes de que llegue su oportunidad de manifestarse <a bad diet had *predisposed* him to heart attacks>.

• **Prejudice** connota causar que alguien tenga un sentimiento, generalmente negativo, por algo o alguien <an old scandal had already *prejudiced* consumers against the company>.

2 V. INDUCE.

Include 1. Include, embrace, involve, encompass, comprise significan contener dentro como parte o porción del todo.

• **Include** connota que la cosa contenida forma una parte constituyente, componente o subordinada de un todo mayor <the price of dinner *includes* dessert>. ***ant*** exclude

• **Embrace** indica extenderse para alcanzar y juntar piezas separadas en o dentro de un todo <her faith *embraces* both Christian and non-Christian beliefs>.

• **Involve** connota el enredar una cosa con un todo, a menudo como una causa o consecuencia natural o inevitable <a change that will *involve* more work for everyone>.

• **Encompass** indica incluir o tomar algo como una parte <a plan that *encompasses* a number of aims>.

• **Comprise** connota estar hecho de algo <each army division *comprised* 4,500 troops>.

2. V. CONTAIN.

Income V. WAGE.

Increase 1. Increase, enlarge, augment, multiply, compound significan hacer o hacerse más grande o más numeroso.

• **Increase,** cuando es usado intransitivamente, indica un crecimiento gradual en tamaño <her weight *increased* with age>; transitivamente, puede indicar simplemente una adición, no necesariamente gradual <steadily *increased* her land holdings>. ***ant*** decrease

• **Enlarge** indica un expandirse o extenderse que hace algo más grande en tamaño o en capacidad <*enlarged* the restaurant>.

• **Augment** indica una adición en tamaño, extensión, número o intensidad a lo que ya está bien crecido o desarrollado <an inheritance that *augmented* his fortune>.

• **Multiply** indica un aumento en número mediante una generación natural, una división o la repetición indefinida de un proceso <their problems continued to *multiply*>.

• **Compound** connota añadirle a algo intangible, especialmente para hacerlo peor <had *compounded* his crime by crashing the stolen car>.

2. V. EXPAND.

3. V. EXTEND.

Incredulity V. UNBELIEF.

Inculcate V. IMPLANT.

Incur 1. Incur, contract, catch significan atraer hacia sí algo, generalmente no deseado.

• **Incur** suele indicar responsabilidad por las acciones que causan o atraen lo incurrido <a couple who adopts a child *incurs* a great

responsibility>.

• **Contract** indica más enérgicamente la adquisición efectiva, pero a menudo sin indicar responsabilidad por el acto de adquirir; también puede connotar un encuentro entre dos cosas que permite la transmisión de una a la otra <there she *contracted* tuberculosis>.

• **Catch** indica el adquirir una infección <to *catch* a cold>, y en su uso más amplio, indica una adquisición mediante contacto o asociación personal <the case had *caught* their interest>.

2. v. GET.

Incurious v. INDIFFERENT.

Indebted v. GRATEFUL.

Indecent v. IMPROPER.

Indefatigable, tireless, untiring, unflagging significan capaz de un esfuerzo prolongado y arduo.

• **Indefatigable** indica una actividad o esfuerzo que es tenaz e incesante <an *indefatigable* champion of women's rights>.

• **Tireless** indica una energía o resistencia extraordinaria <honored as a teacher of *tireless* energy and endless patience>.

• **Untiring** indica la capacidad extraordinaria de permanecer en una actividad continuamente y sin interrupción <her *untiring* efforts to clear her father's name>.

• **Unflagging** recalca la ausencia de toda disminución o relajación en los esfuerzos o poderes de uno <his *unflagging* enthusiasm>.

Independence v. FREEDOM.

Independent v. FREE.

In-depth v. DETAILED.

Indicate v. SUGGEST.

Indication 1. v. SIGN. **2.** v. SYMBOL.

Indict v. ACCUSE.

Indifferent 1. Indifferent, unconcerned, detached, uninterested, apathetic significan que no demuestra o siente interés.

• **Indifferent** indica una neutralidad de actitud que resulta de la falta de inclinación, preferencia o prejuicio <*indifferent* to her own comfort>. ***ant*** avid

• **Unconcerned** connota una indiferencia como la que surge de la falta de conocimiento, sensibilidad o consideración hacia las necesidades o problemas de otros <*unconcerned* about the homeless>. ***ant*** concerned

• **Detached** indica una reserva objetiva lograda mediante la ausencia de prejuicio o egoísmo <watching the dancers with *detached* amusement>. ***ant*** interested, selfish

• **Uninterested** generalmente connota aburrimiento o distracción <her teenage son acted *uninterested* in the conversation>.

• **Apathetic** sugiere tener poca o ninguna preocupación, generalmente acerca de asuntos sociales grandes <the students seemed *apathetic* about public affairs>.

2 v. IMPASSIVE.

Indigence v. POVERTY.

Indigenous v. NATIVE.

Indignation 1. v. ANGER. **2.** v. OFFENSE 1.

Indiscriminate, wholesale, sweeping, broad, blanket, general significan que incluye todo o casi todo lo que se encuentra dentro del alcance de la elección, la operación o la efectividad.

• **Indiscriminate** indica la ausencia de consideración de mérito o valor individual al dar, tratar, seleccionar o incluir <the *indiscriminate* killing of civilians>. ***ant*** selective, discriminating

• **Wholesale** recalca la extensión y la acción sobre todo lo que está dentro del alcance de la elección, la operación, o la efectividad <*wholesale* destruction of the rain forest>.

• **Sweeping** connota una extensión que abarca e incluye toda cosa o a toda persona dentro de una masa, e indica muy a menudo un carácter indiscriminado <made *sweeping* changes in the agency>.

• **Broad** connota ser de amplio o extenso alcance o extensión <the country's military has *broad* authority to jail citizens for any reason>.

• **Blanket** indica que aplica a todas las instancias o miembros de un grupo <a *blanket* amnesty for all illegal aliens>.

• **General** sugiere que aplica a más de un área o grupo pequeño <a *general* rule for all these cases>.

Indispensable v. ESSENTIAL.

Individual 1. v. CHARACTERISTIC. **2.** v. SPECIAL. **3.** v. SINGLE.

Indoctrinate v. TEACH.

Indolence v. LETHARGY.

Indolent v. LAZY.

Induce 1. Induce, persuade, prevail, get, convince, prompt, motivate significan mover a uno a actuar o a decidir de cierta forma.

• **Induce** indica el influir sobre la razón o el criterio, generalmente mediante la exposición de las ventajas o ganancias que dependen de la decisión deseada <*induced* them to vote for his proposal>.

• **Persuade** indica el apelar tanto a la emoción como a la razón mediante tales acciones como súplicas, ruegos u objeciones en el intento de convencer <*persuaded* him that she was his niece>. ***ant*** dissuade *(from)*

• **Prevail,** normalmente usado con *on* o *upon,* tiende a indicar el vencer una oposición o hesitación mediante argumentos continuos, presión o llamados convincentes <*prevailed* upon them to stay for the night>.

• **Get,** el más neutral de estos términos, puede reemplazar cualquiera de ellos, sobre todo cuando el método por el cual se ha llegado a una decisión es irrelevante o no se desea hacer hincapié en él <finally *got* the boy to eat something>.

• **Convince** connota usar una discusión para persuadir a alguien de hacer algo <we *convinced* them to join us>.

• **Prompt** sugiere servir como la causa para tomar una acción <the newspaper article *prompted* a criminal investigation>.

• **Motivate** connota darle a alguien la razón para hacer algo, especialmente una que concierne los intereses propios <*motivating* their employees to work harder>.

2. v. INCITE.

3. v. MOVE.

Inducement V. MOTIVE.

Indulge, pamper, humor, spoil, baby significan demostrar un excesivo favor o atención a los deseos o sentimientos de una persona.

• **Indulge** indica una conformidad excesiva y debilidad en la gratificación de los deseos de otra persona o los de uno mismo <*indulged* themselves lavishly with food and wine>. ***ant*** discipline

• **Pamper** indica la gratificación inmoderada de un apetito o deseo de lujo y comodidad <*pampered* his pregnant wife>. ***ant*** chasten

• **Humor** recalca el ceder al temperamento o a los caprichos de una persona <*humored* her boyfriend by letting him tell the story>.

• **Spoil** recalca el daño hecho al carácter como consecuencia de consentir o mimar <*spoiling* their children with constant attention>.

• **Baby** connota un cuidado, atención o solicitud que es excesiva, y a menudo inapropiada <advised her sister not to *baby* the child>.

Indulgent V. FORBEARING.

Industrious V. BUSY.

Industry V. BUSINESS.

Inebriated V. DRUNK.

Ineffective V. POWERLESS.

Inept V. AWKWARD.

Inert V. INACTIVE.

Inertia V. LETHARGY.

Infallible, unerring significan que tiene o demuestra la imposibilidad de cometer un error.

• **Infallible** puede indicar que la imposibilidad de error que se tiene es divinamente otorgada <fundamentalists believe the Bible to be *infallible*>. ***ant*** fallible

• **Unerring** recalca la fiabilidad, la certeza o la precisión <a photographer with an *unerring* eye for beauty>.

Infamous V. VICIOUS.

Infamy V. DISGRACE.

Infer 1. Infer, deduce, conclude, judge, gather, reason significan llegar a una conclusión mental.

• **Infer** indica el formular una opinión, principio, decisión, o conclusión mediante el razonamiento basado en la evidencia <from that remark, he *inferred* that they knew each other>.

• **Deduce** añade a *infer* la indicación especial de sacar una inferencia particular de una generalización <since only mammals have hair, we can *deduce* that humans are mammals>.

• **Conclude** indica llegar a una inferencia lógicamente necesaria al final de una concatenación de razonamientos <*concluded* that his neighbor had committed the crime>.

• **Judge** recalca la examinación crítica de las premisas o de la evidencia sobre la cual se basa una conclusión <believed we should *judge* people by their actions, not their words>.

• **Gather** connota el formar una conclusión directamente o por intuición a partir de insinuaciones o inferencias <she *gathered* that the couple wanted to be alone>.

• **Reason** connota llegar a una conclusión basándose en la lógica y los hechos <he *reasoned* that both statements couldn't be true>.

2. V. DECIDE.
Infertile V. STERILE.
Infirm V. WEAK.
Inflate V. EXPAND.
Inflated, turgid, overblown, pompous significan hinchado más allá de su tamaño normal por un líquido o un efecto similar.
• **Inflated** indica un estiramiento o una extensión causada a menudo por medios artificiales o cuestionables <the country's *inflated* currency>.
• **Turgid** puede connotar una manera o actitud que carece de control o disciplina, y que es acompañada de tales faltas como la emotividad excesiva o la grandilocuencia <an author known for her *turgid* prose>.
• **Overblown** sugiere estar expandido o elaborado hasta un volumen o un nivel injustificable <the speaker's *overblown* rhetoric>.
• **Pompous** connota mostrar una opinión demasiado alta de la propia importancia de uno, especialmente en el hablar o el escribir <even the book's title, "How to Write," sounded *pompous*>.
Inflexible 1. Inflexible, obdurate, adamant, unyielding significan indispuesto a alterar un curso o fin predeterminado.
• **Inflexible** indica una adhesión rígida o hasta una conformidad ciega a un principio establecido <*inflexible* in her demands>. ***ant*** flexible
• **Obdurate** recalca la dureza de corazón e insensibilidad hacia los llamados a la misericordia o hacia la influencia de la gracia divina <his constant battles with the *obdurate* local officials>.
• **Adamant** connota una extraordinaria fuerza de voluntad e indica una resolución absolutamente inquebrantable ante la tentación o la súplica <they were *adamant* that the project be completed on time>.
• **Unyielding** connota aguantar una posición firmemente o tercamente <despite his passionate arguments, the committee was *unyielding*>.
2. V. STIFF.
3. V. OBSTINATE.
Influence *n* **Influence, authority, weight, clout, pull** significan un poder que se ejerce sobre las mentes o el comportamiento de otros.
• **Influence** puede aplicarse a una fuerza o poder que se ejerce, de manera consciente o inconsciente, con el fin de guiar o determinar una línea de conducta o un efecto <used all his *influence* to get the bill passed>.
• **Authority** indica un poder que proviene del mérito personal o del saber y que exige la devoción, la lealtad o la aceptación <he lacked his father's *authority*>.
• **Weight** indica una influencia mensurable o decisiva en la determinación de acciones o decisiones <the wishes of the president obviously carried a lot of *weight*>.
• **Clout** sugiere el poder para influenciar o controlar situaciones <she used her political *clout* to have another school built>.
• **Pull,** un término informal, indica una influencia especial y frecuentemente no oficial <has the kind of *pull* that can get you tickets to the game>.
Influence *vb* V. AFFECT.
Inform 1. Inform, acquaint, apprise, notify, tell significan hacer a uno consciente de algo.

• **Inform** indica el impartir conocimiento, sobre todo de datos o hechos que son necesarios para entender un asunto, o que pueden servir de base a la acción <*informed* us of the crisis>.

• **Acquaint** pone énfasis en la introducción o en la familiarización <*acquainted* herself with the rules of the game>.

• **Apprise** indica el comunicar algo de interés o importancia especial para el que lo recibe <his aides *apprised* him of the situation within hours>.

• **Notify** indica la comunicación formal de algo que requiere de atención o que exige tomar acción <*notified* them when the next payment was due>.

• **Tell** simplemente significa expresar en palabras o informarle a alguien <*tell* me when the package arrives>.

2. V. WARN.

Infraction V. BREACH.

Infrequent, uncommon, scarce, rare, sporadic, few, occasional significan que no es común o abundante.

• **Infrequent** indica que ocurre a intervalos amplios en el tiempo o espacio <family visits that were *infrequent* and brief>. ***ant*** frequent

• **Uncommon** connota algo que ocurre o que se encuentra con tan poca frecuencia que toma un carácter excepcional o extraordinario <malaria is *uncommon* except in the tropics>. ***ant*** common

• **Scarce** indica el no alcanzar un nivel de abundancia estándar u obligatorio <jobs have been *scarce* for years>. ***ant*** abundant

• **Rare** connota una escasez o infrecuencia extrema, y suele indicar por lo consiguiente un alto valor <a *rare* and valuable manuscript>.

• **Sporadic** indica que ocurre sólo en instancias aisladas o arranques ocasionales <*sporadic* cases of bird flu>. ***ant*** frequent

• **Few** significa un número pequeño <music is one of my *few* pleasures>.

• **Occasional** sugiere ocurrir irregular e infrecuentemente <made *occasional* trips to the city>.

Infringe V. TRESPASS.

Infringement V. BREACH.

Infuse 1. Infuse, suffuse, imbue, steep, permeate significan introducir una cosa en otra con el fin de afectarla totalmente.

• **Infuse** indica el introducir y permear de algo que da nueva vida, vigor o importancia <these new members *infused* the club with energy>.

• **Suffuse** indica el saturar o cubrir de algo que da un color distintivo o una cualidad especial <a room *suffused* with light>.

• **Imbue** indica el permear de una forma tan profunda y tan completa, que la misma naturaleza y sustancia de la cosa afectada resultan alteradas <*imbued* her students with her own love of Latin>.

• **Steep** implica remojar algo para sacarle el sabor <*steep* the tea for three minutes>, o más ampliamente, para saturar con algo <she *steeped* herself in the history and culture of Argentina>.

• **Permeate** sugiere esparcir a través de algo <the smell of baking bread *permeated* the kitchen>.

2. V. SOAK.
Ingenious V. CLEVER.
Ingenuous V. NATURAL.
Ingest V. ABSORB.
Ingrain V. INFUSE.
Ingrained V. INVETERATE.
Ingratiating V. SUAVE.
Ingredient V. ELEMENT.
Inherent V. INNATE.
Inheritance V. HERITAGE.
Inhibit 1. V. HINDER. **2.** V. RESTRAIN.
Initiate V. BEGIN.
Injure 1. Injure, harm, hurt, damage, impair, mar, wound significan afectar a alguien o algo para despojarlo de su integridad o fuerza o reducir su valor, utilidad o efectividad.

• **Injure** indica el infligir algo que es perjudicial al aspecto, comodidad, salud o éxito de alguien <*injured* by a fall on his stairs>. ***ant*** aid

• **Harm** recalca a menudo el infligir dolor, sufrimiento o pérdida <careful not to *harm* the animals>. ***ant*** benefit

• **Hurt** indica el infligir una herida al cuerpo o a los sentimientos <*hurt* by her harsh remarks>. ***ant*** benefit

• **Damage** connota el infligir un agravio que reduce el valor o la utilidad <the table had been *damaged* in shipping>. ***ant*** repair

• **Impair** connota el hacer menos completo o eficiente como resultado del deterioro o disminución <years of smoking had *impaired* his health>. ***ant*** improve, repair

• **Mar** se aplica al afeamiento o mutilación que estropea la perfección o el bienestar <a good translation *marred* by several serious errors>.

• **Wound** implica lesionar mediante un corte en un cuerpo o al causar dolor emocional <losing the game to a woman *wounded* his pride>.

2. V. WEAKEN.

Injustice, wrong, grievance, outrage significan un acto que inflige daño, pérdida o dificultad inmerecida a una persona.

• **Injustice, wrong** se aplican a cualquier acto que supone una inequidad hacia otra persona o una violación de sus derechos <the kinds of *injustices* that are usually inflicted on the poor> <the *wrongs* he claimed to have suffered>.

• **Grievance** se aplica a toda circunstancia o condición que, según la persona afectada, constituye una injusticia o motivo de queja <employee *grievances* against the company>.

• **Outrage** aplica a un acto que viola los estándares aceptados de comportamiento o gusto <called the proposed law an *outrage* against the Constitution>.

Inkling V. FEELING.

Innate, inborn, inbred, congenital, hereditary, inherent significan que es adquirido antes del nacimiento.

• **Innate** se aplica a cualidades o características que forman parte de la naturaleza interior de uno <had an *innate* sense of his own superiority>. ***ant*** acquired

• **Inborn** connota una cualidad o tendencia que ha estado presente en una persona desde su nacimiento, o que parece haberlo estado por ser tan marcado y profundamente arraigado <our *inborn* fear of snakes>. ***ant*** acquired

• **Inbred** connota algo que es adquirido de los padres por herencia o crianza, o que es profundamente arraigado <an *inbred* love of freedom>.

• **Congenital** se aplica a cosas que se han adquirido al nacer o durante el desarrollo fetal <the *congenital* weakness of her heart>.

• **Hereditary** se aplica a cosas que se han adquirido al nacer o antes de nacer, y que son transmitidas por los ancestros de uno <eye color is *hereditary*>.

• **Inherent** sugiere que pertenece a la naturaleza básica de alguien o, más frecuentemente, de algo <the problems *inherent* in such organizations>.

Inordinate v. EXCESSIVE.

Inquire v. ASK 1.

Inquisitive v. CURIOUS.

Insane, mad, crazy, crazed, demented, deranged, lunatic, unbalanced, unhinged significan que tiene o demuestra tener perturbadas las facultades mentales o que es incapaz de controlar sus procesos racionales.

• **Insane** indica que uno es incapaz de funcionar en la vida cotidiana competentemente y sin peligro, y que no es responsable por sus acciones <the judge had determined that she was *insane*>. ***ant*** sane

• **Mad** indica fuertemente desenfreno, ferocidad, delirio o una pérdida total del autocontrol <drove her husband *mad* with jealousy>.

• **Crazy** puede connotar un deterioro mental tal como el que es causado por la edad avanzada, o puede connotar un estado mental turbado o desenfrenado inducido por una fuerte emoción <*crazy* with grief>; cuando se aplica a un plan, proyecto o noción, suele connotar que éste es el producto de una mente enfermiza <wondered how she had got those *crazy* ideas into her head>. ***ant*** sane

• **Crazed,** que suele usarse en vez de *crazy,* indica la existencia de un disturbio pasajero, normalmente con una causa específica <*crazed* with fear>.

• **Demented** connota un estado mental enfermizo que se manifiesta mediante la apatía o la incoherencia del pensamiento, el habla o la acción <he stared at her as if she was *demented*>.

• **Deranged** connota una clara pérdida del equilibrio u orden mental que resulta en un trastorno funcional <shouting into the microphone like a *deranged* man>.

• **Lunatic** puede equivaler a *insane,* o puede usarse para indicar simplemente una locura extrema <came up with one *lunatic* idea after another>.

• **Unbalanced** connota al menos levemente demente <suspected that she was mentally *unbalanced*>.

• **Unhinged** generalmente significa molesto como resultado de un trastorno mental <attacked by an *unhinged* extremist>.

Inscrutable v. MYSTERIOUS.

Insert v. INTRODUCE.

Insight V. DISCERNMENT.
Insinuate 1. V. INTRODUCE. **2.** V. SUGGEST.
Insipid, vapid, flat, banal, wishy-washy, inane, bland significan desprovisto de cualidades que forman el espíritu y el carácter.

- **Insipid** indica la carencia de gusto o sabor suficiente para complacer o interesar <an *insipid* romance novel>. ***ant*** zestful
- **Vapid** connota una falta de vivacidad, frescura, chispa, fuerza o espíritu <a self-help book written in *vapid* and sentimental prose>.
- **Flat** se aplica a cosas que han perdido su chispa o gusto y se han vuelto sosas y sin vida <life without her seemed *flat*>.
- **Banal** recalca la presencia de elementos comunes y triviales así como la ausencia total de frescura, novedad, o inmediatez <the *banal* lyrics of most pop songs>. ***ant*** original
- **Wishy-washy,** un término informal y coloquial, indica que las cualidades esenciales o más llamativas son tan débiles o están tan diluidas que dan una impresión insípida o insulsa <thought one candidate was decisive and the other *wishy-washy*>.
- **Inane** indica la carencia de toda cualidad significante o convincente, o de todo sentido o propósito <tired of the *inane* talk at the party>.
- **Bland** connota no ser estimulante y ser generalmente monótono <the food was *bland*>.

Insist V. ASSERT.
Insolent V. PROUD.
Inspect V. SCRUTINIZE.
Inspire V. ENCOURAGE.
Inspirit V. ENCOURAGE.
Instance *n* **Instance, case, illustration, example, sample, specimen** significan algo que demuestra las características típicas de la categoría a la cual pertenece.

- **Instance** se aplica a cualquier persona, acción o cosa individual que pueda ofrecerse para ilustrar o explicar, o para comprobar o refutar una afirmación general <another *instance* of his dishonesty>.
- **Case** se aplica a una instancia que dirige la atención hacia una ocurrencia o situación, real o supuesta, que se ha de considerar, estudiar o tratar <a *case* of mistaken identity>.
- **Illustration** se aplica a una instancia que se ofrece como una manera de clarificar o iluminar una afirmación general <a good *illustration* of how the process works>.
- **Example** se aplica a una instancia o caso que es típico, representativo o ilustrativo <a typical *example* of how these companies control the legislature>.
- **Sample** indica una parte o unidad tomada al azar para representar el todo mayor al cual pertenece <they had asked him for a *sample* of his work>.
- **Specimen** se aplica a cualquier ejemplo o muestra de un todo, o a un ejemplo o muestra que se ha seleccionado cuidadosamente con el fin de ilustrar las cualidades importantes o típicas <one of the finest *specimens* anywhere>.

Instigate V. INCITE.
Instill V. IMPLANT.
Instinctive 1. Instinctive, intuitive, visceral significan que no está basado en los procesos ordinarios de razonamiento.

• **Instinctive** indica una relación al instinto y recalca la cualidad automática de la reacción o el hecho que ésta ocurre debajo del nivel del pensamiento y voluntad consciente <an *instinctive* fear of strangers>. ***ant*** reasoned

• **Intuitive** indica una relación a la intuición y connota una actividad por encima y más allá del nivel del razonamiento consciente <lacked any *intuitive* understanding of mechanics>.

• **Visceral** sugiere tratar con emociones crudas o elementales en vez de con razonamiento <his paintings were intended to have a *visceral* impact on the viewer>.

2. V. SPONTANEOUS.

Instruct 1. V. COMMAND. **2.** V. TEACH.
Instrument 1. V. IMPLEMENT. **2.** V. MEANS.
Insufficient V. MEAGER.
Insult V. OFFEND.
Insure V. ENSURE.
Insurgency V. REBELLION.
Insurrection V. REBELLION.
Integrity V. HONESTY.
Intelligence 1. V. REASON. **2.** V. SENSE.
Intelligent 1. Intelligent, clever, alert, quick-witted, bright, smart, brilliant, brainy significan mentalmente agudo o rápido.

• **Intelligent** recalca la superioridad mental y el éxito en tratar con nuevas situaciones o en la resolución de problemas <too *intelligent* to be fooled>. ***ant*** unintelligent

• **Clever** indica una habilidad o aptitud innata, y a veces connota la carencia de cualidades más sustanciales <a shallow writer but very *clever* with words>. ***ant*** dull

• **Alert** recalca la rapidez de percepción y comprensión <*alert* to new developments in technology>.

• **Quick-witted** indica rapidez para encontrar respuestas o para ingeniar recursos en momentos de peligro o desafío <she was no match for her *quick-witted* opponent>.

• **Bright** connota el ingenio, particularmente en la vivacidad de la mente, el habla o la manera de ser <young but very *bright*>. ***ant*** dense, dull

• **Smart** indica ingenio combinado con viveza o rapidez mental y que facilita el progreso o avance de uno <a *smart* girl with plenty of ambition>. ***ant*** stupid

• **Brilliant** indica una agudeza intelectual tan poco común que provoca la admiración <a *brilliant* scientist>. ***ant*** dense, dull

• **Brainy**, un término informal, significa tener un intelecto superior <he had been a *brainy* child>.

2. V. SHARP.

Intense V. IMPASSIONED.
Intensify 1. Intensify, aggravate, heighten, enhance, escalate significan

aumentar de manera significante en medida o grado.

• **Intensify** indica la profundización o el fortalecimiento de una cosa o de sus cualidades características <the police *intensified* their investigation>. ***ant*** temper, mitigate

• **Aggravate** indica el hacer más serio o grave algo que ya es malo o que no es deseado <the problem has been *aggravated* by neglect>. ***ant*** alleviate

• **Heighten** connota el elevar por encima de lo ordinario o lo acostumbrado <his arrival *heightened* the tensions in the room>.

• **Enhance** indica el elevar o fortalecer por encima de lo normal cualidades tales como el ser deseable, el valor o su atractivo <*enhanced* the patio with a row of shrubs>.

• **Escalate** sugiere volverse o hacerse más grande o más alto, especialmente en contextos negativos <the conflict has *escalated* into an all-out war>.

2. V. INCREASE.

Intensity V. PASSION.

Intent 1. V. MEANING. **2.** V. INTENTION.

Intention, intent, purpose, design, aim, end, object, objective, goal, target significan lo que se propone uno cumplir o lograr.

• **Intention** indica poco más de lo que se propone uno hacer o realizar <announced his *intention* to marry>.

• **Intent** connota una formulación más clara o una mayor deliberación <the clear *intent* of the law>. ***ant*** accident

• **Purpose** connota una determinación más estable o una resolución más fuerte <the *purpose* of her visit>.

• **Design** indica un plan calculado con más cuidado, detalles ordenados con más esmero, y puede indicar a veces la intriga <certain that it had occurred by *design* rather than by accident>.

• **Aim** añade indicaciones de un esfuerzo claramente dirigido hacia un logro o cumplimiento <her *aim* of buying a new house>.

• **End** recalca el efecto deliberado de una acción, a menudo en contraste con la acción o los medios en sí <to this *end,* they began making elaborate plans>.

• **Object** puede ser igual a *end* pero suele referirse más a un deseo o necesidad que se ha determinado de un modo más individual <the *object* of the research study>.

• **Objective** indica algo que es tangible e inmediatamente alcanzable <their *objective* is to seize the oil fields>.

• **Goal** connota algo que puede alcanzarse sólo mediante un esfuerzo prolongado y gran dificultad <worked years toward one single *goal*>.

• **Target** connota algo que alguien está intentando hacer o lograr, frecuentemente un límite de plazo o una meta financiera <the official fundraising *target* is $250,000>.

Intentional V. VOLUNTARY.

Intercede V. INTERFERE.

Interfere 1. V. INTERFERE. **2.** V. MEDDLE. **3.** V. INTRUDE.

Interject V. INTRODUCE.

Interminable V. CONTINUAL.
Intermission V. PAUSE.
Intermittent 1. Intermittent, recurrent, periodic significan que ocurre o aparece en una secuencia interrumpida.

• **Intermittent** recalca los lapsos en la continuidad <an *intermittent* correspondence with a distant relative>. ***ant*** incessant, continual

• **Recurrent** recalca la repetición y la reaparición <a *recurrent* dream>.

• **Periodic** indica una reaparición a intervalos esencialmente regulares <*periodic* appearances of the comet>.

2. V. FITFUL.

Interpolate V. INTRODUCE.
Interfere 1. Interfere, intervene, mediate, intercede significan venir entre o ir entre (dos o más cosas o personas).

• **Interfere** indica estorbar u obstaculizar de alguna forma <the noise from the TV *interfered* with her concentration>.

• **Intervene** puede indicar el venir entre dos cosas en el espacio o en el tiempo, o ponerse de por medio para resolver o poner fin a una disputa o un conflicto <diplomats from neighboring countries now *intervened* to stop the violence>.

• **Mediate** indica el intervenir entre facciones hostiles o entre ideas o principios en conflicto <chosen to *mediate* between the union and the company's management>.

• **Intercede** indica el actuar en nombre de otro, que puede ser a menudo un infractor, con el fin de pedir clemencia o perdón <she was asked to *intercede* on the daughter's behalf>.

2. V. INTRODUCE.

Interpret V. EXPLAIN.
Interrogate V. ASK 1.
Intersection V. JUNCTION.
Interstice V. APERTURE.
Interval V. PAUSE.
Intervene V. INTERFERE.
Intimate *adj* V. FAMILIAR.
Intimate *vb* V. SUGGEST.
Intimidate 1. Intimidate, cow, bully, browbeat significan atemorizar hasta la sumisión.

• **Intimidate** indica el inducir miedo o un sentido de inferioridad en otro <*intimidated* by the size of the athletes on the other teams>.

• **Cow** indica el reducir a un estado en el cual el espíritu se quebranta o todo valor se pierde <*cowed* by the aggressive style of the other lawyers>.

• **Bully** indica el intimidar con fanfarronería y amenazas o insultos <had been *bullied* for years by the bigger boys>.

• **Browbeat** indica el acobardar con arrogancia, desdén o insolencia <the kind of CEO who *browbeats* his employees in public>.

2. V. FORCE.

Intoxicated V. DRUNK.
Intrepid V. BRAVE.

Intricate V. COMPLEX.
Intrigue 1. V. PLOT. **2.** V. AMOUR.
Introduce, insert, insinuate, interpolate, interpose, interject significan poner entre otros.

- **Introduce** es un término general que denota el meter o poner a una persona o cosa dentro de un grupo o un cuerpo ya existente <*introduced* a new topic>. ***ant*** withdraw
- **Insert** indica el poner entre otros objetos dentro de un espacio fijo o abierto <*inserted* a clause in the contract>. ***ant*** extract
- **Insinuate** indica una introducción lenta, cuidadosa y a veces ingeniosa <*insinuated* himself into the conversation>.
- **Interpolate** se aplica a la inserción de algo superfluo o falso <*interpolated* several of her own comments into the report>.
- **Interpose** connota el insertar algo que obstruye o causa una demora <at this point he *interposed* some objections of his own>.
- **Interject** indica una introducción abrupta o forzosa de algo que irrumpe o interrumpe <she quickly *interjected* a question>.

Introductory V. PRELIMINARY.
Intrude 1. Intrude, butt in, interfere significan imponer una cosa o imponerse uno mismo sin previa invitación o autorización.

- **Intrude** connota una actitud grosera u oficiosa en la invasión de la propiedad, del tiempo o de la privacidad de otro <didn't mean to *intrude* on a private meeting>.
- **Butt in,** un término informal y coloquial, indica una intrusión abrupta u ofensiva que carece de ceremonia, decoro o moderación decente <tired of having her mother-in-law *butting in* on their lives>.
- **Interfere** connota estar involucrado en las preocupaciones de otros, en contra de sus deseos <wanted to offer advice without seeming to *interfere*>.

2. V. INTERFERE.
3. V. TRESPASS.
Intrusive 1. V. IMPERTINENT. **2.** V. CURIOUS.
Intuition 1. V. REASON. **2.** V. DISCERNMENT.
Invade V. TRESPASS.
Invalidate V. NULLIFY.
Invaluable V. COSTLY.
Invective V. ABUSE.
Inveigle V. LURE.
Invent 1. Invent, create, discover, conceive significan traer a la existencia algo nuevo.

- **Invent** indica el fabricar algo útil, normalmente como resultado del uso de la imaginación, el ingenio o la experimentación <*invented* numerous energy-saving devices>.
- **Create** indica el evocar o causar la vida a partir de la nada, o como si fuera a partir de la nada <*created* a new position for his assistant>.
- **Discover** presupone la previa existencia de algo e indica el encontrar lo que está oculto, o el explorar lo que se desconoce, más que crear <attempts to *discover* the source of the Nile>.
- **Conceive** sugiere pensar en (algo) o crear <a writer who *conceived*

an entire world of amazing creatures>.

2. v. CONTRIVE.

Inventor v. MAKER.

Invert 1. TRANSPOSE. **2.** v. REVERSE.

Inveterate, confirmed, chronic, deep-seated, deep-rooted, habitual, ingrained significan firmemente establecido.

• **Inveterate** se aplica a algo tal como un hábito, una actitud o un sentimiento que lleva tanto tiempo en existencia como para ser casi imposible de erradicar o alterar <an *inveterate* smoker>.

• **Confirmed** indica el hacerse más fuerte y más firme con el paso del tiempo, haciéndose resistente al cambio o a la reforma <was now a *confirmed* atheist>.

• **Chronic** connota la larga duración de algo que por lo general no es deseado y que resiste los intentos de aliviarlo o curarlo <tired of his *chronic* complaining>.

• **Deep-seated** se aplica a cualidades o actitudes que están tan firmemente establecidas que tienden a hacerse parte de la estructura misma <a *deep-seated* fear of heights>. ***ant*** skin-deep

• **Deep-rooted** se aplica a algo firmemente establecido y de larga resistencia <*deep-rooted* traditions>.

• **Habitual** connota actuar en una manera consistente o repetidamente <called her brother a *habitual* liar>.

• **Ingrained** sugiere formar parte del carácter esencial de una cosa o una persona <claims that racism is deeply *ingrained* in the culture>.

Invigorate v. REFRESH.

Inviolable v. SACRED.

Inviolate v. SACRED.

Invite 1. Invite, bid, solicit significan pedir o animar a alguien o algo a que responda o tome acción.

• **Invite** por lo general indica el pedir, de manera formal o cortés, la presencia o la participación de uno, pero puede también aplicarse al acto de atraer o tentar tácita o involuntariamente <the sequel *invites* comparison with the original novel>.

• **Bid** indica el hacer un esfuerzo o una petición con el fin de ganar o de atraer, o el brindar una tentadora oportunidad para algo <*bidding* for their sympathy>.

• **Solicit** connota más la urgencia que la cortesía en el animar o pedir <continually *solicited* our advice>.

2. v. ASK 2.

Involuntary v. SPONTANEOUS.

Involve v. INCLUDE.

Involved v. COMPLEX.

Iota v. PARTICLE.

Irascible, quick-tempered, testy, touchy, cranky, cross, cantankerous, irritable, grouchy significan fácilmente enojado o encolerizado.

• **Irascible, quick-tempered** indican una tendencia a enojarse con sólo una leve provocación <an *irascible* but harmless old man> <afraid of their *quick-tempered* mother>.

• **Testy** connota irascibilidad aun hacia pequeñas molestias <under

pressure he grew increasingly *testy*>.

• **Touchy** indica una facilidad para ofenderse y una irritabilidad o sensibilidad indebida <*touchy* about references to her weight>.

• **Cranky** connota una irritabilidad e inquietud habitual hacia aquéllos que no se ajustan a las rígidas nociones o ideas o a las pautas invariables que uno tiene <he gets *cranky* on the subject of politics>.

• **Cross** connota una irascibilidad pasajera o una irritabilidad malhumorada causada por algo como una desilusión o una molestia <their argument left her feeling *cross* all day>.

• **Cantankerous** connota estar molesto frecuentemente y ser difícil de tratar <a *cantankerous* old farmer>.

• **Irritable** connota que se exaspera, enoja o molesta fácilmente <he gets *irritable* when he's tired>.

• **Grouchy,** un término un poco informal, sugiere que tiende a quejarse acerca de las cosas <her boss was in a *grouchy* mood>.

Ire V. ANGER.

Irk V. ANNOY.

Ironic V. SARCASTIC.

Irony V. WIT.

Irrational, unreasonable, illogical significan que no es gobernado o guiado por la razón o que no tiene el poder de razonar.

• **Irrational** puede indicar la perturbación mental, pero connota más a menudo el no estar bajo el dominio de la razón o el estar en conflicto abierto con ella <*irrational* fears>. ***ant*** rational

• **Unreasonable** suele connotar el ser guiado por una fuerza distinta a la razón, como la ambición, la codicia o la terquedad, y que demuestra que se carece de buen sentido <always making *unreasonable* demands on his friends>. ***ant*** reasonable

• **Illogical** connota no usar o seguir un razonamiento lógico <an *illogical* argument>.

Irregular 1. Irregular, anomalous, unnatural, unusual, exceptional significan que no se adapta a, o cumple con, la norma, la ley o la costumbre, o que no puede ser explicado por ellas.

• **Irregular** indica una falta de conformidad con una ley o reglamento impuesto para obtener uniformidad en los métodos, la práctica o la conducta <concerned about her *irregular* behavior>. ***ant*** regular

• **Anomalous** indica el no adaptarse a las expectativas debido a la clase o tipo al cual la cosa en cuestión pertenece, o a las leyes que gobiernan su existencia <as *anomalous* as a folk song sung at a salsa club>.

• **Unnatural** connota lo contrario a la naturaleza o a los principios o pautas consideradas esenciales para el bienestar de la sociedad civilizada, y suele connotar una anormalidad reprensible <*unnatural* cruelty>. ***ant*** natural

• **Unusual** es un término amplio que simplemente significa atípico <*unusual* weather for this time of year>.

• **Exceptional** sugiere atípicamente grande <an *exceptional* amount of rain> o superior <an *exceptional* student>.

2. V. ABNORMAL.

3. V. STRANGE.
4. V. FITFUL.
Irritable V. IRASCIBLE.
Irritate 1. Irritate, exasperate, nettle, provoke, aggravate, rile, peeve significan suscitar un sentimiento de enojo y fastidio.

• **Irritate** indica el causar, a menudo de forma gradual, sentimientos de enojo que pueden abarcar desde la impaciencia hasta la rabia <*irritated* by her constant nagging>.

• **Exasperate** connota una molestia fastidiosa que produce una impaciencia extrema <his *exasperating* tendency to arrive late for everything>. ***ant*** appease, mollify

• **Nettle** connota un ligero y transitorio aguijonear o picar <several of her small habits *nettled* him>.

• **Provoke** indica el incitar un fuerte disgusto o enojo que puede estimular la acción <enjoyed *provoking* him with her sly remarks>. ***ant*** gratify

• **Aggravate** indica un aguijoneo persistente, y a menudo mezquino, que causa el desagrado, la impaciencia o la cólera <his latest blunder had *aggravated* the situation>. ***ant*** appease

• **Rile** indica el inducir una agitación colérica o rencorosa <this statement had *riled* the Chinese government>.

• **Peeve** connota el causar una irritación fastidiosa, y a menudo mezquina o quejumbrosa <she was *peeved* at him but soon forgot about it>.

2. V. ANNOY.
Isolation V. SOLITUDE.
Issue *vb* V. SPRING.
Itch V. LONG.
Item 1. Item, detail, particular significan una de las partes distintas del todo.

• **Item** se aplica a cada cosa que se especifica individualmente en una lista o en un grupo de cosas que pueden ser enumeradas individualmente <ordered every *item* on the list>.

• **Detail** se aplica a una de las partes pequeñas que constituyen un todo mayor, y puede denotar específicamente una de las minucias que proporcionan el acabado o el carácter al todo <liked to make the big decisions but leave the *details* to others>.

• **Particular** recalca lo pequeño, lo individual, y sobre todo, lo concreto de un detalle o una pieza <the *particulars* of the case are interesting>.

2. V. ELEMENT.
3. V. THING.
Itemized V. DETAILED.

J

Jam V. PREDICAMENT.
Jammed V. FULL.
Jam-packed V. FULL.
Jargon V. DIALECT.
Jealous V. ENVIOUS.
Jeer V. SCOFF.
Jerk, snap, twitch, yank, wrench, snatch, tug significan hacer un movimiento rápido, repentino y forzoso.

- **Jerk** recalca lo repentino y abrupto, y suele indicar un movimiento torpe y forzoso <gave the rope a quick *jerk*>.
- **Snap** indica una acción rápida y forzosa que se termina abruptamente, como el morder, agarrar, atrapar o romper súbitamente <the dog *snapped* at the child's hand>.
- **Twitch** se aplica a un movimiento ligero, súbito y a veces espasmódico, que suele combinar tirones y sacudidas <his face often *twitched* violently>.
- **Yank** indica un tirar o jalar forzoso <she *yanked* the blanket over her head>.
- **Wrench** connota torcer y halar con un movimiento súbito y violento <trying to *wrench* the gun away from him>.
- **Snatch** sugiere agarrar algo rápidamente y afanadamente <he *snatched* the knife from the baby's hand>.
- **Tug** recalca el halar fuertemente y a menudo repetidamente <she *tugged* on the car door>.

Jettison V. DISCARD.
Jibe V. AGREE 2.
Job 1. V. TASK. **2.** V. POSITION 2. **3.** V. WORK 2.
Jocular V. WITTY.
Join 1. Join, combine, unite, connect, link, associate, couple, affiliate, hitch significan poner o ponerse juntos, en alguna forma de unión.

- **Join** indica el poner en algún grado de contacto o conjunción cosas que están claramente diferenciadas <*joined* with other consumers to sue the manufacturer>. ***ant*** disjoin, part
- **Combine** indica un fusionar o mezclar que confunde la identidad de cada unidad <*combine* the flour and sugar in a large bowl>. ***ant*** separate
- **Unite** recalca el lazo mediante el cual dos o más entidades individuales son vinculadas, e indica una mayor pérdida de identidad individual <two colonies *united* to form a single nation>. ***ant*** alienate, disunite, divide
- **Connect** connota un acoplamiento relajado o externo con poca o ninguna pérdida de identidad <a bridge *connects* the island to the mainland>. ***ant*** disconnect
- **Link** puede indicar un fuerte acoplamiento o inseparabilidad de elementos <wondered if the two events were *linked* in some way>.
- **Associate** recalca el mero hecho de ocurrir o existir juntos en un

espacio o en una secuencia lógica <a famous singer who *associated* with gangsters>.

• **Couple** connota el unir dos cosas <an economic policy that *coupled* tax cuts with new military spending>.

• **Affiliate** connota el conectarse muy de cerca con un programa u organización como miembro o socio <a small club *affiliated* with the national organization>.

• **Hitch** connota el conectar dos objetos con un gancho o un nudo <*hitched* the trailer to their car>.

2. V. MIX.

Joke 1. Joke, quip, witticism, wisecrack, crack significan algo dicho o hecho con el fin de provocar la risa.

• **Joke** puede aplicarse a una acción cuyo fin es de engañar o burlar a alguien, o a una historia o comentario que fomenta el buen humor <told them a long, funny *joke*>.

• **Quip** connota un comentario que es rápido, hecho con gracia y chistoso <would respond instantly with a clever *quip*>.

• **Witticism** indica un comentario que es ingenioso, y a menudo mordaz o irónico <his *witticisms* were usually directed at his employers>.

• **Wisecrack, crack** términos informales, indican un comentario o una réplica aguda, ingeniosa, y a menudo sarcástica <tired of hearing *wisecracks* about his name> <the guy made a *crack* about my car>.

2. V. FUN.

Jolly V. MERRY.

Jovial V. MERRY.

Joyful V. GLAD.

Joyous V. GLAD.

Judge 1. V. INFER. **2.** V. DECIDE. **3.** V. ESTIMATE.

Judgment 1. V. SENSE. **2.** V. OPINION.

Judicious V. WISE.

Junction, confluence, crossroads, intersection significan un acto, estado o lugar de unión o de encuentro.

• **Junction** suele aplicarse a la unión o el encuentro de cosas materiales tales como caminos, ríos o ferrocarriles <a town grew up at the *junction* of the two highways>.

• **Confluence** connota un movimiento fluido por medio del cual las cosas o las personas parecen unirse y mezclarse <the *confluence* of two rivers>.

• **Crossroads** connota un lugar donde dos o más carreteras o caminos se cruzan <the *crossroads* was marked by a signpost> o más ampliamente, un lugar o un momento en el cual se debe tomar una decisión <they had reached a *crossroads* in their marriage>.

• **Intersection** generalmente indica el lugar o el punto donde dos o más calles se unen o se cruzan <the accident occurred at a busy *intersection*>.

Juncture, emergency, pinch, crisis, turning point significan un tiempo o una situación crítica o crucial.

• **Juncture** recalca la significativa concurrencia o convergencia de eventos que puede llevar a un momento crucial <at an important *juncture* in our country's history>.

• **Emergency** se aplica a una situación repentina o imprevista que requiere una pronta acción para evitar el desastre <*emergencies* such as floods and fires>.

• **Pinch** indica una coyuntura, particularmente en los asuntos personales, que ejerce presión y exige una vigorosa acción contrarrestante, pero cuya intensidad es menor a la de *emergency* <they said they could help her in a *pinch*>.

• **Crisis** se aplica a una coyuntura cuyo resultado tendrá un impacto decisivo <a worldwide financial *crisis*>.

• **Turning point** indica un momento en una acción o situación en el cual ocurre un cambio importante <the *turning point* in their negotiations>.

Junk V. DISCARD.

Jurisdiction V. POWER.

Just 1. V. FAIR. **2.** V. UPRIGHT.

Justice, fair play, fairness significan el arte, la práctica o la obligación de rendir a otro lo que le pertenece o le es debido.

• **Justice** puede aplicarse a una abstracción ideal, o a una cualidad mental que la refleja, a una cualidad de verdad e imparcialidad inherente o al trato que merece uno que ha infringido una ley o que busca ayuda cuando ha sido agraviado o amenazado <for her, *justice* was society's highest ideal>. ***ant*** injustice

• **Fair play** connota un tratamiento equitativo o imparcial <he simply lacked a sense of *fair play*>.

• **Fairness** connota la ausencia de prejuicios y una libertad de favores hacia cualquier interés en conflicto <she questioned the *fairness* of the decision>.

Justification V. APOLOGY.

Justify 1. Justify, warrant significan ser lo que constituye motivos suficientes para hacer, usar, decir o preferir algo.

• **Justify** puede preferirse cuando el énfasis se pone en los motivos que satisfacen tanto a la razón como a la conciencia <no crime could *justify* such a cruel punishment>.

• **Warrant** es especialmente apropiado cuando el énfasis se pone en algo que requiere una explicación o una razón más que una excusa, y suele connotar el ser apoyado por la autoridad del precedente, la experiencia o la lógica <the virus's role in disease *warrants* further research>.

2. V. MAINTAIN.

Juxtaposed V. ADJACENT.

K

Keen 1. V. EAGER. **2.** V. SHARP.

Keep, retain, detain, withhold, reserve, hold back significan tener en la posesión o bajo el control de uno.

• **Keep** puede connotar el tener uno en su posesión, custodia o control, algo tangible o intangible <please *keep* this while I'm gone>. ***ant*** relinquish

• **Retain** indica el guardar continuamente, particularmente con el fin de prevenir la pérdida del objeto guardado o que éste sea agarrado por otro <with no money, it was hard to *retain* their dignity>.

• **Detain** connota guardar como consecuencia de una demora en el soltar o poner en libertad <*detained* three young men for questioning>.

• **Withhold** indica una reserva al soltar o poner en libertad, o el negarse completamente a hacerlo, a menudo con buena razón <the committee continued to *withhold* its approval of the project>.

• **Reserve** connota el guardar para otro uso o un uso futuro <advised the runners to *reserve* some of their energy for the last mile>.

• **Hold back** connota refrenarse de revelar o renunciar a algo <they had apparently *held back* important information>.

Kick out v. EJECT.

Kill, slay, murder, assassinate, execute significan privar de la vida.

• **Kill** afirma meramente el hecho de la muerte como consecuencia de alguna acción realizada de alguna manera <frost *killed* the plants>.

• **Slay** es un término primordialmente literario que indica el matar con deliberación y violencia <*slew* thousands of the enemy>.

• **Murder** indica específicamente el matar con sigilo, motivo y premeditación, y por lo tanto con plena responsabilidad moral <convicted of *murdering* his parents>.

• **Assassinate** connota el matar a una persona famosa o importante, generalmente por razones políticas <a plot to *assassinate* the premier>.

• **Execute** recalca el dar muerte como una pena legal <to be *executed* by firing squad at dawn>.

Kind *adj* **Kind, kindly, benign, good-hearted, sympathetic, humane, caring, benevolent** significan que demuestra o posee una naturaleza gentil y considerada.

• **Kind** recalca un temperamento que es comprensivo y amable <she was always doing *kind* things for people>. ***ant*** unkind

• **Kindly** recalca más la expresión de un temperamento, humor o impulso amable <a *kindly* old man who everyone liked>. ***ant*** unkindly

• **Benign** indica gentileza y clemencia y se aplica más a las amables palabras o gestos de un superior que a los de un igual <he was grateful for having a *benign* employer>. ***ant*** malign

• **Good-hearted** connota una personalidad bondadosa y generosa <he's a *good-hearted* fellow>.

• **Sympathetic** sugiere ser compasivo y sentirse apenado por alguien que está en una situación mala <she received much help from *sympathetic* friends>.

• **Humane** connota bondad o consideración para los humanos o los animales <the *humane* treatment of laboratory animals>.

• **Caring** connota mostrar preocupación de cuidado por el bienestar de otro <a *caring* parent>.

• **Benevolent** sugiere ser bondadoso, generoso y dispuesto a hacer el bien, frecuentemente en una manera general <a gift from a *benevolent* donor>.

Kind *n* V. TYPE.
Kindle V. LIGHT.
Kindly V. KIND *adj.*
Kindred V. RELATED.
Klutzy V. AWKWARD.
Knack V. GIFT.
Knock V. TAP.
Knotty V. COMPLEX.
Know, believe, think significan considerar uno que algo es verdadero o es lo que pretende ser.

- **Know** recalca la certeza e indica el estar fundamentado en una información firmemente lógica u objetiva <we *knew* he was there>.
- **Believe,** al igual que *know,* recalca la certeza, pero indica el estar fundamentado en confianza y fe más que en evidencia <he *believed* everything she told him>.
- **Think** connota probabilidad más que certeza firme e indica el estar fundamentado en una evaluación mental de circunstancias pertinentes <she *thinks* she'll do well on the test>.

Know-how V. ART.
Knowledge, learning, erudition, scholarship, lore significan lo que es o que puede ser, sabido por un individuo o por la humanidad.

- **Knowledge** se aplica a hechos o ideas adquiridas mediante el estudio, la investigación, la observación o la experiencia <her *knowledge* of English>. ***ant*** ignorance
- **Learning** se aplica a los conocimientos adquiridos especialmente mediante la enseñanza formal, a menudo avanzada, y a la aplicación estricta <the author's vast *learning*>.
- **Erudition** indica fuertemente la adquisición o la posesión de conocimientos profundos, recónditos o librescos <no one doubted her impressive *erudition*>.
- **Scholarship** indica la posesión de conocimientos característicos de un estudioso avanzado en un campo de estudio o investigación especializada <a work of first-rate *scholarship*>.
- **Lore** indica un conocimiento, creencias e historias tradicionales que están relacionadas con un lugar, sujeto o grupo en particular <the old man enjoyed telling her the local *lore*>.

L

Labor V. WORK 1.
Laborious V. HARD.
Lack, want, need, require significan estar sin algo que es esencial o que es muy deseado.

- **Lack** puede indicar, una ausencia o una escasez <a club that *lacked* a meeting room>.
- **Want** añade a *lack* la indicación de necesitar o desear urgentemente <you may have whatever you *want*>.

• **Need** recalca la necesidad urgente más que la ausencia o la escasez <everyone *needs* a friend>.

• **Require** suele ser intercambiable con *need* pero puede intensificar la indicación de necesidad urgente <a case that *required* attention>.

Laconic V. CONCISE.

Ladylike V. FEMALE.

Lag V. DELAY.

Lambaste V. SCOLD.

Lament 1. V. GRIEVE. **2.** V. DEPLORE.

Lanky V. LEAN.

Lapse V. ERROR.

Lapse *vb* **Lapse, relapse, backslide, slip** significan caer de un estado o condición superior o mejor a uno que es inferior o peor.

• **Lapse** suele presuponer el haber alcanzado un alto nivel de algo como moralidad, modales o hábitos, e indica una desviación abrupta de esta norma o nivel; puede asimismo reflejar culpabilidad o una flaqueza grave, o a veces, simplemente una distracción <she had let her magazine subscriptions *lapse*>.

• **Relapse** presupone una mejora o un avance definitivo hacia, por ejemplo, la salud o un estado superior, e indica una severa, y a menudo peligrosa, marcha atrás <after a few minutes he *relapsed* into silence>.

• **Backslide,** que conlleva las mismas presuposiciones e indicaciones que *relapse,* se aplica de forma casi exclusiva a caídas morales y religiosas, y en contraste con las otras palabras, tiene mayor tendencia a connotar infidelidad al deber, a la devoción o a los principios que alguna vez fueron declarados <he had been a strict Catholic, but now seemed to be *backsliding*>.

• **Slip** connota volverse más bajo en valor o cantidad <after climbing for two weeks, the stock market *slipped* to its lowest level in a month>.

Larceny V. THEFT.

Large 1. Large, big, great significan que es de una magnitud mayor a la media, y en particular, magnitud física.

• **Large** puede preferirse en casos en los que se trata de dimensiones, extensión, capacidad o cantidad <a *large* meal>, o bien cuando se desea recalcar la amplitud, la abarcadura o la generosidad <a *large* responsibility>. ***ant*** small

• **Big** pone el énfasis en el volumen, la masa o el peso <a *big* book>, o bien, en lo impresionante o importante <a *big* event>. ***ant*** little

• **Great** puede a veces indicar magnitud física, a menudo con connotaciones de maravilla, asombro, o sorpresa <a *great* pile of garbage>, pero indica con mayor frecuencia la eminencia, la distinción o la supremacía <possessed a *great* talent>. ***ant*** little

2. V. MONSTROUS.

3. V. ENORMOUS.

Lash V. TIE.

Last *adj* **Last, final, terminal, eventual, ultimate, closing, concluding** significan que sigue a todos los demás en tiempo, orden o importancia.

• **Last** se aplica a algo que viene al final de una serie, pero sin indicar necesariamente que la serie esté completa o terminada <the *last* news

we heard>. ***ant*** first

• **Final** se aplica a todo aquello que, en forma definitiva, cierra una serie, un proceso o un progreso <the *final* day of school>. ***ant*** initial

• **Terminal** puede indicar el límite de una extensión, un crecimiento o un desarrollo <the *terminal* phase of cancer>. ***ant*** initial

• **Eventual** se aplica a algo que tiene que seguir tarde o temprano como el efecto final de causas que están ya en operación, e indica el cierre definitivo de una secuencia de eventos preliminares <the *eventual* defeat of the enemy>.

• **Ultimate** indica el grado o la etapa final de un largo proceso, o una etapa más allá de la cual es imposible progresar o cambiar <the *ultimate* collapse of the government>.

• **Closing, concluding** sugieren formar la última parte de algo <both lawyers delivered their *closing* arguments> <a *concluding* remark>.

Last *vb* V. CONTINUE.

Lasting, enduring, permanent, durable, stable, undying significan que perdura tanto que parece estar fijo o establecido.

• **Lasting, enduring** indican la capacidad de continuar indefinidamente <the book left a *lasting* impression on her> <an *enduring* tradition>. ***ant*** fleeting

• **Permanent** añade la indicación de haber sido diseñado o concebido para existir o continuar indefinidamente <finally moved into a *permanent* home>. ***ant*** temporary

• **Durable** indica un poder de resistir efectos destructivos que es superior al de otros de su mismo tipo o clase <*durable* shoes>.

• **Stable** indica una permanencia o durabilidad como consecuencia de estar bien arraigado, equilibrado o establecido, y por lo tanto es capaz de resistir el ser volcado o desplazado <a *stable* government>. ***ant*** unstable, changeable

• **Undying** connota que dura para siempre y generalmente describe emociones <he expressed his *undying* gratitude>.

Late 1. V. TARDY. **2.** V. DEAD.

Latent, dormant, potential significan que no es manifiesto ahora o que no demuestra señales de actividad o de existencia.

• **Latent** se aplica a un poder o una cualidad oculta cuya acción aún no es manifiesta, pero que puede surgir y desarrollarse en el futuro <the infection can remain *latent* for years>. ***ant*** patent

• **Dormant** connota la inactividad de algo, tal como un sentimiento o un poder, como algo que duerme y es capaz de reanudar su actividad <a *dormant* volcano>. ***ant*** active, live

• **Potential** se aplica a lo que aún no tiene existencia, naturaleza o efecto, pero que tiene la capacidad de tenerlo y en toda probabilidad lo tendrá pronto <the dam, in its present condition, represents a *potential* disaster>. ***ant*** active, actual

Laughable 1. Laughable, ludicrous, ridiculous, humorous, funny, comic, comical, amusing significan que provoca risa o alegría.

• **Laughable, ludicrous, ridiculous** connotan un carácter absurdo o grotesco que ocasiona tanto risa como desdén, y a veces lástima <her *laughable* attempts at skating> <a movie with a *ludicrous* plot> <told

him his idea was *ridiculous*>.

• **Humorous** es un término amplio para casi cualquier cosa que provoca risa <loved hearing his *humorous* stories about his odd relatives>.

• **Funny,** que es intercambiable con cualquier otro de estos términos, puede connotar lo curioso o lo extraño como el fundamento de la cualidad risible <didn't think the joke was *funny*>. ***ant*** unfunny

• **Comic** se aplica especialmente a lo que ocasiona una diversión reflexiva o sardónica <Falstaff is Shakespeare's greatest *comic* character>. ***ant*** tragic

• **Comical** se aplica a lo que provoca una hilaridad espontánea y desenfrenada <her brother's *comical* faces always made her laugh>. ***ant*** pathetic

• **Amusing** generalmente significa ser solamente un poco gracioso <a mildly *amusing* remark>.

2. V. WITTY.

Lavish 1. V. PROFUSE. **2.** V. PLENTIFUL.

Law 1. Law, rule, regulation, statute, ordinance, decree, act significan un principio que gobierna la acción o el procedimiento.

• **Law** indica una imposición por parte de una autoridad soberana y la obligación de obediencia por parte de todos los que están sujetos a esta autoridad <the *law* required that the voters approve the measure>.

• **Rule** connota una relación más estrecha con la conducta individual y puede indicar restricción, normalmente con respecto a una situación en particular, por el bien de un fin inmediato <the *rules* of the game>.

• **Regulation** indica una prescripción por parte de una autoridad con el fin de controlar una organización, una situación o un sistema <government *regulations* affecting power plants>.

• **Statute** indica una ley promulgada por un cuerpo legislativo <a *statute* requiring the use of seat belts when driving>.

• **Ordinance** se aplica a una orden que gobierna algún detalle de procedimiento o conducta y que es impuesta por una autoridad limitada, tal como una municipalidad <a city *ordinance*>.

• **Decree** connota una orden oficial que se vuelve ley <the president's *decree* making the day a national holiday>.

• **Act** indica un estatuto aprobado por una legislatura <the program was created by an *act* of Congress>.

2. V. HYPOTHESIS.

Lawful, legal, legitimate, permissible significan estar en conformidad con la ley.

• **Lawful** puede aplicarse a la conformidad con cualquier tipo de ley, tal como la natural, la divina, la común o un canon <fighting terrorism by every *lawful* means>. ***ant*** unlawful

• **Legal** se aplica a lo que es permitido o está en conformidad con la ley, particularmente la ley tal y como aparece por escrito o como es administrada por las cortes <*legal* residents of the state>. ***ant*** illegal

• **Legitimate** puede aplicarse a un derecho o estatus legal, pero también, en su uso extendido, a un derecho o estatus apoyado por la tradición, la costumbre o las normas aceptadas <didn't think the reasons she gave were *legitimate*>. ***ant*** illegitimate, arbitrary *(en referencia a los poderes o medios)*

• **Permissible** connota ser aceptable según las reglas o leyes <not everything that is legally *permissible* is right>.

Lawyer, attorney, counsel significan uno que está autorizado a ejercer la abogacía.

• **Lawyer** se aplica a cualquier persona versada en los principios de la ley y autorizada a ejercer la abogacía en las cortes o para actuar como agente o consejero legal <the best defense *lawyer* in town>.

• **Attorney** suele usarse de manera intercambiable con *lawyer,* pero en su uso preciso denota un abogado que actúa como agente legal para un cliente en asuntos tales como el traslado de propiedades, la resolución de testamentos o la defensa o prosecución de un caso de derecho civil <the *attorney* for the dead man's estate>.

• **Counsel** suele usarse colectivamente para designar un grupo de abogados comprometidos con una causa legal determinada en una corte <several members of the firm served as *counsel* for the prosecution>.

Lax 1. V. LOOSE. **2.** V. NEGLIGENT.

Lay out V. SPEND.

Laziness V. LETHARGY.

Lazy 1. Lazy, indolent, slothful, sluggish, listless, lethargic significan que no es fácilmente inducido a la acción o a la actividad.

• **Lazy** connota el no sentirse inclinado a trabajar o en molestarse a hacer cosa alguna, y suele indicar ocio o parsimonia, aún en el trabajo <always complaining about her *lazy* son>. ***ant*** industrious

• **Indolent** connota el amor a la comodidad, así como una aversión hacia el movimiento o la actividad <the summer's heat had made them *indolent*>. ***ant*** industrious

• **Slothful** indica una incapacidad innata de tomar acción inmediata cuando es necesario <annoyed by her husband's *slothful* habits>. ***ant*** industrious

• **Sluggish** connota moverse o reaccionar lentamente <a *sluggish* lizard lying in the sun>.

• **Listless** sugiere ser falto de interés, energía o espíritu <a group of thin, hungry, *listless* children>.

• **Lethargic** connota una falta de energía o interés al hacer las cosas <the patient is weak and *lethargic*>.

2. V. INACTIVE.

Lead V. GUIDE.

Leading 1. V. DOMINANT. **2.** V. FAMOUS.

Lead on V. LURE.

League V. ALLIANCE.

Lean *adj* **Lean, spare, lanky, gaunt, scrawny, skinny, bony** significan delgado a causa de no tener un exceso de carne.

• **Lean** recalca la carencia de grasa y de contornos curvos <tall, *lean,* and well muscled>. ***ant*** fleshy

• **Spare** connota una delgadez que resulta de un estilo sobrio de vida o de ejercicio constante <the *spare* form of a long-distance runner>.

• **Lanky** connota torpeza junto con flexibilidad y delgadez <a *lanky,* awkward youth>. ***ant*** burly

• **Gaunt** indica una marcada delgadez o escualidez, tal como la que resulta del exceso de trabajo, la desnutrición o el sufrimiento <her *gaunt* face showed the effects of hunger and disease>.

• **Scrawny** connota ser extremadamente delgado y ligero o empequeñecido <a *scrawny* chicken>. ***ant*** brawny, fleshy, obese

• **Skinny** indica una delgadez que connota una deficiencia de fuerza y vitalidad <*skinny* fashion models>. ***ant*** fleshy

• **Bony** significa ser flaco o escuálido, sin implicar desnutrición <she had been *bony* in her teens>.

2. V. THIN.

Lean *vb* V. SLANT.

Leaning 1. Leaning, inclination, propensity, proclivity, penchant, flair significan un fuerte instinto o gusto para algo.

• **Leaning, inclination** connotan un gusto o una atracción que no es lo suficientemente fuerte como para ser decisiva o incontrolable <a liberal with socialist *leanings*> <a girl with artistic *inclinations*>. ***ant*** distaste

• **Propensity** indica un anhelo innato o profundamente arraigado, a menudo irresistible <the *propensity* of Americans to spend more than they save>. ***ant*** antipathy

• **Proclivity** indica una fuerte tendencia, natural o habitual, hacia algo ofensivo o maligno <his scary *proclivity* for violence>.

• **Penchant** indica un gusto muy marcado por algo, o una atracción irresistible ejercida por algo <has a *penchant* for taking risks>.

• **Flair** indica una atracción instintiva que conduce a uno hacia algo <she had a real *flair* for writing clever ads>.

2. V. GIFT.

3. V. PREDILECTION.

Learn V. DISCOVER.

Learned, scholarly, erudite, cultured significan que posee o manifiesta conocimientos extraordinariamente amplios y profundos.

• **Learned** indica conocimientos académicos que se han obtenido con mucho estudio e investigación y puede aplicarse ya sea a individuos, sus asociaciones, sus escritos y publicaciones profesionales <a *learned* scholar>.

• **Scholarly** indica erudición y se aplica en particular a personas que han alcanzado la maestría en un campo de conocimiento, o puede aplicarse asimismo a sus dichos, ideas o escritos <a *scholarly* study of the causes of the war>.

• **Erudite,** a veces intercambiable con *learned* y *scholarly,* puede indicar un amor del aprendizaje por el puro gusto de aprender, o un interés en conocimientos raros o extraordinarios, o simplemente pedantería <had written *erudite* articles on the subject>.

• **Cultured** connota tener o mostrar una educación, unos modales y un gusto superior <spoke with a *cultured* accent>.

Learning V. KNOWLEDGE.

Lease V. HIRE.

Leave *vb* **1.** V. GO. **2.** V. LET. **3.** V. ABANDON.

Leave *n* V. PERMISSION.

Leaven V. INFUSE.

Leave off V. STOP.

Leech V. PARASITE.

Legacy V. HERITAGE.
Legal V. LAWFUL.
Legend V. MYTH.
Legendary V. FICTITIOUS.
Legitimate 1. V. LAWFUL. **2.** V. AUTHENTIC.
Lengthen V. EXTEND.
Leniency V. MERCY.
Lenient V. FORBEARING.
Lessen V. DECREASE.
Let 1. Let, allow, permit, leave significan no prohibir o prevenir.

• **Let** puede indicar, en sentido positivo, el dar permiso, pero suele indicar con mayor frecuencia la incapacidad de prevenir, ya sea por inadvertencia o descuido, o por falta de poder o de autoridad efectiva <he rarely *let* the children watch TV>.

• **Allow** indica poco más que el abstenerse de prohibir, o de ejercer este poder <she *allows* her students to talk freely>. ***ant*** inhibit

• **Permit** indica una expresa disposición o consentimiento <motorboats are *permitted* on the lake>. ***ant*** prohibit, forbid

• **Leave** recalca la no interferencia en el dejar, permitir o consentir, y puede connotar que se ha ido la persona que podría interferir <*left* them to settle the question by themselves>.

2. V. HIRE.
Lethal V. DEADLY.
Lethargic V. LAZY.
Lethargy, stupor, sluggishness, indolence, laziness, inertia significan inercia física o mental.

• **Lethargy** indica un sopor o una aversión hacia la actividad, como la que es inducida por la enfermedad, un accidente que se ha sufrido o las drogas <his *lethargy* was the result of depression>. ***ant*** vigor

• **Stupor** indica un entorpecimiento de la mente y los sentidos por algo como un choque, los narcóticos o estupefacientes <sitting in a drunken *stupor* at 3 a.m.>.

• **Sluggishness** sugiere una lentitud al responder a un estímulo <the *sluggishness* she felt after a big meal>.

• **Indolence** connota que no le gusta trabajar o hacer cosas que requieren esfuerzo <television encourages *indolence*>.

• **Laziness** indica una aversión por la actividad o el esfuerzo <her parents complain about her *laziness*>.

• **Inertia** connota una tendencia a no moverse, actuar o cambiar <she finally overcame her *inertia* and went back to school>.

Let on V. REVEAL.
Level, flat, even, smooth, flush, horizontal significan que tiene una superficie sin torceduras, curvas o irregularidades, y sin tener una parte que sea más alta que otra.

• **Level** se aplica a una superficie horizontal que se encuentra sobre una línea paralela al horizonte <on *level* ground>.

• **Flat** se aplica a cualquier superficie carente de curvaturas, prominencias o depresiones notables <the surface must be perfectly *flat*>.

• **Even** se aplica a una superficie que es perceptiblemente plana o pareja, o a una línea que es visiblemente recta <trim the hedge so that it's *even* on all sides>. ***ant*** uneven

• **Smooth** se aplica a una superficie plana o pareja, sobre todo cuando ésta carece de irregularidades <a *smooth* floor for dancing>. ***ant*** rough

• **Flush** se aplica a una superficie o línea que forma una superficie o línea continua con otra superficie o línea <the water was already *flush* with the top of the riverbanks>.

• **Horizontal** connota yacer en forma plana o paralela al suelo <a *horizontal* beam>.

Levity, frivolity, flippancy significan alegría o indiferencia en situaciones en las que se requiere de seriedad.

• **Levity** connota una alegría trivial o inoportuna <a moment of *levity* in the solemn proceedings>. ***ant*** gravity

• **Frivolity** connota una tendencia irresponsable de permitirse muchos festejos o falta de seriedad en el habla o la conducta <her life seemed to be devoted to parties and *frivolity*>. ***ant*** seriousness, staidness

• **Flippancy** indica una ligereza impropia, particularmente al comentar asuntos graves o sagrados <spoke of the deadly bombing with annoying *flippancy*>. ***ant*** seriousness

Liable 1. Liable, open, exposed, subject, prone, susceptible, sensitive, vulnerable significan tener altas probabilidades, por motivo de naturaleza o circunstancias, de encontrarse con dificultades.

• **Liable** indica una posibilidad o probabilidad de incurrir en algo a causa de posición, naturaleza o la acción de fuerzas fuera del control de uno <unless you're careful, you're *liable* to fall>. ***ant*** exempt, immune

• **Open** recalca la facilidad de acceso y la falta de barreras protectoras <her claim is *open* to question>.

• **Exposed** connota una falta de protección o de poderes de resistencia contra algo que está ya presente o que amenaza <the town's *exposed* position made it impossible to defend>.

• **Subject** indica el estar abierto, por cualquier motivo, a algo que ha de sufrirse o padecerse <the train schedule is *subject* to change>. ***ant*** exempt

• **Prone** recalca una tendencia o propensión natural a incurrir en algo <he's *prone* to accidents>.

• **Susceptible** indica condiciones existentes dentro de la naturaleza o constitución individual de uno que exponen a uno a algo, sobre todo algo dañino <young children are *susceptible* to colds>. ***ant*** immune

• **Sensitive** indica una disposición a responder a, o ser influenciado por, fuerzas o estímulos <her eyes are *sensitive* to light>. ***ant*** insensitive

• **Vulnerable** indica que se lastima o lesiona fácilmente <*vulnerable* to infection after surgery>, o que está abierto a ataques o daños <home computers are often *vulnerable* to viruses>.

2. V. RESPONSIBLE.

Liaison V. AMOUR.

Libel V. MALIGN *vb.*

Liberal 1. Liberal, generous, munificent, beneficent significan que da libremente y con prodigalidad.

• **Liberal** connota largueza por parte del que da, así como grandeza en la cosa o cantidad que se da <his lectures always included a *liberal* dose of humor>.

• **Generous** recalca una afectuosa disposición a dar, más que el tamaño o la importancia del regalo <a friend's *generous* offer of assistance>.

• **Munificent** connota gran esplendidez en el dar <a *munificent* gift of $50 million to the university>.

• **Beneficent** connota hacer o producir el bien <a humane and *beneficent* policy>.

2. Liberal, progressive, radical significan libre de, u opuesto a, todo lo que es ortodoxo, establecido o conservador.

• **Liberal** indica cierto nivel de emancipación de la convención, la tradición o el dogma, y puede connotar ya sea el pragmatismo y la tolerancia, o bien la falta de ortodoxia, el extremismo y la falta de disciplina <*liberal* policies such as universal medical insurance>. ***ant*** conservative

• **Progressive** tiende a indicar una comparación con lo que es atrasado o reaccionario, y una disposición a abandonar métodos y creencias antiguas por otros más prometedores <*progressive* politicians concerned about the gap between rich and poor>. ***ant*** conservative

• **Radical** suele indicar una disposición a destruir las instituciones que conservan las ideas o políticas condenadas, y es cercano a *revolutionary* en su significado <the tiny *radical* party was calling for violence against the police>. ***ant*** reactionary

Liberate 1. V. FREE *vb.* **2.** V. RESCUE.

Liberty V. FREEDOM.

License V. ENABLE.

Lick V. CONQUER.

Lie 1. Lie, prevaricate, equivocate, fib significan decir una falsedad.

• **Lie** es el término franco, e imputa deshonestidad al que habla <he told her bluntly that she was *lying*>.

• **Prevaricate** es un poco más suave que *lie,* e indica una evasión o confusión del asunto <the witness seemed to be stalling and *prevaricating* without quite lying>.

• **Equivocate** indica el uso de palabras ambiguas con la intención de defraudar o engañar <by clever *equivocating* she had managed to fool her questioners>.

• **Fib** se aplica a la acción de decir falsedades insignificantes <*fibbed* about the price of the dress>.

2. V. MISREPRESENT.

Lieutenant V. ASSISTANT.

Lift 1. Lift, raise, elevate, hoist, heave, boost, pick up significan mover de un lugar o posición más baja a una más elevada.

• **Lift** suele indicar el hacer un esfuerzo para vencer la resistencia de peso <*lifted* the chair in order to sweep under it>. ***ant*** lower

• **Raise** conlleva una indicación de llevar a la vertical o a una posición elevada <he *raised* his hand to speak>.

• **Elevate** puede reemplazar a *lift* o a *raise,* particularmente cuando se quiere expresar una exaltación o una mejora <hoping to *elevate* the musical tastes of the public>. ***ant*** lower

• **Hoist** indica el levantar algo pesado, particularmente por medios mecánicos <*hoisted* the cargo onto the ship>.

• **Heave** indica levantar con gran esfuerzo o trabajo <struggled to *heave* the heavy box into the truck>.

• **Boost** connota el ayudar a trepar o avanzar con un empujón <*boosted* his brother over the fence>.

• **Pick up** significa agarrar y levantar, y se usa para objetos pequeños al igual que para grandes <*picked up* a coin>.

2. V. RISE.

Light *adj* V. EASY.

Light *vb* **Light, kindle, ignite, torch** significan iniciar la combustión de algo.

• **Light** suele indicar una acción para un fin específico, como iluminar, calentar, o fumar <*lit* a fire>. ***ant*** extinguish

• **Kindle** puede connotar una dificultad en el encendimiento de materiales combustibles, y es adecuado para expresar que se requiere de preparaciones especiales <the bonfire was *kindled* just after dark>, o bien puede connotar una excitación, provocación, o estímulo <this latest news *kindled* her interest>. ***ant*** smother

• **Ignite** al igual que *kindle,* recalca un encendimiento efectivo, pero suele aplicarse con mayor frecuencia a materiales sumamente inflamables <trying to find what had *ignited* the explosive gas>, o puede asimismo indicar el incitar una actividad <his fiery speech *ignited* a rebellion>.

• **Torch** generalmente connota incendiar algo grande <someone had *torched* the building>.

Lighten V. RELIEVE.

Lighthearted V. GLAD.

Like V. SIMILAR.

Likely V. PROBABLE.

Likeness, similarity, resemblance, analogy significan acuerdo o correspondencia en los detalles.

• **Likeness** indica una correspondencia exacta <he bore a strong *likeness* to his father>.

• **Similarity** suele indicar que existe un simple parecido entre una cosa y otra <some *similarity* between the two cases>. ***ant*** dissimilarity

• **Resemblance** indica una similitud, primordialmente en la apariencia o en cualidades externas o superficiales <the *resemblance* between the two paintings>. ***ant*** difference, distinction

• **Analogy** indica una comparación entre cosas que son básicamente distintas, y suele dirigir la atención hacia semejanzas o paralelismos presentes en las relaciones más que en la apariencia o las cualidades <pointed out the *analogies* to past situations>.

Limb V. SHOOT.

Limber V. SUPPLE.

Limit 1. Limit, restrict, circumscribe, confine significan poner bordes o barreras a algo o alguien.

• **Limit** indica el fijar un punto o una línea, por ejemplo, en el tiempo, el espacio, la velocidad o el grado, más allá del cual no está permitido ir <visits to the patients are *limited* to 30 minutes>. ***ant*** widen

• **Restrict** connota un estrechar, apretar o restringir dentro de, o como si fuese dentro de, un borde periférico o circundante <laws that *restrict* the freedom of the press>.

• **Circumscribe** recalca una restricción en toda dirección y por límites claramente definidos <the court's decision was carefully *circumscribed*>. ***ant*** dilate, expand

• **Confine** connota una severa restricción dentro de bordes que no pueden o no deben de pasarse, y el entorpecimiento, la inmobilidad y la obstaculización resultantes <*confined* in a small jail cell>.

2. V. RESTRAIN.

Limp 1. Limp, floppy, flaccid, droopy significan deficiente en firmeza de textura, sustancia o estructura.

• **Limp** indica una falta o pérdida de rigidez o cuerpo y una tendencia resultante a flaquear o desfallecer <the wounded soldier's *limp* body>.

• **Floppy** se aplica a algo que se comba o que cuelga holgadamente, y suele connotar flexibilidad junto con una falta de rigidez que es natural o intencional <a large *floppy* hat that shaded her eyes>.

• **Flaccid** se aplica primordialmente a tejidos vivientes e indica la pérdida de la firmeza normal, sobre todo aquélla relacionada con la juventud, o bien, la carencia de energía, fuerza o sustancia <after weeks in bed his muscles were *flaccid*>.

• **Droopy** connota el doblarse o colgar hacia abajo como si por falta de energía o apoyo <a *droopy* mustache>.

2. V. LOOSE.

Limpid V. CLEAR 1.

Line up 1. Line up, align, array significan organizar en una o más líneas.

• **Line up** indica el poner en fila, uno por uno, o en filas paralelas <*lined up* the prisoners for identification>.

• **Align** recalca el poner en relación o posición correcta dos o más puntos o partes que deben estar sobre una línea recta <*align* the edges>.

• **Array** se aplica principalmente a la puesta en orden para una batalla, y por lo tanto connota el estar preparado para la acción o para el uso además de estar bien ordenado <the forces *arrayed* against us>. ***ant*** disarray

2. V. ORDER.

Linger 1. V. STAY. **2.** V. DELAY 2.

Lingo V. DIALECT.

Link V. JOIN.

Listless V. LAZY.

Lithe 1. V. AGILE. **2.** V. SUPPLE.

Little V. SMALL.

Live V. RESIDE.

Lively, animated, vivacious, sprightly, gay, sparkling, spry, energetic, spirited significan intensamente vivo y brioso.

• **Lively** connota brío, viveza o energía <a *lively* hour of news and information>. ***ant*** dull

• **Animated** se aplica a lo que es energético, activo y chispeante <an *animated* discussion of current events>. ***ant*** depressed, dejected

• **Vivacious** connota una listeza de gesto y de humor, a menudo jocoso o atrayente <his pretty, *vivacious* girlfriend>. ***ant*** languid

• **Sprightly** connota ligereza y un vigor animado de manerismo o de humor <a tuneful, *sprightly* musical>.

• **Gay** recalca el estar completamente libre de preocupaciones así como un exuberante estado de ánimo <the *gay* spirit of Paris in the 1920s>. ***ant*** grave, sober

• **Sparkling** connota animación, frecuentemente combinada con ingeniosidad <*sparkling* wit>.

• **Spry** se aplica a las personas mayores que son sorprendentemente activas y enérgicas <as *spry* at 75 as she was at 50>.

• **Energetic** connota operar o estar marcado con vigor <they mounted an *energetic* campaign>.

• **Spirited** sugiere estar alerta o vivo y lleno de valor o energía contenciosa <the other team put up a *spirited* defense>.

Living, alive, vital significan que posee o muestra vida.

• **Living** se aplica a cuerpos orgánicos que tienen vida, en contraste con aquéllos que la han perdido <artists both *living* and dead>. ***ant*** lifeless

• **Alive** es similar a *living,* pero viene después de la palabra que modifica <the bird was still *alive*>. ***ant*** dead, defunct

• **Vital** indica la energía y especialmente el poder de crecer y reproducirse que son característicos de todo ser viviente <his *vital* functions, including his pulse and breathing, seemed normal>.

Loath V. DISINCLINED.

Loathe V. HATE.

Loathsome 1. V. BASE *adj.* **2.** V. CONTEMPTIBLE. **3.** V. HATEFUL. **4.** V. REPUGNANT.

Lob V. THROW.

Local V. NATIVE.

Locale V. PLACE.

Location V. PLACE.

Lodge 1. V. HARBOR. **2.** V. RESIDE.

Lofty 1. V. HIGH. **2.** V. PROUD.

Logical 1. Logical, analytic, analytical significan que tiene o demuestra habilidad en el pensamiento o razonamiento.

• **Logical** puede indicar una capacidad para el pensamiento ordenado o, más específicamente, el poder de dar la impresión que el fruto del pensamiento de uno es nítido e imparcial <finally reached the only *logical* conclusion>. ***ant*** illogical

• **Analytic,** y a menudo la variante **analytical,** recalcan el poder de simplificar lo que es complicado o complejo, o lo que caótico o confuso, mediante la separación y recombinación de los elementos de una manera lógica <an *analytical* mind> <refined her *analytic* techniques>.

2. V. RATIONAL.

3. V. VALID.

Loiter V. DELAY 2.

Lone 1. V. SINGLE. **2.** V. ALONE.

Lonesome V. ALONE.

Long, yearn, hanker, pine, hunger, thirst, ache, itch, lust significan tener un fuerte deseo de algo.

• **Long** indica el desear de todo corazón una cosa remota o difícil de alcanzar <*longing* for some peace and quiet>.

• **Yearn** connota una añoranza ávida, ansiosa o dolorosa <*yearned* for a career as an actor>. ***ant*** dread

• **Hanker** connota las inquietantes provocaciones de un apetito o deseo insatisfecho <always *hankering* for more money>.

• **Pine** indica un anhelo o una añoranza inútil por algo imposible de alcanzar <month after month he *pined* for her>.

• **Hunger** indica un ansia o una necesidad imperiosa tal como la que se siente por el alimento <*hungered* for success>.

• **Thirst** connota una necesidad imperiosa tal como la que se siente por el líquido <*thirsting* for revenge>.

• **Ache** connota sufrir una avidez o un anhelo doloroso <she was *aching* for a chance to perform>.

• **Itch,** un término informal, sugiere un deseo inquieto por algo <*itching* to travel>.

• **Lust** sugiere tener un anhelo o un antojo intenso semejante al deseo sexual <*lusting* for adventure>.

Long-winded V. WORDY.

Look 1. V. EXPECT. **2.** V. SEE. **3.** V. SEEM.

Looming V. OMINOUS.

Loose 1. Loose, relaxed, slack, lax significan que no está firmemente sujetado, restringido, aguantado o estirado.

• **Loose** puede referirse en general a personas o cosas libres de restricciones normales o pasadas <let the dog run *loose*>, o a algo que no está firmemente o estrechamente sujetado o conectado entre dos puntos de contacto <one of the wires was *loose*>. ***ant*** strict, tight

• **Relaxed** indica una reducción en lo apretado o ajustado, lo estricto o lo rígido; puede asimismo indicar un aflojamiento, más que una eliminación, de lo que restringe <their new teacher had a more *relaxed* and friendly style>. ***ant*** stiff

• **Slack,** que en otros sentidos es muy cercano a *relaxed,* puede recalcar la falta de firmeza y de fijeza <the wind had died and the sails were *slack*>. ***ant*** taut, tight

• **Lax** recalca la falta de fijeza, firmeza y de tono; en lo que respecta a cosas inmateriales, puede recalcar la falta de la firmeza y fijeza necesarias o adecuadas <the government had been *lax* in enforcing pollution laws>. ***ant*** rigid

2. V. FORBEARING.

Loot *n* V. SPOILS.

Loot *vb* V. RAVAGE.

Loquacious V. TALKATIVE.
Lordly V. PROUD.
Lore V. KNOWLEDGE.
Lose V. MISPLACE.
Lot V. GROUP.
Loud, noisy, earsplitting, deafening, raucous, strident, blaring, booming, thunderous significan caracterizado por la intensidad o el volumen de sonido.

• **Loud** se aplica a cualquier volumen más alto de lo normal y puede connotar una indebida vehemencia o molestia <heard a *loud* explosion outside>. ***ant*** low, soft

• **Noisy** connota hacer mucho ruido <*noisy* children> o estar lleno de ruido <a *noisy* restaurant>.

• **Earsplitting, deafening** indican un volumen tan alto que es físicamente opresivo y agudamente incómodo <the *earsplitting* wail of a siren> <the plane's *deafening* roar>.

• **Raucous** indica un tono fuerte, áspero y chirriante, particularmente de la voz, y puede connotar una actitud alborotadora <*raucous* football fans>.

• **Strident** indica una cualidad áspera y discordante pero insistente, particularmente de la voz <the *strident* yells from the crowd>.

• **Blaring** connota hacer un ruido fuerte y rudo <*blaring* rock music>.

• **Booming** sugiere hacer un sonido fuerte y profundo <the announcer's *booming* voice>.

• **Thunderous** connota hacer un ruido parecido a un trueno <the audience responded with *thunderous* applause>.

Lovely V. BEAUTIFUL.
Low V. BASE *adj.*
Lower V. ABASE.
Loyal V. FAITHFUL.
Loyalty V. FIDELITY.
Lucid V. CLEAR 2.
Luck V. CHANCE.
Lucky 1. Lucky, fortunate significan que tiene o produce un éxito imprevisto.

• **Lucky** recalca la acción del azar en la producción de un resultado favorable <the *lucky* day when I met my future wife>. ***ant*** luckless, unlucky

• **Fortunate** connota el ser recompensado más de lo que se merece o se espera <she was *fortunate* in her business investments>. ***ant*** unfortunate **2.** V. FAVORABLE.

Ludicrous V. LAUGHABLE.
Lug V. CARRY.
Lull V. PAUSE.
Luminous V. BRIGHT.
Lunatic V. INSANE.
Lurch V. REEL.
Lure 1. Lure, entice, inveigle, tempt, seduce, lead on significan apartar

a alguien de una línea de conducta o una situación normal, deseable o propia y atraerlo hacia una que es considerada como rara, no deseada, o incorrecta.

• **Lure** indica el atraer hacia el peligro, el mal o la dificultad mediante el encanto y el engaño <trying to *lure* young people into the army>. ***ant*** revolt, repel

• **Entice** connota el atraer con métodos ingeniosos o diestros <advertising to *entice* new customers>. ***ant*** scare *(off)*

• **Inveigle** indica el atraer mediante el engatusamiento o el halago <she had somehow *inveigled* him into proposing marriage>.

• **Tempt** indica el ejercer una atracción que es tan fuerte que vence las restricciones de la consciencia o del buen juicio <he *tempted* her to stay for dinner>.

• **Seduce** indica llevar a alguien por mal camino mediante la persuasión o falsas promesas <let himself be *seduced* by vague promises>.

• **Lead on** connota causar que alguien continúe creyendo o haciendo algo <he suspected that she was only *leading* him *on*>.

2. V. DECEIVE.

3. V. ATTRACT.

Lurid V. GHASTLY.

Lurk, skulk, slink, sneak, creep, steal, prowl significan conducirse furtivamente con el fin de eludir la atención.

• **Lurk** indica el estar al acecho en un lugar de ocultación y suele connotar una intención siniestra <she saw dangers *lurking* everywhere>.

• **Skulk** connota movimientos furtivos y cobardía o miedo, o una intención siniestra <noticed a cat *skulking* in the shadows>.

• **Slink** indica sigilosidad de movimiento para eludir la atención, y puede connotar una astuta cautela <she yelled at the dog and it *slunk* away>.

• **Sneak** puede añadir una indicación de entrar a un lugar o salirse de él, o de evadir una dificultad mediante métodos furtivos, indirectos o solapados <he *sneaked* out after the others had fallen asleep>.

• **Creep** connota moverse lentamente y silenciosamente para no ser detectado <she *crept* into bed next to her sleeping husband>.

• **Steal** sugiere moverse gradualmente o secretamente <*stole* into the room when no one was around>.

• **Prowl** connota moverse furtivamente como en la búsqueda de una presa <the police *prowl* the area at night>.

Lush 1. V. PROFUSE. **2.** V. RANK.

Lust V. LONG.

Lustrous V. BRIGHT.

Luxuriant 1. V. PROFUSE. **2.** V. RANK.

Luxurious 1. Luxurious, sumptuous, opulent, plush, deluxe significan ostentosamente rico o magnífico.

• **Luxurious** se aplica a lo que es exquisito y costoso y connota la gratificación de los sentidos y el deseo de confort <the most *luxurious* cars in the world>.

• **Sumptuous** se aplica a lo que es abrumadoramente o extravagantemente costoso, espléndido o lujoso <the hotel's *sumptuous* lobby>.

• **Opulent** connota el hacer alarde de lo lujoso, lo suntuoso, o lo costoso <an *opulent* wedding>.

• **Plush** connota ser notablemente rico o lujoso <her *plush* apartment>.

• **Deluxe** sugiere ser caracterizado por una elegancia, un lujo o un gasto especial <it was advertised as a *deluxe* resort>.

2. V. SENSUOUS.

3. V. PROFUSE.

Lying V. DISHONEST.

Macabre V. GHASTLY.

Machination V. PLOT.

Macho V. MASCULINE.

Mad V. INSANE.

Magisterial V. DOCTRINAIRE.

Magnificent V. GRAND.

Magnitude V. IMPORTANCE.

Maim 1. Maim, cripple, mutilate, batter, mangle, maul, disfigure significan herir tan severamente como para causar un daño duradero.

• **Maim** indica la pérdida o la herida de una extremidad o un miembro, normalmente mediante la violencia <*maimed* soldiers missing an arm or a leg>.

• **Cripple** indica la pérdida o el grave perjuicio de un brazo o una pierna <the fall *crippled* her for life>.

• **Mutilate** indica el cortar o quitar una parte esencial de una persona o cosa, causando daño por lo tanto a su entereza, belleza o función <the *mutilated* corpse was found the next day>.

• **Batter** indica el aporrear con una serie de golpes que causan moretones, deformidades o mutilaciones <the ship had run onto the rocks and was being *battered* by the waves>.

• **Mangle** indica una acción desgarradora o aplastante que deja extensas y profundas heridas o laceraciones <his hand had gotten *mangled* by the machine's gears>.

• **Maul** connota lesionar seriamente al golpear, magullar, morder, cortar o desgarrar <the girl had been *mauled* by a dog>.

• **Disfigure** connota arruinar o dañar la apariencia de alguien o algo <his face was *disfigured* by a scar>.

2. V. DEFACE.

Maintain 1. Maintain, assert, defend, justify, claim, contend significan el afirmar la veracidad, lo correcto, lo justo o lo razonable de una cosa.

• **Maintain** recalca la firmeza de convicción, y suele connotar la afirmación persistente o insistente de una causa, y puede connotar un tono agresivo o impertinente <even in prison he continued to *main-*

tain his innocence>.

• **Assert** connota la determinación de lograr que otros acepten la posición que uno reclama para sí <fiercely *asserted* her rights>.

• **Defend** indica el mantener el reclamo que se hace frente al peligro o a la crítica <he *defended* his actions in the war>.

• **Justify** indica el demostrar que algo es verdadero, correcto, aceptable o válido haciendo alusión a una norma o un precedente <threats to public safety *justified* these new police powers>.

• **Claim, contend** connotan declarar que algo es cierto frente a una posible contradicción <they *claim* that the drug prevents hair loss> <she *contends* that the new law will only benefit the wealthy>.

2. v. ASSERT.

Majestic v. GRAND.

Majority, plurality significan un número, una cantidad o una parte que es más grande que otra, sea ésta real o supuesta, particularmente en referencia a una elección.

• **Majority** indica que el candidato o una opinión que gana ha recibido más votos que la suma de los otros candidatos u opiniones en conjunto; es decir, que el voto ganador rebasa la mitad de todos los votos emitidos <elected to the senate by a slim *majority* of 51%–49%>.

• **Plurality** indica meramente que el ganador ha obtenido más votos que cualquier otro candidato u opinión, sin importar si sus votos forman la mayor parte del número total de votos o no <the president had been elected by a *plurality* of 46%>.

Make 1. Make, form, shape, fashion, fabricate, manufacture, forge, build, construct, produce significan causar que algo entre en existencia.

• **Make** se aplica a cualquier acción de producir o crear, sea mediante una agencia inteligente o por fuerzas ciegas, y sin importar si el producto tiene una existencia material o inmaterial <the factory *makes* furniture>.

• **Form** indica el generar un esbozo, una estructura o un diseño que es definitivo en la cosa que se produce <had time to *form* some ideas about the issue>.

• **Shape** connota el imponer una forma sobre algún material mediante algún agente externo <trying to *shape* the mass of material into a book>.

• **Fashion** connota el uso del poder de la inventiva o del ingenio <*fashioned* a chair out of old lumber>.

• **Fabricate** connota el unir muchas partes en un todo, y a menudo la invención ingeniosa de algo falso <she *fabricated* a ridiculous story about where she had been>.

• **Manufacture** indica el hacer repetidamente mediante un proceso fijo, a menudo con maquinaria <the company *manufactures* shoes>.

• **Forge** indica el hacer, crear o ingeniar con gran esfuerzo físico o mental <*forged* an agreement after months of talks>.

• **Build** connota hacer algo al ensamblar partes o materiales <*building* houses for poor people>.

• **Construct** sugiere ensamblar algo al organizar o combinar partes <*construct* a barn> o al organizar ideas o conceptos <the author *constructs* all the stories around a single theme>.

• **Produce**, un término amplio, puede implicar hacer algo por medios físicos <the factory *produces* steel> o por esfuerzo intelectual <she *produced* a new novel every year>, o simplemente al traer a existencia <these talks *produced* a settlement>.

2. V. CONTRIVE.

Make-believe *n* V. PRETENSE.

Make-believe *vb* V. FICTITIOUS.

Maker, creator, author, inventor, originator significan uno que trae algo nuevo a la existencia.

• **Maker** suele indicar una relación estrecha e inmediata entre el que hace y la cosa que se hace, y la responsabilidad consiguiente de lo que se produce <Sensotech, a *maker* of health-care devices>.

• **Creator** recalca el traer a la existencia lo que la mente concibe, y suele connotar originalidad así como el adentrarse en lo desconocido <the *creator* of several TV series>.

• **Author** se aplica a uno que origina algo y quien es la fuente de su ser, y por lo tanto completamente responsable de su existencia <the *author* of several books>.

• **Inventor** connota alguien que aplica pensamiento ingenioso y experimento para crear un aparato o un proceso por primera vez <the *inventor* of the light bulb>.

• **Originator** connota alguien que inicia o inventa algo <the *originator* of the plan>.

Makeshift V. RESORT.

Makeup V. STRUCTURE.

Maladroit V. AWKWARD.

Male V. MASCULINE.

Malevolence V. MALICE.

Malice 1. Malice, malevolence, ill will, spite, grudge significan el deseo de ver a otro sufrir dolor, daño o dificultades.

• **Malice** indica un deseo profundamente arraigado y a menudo inexplicable de ver sufrir a otro <his humor was satirical but without *malice*>.

• **Malevolence** connota un odio amargo y tenaz y puede connotar una maldad inherente con altas probabilidades de expresarse en una conducta maliciosa <the pure *malevolence* of Shakespeare's Iago>. ***ant*** benevolence

• **Ill will** indica un sentimiento de antipatía que es de duración limitada, y suele carecer de cualquier elemento de disturbio mental <the question was whether she had acted out of *ill will*>. ***ant*** goodwill

• **Spite** indica un sentimiento mezquino de envidia y de rencor que se expresa a menudo en pequeños acosos y maldad <motivated by *spite*>.

• **Grudge** indica un sentimiento de rencor o de malicia que se ha guardado o abrigado y que busca satisfacción <he had borne a *grudge* against his brother for years>.

2. V. ENMITY.

Malign *adj* V. PERNICIOUS.

Malign *vb* **Malign, vilify, defame, slander, libel, denigrate, smear** significan causar daño o perjuicio a una persona o cosa como consecuencia de haber hablado mal de ella.

• **Malign** connota una distorsión específica, y a menudo sutil, pero no siempre indica el mentir de forma deliberada <the team has been much *maligned* recently>. ***ant*** defend

• **Vilify** indica el intento de destruir una reputación mediante el insulto manifiesto y directo <*vilified* by the press>.

• **Defame** recalca la pérdida o el perjuicio de la buena reputación <claimed her reputation had been *defamed*>.

• **Slander** recalca el sufrimiento de la víctima como resultado de calumnias orales o escritas <widely *slandered* as a traitor during the war>.

• **Libel** indica el imprimir, escribir, publicar o circular algo que difama a una persona o su reputación <sued the magazine for *libel*>.

• **Denigrate** connota tratar de dañar la reputación de alguien al decir cosas malas o falsas acerca de ella <constantly *denigrating* him to anyone who will listen>.

• **Smear** sugiere envilecer, especialmente al difundir cargos graves secreta y maliciosamente <she had *smeared* her opponent with lies about his past>.

Malignancy V. TUMOR.
Malleable V. PLIABLE.
Mammoth V. ENORMOUS.
Manage 1. V. CONDUCT. **2.** V. TREAT.
Mandate V. DICTATE.
Maneuver V. TRICK.
Manful V. MASCULINE.
Mangle V. MAIM.
Mania 1. Mania, delirium, frenzy, hysteria significan un estado caracterizado por reacciones exageradas y una pérdida del control emocional, mental o nervioso.

• **Mania** suele indicar un entusiasmo excesivo o irracional <Venezuela's *mania* for baseball>.

• **Delirium** añade la noción de extrema agitación emocional <by the show's final musical number, the audience was in a *delirium* of ecstasy>.

• **Frenzy** connota la pérdida del autocontrol y una agitación violenta que a menudo se expresa en la acción <the Christmas shopping *frenzy*>.

• **Hysteria** indica una inestabilidad emocional caracterizada a menudo por rápidas transiciones de humor <the *hysteria* of the fans>.

2. V. FASHION.

Manifest *adj* V. EVIDENT.
Manifest *vb* V. SHOW 1.
Manipulate V. HANDLE.
Manlike V. MASCULINE.
Man-made V. ARTIFICIAL.
Manner 1. V. BEARING. **2.** V. METHOD.
Mannerism 1. V. ECCENTRICITY. **2.** V. POSE.
Mannerly V. CIVIL.

Manufacture V. MAKE.
Mar 1. V. INJURE. **2.** V. DEFACE.
Margin V. BORDER.
Marital V. MATRIMONIAL.
Mark V. SIGN.
Marshal V. ORDER.
Martial 1. Martial, warlike, military significan perteneciente a la guerra o característico de ella.

- **Martial** connota en particular la pompa y circunstancia de la guerra <standing in *martial* array>.
- **Warlike** indica con mayor frecuencia el espíritu, temperamento o los actos que conducen a la guerra o que la acompañan <a nation that had gradually become more *warlike*>. ***ant*** unwarlike
- **Military** puede indicar una referencia a la guerra, a las armas o a las fuerzas armadas <a *military* expedition>, o puede aplicarse en oposición a *civil* o *civilian* <*military* law>.

2. V. BELLIGERENT.

Masculine, male, manly, manlike, manful, virile, macho significan perteneciente a, característico de o en la manera de un macho, particularmente de la especie humana.

- **Masculine** se aplica a cualidades, atributos o actitudes características de los hombres y que no son compartidas por las mujeres <a *masculine* physique>. ***ant*** feminine
- **Male** se aplica en general a plantas, animales y personas y recalca el hecho del sexo <a *male* tiger>. ***ant*** female
- **Manly** connota las cualidades del hombre maduro, en particular, las cualidades más específicas de un hombre o los poderes y talentos que vienen con la madurez <his father had never regarded acting as a *manly* career>. ***ant*** unmanly, womanly
- **Manlike** se usa en referencia a los seres humanos en general, normalmente para denotar semejanzas con el género humano <the most *manlike* of the apes>.
- **Manful** connota firmeza y resolución <the team's *manful* effort to break the tie>.
- **Virile** connota las cualidades de una hombría plenamente desarrollada, pero suele ser más fuerte en su énfasis y más específico que *manly* o *masculine* <insisted that her 70-year-old husband was as *virile* as ever>. ***ant*** effeminate, impotent
- **Macho** connota tener una calidad masculina extrema o agresiva <the *macho* world of professional football>.

Mask V. DISGUISE.
Mass V. BULK.
Massacre, slaughter, butchery, carnage, bloodbath significan una gran, y normalmente despiadada, matanza de seres humanos.

- **Massacre** indica una matanza promiscua y general, sobre todo de los que no están en posición de defenderse <whole families had died in the *massacre*>.
- **Slaughter** indica una matanza extensa y despiadada, como en el caso de una batalla o una masacre <the *slaughter* of 20,000 infected cows>.

• **Butchery** añade a *slaughter* la indicación de crueldad excesiva, y de la total indiferencia hacia el sufrimiento de las víctimas <wholesale *butchery* carried out by men with machetes>.

• **Carnage** recalca el derramamiento de sangre y gran pérdida de vida <the *carnage* at the scene of the accident>.

• **Bloodbath** connota el asesinato violento y cruel de muchas personas <the Cambodian *bloodbath*> y a veces se aplica en una manera no literal <the presidential race ended as a *bloodbath*>.

Master V. PROFICIENT.

Masterly V. PROFICIENT.

Match *vb* **Match, rival, equal, approach, touch** significan alcanzar o casi alcanzar el nivel de otra cosa.

• **Match** indica que una cosa es la pareja o compañera de otra más que el duplicado de ésta, en cuanto a poder, fuerza, belleza o interés <feels that no language can *match* French for clarity and exactness>.

• **Rival** connota una competencia reñida para establecer algo como la superioridad o la excelencia <a traveler who *rivaled* Marco Polo>.

• **Equal** indica una equivalencia tan cercana en cantidad, valor o grado, que no puede caber duda en cuanto a diferencia o deficiencia <his ambition was *equaled* only by his greed>.

• **Approach** indica tal proximidad en corresponder o igualar que la diferencia, aunque detectable, apenas importa <a beauty *approaching* perfection>.

• **Touch** connota una equivalencia muy cercana en calidad o en valor, y suele usarse en construcciones negativas <claimed that no other Chilean white wine could *touch* it>.

Match *n* V. PARALLEL.

Material 1. Material, physical, corporeal, objective significan correspondiente o perteneciente al mundo de la realidad o a cosas evidentes a los sentidos.

• **Material** indica una formación a partir de materia tangible, pero puede indicar un contraste con *spiritual, ideal* o *intangible* <had given away all her *material* possessions>. ***ant*** immaterial

• **Physical** se aplica a lo que puede percibirse directamente por medio de los sentidos, y medirse o calcularse; puede contrastar con *mental, spiritual* o *imaginary* <the benefits of *physical* exercise>. ***ant*** spiritual

• **Corporeal** indica el tener las cualidades tangibles de un cuerpo, tales como forma, tamaño o resistencia a la fuerza <artists have portrayed angels as *corporeal* beings>. ***ant*** incorporeal

• **Objective** puede recalcar la existencia material aparte del sujeto que la percibe <could find no *objective* evidence>. ***ant*** subjective

2. V. PERCEPTIBLE.

Matrimonial, marital, conjugal, nuptial, wedded significan característico de, perteneciente o relativo al matrimonio.

• **Matrimonial** y **marital** se aplican a todo lo relativo al matrimonio y al estado casado <a *matrimonial* service that attempts to match young men and women> <a *marital* relationship built on mutual trust>.

• **Conjugal** se aplica específicamente a las personas casadas y sus relaciones <the ideal *conjugal* relationship>.

• **Nuptial** suele referirse al matrimonio o a la ceremonia de bodas <busy all week with the *nuptial* preparations>.

• **Wedded** puede connotar matrimonial <*wedded* bliss> o bien estar comprometido exclusivamente con algo <they were still *wedded* to their old way of life>.

Matter v. AFFAIR.

Matter-of-fact v. PROSAIC.

Mature *adj* **Mature, ripe, adult, grown-up, full-fledged, full-blown** significan plenamente desarrollado.

• **Mature** recalca la finalización del desarrollo; cuando se aplica a una persona, indica el haber alcanzado lo mejor en cuanto a edad y facultades <the writer's *mature* style>, cuando se aplica a una cosa, tiende más a indicar la finalización de un curso, proceso o período <a *mature* industry that would not be able to grow in the future>. ***ant*** immature

• **Ripe** recalca el estar listo, ya sea para el uso, el disfrute o la acción <a people *ripe* for democracy>. ***ant*** unripe, green

• **Adult** es muy cercano a *mature,* particularmente con referencia a cosas vivientes; en su uso extendido tiende a indicar el vencer las debilidades de la inmadurez <though younger than his brother, he seemed more *adult*>. ***ant*** juvenile, puerile

• **Grown-up** puede preferirse a *adult* cuando se desea una antítesis para *childish* <angrily told her husband to act *grown-up*>. ***ant*** childish, callow

• **Full-fledged** connota ser completo o total <an economic slowdown that eventually led to a *full-fledged* recession>.

• **Full-blown** sugiere ser completo en extensión o desarrollo <within two weeks these rumors had grown into a *full-blown* scandal>.

Mature *vb* **Mature, develop, ripen, age, mellow** significan llegar o hacer llegar a la plena capacitación para el uso o disfrute.

• **Mature,** en su aplicación básica a cosas vivientes, recalca la plenitud de crecimiento y el alcance de características adultas <she *matured* greatly during her college years>.

• **Develop** recalca la revelación de lo que es latente y el logro de lo que es posible para la especie y potencial para el individuo <the child was late in *developing* physically>.

• **Ripen** pone el énfasis en el acercamiento a o en el alcance de la cumbre de la perfección <the pears had *ripened* by now>.

• **Age** puede ser igual a *mature* cuando se aplica a los jóvenes, pero suele indicar con mayor frecuencia el avance hacia el período de deterioro <wine and cheese improve as they *age*>.

• **Mellow** connota volverse más amable, calmado, gentil y relajado con la edad <a tough, demanding woman who had *mellowed* in her later years>.

Maul v. MAIM.

Meager 1. Meager, scant, scanty, skimpy, spare, sparse, insufficient, inadequate significan que no alcanza el nivel de lo normal, necesario o deseable.

• **Meager** indica la ausencia de elementos, cualidades o cantidades necesarias para la riqueza, la sustancia o la potencia de algo <a *meager* income>. ***ant*** ample, copious

• **Scant, scanty** sugieren quedarse corto de lo que se desea, especialmente en cantidad o extensión <a *scant* three gallons> <supplies too *scanty* to last the winter>.

• **Skimpy** suele connotar mezquindad o penuria como causa de la deficiencia <she was wearing a *skimpy* bikini>.

• **Spare** puede connotar el no llegar a alcanzar un número o nivel adecuado, o simplemente la ausencia de superfluidad <a *spare,* concise style of writing>. ***ant*** profuse

• **Sparse** connota un esparcir fino de unidades <a *sparse* population>. ***ant*** dense

• **Insufficient** connota ser falto de poder, competencia o capacidad adecuada <*insufficient* funds to keep the office open>.

• **Inadequate** connota no ser suficiente o suficientemente bueno <trying to work with *inadequate* information>.

2. V. INFREQUENT.

Mean *adj* **1. Mean, ignoble, sordid** significan inferior a los niveles normales de decencia y dignidad humana.

• **Mean** connota el tener características repelentes, tales como la estrechez de miras, mal temperamento o codicia <there was a *mean* streak in his personality>.

• **Ignoble** connota la pérdida o carencia de alguna cualidad superior esencial de mente o de espíritu <she suspected that his motives were *ignoble*>. ***ant*** noble, magnanimous

• **Sordid** es el más fuerte de estos términos para recalcar la suciedad y la degradación y abyección física o espiritual <a *sordid* story of murder and revenge>.

2. V. BASE.

3. V. CONTEMPTIBLE.

Mean *n* V. AVERAGE.

Means *n* **Means, instrument, agent, medium, vehicle** significan algo o alguien que es necesario o útil para la consecución de un fin.

• **Means** es muy general y puede aplicarse a cualquier persona o cosa que sirve un propósito <had no *means* of transportation except his horse>.

• **Instrument,** en su aplicación a una cosa, tiende a connotar un grado de idoneidad o de adaptación para ser usada como una herramienta <the tax code can be a powerful *instrument* for social change>.

• **Agent** se aplica a una persona que persigue un fin concebido por otra <a real estate *agent*>.

• **Medium** se aplica a una vía o un método, normalmente intangible, de transportar, transmitir o comunicar <gestures were their only *medium* of communication>.

• **Vehicle** connota un medio por el cual algo se comparte, expresa, logra o muestra <an investment *vehicle*>, frecuentemente como un trabajo creado especialmente para mostrar los talentos de un artista

en particular <the film was nothing but a *vehicle* for its famous star>.
Meander V. WANDER.
Meaning, sense, significance, import, gist, intent significan una idea que uno se propone a comunicar.

• **Meaning** es el término general que se aplica a cualquier cosa, como por ejemplo una palabra, un signo, un poema o una acción, que necesita o que permite una interpretación <argued about the poem's *meaning*>.

• **Sense** denota el significado o un significado particular, de una palabra o frase <didn't understand this *sense* of "democracy">.

• **Significance** se aplica al sentido encubierto, en contraste con el sentido aparente, de una afirmación, acto u obra de arte <an agreement that seemed to have little *significance* at the time>.

• **Import** connota trascendencia y denota el significado o la impresión comunicada por un orador mediante el lenguaje <failed at first to appreciate the *import* of the news>.

• **Gist** connota el punto principal o la esencia de un tema <had read enough of the article to get the *gist* of it>.

• **Intent** sugiere aspiración o propósito <the language of the law is complicated but its *intent* is obvious>.

Measure V. STANDARD.
Mechanical V. SPONTANEOUS.
Meddle 1. Meddle, interfere, tamper significan involucrarse con alguien o con algo oficiosamente, impertinentemente o indiscretamente.

• **Meddle** connota oficiosidad y el actuar sin derecho o permiso de las personas propiamente afectadas <his mother was constantly *meddling* in their affairs>.

• **Interfere** indica el inmiscuirse al grado de estorbar, interrumpir, frustrar, desordenar o derrotar, pero no necesariamente de forma consciente y deliberada <the needs of his children *interfered* with his work>.

• **Tamper** indica el intentar hacer alteraciones injustificadas, el llevar a cabo experimentos indiscretos o el ejercer una influencia inapropiada, y puede connotar en algunos casos corrupción o la operación clandestina <saw that the lock had been *tampered* with>.

2. V. INTRUDE.
Meddlesome V. IMPERTINENT.
Median V. AVERAGE.
Mediate V. INTERFERE.
Meditate V. PONDER.
Meditative V. THOUGHTFUL 1.
Medium V. MEAN *n*.
Meek 1. V. HUMBLE. **2.** V. TAME.
Meet *vb* **1.** V. SATISFY 3. **2.** V. CONFER. **3.** V. GATHER.
Melancholy V. SADNESS.
Meld V. MIX.
Mellow V. MATURE *vb*.
Melodramatic V. DRAMATIC.
Melody, tune, theme significan una sucesión, claramente distinguible,

de tonos rítmicamente ordenados.

• **Melody** recalca la suavidad y la belleza del sonido producido, y suele connotar lo expresivo o lo conmovedor de un sistema esmeradamente elaborado <humming a sad *melody*>.

• **Tune** puede denotar una composición musical, normalmente sencilla, o el aire que le da su carácter <played a popular *tune* on his trumpet>.

• **Theme** connota la melodía principal en una composición musical <learned to recognize the symphony's main *theme* when it was repeated>.

Member V. PART.

Memorable V. NOTEWORTHY.

Memory, remembrance, recollection, reminiscence, flashback significan la capacidad para recordar, el acto de recordar o la cosa que se recuerda.

• **Memory** se aplica tanto a la capacidad de recordar lo que se ha vivido o sabido como a lo que se recuerda <she had no *memory* of that incident>.

• **Remembrance** se aplica al acto de recordar o al hecho de ser recordado <a ceremony of *remembrance* for those who died in the war>. ***ant*** forgetfulness

• **Recollection** connota el acto de recordar conscientemente, a menudo con cierto esfuerzo, o bien lo que se recuerda <his *recollection* was very different from hers>.

• **Reminiscence** connota el acto de recordar incidentes, experiencias o sentimientos asociados con un pasado remoto, o bien las cosas que se recuerdan de esta manera <my grandmother's *reminiscenses* of her youth>.

• **Flashback** connota una memoria repentina y vívida de un evento pasado <he's been having *flashbacks* from the war>.

Mend 1. Mend, repair, patch, rebuild, fix significan poner en buen estado algo que está lastimado, dañado o defectuoso.

• **Mend** indica el restablecer la integridad o la firmeza de algo que está roto, rasgado o lastimado <she had *mended* the torn shirt>.

• **Repair** se aplica al acto de arreglar un daño o deterioro más extenso y que requiere de atención profesional o de equipo especial <the car needs to be *repaired* by a mechanic>.

• **Patch** indica un remiendo, a menudo temporal o apresurado, de una rasgadura o una brecha con nuevo material <*patched* the hole in the roof>.

• **Rebuild** connota el renovar algo sin reponerlo completamente <had *rebuilt* the car's engine>.

• **Fix** sugiere hacer algo completo o funcional nuevamente <needed to *fix* the front door>.

2. V. CURE.

3. V. CORRECT *vb.*

Mendacious V. DISHONEST.

Menial V. SUBSERVIENT.

Mention 1. Mention, name, specify, cite significan referirse explícitamente a algo con el fin de hacerlo más claro o específico.

• **Mention** indica el llamar la atención hacia algo, ya sea específicamente por nombre o por una referencia clara pero incidental <had *mentioned* the incident casually in conversation>.

• **Name** indica el mencionar claramente un nombre y por lo tanto puede connotar una mayor explicitud <*named* her three favorite poets>.

• **Specify** indica el hacer una declaración que es tan precisa, explícita y detallada que resultaría imposible malinterpretarla <*specified* the size and color she wanted>.

• **Cite** implica citar las palabras exactas de un libro o un autor, o simplemente mencionar algo con el propósito de dar ejemplo o de apoyar una afirmación <he *cited* the final paragraph> <*cited* for his bravery in combat>.

2. V. REMARK.

Merciful V. FORBEARING.

Mercurial V. FICKLE.

Mercy, charity, clemency, leniency significan una demostración de amabilidad o compasión, o una disposición a demostrar estas cualidades.

• **Mercy** indica una compasión que se abstiene de castigar, aún cuando la justicia lo exige, o que provee ayuda incluso a los que carecen de estatus o de mérito <the captives begged for *mercy*>.

• **Charity** recalca la benevolencia y la buena voluntad que se manifiesta como generosidad y en una amplia comprensión y tolerancia de otros <never showed any *charity* toward his rivals>. ***ant*** ill will, malice

• **Clemency** indica una disposición suave y misericordiosa en uno que tiene el poder o el deber de juzgar y castigar <the judge often showed *clemency* when the defendant was young>. ***ant*** harshness

• **Leniency** connota menos severidad que la usual o la esperada al castigar <a young teacher who was known for her *leniency*>.

Meretricious V. GAUDY.

Merge V MIX.

Merit V. QUALITY 2.

Merry, blithe, jovial, jolly significan que demuestra buen humor o alegría.

• **Merry** connota un alegre, gozoso o desinhibido disfrute de la diversión o la festividad <wishing everyone a *merry* Christmas>.

• **Blithe** connota un regocijo despreocupado, inocente o hasta descuidado <arrived late in her usual *blithe* way>.

• **Jovial** connota el estímulo de la convivialidad y de la buena compañía, o la capacidad para éstas <grew more *jovial* with every drink>.

• **Jolly** connota el buen humor que se expresa en la risa, las bromas y los chistes, y la determinación de hacer que los compañeros se encuentren a gusto y se diviertan <gave a *jolly* greeting to everyone>. ***ant*** somber

Metamorphosis V. TRANSFORM.

Meter V. RHYTHM.

Method 1. Method, mode, manner, way, fashion, system, technique significan los medios o el procedimiento a seguir en la consecución de un fin.

• **Method** indica un arreglo ordenado, lógico y efectivo, y normalmente por pasos <effective teaching *methods*>.
• **Mode** indica un orden o curso que se sigue por costumbre, tradición o preferencia personal <the standard *mode* of transportation>.
• **Manner** es cercano a *mode,* pero puede indicar un procedimiento o método que es individual o distintivo <a highly distinctive *manner* of speaking>.
• **Way** es muy general, y puede usarse en lugar de cualquiera de los términos precedentes <her usual *way* of doing things>.
• **Fashion** puede connotar una manera de hacer algo que es peculiar o característica, pero que puede ser superficial o efímera <rushing everywhere, in the *fashion* of New Yorkers>.
• **System** connota un método plenamente desarrollado o cuidadosamente formulado, a menudo con énfasis en la idea de un orden racional <had worked out a *system* for sharing the housework>.
• **Technique** sugiere una manera de hacer algo usando un conocimiento o una destreza especial <*techniques* for relieving stress>.
2. V. PROCESS.
3. V. PLAN.

Meticulous V. CAREFUL.
Mettle V. COURAGE.
Midpoint V. AVERAGE.
Mien V. BEARING.
Might V. POWER 1.
Mild V. SOFT.
Milieu V. BACKGROUND.
Militant V. AGGRESSIVE.
Military V. MARTIAL.
Mimic V. COPY.
Mind 1. V. OBEY. **2.** V. TEND.
Mindful V. AWARE.
Mingle V. MIX.
Miniature V. SMALL.
Minimize V. DECRY.
Minute 1. V. DETAILED. **2.** V. SMALL.
Mirage V. DELUSION.
Mirth, glee, hilarity, cheer significan un humor o temperamento alegre o animado que se expresa en la risa, los juegos o los festejos.
• **Mirth** indica la ligereza de corazón, la alegría y la risa fácil <sounds of *mirth* and gaiety echoed down the hall>. ***ant*** melancholy
• **Glee** recalca la exultación que se expresa en la risa, los gritos de gozo o a veces en un placer malicioso <his wicked *glee* at their misfortune>. ***ant*** gloom
• **Hilarity** connota una risa a carcajadas, a veces incontenible, o un animado bullicio <the teacher's accident caused an outburst of *hilarity* among the children>.
• **Cheer** sugiere una animación alegre pero también puede incluir

comida y bebidas <invited their neighbors in for some Christmas *cheer*>.

Misanthropic V. CYNICAL.

Miscellaneous 1. Miscellaneous, sundry, assorted, heterogeneous, motley, mixed, varied, diverse, various describen un grupo, una colección o una masa, o las cosas que constituyen un grupo, una colección o una masa, caracterizadas por la diversidad y la variedad.

• **Miscellaneous, sundry** indican una mezcla de varios tipos, exhibiendo pocas señas de selección e indicando con frecuencia una dependencia del azar <*miscellaneous* jars and bottles> <for *sundry* reasons>.

• **Assorted** indica una selección que incluye varios tipos o que incluye consideraciones de gustos o necesidades <a box of *assorted* cookies>.

• **Heterogeneous** se aplica a masas o grupos en los cuales individuos o elementos diversos o variados se encuentran en proximidad o en relación por casualidad <described the city's population as *heterogeneous*>. ***ant*** homogeneous

• **Motley** indica cierta discordancia en los individuos o los elementos, o el marcado contraste que existe entre ellos, y conlleva una connotación de menosprecio <the invitation had attracted a *motley* crowd>.

• **Mixed** connota estar hecho de diferentes cosas <a can of *mixed* nuts> o de elementos incompatibles <the play received *mixed* reviews>.

• **Varied** sugiere tener muchas formas o tipos <her doctor recommended a *varied* diet>.

• **Diverse** connota tener diferentes calidades o tipos de personas o cosas <his message appealed to a *diverse* audience>.

• **Various** generalmente connota un número indefinido <stopped at *various* places along the way>.

2. V. DIFFERENT.

Miserly V. STINGY.

Misery V. DISTRESS.

Misfortune 1. Misfortune, mishap, adversity significan suerte adversa o una instancia de ella.

• **Misfortune** puede aplicarse, ya sea al incidente o al conjunto de eventos que es la causa de un infeliz cambio de suerte, o bien al estado de aflicción consiguiente <that year she had suffered one *misfortune* after another>.

• **Mishap** se aplica a una instancia trivial de mala suerte <a family vacation filled with *mishaps*>.

• **Adversity** se aplica a un estado de desgracia grave o continua <courage in the face of *adversity*>. ***ant*** prosperity

2. V. DISASTER.

Misgiving 1. V. APPREHENSION. **2.** V. QUALM. **3.** V. UNCERTAINTY.

Mishap V. MISFORTUNE.

Mislay V. MISPLACE.

Mislead V. DECEIVE.

Misplace, mislay, lose significan poner una cosa en un lugar equivocado, con el resultado que ésta deja de estar disponible, al igual que si estuviese perdida.

• **Misplace** indica el poner algo en un lugar que no es su lugar acostumbrado o usual, pero connota con frecuencia el fijar o acomodar algo en donde no debe estar <his elderly father was always *misplacing* things>.

• **Mislay** suele tener el sentido básico de *misplace,* pero indica el haber olvidado uno el lugar donde se ha puesto el objeto en cuestión, y por lo tanto suele significar perder, aunque sólo por un tiempo <I've *mislaid* my glasses>.

• **Lose** connota dejar algo accidentalmente en un lugar que no puede encontrarse <the airline *lost* his luggage>.

Misrepresent, falsify, garble, distort significan presentar o representar en una manera contraria a la verdad.

• **Misrepresent** suele indicar una intención de engañar y puede connotar el mentir deliberadamente, y a menudo puede indicar prejuicio o una intención de ser injusto <*misrepresented* the value of the property>.

• **Falsify** indica una distorsión de los hechos o de la realidad que es generalmente, pero no necesariamente, deliberada y hecha con el fin de engañar <he had *falsified* his business records>.

• **Garble** indica una mutilación o distorsión, a veces deliberada, de cosas tales como informes, testimonios o traducciones, y que suele dar una impresión errónea del original <by the time she heard the story it had been badly *garbled*>.

• **Distort** connota cambiar algo dicho o escrito fuera de su significado o proporción verdadera <complained that the newspaper had *distorted* what he had said>.

Mist V. HAZE.

Mistake *n* V. ERROR.

Mistake *vb* **Mistake, confuse** significan revolver las cosas o tomar una cosa por otra.

• **Mistake** indica que uno no ha reconocido una cosa, o que no ha captado su verdadero carácter, y por lo tanto identifica esta cosa con algo que es distinto a ella <he *mistook* the nature of her interest in him>. ***ant*** recognize

• **Confuse** connota que uno no puede distinguir entre dos cosas que tienen semejanzas o características en común <he had always *confused* Paraguay with Uruguay>. ***ant*** differentiate

Mistrust V. UNCERTAINTY.

Mite V. PARTICLE.

Mitigate V. RELIEVE.

Mix 1. Mix, mingle, blend, meld, merge, coalesce, amalgamate, combine significan combinar o combinarse, en un todo más o menos uniforme.

• **Mix** indica un producto homogéneo, y puede indicar o no la pérdida de la identidad de cada elemento <*mixing* the salad greens>.

• **Mingle** suele connotar que los elementos son aún distinguibles o individualmente activos <fear *mingled* with hope>.

• **Blend, meld** indican que los elementos, como tales, desaparecen en la mezcla resultante <a wine that *blended* several grape varieties> <designers had soon *melded* the cell phone and the digital camera>.

• **Merge** connota una combinación en la cual uno o más de los elementos se pierden en el todo <reality and fantasy had *merged* in her mind>.

• **Coalesce** indica una afinidad en los elementos en proceso de unirse, y por lo general, una unidad orgánica resultante <five separate colonies that eventually *coalesced* into a single nation>.

• **Amalgamate** connota la formación de una estrecha unión más que la pérdida de identidades individuales <several unions had *amalgamated* in order to focus their power>.

• **Combine** connota el unir para formar un entero nuevo <so many good qualities *combined* in one person>.

2. V. JOIN.

Mixed V. MISCELLANEOUS.

Mixture, admixture, blend, compound, composite, amalgam, concoction, hybrid significan un producto formado por la combinación de dos o más cosas.

• **Mixture,** el término más general, suele indicar un carácter misceláneo <a *mixture* of seeds that produced a colorful bed of flowers>.

• **Admixture** connota que uno o más de los elementos tiene un carácter extraño o foráneo <a serious lecture with an *admixture* of humor>.

• **Blend** indica la mezcla completa de elementos o ingredientes similares <Bogart's *blend* of cynicism and virtue>.

• **Compound** connota la unión de dos o más partes, elementos, o ingredientes que son distinguibles o analizables <salt is a *compound* of two elements>.

• **Composite** indica que los elementos constituyentes han sido combinados de manera artificial o fortuita <Brazil's population is a *composite* of many races>.

• **Amalgam** connota una mezcla compleja, o la forma final que toma al endurecerse <her music was an *amalgam* of two different traditions>.

• **Concoction** connota algo, especialmente un alimento o una bebida, que se hace al mezclar varios ingredientes <offered the guests his new *concoction*>.

• **Hybrid** sugiere un animal o una planta producida por dos animales o plantas de clases diferentes <most of the roses on sale are *hybrids*>, o más ampliamente, algo formado al combinar dos o más cosas <a *hybrid* of jazz and rock>.

Mob V. CROWD.

Mobile V. MOVABLE.

Mock V. RIDICULE.

Mode V. METHOD.

Model 1. Model, example, pattern, exemplar, ideal, archetype, paradigm significan alguien o algo que se tiene como guía o como digno de imitación.

• **Model** se aplica a algo que se toma o se propone como digno de imitación <her essays were *models* of clarity and intelligence>.

• **Example** se aplica a algo, sobre todo una persona, que se ha de imitar, o por otra parte, en algunos contextos, que no se ha de imitar en absoluto pero que ha de considerarse como una advertencia <children follow the *example* of their parents>.

• **Pattern** connota un arquetipo o prototipo claro y detallado <each of his marriages followed the same *pattern*>.

• **Exemplar** connota, ya un ejemplo impecable que ha de emularse, o bien una tipificación perfecta <called the Venus de Milo an eternal *exemplar* of female beauty>.

• **Ideal** indica la mejor ejemplificación posible, ya sea en la realidad o en el concepto <never found a man who matched her *ideal*>.

• **Archetype** connota un ejemplo perfecto de algo <he is the *archetype* of a diplomat>.

• **Paradigm** connota un modelo o patrón para algo, especialmente un concepto, que puede copiarse <Machiavelli's "The Prince" provided a *paradigm* for how a Renaissance prince should rule>.

2. V. STANDARD.

Moderate *adj* **Moderate, temperate** significan que no es excesivo en grado, cantidad o intensidad.

• **Moderate** suele connotar la ausencia o el evitar de todo exceso <a *moderate* rate of speed>.

• **Temperate** connota una limitación o restricción deliberada, y es opuesto a *inordinate* e *intemperate* <a *temperate* climate>. ***ant*** intemperate, inordinate

Moderate *vb* **1. Moderate, qualify, temper, restrain, curb** significan modificar para evitar extremos o para mantener dentro de ciertos límites.

• **Moderate** recalca la reducción de lo que es excesivo, sin alcanzar necesariamente un nivel óptimo <the bright sun *moderated* the chill in the air>.

• **Qualify** pone el énfasis en una reducción que define y que limita de modo más preciso <*qualified* her praise with some criticism>.

• **Temper** indica el acomodar para satisfacer una necesidad o requisito especial, y connota con frecuencia una adición que contrapesa o mitiga <the good economic news was *tempered* by warnings>. ***ant*** intensify

• **Restrain** connota refrenarse de actuar o de irse a los extremos <tried to *restrain* his reckless friends>.

• **Curb** sugiere controlar, limitar o reducir algo <took pills to *curb* her appetite>.

2. V. DECREASE.

3. V. ABATE.

Modern 1. Modern, recent, present-day, current, contemporary significan que tuvo lugar, comenzó a existir o se desarrolló en tiempos recientes.

• **Modern** puede aplicarse a todo lo que no es antiguo o medieval <ancient and *modern* weapons>, o a todo lo que tiene las características de un período más reciente que otro <*modern* methods of farming>, o bien a todo lo que es considerado como nuevo, reciente o actualizado <everything in their house was *modern*>. ***ant*** antique, ancient

• **Recent** suele carecer de tales indicaciones, y puede aplicarse a una fecha que se aproxima al pasado inmediato, según la naturaleza del objeto bajo consideración <a *recent* change of plans>.

• **Present-day** connota que existe o ocurre ahora <conditions in *present-day* Poland>.

• **Current** connota practicado o aceptado ampliamente <*current* ideas about education> o perteneciente a, o que existe en el presente, frecuentemente en un sentido inmediato <the *current* political crisis>.

• **Contemporary** sugiere que ocurre o comienza ahora o recientemente, frecuentemente al describir entidades culturales <*contemporary* jazz>.

2. V. NEW.

Modest 1. V. CHASTE. **2.** V. HUMBLE. **3.** V. SHY.

Modify V. CHANGE.

Moist V. WET.

Molder V. DECAY.

Mollify 1. V. RELIEVE. **2.** V. PACIFY.

Momentary V. TRANSIENT.

Monastery V CLOISTER.

Monetary V. FINANCIAL.

Monopoly, syndicate, trust, cartel significan un método o sistema que sirve para controlar los precios.

• **Monopoly** indica control exclusivo de un servicio público, o el poder exclusivo de comprar o vender un artículo de comercio en un mercado en particular <electricity was provided by a regulated *monopoly*>.

• **Syndicate,** en círculos financieros, se refiere a una asociación temporal de individuos o firmas para efectuar una transacción en particular; en términos más generales, se aplica a una combinación de cosas tales como periódicos, firmas comerciales o personas dedicadas al crimen, que se interesan en un proyecto o empresa común; en este último uso suele conllevar connotaciones de monopolio <an enormous crime *syndicate*>.

• **Trust** se ha aplicado históricamente a una fusión de compañías en la que el control se otorga a los fiduciarios, y en la que los accionistas intercambian sus acciones por certificados fiduciarios de la nueva compañía; pero suele extenderse a cualquier combinación grande o compleja de intereses comerciales, particularmente cuando ésta es considerada como una amenaza a la competencia sana <violation of *trust* laws>.

• **Cartel** indica comúnmente una combinación internacional con el fin de controlar la producción y venta de uno o más productos <OPEC, the international oil *cartel*>.

Monotonous V. DULL.

Monotony V. TEDIUM.

Monstrous 1. Monstrous, prodigious, tremendous, stupendous, monumental significan extremadamente impresionante.

• **Monstrous** indica el desviarse de la norma en cuanto a cualidades tales como el tamaño, la forma o el carácter, y suele conllevar connotaciones de deformidad, fealdad o fabulosidad <called the project a *monstrous* waste of money>.

• **Prodigious** connota un carácter extraordinariamente maravilloso que sobrepasa la credulidad, normalmente en algo que se considera que va mucho más allá del máximo previamente establecido en calidad, magnitud, intensidad o tamaño <possessed a *prodigious* talent>.

• **Tremendous** puede indicar el poder de aterrorizar o de asombrar <the *tremendous* roar of the cataract>, pero en su uso más general, significa poco más que muy grande o intenso <making money gave him *tremendous* satisfaction>.

• **Stupendous** indica el poder de aturdir o dejar atónito, normalmente a causa de un tamaño, número, complejidad o magnitud que sobrepasa la capacidad de descripción <a *stupendous* volcanic eruption that destroyed the city>.

• **Monumental** connota ser muy o altamente significante <the *monumental* error that led to the disaster>.

2. V. OUTRAGEOUS.

3. V. ENORMOUS.

Monumental V. MONSTROUS.

Mood V. ATMOSPHERE.

Moody V. SULLEN.

Moor 1. V. FASTEN. **2.** V. TIE.

Moral, ethical, virtuous, righteous, noble, principled, upright, conscientious significan que se conforma a las normas de lo que es correcto y bueno.

• **Moral** indica conformidad con los códigos establecidos, y las nociones aceptadas del bien y del mal <the basic *moral* values of a community>.

• **Ethical** puede connotar el trato con cuestiones más delicadas o difíciles de rectitud, justicia o equidad, y normalmente indica la existencia de o conformidad con un elevado código de normas <his strict *ethical* code>. ***ant*** unethical

• **Virtuous** indica la posesión o la manifestación de excelencia moral en el carácter <his father was what the Bible would call a *virtuous* man>. ***ant*** vicious

• **Righteous** recalca el estar libre de culpabilidad, y a menudo connota la santurronería <responded with *righteous* indignation>.

• **Noble** indica eminencia moral y el estar libre de toda pequeñez, mezquindad o sospecha en la conducta y el carácter <had made a *noble* effort>.

• **Principled** indica estar basado en una regla o un código de conducta <her *principled* conservatism made her a supporter of civil liberties>.

• **Upright** connota tener altos estándares morales en todas las áreas de la vida <an *upright* citizen>.

• **Conscientious** sugiere estar extremadamente preocupado con hacer algo correctamente <she has always been a *conscientious* worker>.

Morose V. SULLEN.

Morph 1. V. CHANGE. **2.** V. TRANSFORM.

Mortal V. DEADLY.
Mosey V. SAUNTER.
Motivate V. INDUCE.
Motive *n* **Motive, impulse, incentive, inducement, spur, impetus, stimulus** significan un estímulo a la acción.

• **Motive** indica una emoción o un deseo que opera sobre la voluntad y que la hace tomar acción <a crime with no apparent *motive*>.

• **Impulse** connota un poder de estímulo que nace del temperamento o la constitución personal <my first *impulse* was to run>.

• **Incentive** se aplica a una influencia externa, tal como una recompensa prevista o una esperanza, que incita a la acción <a bonus was offered as an *incentive*>.

• **Inducement** connota un motivo instigado con incentivos o alicientes ajenos <fear of poverty should serve as an *inducement* to save money>.

• **Spur** se aplica a un motivo que estimula las facultades o que aumenta la energía o el ardor <a *spur* to the economy>.

• **Impetus** connota una fuerza que causa que las personas actúen <his discoveries have given *impetus* to further research>.

• **Stimulus** sugiere algo que causa que algo más se vuelva más activo <the tax cut was intended as an economic *stimulus*>.

Motley V. MISCELLANEOUS.
Mount 1. V. ASCEND. **2.** V. RISE.
Mourn V. GRIEVE.
Movable, mobile, portable significan capaz de moverse o de recibir movimiento.

• **Movable** se aplica a lo que puede recibir movimiento o a lo que no está fijado en una posición o una fecha <a *movable* wall allowed the room to double in size>. ***ant*** immovable, stationary

• **Mobile** recalca la facilidad con la que puede moverse o, a veces, la facilidad con la que puede recibir movimiento <converted the van into a *mobile* television unit>. ***ant*** immobile

• **Portable** describe algo que puede cargarse o moverse, generalmente a mano <a *portable* computer>.

Move, drive, impel, propel significan poner o mantener en marcha.

• **Move** es muy general y no indica más que el mero hecho de cambiar de posición <the force that *moves* the moon around the earth>.

• **Drive** indica el impartir movimiento continuo hacia adelante, y recalca a menudo el efecto más que el ímpetu <a ship *driven* onto the rocks by powerful winds>.

• **Impel** connota un ímpetu mayor que produce una acción más precipitada <felt *impelled* to tell them what he knew about the crime>.

• **Propel** sugiere empujar o conducir a alguien o a algo hacia delante, generalmente por medios mecánicos <bicycles are *propelled* by pedals>.

Moving 1. Moving, poignant, affecting, touching significan que tiene el poder de producir una emoción profunda, a menudo sombría.

• **Moving** puede aplicarse a cualquier impulso que produce un fuerte efecto emotivo como por ejemplo, emocionar, agitar, entristecer o evocar lástima o piedad <a *moving* appeal for charitable contributions>.

• **Poignant** se aplica a lo que afecta profundamente las sensibilidades <a *poignant* film about refugees>.

• **Affecting** es cercano a *moving,* pero suele connotar patetismo <the *affecting* reunion of mother and child after ten years apart>.

• **Touching** indica la capacidad de despertar la ternura o la compasión <the child's *touching* innocence>.

2. V. PITIFUL.

Mull V. PONDER.

Mull over V. CONSIDER.

Multiply V. INCREASE.

Mundane V. EARTHLY.

Munificent V. LIBERAL 1.

Murder V. KILL.

Murky 1. V. DARK. **2.** V. OBSCURE.

Muscle V. POWER 1.

Muse V. PONDER.

Mushroom V. EXPAND.

Must V. REQUIREMENT.

Muster V. SUMMON.

Mutate 1. V. CHANGE. **2.** V. TRANSFORM.

Mutilate 1. V. DEFACE. **2.** V. MAIM.

Mutiny V. REBELLION.

Mutual V. RECIPROCAL.

Mysterious, inscrutable, arcane, unfathomable, obscure significan que está más allá de la capacidad que se tiene para descubrir, entender o explicar.

• **Mysterious** connota una cualidad que provoca el asombro, la curiosidad o la conjetura, pero que frustra todo intento de explicación <the senator's *mysterious* death>.

• **Inscrutable** se aplica a algo que resiste todo esfuerzo de examinación o de investigación, o de interpretar su significado <sat calmly with an *inscrutable* expression on her face>.

• **Arcane** indica una cualidad que está más allá del entendimiento porque es conocido o conocible solamente por aquellos en posesión de un conjunto restringido de conocimientos <a book filled with spells and *arcane* lore>.

• **Unfathomable** connota ser imposible de entender <the *unfathomable* complexity of the universe>.

• **Obscure** connota no ser bien conocido <mentioned some *obscure* books> o difícil de conocer o entender <the origins of the language are *obscure*>.

Mystery, problem, enigma, riddle, puzzle, conundrum significan algo que desconcierta o que confunde.

• **Mystery** se aplica a lo que no puede ser plenamente entendido por la razón humana o, en sentido menos estricto, a todo lo que resiste o hace imposible la explicación <the *mystery* of Easter Island>.

• **Problem** se aplica a cualquier pregunta o dificultad que exige una solución o que es motivo de preocupación <the *problem* of finding a successor>. ***ant*** solution

• **Enigma** se aplica a una declaración o un comportamiento difícil de interpretar <she's an *enigma* even to her friends>.

• **Riddle** connota un enigma o problema caracterizado por una paradoja o una contradicción aparente <the *riddle* of the actor's disappearance>.

• **Puzzle** se aplica a un enigma o problema caracterizado por una paradoja o una contradicción aparente, y cuya solución desafía el ingenio <the basic *puzzle* of heredity was solved by the discovery of DNA>.

• **Conundrum** se aplica a un acertijo o misterio cuya respuesta o solución es caracterizada por un juego de palabras o, en casos menos frecuentes, a un problema cuya solución sólo puede ser especulativa <the situation posed a *conundrum* for which there seemed to be no practical solution>.

Mystify V. PUZZLE.

Myth, legend, saga significan un relato tradicional de contenido ostensiblemente histórico, cuyo origen ha sido olvidado o perdido.

• **Myth** varía en su aplicación y connotación, y puede aplicarse a una explicación imaginativa de algo como un fenómeno natural, una práctica social o una creencia <the *myths* of ancient Greece>, o bien, una historia, creencia o noción que se tiene comúnmente por verídica pero que no está basada de ninguna manera en la realidad <the *myth* that money can buy happiness>.

• **Legend** se aplica típicamente a una persona, un incidente o una noción vinculada a una persona o un lugar en particular, y que pretende ser histórica a pesar de ser en realidad imposible de verificar o incluso increíble <the *legend* of Atlantis>.

• **Saga** puede referirse a un relato heroico, largo y continuo, que trata de una persona o un grupo y que es histórico o legendario o una mezcla de los dos <the *saga* of the liberation of South America>.

Mythical V. FICTITIOUS.

N

Nag V. WORRY.

Naive V. NATURAL.

Naked V. BARE.

Name V. MENTION.

Narrative V. STORY.

National V. CITIZEN.

Native, indigenous, endemic, aboriginal, domestic, local significan que pertenece a una localidad.

• **Native** indica nacimiento u origen en un lugar o región, y puede connotar compatibilidad con él <a *native* New Yorker>. ***ant*** alien, foreign

• **Indigenous** se aplica a especies o razas, y añade a *native* la indicación de no haber sido introducido desde otra parte <maize is *indigenous* to America>. ***ant*** naturalized, exotic

• **Endemic** indica el ser *indigenous,* así como propio de, o restringido a, una región <a small flower *endemic* in the Alps>. ***ant*** exotic, pandemic

• **Aboriginal** indica que no es precedido en la ocupación de la región por ninguna raza conocida <the Mayas are the *aboriginal* people of the Yucatán>.

• **Domestic** connota estar relacionado con, perteneciente a, o hecho en el propio país de uno, y generalmente se usa en contextos económicos <*domestic* manufacturing>.

• **Local** connota estar relacionado con o que ocurre en un área pequeña en particular <a *local* custom>.

Natural 1. Natural, ingenuous, naive, unsophisticated, artless significan libre de pretensión o maña.

• **Natural** indica el carecer de artificialidad y afectación, así como el poseer una espontaneidad que connota lo natural a diferencia de lo fabricado <an actress with a charming, *natural* quality>.

• **Ingenuous** indica el no ser uno capaz de ocultar sus sentimientos o intenciones, y suele indicar una franqueza cándida y una falta de reserva <his young wife was as *ingenuous* as a child>. ***ant*** disingenuous, cunning

• **Naive** connota la falta de sabiduría mundana, a menudo con insinuaciones de credulidad y de inocencia excesiva <she was very *naive* in dealing with money>.

• **Unsophisticated** indica la falta de la experiencia y de la educación necesarias para la soltura y habilidad social <at parties she always felt awkward and *unsophisticated*>.

• **Artless** connota una naturalidad que nace del no estar consciente del efecto que se tiene sobre los demás <he gave an impression of *artless* sincerity>. ***ant*** artful, affected

2. V. REGULAR.

3. V. PLAIN.

4. V. SPONTANEOUS.

Nature 1. V. TYPE. **2.** V. DISPOSITION.

Naughty V. BAD.

Nearest 1. Nearest, closest, next significan el más cercano en el tiempo, el espacio o en grado.

• **Nearest, closest** indica el más alto grado de proximidad en relaciones de tiempo, espacio o parentesco <named the baby after their *nearest* relative> <the *closest* house was two miles away>.

• **Next** suele indicar sucesión o precedencia inmediata en un orden, una serie o una secuencia <the *next* day>.

2. V. ADJACENT.

Nearly, almost, approximately, virtually significan que se encuentra cerca de ser, hacerse, volverse, alcanzar o bastar.

• **Nearly** indica simple proximidad <we were *nearly* home when the accident happened>.

• **Almost** recalca el quedarse corto o una deficiencia <*almost* crazed with grief>.

• **Approximately** connota que la diferencia carece de importancia práctica y que se está razonablemente cerca de la exactitud <five-day weather forecasts are only *approximately* accurate>.

• **Virtually** sugiere casi completamente <they went to the park *virtually* every day>.

Neat, tidy, orderly, trim, shipshape, uncluttered significan que manifiesta orden y cuidado.

• **Neat** indica claridad y nitidez, ya sea en el estar completamente libre de suciedad y tierra <her house is always *neat*>.

• **Tidy, orderly** connotan una agradable pulcritud y orden, mantenidos con esmero <a *tidy* kitchen> <keeps an *orderly* desk>. ***ant*** untidy

• **Trim** indica tanto orden como limpieza, pero pone énfasis en la apariencia elegante y bien ordenada que es producida por líneas bien definidas y proporciones excelentes <a *trim* row of houses>.

• **Shipshape**, un término informal, connota una nitidez disciplinada <he kept the little cottage *shipshape*>.

• **Uncluttered** sugiere que no está lleno o cubierto con cosas desorganizadas <she liked to keep her work area *uncluttered*>.

Necessary V. ESSENTIAL.

Necessity 1. V. REQUIREMENT. **2.** V. NEED.

Need *n* **Need, necessity** significan una carencia apremiante de algo esencial.

• **Need** indica presión y urgencia <children have a *need* for affection>, y puede indicar penuria o indispensabilidad <the *need* for a new water supply>.

• **Necessity** suele connotar un imperativo o una causa ineludible <a television set is not a *necessity*>.

Need *vb* V. LACK.

Nefarious V. VICIOUS.

Negate 1. V. NULLIFY. **2.** V. DENY.

Negative V. ADVERSE.

Neglect, disregard, ignore, overlook, slight, forget, discount significan pasar por alto sin proveer la atención debida.

• **Neglect** indica el no poner suficiente atención a algo que exige la atención o el cuidado de uno <having fun every night and *neglecting* his studies>.

• **Disregard** connota una falta voluntaria de atención <*disregarded* the wishes of the other members>.

• **Ignore** indica la omisión, a veces deliberada, de atender o reconocer algo que es obvio <*ignored* the nasty comments>. ***ant*** heed, acknowledge

• **Overlook** connota desatender o ignorar mediante la prisa o la falta de cuidado <in his rush he had *overlooked* some important examples>.

• **Slight** indica el ignorar u omitir con desprecio o desdén <she claimed that the memo had *slighted* her own work>.

• **Forget** puede connotar ya el ignorar de manera voluntaria, o el no grabar uno algo en la mente <*forget* what your friends say and listen to your conscience>.

• **Discount** connota minimizar la importancia o el valor de algo <you shouldn't *discount* his opinions>.

Neglectful V. NEGLIGENT.

Negligent 1. Negligent, neglectful, lax, slack, remiss significan culpablemente o censurablemente descuidado o indicativo de tal descuido.

• **Negligent** indica una falta censurable de atención a los deberes o asuntos de uno <the jury found that the doctor had been *negligent*>. ***ant*** attentive

• **Neglectful** añade una indicación de pereza o de descuido deliberado <a *neglectful* mother>. ***ant*** attentive

• **Lax** indica una falta condenable de la rigurosidad, severidad o precisión necesaria <complained about the *lax* security>. ***ant*** strict, stringent

• **Slack** indica la carencia de la diligencia o del cuidado necesario por causa de la indolencia, el aletargamiento, o la indiferencia <the police have been *slack* in their investigation>.

• **Remiss** indica un descuido condenable que se manifiesta en la dejadez o la negligencia, o en el ser olvidadizo <admitted that she had been *remiss* in her duties>. ***ant*** scrupulous

2. V. BLAMEWORTHY.

Neighborly V. AMICABLE.

Neophyte V. NOVICE.

Nerve V. TEMERITY.

Net V. CATCH.

Nettle V. IRRITATE.

Neutralize V. COMPENSATE.

New, novel, modern, original, fresh, newfangled significan recientemente traído a la existencia, puesto en uso o puesto en un estado o condición particular.

• **New** puede aplicarse a algo que acaba de hacerse y que no se ha usado <*new* sneakers>, o a lo que no se ha conocido o experimentado anteriormente <starts his *new* job>. ***ant*** old

• **Novel** se aplica a algo que no solamente es nuevo, sino también extraño e inaudito <suggested a *novel* approach to the problem>.

• **Modern** se aplica a lo que pertenece al tiempo actual o es característico de éste <an 18th-century house with an ugly *modern* porch attached>. ***ant*** ancient, antique

• **Original** se aplica a lo que es el primero en existir en su clase, o a lo que lo produce <an *original* idea>.

• **Fresh** se aplica a lo que es nuevo o parece serlo, o a lo que no ha perdido sus cualidades de novedad, tales como la vivacidad, la energía o la brillantez <the incident was still *fresh* in his memory>. ***ant*** stale

• **Newfangled**, un término informal, significa inventado o desarrollado recientemente y frecuentemente implica difícil de entender <his grandson owns all the *newfangled* electronic toys>.

Newcomer V. NOVICE.

Newfangled V. NEW.

Next V. NEAREST.

Night V. NIGHTLY.

Nightly, nocturnal, night significan de o relacionado con la noche.

• **Nightly** puede significar poco más que esto, pero con mayor frecuencia conlleva una fuerte indicación de repetición, y su uso es apropiado cuando se desea hacer referencia a algo que ocurre noche tras noche <enjoyed her *nightly* ritual of tea and knitting>. ***ant*** daily

• **Nocturnal** indica en particular lo que es activo durante la noche <*nocturnal* animals such as opossums>. ***ant*** diurnal

• **Night,** a menudo intercambiable con *nocturnal,* puede preferirse cuando se desea usar un término más informal <waiting for the *night* train>, pero describe en particular a una persona que trabaja de noche <*night* nurses>, así como cosas que ocurren durante la noche o que están hechas para usarse en ella <*night* baseball>.

Nimble V. AGILE.

Nobility V. ARISTOCRACY.

Noble V. MORAL.

Nocturnal V. NIGHTLY.

Nod V. SIGN.

Noise V. SOUND.

Noisy V. LOUD.

Nonchalant V. COOL.

No-nonsense V. SERIOUS.

Nonplus V. PUZZLE.

Nonviolent V. PACIFIST.

Norm 1. V. STANDARD. **2.** V. AVERAGE.

Normal V. REGULAR.

Nosy V. CURIOUS.

Notable V. NOTEWORTHY.

Note *vb* **1.** V. SEE 1. **2.** V. REMARK.

Note *n* V. IMPORTANCE.

Noted V. FAMOUS.

Noteworthy 1. Noteworthy, notable, memorable significan que posee una cualidad que atrae la atención.

• **Noteworthy** indica una cualidad, particularmente una excelencia, que merece o atrae la atención <a *noteworthy* feature of the new computer>.

• **Notable** suele connotar una cualidad especial, como una excelencia, una virtud, un valor o una importancia, que hace que la persona o cosa en cuestión sea meritoria de atención <a *notable* performance of "Hamlet">.

• **Memorable** indica que merece ser recordado, debido a veces a una cualidad intrínseca, o a veces por alguna cualidad que es personal para el individuo que recuerda <a *memorable* occasion>.

2. V. NOTICEABLE.

Notice V. SEE 1.

Noticeable 1. Noticeable, remarkable, prominent, outstanding, conspicuous, salient, striking, arresting, eye-catching significan que es llamativo o que atrae la atención.

• **Noticeable** se aplica a algo con pocas probabilidades de escapar la observación <a *noticeable* change in the students' attitudes>. ***ant*** unnoticeable

• **Remarkable** se aplica a algo que es tan extraordinario o excepcional que exige la atención o provoca el comentario <a film of *remarkable* intelligence>.

• **Prominent** se aplica a algo que exige la atención debido a que se destaca de su fondo o entorno <a *prominent* scientist>. ***ant*** inconspicuous

• **Outstanding** se aplica a algo que se sobrepone y supera a otros de su clase <honored for her *outstanding* contributions to science>. ***ant*** commonplace

• **Conspicuous** se aplica algo que es obvio e inevitable a la vista o a la mente <a *conspicuous* feature of the house>. ***ant*** inconspicuous

• **Salient** se aplica a algo de importancia que se impone a la atención <listed the *salient* points of the speech>.

• **Striking** se aplica a algo que deja una impresión fuerte y profunda en la mente o en la vista <the extreme poverty of the slum is immediately *striking* to the visitor>.

• **Arresting** indica capturar la atención, especialmente visualmente <an *arresting* image>.

• **Eye-catching** connota ser muy llamativo o atractivo <an *eye-catching* advertisement>.

2. V. NOTEWORTHY.

3. V. EVIDENT.

Notify V. INFORM.

Notion V. IDEA.

Notorious V. FAMOUS.

Novel V. NEW.

Novice, apprentice, neophyte, rookie, newcomer, beginner significan uno que es un principiante en algo, tal como una profesión, una carrera o una habilidad.

• **Novice** recalca la inexperiencia <he felt like a *novice* among his new colleagues>. ***ant*** old hand, old-timer, veteran

• **Apprentice** se aplica a un principiante que sirve bajo un maestrro y recalca la subordinación más que la inexperiencia <a plumber's *apprentice*>.

• **Neophyte** suele connotar la iniciación, y puede aplicarse a uno que es nuevo y que comienza a aprender los preceptos de algo como una asociación, una ciencia o un arte, y suele connotar una avidez juvenil y una falta de sofisticación <she had the energy and excitement of an eager *neophyte*>.

• **Rookie** connota una persona que justo ha comenzado un trabajo y tiene poca experiencia <an older policeman would take a *rookie* as his partner>.

• **Newcomer** sugiere una persona que ha llegado recientemente a algún lugar o que es nuevo en una actividad en particular <a *newcomer* to politics>.

• **Beginner** connota aquel que hace algo por la primera vez <a swimming class for complete *beginners*>.

Noxious V. PERNICIOUS.
Nude V. BARE.
Nullify 1. Nullify, negate, annul, abrogate, invalidate, undo, veto, cancel significan privar de existencia efectiva o constante.

• **Nullify** indica el contrarrestar la fuerza, la eficacia o el valor de algo <drinking milk will *nullify* the drug's effects>.

• **Negate** indica la destrucción o cancelación de una de dos cosas que se excluyen mutuamente, efectuada por la otra de las dos <a huge new survey that *negates* the previous findings>.

• **Annul** connota el neutralizar o hacer inefectivo o inexistente, a menudo mediante acción legal u oficial <the new agreement *annuls* the previous one>.

• **Abrogate** es como *annul,* pero indica de manera más definitiva una acción legal u oficial <suddenly *abrogated* the treaty and declared war>. ***ant*** establish

• **Invalidate** indica el hacer algo impotente o inaceptable mediante una declaración de sus debilidades o inconsistencias lógicas, morales o legales <trying to *invalidate* his dead mother's will>.

• **Undo** sugiere revertir el efecto de algo <the damage cannot be *undone*>.

• **Veto** connota rechazar oficialmente un proyecto de ley <*vetoed* the tax-reform bill> o más ampliamente, prohibir una acción <her parents *vetoed* her idea of traveling across the country>.

• **Cancel** connota causar que algo acabe o cese de producir cierto efecto <he *canceled* his insurance policy last month>.

2. V. ERASE.
3. V. CRUSH.
Number V. SUM.
Nunnery V. CLOISTER.
Nuptial V. MATRIMONIAL.

O

Obdurate V. INFLEXIBLE.
Obedient, docile, tame, submissive significan sumiso a la voluntad o el control de otro.

• **Obedient** indica el cumplir con las exigencias o peticiones por parte de uno en autoridad <an *obedient* dog>. ***ant*** disobedient

• **Docile** indica una predisposición a someterse voluntariamente al control o la dirección <a *docile* child>. ***ant*** ungovernable, unruly

• **Tame** connota cambiado de un estado salvaje de manera que se vuelva obediente a los seres humanos <his *tame* crow>, o al aplicarse a los humanos, ser pasivo o sojuzgado <the students in her classes this year were *tame* and quiet>.

• **Submissive** connota estar dispuesto a obedecer a alguien más, o estar generalmente inclinado a obedecer a otras personas <some

societies still expect women to be *submissive* to their husbands>.

Obey, comply, mind significan seguir las direcciones de otro.

• **Obey** es el término general, e indica el ceder de manera inmediata y sumisa a la autoridad <*obeyed* her parents>. ***ant*** disobey, command, order

• **Comply** se usa a menudo con *with,* y suele indicar sumisión, dependencia o la falta de una opinión fuerte <willing to *comply* with the opinion of the majority>. ***ant*** command

• **Mind** suele usarse en conexión con los niños o los menores, y también en la admonición o la advertencia <children must *mind* their parents>.

Object *vb* **Object, protest** significan oponerse a algo mediante el uso de argumentos en contra.

• **Object** recalca la antipatía o la aversión <she *objected* to what he had said>. ***ant*** acquiesce

• **Protest** connota el hacer una presentación ordenada de objeciones, ya sea oralmente o por escrito <a demonstration *protesting* the war>. ***ant*** agree

Object *n* **1.** V. INTENTION. **2.** V. THING.

Objective *adj* **1.** V. FAIR. **2.** V. MATERIAL.

Objective *n* V. INTENTION.

Oblige 1. Oblige, accommodate, favor significan brindar un servicio o una cortesía.

• **Oblige** indica poner a alguien en deuda con uno al hacer algo que le es grato <eager to *oblige* everyone>.

• **Accommodate,** cuando se usa en conexión con servicios, puede ocupar el lugar de *oblige,* o puede connotar el intento de brindar ayuda <willing to *accommodate* their unusual requests>.

• **Favor** indica el prestar un servicio como cortesía y sin imponer una obligación o esperar algo a cambio <luck *favored* him this time>.

2. V. FORCE.

Obliged V. GRATEFUL.

Obliging V. AMIABLE.

Oblique V. CROOKED.

Obliterate V. ERASE.

Oblivious V. FORGETFUL.

Obnoxious V. REPUGNANT.

Obscure 1. Obscure, vague, enigmatic, cryptic, ambiguous, equivocal, murky, unclear significan que no se puede entender claramente.

• **Obscure** indica que se ha ocultado o velado el significado como consecuencia de la torpeza de expresión, o que no se ha dado a conocer todo lo que se sabe <the poem's meaning is *obscure*>. ***ant*** distinct, obvious

• **Vague** indica la ausencia de una definición o formulación clara como consecuencia de una concepción o consideración inadecuada <he would only give her *vague* promises>. ***ant*** definite, specific, lucid

• **Enigmatic** recalca una cualidad desconcertante y perturbadora <puzzled by her *enigmatic* smile>.

• **Cryptic** indica un significado que se ha ocultado intencionalmente, y a menudo indica la intención de desconcertar o desafiar <a *cryptic* message>.

• **Ambiguous** se aplica a una dificultad en el entendimiento que nace del uso, normalmente inconsciente, de una o más palabras de múltiple significado <"average" is an *ambiguous* word>. ***ant*** explicit

• **Equivocal** se aplica al uso deliberado de lenguaje que puede interpretarse de distintas maneras con el fin de engañar o de evadir <annoyed by the ambassador's *equivocal* answers>. ***ant*** unequivocal

• **Murky** connota oscuramente ambiguo <a *murky* story involving murder and the CIA>.

• **Unclear** sugiere ser difícil de entender o comprender <their instructions were *unclear*>.

2. V. MYSTERIOUS.

Observable V. PERCEPTIBLE.

Observe 1. Observe, celebrate, commemorate significan marcar u honrar un día, una ocasión o una hazaña.

• **Observe** connota el marcar la ocasión con actos o rituales obligatorios, llevados a cabo con mucha ceremonia <not all holidays are *observed* nationally>. ***ant*** break, violate

• **Celebrate** connota el reconocer una ocasión con gran festejo <traditionally *celebrates* the New Year with fireworks>.

• **Commemorate** connota el marcar una ocasión con observancias que traen a la memoria el origen y la significancia <*commemorated* the battle with a ceremony every year>.

2. V. SEE 1.

3. V. REMARK.

Observer V. SPECTATOR.

Obsolete V. OLD.

Obstinate 1. Obstinate, dogged, stubborn, unyielding significan rígido e inflexible en conducta o propósito.

• **Obstinate** indica normalmente una perseverancia porfiada o irrazonable <her *obstinate* refusal to notice how the world had changed>.

• **Dogged** connota una perseverancia que es tenaz, y a veces hosca e inquebrantable <known as a *dogged* reporter>.

• **Stubborn** indica una firmeza e inmutabilidad innatas que resisten todo intento de cambiar o abandonar una línea de conducta o una opinión <a *stubborn* child who would only eat what he liked>.

• **Unyielding** connota aferrarse firmemente a una posición <their *unyielding* opposition to the new policy>.

2. V. UNRULY.

3. V. FAITHFUL.

4. V. INFLEXIBLE.

Obstruct V. HINDER.

Obtain V. GET.

Obtrusive V. IMPERTINENT.

Obtuse V. DULL.

Obvious V. EVIDENT.

Occasion V. OCCURRENCE.

Occasional V. INFREQUENT.
Occupation V. WORK 2.
Occur V. HAPPEN.
Occurrence, event, incident, episode, circumstance, occasion significan algo que sucede o que tiene lugar.

- **Occurrence** indica cualquier suceso sin intención, volición, o plan <these fights between her parents were a regular *occurrence*>.
- **Event** suele indicar un acontecimiento de relativa importancia, y a menudo, uno cuyas causas antecedentes son evidentes <the sequence of *events* following the assassination>.
- **Incident** connota un acontecimiento de breve duración o de una importancia relativamente menor <one of the minor *incidents* of the war>.
- **Episode** recalca lo distintivo o lo aislado de un incidente <the book is full of amusing *episodes* from his youth>.
- **Circumstance** indica un detalle específico en conexión con una acción o un evento <couldn't remember the exact *circumstances*>.
- **Occasion** connota un evento o el tiempo cuando algo ocurre <birthdays, anniversaries, and other special *occasions*>.

Odd 1. V. STRANGE. **2.** V. ABNORMAL.
Odious V. HATEFUL.
Odor V. SMELL.
Offend 1. Offend, outrage, insult significan herir los sentimientos o causar graves rencores.

- **Offend** puede indicar una violación, a menudo inadvertida, de lo que la víctima percibe como propio o adecuado <hoped that my remarks had not *offended* her>.
- **Outrage** indica el ofender más de lo que puede tolerarse, y el provocar emociones extremas <the invasion *outraged* many Muslims>.
- **Insult** connota el causar, deliberadamente y sin miramientos, humillación, orgullo herido o vergüenza <managed to *insult* every guest at the party>. ***ant*** honor

2. V. RIDICULE.
Offense 1. Offense, resentment, huff, indignation significan una reacción emocional a un desaire o una indignidad.

- **Offense** indica un marcado estado de desagrado y agravio <she took *offense* at his suggestion>.
- **Resentment** connota una indignación de mayor duración, o una ardiente animosidad <his lifelong *resentment* of his brother>.
- **Huff** indica un breve período de enojo, normalmente suscitado por una pequeñez <walked out of the room in a *huff*>.
- **Indignation** sugiere ira causada por algo que se ve como injusto o erróneo <he reacted to the joke with *indignation*>.

2. Offense, sin, vice, crime, scandal significan una transgresión de la ley o de la costumbre.

- **Offense** se aplica a la infracción de cualquier ley, regla, o código <public drunkenness is a minor *offense*>.
- **Sin** indica una ofensa contra la ley moral o religiosa, o cualquier

tipo de ofensa que se considera sumamente reprensible <confessing her *sins* to the priest>.

• **Vice** se aplica a un hábito o una práctica que degrada o corrumpe <his many *vices* included smoking and gambling>.

• **Crime** indica una grave ofensa punible por la ley del estado <the *crime* of murder>.

• **Scandal** se aplica a una ofensa que ultraja la conciencia pública o que daña la integridad de una organización o grupo <the affair became a public *scandal*>.

3. v. ATTACK *n* 1.

Offensive *n* v. ATTACK *n* 1.

Offensive *adj* v. REPUGNANT.

Offer 1. Offer, proffer, tender, present, submit significan poner o rendir algo ante otro para su aceptación.

• **Offer** indica el poner ante uno algo que puede ser aceptado o rechazado <*offer* a suggestion>.

• **Proffer** connota que uno tiene la libertad de aceptar o rechazar lo que se le ofrece, y recalca la buena voluntad, la espontaneidad y la cortesía del agente <*proffered* assistance to the elderly man>.

• **Tender** indica modestia, humildad o gentileza por parte del que hace la oferta <they have *tendered* an offer to buy the company>, y sirve como una expresión idiomática o cortés en ciertas frases <completely frustrated, she finally *tendered* her resignation>.

• **Present** connota una exhibición ceremoniosa o el ofrecer algo para el uso o para el placer <*presented* her with a bouquet of flowers>.

• **Submit** connota dar algo, tal como un documento, un plan o una pregunta, a alguien en autoridad para su consideración <they were asked to *submit* their papers by January 31st>.

2. v. GIVE.

3. v. PROPOSE.

Offhand v. EXTEMPORANEOUS.

Office v. POSITION 2.

Offset v. COMPENSATE.

Offshoot v. SHOOT.

Often, frequently, repeatedly significan repetidas veces, en sucesión más o menos estrecha.

• **Often, frequently** tienden a recalcar el número de veces que ocurre una cosa, sin dar importancia al intervalo de la repetición <they *often* come to dinner> <saw her as *frequently* as he could>. ***ant*** seldom

• **Repeatedly** significa una y otra vez <had told her *repeatedly* to shut the gate when she goes out>.

Old, ancient, venerable, antique, antiquated, archaic, obsolete, outmoded, passé, old-fashioned significan que comenzó a existir o a usarse en un pasado más o menos remoto.

• **Old** puede aplicarse a la duración, sea ésta real o relativa, de la existencia <an *old* sweater of mine>. ***ant*** new

• **Ancient** se aplica al suceso, a la existencia o al uso en el pasado remoto, o a la perduración desde este pasado <the *ancient* ruins of Machu Picchu>. ***ant*** modern

• **Venerable** recalca la larga experiencia y la dignidad de la edad avanzada <her *venerable* old professor>.

• **Antique** se aplica a lo que se ha transmitido desde un tiempo antiguo <collected *antique* furniture>. ***ant*** modern, current

• **Antiquated** indica que algo ha sido desacreditado, o que está pasado de moda o que de alguna manera es inadecuado para el tiempo presente <laughed at their *antiquated* teaching methods>.

• **Archaic** indica que algo posee el carácter o las características de un pasado muy remoto <based on *archaic* legal traditions>.

• **Obsolete** indica ciertas cualidades que han dejado de estar en circulación o que ya no se practican habitualmente <a new missile that will make all others *obsolete*>. ***ant*** current

• **Outmoded** connota ser muy viejo para usarse, especialmente porque existe un tipo más nuevo <the guerrillas' *outmoded* weapons>, o ya no es aceptado <her grandfather's *outmoded* attitudes toward women>.

• **Passé** connota que ya no es de moda o popular <claims that drinking martinis is *passé*>.

• **Old-fashioned** generalmente describe costumbres, ideas, vestimenta u objetos que parecen más apropiados para varias décadas atrás <an *old-fashioned* hat>.

Old-fashioned V. OLD.

Oligarchy, aristocracy, plutocracy significan gobierno ejecutado por pocos o un estado gobernado por pocos.

• **Oligarchy** puede aplicarse a cualquier gobierno o estado en el que el poder está, manifiestamente o prácticamente, en las manos de una minoría selecta <the government was an *oligarchy* controlled by 40 powerful families>.

• **Aristocracy,** en su sentido básico e histórico, indica el gobierno de los mejores ciudadanos, pero en su uso más común indica el poder investido a una clase privilegiada, a menudo vista como superior en nacimiento y crianza <the French Revolution almost destroyed the *aristocracy*>.

• **Plutocracy** indica una concentración del poder en manos de los ricos, y suele ser despectivo <the danger that a democratic nation could gradually become a *plutocracy*>.

Ominous 1. Ominous, portentous, fateful, threatening, looming significan que tiene un aspecto maligno o amenazador.

• **Ominous** indica un carácter amenazador y alarmante que anuncia el mal o el desastre <the volcano's *ominous* rumbling>.

• **Portentous** connota el ser terriblemente grande o impresionante, pero no amenazador <the announcer's *portentous* voice>.

• **Fateful** recalca la trascendencia o la importancia decisiva <the *fateful* conference that led to war>.

• **Threatening** sugiere alertar de la posibilidad inminente de daño <*threatening* storm clouds>.

• **Looming** connota aparecer en una forma grande, extraña o atemorizante <the *looming* threat of war>.

2. V. SINISTER.

Omit V. NEGLECT.

Omnipresent, ubiquitous, universal, global, worldwide significan que está presente o que existe en todas partes.

• **Omnipresent,** en su sentido estricto, es un atributo divino que equivale a *immanent,* pero más comúnmente indica presencia o predominio <remembered when pictures of Mao were *omnipresent* in Peking>.

• **Ubiquitous** indica una cualidad que es tan activa o tan numerosa que parece estar por doquier <trying to avoid the *ubiquitous* tourists>.

• **Universal** connota existir o ser verdadero en todos los lugares, siempre o bajo todas las condiciones <the family is a *universal* social unit>.

• **Global** sugiere que involucra al mundo entero <the *global* economy> o el entero de algo, especialmente en el contexto de computadoras <allows users to do *global* searches through all the data>.

• **Worldwide** recalca que involucra o se extiende a través del mundo entero, especialmente al referirse a la población humana <the singer achieved *worldwide* acclaim>.

Oneness V. UNITY.

Onerous 1. Onerous, burdensome, oppressive, exacting, taxing, demanding significan que impone dificultad.

• **Onerous** recalca lo laborioso y lo pesado, y suele describir algo que es fastidioso o desagradable <the *onerous* responsibilities he had been given>.

• **Burdensome** connota una cualidad que causa tensión física, y sobre todo, mental <businesses complain about *burdensome* government regulations>. ***ant*** light

• **Oppressive** indica una dureza o severidad extrema, a menudo intolerable, en lo que se impone <*oppressive* taxation>.

• **Exacting** indica rigor, severidad, o extrema intransigencia por parte del que exige, así como un extremo cuidado o precisión por parte de la persona o cosa que satisface estas exigencias <an *exacting* employer>.

• **Taxing** connota hacer demandas pesadas <a *taxing* concert tour>.

• **Demanding** sugiere que requiere demasiado tiempo, atención o esfuerzo <factory work can be physically *demanding*>, o que los requiere de otras personas <his most *demanding* teacher>.

2. V. HARD.

Onlooker V. SPECTATOR.

Only V. SINGLE.

Onset V. ATTACK *n* 1.

Onslaught V. ATTACK *n* 1.

Onward, on, forward, forth significan que está avanzando o yendo hacia delante, como en el caso de un movimiento, una progresión, una serie o una secuencia.

• **Onward, on** pueden recalcar el progreso o el avance hacia una meta, un fin o un lugar definido <struggled *onward*> <by then the army had moved *on*>.

• **Forward** define más específicamente un movimiento o avance, con referencia más a lo que se encuentra por delante que lo que queda atrás <leaning *forward*>, o bien puede aplicarse a una sucesión de incidentes, de pasos o algo semejante <the project was finally moving *forward*>. ***ant*** backward

• **Forth,** a menudo intercambiable con *forward,* puede indicar el traer o mover hacia delante una cosa (por ejemplo el conocimiento, la disponibilidad o la vista) que anteriormente estaba oscurecida <from that day *forth*>.

Open 1. V. FRANK. **2.** V. LIABLE.

Operate V. CONDUCT.

Opinion, view, belief, conviction, judgment significan un juicio o parecer que se tiene como cierto.

• **Opinion** indica una conclusión que se ha pensado a fondo pero que puede disputarse <each expert had a different *opinion*>.

• **View** connota una opinión más o menos influenciada por la emoción, el sentimiento o el prejuicio del que opina <listened to her *views* on the subject>.

• **Belief** indica una aceptación deliberada y un asentimiento del intelecto <a firm *belief* in God>.

• **Conviction** se aplica a una creencia que se tiene con firmeza y seriedad <her *conviction* that she was right>.

• **Judgment** connota una idea que uno forma acerca de algo después de pensamiento cuidadoso <in his *judgment,* oil stocks are valued too highly>.

Opponent 1. Opponent, antagonist, adversary significan uno que expresa o manifiesta una posición opuesta.

• **Opponent** indica poco más que una posición en el campo opuesto, como en el caso de un debate, una elección, una competencia o un conflicto <*opponents* of the project>. ***ant*** exponent, proponent

• **Antagonist** indica una oposición más pronunciada, y a menudo más personal, en la lucha para establecer la supremacía <the two *antagonists* faced off in the ring>. ***ant*** supporter

• **Adversary** puede conllevar una indicación de hostilidad activa <the two countries were now bitter *adversaries*>. ***ant*** ally

2. V. ENEMY.

Opportune V. TIMELY.

Oppose, combat, resist, withstand, counter, defy, confront significan ponerse uno en contra de alguien o de algo.

• **Oppose** puede aplicarse a toda una gama, que abarca desde la mera objeción hasta la hostilidad amarga o incluso la guerra activa <*opposed* the plan>.

• **Combat** recalca la naturaleza enérgica o urgente del intento de oponerse a algo <*combatting* the disease>. ***ant*** champion, defend

• **Resist** indica el reconocimiento manifiesto de una fuerza hostil o amenazadora, y un esfuerzo positivo de contrarrestar, rechazar o repeler esta fuerza <*resisted* the temptation to smoke>. ***ant*** submit, abide

• **Withstand** connota una resistencia que es más pasiva, pero a menudo efectiva <*withstood* pressure from his superiors>.

• **Counter** connota hacer algo en defensa o en respuesta a algo <he *countered* with the most brilliant moves of the entire chess match>.

• **Defy** sugiere hacer caso omiso de alguien o de algo con la confianza de ser capaz de aguantar cualquier ataque que pueda resultar <the couple *defied* tradition by getting married in a cave>.

• **Confront** connota enfrentar a alguien tal como un enemigo o un intruso, especialmente en un desafío <she *confronted* the boy about the missing cash>.

Opposite 1. Opposite, contradictory, contrary, antithetical significan el estar tan lejos el uno del otro como para ser o parecer irreconciliables.

• **Opposite** se aplica a cosas que contrastan fuertemente o están en conflicto entre sí <the two candidates held *opposite* views on foreign aid>. ***ant*** same

• **Contradictory** se aplica a dos cosas que se invalidan completamente entre sí, de manera que si una es cierta o válida, entonces la otra tiene que ser falsa o inválida <made *contradictory* predictions about the stock market>.

• **Contrary** indica una divergencia extrema o una oposición diametral en cosas tales como opiniones, motivos, intenciones o ideas <a husband and wife with *contrary* views about everything>.

• **Antithetical** recalca una oposición diametral que es clara e inequívoca <two *antithetical* theories>.

2. V. ADVERSE.

Oppressive V. ONEROUS.

Option V. CHOICE *n.*

Opulent V. LUXURIOUS.

Oracular V. DOCTRINAIRE.

Oral 1. Oral, verbal significan que supone el uso de palabras.

• **Oral,** el término más estrecho, indica enunciación y habla y se aplica específicamente a todo lo que es rendido, comunicado, gestionado o transmitido directamente de uno a otro mediante la palabra hablada <an *oral* examination>.

• **Verbal** recalca el uso de palabras y puede aplicarse tanto a lo hablado como lo escrito <a *verbal* description accompanied by a drawing>.

2. V. VOCAL.

Orbit V. RANGE.

Ordain V. DICTATE.

Ordeal V. DIFFICULTY.

Order 1. Order, arrange, marshal, organize, systematize, classify significan poner a personas o cosas en sus propios lugares en relación con las demás.

• **Order** connota el enderezar y armonizar con el fin de eliminar la confusión <*ordered* the books alphabetically>. ***ant*** disorder

• **Arrange** el poner en una secuencia, relación o ajuste apropiado, adecuado o correcto <*arranged* the flowers in a vase>.

• **Marshal** connota el reunir y arreglar en preparación para una operación en particular o para el uso o manejo efectivo <the lawyers had *marshaled* their facts well>.

• **Organize** indica el arreglar de tal manera que el conjunto entero funcione como una unidad en la que cada uno de los elementos tiene su propio lugar y función <*organized* the volunteers into teams>. ***ant*** disorganize

• **Systematize** indica el arreglar de acuerdo con un plan definido y predeterminado <Roman law was first *systematized* by Justinian>.

• **Classify** connota arreglar en grupos según las cualidades o características similares <the books have been *classified* by subject>.

2. v. COMMAND.

3. v. LINE UP.

Orderly v. NEAT.

Ordinance v. LAW.

Ordinary 1. v. COMMON. **2.** v. REGULAR.

Organize v. ORDER.

Origin, source, inception, root, provenance, genesis, birth, start, beginning, outset significan el punto en el cual una cosa comienza su curso o su existencia.

• **Origin** se aplica a las cosas o personas de las cuales algo se deriva en sus principios, y a menudo también a las causas que estaban ya en operación cuando la cosa en cuestión comenzó a existir <the *origins* of baseball>.

• **Source** se aplica con mayor frecuencia al punto en el cual una cosa comienza a ser o existir <the *source* of the Nile River>. ***ant*** termination, outcome

• **Inception** recalca el comienzo de la existencia de algo sin hacer indicación alguna en cuanto a causas <the program has been a success since its *inception*>. ***ant*** termination

• **Root** connota una fuente primera, última o fundamental, que a menudo no es fácilmente distinguible <the real *roots* of violence>.

• **Provenance**, un término informal, connota la fuente o el lugar de origen <the wine's *provenance*> o la historia de propiedad de un objeto u obra de arte o literatura valiosa <traced the painting's *provenance*>.

• **Genesis** sugiere el proceso por el cual algo se crea o produce <the *genesis* of a new political movement>.

• **Birth** connota la creación de algo nuevo <the *birth* of the solar system>.

• **Start, beginning** sugieren el principio de algo, o un tiempo cuando algo llega a ser o se vuelve activo <at the *start* of the race> <he moved to California to make a new *beginning*>.

• **Outset**, generalmente se usa en las frases *at the outset* o *from the outset* e indica el comienzo de algo <he made several things clear at the *outset*>.

Original v. NEW.

Originate v. SPRING.

Originator v. MAKER.

Ornament v. ADORN.

Ornery v. CONTRARY.

Oscillate v. SWING.

Ostensible v. APPARENT.

Ostentatious v. SHOWY.

Ounce v. PARTICLE.

Oust v. EJECT.

Out-and-out V. OUTRIGHT.
Outcome V. EFFECT.
Outdo V. EXCEED.
Outer, outward, outside, external, exterior, superficial significan que está o se encuentra fuera de algo.

• **Outer** tiende a retener su fuerza comparativa y a aplicarse a lo que se encuentra más apartado de algo descrito como *inner* <the *outer* layer of skin is called the epidermis>, o a un objeto que se encuentra a mayor distancia de un centro que otro objeto <took off his *outer* garments>. ***ant*** inner

• **Outward** comúnmente indica un movimiento o una dirección en sentido opuesto al movimiento hacia adentro <avoided any *outward* display of their wealth>, o puede usarse para denotar lo que es aparente, en contraste con lo que es interior, espiritual o mental <gave no *outward* sign of her emotions>. ***ant*** inward

• **Outside, external** se usan cuando se desea dar a entender una posición que está más allá o apartada de la cosa en cuestión <looked for causes in *outside* influences> <*external* events>. ***ant*** inside, internal

• **Exterior,** que también es cercano a *outside,* puede preferirse cuando se desea dar a entender una posición en la superficie o los límites externos de una cosa <a fresh coat of paint on the building's *exterior*>. ***ant*** interior

• **Superficial** sugiere yacer en o que afecta solamente la superficie de algo <*superficial* burns on her hands and face>.

Outfit V. FURNISH.
Outlandish 1. V. STRANGE. **2.** V. FANTASTIC.
Outlaw V. FORBID.
Outlawed V. UNLAWFUL.
Outlet V. APERTURE.
Outline 1. Outline, contour, profile, silhouette significan la línea que delimita y da forma a algo.

• **Outline** se aplica a una línea continua que demarca los límites exteriores o las orillas de un cuerpo o masa <chalk *outlines* of the bodies on the sidewalk>.

• **Contour** recalca el conjunto de características (como la uniformidad, las curvas, lo desigual o irregular) de un contorno, perímetro o superficie delimitadora <a car with smooth *contours*>.

• **Profile** connota la representación de algo visto de un lado y presentado en un esbozo sencillo <drew his daughter's *profile*>, o un bosquejo variado y nítidamente definido frente a un fondo más claro <he drew a ship in *profile*>.

• **Silhouette** connota una forma, particularmente la de una cabeza o una figura, cuyo detalle está ennegrecido o sombreado, y cuyo contorno es lo único que es claramente distinguible <in the evening the barn became a dark *silhouette* against the sky>.

2. V. BORDER.
Outlook 1. V. PROSPECT. **2.** V. POSITION.
Outlying V. DISTANT.
Outmoded V. OLD.

Outrage *vb* V. OFFEND.
Outrage *n* V. ANGER. **2.** V. INJUSTICE.
Outrageous 1. Outrageous, monstrous, heinous, atrocious significan enormemente malo u horrible.

• **Outrageous** indica el exceder los límites de lo que es correcto, decente, aguantable o tolerable <these *outrageous* terrorist acts against civilians>.

• **Monstrous** se aplica a lo que es inconcebiblemente, anormalmente o fantásticamente injusto, absurdo u horrible <a *monstrous* waste of money>.

• **Heinous** indica un mal tan flagrante o de tal magnitud como para provocar el odio o el horror <*heinous* crimes>.

• **Atrocious** indica una despiadada crueldad, salvajez o desdén hacia los valores comunes que provoca la repulsión <the *atrocious* treatment of the prisoners>.

2. V. FEARFUL.
3. V. SHAMELESS.

Outright, out-and-out, flat-out, unmitigated, thoroughgoing, absolute, utter significan sin límite o cualificación.

• **Outright** indica que lo descrito ha ido hasta el extremo, y no puede mejorarse ni empeorarse, ni tiene remedio <hoped these hostilities wouldn't lead to an *outright* war>.

• **Out-and-out, flat-out**, términos informales, sugieren ser el grado más alto <an *out-and-out* fraud> <a *flat-out* lie>.

• **Unmitigated** se aplica a lo que es o parece ser tan absolutamente lo que es, que no tiene posibilidad de ser disminuido, suavizado o aliviado <an *unmitigated* disaster>.

• **Thoroughgoing** connota ser puro y no mitigado <a *thoroughgoing* rejection of the prosecutor's case>.

• **Absolute, utter** connotan ser completo y total <called him an *absolute* disgrace to his family> <an *utter* impossibility>.

Outset V. ORIGIN.
Outside V. OUTER.
Outstanding V. NOTICEABLE.
Outstrip V. EXCEED.
Outward V. OUTER.
Outweigh V. EXCEED.
Outwit V. FRUSTRATE.
Overbearing 1. V. PROUD. **2.** V. DOMINEERING.
Overblown V. INFLATED.
Overcome V. CONQUER.
Overdue V. TARDY.
Overflow V. TEEM.
Overgrown V. RANK.
Overlook 1. V. NEGLECT. **2.** V. EXCUSE.
Oversee V. TEND.
Oversight, supervision, surveillance significan una observación cautelosa.

• **Oversight** atribuye el poder o el derecho de actuar al observador e indica la intención de asegurar la buena condición o el buen funcionamiento de lo que se observa <claimed there was no effective *oversight* of the project>.

• **Supervision** conlleva una indicación mucho más fuerte de poderes y responsabilidades de autoridad <wrote his thesis under a professor's *supervision*>.

• **Surveillance** indica una observación detenida, detallada e incluso indiscreta que se ejerce sobre algo, y en particular, sobre una persona que, según se juzga, requiere de atención inesperada o inmediata <under police *surveillance*>.

Overstatement V. EXAGGERATION.
Overthrow V. CONQUER.
Overturn V. REVOKE.
Own V. HAVE.

P

Pacifist, peaceable, peaceful, nonviolent, conciliatory, dovish significan que brinda o fomenta la paz.

• **Pacifist** recalca la oposición, particularmente la oposición activa, a la guerra o a la violencia, normalmente por motivos morales o de conciencia <a *pacifist* group on the campus>. ***ant*** combative, belligerent, warlike

• **Peaceable** recalca el disfrute de la paz como un estilo de vida y puede indicar la ausencia de cualquier intención de actuar agresivamente <a *peaceable* demonstration>. ***ant*** contentious, acrimonious

• **Peaceful** connota la ausencia de conflicto o de disputa, así como la ausencia de toda influencia perturbadora <looking for *peaceful* solutions> <in *peaceful* solitude>.

• **Nonviolent** connota el no usar o no involucrar la violencia <a *nonviolent* protest against the war>. ***ant*** violent

• **Conciliatory** sugiere intentar apaciguar a alguien <the company's *conciliatory* message to the employees' union>.

• **Dovish** connota oponerse a la guerra <the newspaper's *dovish* editorials>. ***ant*** hawkish

Pacify, appease, placate, mollify, propitiate, soothe, calm significan aquietar o calmar la ira o la perturbación de alguien o de algo.

• **Pacify** connota el apaciguar, calmar o aplastar una insurrección <the apology failed to *pacify* his neighbors>. ***ant*** anger, provoke

• **Appease** indica el aquietar la agitación o las exigencias apremiantes mediante el hacer concesiones <the Romans' attempts to *appease* the barbarians>. ***ant*** enrage, offend, outrage

• **Placate** recalca el cambiar el rencor o la amargura en buena voluntad <hoped that a bouquet of flowers would *placate* his girlfriend>. ***ant*** enrage

• **Mollify** indica el suavizar la ira o el calmar los sentimientos heridos mediante la acción positiva <the governor's apology seemed to *mol-*

lify the demonstrators>. ***ant*** exasperate

• **Propitiate** indica el prevenir la ira o la malevolencia, o el ganarse el favor de alguien, especialmente una persona poderosa <*propitiated* his mother-in-law by changing jobs>. ***ant*** provoke, antagonize

• **Soothe** connota el complacer mediante la expresión de preocupación <the waiter had to *soothe* an angry customer> o al confortar <played music to *soothe* the baby>. ***ant*** excite, upset

• **Calm** connota una emoción o agitación sojuzgada <the mayor tried to *calm* the protestors>. ***ant*** upset, agitate, disturb

Packed V. FULL.

Pains V. EFFORT.

Painstaking V. CAREFUL.

Palatable, appetizing, savory, tasty, delicious significan agradable al gusto.

• **Palatable** suele aplicarse a algo que, de manera inesperada, resulta ser agradable <surprised at how *palatable* the food was>. ***ant*** unpalatable, distasteful

• **Appetizing** connota el abrir el apetito, y se aplica al aroma y a la apariencia, así como al gusto <a selection of *appetizing* desserts>. ***ant*** disgusting, unappetizing

• **Savory** se aplica tanto al gusto como al aroma y connota el estar fuertemente sazonado o condimentado <an omelette with a *savory* filling>. ***ant*** bland

• **Tasty** indica un gusto fuerte y apetitoso <for her nine-year-old son, even stale doughnuts were *tasty*>. ***ant*** bland, unappetizing

• **Delicious** connota el suplicar fuertemente a los sentidos del sabor o del olfato <dinner was *delicious*>.

Pale 1. Pale, pallid, ashen, ashy, wan, pasty significan que carece de color natural o saludable, o de vividez o intensidad de tono.

• **Pale** indica una relativa proximidad a la blancura, y carencia de profundidad y brillantez de color <her dress was a very *pale* blue>. ***ant*** vivid

• **Pallid** suele connotar una privación de color natural e indica cierta anormalidad <his *pallid* face revealed the state of his health>.

• **Ashen** y **ashy** indican un color pálido grisáceo que evoca la ceniza, y recalcan una palidez malsana y presagiadora <soon the color had returned to his *ashen* cheeks> <the *ashy* sky of a winter's afternoon>.

• **Wan** connota la apariencia descolorida relacionada con la pérdida de vitalidad, y suele connotar una palidez enfermiza <the *wan* moon cast hardly any light>.

• **Pasty** indica una apariencia pálida y enfermiza <she has a *pasty* complexion>.

2. Pale, anemic significan débil y flaco en sustancia o en cualidades vitales, como si estuviese desangrado.

• **Pale** recalca la falta de color, carácter, vigor, fuerza, o energía; puede indicar asimismo el no reunir los requisitos de un tipo o una norma <a *pale* imitation of the original>. ***ant*** brilliant, vivid, colorful

• **Anemic** indica la carencia de los elementos que contribuyen en particular al vigor o la riqueza intelectual o espiritual <an *anemic* response to a dangerous situation>. ***ant*** full-blooded, robust, vigorous

Pallid V. PALE 1.
Palpable V. PERCEPTIBLE.
Pamper V. INDULGE.
Pan V. CRITICIZE.
Pandemonium 1. V. DIN. **2.** V. COMMOTION.
Panic V. FEAR.
Parade V. SHOW 2.
Paradigm V. MODEL.
Parallel V. SIMILAR.
Parallel *n* **1. Parallel, counterpart, analogue, match** significan uno que corresponde a otro, o le es muy semejante.

• **Parallel** indica que las dos cosas que se comparan son tan semejantes que la falta de divergencia entre ellas connota líneas paralelas <there were many *parallels* between the two artists' lives>.

• **Counterpart** connota una relación complementaria, y a veces inversa <her *counterpart* on the other team>.

• **Analogue** suele indicar una semejanza más remota, y puede suponer una comparación que sirve para clarificar, iluminar o demostrar <he intended his composition to be a musical *analogue* to Picasso's Cubist paintings>.

• **Match** connota alguien o algo que es igual a o tan bueno como otro <he was no *match* for his opponent>. ***ant*** mismatch

2. V. COMPARISON.
Paramount V. DOMINANT.
Parasite, toady, hanger-on, leech, sponge significan un adulador servil, o uno que se interesa sólo en cosas egoístas.

• **Parasite** se aplica a uno que se pega a una persona rica, poderosa o influyente, o puede aplicarse también a una persona que es inútil para la sociedad <a hardworking woman whose husband was a lazy *parasite*>.

• **Toady** pone énfasis en el servilismo y esnobismo del egoísta <all the company's vice-presidents were *toadies* who agreed with the president about everything>.

• **Hanger-on,** normalmente despreciable, se refiere a alguien que suele asociarse con ciertas personas o que depende excesivamente de ellas para obtener favores <a rock star and his *hangers-on*>.

• **Leech** recalca la tenacidad con la que uno se pega a otro o se aprovecha de él <a wealthy woman who didn't realize all her friends were *leeches*>.

• **Sponge** recalca ciertas cualidades parasíticas del gorrón, tales como la pereza, la dependencia, el oportunismo y la pequeñez <her brother was a *sponge*, always looking for a free meal>.

Pardon *vb* V. EXCUSE.
Pardon *n* **Pardon, amnesty, absolution, reprieve, forgiveness** significan la suspensión de una pena o castigo.

• **Pardon** puede ser a menudo ambiguo, y denota el librar, no de la culpa, sino del castigo impuesto por la autoridad <a condemned man who received a *pardon* at the last moment>.

• **Amnesty** indica un perdón que se extiende a toda una clase o comunidad <declared an *amnesty* for all tax evaders>.

• **Absolution,** en su uso eclesiástico, y particularmente, católico, se refiere a un perdón que se otorga por pecados que se han confesado y por los cuales se ha hecho expiación, e indica que el castigo eterno por el pecado ha sido remitido <was granted *absolution* by his priest>. ***ant*** condemnation

• **Reprieve** indica un retraso temporal de un castigo <the criminal won a *reprieve* from his death sentence>.

• **Forgiveness** significa disposición para excusar un error o una ofensa <a prayer asking *forgiveness* for our sins>.

Pardonable v. VENIAL.

Parley v. CONFER.

Parody v. CARICATURE.

Paroxysm v. FIT *n.*

Part, portion, piece, member, division, section, segment, fragment, fraction, slice, share significan algo que es menos que el todo al cual pertenece.

• **Part** es un término general que es apropiado cuando se requiere de imprecisión <they ran only *part* of the way>.

• **Portion** indica una parte asignada o repartida <cut the pie into six *portions*>.

• **Piece** recalca el estar aparte, y se aplica a una parte separada del todo <a puzzle with 500 *pieces*>.

• **Member** connota una de las unidades funcionales que constituyen un cuerpo <at the scene of the bombing, blood and body *members* were everywhere>.

• **Division** se aplica a una parte grande o variada, que se produce mediante una acción o efecto cortante <the company's manufacturing *division*>.

• **Section** es parecido a *division,* pero se aplica a una parte relativamente pequeña o uniforme <the entertainment *section* of the newspaper>.

• **Segment** se aplica a una parte separada o marcada por líneas naturales de división o por un efecto similar <one small *segment* of the voting population>.

• **Fragment** se aplica a una parte producida por una ruptura, un quebrantamiento o un efecto similar, o que se ha abandonado una vez que el resto ha sido usado, comido, gastado o perdido <only a *fragment* of the play still exists>.

• **Fraction** connota un pequeño fragmento o parte de algo <a *fraction* of an inch>.

• **Slice** sugiere una porción, un segmento o una muestra <a wide *slice* of the population saw the game on TV>.

• **Share** sugiere una porción de algo perteneciente a, debido a o contribuido por un individuo <he sold his *share* of the business>.

Partake v. SHARE.

Participate v. SHARE.

Particle, bit, mite, smidgen, iota, ounce, scrap, shred, speck significan una pieza o parte muy pequeña o insignificante.

• **Particle** indica una cantidad, de una sustancia o de una cualidad, que puede percibirse con la vista o la mente <claimed that not a *par-*

ticle of real evidence had come to light in the trial>.

• **Bit** connota la cantidad, la extensión o el grado más pequeño realizable <the movie was a *bit* too violent for his mother>.

• **Mite** puede recalcar el ser pequeño o diminuto en tamaño o cantidad <she claimed her grandson never had a *mite* of sense>.

• **Smidgen** puede ir más allá en recalcar lo minúsculo o lo escaso <the soup needed a *smidgen* more paprika>.

• **Iota** se usa intercambiablemente para denotar el detalle o la cantidad más pequeña o minúscula <it didn't make an *iota* of difference to him>.

• **Ounce**, que generalmente se usa en un contexto negativo, connota una cantidad muy pequeña de algo <she claimed he had never had an *ounce* of sense>.

• **Scrap** sugiere un poco de algo, ya sea físico o no físico <searching for any *scrap* of information about his missing parents>.

• **Shred**, generalmente usado en un contexto negativo, connota una cantidad pequeña <there's not a *shred* of evidence>.

• **Speck** generalmente indica un punto físico <a *speck* of mud on her dress>.

Particular *adj* **1.** V. FUSSY. **2.** V. SINGLE. **3.** V. SPECIAL.

Particular *n* V. ITEM.

Partisan V. FOLLOWER.

Partner, colleague, ally, cohort, sidekick, crony, comrade, accomplice significan un asociado.

• **Partner** indica un asociado en negocios, o uno de dos asociados, como en el caso de ciertos juegos, de un baile o del matrimonio <had gone into business with two *partners*>. ***ant*** rival

• **Colleague** suele aplicarse a un asociado en oficio, o en relaciones profesionales o académicas <she liked her *colleagues* at the office>.

• **Ally** connota una asociación, a menudo temporal, en causa común <became *allies* in the conflict even though they had hated each other for years>. ***ant*** adversary

• **Cohort** connota un amigo o un acompañante, frecuentemente de carácter dudoso <the police arrested the gang's leader and three of his *cohorts*>.

• **Sidekick** indica el amigo, compañero o ayudante constante de alguien <Don Quixote's *sidekick*, Sancho Panza>.

• **Crony** connota un amigo cercano o compañero, generalmente de mal carácter <he and his *cronies* could often be found in a dark corner of the bar>.

• **Comrade** connota un amigo cercano o un asociado, especialmente uno que comparte una experiencia militar <he enjoys spending time with his old army *comrades*>.

• **Accomplice** connota una persona que trabaja con o ayuda a alguien a hacer algo incorrecto o ilegal <he was convicted as an *accomplice* to murder>.

Partnership V. ALLIANCE.

Passé V. OLD.

Passing V. TRANSIENT.

Passion 1. Passion, fervor, ardor, enthusiasm, zeal, vehemence, intensity significan una emoción intensa que obliga a la acción.

• **Passion** se aplica a una emoción que es profundamente excitante o ingobernable <her *passion* for reading>.
• **Fervor** indica una emoción cálida y continua <read the poem aloud with great *fervor*>.
• **Ardor** connota calor y excitación, a menudo intermitente o pasajero <the *ardor* of their honeymoon soon faded>. ***ant*** coolness, indifference
• **Enthusiasm** se aplica a un vivaz o ávido interés o admiración por una propuesta, causa o actividad <never showed much *enthusiasm* for sports>. ***ant*** apathy
• **Zeal** indica la enérgica y constante búsqueda de una meta o devoción hacia una causa <frightened by the *zeal* of the extremists>. ***ant*** apathy
• **Vehemence, intensity** sugieren fuerza de sentimiento y expresión <spoke with some *vehemence* on the subject> <surprised at the *intensity* of their feelings>.

2. V. FEELING.

Passionate V. IMPASSIONED.
Passive V. INACTIVE.
Past V. PRECEDING.
Pastoral V. RURAL.
Pasty V. PALE.
Patch V. MEND.
Patent V. EVIDENT.
Pathetic V. PITIFUL.
Patrimony V. HERITAGE.

Pathos, poignancy, bathos significan una cualidad que inspira lástima o tristeza.
• **Pathos** es común en contextos críticos y literarios, y suele connotar el despertar de una reacción emocional que es más estética que aguda o personal <the *pathos* of his impoverished later life>.
• **Poignancy** puede preferirse cuando se desea recalcar la autenticidad de la cualidad emocional de la cosa en cuestión, o de las emociones que provoca <the *poignancy* of their few days together before he returned to the war>.
• **Bathos** suele aplicarse a un patetismo falso y afectado, y comúnmente indica un sentimentalismo sensiblero que tiende a provocar el desdén o la indignación más que la emoción deseada <the novel quickly descended into *bathos*>.

Pattern V. MODEL.

Pause, recess, respite, lull, intermission, interval significan una cesación temporal.
• **Pause** recalca el hecho de detenerse, y normalmente indica que se espera una reanudación del movimiento o de la actividad <whispered to her during a *pause* in the discussion>.
• **Recess** indica una suspensión temporal, sea del trabajo o de alguna actividad <schoolchildren playing during the morning *recess*>.
• **Respite** indica un periodo de alivio, sea del trabajo, del sufrimiento o de la guerra, o puede aplicarse a una demora, por ejemplo, antes de ser sentenciado en una corte, o antes de tener que pagar una cantidad de dinero que se debe <the brief *respite* between attacks>.

• **Lull** indica una cesación temporal, o con mayor frecuencia, se usa para indicar una disminución súbita en la violencia de una tormenta, o en la actividad comercial <after a *lull* the storm strengthened again>.

• **Intermission** indica un lapso en la continuidad, y se aplica particularmente a un intervalo disponible para alguna actividad nueva o especial <made a phone call during the opera's *intermission*>.

• **Interval** connota un periodo de tiempo entre eventos o estados <the sun shone for brief *intervals* throughout the day>.

Paw V. TOUCH.

Pay *vb* **1. Pay, compensate, remunerate, reimburse, repay, remit, refund** significan dar dinero o su equivalente a cambio de algo.

• **Pay** indica la liquidación de una obligación contraída <we *pay* taxes in exchange for government services>.

• **Compensate** indica el contrapesar los servicios o la ayuda que se ha prestado <she was always well *compensated* for her services>.

• **Remunerate** indica más claramente el pagar por servicios prestados y puede extenderse a un pago que es generoso o por el cual no se ha contratado <promised to *remunerate* the workmen generously>.

• **Reimburse** indica el devolver dinero que se ha gastado en beneficio de otro <the company will *reimburse* all employees for their expenses>.

• **Repay** recalca el pagar el equivalente de lo debido en especie o en cantidad <*repay* a loan>.

• **Remit**, un término formal, significa enviar dinero para un pago <please *remit* $500 as payment in full>.

• **Refund** connota devolverle dinero a alguien por un artículo devuelto <he returned the defective radio and the store *refunded* his money>.

2. V. SPEND.

Pay *n* V. WAGE.

Payment V. PRICE.

Peaceable V. PACIFIST.

Peaceful 1. V. CALM. **2.** V. PACIFIST.

Peak V. SUMMIT.

Peculiar 1. V. CHARACTERISTIC. **2.** V. STRANGE.

Peculiarity V. ECCENTRICITY.

Pedantic 1. Pedantic, academic, bookish significan dedicado de manera excesiva a asuntos eruditos.

• **Pedantic** indica ostentación en la educación y pesadez en la expresión, y puede connotar el estar absorto en asuntos eruditos, excluyendo todo lo que realmente importa <the teacher had a dull, *pedantic* style>.

• **Academic** suele connotar cierta abstracción y la falta de experiencia práctica, así como intereses que privan de la capacidad de tratar con la realidad <he dismissed the issue as *academic* and unimportant in the real world>.

• **Bookish** puede connotar una erudición que proviene más de los libros que de la realidad <her new lover was a *bookish* intellectual>.

2. V. LEARNED.

Peer V. GAZE.
Peeve V. IRRITATE.
Pejorative V. DEROGATORY.
Penalize 1. Penalize, fine, dock significan castigar mediante la privación de algo.

• **Penalize** suele presuponer la violación de una orden, regla o ley cuyo fin es el de mantener la disciplina o garantizar el decoro; también indica una pena, tal como la confiscación de dinero, ventaja o privilegio, o la imposición de una desventaja <the new law *penalizes* those who are late in paying their taxes>.

• **Fine** indica una pena monetaria fijada dentro de ciertos límites por la ley <he was *fined* $5,000 for evading his child-support payments>.

• **Dock** connota el quitarle a alguien parte de su salario <her boss *docked* her pay for coming in late>.

2. V. PUNISH.
Penchant V. LEANING.
Penetrate V. ENTER.
Penetrating V. INCISIVE.
Penitence, repentance, contrition, compunction, remorse, regret, guilt significan un sentimiento de pesar por haber cometido un pecado o una fechoría.

• **Penitence** indica el darse cuenta uno de sus fechorías con tristeza y humildad, y pesar por haberlas cometido <showed all the signs of *penitence*>.

• **Repentance** añade la indicación de estar uno consciente de sus defectos, y de estar resuelto a cambiar <his *repentance* was followed by a complete change of character>.

• **Contrition** recalca el profundo arrepentimiento que acompaña la penitencia sincera <the judge saw no evidence of *contrition* in the defendant>.

• **Compunction** indica una dolorosa herida en la conciencia por maldades pasadas, o en especial, por maldades contempladas <according to him, Afghanis have no *compunction* about killing a woman for adultery>.

• **Remorse** connota el hacer uno prolongadas y persistentes recriminaciones contra sí mismo, así como angustia mental por ofensas pasadas, particularmente aquellas cuyas consecuencias ya no tienen remedio <tormented by *remorse* for having yelled at his child>.

• **Regret** connota tristeza acerca de algo, frecuentemente por las propias acciones de uno <she expressed *regret* about what she had said>.

• **Guilt** connota la vergüenza causada por saber que alguien ha hecho algo malo <overwhelmed by feelings of *guilt*>.

Pensive V. THOUGHTFUL 1.
Perception V. SENSATION.
Perceive V. SEE 1.
Perceptible 1. Perceptible, palpable, tangible, appreciable, detectable, discernible, observable significan que puede ser aprehendido como algo real o existente.

• **Perceptible** se aplica a lo que se puede discernir, mínimamente a menudo, con los sentidos <a barely *perceptible* change in the sound>. ***ant*** imperceptible

• **Palpable** se aplica, ya sea a lo que tiene sustancia física, o bien a lo que es obvio e inconfundible <the tension in the air was *palpable*>. ***ant*** impalpable

• **Tangible** se aplica a lo que puede tocarse o asirse, física o mentalmente <the chief *tangible* evidence was the gun itself>. ***ant*** intangible

• **Appreciable** se aplica a lo que puede discernirse claramente con los sentidos, o lo que puede medirse de manera definitiva <an *appreciable* increase in temperature>. ***ant*** imperceptible

• **Detectable** connota estar escondido o ser difícil de percibir pero capaz de ser descubierto <*detectable* levels of alcohol in her blood>. ***ant*** undetectable

• **Discernible** sugiere ser capaz de ser visto e identificado con dificultad o esfuerzo <there is no *discernible* difference between the original and the copy>. ***ant*** indiscernible

• **Observable** connota ser posible de ver o notar <the trend is *observable* nationwide>. ***ant*** invisible

2. V. NOTICEABLE.

Perception V. DISCERNMENT.

Peremptory V. DOMINEERING.

Perennial V. CONTINUAL.

Perfect *adj* **Perfect, flawless, pure, ideal** significan que no carece de cosa alguna, o que no tiene defecto alguno.

• **Perfect** indica la solidez y la excelencia de cada parte, elemento o cualidad de una cosa, a menudo como un estado inalcanzable o teórico <a *perfect* set of teeth>. ***ant*** imperfect, defective

• **Flawless** connota ser falto de aún el más diminuto defecto <admired her *flawless* skin and shiny black hair>. ***ant*** flawed

• **Pure** sugiere ser completo e impoluto <*pure* nonsense>.

• **Ideal** connota corresponder a una imagen mental de perfección <it was an *ideal* spot for a vacation>.

Perfect *vb* V. IMPROVE.

Perform 1. Perform, execute, discharge, accomplish, achieve, effect, fulfill, complete, implement, attain, realize, carry out significan llevar a cabo o poner en marcha.

• **Perform** indica una acción que sigue unas pautas o procedimientos establecidos o que cumple con los requisitos acordados, y suele connotar un talento o una experiencia especial <*performed* gymnastics on the parallel bars>.

• **Execute** recalca el llevar a cabo lo que existe en propósito o intención <*executed* the maneuver beautifully>.

• **Discharge** indica la ejecución y el cumplimiento de deberes o trabajos asignados <*discharged* his duties promptly>.

• **Accomplish** recalca el cumplimiento efectivo de un proceso más que el método mediante el cual se ha llevado a cabo <*accomplished* in a year what had taken others a lifetime>. ***ant*** undo

• **Achieve** añade a *accomplish* la indicación de haber superado dificultades <a nation struggling to *achieve* greatness>.

• **Effect** añade a *achieve* un énfasis en una fuerza inherente en el agente capaz de vencer obstáculos <within six months the new governor had *effected* sweeping reforms>.

• **Fulfill** indica la completa realización de supuestas responsabilidades, planes, metas o posibilidades <by now her children had all *fulfilled* their ambitions>. ***ant*** fail in

• **Complete** connota llevar algo a su fin o a un estado final <he *completed* his research>.

• **Implement** connota poner algo en efecto o en acción <the government has *implemented* a series of reform programs>.

• **Attain** connota lograr u obtener <*attained* her goal of participating in the Olympics>.

• **Realize** sugiere lograr algo planificado o trabajado <finally *realized* a lifelong ambition>.

• **Carry out** connota trabajar en algo hasta su terminación <we *carried out* several experiments to test the theory>.

2. V. CLOSE.

Perfume V. FRAGRANCE.

Perfunctory V. SUPERFICIAL.

Perilous V. DANGEROUS.

Perimeter 1. Perimeter, periphery, circuit, circumference, bounds significan una línea continua que encierra un área.

• **Perimeter** se aplica a la línea que rodea cualquier área, o a la superficie que rodea un sólido <walked the *perimeter* of the property every evening>.

• **Periphery,** a pesar de ser a menudo intercambiable con *perimeter,* tiende a aplicarse más a la superficie colindante, la orilla o el límite de algo concreto <a circular highway marked the *periphery* of the city>.

• **Circuit** se aplica a una ruta, o a menudo un viaje, que rodea una periferia, o a veces puede aplicarse a cualquier otro tipo de camino que regresa a su punto de origen <she made the 60-mile *circuit* every day>.

• **Circumference** se aplica a la línea que traza un círculo o una elipse, o a la longitud de esta línea o de algo que se piensa tiene un centro <doctors measuring the *circumference* of the starving children's wrists>.

• **Bounds** connota los bordes de una propiedad <walked the *bounds*> o el límite de lo que es correcto o apropiado <the play goes beyond the *bounds* of good taste>.

2. V. BORDER.

Period, epoch, era, age, term, stage significan una porción o división de tiempo.

• **Period** puede designar cualquier porción de tiempo, sin importar la duración <*periods* of economic prosperity>.

• **Epoch** se aplica al periodo iniciado por alguna cualidad, un cambio o una serie de eventos que es de gran importancia <the steam engine marked a new *epoch* in industry>.

• **Era** connota un periodo de la historia caracterizado por un nuevo o diferente orden de las cosas <the *era* of global communications>.

• **Age** se usa con frecuencia para denotar un periodo relativamente bien definido y dominado por una figura o característica destacada

<the *age* of Shakespeare>.

• **Term** connota una división del año escolar o un periodo estándar durante el cual una persona cumple una función <the governor is serving his second *term*>.

• **Stage** sugiere un periodo o un paso en un proceso o una actividad <the first *stage* of the plan went well>.

Periodic V. INTERMITTENT.

Periphery V. PERIMETER.

Permanent V. LASTING.

Permeate V. INFUSE.

Permissible V. LAWFUL.

Permission 1. Permission, leave, authorization, consent, approval, go-ahead significan sanción otorgada por uno que tiene autoridad para actuar o para hacer algo.

• **Permission** indica el poder o la autoridad de otorgar o de negar lo que se pide <refused them *permission* to hunt on his land>.

• **Leave** se usa en referencia oficial al permiso de abandonar uno sus deberes <he was given *leave* to take care of emergency business>.

• **Authorization** connota una aprobación o un permiso legal u oficial <*authorization* is required to enter the building at night>.

• **Consent** connota un permiso para que algo suceda o se haga <students must have their parents' *consent* to go on the trip>.

• **Approval** sugiere la aceptación de una idea, una acción o un plan <sought her *approval* to make the change>. ***ant*** disapproval

• **Go-ahead**, un término informal, sugiere un permiso oficial para hacer algo <we've finally been given the *go-ahead* for the project>.

2. V. FREEDOM.

Permit V. LET.

Pernicious, noxious, deleterious, malign, ruinous, disastrous, virulent, devastating, toxic, catastrophic significan excesivamente dañino.

• **Pernicious** indica un daño irreparable que resulta de una acción corruptora o debilitante que es maliciosa o insidiosa <claims that pornography has a *pernicious* effect on society>. ***ant*** innocuous

• **Noxious** se aplica a lo que es a la vez ofensivo y dañino para la salud del cuerpo o de la mente <*noxious* fumes from a nearby chemical plant>.

• **Deleterious** se aplica a lo que, de manera insospechada o inesperada, tiene un efecto dañino, particularmente sobre el cuerpo viviente <excessive doses of vitamins can have *deleterious* effects>. ***ant*** salutary, beneficial

• **Malign** implica ser malvado, nocivo y con la intención de causar daño <the *malign* influence of money on the political process>. ***ant*** benign

• **Ruinous** connota que causa destrucción <fifty years of smoking had been *ruinous* to his health>.

• **Disastrous** connota que causa gran sufrimiento o pérdida <half the city was destroyed by a *disastrous* fire> o el ser muy malo o desafortunado <his decision would have *disastrous* consequences>.

• **Virulent** sugiere ser caracterizado por un curso rápido, severo y frecuentemente mortal <a *virulent* disease>.

• **Devastating** implica que resulta en mucha destrucción <a *devastating* flood> o que causa dolor emocional extremo <their daughter's death was a *devastating* loss>.
• **Toxic** indica que contiene veneno u otra sustancia peligrosa <knew that the fumes could be *toxic*>.
• **Catastrophic** sugiere un evento natural o un terrible desastre violento y generalmente destructivo <a *catastrophic* drought>.

Perpendicular V. VERTICAL.
Perpetual V. CONTINUAL.
Perplex V. PUZZLE.
Persevere, persist, carry on, survive significan continuar sobre una línea de conducta ante la dificultad o la oposición.
• **Persevere** indica una determinación admirable y connota tanto el negarse a perder el ánimo, sea por el fracaso, las dudas o las dificultades, como la búsqueda incansable de un fin o propósito <*persevered* in his efforts>. ***ant*** give up
• **Persist** suele connotar una cualidad molesta o desagradable, ya que recalca la pertinacia más que la valentía o la paciencia, y connota con frecuencia una obstinada oposición al consejo, la protesta, la desaprobación o la conciencia <their cruel teasing *persisted* despite all the teacher's attempts to stop it>. ***ant*** desist, cease
• **Carry on** connota continuar a pesar de obstáculos o desánimo <chose to *carry on* despite the weather>. ***ant*** give up
• **Survive** sugiere continuar funcionando o prosperando a pesar de eventos o condiciones adversas <he *survived* a political scandal and was reelected>.

Persist 1. V. PERSEVERE. **2.** V. CONTINUE.
Persistent V. CONTINUAL.
Personality V. DISPOSITION.
Perspective V. POSITION.
Persuade V. INDUCE.
Persuasive V. PLAUSIBLE.
Pertinent V. RELEVANT.
Perturb V. DISCOMFORT.
Peruse V. SCRUTINIZE.
Perverse V. CONTRARY.
Pervert V. DEBASE.
Pester V. WORRY.
Pet V. CARESS.
Petite V. SMALL.
Phlegmatic V. IMPASSIVE.
Phobia V. FEAR.
Phrase, idiom, expression significan un grupo de palabras que juntas expresan una noción, y que puede ser usado como parte de una oración.
• **Phrase** puede aplicarse a cualquier grupo de palabras que se repite frecuentemente, pero que sirve normalmente para connotar una cualidad distintiva, como por ejemplo, lo trillado, lo conciso o lo penetrante de una cosa <a poem made up of short, unconnected *phrases*>.
• **Idiom** se aplica a una combinación de palabras constitutivas que es

típica del lenguaje en la que ocurre, ya sea en sus relaciones gramaticales, o en su significado figurado <everyone uses common *idioms* such as "catch a cold">.

• **Expression** puede preferirse cuando una referencia a un modo de expresarse es calificada por un adjetivo, una frase o una cláusula <"the whole nine yards" had always seemed an odd *expression* to her>.

Physical 1. V. BODILY. **2.** V. MATERIAL.

Physique, build, constitution significan composición o tipo de cuerpo.

• **Physique** se aplica a la estructura, la apariencia o la fuerza del cuerpo como característica de un individuo o una raza <these Siberian peoples have sturdy *physiques*>.

• **Build,** que es totalmente intercambiable con *physique,* puede recalcar la conformación, dirigiendo la atención hacia cualidades tales como el tamaño, la estructura y el peso <he had the wrong *build* for playing basketball>.

• **Constitution** se aplica a la composición del cuerpo, tal y como es afectado por el complejo de condiciones físicas y mentales que determinan su estado <a robust, healthy *constitution*>.

Pickle V. PREDICAMENT.

Pick up V. LIFT.

Picky V. FUSSY.

Pictorial V. GRAPHIC.

Picturesque V. GRAPHIC.

Piece V. PART.

Pierce V. ENTER.

Piety V. FIDELITY.

Piggish V. VORACIOUS.

Pilfer V. STEAL.

Pillage V. RAVAGE.

Pilot V. GUIDE.

Pinch V. JUNCTURE.

Pine V. LONG.

Pinnacle V. SUMMIT.

Pious V. DEVOUT.

Piquant V. PUNGENT.

Pique V. PROVOKE.

Piracy V. THEFT.

Pitch 1. V. THROW. **2.** V. PLUNGE.

Piteous V. PITIFUL.

Pithy 1. V. CONCISE. **2.** V. BRIEF.

Pitiable 1. V. PITIFUL. **2.** V. CONTEMPTIBLE.

Pitiful, piteous, pitiable, pathetic, forlorn significan que provoca o merece lástima o compasión.

• **Pitiful** se aplica en particular a lo que inspira lástima o a veces la conmiseración por considerarse profundamente patético <a long line of *pitiful* refugees>, pero también puede aplicarse a lo que provoca una mezcla de desprecio y lástima <a *pitiful* excuse>.

• **Piteous** indica no tanto el efecto sobre el observador como la cualidad en la cosa que inspira la lástima <heard the *piteous* cries for help

from under the rubble>.

• **Pitiable,** que en otros casos es muy cercano a *pitiful,* casi siempre indica una conmiseración desdeñosa, aunque la connotación de desdén puede ser ligera o fuerte <quickly overwhelmed the opposition party's *pitiable* resistance>.

• **Pathetic** connota el causar sentimientos de lástima o aflicción <we could hear her *pathetic* cries for help>.

• **Forlorn** connota tristeza y soledad <a friendless and *forlorn* old widow>.

Pittance V. RATION.

Pity V. SYMPATHY.

Placate V. PACIFY.

Place, position, location, site, spot, locale significan el punto o la porción de espacio ocupado por una cosa o que es escogido para ella.

• **Place,** el más general de estos términos, lleva la indicación de tener dimensiones en el espacio, aunque las dimensiones pueden ser tanto grandes como pequeñas, y los límites pueden carecer de definición específica <the *place* where I was born>.

• **Position** puede usarse tanto en relación con cosas abstractas como con cosas concretas, y suele connotar un espacio relacionado con algo en particular <had determined the *position* of the naval fleet>.

• **Location** se usa en relación con cosas concretas, e indica un espacio fijo pero no necesariamente específico <knows the *location* of the hospital>.

• **Site,** el cual es cercano a *situation,* lleva una referencia más clara al terreno sobre el cual se ha construido algo, como un edificio, un grupo de edificios o una ciudad <built the new factory on the *site* of the old one>.

• **Spot** indica un lugar que es restringido, particular y cuyas extensiones son claramente definidas <she had found the perfect *spot* for a picnic>.

• **Locale** connota el lugar donde se lleva a cabo un evento o una historia <the film's *locale* was a tropical island>.

Placid V. CALM.

Plague 1. V. WORRY. **2.** V. ABOMINATION. **3.** V. AFFLICT.

Plain 1. Plain, homely, simple, unadorned significan libre de toda ostentación o adorno superficial.

• **Plain** recalca la carencia de cualquier cosa, como la ostentación o la afectación, que pueda llamar la atención <a *plain* house on a quiet street>, o puede connotar elegancia <the furnishings were *plain,* with simple, classic lines>, o con referencia al aspecto personal, denota la carencia de belleza positiva, pero sin llegar a la fealdad <his *plain* but kindly face>. ***ant*** beautiful, luxurious

• **Homely** puede connotar una familiaridad tranquila o una informalidad cómoda que carece de ostentación <a comfortable, *homely* room>; en su aplicación al aspecto personal, connota algo entre *plain* y *ugly* <felt *homely* next to her beautiful sister>. ***ant*** beautiful

• **Simple,** muy cercano a *plain* en sus referencias a situaciones y cosas, puede indicar que la cualidad que se describe es consecuencia de la preferencia personal <lived the *simple* life>, y suele connotar la carencia de complicación u ostentación <gave a *simple,*

straightforward answer>. ***ant*** elaborate, complex, luxurious

• **Unadorned** connota el no tener decoración u ornamentación <a bare, *unadorned* room>.

2. V. COMMON.

3. V. EVIDENT.

4. V. STRAIGHTFORWARD.

Plainspoken V. FRANK.

Plan 1. Plan, design, plot, scheme, project, strategy, program, blueprint significan un método formulado para hacer o realizar algo, o para alcanzar un fin.

• **Plan** indica la formulación mental, y a veces la representación gráfica, de un método o una línea de conducta <studied the *plans* for the industrial park>.

• **Design** suele connotar una pauta definida y el haber alcanzado cierto nivel de orden y armonía <*designs* for three new gowns>.

• **Plot** indica el exponer, en secciones claramente distintas, con énfasis en sus relaciones y proporciones <outlined the *plot* of the new play>.

• **Scheme** recalca el cálculo del fin que se propone, y puede aplicarse a un plan motivado por la astucia y el egoísmo <a *scheme* to swindle retired people of their savings>.

• **Project** suele recalcar iniciativa, un alcance o una visión imaginativa, pero a veces connota una extensión pesada o innecesaria <a *project* to develop the waterfront>.

• **Strategy** sugiere un plan o un método cuidadoso y frecuentemente astuto para lograr una meta particular <new marketing *strategies*>.

• **Program** connota un amplio plan o sistema bajo el cual se puede tomar una acción para lograr una meta <the government's health-care *program*>.

• **Blueprint** indica un diagrama que muestra cómo se construirá algo <architectural *blueprints*> o más ampliamente, un plan detallado de cómo hacer algo <a *blueprint* for success>.

2. V. PROCESS.

3. V. PLOT.

Plastered V. DRUNK.

Plausible, credible, believable, convincing, persuasive, cogent, reasonable significan aceptable exteriormente como verdadero o genuino.

• **Plausible** indica un carácter genuino o razonable que se percibe la primera vez que se ve o que se oye, pero con un leve indicio de la posibilidad de ser engañado <a *plausible* excuse>. ***ant*** implausible, dubious, doubtful

• **Credible** indica que parece merecer el ser aceptado como cierto, particularmente por ser apoyado por hechos conocidos o por el razonamiento lógico <his story sounded perfectly *credible*>. ***ant*** incredible

• **Believable** puede aplicarse a lo que parece ser cierto por estar dentro del alcance de la posibilidad, la probabilidad, o los hechos conocidos <a play with *believable* characters>. ***ant*** unbelievable

• **Convincing, persuasive** connotan que causa que alguien crea en algo como verdadero o cierto <a *convincing* argument for reform> <*persuasive* evidence that she had committed the crime>. ***ant*** unconvincing, unpersuasive, questionable

• **Cogent** connota suplicar forzosamente a la mente o al razonamiento <offered *cogent* arguments for building new schools>.

• **Reasonable** connota ser justo, sensible y bien razonado <a *reasonable* explanation>.

Plea V. APOLOGY.

Plead V. BEG.

Pleasant, pleasing, agreeable, gratifying, welcome, engaging, appealing, enjoyable, satisfying, attractive significan que es sumamente aceptable o que deleita la mente o los sentidos.

• **Pleasant** recalca una cualidad inherente de un objeto <a *pleasant* evening>. ***ant*** unpleasant, distasteful

• **Pleasing,** cercano a *pleasant,* recalca el efecto que algo tiene sobre uno <a *pleasing* arrangement of colors>. ***ant*** displeasing

• **Agreeable** se aplica a lo que está de acuerdo con los gustos o preferencias de uno <an *agreeable* traveling companion>. ***ant*** disagreeable

• **Gratifying** indica un placer mental que nace normalmente de la satisfacción de las esperanzas, los deseos, la conciencia o la vanidad de uno <a *gratifying* sense of accomplishment>.

• **Welcome** es más fuerte que *pleasing* y *grateful* en hacer hincapié en el placer que da la satisfacción de una previa necesidad o anhelo <as *welcome* as rain after a long drought>. ***ant*** unwelcome

• **Engaging** connota ser atractivo, ganador o interesante, generalmente en referencia a las personalidades <an *engaging* smile>.

• **Appealing** sugiere ser agradable y atractivo <an *appealing* design>. ***ant*** unappealing

• **Enjoyable** connota el proveer placer, satisfacción o un buen rato <we had a thoroughly *enjoyable* evening>.

• **Satisfying** connota el producir gratificación o satisfacción <a *satisfying* meal>. ***ant*** unsatisfying

• **Attractive** sugiere tener una apariencia placentera <an *attractive* flower arrangement> o el tener rasgos o cualidades agradables <they had made the company an *attractive* offer>. ***ant*** unattractive

Pleased V. GLAD.

Pleasing V. PLEASANT.

Pleasure, delight, enjoyment, satisfaction, gratification significan la agradable emoción que acompaña la posesión o la expectación de lo que es bueno o intensamente deseado.

• **Pleasure** recalca la sensación de satisfacción o de gratificación, más que una alegría visible <took real *pleasure* in her possessions>. ***ant*** displeasure

• **Delight** suele invertir este énfasis, y recalca la vívida expresión de una satisfacción manifiesta <the grandparents' *delight* in the baby>. ***ant*** disappointment

• **Enjoyment** recalca una gratificación o alegría que resulta de una experiencia placentera <his comments managed to spoil her *enjoyment* of the evening>. ***ant*** abhorrence

• **Satisfaction** sugiere el estado de ser gratificante y estar satisfecho <she expressed her *satisfaction* with the hotel>. ***ant*** dissatisfaction

• **Gratification** connota un estado de estar gratificado o satisfecho <selfish *gratification* of his own desires>.

Plentiful, ample, abundant, copious, bountiful, lavish, profuse significan más que suficiente, sin ser excesivo.

• **Plentiful** indica una gran o abundante provisión, a menudo de algo que no está disponible regularmente o universalmente <the peaches were *plentiful* that summer>. ***ant*** scanty, scant

• **Ample** indica una suficiencia generosa para satisfacer un requisito particular <an *ample* amount of food to last the winter>. ***ant*** scant, meager

• **Abundant** connota una provisión que es aún más grande o más rica que aquélla indicada por *plentiful* <at 80 she still had her *abundant* energy>. ***ant*** scarce, inadequate

• **Copious** recalca grandeza de provisión más que plenitud o riqueza <drank *copious* amounts of coffee>. ***ant*** meager, sparse

• **Bountiful** connota constantemente dar muchas cosas deseadas <this *bountiful* land>.

• **Lavish** sugiere profusión <he enjoyed the *lavish* attention that he got from the girls> o de una calidad rica y costosa <a *lavish* home>.

• **Profuse** connota que existe o que se desborda en grandes cantidades <*profuse* bleeding>.

Pliable, pliant, malleable, adaptable, supple significan que es susceptible de ser modificado en forma o en naturaleza.

• **Pliable** connota algo que con facilidad se puede doblar, torcer o manipular <soaked the stiff material to make it *pliable*>. ***ant*** unyielding

• **Pliant** puede recalcar la flexibilidad, y a veces puede connotar una cualidad mullida, o en las personas, la sumisión <holding her *pliant* body>. ***ant*** inflexible

• **Malleable** se aplica a lo que puede moldearse a base de presión o de golpes <the *malleable* properties of gold and silver>.

• **Adaptable** indica que es capaz de ser modificado con facilidad con el fin de adecuarse a otras condiciones, necesidades o usos <humans, like rats and foxes, are highly *adaptable* to different climates and diets>. ***ant*** unadaptable

• **Supple** describe algo que se dobla fácilmente y es de naturaleza suave <*supple* leather>.

Pliant v. PLIABLE.

Plight v. PREDICAMENT.

Plodding v. DULL.

Plot 1. Plot, intrigue, machination, conspiracy, cabal, scheme significan un plan hecho en secreto para llevar a cabo una maldad o una traición.

• **Plot** indica una cuidadosa previsión en la elaboración de una compleja intriga <an assassination *plot*>.

• **Intrigue** connota un maniobrar secreto y deshonesto en un ambiente de duplicidad <in an office full of *intrigue,* he was welcome for his honesty>.

• **Machination** indica el planear una serie de molestias, perjuicios o maldades, e imputa hostilidad o traición a los que la planean <her *machinations* were so obvious that we all joked about them>.

• **Conspiracy** indica un acuerdo secreto entre varias personas, a menudo, pero no siempre, con fines traicioneros <the oil companies' *conspiracy* to set prices>.

• **Cabal** se aplica a una intriga que, típicamente, involucra a personas de cierta eminencia, y cuyo fin es favorable para ellos pero nocivo para las personas afectadas <joined a *cabal* against the general>.

• **Scheme** connota un plan astuto, especialmente uno que utiliza decepción o engaños <a *scheme* to cheat elderly people out of their money>.

2. V. PLAN.

Ploy V. TRICK.

Pluck V. FORTITUDE.

Plumb V. VERTICAL.

Plunder 1. V. SPOILS. **2.** V. RAVAGE.

Plunge, dive, pitch significan tirarse uno mismo o tirar una cosa en agua profunda, en un movimiento hacia adelante y hacia abajo, o bien una acción similar.

• **Plunge** recalca la fuerza del movimiento, y puede indicar que se ha entrado dentro de alguna sustancia penetrable, o dentro de un estado o condición en el cual se encuentra uno completamente envuelto o sumergido <he *plunged* eagerly into the crowd>.

• **Dive** connota intención, y puede indicar más deliberación y pericia que *plunge* <loved to *dive* from high cliffs>.

• **Pitch** suele recalcar la carencia de intención o deliberación <her heel suddenly caught in a crack and she *pitched* to the ground>, o puede indicar el movimiento alternado hacia adelante y hacia atrás de un barco <the vessel's bow *pitched* violently up and down in the waves>.

Plurality V. MAJORITY.

Plush V. LUXURIOUS.

Plutocracy V. OLIGARCHY.

Poignancy V. PATHOS.

Poignant V. MOVING.

Point of view V. POSITION.

Poise 1. V. TACT. **2.** V. CONFIDENCE. **3.** V. EQUANIMITY.

Poison, venom, virus, toxin significan material que, cuando está presente o es introducido en un organismo viviente, produce un efecto letal o perjudicial.

• **Poison** puede aplicarse a cualquier sustancia mortífera o nociva (tal como la estricnina, el arsénico o el monóxido de carbono), o a cualquier cosa cuyo efecto es comparable <the *poison* of jealousy>.

• **Venom** se aplica a un fluido venenoso segregado por ciertos animales como la serpiente, la abeja o la araña, y que se inyecta dentro de otro animal en una acción defensiva o depredadora <sucked out the *venom* before it could enter the bloodstream>; puede indicar asimismo una hostilidad maligna <a critic known for his *venom*>.

• **Virus** se aplica a un agente infeccioso submicroscópico que tiene un efecto insidiosamente mortífero o destructivo <the *virus* that causes AIDS>.

• **Toxin** denota un veneno orgánico complejo que es producido por un organismo viviente, particularmente una bacteria o un virus <peanut mold produces a *toxin* that could be used for biological warfare>.

Poisonous v. DEADLY.
Polished v. SLEEK.
Polite v. CIVIL.
Politic v. EXPEDIENT.
Pollute v. CONTAMINATE.
Pompous v. INFLATED.

Ponder 1. Ponder, meditate, muse, ruminate, mull significan considerar o examinar con atención o deliberación.

• **Ponder** indica un cuidadoso sopesar de un problema o el pensar sobre un asunto por mucho tiempo y sin llegar a una conclusión <they *pondered* the question for several days>.

• **Meditate** indica el enfocar uno sus pensamientos en algo en particular con el fin de entenderlo más a fondo <he was happiest just listening to music and *meditating*>.

• **Muse** connota el dar vueltas a una cosa en la mente, de un modo que es más o menos enfocado y persistente, pero al mismo tiempo lánguido e inconcluyente, como si fuese en un sueño, una fantasía o un recuerdo <she sat *musing* at the window as darkness fell>.

• **Ruminate** indica el repasar uno en sus pensamientos el mismo asunto una y otra vez, pero sin llegar a indicar un razonamiento determinado o un absorción total <had been *ruminating* on the same issues for years>.

• **Mull**, seguido frecuentemente por *over*, connota el pensar acerca de algo lenta y cuidadosamente <the committee is *mulling* the proposal> <*mull over* an idea>.

2. v. THINK 2.
3. v. CONSIDER.

Popular 1. v. COMMON. **2.** v. PREVAILING.
Pore over v. SCRUTINIZE.
Portable v. MOVABLE.
Portentous v. OMINOUS.
Portion v. PART.

Pose *n* **Pose, airs, affectation, mannerism, pretense** significan una manera adoptada de hablar o de actuar.

• **Pose** indica una actitud que se ha adoptado deliberadamente con el fin de impresionar a los demás o de llamar la atención <her shyness was just a *pose*>.

• **Airs** siempre indica artificialidad y pretensión <having bought a huge house, they began putting on *airs*>.

• **Affectation** se aplica a un modo particular de hablar o de actuar que da al observador una impresión de falsedad <his British accent is an *affectation*>.

• **Mannerism** se aplica a una peculiaridad adquirida en el habla o en el modo de actuar que se ha vuelto una costumbre <gesturing with a cigarette was one of her *mannerisms*>.

• **Pretense** sugiere una intención o un propósito falso que se usa para engañar a alguien <he stopped to wait for her under the *pretense* of tying his shoe>, o un acto o una apariencia que parece real pero no lo es <their friendliness was only a *pretense*>.

Pose *vb* V. PROPOSE.

Position 1. Position, stand, attitude, stance, outlook, standpoint, point of view, perspective significan un punto de vista o un modo de ver una cosa.

• **Position** indica una referencia a una cuestión que se ha comentado o un tema sobre el cual existe una diferencia de opinión <the candidate's *position* on the war>.

• **Stand** es similar a *position,* pero connota una opinión que con mucha firmeza se tiene o se expresa <took a *stand* against the new power plant>.

• **Attitude** suele aplicarse a un punto de vista matizado por un sentimiento individual o de un grupo, y que es tanto fruto del temperamento o la emoción como del pensamiento o la convicción <a humorous *attitude* toward life>.

• **Stance** aplica a una opinión declarada públicamente <he delayed changing his public *stance* as long as possible>.

• **Outlook** connota la opinión personal e individual acerca de un tema <recent events had affected her political *outlook*> o un pronóstico del futuro <the *outlook* for the stock market>.

• **Standpoint, point of view** connotan una posición desde la cual las cosas se ven y según las cuales se comparan y juzgan <from a commercial *standpoint,* the film was a failure> <from her parents' *point of view,* her new boyfriend looked much better than the last one>.

• **Perspective** sugiere una visión mental, que generalmente implica que ésta es sólo una de varias visiones posible <the story is told from the *perspective* of a teenage boy in the 1950s>.

2. Position, office, job significan empleo por un sueldo o salario.

• **Position** puede preferirse cuando el empleo en cuestión connota un estatus más elevado o mayor dignidad en el tipo de trabajo que supone <took a *position* as research director at the company>.

• **Office** se aplica a una posición de confianza o de autoridad, particularmente en el servicio público <has held the *office* of treasurer for many years>.

• **Job,** un término muy general, recalca el trabajo que el puesto supone <his first *job* was as a schoolteacher>, y es particularmente apropiado cuando se trata de trabajo físico <apple harvesting is a seasonal *job*>.

3. V. PLACE.

4. V. WORK 2.

Positive V. SURE.

Possess V. HAVE.

Possible 1. Possible, practicable, feasible, workable, doable, realistic significan capaz de ser realizado.

• **Possible** indica que la cosa ciertamente puede existir u ocurrir en las condiciones adecuadas <it's *possible* that tickets are still available>. ***ant*** impossible, hopeless

• **Practicable** se aplica a algo que puede ser puesto en marcha con rapidez con los medios disponibles o bajo las condiciones presentes <she said the plan simply wasn't *practicable*>. ***ant*** impracticable

• **Feasible** se aplica a lo que, con toda probabilidad, será eficaz o útil para obtener el fin deseado <none of these choices seemed politically *feasible*>. ***ant*** unfeasible

• **Workable** connota ser practicable y factible <a *workable* system>. ***ant*** unworkable

• **Doable**, un término informal, sugiere ser capaz de hacerse o llevarse a cabo <difficult, but *doable*>.

• **Realistic** describe una respuesta sensible, apropiada y alcanzable a una situación <a *realistic* approach>.

2. V. PROBABLE.

3. V. PRACTICABLE.

Postpone V. DEFER.

Potential V. LATENT.

Pour, stream, gush, surge, spew significan emanar o emitir copiosamente.

• **Pour** connota una emisión copiosa <it was *pouring* rain>, y puede a veces indicar el venir en un curso continuo o el salir a chorros <workers *poured* from the factory exits>.

• **Stream** connota el fluir por un canal o desde una abertura, o bien la abundancia o la continuidad del flujo <with tears *streaming* from her eyes>.

• **Gush** indica la emisión súbita y copiosa de algo que se afloja después de haberlo retenido, o una acción similar <blood *gushed* from the wound>.

• **Surge** connota un gran y súbito aumento, parecido a una ola <house prices have *surged* in recent months>.

• **Spew** sugiere enviar o salir como en una inundación o un chorro <the volcano was *spewing* a great cloud of hot ash>.

Poverty, indigence, want, destitution significan el estado de uno que es pobre o que tiene recursos insuficientes.

• **Poverty** puede abarcar desde una extrema carencia de las cosas más indispensables, hasta el hecho de no tener medios cómodos <living in *poverty* in the city's slums>. ***ant*** wealth, riches, prosperity

• **Indigence** indica graves apuros económicos y las dificultades consiguientes <the *indigence* of her years as a university student>. ***ant*** affluence

• **Want** indica una extrema pobreza que priva a uno de las necesidades básicas de la vida <lived in a constant state of *want*>. ***ant*** abundance

• **Destitution** connota una tal carencia de recursos que llega al extremo de amenazar la vida misma mediante el hambre o el frío <saved her brother from *destitution* by taking him into her home>.

Power 1. Power, force, energy, strength, might, muscle significan la habilidad de ejercer esfuerzo.

• **Power** puede indicar una habilidad física, mental o espiritual, latente o ejercida, de ejercer una acción o de ser sujeto a ella <the engine's *power*>. ***ant*** impotence, weakness•

• **Force** indica el ejercicio efectivo del poder <took the town by *force*>.

• **Energy** se aplica al poder que se usa o que es capaz de ser transformado en trabajo <his untiring *energy*>.

• **Strength** se aplica a la cualidad o la propiedad de la persona o cosa que hace posible el ejercer una fuerza o el aguantar presión, tensión o un ataque <building her *strength* with exercises>. ***ant*** weakness

• **Might** indica un poder o una fuerza grande y abrumadora <pulling with all his *might*>.

• **Muscle**, un término informal, connota poder e influencia efectiva <he lacks the political *muscle* to get the policy changed>.

2. Power, faculty, function, capability, ability, capacity significan la habilidad por parte de un ser viviente de actuar de un modo determinado.

• **Power** puede aplicarse a toda instancia de esta habilidad, sin importar si la acción es de índole física o mental <his father's mental *powers* continued to weaken>.

• **Faculty** se aplica a los poderes que todo ser humano normal posee, y en particular a aquéllos que están relacionados con la mente <losing her *faculties*>.

• **Function** se aplica a cualquier habilidad o capacidad especial relacionada con una parte o un sistema del cuerpo, o a cualquier habilidad especial de la mente que contribuye a la vida de un organismo viviente <the primary *function* of the eye is vision>.

• **Capability** significa las destrezas, el conocimiento, las cualidades o las características necesarias para hacer algo <fighting two wars is beyond the army's *capabilities*>.

• **Ability** sugiere una capacidad, un poder o una destreza inusual para hacer algo <the *ability* to fly>.

• **Capacity** connota una habilidad mental, emocional o física para hacer algo <her *capacity* for love>.

3. Power, authority, jurisdiction, control, command, sway, dominion significan el derecho de gobernar, regir o determinar.

• **Power** indica el poseer la habilidad de ejercer fuerza coactiva, autoridad permisiva o influencia considerable <the *power* of the courts to override the legislature>.

• **Authority** indica el otorgamiento de poder para un fin específico, y dentro de límites determinados <gave her attorney the *authority* to manage her estate>.

• **Jurisdiction** se aplica al poder oficial que se ejerce dentro de límites prescritos <the government's *jurisdiction* over Indian affairs>.

• **Control** recalca el poder de dirigir y restringir <a teacher who had lost *control* of her classroom>.

• **Command** indica el poder de tomar decisiones arbitrarias y de exigir la obediencia <earned the respect of the men under his *command*>.

• **Sway** connota la extensión o el alcance del poder o la influencia que se ejerce <a time when the Catholic church held *sway* over much of Europe>.

• **Dominion** recalca el poder soberano o la autoridad suprema <a medieval king's *dominion* over his subjects>.

4. V. INFLUENCE.

Powerless, impotent, helpless, ineffective significan incapaz de efectuar uno sus propósito, intención o fin.

• **Powerless** denota simplemente una carencia de poder o de eficacia que es a menudo pasajera o relacionada con un propósito o situación específica <claimed he was *powerless* to act>. ***ant*** powerful

• **Impotent** indica una falta de poder combinada con una debilidad persistente o una ineficacia total <stormed about in *impotent* rage>.

• **Helpless** significa incapaz de ayudar <firefighters were *helpless* to put out the huge blaze>.

• **Ineffective** connota el no producir el efecto deseado <*ineffective* lighting>, o no ser capaz de desempeñarse eficientemente o según esperado <an *ineffective* executive>. ***ant*** effective

Practicable 1. Practicable, practical, functional, useful significan capaz de ser puesto en uso o de ser aprovechado.

• **Practicable** se aplica a algo que se ha propuesto y que parece ser realizable, pero cuyo uso no ha sido aún puesto a prueba <debating whether colonies on the moon will ever be *practicable*>. ***ant*** impracticable, unworkable

• **Practical** se aplica a cosas y a personas, e indica un éxito comprobado en la satisfacción de las exigencias de la vida o del uso <the copier is the most *practical* machine in the office>. ***ant*** impractical

• **Functional** connota ser útil o práctico <*functional* clothing>.

• **Useful** connota el tener un valor práctico <a *useful* invention>. ***ant*** useless

2. V. POSSIBLE.

Practical V. PRACTICABLE.

Practically V. VIRTUALLY.

Practice *n* V. HABIT.

Practice *vb* **Practice, exercise, drill, rehearse, train** significan desempeñar o hacer desempeñar regularmente.

• **Practice** puede indicar el hacer algo habitualmente o regularmente <a license to *practice* law>, o el repetir una acción una y otra vez con el fin de adquirir competencia o pericia <*practice* on the piano each day>.

• **Exercise** indica el permanecer en una labor y connota a menudo un fortalecimiento o desarrollo resultante <*exercised* in the gym every weekend>.

• **Drill** connota un intento de fijar como un hábito, y recalca la repetición como medio de entrenamiento y de disciplina <she *drills* her class in pronunciation daily>.

• **Rehearse** connota practicar algo para una dramatización pública <many orchestras can *rehearse* only once or twice before each concert>.

• **Train** sugiere el proveerle a alguien una instrucción práctica en una profesión, destreza o trabajo <*trained* him on the new equipment>.

Pragmatic V. EXPEDIENT.

Prayerful V. DEVOUT.

Precarious V. DANGEROUS.

Precedence V. PRIORITY.

Preceding, foregoing, previous, prior, former, past, earlier significan que es o existe desde antes.

• **Preceding** suele indicar el ser inmediatamente antes en tiempo o en lugar <in the *preceding* paragraph>. ***ant*** following, next

• **Foregoing** se aplica a lo que ha precedido, primordialmente en el discurso <the *foregoing* examples>. ***ant*** following, succeeding

• **Previous** indica que existe o que ocurre anteriormente <a *previous* marriage>. ***ant*** subsequent

• **Prior** a menudo añade a *previous* una indicación de importancia mayor <a beginning course that doesn't require any *prior* knowledge of the subject>.

• **Former** indica siempre una clara comparación o un contraste con algo posterior o último <the *former* name of the company>. ***ant*** latter

• **Past** connota pasado <in winters *past,* we have had much more snow>, o perteneciente a, hecho o usado en un tiempo anterior <artifacts from *past* civilizations>. ***ant*** present, future

• **Earlier** significa hecho en una fecha o un tiempo precedente <*earlier* predictions turned out to be wrong>. ***ant*** later

Precious V. COSTLY.

Precipitate 1. Precipitate, headlong, abrupt, impetuous, sudden, hasty, rash significan que demuestra una prisa excesiva o el ser algo que no se esperaba.

• **Precipitate** recalca la falta de deliberación debida, e indica lo prematuro de la acción <the army's *precipitate* withdrawal>. ***ant*** deliberate

• **Headlong** recalca la precipitación y la imprevisión de las personas o actos <finished the project in a *headlong* rush>.

• **Abrupt** recalca la brusquedad y la carencia de advertencia o ceremonia <the meeting came to an *abrupt* halt>. ***ant*** deliberate, leisurely

• **Impetuous** recalca la extrema impaciencia o impulsividad <an *impetuous* young man who proposed marriage on their third date>. ***ant*** cautious

• **Sudden** recalca lo inesperado así como lo brusco o lo impetuoso de una acción <flew into a *sudden* rage>.

• **Hasty** connota ser apresurado, y especialmente hecho demasiado rápido <a *hasty* retreat>.

• **Rash** sugiere ser hecho súbitamente y sin pensamiento acerca de las consecuencias de las acciones de uno <a *rash* decision that resulted in a serious accident>.

2. V. FAST.

3. V. ADVENTUROUS.

Precipitous V. STEEP.

Précis V. COMPENDIUM.

Precise V. CORRECT *adj.*

Precision, exactitude, accuracy significan la cualidad o el estado de ser preciso.

• **Precision, exactitude** connotan con regularidad una calidad deseable o preciada, y connotan la presencia de ciertos factores contribuyentes, tales como la exactitud, el cuidado, esmero en el trabajo o la selectividad <the document was worded with great *precision*> <scholarly *exactitude*>. ***ant*** imprecision

• **Accuracy** connota estar libre de error <each experiment is performed twice to improve the *accuracy* of the results>. ***ant*** inaccuracy

Preclude V. PREVENT 1.
Precursor V. FORERUNNER.
Predicament, dilemma, quandary, plight, jam, pickle, quagmire, impasse significan una situación de la cual es difícil escapar.

• **Predicament** connota una situación difícil que normalmente no ofrece una solución satisfactoria o fácil <rescued from their *predicament* only by luck>.

• **Dilemma** indica un apuro que ofrece una opción entre dos alternativas que son igualmente desagradables o inaceptables <the *dilemma* of whether to care for him ourselves or put him in a nursing home>.

• **Quandary** recalca la perplejidad y el desconcierto de uno que se encuentra ante un dilema <this new possibility presented her with a *quandary*>.

• **Plight** connota una situación desafortunada o difícil <the *plight* of the refugees>.

• **Jam** es un equivalente informal de *plight,* pero tiende a recalcar un involucramiento que resulta de un error, una falta o una maldad <constantly getting her son out of some *jam* or another>.

• **Pickle**, un término informal, indica un apuro particularmente penoso o lastimero <now I'm in a *pickle*>.

• **Quagmire** literalmente significa terreno blando y pantanoso, e implica una situación en la cual uno se encuentra gradualmente atrapado <the trial became a legal *quagmire*>.

• **Impasse** sugiere una situación en la cual ningún progreso parece ser posible <negotiations are at an *impasse*>.

Predict V. FORESEE.
Prediction V. PROSPECT.
Predilection 1. Predilection, prejudice, bias significan una actitud mental que predispone a uno a favorecer una cosa o adoptar una postura sin pleno conocimiento o consideración.

• **Predilection** indica una fuerte preferencia derivada del temperamento o la experiencia de uno <a *predilection* for spicy foods>.

• **Prejudice** suele indicar una predisposición desfavorable y connota un sentimiento basado en la sospecha, el miedo, o la intolerancia <his *prejudice* against foreigners>.

• **Bias** indica una distorsión irracional e injusta del juicio a favor o en contra de una persona o cosa <society's *bias* against overweight people>.

2. V. LEANING.

Predispose V. INCLINE.
Predominant 1. V. DOMINANT. **2.** V. PREVAILING.
Preeminence V. SUPREMACY.
Preeminent V. DOMINANT.
Preempt V. APPROPRIATE *vb.*
Preen V. PRIDE.
Preference V. CHOICE.
Prejudice 1. V. PREDILECTION. **2.** V. INCLINE.
Preliminary, introductory, preparatory significan que sirve para hacer

listo el camino para otra cosa.

• **Preliminary** se refiere a lo que ha de hacerse o prepararse o adquirirse para hacer posible otro estado o actividad <made a *preliminary* visit to the site>.

• **Introductory** se refiere a los primeros pasos de un proceso, y suele aplicarse a lo que pone en marcha una cosa (tal como una acción, una obra o un proceso) <the speaker's *introductory* remarks>.

• **Preparatory** es cercano a *preliminary* en su significado, pero pone el énfasis en el estado de preparación para, o en contra de, lo que se espera tendrá lugar <*preparatory* training>.

Premonition V. APPREHENSION.

Preparatory V. PRELIMINARY.

Prepare 1. Prepare, qualify, condition, ready significan hacer que algo o alguien esté listo.

• **Prepare** indica un proceso, a menudo complicado, de disponer o disponerse <*preparing* the soil before planting>.

• **Qualify** recalca la idea que la idoneidad para una situación particular, tal como un oficio, un deber o una función, exige ciertas condiciones, tales como el seguir un curso de estudio, o el tomar un examen o un juramento <all three of them *qualified* for the team>.

• **Condition** indica el entrar o poner en un estado que es propio o necesario para satisfacer un propósito o uso particular <her body had been *conditioned* by weeks of exercise>, o a veces indica meramente el estado que es el resultado inevitable de eventos e impactos pasados <soldiers *conditioned* to obey by strict training>.

• **Ready** pone énfasis en el poner o ponerse en orden, sobre todo para el uso o para la acción <*readied* the conference room for the meeting>.

2. V. TEACH.

Preponderant V. DOMINANT.

Prerequisite V. REQUIREMENT.

Prescribe 1. Prescribe, define, specify, stipulate significan fijar de manera arbitraria o autoritaria.

• **Prescribe** indica la intención de dar dirección explícita o una clara orientación a aquéllos que aceptan o que están bajo la autoridad de uno <a document that *prescribes* the required procedure>.

• **Define** recalca la intención de establecer límites con el fin de evitar la confusión, el conflicto o el traslapo <her memo *defined* the issue narrowly and precisely>.

• **Specify** connota el nombrar o mencionar exactamente y claramente <please *specify* the desired color and quantity on your order form>.

• **Stipulate** sugiere demandar, frecuentemente como parte de un acuerdo <the rules *stipulate* that players must wear uniforms>.

2. V. DICTATE.

Prescription V. RECIPE.

Present 1. V. OFFER. **2.** V. SHOW.

Present-day V. MODERN.

Presentiment V. APPREHENSION.

Presently, shortly, soon, directly, before long significan después de un rato breve.

• **Presently** es un término de indicaciones algo vagas en cuanto a la duración del tiempo en cuestión <the doctor will be here *presently*>.

• **Shortly** típicamente indica el seguir rápidamente o sin demoras evitables <received the report *shortly* after the tests were completed>.

• **Soon** puede indicar que lo que se narra o se predice ocurrió u ocurrirá sin mucha pérdida de tiempo <your sister should be home *soon*>.

• **Directly** indica algo que ocurre con un mínimo de demora o sin demora alguna <*directly* after graduation he joined the family business>.

• **Before long** connota una cantidad pequeña de tiempo <*before long*, the light rain had turned into a heavy downpour>.

Preserve v. SAVE.

Pressure v. STRESS.

Presume v. PRESUPPOSE.

Presumptuous v. IMPERTINENT.

Presuppose, presume, assume significan usar algo que se da por sentado como fundamento para la acción o el razonamiento.

• **Presuppose** puede indicar una creencia vaga o imperfectamente realizada, o una aceptación poco crítica <this *presupposes* that the company's financial statements are honest>.

• **Presume** connota que cualquier cosa que se da por sentada merece ser creída hasta que sea refutada <the defendant is officially *presumed* innocent until proven guilty>.

• **Assume** indica una aceptación arbitraria o deliberada de algo que no se ha comprobado o demostrado <they had *assumed* that their friends would be joining them>.

Pretend v. ASSUME.

Pretense 1. Pretense, pretension, make-believe, charade significan el proponer algo falso o engañoso como verdadero o cierto.

• **Pretense** puede denotar una falsa apariencia o la evidencia de ella <the *pretense* that he was an architect>, o puede aplicarse a algo, como un acto, una apariencia o una declaración, cuyo fin es el de convencer a otros de la realidad de algo que, de hecho, carece de realidad <led the country into war under false *pretenses*>.

• **Pretension** suele usarse en el sentido de una falsa apariencia, e indica una creencia injustificada, nacida del engreimiento o del autoengaño, en las cualidades deseables de uno <his intellectual *pretensions*>.

• **Make-believe** se aplica primordialmente a pretensiones que surgen de una imaginación fuerte o vívida, como aquélla de un niño o de un poeta <thought her brother lived in a world of *make-believe*>.

• **Charade** connota un acto engañoso <the government's "investigation" was a *charade*>.

2. v. DECEPTION.

3. v. POSE.

Pretension 1. v. AMBITION. **2.** v. PRETENSE.

Pretentious v. SHOWY.

Pretext v. APOLOGY.

Pretty V. BEAUTIFUL.
Prevail V. INDUCE.
Prevailing 1. Prevailing, prevalent, rife, current, popular, accepted, predominant, general significan que es generalmente circulado, aceptado o usado en un tiempo o lugar determinado.

• **Prevailing** recalca el predominio <the *prevailing* conditions of the ocean in June>.

• **Prevalent** indica simplemente la frecuencia <flu is most *prevalent* in the winter>.

• **Rife** indica una preponderancia creciente o una rápida extensión <crime is *rife* in the capital>.

• **Current** se aplica a lo que está sujeto a cambio, y recalca la preponderancia en un tiempo dado o en el momento presente <the *current* state of the economy>.

• **Popular** connota ser comúnmente aceptado, seguido, usado o practicado <a *popular* theory among social scientists>.

• **Accepted** connota ser considerado como verdadero, propio o normal, frecuentemente por especialistas <the *accepted* estimate of total deaths in the war>.

• **Predominant** sugiere ser el más grande en importancia, fuerza, influencia o autoridad <the *predominant* issue in the campaign>.

• **General** connota ser compartido por muchas personas <a *general* feeling that the economy is improving>.

2. V. COMMON.
3. V. DOMINANT.

Prevalent V. PREVAILING.
Prevaricate V. LIE.
Prevent 1. Prevent, anticipate, forestall, preclude, avert, ward off, deter significan tratar de antemano, o evitar que algo venga u ocurra.

• **Prevent** indica el tomar medidas de antemano contra algo que es posible o probable <health measures to *prevent* an epidemic>, o la creación de un obstáculo insuperable <the storm *prevented* us from going>. ***ant*** permit, allow

• **Anticipate** puede indicar el adelantarse a otro al establecerse como un precursor, o el frenar las intenciones de otro al ser el primero en actuar <she *anticipated* the firing by quitting first>.

• **Forestall** indica el adelantarse con el fin de frenar o interrumpir algo en su curso o de volver una cosa ineficaz o inofensiva <seeking to *forestall* the expected invasion>.

• **Preclude** indica la existencia de algún factor que elimina toda posibilidad de que una cosa pueda suceder o tomar efecto <the injury *precluded* a career in football>.

• **Avert** indica el tomar medidas inmediatas y efectivas para evitar, repeler o contrarrestar un mal que amenaza <this time they barely *averted* disaster>.

• **Ward off** connota un encuentro cercano y el uso de medidas defensivas <tried to *ward off* a cold with vitamin C>.

• **Deter** connota causar que alguien decida no hacer algo <some customers will be *deterred* by the high prices>.

2. V. HINDER.
3. V. FRUSTRATE.
Previous V. PRECEDING.
Prey V. VICTIM.
Price, charge, cost, expense, tab, bill, fee, fare, payment, rate significan lo que se da o se pide a cambio de algo.

• **Price** designa lo que se pide, particularmente por artículos de comercio <the *price* of vegetables has risen sharply>.

• **Charge** es cercano a *price,* pero se aplica particularmente a servicios <the *charge* for their services>, y puede aplicarse asimismo a lo que se impone a uno como una carga financiera <*charged* them $3.00 each>.

• **Cost** se aplica a lo que se da o se entrega a cambio de algo, lo cual es a menudo, y específicamente, el pago de un precio pedido <the *cost* of a new car>.

• **Expense** a menudo designa la cantidad total que al final se paga por algo <our *expenses* were higher last month>.

• **Tab**, un término informal, aplica a aquello que se debe, generalmente por un cliente en una cantina o un restaurante <she offered to pay the *tab* for their drinks>.

• **Bill** connota un documento que dice cuánto se debe por algo que se ha comprado o usado <he paid the telephone *bill* every month>.

• **Fee** sugiere un cargo fijo <the admission *fee* is $10>.

• **Fare** connota la cantidad de dinero que una persona paga para viajar en un vehículo público <lacked coins for the bus *fare*>.

• **Payment** es un término amplio que significa que algo se ha pagado o que se dio dinero para pagar una deuda <the loan *payment* is due monthly>.

• **Rate** connota un precio a pagarse que se establece de acuerdo a una escala o un estándar <the hotel's *rates* start at $75 per night>.

Priceless V. COSTLY.
Pricey V. COSTLY.
Pride *n* **Pride, vanity, conceit, egoism, egotism** significan la cualidad o el sentimiento de una persona que está plenamente convencida de su propia excelencia o superioridad.

• **Pride** puede indicar una autoestima justificada o injustificada, y puede referirse a un mérito o superioridad real o imaginada, o a sentimientos de respeto propio por sí mismo y las normas de uno, o bien a un engreimiento descarado y arrogante <took *pride* in her good marks at school>. ***ant*** humility, shame

• **Vanity** indica un deseo excesivo de atraer atención, aprobación, o alabanza, y connota un carácter egocéntrico así como una concentración en nimiedades <a woman of enormous *vanity*>. ***ant*** modesty

• **Conceit** connota un orgullo excesivo en el valor o la virtud de uno mismo <his *conceit* about his good looks>. ***ant*** modesty

• **Egoism** sugiere una preocupación excesiva por sí mismo, con o sin sentimientos exagerados de autoimportancia <his selfish *egoism* had lessened as the years passed>.

• **Egotism** recalca un sentimiento exagerado de autoimportancia, frecuentemente indicado al hablar demasiado de sí mismo <her *egotism*

made it hard for people to work closely with her>.

Pride *vb* **Pride, preen, gloat, glory** significan felicitarse por algo que se es, se tiene, o se ha hecho o realizado.

• **Pride** suele indicar el recibir mérito de algo que brinda honor o justifica el orgullo <he *prides* himself on the powerful people he knows>.

• **Preen** puede usarse para sustituir a *pique,* y a veces añade cierta connotación de adornarse uno de sus virtudes o logros <elegant ladies *preening* in their expensive gowns>.

• **Gloat** connota sentir placer por algo en una manera autosatisfecha <the team was *gloating* noisily over its victory>.

• **Glory** sugiere sentir gran alegría o placer por algo <she *glories* in the praise her book has received>.

Primacy v. SUPREMACY.

Primitive v. BARBARIAN.

Principal v. DOMINANT.

Principled v. MORAL.

Prior v. PRECEDING.

Priority, precedence significan el acto, el hecho o el derecho de estar o de ir delante de otro.

• **Priority** es el término usual en contextos legales o científicos, así como en referencias sencillas al tiempo relacionado con algún evento <in those days inheritance depended mainly on *priority* of birth>, pero en cuestiones que tratan de cosas como deudas, casos o requisitos que no se pueden satisfacer todos a la vez, *priority* connota una norma de arreglo que dispone del orden a seguir, a menudo según la importancia relativa <teaching well was his top *priority*>.

• **Precedence** suele ser cercano a *priority* <gave the older students *precedence* over the younger ones>, pero casi siempre indica un orden establecido que da preferencia a los que tienen superioridad de rango, dignidad o posición <the proper order of *precedence* at the wedding>.

Priory v. CLOISTER.

Privacy v. SOLITUDE.

Prize v. APPRECIATE.

Probable, likely, possible, expected significan que no se tiene por cierto al momento presente, pero que puede ser cierto o hacerse realidad.

• **Probable** se aplica a lo que es apoyado por una evidencia que es fuerte pero no decisiva <the *probable* cause of the accident>. ***ant*** certain, improbable

• **Likely** difiere de *probable* en que el primero indica una conclusión que se basa en motivos más superficiales o generales; y difiere de *possible* en en el sentido que *likely* asigna una posibilidad mucho más grande de ocurrir o de ser cierto <the *likely* outcome of the vote>. ***ant*** unlikely

• **Possible** se aplica a lo que está dentro de los límites conocidos de una cosa o una persona en cuanto a su funcionamiento, sus logros, su naturaleza o su modo de existencia, sin tomar en cuenta las posibilidades a favor o en contra de su realización <*possible* but unlikely>. ***ant*** impossible

• **Expected** sugiere que se cree probable o certero <the *expected* rise

in interest rates>. ***ant*** unexpected

Probe V. ENTER.

Probity V. HONESTY.

Problem V. MYSTERY.

Problematic V. DOUBTFUL.

Procedure V. PROCESS.

Process 1. Process, procedure, routine, method significan la serie de cosas tales como acciones, operaciones o movimientos que contribuyen al logro de un fin.

• **Process** es particularmente apropiado cuando se desea indicar el progreso a partir de un comienzo determinado hacia un fin determinado, y la secuencia de eventos puede dividirse en una secuencia de pasos o etapas <the *process* of digestion>.

• **Procedure** recalca el método que se sigue o la rutina a seguir <followed the normal *procedure*>.

• **Routine** connota una forma estándar o regular de hacer algo <his *routine* was to run three miles before dinner every evening>.

• **Method** sugiere una manera ordenada o un plan para hacer algo, generalmente en pasos <effective new teaching *methods*>.

2. V. METHOD.

Proclaim V. DECLARE.

Proclivity V. LEANING.

Procrastinate V. DELAY.

Procure V. GET.

Prodigal V. PROFUSE.

Prodigious V. MONSTROUS.

Produce V. MAKE.

Productive V. FERTILE.

Profession V. WORK.

Proffer V. OFFER.

Proficient 1. Proficient, adept, skilled, skillful, expert, master, crack, masterly significan que tiene o manifiesta el nivel de conocimiento o de experiencia que se necesita para tener éxito en una capacidad, oficio o profesión.

• **Proficient** indica una competencia plena derivada de la capacitación y la práctica <she was thoroughly *proficient* in Russian>. ***ant*** incompetent

• **Adept** indica una aptitud especial así como la competencia <*adept* at martial arts>. ***ant*** bungling, inept

• **Skilled** recalca la maestría de una técnica <a *skilled* heart surgeon>. ***ant*** unskilled

• **Skillful** indica destreza individual en la ejecución o el funcionamiento <his *skillful* manipulation of public opinion>. ***ant*** unskillful

• **Expert** indica una competencia extraordinaria y connota a menudo el conocimiento junto con la habilidad técnica <*expert* at identifying and evaluating wines>. ***ant*** amateur

• **Master** connota altamente diestro, especialmente en una profesión <a *master* electrician>.

• **Crack** sugiere ser caracterizado por una calidad o habilidad excelente, especialmente en contextos militares <*crack* troops>.

• **Masterly** indica tener o mostrar gran destreza <a *masterly* performance>.

2. V. ABLE.

Profile V. OUTLINE.

Profitable V. BENEFICIAL.

Profound V. DEEP.

Profuse 1. Profuse, lavish, prodigal, luxuriant, lush significan que es dado o se da en gran abundancia.

• **Profuse** indica el fluir sin límites o el correr en abundancia <*profuse* apologies>. ***ant*** spare, scanty, scant

• **Lavish** connota una profusión desmesurada, ilimitada o extravagante <a *lavish* wedding reception>.

• **Prodigal** indica una generosidad irresponsable o derrochadora que amenaza con llevar al agotamiento de recursos <couldn't control her *prodigal* spending>. ***ant*** parsimonious, frugal

• **Luxuriant** connota una abundancia rica y espléndida <the *luxuriant* growth in the tropical rain forests>.

• **Lush** connota una lujosa y suave abundancia y hermosura que están en la cumbre de la perfección, o un poco más allá de ésta <threw himself down on the *lush* grass>.

2. V. EXCESSIVE.

3. V. PLENTIFUL.

Prognosis V. PROSPECT.

Prognosticate V. FORESEE.

Program V. PLAN.

Progressive V. LIBERAL 2.

Prohibit V. FORBID.

Prohibited V. UNLAWFUL.

Project V. PLAN.

Projection, protrusion, protuberance, bulge significan una extensión más allá de la línea o superficie normal.

• **Projection** indica el sobresalir, particularmente en un ángulo abrupto o agudo <several *projections* from the wall>.

• **Protrusion** connota el destacar de forma tan imponente que la extensión da la impresión de ser una excrecencia o deformidad <two bizarre *protrusions* from the insect's mouth>.

• **Protuberance** indica un crecimiento o una hinchazón en dirección hacia el exterior, y de forma redonda <a skin disease that produces *protuberances* that resemble warts>.

• **Bulge** connota la expansión o hinchazón de una superficie que es causada por una presión proveniente de adentro o de abajo <a *bulge* under the man's jacket that may have been a gun>.

Prolific V. FERTILE.

Prolong V. EXTEND.

Prominent 1. V. NOTICEABLE. **2.** V. FAMOUS.

Promising V. FAVORABLE.

Promote V. ADVANCE.

Prompt 1. V. INCITE. **2.** V. INDUCE.

Promulgate V. DECLARE.

Prone 1. Prone, prostrate significan que está acostado.

• **Prone** indica una posición en la cual la parte anterior del cuerpo está contra la superficie que lo apoya <firing their rifles from a *prone* position>. ***ant*** erect, upright

• **Prostrate** indica el tenderse en el suelo como en la sumisión, la derrota o el colapso físico <a runner had fallen *prostrate* at the finish line>. ***ant*** erect, upright

2. V. LIABLE.

Pronounce V. DECLARE.

Propel 1. V. PUSH. **2.** V. MOVE.

Propensity V. LEANING.

Proper 1. V. FIT *adj.* **2.** V. CORRECT *adj.*

Property V. QUALITY 1.

Prophesy V. FORESEE.

Propitiate V. PACIFY.

Propitious V. FAVORABLE.

Proportion V. SYMMETRY.

Proportional, proportionate, commensurate, relative significan en relación justa con otra cosa.

• **Proportional** puede aplicarse a varias cosas que están estrechamente relacionadas y que cambian sin alterar la relación existente entre ellas <the doctors charge fees *proportional* to the patients' incomes>.

• **Proportionate** se aplica a una cosa que tiene una relación recíproca con otra <a punishment *proportionate* to the crime>. ***ant*** disproportionate

• **Commensurate** recalca una igualdad entre dos cosas diferentes entre sí pero que en algún respecto dependen la una de la otra <a salary *commensurate* with one's teaching experience>. ***ant*** incommensurate

• **Relative** connota una comparación con otra cosa <they considered the *relative* merits of the two methods>. ***ant*** absolute

Proportionate V. PROPORTIONAL.

Propose, pose, suggest, submit significan poner ante la mente para ser pensado o considerado.

• **Propose** indica esencialmente una invitación a considerar, comentar, resolver o ponerse de acuerdo sobre alguna pregunta o proposición claramente expuesta <he finally *proposed* marriage> <she *proposed* a solution>, o bien presentar a una persona como candidato <*proposed* his colleague for attorney general>.

• **Pose,** el cual es muy cercano a *propound,* suele indicar que no se intentará, o que no puede intentarse, obtener una respuesta inmediata <let me *pose* a question for your consideration>.

• **Suggest** connota ofrecer una idea <we *suggested* that everyone go in the same car>.

• **Submit**, un término un poco informal, connota ofrecer una opinión <I *submit* that the automobile has influenced the lives of Americans more than any other invention>.

Proper V. CORRECT *adj.*

Propriety V. DECORUM.

Prosaic, matter-of-fact significan que tiene una cualidad o un carácter que es sencillo, práctico o poco imaginativo.

• **Prosaic** indica una oposición a *poetic,* y suele connotar una cualidad ordinaria y poco emocionante, así como la ausencia de todo lo que pueda estimular la emoción o provocar gran interés <her style was *prosaic* and dull>.

• **Matter-of-fact** indica una indiferencia hacia lo imaginativo, especulativo, visionario, romántico o ideal; puede connotar una practicalidad realista y precisión de detalle <a *matter-of-fact* account of their adventure>, pero connota a menudo una preocupación con lo obvio y una negligencia de valores más sutiles <took a *matter-of-fact* attitude toward her illness>.

Prospect, outlook, anticipation, foretaste, forecast, prediction, expectation, prognosis significan un conocimiento anticipado de algo por venir.

• **Prospect** indica el esperar algún evento, condición o el desarrollo de un interés o una inquietud determinada <the appealing *prospect* of a quiet weekend>.

• **Outlook** connota un pronóstico, normalmente general, del futuro <a favorable *outlook* for the state's economy>.

• **Anticipation** indica una perspectiva que supone el sufrir o gozar de antemano algo que se espera <reviewing his notes in *anticipation* of the meeting>. ***ant*** retrospect

• **Foretaste** indica el experimentar en realidad, aunque sólo brevemente, algo que en el futuro vendrá en toda su plenitud <the frost was a *foretaste* of winter>.

• **Forecast, prediction** connotan una aseveración confiada acerca de qué ocurrirá en el futuro <the weather *forecast*> <*predictions* of a hot summer>.

• **Expectation** sugiere un sentimiento o una creencia de que algo va a ocurrir <a crowd waiting in *expectation* of the queen's arrival>.

• **Prognosis** indica la opinión de un doctor acerca de cómo alguien se recuperará de una enfermedad o una lesión <the *prognosis* for her husband is good> o más ampliamente, un juicio acerca de qué ocurrirá en el futuro <a hopeful *prognosis* for the company's future>.

Prosper V. SUCCEED.

Prostrate V. PRONE.

Protect V. DEFEND 1.

Protected V. SAFE.

Protest 1. V. ASSERT. **2.** V. OBJECT.

Protocol V. DECORUM.

Protract V. EXTEND.

Protrusion V. PROJECTION.

Protuberance V. PROJECTION.

Proud, arrogant, haughty, lordly, insolent, overbearing, disdainful, lofty, snobbish, condescending significan que demuestra una superioridad hacia otros, o desdén hacia los inferiores.

• **Proud** puede connotar un sentimiento o una actitud de satisfacción complacida consigo mismo o con sus propios logros, sin importar si es justificado o no, o si es demostrado de manera ofensiva o no <a

proud father>. ***ant*** humble, ashamed, modest

• **Arrogant** indica el reclamar para sí una mayor consideración o importancia que la que se merece, y connota con frecuencia una manera de ser que es agresiva y dominante <an *arrogant* young lawyer>.

• **Haughty** connota una conciencia de nacimiento o de posición superior que es exhibida con descaro <the *haughty* manner of her wealthy neighbors>. ***ant*** lowly

• **Lordly** indica pomposidad o una arrogante exhibición de poder <lived in a *lordly* house high above the town>.

• **Insolent** indica una altivez cuyo tono desdeñoso es insultante <her new students were not only lazy but *insolent*>.

• **Overbearing** indica una manera de ser que es tiránica o una insolencia intolerable <trying to avoid her *overbearing* mother-in-law>. ***ant*** subservient

• **Disdainful** connota una altivez que es más activa y abiertamente despreciativa <her friend seemed *disdainful* of the small, shabby apartment>. ***ant*** admiring, respectful

• **Lofty** connota mostrar una actitud orgullosa y superior <his *lofty* style of teaching>.

• **Snobbish** sugiere suplicar a o actuar como personas que se consideran a sí mismos como superiores <disliked her *snobbish* manner>.

• **Condescending** sugiere implicar que uno es más inteligente o mejor que otras personas <the *condescending* tone in his voice>.

Provenance V. ORIGIN.

Provide 1. Provide, supply, furnish, deliver, contribute, donate significan dar u obtener lo que se desea o se necesita para algo.

• **Provide** connota previsión, y recalca la idea de hacer preparativos adecuadamente mediante el abastecimiento o el equipamiento <*provided* him with an apartment and a car>.

• **Supply** puede recalcar la idea de reemplazar, o de satisfacer una necesidad o deficiencia <foods that *supply* needed protein and vitamins>.

• **Furnish** puede poner énfasis en la idea de equipar con lo que es necesario o, a veces, normal o deseable <*furnished* them with the necessary equipment>.

• **Deliver** connota llevar algo a una persona o a un lugar <the furniture will be *delivered* next week>.

• **Contribute, donate** sugiere el dar dinero, bienes o tiempo para ayudar a una persona, un grupo, una causa o una organización <he *contributed* $100 to the Red Cross> <people were encouraged to *donate* their money and time>.

2. V. GIVE.

3. V. FURNISH.

Provisional, tentative, conditional, temporary significan que no es final o definitivo.

• **Provisional** se aplica a algo que se adopta sólo por el momento, y que será desechado en cuanto se establezca la forma final o definitiva, o en cuanto, por cualquier motivo, deje de ser necesario <a *provisional* government>. ***ant*** definitive, permanent

• **Tentative** se aplica a algo que tiene la naturaleza de un ensayo o un experimento, o que sirve para probar lo practicable o factible de una cosa <made *tentative* plans to meet for dinner on Friday>. ***ant*** definitive, definite

• **Conditional** connota estar relacionado a algo, tal como un acuerdo, que ocurrirá si algo más también ocurre <a *conditional* promise>.

• **Temporary** indica que dura por un tiempo limitado <a *temporary* job>. ***ant*** permanent

Provoke 1. Provoke, excite, stimulate significan incitar a alguien o algo a ser, hacer o sentir una cosa.

• **Provoke** dirige la atención hacia la respuesta inducida y se aplica muy a menudo a una reacción colérica, molesta o extrema <his story only *provoked* laughter>.

• **Excite** indica el despertar o conmover profundamente <the news *excited* anger and frustration>. ***ant*** soothe, quiet *(de personas),* allay *(de temores, ansiedad, etc.)*

• **Stimulate** connota el sacar de un estado de letargo, quiescencia o indiferencia <the challenge has *stimulated* them to work faster>.

2. V. IRRITATE.
3. V. STIR.
4. V. INCITE.
5. V. ANNOY.

Prowess V. HEROISM.
Prowl V. LURK.
Prudent 1. V. WISE. **2.** V. EXPEDIENT.
Prying V. CURIOUS.
Psyche V. SOUL.
Publish V. DECLARE.
Pugnacious V. BELLIGERENT.

Pull 1. Pull, draw, drag, haul, tug, tow significan causar movimiento en la dirección determinada por una fuerza aplicada.

• **Pull** es el término general, pero puede poner énfasis en la fuerza que se ejerce más que en el movimiento resultante <*pulled* up the plants by the roots>.

• **Draw** indica un movimiento más suave y estable así como, por lo general, una fuerza más ligera que *pull* <a child *drawing* his sled across the snow>.

• **Drag** connota gran esfuerzo en vencer la resistencia o la fricción <*dragged* the body across the room>.

• **Haul** indica un tirar o arrastrar sostenido, sobre todo de objetos pesados o voluminosos <a team of horses *hauling* supplies>.

• **Tug** se aplica a esfuerzos enérgicos, y a menudo espasmódicos, de mover algo <a little girl *tugging* at her mother's hand>.

• **Tow** connota usar un vehículo para halar algo <*towing* a broken-down car>.

2. V. JERK.
3. V. INFLUENCE.

Punch V. STRIKE 1.
Punctilious V. CAREFUL.

Pungent, piquant, tart significan penetrante y estimulante para la mente o los sentidos.

• **Pungent** indica una cualidad penetrante, ardiente o mordaz, particularmente de los olores <a cheese with a *pungent* odor>. ***ant*** bland, insipid

• **Piquant** connota el poder de estimular el apetito o el interés mediante una cualidad ligeramente acre o provocativa <the *piquant* taste of grapefruit>. ***ant*** bland, flat

• **Tart** sugiere un sabor ácido o agrio <a *tart* cherry> o verbalmente mordaz <made a *tart* comment about his clothes>.

Punish, chastise, castigate, discipline, penalize significan infligir una pena en retribución por una fechoría.

• **Punish** indica el imponer una pena por la violación de una ley, por desobediencia o por una fechoría <had been *punished* for stealing>. ***ant*** excuse, pardon

• **Chastise** puede aplicarse, ya sea a la imposición de un castigo corporal o bien a una censura o denuncia verbal <*chastised* his son for neglecting his studies>.

• **Castigate** indica un severo, y normalmente público, azote verbal <an editorial *castigating* the mayor and his council>.

• **Discipline** indica el castigar o reprender con el fin de poner o mantener bajo control <the duty of parents to *discipline* their children>.

• **Penalize** connota castigar a alguien o a algo por violar una ley o una regla <*penalized* the company for not paying taxes>.

Puny V. WEAK.

Pure 1. V. CHASTE. **2.** V. PERFECT.

Purpose V. INTENTION.

Pursue V. FOLLOW 2.

Purview V. RANGE.

Push 1. Push, shove, thrust, propel, drive significan hacer mover una cosa hacia adelante o hacia un lado como resultado de la aplicación de fuerza.

• **Push** indica la aplicación de fuerza por parte de un cuerpo ya en contacto con el cuerpo a moverse <*pushed* the door open>. ***ant*** pull

• **Shove** indica un empuje que es fuerte, y a menudo rápido, súbito o brusco, y que obliga una cosa a moverse hacia adelante o hacia un lado <*shoved* the man out of my way>.

• **Thrust** connota menos continuidad y más violencia que *push,* e indica la aplicación de un solo movimiento o de una acción abrupta <she *thrust* the money into my hand and ran away>.

• **Propel** connota el impulsar rápidamente hacia adelante por medio de una fuerza o poder que imparte movimiento <ships *propelled* by steam>.

• **Drive** connota el mover personas o animales de o hacia un lugar por la fuerza <cowboys *driving* herds across the plains>, o empujar a algo dentro de otra cosa con fuerza <*drove* a nail into the wall>.

2. V. MOVE.

Pushy V. AGGRESSIVE.

Put down 1. V. CRUSH. **2.** V. DECRY.
Putrefy V. DECAY.
Putrid V. STINKING.
Put off V. DEFER.
Put up V. HARBOR.
Puzzle *vb* **Puzzle, perplex, bewilder, nonplus, confound, dumbfound, confuse, baffle, mystify** significan desconcertar y perturbar mentalmente.

• **Puzzle** indica el plantear un problema difícil de resolver <her fever *puzzled* the doctor>.

• **Perplex** añade la connotación de preocupación e incertidumbre, particularmente cuando se debe tomar una decisión <the change in his personality *perplexed* his friends>.

• **Bewilder** recalca una confusión mental que dificulta el pensar de forma clara y decisiva <*bewildered* by the number of choices>.

• **Nonplus** indica un desconcierto que causa un vacío mental completo <she was utterly *nonplussed* by his response>.

• **Confound** indica una parálisis mental pasajera, causada por el asombro o por una profunda humillación <tragic news that *confounded* us all>.

• **Dumbfound** connota una humillación o un asombro intenso pero pasajero <*dumbfounded* by her cold response>.

• **Confuse** connota mezclar los pensamientos de uno <math problems often *confuse* him> o hacer algo no claro o difícil de entender <the new evidence only *confused* matters further>.

• **Baffle** connota confundir a alguien lo suficiente para hacerlo imposible de continuar <she was *baffled* by the vocabulary in the article>.

• **Mystify** sugiere desconcertar a alguien completamente <the disease *mystified* doctors for years>.

Puzzle *n* V. MYSTERY.

Q

Quagmire V. PREDICAMENT.
Quail V. RECOIL.
Quaint V. STRANGE.
Quake V. SHAKE 1.
Qualified V. ABLE.
Qualify 1. V. PREPARE. **2.** V. MODERATE *vb.* **3.** V. ENABLE.
Quality 1. Quality, property, attribute, trait, feature significan una característica inteligible mediante la cual una cosa puede ser identificada o comprendida.

• **Quality** es un término general que se aplica a cualquier rasgo o característica, sea de índole material o inmaterial, individual o genérica <the *qualities* necessary for a good doctor>.

• **Property** indica una característica que pertenece a la naturaleza esencial de una cosa, y puede usarse para describir un tipo o una especie <the *properties* of the various types of wood>.
• **Attribute** indica una cualidad imputada a una cosa o un ser <the traditional *attributes* of a national hero>.
• **Trait** connota una cualidad distinguible especialmente de carácter <personality *traits*>.
• **Feature** sugiere una parte o un aspecto notable o una atracción especial <the car's new safety *features*>.

2. **Quality, stature, caliber, merit** significan mérito o superioridad distintiva.
• **Quality**, usado en el singular, indica un complejo de propiedades que produce un alto orden de excelencia, virtud o valor <noticed the high *quality* of the furniture>.
• **Stature** suele connotar un alto nivel que se ha alcanzado o un desarrollo que se ha logrado, y connota ciertas consideraciones de prestigio y de eminencia <a leader of genuine *stature*>.
• **Caliber** connota una rara, pero mensurable, extensión o alcance de alguna cualidad o de ciertos poderes, como la habilidad o el intelecto, o a veces puede connotar el apartarse de una norma o una pauta <hoping to hire high-*caliber* employees>.
• **Merit** indica excelencia digna de respeto <his ideas have *merit*>.

Qualm, scruple, compunction, concern, misgiving, doubt significan una duda en cuanto a lo que se hace o se va a hacer.
• **Qualm** indica el tener uno la inquietud de que no se está siguiendo la conciencia o el buen juicio <she had no *qualms* about traveling in North Africa>.
• **Scruple** indica una duda, basada en principio, en cuanto a la rectitud de un acto <a lawyer with no *scruples* at all>.
• **Compunction** indica un sentimiento espontáneo de responsabilidad y de compasión hacia una víctima potencial <he showed no *compunction* about seizing most of the estate for himself>.
• **Concern** connota un sentimiento de preocupación <widespread *concern* about the cost of the project>.
• **Misgiving** sugiere un sentimiento de duda o sospecha, especialmente acerca de un evento futuro <many people expressed *misgivings* about the new president's intentions>.
• **Doubt** indica incertidumbre acerca de algo <had *doubts* about these new "friends">.

Quandary V. PREDICAMENT.

Quantity V. SUM.

Quarrel 1. Quarrel, wrangle, altercation, squabble, spat, tiff, fight significan una disputa acalorada.
• **Quarrel** indica un acalorado choque verbal seguido de tensiones o una ruptura en las relaciones <a bitter *quarrel* finally ended their friendship>.
• **Wrangle** connota una disputa ruidosa, persistente y a menudo inútil <the finance hearing soon turned into a noisy *wrangle*>.
• **Altercation** connota una disputa verbal que es ruidosa y acalorada, a menudo acompañada de golpes <a violent *altercation* between two

groups of demonstrators>.

• **Squabble** indica una riña infantil e inapropiada sobre alguna pequeñez <the children constantly *squabble* over their toys>.

• **Spat** indica una disputa, vivaz pero breve, sobre alguna nimiedad <there was a *spat* over procedure>.

• **Tiff** connota una disputa trivial caracterizada por mal humor o sentimientos heridos pero sin consecuencias significantes <a little *tiff* between lovers that was soon forgotten>.

• **Fight** connota una lucha violenta entre oponentes <a *fight* broke out in the bar>.

2. V. BATTLE.

Quarrelsome V. BELLIGERENT.

Quarry V. VICTIM.

Quash V. CRUSH.

Quaver V. SHAKE 1.

Queer V. STRANGE.

Quell V. CRUSH.

Query V. ASK 1.

Question V. ASK 1.

Questionable V. DOUBTFUL.

Quick V. FAST.

Quick-tempered V. IRASCIBLE.

Quick-witted V. INTELLIGENT.

Quiet V. STILL.

Quip V. JOKE.

Quirk V. ECCENTRICITY.

Quit 1. V. STOP. **2.** V. GO.

Quiver V. SHAKE 1.

Quiz 1 V. ASK 1.

Quote, cite, borrow significan decir o escribir de nuevo algo que ya ha sido dicho o escrito por otro.

• **Quote** suele indicar la repetición precisa de las palabras de otro para un fin en particular <*quoting* classical and modern authors>, pero *quote* puede usarse para referirse más generalmente a alguien como el autor o la fuente de información <don't *quote* me as your authority>.

• **Cite** suele recalcar la idea de mencionar por un fin en particular, tal como la prueba de una tesis o de alguna posición, lo cual se puede hacer con o sin la idea de citar exactamente las palabras de otro <his article has been *cited* in recent judicial opinions>.

• **Borrow** connota el usar una idea o un decir que se originó con otra persona <the speech was filled with phrases *borrowed* from Winston Churchill>.

Quotidian V. DAILY.

R

Rack v. AFFLICT.
Racket v. DIN.
Radiant v. BRIGHT.
Radical v. LIBERAL 2.
Rage 1. v. ANGER. **2.** v. FASHION.
Rail v. SCOLD.
Raise v. LIFT.
Rally 1. v. STIR *vb.* **2.** v. ENCOURAGE.
Ramble v. WANDER.
Rambunctious v. UNRULY.
Rampant v. RANK.
Rancor v. ENMITY.
Random 1. Random, haphazard, chance, casual, hit-or-miss, accidental, arbitrary significan que es determinado de forma más accidental que deliberada.

• **Random** recalca el azar, y la falta de objetivo definido, meta fija o procedimiento regular <a *random* sampling of public opinion>. ***ant*** purposive

• **Haphazard** se aplica a lo que se hace sin tomar en cuenta la regularidad, la idoneidad o la consecuencia final <they had made some *haphazard* additions to the house>.

• **Chance** se aplica a lo que, sin previsión, arreglo previo o preparación alguna, le viene o le sucede a uno, o a lo que es hecho o realizado de este modo <a *chance* encounter on the street>.

• **Casual** connota el dejar las cosas al azar, así como el trabajar o actuar sin deliberación, intención o propósito <the speaker made only a *casual* attempt to deal with the various theories>. ***ant*** deliberate

• **Hit-or-miss** se aplica a lo que es tan fortuito que carece de todo plan, meta, sistema o cuidado <all his business ventures were *hit-or-miss* deals>.

• **Accidental** connota ocurrir por casualidad, sin planificar y sin intención <the *accidental* discovery of oil>.

• **Arbitrary** sugiere estar basado en una preferencia o conveniencia en lugar de evidencia o necesidad <an *arbitrary* decision>.

2. v. ACCIDENTAL.

Range *n* **Range, gamut, sweep, scope, reach, span, territory, purview, sphere** significan la extensión que reside dentro de los poderes que una cosa posee de abarcar o controlar.

• **Range** es un término general que indica la extensión de la percepción de uno, o la extensión de poderes, capacidades o posibilidades <the entire *range* of human experience>.

• **Gamut** connota una serie graduada que abarca desde un extremo posible hasta otro <the restaurant's food runs the *gamut* from inedible to delicious>.

• **Sweep** connota una extensión de movimiento o de actividad, a menudo circular o en forma de arco <the book covers the broad *sweep* of Soviet history>.
• **Scope** se aplica a un área de actividad, predeterminada y limitada, que tiene cierta flexibilidad dentro de esos límites <the *scope* of the investigation slowly widened>.
• **Reach** connota una extensión de percepción, conocimiento, habilidad o actividad que se alcanza o se experimenta mediante un alargamiento <the goal was well within *reach*>.
• **Span** connota una extensión, un trecho, un alcance o una separación entre dos límites <over a *span* of 25 years>.
• **Territory** sugiere un área geográfica bajo el control de un gobierno <enemy *territory*>, o un área asignada a alguien para llevar a cabo un trabajo en particular <the salesman's *territory*> o un área ocupada y defendida por ciertos animales <male birds defending their *territories*>.
• **Purview** indica los límites del trabajo, de la actividad o del conocimiento de alguien <that question is beyond my *purview*>.
• **Sphere** aplica a un campo de influencia o de actividad <outside the *sphere* of international relations>.

Range *vb* V. WANDER.

Rank 1. Rank, rampant, luxuriant, overgrown, lush significan que crece o aumenta a un ritmo desmesurado.
• **Rank** indica un crecimiento vigoroso, lozano y a menudo excesivo <the *rank* plant life of the tropics>.
• **Rampant** indica una extensión que es rápida, y a menudo desenfrenada o incontrolada, y puede aplicarse tanto a lo que crece literalmente como a lo que aumenta de un modo similar al crecimiento físico <diseases that are *rampant* in the region>.
• **Luxuriant** significa tener crecimiento pesado y grueso <a *luxuriant* beard>.
• **Overgrown** sugiere estar cubierto con plantas que han crecido de manera descontrolada <an *overgrown* path>.
• **Lush** connota estar caracterizado por crecimiento amplio, rico y suave <in July the lawn and gardens are *lush* and beautiful>.
2. V. FLAGRANT.
3. V. STINKING.
4. V. PROFUSE.

Ransom V. RESCUE.

Ransack V. RAVAGE.

Rap 1. V. TAP. **2.** V. CRITICIZE.

Rapacious V. VORACIOUS.

Rapid V. FAST.

Rapture V. ECSTASY.

Rare 1. V. CHOICE. **2.** V. INFREQUENT.

Rash 1. V. ADVENTUROUS. **2.** V. PRECIPITATE.

Rate *vb* V. ESTIMATE.

Rate *n* V. PRICE.

Ratify V. APPROVE.

Ration, allowance, pittance, dole, allotment significan la cantidad de alimento, provisiones o dinero que es asignada a un individuo.

• **Ration** indica repartición y, a menudo, el compartir de manera equitativa; básicamente, se aplica a la provisión diaria de alimento que se da a una persona o un animal, como por ejemplo un prisionero o una vaca lechera, pero su aplicación se extiende libremente a cosas que están en escasez y que se hacen disponibles de forma equitativa según la necesidad <during the war he had to show his card to receive his *ration* of gasoline>.

• **Allowance** recalca el dar, más que el compartir, lo que se encuentra en abasto restringido <each child was given an *allowance* beginning at the age of nine>.

• **Pittance** recalca la exigüidad o la tacañería y puede aplicarse de manera indiferente a una ración, una asignación, una limosna, un subsidio, o un sueldo <managed to survive on a *pittance*>.

• **Dole**, usado frecuentemente de manera informal en la frase *on the dole,* indica dinero que es repartido por un gobierno a los desempleados o los necesitados <he's been on the *dole* for a year>.

• **Allotment** connota una porción de algo dado a alguien para usar o tener <he complained that the 15-minute time *allotment* was too short>.

Rational, reasonable, logical significan que tiene o que manifiesta el poder de razonar, o que está en conformidad con los dictados de la razón.

• **Rational** suele indicar el poder de hacer deducciones lógicas y de llegar a conclusiones que permiten el entendimiento de las cosas <any *rational* person>; en su aplicación a cosas concebidas o formuladas, recalca un carácter satisfactorio en cuanto a la razón <a *rational* discussion>. ***ant*** irrational, demented, absurd

• **Reasonable** pone énfasis en la posesión o el uso de sentido práctico o de justicia y en la evitación de error innecesario <willing to grant any *reasonable* request>. ***ant*** unreasonable

• **Logical** describe los resultados de un razonamiento sistemático <the *logical* next step in the investigation>.

Rattle 1. V. EMBARRASS. **2.** V. DISQUIET.

Raucous V. LOUD.

Ravage, devastate, waste, sack, pillage, despoil, plunder, loot, ransack significan arrasar mediante el saqueo o la destrucción.

• **Ravage** indica una depredación y una destrucción que es violenta, severa, y a menudo acumulativa <another hurricane had *ravaged* the coast>.

• **Devastate** indica la ruina y desolación total de una vasta área <the atomic bomb that *devastated* Hiroshima>.

• **Waste** puede indicar una destrucción menos total, o una que resulta de un proceso más lento o menos violento <years of drought had *wasted* the area>. ***ant*** conserve, save

• **Sack** indica el saqueo y la destrucción de un lugar <the barbarians that *sacked* ancient Rome>.

• **Pillage** indica un saqueo despiadado y a discreción, pero sin la totalidad connotada por *sack* <towns *pillaged* by the Vikings>.

• **Despoil** se aplica al saqueo o robo de un lugar o de una persona, pero sin connotar una destrucción acompañante <the Nazis *despoiled* the art museums of Europe>.

• **Plunder** sugiere robar cosas en grandes cantidades durante la guerra o como si fuese durante la guerra <the village was *plundered* by the invading army>.

• **Loot** connota robar tiendas o casas durante la guerra o después de la destrucción causada por un desastre o un motín <supplies had been *looted* from the warehouse>.

• **Ransack** refuerza la búsqueda violenta de una cosa o un lugar especialmente para poder robar <drug addicts had *ransacked* the apartment>.

Ravenous V. VORACIOUS.

Ravish V. TRANSPORT.

Reach *n* V. RANGE.

Reach *vb* **Reach, gain, achieve, attain, accomplish, realize** significan llegar a un punto o un fin por medio del esfuerzo o del trabajo.

• **Reach** puede usarse en referencia a cualquier cosa a la que se llega con algún grado de esfuerzo <after a long climb we *reached* the top of the hill>.

• **Gain** suele indicar una lucha para alcanzar una meta o un fin que se ha contemplado o deseado <*gained* self-confidence from the experience>. ***ant*** forfeit, lose

• **Achieve** puede recalcar la pericia o el aguante al igual que el esfuerzo requerido para alcanzar un fin <*achieved* success>. ***ant*** miss

• **Attain** recalca el acicate del anhelo o la ambición y connota el alcanzar lo extremo, lo raro o lo difícil <eventually *attained* a high reputation in his field>.

• **Accomplish** connota el tener éxito al hacer algo <they have *accomplished* much in a short time>.

• **Realize** sugiere lograr algo planificado o trabajado <*realize* a lifelong ambition>.

Ready *vb* V. PREPARE.

Real 1. Real, actual, true significan que corresponde con los hechos conocidos.

• **Real** suele recalcar la autenticidad, y en particular, la correspondencia entre la apariencia y la esencia <a *real* diamond>. ***ant*** unreal, apparent, imaginary

• **Actual** recalca el hecho de la existencia o fidelidad a lo que existe, en contraste con lo que no existe, lo que es abstracto o hipotético <the *actual* number of casualities was larger>. ***ant*** ideal, imaginary

• **True** puede recalcar conformidad con lo que es real, particularmente como un modelo o una pauta <a *true* liberal>, o conformidad con los hechos pertinentes que se conocen o se pueden conocer <the *true* version of events>. ***ant*** false

2. V. AUTHENTIC.

Realistic 1. V. POSSIBLE. **2.** V. GRAPHIC.

Reality V. TRUTH.

Realization V. RECOGNITION.

Realize 1. V. THINK 1. **2.** V. PERFORM.

Reap, glean, gather, garner, harvest significan desempeñar el trabajo, o una parte del trabajo, de recoger cosechas maduras.

• **Reap** se aplica básicamente al acto de recortar, y normalmente, recoger el grano maduro, y connota a menudo una ganancia o recompensa <hoped to *reap* the rewards of hard work>.

• **Glean** indica el despejar un campo o deshojar una planta, particularmente cuando se hace por segunda vez, y se aplica al acto de recoger las partes útiles, sobre todo aquéllas que han sido ignoradas por otros <returned to *glean* new evidence from the crime site>.

• **Gather** aplica a cualquier acto de recoger o reunir un material, tal como el producto de una granja o un huerto, y recalca el acumulamiento <*gathering* information by electronic means>.

• **Garner** indica el almacenar productos agrícolas que se han cosechado o recogido, y puede aplicarse a cualquier acto de apartar una porción <his performance *garnered* praise from the critics>.

• **Harvest** puede indicar todas, o cualquiera de estas prácticas agrícolas, o puede aplicarse a cualquier acto de recogimiento o cultivo <*harvested* an enormous crop that year>.

Reason *n* **1. Reason, understanding, intuition, intelligence** significan el poder del intelecto mediante el cual los seres humanos alcanzan la verdad o el saber.

• **Reason** se refiere a la facultad para el orden, el sentido, la racionalidad en el pensamiento, la deducción, y la conclusión sobre las percepciones <he said her choice was based on faith rather than *reason*>.

• **Understanding** puede ampliar el ámbito de *reason* para incluir la mayoría de los procesos del pensamiento que llevan a la comprensión, así como el estado resultante de conocimiento <research that led to a new *understanding* of the disease>.

• **Intuition** recalca rapidez en el conocimiento o la comprensión, sin evidencia de un razonamiento, pensamiento o cogitación ordenada <always relies on her *intuition* to judge people's characters>.

• **Intelligence**, un término amplio, sugiere la habilidad para aprender, entender y resolver problemas <impressed everyone with her superior *intelligence*>.

2. V. CAUSE.

Reason *vb* **1.** V. THINK **2.** V. INFER 1.

Reasonable 1. V. RATIONAL. **2.** V. PLAUSIBLE.

Rebellion, revolution, uprising, revolt, insurrection, mutiny, insurgency significan un brote armado contra los poderes en la autoridad.

• **Rebellion** indica una resistencia armada abierta y organizada que, por lo general, no es exitosa <the *rebellion* failed for lack of popular support>.

• **Revolution** se aplica a una rebelión exitosa que resulta en un gran cambio en la autoridad constituida <the French *Revolution*>.

• **Uprising** indica una rebelión breve, limitada, y a menudo, inmediatamente ineficaz <quickly put down the *uprising*>.

• **Revolt** indica una sublevación que con rapidez fracasa o tiene éxito <a *revolt* against the power of the party's leaders>.

• **Insurrection** difiere de *revolt* en que connota una mayor intransigencia y un propósito menos organizado <an unsuccessful slave *insurrection*>.
• **Mutiny** se aplica a una insubordinación o insurrección, sobre todo en contra de una autoridad militar o naval <the famous *mutiny* aboard the Bounty in 1789>.
• **Insurgency** connota una rebelión o insurrección generalmente violenta dirigida a tomar control de un gobierno <the *insurgency* has continued for three years>.

Rebellious V. UNRULY.
Rebuff V. DECLINE.
Rebuild V. MEND.
Rebuke V. REPROVE.
Rebut V. DISPROVE.
Recalcitrant V. UNRULY.
Recall V. REMEMBER.
Recant V. ABJURE.
Recede 1. Recede, retreat, retract, back, ebb, regress significan moverse hacia atrás.
• **Recede** indica un retrocedimiento gradual desde un punto fijo, delantero o superior, en el tiempo, el espacio o en la actitud <the flood waters gradually *receded*>. ***ant*** proceed, advance
• **Retreat** indica un retrocedimiento desde un punto o una posición que se ha alcanzado, normalmente en respuesta a alguna presión <he *retreated* from his claim when the public reaction became too negative>. ***ant*** advance
• **Retract** indica el mover hacia atrás o hacia adentro desde una posición extendida o que mira hacia el exterior <she was forced to *retract* her comment>. ***ant*** protract
• **Back** se usa con *up, down out* o *off* para referirse a cualquier movimiento retrógrado o inverso <*backed* off when her claim was challenged>.
• **Ebb** connota el fluir hacia fuera desde la tierra <waiting for the tide to *ebb*>, o más ampliamente, una reducción o debilitación <their fortunes had already begun to *ebb*>.
• **Regress** sugiere regresar a un nivel mental o de comportamiento más temprano <an elderly woman mentally *regressing* to a childish state>.
2. V. ABATE.
3. V. DECREASE.

Receive, accept, admit, take significan permitir que (algo o alguien) entre en la posesión, la presencia, el grupo, la mente o la sustancia de uno.
• **Receive** puede indicar un reconocimiento acogedor <*receiving* her guests with open arms>, pero con mayor frecuencia indica que algo entra, o se le permite entrar, en la posesión o la presencia de uno, mientras que uno es pasivo <he *received* the verdict in silence>.
• **Accept** añade a *receive* la indicación de cierto grado de acquiescencia o consentimiento positivo, aún si es tácito <refused to *accept*

a valuable gift from someone she barely knew>. ***ant*** reject

• **Admit** lleva fuertes indicaciones de permiso, consentimiento o tolerancia <the club rarely *admitted* new members>. ***ant*** eject, expel

• **Take** lleva la noción de aceptar o, por lo menos, de recibir sin protesta alguna, y a menudo casi el acoger, en principio, lo que es ofrecido, otorgado o infligido <a man who *took* whatever fortune sent him>.

Recent V. MODERN.

Recess 1. V. PAUSE. **2.** V. ADJOURN.

Recipe, prescription significan una fórmula o un juego de direcciones para componer ingredientes, particularmente en cocina y en medicina.

• **Recipe**, en cocina, es el término básico para un juego de direcciones para preparar algún platillo <tried a new *recipe* for flan>; puede denotar también un método o procedimiento para lograr algún fin <called the plan a *recipe* for disaster>.

• **Prescription** se refiere a las instrucciones de un médico a un farmacéutico para la composición o el despacho de un medicamento, o a un medicamento compuesto y despachado <a doctor's *prescription* for sleeping pills>; su uso se extiende a veces a otras fórmulas o formulaciones, con la connotación de la misma precisión que se espera de las direcciones médicas <offered his own *prescription* for economic recovery>.

Reciprocate 1. Reciprocate, requite, return, repay significan devolver, normalmente en especie o en cantidad.

• **Reciprocate** indica un intercambio más o menos equivalente, o el pagar uno por lo que ha recibido <they *reciprocated* by inviting him to their next party>.

• **Requite** suele indicar el pagar uno por algo según su preferencia, y a menudo de una manera que no es equivalente <she soon realized her love for him was not *requited*>.

• **Return** indica el pagar por algo, normalmente en especie, pero a veces mediante un contraste <she resolved that she would *return* their kindness someday>.

• **Repay** sugiere pagar para atrás dinero prestado <*repay* a loan>, o hacer o dar algo a cambio por algo <how can I ever *repay* your kindness?>.

2. V. PAY.

Reckless V. ADVENTUROUS.

Recognition, identification, realization significan una forma de cognición que asocia la percepción de algo nuevo con un conocimiento previamente adquirido.

• **Recognition** indica que la cosa que ahora se percibe se ha percibido anteriormente, y que la mente está consciente de que las dos cosas son la misma cosa, o son idénticas <public *recognition* of the errors that were made>.

• **Identification** añade a *recognition* la indicación de un conocimiento previo que le permite a uno reconocer la cosa como un miembro individual de una clase <the *identification* of bird species>.

• **Realization** connota tener conciencia total de algo <the slow *real-*

ization that everything had changed>.

Recoil, shrink, flinch, wince, cringe, cower significan echarse para atrás por miedo o por aversión.

• **Recoil** indica el empezar a moverse hacia atrás, ya sea por choque, miedo o asco <*recoiled* at the sight of blood>. ***ant*** confront, defy

• **Shrink** connota el echarse para atrás instintivamente, como resultado de la sensibilidad, los escrúpulos, o la cobardía <didn't *shrink* from her responsibilities>.

• **Flinch** indica el no aguantar el dolor, o el no enfrentar de manera resuelta algo que es peligroso o espantoso <faced her accusers without *flinching*>.

• **Wince** connota un ligero e involuntario retroceder de algo que duele, asusta o repugna <*winced* whenever he heard that painful story>.

• **Cringe** sugiere el apretamiento de los músculos de uno y el echarse para atrás lejos de algo que uno teme o disgusta <he would *cringe* whenever he heard the name>.

• **Cower** connota encogerse hacia atrás o agacharse debido al temor <they found the child *cowering* in the closet>.

Recollect v. REMEMBER.
Recollection v. MEMORY.
Reconcile v. ADAPT.
Recourse v. RESORT.
Recover v. RESCUE.
Recreation v. FUN.
Rectify v. CORRECT *vb.*
Rectitude v. HONESTY.
Recurrent v. INTERMITTENT.
Redeem v. RESCUE.
Redolent v. FRAGRANT.
Redress v. CORRECT *vb.*
Reduce v. DECREASE.
Redundant v. WORDY.
Reeking v. STINKING.

Reel, whirl, stagger, totter, lurch, teeter significan moverse o parecer moverse, de modo incierto e irregular y con la pérdida de control típica de la debilidad extrema o la intoxicación.

• **Reel** suele connotar el dar vueltas y vueltas, o la sensación de girar de esta manera o de ser girado, pero puede indicar también el perder el equilibrio <the boxer *reeled* from the blow>.

• **Whirl** suele usarse como *reel* <his thoughts were *whirling* in confusion>, pero indica con mayor frecuencia rapidez o ímpetu de movimiento <dancers *whirling* about the stage>.

• **Stagger** recalca la pérdida de control y la incertidumbre de movimiento típicos de una persona que está caminando al estar débil, intoxicada o al llevar una gran carga, pero puede aplicarse asimismo a una persona que está enfrentándose con una dificultad o con condiciones adversas <a man *staggered* drunkenly out of the

club>.

• **Totter** no sólo indica debilidad o inestabilidad que causa un movimiento incierto, sino también suele dar a entender que se aproxima un colapso total <he felt the regime was now *tottering*>.

• **Lurch** sugiere moverse o caminar mientras cabecea o tropieza de manera descontrolada <she lost her balance and *lurched* into the counter> y puede usarse en un sentido no físico <the economy seemed to be *lurching* toward recession>.

• **Teeter** connota tambalearse <she *teetered* down the street in her high heels> o titubear <two countries *teetering* on the brink of war>.

Refer, allude significan llamar o atraer la atención hacia algo.

• **Refer** suele indicar el introducir intencionalmente así como el mencionar clara y específicamente, y a veces el juzgar <as evidence he *referred* to the official report>.

• **Allude** connota una mención indirecta por medio de una insinuación, una expresión general o una figura retórica <*alluded* to several suspicious incidents>.

Reflect V. THINK 2.

Reflective V. THOUGHTFUL 1.

Reflexive V. SPONTANEOUS.

Reform V. CORRECT *vb.*

Refrain 1. Refrain, abstain, hold back significan el no permitirse, de forma voluntaria, el hacer o disfrutar algo.

• **Refrain** connota muy a menudo el refrenar un impulso pasajero <the children were told to *refrain* from laughter in church>.

• **Abstain** suele connotar una renuncia deliberada o abnegación por principio y a menudo, la permanencia de intención <vegetarians *abstain* from all meat>.

• **Hold back** connota el no permitir que algo aparezca o sea conocido <he *held back* from responding>.

2. V. RESTRAIN.

Refresh 1. Refresh, invigorate, animate, enliven significan hacer vivo o vivaz.

• **Refresh** sugiere avivante o estimulante <*refreshed* her memory by looking at her notes>.

• **Invigorate** connota el causar que alguien se sienta alegre y alerta <a brisk walk in the cool morning air always *invigorates* him>, o hacer a alguien más vivaz, fuerte o activo <the mayor has plans to *invigorate* the downtown economy>.

• **Animate** pone énfasis en la impartición de movimiento o de vitalidad a lo que anteriormente carecía de tal cualidad o era deficiente en ella <she was *animated* by her excitement>.

• **Enliven** connota una influencia estimulante que despierta de la monotonía o del letargo <*enlivened* his lecture with humorous stories>. ***ant*** deaden, subdue

2. V. PROVOKE.

3. V. ENERGIZE.

4. V. RENEW.

5. V. REFRESH.
Refuge V. SHELTER *n*.
Refund V. PAY.
Refuse V. DECLINE.
Refute V. DISPROVE.
Regale V. AMUSE.
Regard 1. Regard, respect, esteem, admire, value significan reconocer el valor de una persona o cosa.

• **Regard** es un término general que suele ser calificado <he is not highly *regarded* by other doctors>. ***ant*** despise

• **Respect** indica una evaluación o estimación considerada como fundamento del reconocimiento o valor <as the years passed they came to *respect* her views>. ***ant*** abuse, misuse, scorn

• **Esteem** indica una alta valuación y un afecto o apego resultante <no citizen of the town was more highly *esteemed*>. ***ant*** abominate

• **Admire** connota una apreciación generalmente entusiasta pero que tiende a ser ciega, y que suele ser acompañada de profundo afecto <*admired* the natural beauty of the scene>. ***ant*** abhor

• **Value** connota pensar altamente de alguien o algo <he admired her and *valued* her advice>.

2. V. APPRECIATE.
Regress V. RECEDE.
Regret 1. V. SORROW. **2.** V. PENITENCE.
Regular 1. Regular, normal, typical, natural, standard, customary, common, average, everyday, usual, ordinary, commonplace significan que es del tipo o clase que se espera como usual, ordinario o promedio.

• **Regular** recalca la conformidad con una regla, pauta o patrón <the *regular* monthly meeting of the organization>. ***ant*** irregular

• **Normal** indica la ausencia de desviación de lo que se ha descubierto o establecido como lo más usual o esperado <*normal* behavior for a two-year-old boy>. ***ant*** abnormal

• **Typical** indica que muestra todas las características importantes de un tipo, clase o grupo, y puede connotar la ausencia de una individualidad marcada <a *typical* small town>. ***ant*** atypical, distinctive

• **Natural** se aplica a lo que corresponde a la naturaleza, la función o el modo de ser esencial de una cosa <the *natural* love of a mother for her child>. ***ant*** unnatural, artificial

• **Standard** connota ser usado y reconocido regular y ampliamente <this was *standard* practice among car salesmen>.

• **Customary** connota generalmente hecho bajo circunstancias particulares <it is *customary* to hold the door open for someone right behind you>.

• **Common** sugiere un tipo que se ve regularmente y no se considera especial ni único <the *common* housefly> <a *common* occurrence>.

• **Average** indica ser ordinario y frecuentemente connota la media o el promedio de una muestra <the *average* person>.

• **Everyday** indica ser entronerado o usado rutinariamente <the problems of *everyday* life>.

• **Usual** connota hecho, encontrado o usado la mayoría del tiempo o en la mayoría de los casos <she charges less than the *usual* fee>.

• **Ordinary** connota rutinario o usual <just another *ordinary* day at work>.

• **Commonplace** connota común y sin importancia <he photographed *commonplace* objects such as lamps and bowls>.

2. V. COMMON.

Regulation V. LAW.

Rehearse V. PRACTICE.

Reign V. GOVERN.

Reimburse V. PAY.

Reiterate V. REPEAT.

Reject V. DECLINE.

Rejoin V. ANSWER.

Rejuvenate 1. V. RENEW. **2.** V. RESTORE.

Relapse V. LAPSE.

Related, kindred, allied, affiliated, akin, associated significan vinculado por lazos familiares o algo similar.

• **Related** puede indicar lazos familiares, ya sean de sangre o por matrimonio, o bien un lazo igualmente íntimo <in separate but *related* incidents>. ***ant*** unrelated

• **Kindred** recalca los lazos familiares, pero suele aplicarse más para recalcar intereses o gustos en común, o el hecho de congeniar <a meeting of *kindred* souls>. ***ant*** alien

• **Allied** puede connotar una conexión a través del matrimonio o por asociación voluntaria en lugar de por origen o sangre <the centrist party and two *allied* left-wing parties eventually formed a government>.

• **Affiliated,** que a menudo es cercano a *allied,* tiene una tendencia marcada a recalcar un parentesco o relación dependiente como la que existe entre un niño y un padre <all blood banks *affiliated* with the Red Cross>, y puede connotar una unión poco estrecha en la que los elementos asociados son más o menos independientes <the network and its *affiliated* stations>. ***ant*** unaffiliated

• **Akin** connota ser esencialmente similar, relacionado o compatible <his interests are *akin* to mine>.

• **Associated** sugiere estar relacionado o conectado de una forma por alguna razón <these two events were *associated* in her memory>.

Relative V. PROPORTIONAL.

Relaxed V. LOOSE.

Release V. FREE *vb.*

Relent V. YIELD.

Relevant 1. Relevant, germane, pertinent, applicable significan que está relacionado o tiene que ver con el asunto bajo consideración.

• **Relevant** indica una conexión que es evidente, significante y lógica <they had overlooked a great deal of *relevant* evidence>. ***ant*** extraneous

• **Germane** puede indicar además un carácter idóneo o apropiado para la situación u ocasión <claimed the argument wasn't *germane* to our discussion>. ***ant*** foreign

• **Pertinent** recalca una relación que es clara y decisiva <a *pertinent* comment>. ***ant*** impertinent, foreign

• **Applicable** se aplica a algo, tal como una regla o principio general, que puede usarse o adecuarse en relación con un caso, una instancia o un problema en particular <the rule is *applicable* to cases such as this one>. ***ant*** inapplicable

2. V. FIT *adj.*

Reliable V. FAITHFUL.

Relieve, alleviate, lighten, assuage, mitigate, allay, ease, mollify, soothe significan hacer algo menos severo o más tolerable.

• **Relieve** indica el reducir una carga lo suficiente como para hacerla más soportable o incluso que sea olvidada por un tiempo <took drugs to *relieve* the pain>. ***ant*** intensify

• **Alleviate** indica una reducción temporal o parcial de dolor o de angustia <the new buildings helped to *alleviate* the housing shortage>. ***ant*** aggravate

• **Lighten** indica la reducción de un peso oneroso o deprimente, y suele connotar una influencia alentadora <the good news *lightened* his heart>.

• **Assuage** indica el suavizar o endulzar lo que es severo o desagradable <hoped a vacation would *assuage* the pain of the divorce>. ***ant*** exacerbate, intensify

• **Mitigate** connota el moderar o contrarrestar los efectos de algo que inflige o es capaz de infligir dolor o angustia <the wind helped *mitigate* the intense heat>. ***ant*** intensify

• **Allay** indica un calmar o aliviar efectivo, particularmente de temores o inquietudes <the encouraging report *allayed* their fears>. ***ant*** intensify

• **Ease** connota hacer algo menos severo, doloroso o problemático <diplomats sought to *ease* tensions between the two nations>.

• **Mollify** connota reducir o terminar la ira de alguien <all attempts to *mollify* the extremists have failed>.

• **Soothe** sugiere aliviar el dolor o el malestar <this cream *soothes* aching muscles>.

Religious V. DEVOUT.

Relinquish 1. Relinquish, resign, surrender, abandon, waive, renounce, give up, cede significan dejar completamente.

• **Relinquish** puede connotar cierto pesar, renuencia o debilidad en el dejar o renunciar <a beauty queen *relinquishing* her crown to the new winner>. ***ant*** keep

• **Resign** pone énfasis en una renuncia o sacrificio que se hace de forma voluntaria y sin oponer resistencia <*resigned* rather than work under these new conditions>.

• **Surrender** indica el ceder a una compulsión o demanda externa después de una lucha por retener o resistir <forced to sign a document *surrendering* all claims to the land>.

• **Abandon** recalca el carácter final y completo del acto de dejar <*abandoned* her attempt to open her own store>. ***ant*** cherish *(las esperanzas, etc.),* restrain *(uno mismo)*

• **Waive** indica el conceder o renunciar con poca o ninguna compulsión <*waived* the right to a jury trial>.

• **Renounce** connota abandonar algo, especialmente por una declaración formal <they *renounced* their ties to the Communist party>.

• **Give up** significa dejar de tener, hacer o usar algo <she refused to *give up* her seat on the bus>.

• **Cede** sugiere cederle el control de algo a una persona, un grupo o un gobierno <Russia *ceded* Alaska to the U.S. in 1867>.

2. V. ABANDON.

3. V. ABDICATE.

Reluctant V. DISINCLINED.

Rely, trust, depend, count on significan tener o depositar uno su plena confianza.

• **Rely,** usado con *on* o *upon,* indica una determinación, fundamentada en la experiencia o en la asociación, que alguien o algo no fallará jamás en dar o en hacer lo que se espera <a man you can *rely* on in an emergency>.

• **Trust,** usado con *in* o *to,* indica el tener uno una certeza que se basa en que cierta persona o cierta cosa no le ha de fallar <*trusted* in her own strength>.

• **Depend,** usado con *on* o *upon,* indica el apoyarse en alguien o en algo y suele connotar debilidad o la falta de autosuficiencia <their lives now *depended* on him>.

• **Count on** indica el calcular que algo es cierto o seguro <*counted on* his sister for help>, o puede significar poco más que *expect* <they *counted on* staying with friends>.

Remain V. STAY 1.

Remark, observe, comment, note, mention significan hacer observaciones o juzgar.

• **Remark, observe** indican poco más que el deseo de notar una cosa y de llamar la atención hacia ella <she *remarked* on her friend's excellent taste> <after a pause, he *observed* that it was getting dark>.

• **Comment** recalca a menudo una interpretación crítica <refused to *comment* about the situation>.

• **Note** connota hacer mención especial de algo <in her report she *noted* the absence of birds on the island>.

• **Mention** connota referirse a alguien o a algo brevemente <at the very end of the letter he *mentioned* the money she still owed him>.

Remarkable V. NOTICEABLE.

Remedy 1. V. CORRECT *vb.* **2.** V. CURE.

Remember, recollect, recall, reminisce significan traer a la mente una imagen o una idea del pasado.

• **Remember** indica el guardar algo en la memoria, de un modo que puede ser fácil o involuntario <*remembers* that day as though it were yesterday>. ***ant*** forget

• **Recollect** indica el traer a la memoria lo que se ha perdido o esparcido <trying to *recollect* the event>.

• **Recall** connota el llamar a la mente, y a menudo el decir lo que se evoca <can't *recall* the words of the song>.

• **Reminisce** indica el recordar, de manera casual y a menudo nostálgica, experiencias del pasado remoto <liked to *reminisce* about their

old college years>.
Remembrance V. MEMORY.
Reminder V. SIGN 1.
Reminisce V. REMEMBER.
Reminiscence V. MEMORY.
Remiss V. NEGLIGENT.
Remit V. PAY.
Remorse V. PENITENCE.
Remote V. DISTANT.
Removed V. DISTANT.
Removed V. DISTANT.
Remunerate V. PAY.
Renew 1. Renew, restore, refresh, renovate, rejuvenate, revive significan hacer como nuevo.

• **Renew** indica un rehacer o un reemplazar tan a fondo que lo que estaba desteñido o desintegrado ahora parece nuevo <his efforts to *renew* a failing marriage>. ***ant*** wear out

• **Restore** indica un regreso al estado original o perfecto después de experimentar daños, agotamiento o pérdida <*restored* a fine piece of furniture>.

• **Refresh** indica el proveer algo que es necesario para restaurar la fuerza, la animación o la potencia que se ha perdido <lunch *refreshed* my energy>. ***ant*** jade, addle

• **Renovate** connota una restauración mediante la limpieza, la reparación o la reconstrucción <the apartment has been entirely *renovated*>.

• **Rejuvenate** connota la restauración del vigor, los poderes, y el aspecto juvenil <*rejuvenated* by the change in jobs>.

• **Revive** connota traer algo o alguien de regreso a un estado activo, bien sea físico <water *revived* the flowers> o no físico <the success of the movie *revived* her career>.

2. V. REFRESH.
Renounce 1. V. ABDICATE. **2.** V. ABJURE. **3.** V. RELINQUISH.
Renovate V. RENEW.
Renowned V. FAMOUS.
Rent V. HIRE.
Renunciation, self-denial, sacrifice significan privarse voluntariamente de algo deseado o deseable.

• **Renunciation** comúnmente indica un sacrificio personal por un fin superior <the dictator's voluntary *renunciation* of power>.

• **Self-denial** suele aplicarse a un acto o una práctica, e indica el abstenerse uno de gratificar sus deseos, sin tomar en cuenta el motivo <monks famous for their fasting and *self-denial*>. ***ant*** self-indulgence

• **Sacrifice** sugiere abandonar algo por causa de algo o alguien <leaving his job to take care of his parents represented a huge *sacrifice*>.

Repair 1. V. MEND. **2.** V. CORRECT.
Repartee V. WIT.
Repay 1. V. PAY. 2. V. RECIPROCATE.

Repeal v. REVOKE.

Repeat 1. Repeat, reiterate significan decir o hacer otra vez.

• **Repeat** recalca el hecho de decir, presentar o hacer una o varias veces más <*repeated* the instructions several times>.

• **Reiterate** suele indicar una repetición tras otra, particularmente de algo que se ha dicho <constantly *reiterating* her views on the matter>.

2. v. QUOTE.

Repeatedly v. OFTEN.

Repellent v. REPUGNANT.

Repentance v. PENITENCE.

Replace, supplant, supersede, substitute, exchange significan poner a alguien o algo en un lugar que no es el usual o el propio, o dentro del lugar que corresponde a otro.

• **Replace** indica el llenar un lugar que estaba ocupado por algo que ha sido perdido, destruido o que ya no es útil o adecuado <the broken window will have to be *replaced*>.

• **Supplant** puede indicar, ya sea el desposeer o despojar a alguien de su lugar, sus posesiones o sus privilegios, o bien el desarraigar y reemplazar de algo <returned from vacation to find that he had been *supplanted* in the legislature's leadership>.

• **Supersede** indica el reemplazar a una persona o cosa que se ha hecho anticuada, obsoleta o inferior en general <this revised version *supersedes* the previous one>.

• **Substitute** connota tomar el lugar de otra cosa <you can sometimes *substitute* vegetable oil for butter in cake recipes> u otra persona <a temporary employee was *substituting* for the regular secretary>.

• **Exchange** sugiere intercambiar algo por otra cosa <I'd like to *exchange* this sweater for a pair of jeans>.

Replica v. REPRODUCTION.

Replicate v. COPY.

Reply v. ANSWER.

Repress v. SUPPRESS.

Reprieve v. PARDON.

Reprimand v. REPROVE.

Reproach 1. v. REPROVE. **2.** v. CRITICIZE.

Reproduce v. COPY.

Reproduction, duplicate, copy, facsimile, replica, clone significan algo que es muy parecido a una cosa previamente hecha, producida o escrita.

• **Reproduction** indica una imitación exacta o casi exacta, de una cosa existente <*reproductions* of antique furniture>. ***ant*** original

• **Duplicate** indica un doble que corresponde exactamente con un original en todos los respectos importantes <made a *duplicate* of the key>.

• **Copy** se aplica en particular a una de muchas cosas reproducidas mecánicamente <*copies* of the report were passed out>. ***ant*** original

• **Facsimile** connota una reproducción cercana, hecha de los mismos materiales, que puede diferir en escala <a *facsimile* of a medieval

manuscript>.

• **Replica** pone énfasis en la exactitud de la semejanza y se aplica específicamente a una reproducción hecha exactamente como el original <*replicas* of the ships used by Columbus>.

• **Clone** connota una copia genética <the *clone* of an adult female sheep> o, más ampliamente, una persona o una cosa que parece ser una copia de otra persona o cosa <manufacturing *clones* of the most popular computer models>.

Reprove 1. Reprove, rebuke, reprimand, admonish, reproach, chide significan criticar adversamente.

• **Reprove** indica censurar o culpar, a menudo con cortesía, con el fin de corregir una falta <gently *reproved* her for her table manners>.

• **Rebuke** connota una reprobación dura o severa <a letter from the Vatican *rebuking* several American bishops>.

• **Reprimand** indica un reproche severo, formal, y a menudo público u oficial <the general was *reprimanded* for permitting such treatment>.

• **Admonish** connota una advertencia o consejo en tono sincero o amistoso <*admonished* them to be careful>.

• **Reproach** connota comunicar el descontento o el desagrado mediante la crítica o la condena <*reproached* her friend for divulging their secrets>.

• **Chide** connota la expresión de desilusión o desagrado por medio de leves reproches o regaños <they were *chided* by their mother for not keeping their room clean>.

2. V. CHASTISE.

3. V. CRITICIZE.

Repudiate 1. V. DECLINE. **2.** V. DISCLAIM. **3.** V. ABJURE.

Repugnant 1. Repugnant, repellent, abhorrent, distasteful, obnoxious, offensive, repulsive, disgusting, revolting, loathsome, vile significan que es tan desagradable que provoca el antagonismo o la aversión.

• **Repugnant** se aplica a algo que es tan ajeno a las ideas, principios o gustos de uno que provoca la resistencia o el aborrecimiento <regards boxing as a *repugnant* sport>. ***ant*** congenial

• **Repellent** connota una cualidad generalmente severa o desagradable que hace a uno retroceder <she found her kids' comic books *repellent*>. ***ant*** attractive, pleasing

• **Abhorrent** indica una repugnancia que provoca un antagonismo activo <the notion of slavery is *abhorrent*>. ***ant*** congenial

• **Distasteful** indica una oposición a los gustos o las inclinaciones de uno <he found the gossip at the office *distasteful*>. ***ant*** agreeable, palatable

• **Obnoxious** connota una cualidad ofensiva, a menudo de índole personal, que es más de lo que se puede tolerar <her boyfriend became *obnoxious* when he was drunk>. ***ant*** grateful

• **Offensive** connota dar sensaciones desagradables <an *offensive* odor> o causar desagrado o resentimiento <*offensive* remarks>.

• **Repulsive, disgusting, revolting, loathsome** connotan ser tan desagradable que uno se siente un poco enfermo <the thought of

marrying this man was *repulsive* to her> <she finds the idea of eating meat totally *disgusting*> <the violence in the movie was *revolting*> <*loathsome* behavior>.

• **Vile** sugiere ser físicamente repugnante <a *vile* slum> o repugnadamente malo <had a *vile* temper>.

2. V. HATEFUL.

Repulsive V. REPUGNANT.

Request V. ASK 2.

Require 1. V. DEMAND. **2.** V. LACK.

Requirement, requisite, prerequisite, essential, condition, necessity, must significan algo considerado necesario para el éxito o la perfección.

• **Requirement** puede indicar algo que se exige, de forma más o menos arbitraria, particularmente por aquellos que tienen el derecho de poner condiciones <the university's entrance *requirements*>.

• **Requisite** indica algo que es indispensable para el fin propuesto, o que en otros casos es esencial y no impuesto arbitrariamente <hard work and patience are *requisites* for any farmer>.

• **Prerequisite** se aplica a un requisito que debe estar disponible por adelantado o adquirido preliminarmente <two chemistry courses are *prerequisites* for advanced study in biology>.

• **Essential**, generalmente usado en el plural, connota algo que es básico, necesario, inevitable o indispensable <a little store where he could buy the *essentials*>.

• **Condition** connota algo que debe ocurrir o existir para que algo más ocurra <hard work is a necessary *condition* for success>.

• **Necessity** sugiere algo que uno debe tener o hacer <sunscreen is an absolute *necessity* for the beach>.

• **Must**, un término informal, connota algo que se requiere o es necesario <in this snow, good boots are a *must*>.

Requisite V. REQUIREMENT.

Requite V. RECIPROCATE.

Rescind V. REVOKE.

Rescue 1. Rescue, deliver, redeem, ransom, save, liberate, salvage, recover significan librar de confinamiento, riesgo o peligro.

• **Rescue** indica el librar de un peligro inminente mediante una acción pronta o vigorosa <*rescue* the crew of a sinking ship>.

• **Deliver** suele indicar el librar una persona de confinamiento, tentación, esclavitud o algo que la aflige <the story of how Moses *delivered* his people from slavery in Egypt>.

• **Redeem** indica el librar de la esclavitud o del castigo mediante el dar lo que se exige o lo que es necesario como un equivalente <told how he had been *redeemed* by his religious faith>.

• **Ransom** se aplica específicamente al acto de pagar una suma para obtener la libertad de una persona <forced to *ransom* the terrorists' hostages>.

• **Save** puede ocupar el lugar de cualquiera de estos términos, o puede indicar adicionalmente el conservar o mantener la utilidad o la existencia <*saved* most of their valuable objects from the flood>. ***ant*** lose, waste, damn

• **Liberate** connota liberar a una persona, un grupo o un lugar del control <the Allies *liberated* most of France in 1944>.
• **Salvage** sugiere rescatar algo de escombros o ruinas, bien sea físicas <divers *salvaged* some of the ship's cargo> o no físicas <he is trying to *salvage* his reputation>.
• **Recover** connota salvar de la pérdida <the four stolen paintings were eventually *recovered*>.
2. V. FREE.
Resemblance V. LIKENESS.
Resentment V. OFFENSE.
Reserve V. KEEP 2.
Reserved **1.** V. SILENT. **2.** V. SHY.
Reside, live, dwell, lodge, stay significan tener como habitación o domicilio.
• **Reside** expresa la idea que una persona tiene, o regresa a, un lugar determinado como su morada fija, establecida o legal <they now *reside* in Costa Rica>.
• **Live** puede recalcar la idea de pasar uno su tiempo y desempeñar uno las actividades de su vida familiar <*lived* for years in the house next door>.
• **Dwell,** un sinónimo cercano de estas palabras, suele usarse en lenguaje elevado <longed to *dwell* amongst trees and hills>.
• **Lodge** puede connotar una habitación temporal, así como alojamiento restringido, como por ejemplo en un hotel o una casa de huéspedes <chose to *lodge* there for the night>.
• **Stay** es el término que se usa comúnmente en lugar de *lodge* <*stayed* at her sister's house for the entire week>.
Resign **1.** V. ABDICATE. **2.** V. RELINQUISH.
Resilient V. ELASTIC.
Resist V. OPPOSE.
Resolute V. FAITHFUL.
Resolution V. COURAGE.
Resolve **1.** V. DECIDE. **2.** V. ANALYZE.
Resort, stopgap, makeshift, recourse, standby significan algo a lo que se recurre en la ausencia de la fuente o el medio normal de abasto.
• **Resort** se usa primordialmente con *last* o en la expresión *to have resort to* <he favors a sales tax only as a last *resort*>.
• **Stopgap** se aplica a algo que se usa provisionalmente como una medida de emergencia <the new legislation is only a *stopgap*>.
• **Makeshift** indica un recurso inferior que se ha adoptado debido a la urgente necesidad o la indiferencia <used the little heater as a *makeshift* until the furnace was repaired>.
• **Recourse** connota una fuente de ayuda, fuerza o protección <his only *recourse* is to complain to the manager>.
• **Standby** connota alguien o algo que está disponible como reserva o sustituto, especialmente en emergencias <for babysitting, she felt lucky to have her aunt as a *standby*>.
Resourceful V. CLEVER.
Respect V. REGARD.
Respite V. PAUSE.

Resplendent V. SPLENDID.
Respond V. ANSWER.
Responsible, answerable, accountable, liable significan sujeto a una autoridad que puede responsabilizar a uno.

• **Responsible** indica el ejercer un oficio formal o tener un deber o gozar de una confianza en particular <the driver *responsible* for the accident>.

• **Answerable** connota una relación entre uno que tiene una obligación legal o moral, y una autoridad a la que se ha encargado la supervisión de su cumplimiento <an appointed committee *answerable* to the president>.

• **Accountable** connota la inminencia de un castigo por haber violado una confianza o por incumplimiento de una obligación <in a democracy, elected representatives are *accountable* to the voters>. ***ant*** unaccountable

• **Liable** indica una obligación legal de responder en caso de omisión <*liable* for his son's debts>, o puede connotar simplemente una obligación contingente <all adult citizens are *liable* for jury duty>.

Restful V. COMFORTABLE.
Restive V. CONTRARY.
Restore 1. Restore, revive, resuscitate, rejuvenate significan recobrar, o hacer recobrar, señales de vida y vigor.

• **Restore** indica un regreso a la conciencia, la salud o el vigor, causado a menudo por el uso de remedios y tratamientos <hearing can sometimes be *restored* by surgery>.

• **Revive** puede indicar el recuperarse de un estado parecido a la muerte, como por ejemplo un estupor o un desmayo <*revive* him with cold water>, pero se aplica ampliamente al restaurar a un estado floreciente <the rain *revived* his crops>.

• **Resuscitate** indica comúnmente una restauración a la conciencia mediante arduos esfuerzos de superar un daño severo <tried to *resuscitate* the swimmer>, y puede connotar el restaurar a la vida a uno cuya vitalidad parece extinguirse por completo <the race had *resuscitated* her old interest in running>.

• **Rejuvenate** connota el impartir fuerza o energía juvenil <she returned from her vacation *rejuvenated*>.

2. V. RENEW.
3. V. REFRESH.
4. V. CURE.

Restrain 1. Restrain, curb, inhibit significan contener o controlar a alguien o algo que está por realizar una cosa determinada.

• **Restrain** connota el contener o aguantar, mediante la fuerza o la persuasión, a fin de impedir una acción extrema <*restrained* themselves from yelling back>. ***ant*** impel, incite, activate, abandon (oneself)

• **Curb** connota un abrupto o drástico refrenar, o un refrenar que tiende a moderar <learned to *curb* her appetite>.

• **Inhibit** connota contener a alguien, frecuentemente a uno mismo,

de expresión espontánea <*inhibited* by his fear of failure>.
2. V. FORBID.
3. V. HINDER.
4. V. MODERATE *vb.*
Restrict V. LIMIT.
Result 1. V. EFFECT. **2.** V. FOLLOW 1.
Resuscitate V. RESTORE.
Retain 1. V. KEEP 2. **2.** V. HIRE.
Retard V. DELAY.
Reticent V. SILENT.
Retort V. ANSWER.
Retract 1. V. ABJURE. **2.** V. RECEDE.
Retreat *vb* V. RECEDE.
Retreat *n* V. SHELTER.
Return 1. Return, revert significan volver.
• **Return** puede indicar el volver a un punto de partida u origen, o a un antiguo o apropiado lugar o condición <the winner *returned* home to an enthusiastic welcome>.
• **Revert** puede aplicarse al acto de volver después de una interrupción <after that failure they *reverted* to their earlier method>.
2. V. RECIPROCATE.
Reveal, disclose, divulge, tell, betray, let on, expose significan dar a conocer lo que está o debería estar oculto.
• **Reveal** connota el revelar una cosa que no es claramente perceptible a la visión humana, y puede aplicarse tanto a una revelación supernatural o inspirada <the belief that God's will is *revealed* in the Bible> como a una común y corriente <an act that *revealed* his true nature>. ***ant*** conceal
• **Disclose** puede también indicar un descubrimiento, pero connota con mayor frecuencia el impartir información que anteriormente se guardaba en secreto <candidates must *disclose* their financial assets>.
• **Divulge** indica una revelación que supone alguna falta de decoro o abuso de confianza <refused to *divulge* the information>.
• **Tell** indica el impartir información que es útil o necesaria <never *told* her that he was married>.
• **Betray** indica una revelación que representa un abuso de confianza o bien una revelación que se hace de manera involuntaria o inconsciente <a blush that *betrayed* her embarrassment>.
• **Let on**, un término informal, sugiere admitir o revelar algo <don't *let on* that I told you!> y puede usarse sin un objeto <she was unhappy, but she never *let on*>.
• **Expose** sugiere revelar algo escondido, vergonzoso o deshonesto <undercover investigators *exposed* the bombing plot>.
Revere 1. Revere, venerate, worship, adore significan tratar con profundo respeto y honor.
• **Revere** recalca la deferencia y la ternura de sentimiento <an old professor *revered* by generations of students>. ***ant*** flout
• **Venerate** indica el tener por sagrado o sacrosanto por motivo de carácter, asociación o edad <national heroes who are still *vener-*

ated>.

• **Worship** indica un homenaje, normalmente expresado en palabras o en ceremonia, a un ser divino o a una persona a quien se atribuye un carácter exaltado o un mérito sobresaliente <*worships* the memory of her husband>.

• **Adore,** cercano a *worship,* indica amor y recalca la noción de un apego individual y personal <a doctor *adored* by her patients>. ***ant*** blaspheme

2. V. APPRECIATE.

3. V. REGARD.

Reverence *n.* V. HONOR.

Reverent V. DEVOUT.

Reverse 1. Reverse, transpose, invert significan cambiar a la posición opuesta.

• **Reverse** puede indicar un cambio de orden, lado, dirección o significado <three countries *reversed* their position on the arms agreement>.

• **Transpose** indica un cambio en el orden o en la posición relativa de unidades, efectuado a menudo mediante un intercambio de posiciones <anagrams are formed by *transposing* the letters of a word>.

• **Invert** se aplica a un cambio de un lado a otro mediante el poner de cabeza o al revés <*inverted* the sentence without changing its meaning>.

2. V. REVOKE.

Revert V. RETURN 1.

Revile 1. V. SCOLD. **2.** V. EXECRATE.

Revise V. CORRECT *vb.*

Revive 1. V. RESTORE. **2.** V. RENEW.

Revivify V. RESTORE.

Revoke 1. Revoke, reverse, overturn, repeal, rescind, void, cancel significan deshacer algo previamente hecho.

• **Revoke** indica una retracción que anula o abroga lo que se hizo previamente <had his driver's license *revoked* for ninety days>.

• **Reverse, overturn** suelen aplicarse específicamente a la acción de una corte superior en la que se derroca una ley, un decreto o una opinión de la corte que ha sido disputada <the court of appeals *reversed* the opinion of the circuit court> <the court may *overturn* the ruling>; cuando se aplica a acciones o juicios de índole no judicial, indica el desbaratar lo que se hizo previamente <convinced the umpire to *reverse* his decision>.

• **Repeal** suele indicar la revocación de una ley u ordenanza por el cuerpo legislativo que la hizo <Congress eventually *repealed* the law>.

• **Rescind** indica el ejercicio de la autoridad apropiada en una abolición o anulación <the buyer was allowed to *rescind* the contract>.

• **Void** connota decir que algo, especialmente un acuerdo legal, que ya no está en efecto <they finally *voided* the contract>.

• **Cancel** connota anular <we *canceled* our dinner reservation> o cancelar <the storm caused the airline to *cancel* many flights>.

2. V. ABJURE.
3. V. NULLIFY.
Revolt V. REBELLION.
Revolting V. REPUGNANT.
Revolution V. REBELLION.
Rhythm, meter, beat significan el subir y bajar, más o menos regular, en la intensidad de los sonidos que es relacionado particularmente con la poesía y la música.

• **Rhythm** indica movimiento y flujo, así como una agradable sucesión de sonidos que suben y bajan y la repetición, a intervalos relativamente regulares, de un énfasis, tal como una sílaba prolongada o una nota acentuada <moving gracefully to the samba *rhythm*>.

• **Meter** indica la reducción del ritmo a un sistema y una medida, y el establecimiento de un patrón rítmico definido <the *meter* changed from 3/4 to 4/4>.

• **Beat** sugiere el énfasis o el patrón rítmico regular en la música o la poesía <he could hear a salsa *beat* from the apartment upstairs>.

Rich, wealthy, affluent, well-off, well-to-do significan que tiene bienes, propiedad y dinero en abundancia.

• **Rich, wealthy** indican el tener más de lo suficiente para gratificar las necesidades o deseos normales <one of the *richest* nations in the world> <was a *wealthy* man when he retired>. ***ant*** indigent

• **Affluent, well-off, well-to-do** connotan prosperidad y riquezas crecientes <the child of *affluent* parents> <the house of a *well-off* retired couple> <he came from a *well-to-do* family>. ***ant*** impecunious, straitened

Riddle V. MYSTERY.
Ridicule, deride, mock, taunt, tease significan hacer objeto de risa de alguien o algo.

• **Ridicule** indica un menosprecio deliberado, y a menudo malicioso <*ridiculed* everything she said>.

• **Deride** connota una burla que es desdeñosa, y a menudo amarga <*derided* the idea of using fragrances for therapy>.

• **Mock** indica una burla despreciativa, que a menudo se expresa con imitaciones o falsas deferencias <street kids *mocking* a homeless man>.

• **Taunt** connota un insulto que reprocha de manera burlona, o un desafío desdeñoso <each team *taunting* the other>.

• **Tease** puede sugerir molestar, torturar o burlarse de alguien <they *teased* her about her hairstyle>.

Ridiculous V. LAUGHABLE.
Rife V. PREVAILING.
Right V. CORRECT *adj.*
Righteous V. MORAL.
Rigid 1. Rigid, rigorous, strict, stringent, unbending significan extremadamente severo o adusto.

• **Rigid** indica una inflexibilidad absoluta <the government remained *rigid* in its opposition to reform>. ***ant*** lax

• **Rigorous** indica la imposición de contrariedades y dificultades <the *rigorous* training of recruits>. ***ant*** mild

• **Strict** pone énfasis en una absoluta conformidad con las reglas, normas o requisitos <their doctor put them on a *strict* diet> <a *strict* interpretation of the law>.

• **Stringent** connota restricciones o limitaciones que controlan u obligan <*stringent* budget cuts>.

• **Unbending** connota estar reacio a cambiar un propósito u opinión <the government's *unbending* attitude on trade issues>.

2. v. STIFF.

3. v. INFLEXIBLE.

Rigor v. DIFFICULTY.

Rigorous v. RIGID.

Rile v. IRRITATE.

Rim v. BORDER.

Rip v. TEAR.

Ripe v. MATURE *adj.*

Ripen v. MATURE *vb.*

Rise 1. Rise, arise, ascend, mount, soar, lift, climb, surge significan moverse o venir desde un nivel inferior a un nivel superior.

• **Rise** se usa con referencia a personas o animales que se alzan desde una posición acostada o sentada <she *rises* every morning at five>, o a cosas que parecen subir a la vista o levantarse ellos mismos <hills *rising* from the plain>, o a un fluido que es echado hacia arriba por alguna fuerza natural <watched the river *rising*>. ***ant*** decline, set *(el sol, etc.)*

• **Arise** es cercano a *rise,* pero es un poco más retórico o poético <doubts about the project soon *arose*>. ***ant*** recline, slump

• **Ascend** connota un trepar o un movimiento hacia arriba que es continuo o progresivo <the sun *ascends* until noon>. ***ant*** descend

• **Mount,** que es cercano a *ascend,* indica un movimiento gradual en dirección hacia arriba, hacia un nivel o grado aún más alto <her hopes *mounted* as the race went on>. ***ant*** drop

• **Soar** suele connotar una ascenso continuo, y a menudo rápido, a grandes altitudes, particularmente en lo intelectual, espiritual o estético <the price of oil was *soaring*>.

• **Lift** sugiere levantarse del suelo o de otra superficie <the balloon *lifted* slowly into the sky>.

• **Climb** connota subir algo alto o empinado usando los pies y frecuentemente las manos <*climb* a tree>, o ir más alto gradualmente <the plane had *climbed* 4,000 feet in just a few minutes>, o en un sentido no físico, moverse a una posición más alta <her second novel is *climbing* up the best-seller lists>.

• **Surge** sugiere subirse y moverse en ondas <the sea was *surging*>.

2. v. ASCEND.

Risky v. DANGEROUS.

Rival v. MATCH.

Roam v. WANDER.

Roast v. CRITICIZE.

Robbery v. THEFT.

Robust 1. v. HEALTHY. **2.** v. STRONG. **3.** v. VIGOROUS.

Rock v. SHAKE 2.

Role V. FUNCTION.
Rookie V. NOVICE.
Roomy V. SPACIOUS.
Root V. ORIGIN.
Rot V. DECAY.
Rotate, alternate significan suceder el uno al otro, cada uno a su vez, o causar esta sucesión.

• **Rotate,** que puede usarse para dos o más, indica una repetición indefinida del orden de sucesión <the farmers *rotate* their crops to preserve the fields' fertility>.

• **Alternate** puede usarse solamente con referencia a dos, e indica también una repetición, pero sin una connotación de continuidad tan fuerte como la de *rotate* <the music *alternates* between jazz and blues>.

Rough, harsh, uneven, rugged, coarse significan que no es liso o parejo.

• **Rough** indica la presencia de desigualdades detectables en la superficie, tales como puntos, cerdas, protuberancias o salientes <a *rough* wooden board>. ***ant*** smooth

• **Harsh** indica una superficie o textura que es definitivamente desagradable al tacto <a *harsh* landscape>.

• **Uneven** indica una falta de regularidad en la altura, la anchura o la calidad <an old house with *uneven* floors>. ***ant*** even

• **Rugged** indica una cualidad irregular o escabrosa en una superficie de tierra, y connota dificultades de viaje <the *rugged* road up the mountain>.

• **Coarse** sugiere ser áspero o rudo <the fabric's *coarse* texture>.

Rouse V. STIR *vb.*
Rout V. CONQUER.
Routine 1. V. HABIT. **2.** V. PROCESS. **3.** V. USUAL.
Rove V. WANDER.
Rude 1. Rude, crude, uncouth, coarse, crass, vulgar significan que carece las cualidades que contribuyen hacia la perfección en el desarrollo o el uso.

• **Rude** connota una descortesía intencional <*rude* behavior toward the customers>.

• **Crude** puede aplicarse al pensamiento o al comportamiento que es grosero, obvio o primitivo o que ignora lo que es altamente refinado o plenamente civilizado <the *crude* antics of drunk college kids>. ***ant*** consummate, finished

• **Uncouth** suele aplicarse a personas, e indica torpeza y falta de cultura <she said farmboys were all *uncouth* and dirty>.

• **Coarse** connota ser vulgar o primitivo en gusto, modales o lenguaje <surprised to hear his wife use such a *coarse* expression>.

• **Crass** sugiere no mostrar algún entendimiento de qué es apropiado o aceptable <looking for new clients at a wedding party seemed like *crass* behavior>.

• **Vulgar** connota ser falto de cultura o gusto <*vulgar* table manners>, o moralmente crudo <disgusted by her daughter's *vulgar* language>.

2. V. IMPROPER.
Rugged V. ROUGH.

Ruin *n* **Ruin, havoc, devastation, destruction, downfall, collapse** significan la producción o los resultados de un desastre.

• **Ruin** connota un derrumbe y puede aplicarse a cualquier cosa que ha dado de sí o se ha desbaratado por causa del deterioro, la corrupción, la negligencia o la pérdida <the old house had fallen into *ruin*>.

• **Havoc** connota un agente que saquea, destruye o hace estragos, y el desorden y confusión resultante <the sound of gunfire caused *havoc* in the crowded restaurant>.

• **Devastation** indica un extenso arrasamiento, causado por algo como una guerra o una catástrofe natural, pero puede aplicarse también a algo que abruma a un individuo de una manera comparable <the *devastation* of losing her husband>.

• **Destruction** connota el deshacer completamente como efecto de un derribo o una aniquilación, o una acción semejante <the *destruction* of his entire life's work in a fire>.

• **Downfall** connota una caída súbita, especialmente del poder <the company's *downfall* was the result of several bad decisions>.

• **Collapse** sugiere un fallo estructural súbito <the *collapse* of the roof> o más ampliamente, un fallo o colapso repentino de un sistema u organización <the *collapse* of the Soviet Union>.

Ruin *vb* **1. Ruin, wreck, destroy, shatter, devastate, demolish** significan someter a fuerzas que destruyen la solidez, el valor o la utilidad.

• **Ruin** suele connotar la acción de agencias destructoras y el final del valor, la belleza o el bienestar de algo o alguien, o la pérdida de algo vital <endured having his reputation *ruined* by ugly rumors>.

• **Wreck** indica el arruinar como efecto de estrellar o hacer añicos o una acción similar, y suele connotar un daño irreparable <his health had been *wrecked* by drinking and smoking>.

• **Destroy** connota arruinar o aniquilar algo, bien sea físicamente <the files were deliberately *destroyed*> o no físicamente <the scandal *destroyed* his reputation>.

• **Shatter** sugiere romper en muchos pedazos más pequeños <the window had been *shattered* by a rock>, o dañar malamente algo no físico <his dreams were *shattered* by the rejection>.

• **Devastate** connota causar gran daño a algo, frecuentemente a un área grande <the flood *devastated* the town>, o causar que alguien sienta dolor emocional extremo <she was *devastated* by the breakup of her marriage>.

• **Demolish** indica la destrucción o el desmontaje forzado de una estructura <explosives were used to *demolish* the building>, o dañar algo de manera que no se pueda reemplazar <the car was *demolished* in the accident>, y a veces se usa en un sentido no físico <the accusations were intended to *demolish* her public image>.

2. V. DEPLETE.

Ruinous V. PERNICIOUS.

Rule *n* V. LAW.

Rule *vb* **1.** V. DECIDE. **2.** V. GOVERN.

Ruminate V. PONDER.

Rumor, gossip, hearsay significan comentarios que se hacen comúnmente, o una instancia de ello que se propaga rápidamente.

• **Rumor** se aplica a una noticia que vuela por doquier y que va adquiriendo más detalles conforme va propagándose, pero carece de fuente evidente y de una evidencia clara de su veracidad <*rumors* about the deal spread quickly>.

• **Gossip** se aplica primordialmente a la charla vana, y a menudo personal, que es la fuente y el medio principal de propagar rumores o noticias <loved listening to the office *gossip* about love affairs and broken hears>.

• **Hearsay** recalca que la fuente de un rumor o de una noticia es algo que se ha oído y no algo que se ha visto o conocido directamente <she dismissed the news as mere *hearsay*>, y en su aplicación a la evidencia, retiene esta indicación de conocimiento indirecto e imperfecto de los hechos <much of the case against him is based only on *hearsay* evidence>.

Rumpled V. UNKEMPT.

Run V. CONDUCT.

Rural, rustic, pastoral, bucolic significan relacionado con el campo o característico del mismo.

• **Rural** connota el campo abierto y la agricultura <little of the island still remains *rural*>. ***ant*** urban, citified

• **Rustic** connota un contraste con la vida urbana así como rudeza y falta de refinamiento <a vacation lodge filled with *rustic* furniture>.

• **Pastoral** indica una idealizada sencillez, paz y retiramiento del mundo <the novel's *pastoral* setting>.

• **Bucolic** puede referirse tanto a los aspectos encantadores y deseables de la vida campestre como a los aspectos que no lo son <city dwellers dreaming of *bucolic* bliss>.

Ruse V. TRICK.

Rustic V. RURAL.

S

Sack V. RAVAGE.

Sacred, sacrosanct, inviolate, inviolable significan protegido por la ley, la costumbre o el respeto contra el abuso.

• **Sacred** connota ya sea el reservar para un uso especial, o bien una cualidad especial que lleva a una reverencia casi religiosa <a *sacred* memory>.

• **Sacrosanct** en su uso general puede retener su indicación religiosa de ser extremadamente sagrado, o puede bien tomar una cualidad irónica y connotar un carácter sagrado que es más supuesto que real <she kept her weekends *sacrosanct* for her writing>.

• **Inviolate** se aplica a cosas tales como las leyes, los acuerdos, las instituciones o las personas que por una razón u otra están a salvo de abuso o perjuicio, y recalca el hecho de no haber sido violado <the

inviolate beauty of this wilderness>. ***ant*** violated

• **Inviolable,** aunque cercano a *inviolate,* indica un carácter que está a salvo de la violación <an *inviolable* legal principle>.

Sacrifice V. RENUNCIATION.

Sacrosanct V. SACRED.

Sadness 1. Sadness, depression, melancholy, dejection, gloom, despondency, unhappiness significan el estado de ánimo de uno que es infeliz o está abatido.

• **Sadness** es un término general que no conlleva connotación alguna en cuanto a causa, extensión o naturaleza exacta del bajo ánimo <a feeling of *sadness* marked the farewell dinner>. ***ant*** gladness

• **Depression** connota una condición en la que uno se siente decepcionado, desanimado, enervado o debilitado <treated by a doctor for severe *depression*>. ***ant*** buoyancy

• **Melancholy** connota un humor pensativo que es triste y serio, pero sin ser completamente desagradable <reading through the old love letters in a mood of sweet *melancholy*>. ***ant*** exhilaration

• **Dejection** indica un humor, generalmente pasajero, de uno que está triste o desanimado por un motivo natural o lógico <his *dejection* after being turned down>. ***ant*** exhilaration

• **Gloom** se aplica, ya sea a la extrema tristeza de la persona afligida por cualquiera de estos humores o condiciones, o bien al efecto que tal persona tiene sobre su ambiente o los demás <the deep *gloom* in the office on the morning after the election>. ***ant*** glee

• **Despondency** connota un profundo desánimo que asume la futilidad de cualquier esfuerzo subsiguiente <her depression had deepened into *despondency*>.

• **Unhappiness** puede indicar cualquier cosa desde una insatisfacción pasajera hasta una depresión prolongada <within a year there were signs of *unhappiness* in the marriage>.

2. V. SORROW.

3. V. DISTRESS.

Safe, secure, sheltered, protected, immune significan libre de peligro o riesgo.

• **Safe** puede indicar que se ha corrido un riesgo sin incurrir en daños o perjuicios <arrived home *safe*>, o puede recalcar el estar libre de riesgo <kept her *safe* from harm>, o puede connotar un carácter que elimina o minimiza el riesgo <*safe* investments>. ***ant*** dangerous, unsafe

• **Secure** suele recalcar el estar libre, por motivos aparentemente firmes y suficientes, de toda ansiedad o aprensión en cuanto a peligros o riesgos <checked that their luggage was *secure* in the rack>. ***ant*** insecure, precarious, dangerous

• **Sheltered** significa estar provisto de albergue, bien sea físico <a *sheltered* garden> o no físico <his *sheltered* childhood>.

• **Protected** puede significar simplemente protegido, pero frecuentemente significa protegido legalmente <a *protected* wilderness area>.

• **Immune** connota estar completamente exento de alguna preocupación acerca del peligro o de la influencia, incluyendo el peligro de una infección <*immune* to polio> o influencias no físicas <not

immune from criticism>.

Safeguard 1. V. DEFEND. **2.** V. SAVE.

Saga V. MYTH.

Sage V. WISE.

Salary V. WAGE.

Salient V. NOTICEABLE.

Salubrious V. HEALTHFUL.

Salutary V. HEALTHFUL.

Salvage V. RESCUE.

Same 1. Same, selfsame, very, identical, equivalent, equal significan no ser diferente, o no diferir uno de otro u otros.

• **Same** puede indicar que las cosas bajo consideración son una cosa o que, aunque distintas, no tienen una diferencia apreciable <we took the *same* route on the *same* day>. ***ant*** different

• **Selfsame** siempre indica que las cosas bajo consideración son una cosa y no dos o más cosas <the *selfsame* ring that I had lost years ago>. ***ant*** diverse

• **Very,** como *selfsame,* indica identidad <you're the *very* person I've been looking for>.

• **Identical** puede indicar lo mismo que *selfsame,* o puede connotar una correspondencia absoluta en todos los detalles <their test answers were *identical*>. ***ant*** nonidentical, diverse

• **Equivalent** indica ascender a lo mismo en valor o en significancia <two houses of *equivalent* value>. ***ant*** different

• **Equal** indica correspondencia en valor, en magnitud o en alguna cualidad especificada, indicando por lo tanto equivalencia <divided it into *equal* shares>. ***ant*** unequal

2. V. SIMILAR.

Sample V. INSTANCE.

Sanctimonious 1. V. DEVOUT. **2.** V. HYPOCRITICAL.

Sanction V. APPROVE.

Sanctuary V. SHELTER.

Sane V. WISE.

Sap 1. V. WEAKEN. **2.** V. DEPLETE.

Sarcasm V. WIT.

Sarcastic 1. Sarcastic, satiric, ironic, sardonic significan caracterizado por amargura y un poder o una intención de cortar o herir.

• **Sarcastic** se aplica a lo que inflige dolor deliberadamente mediante el criticar, burlar o ridiculizar <a critic famous for his *sarcastic* reviews>.

• **Satiric** indica la intención de censurar mediante el ridículo y el reproche <a *satiric* look at American politics>.

• **Ironic** indica el intento de ser gracioso o provocador al decir algo que es sorprendentemente diferente de lo que se quiere decir, o que incluso es lo contrario de ello <made the *ironic* observation that the government could always be trusted>.

• **Sardonic** indica una incredulidad o una duda desdeñosa o burlona que se expresa verbalmente o mediante la expresión facial <a *sardonic* smile>.

2. V. CAUSTIC.

Sardonic 1. V. SATIRIC. **2.** V. CAUSTIC.
Sassy V. SAUCY.
Sate V. SATIATE.
Satiate, sate, glut, gorge, stuff significan llenar completamente o en exceso.

• **Satiate** y **sate** pueden a veces indicar solamente una completa satisfacción, pero con mayor frecuencia connotan una sensación de estar lleno que ha destruido todo interés o deseo <nothing *satiates* teenage boys' appetite for electronic violence> <sleeping as soundly as a *sated* lion>.

• **Glut** indica un exceso en el alimento o en la provisión que sofoca o impide <bookstores *glutted* with diet books>. ***ant*** stint

• **Gorge** connota el hartarse al punto de reventar o sofocar <*gorged* himself on chocolate>.

• **Stuff**, un termino un poco informal, significa llenar hasta el máximo con comida <*stuffed* themselves with cake>.

Satire 1. V. WIT. **2.** V. CARICATURE.
Satiric V. SARCASTIC.
Satisfaction V. PLEASURE.
Satisfy 1. Satisfy, content, appease, gratify significan apaciguar uno sus deseos o anhelos.

• **Satisfy** indica el pleno apaciguamiento, no sólo de los deseos o anhelos, sino incluso de necesidades o requisitos <*satisfied* her fondest desires>. ***ant*** tantalize

• **Content** indica un apaciguamiento al grado de no estar uno inquieto o molesto, aún cuando no se hayan satisfecho plenamente todos sus deseos <had to *content* himself with second prize>.

• **Appease** connota el callar demandas insistentes haciendo concesiones <first they had to *appease* their angry allies>.

• **Gratify** connota el darle placer o la satisfacción a alguien <it *gratified* him to drive around his immense ranch>.

2. Satisfy, fulfill, meet, answer significan estar a la altura de un conjunto de criterios o requisitos.

• **Satisfy** indica suficiencia para un fin o una necesidad anticipada y suele connotar una pauta de comparación <*satisfied* all the requirements for her degree>.

• **Fulfill,** a menudo intercambiable con *satisfy,* puede indicar más abundancia o riqueza en el llenar las necesidades que son menos calculables o medibles <a son who *fulfilled* his father's fondest hopes>.

• **Meet** indica una exactitud de correspondencia entre un requisito y lo que se propone para satisfacerlo <the company's final offer *met* the demands of the workers>.

• **Answer** suele indicar la mera satisfacción de una demanda, necesidad o propósito, a menudo de manera pasajera o expediente <a solution that *answered* their immediate need>.

3. V. PACIFY.

Satisfying V. PLEASANT.
Saturate V. SOAK.
Saucy 1. Saucy, pert, arch, sassy, fresh, cheeky, impudent, flippant significan frívolo y atrevido en la manera de ser o la actitud.

• **Saucy** connota a menudo ligereza con un poco de agudeza o desfachatez que causa gracia <made a *saucy* retort>. ***ant*** deferential

• **Pert** indica una libertad descarada que puede rayar en el atrevimiento o la afectación <she gave *pert* answers to all her mother's questions>, y puede a veces connotar viveza o ingenio <wore her hat at a *pert* angle>.

• **Arch** suele indicar una audacia coqueta o pícara o una actitud burlona y traviesa <he didn't enjoy her *arch* wit>.

• **Sassy,** un término informal, connota una impudencia vivaz y juvenil <his teenage daughter was a *sassy* flirt>.

• **Fresh** es un término coloquial que significa impudente <don't get *fresh* with me>.

• **Cheeky** significa insolentemente atrevido en una manera generalmente cariñosa <a *cheeky* 10-year-old boy who wouldn't leave her alone>.

• **Impudent** connota un atrevimiento o una desafiante desatención para con otros <his grandfather claimed that young people nowadays are rude and *impudent*>.

• **Flippant** significa carente del respeto o la seriedad apropiada <annoyed by her *flippant* comments about serious subjects>.

2. V. SHAMELESS.

Saunter 1. Saunter, stroll, amble, mosey significan caminar lentamente y a menudo sin un rumbo en particular.

• **Saunter** connota un paso lento y un estado de ánimo libre de preocupaciones <*sauntering* down the road>.

• **Stroll** indica el tener un objetivo tal como el visitar sitios de interés o hacer un poco de ejercicio, pero sin prisa y a menudo sin un rumbo determinado <*strolled* through the market>.

• **Amble** puede sustituir a *saunter* o a *stroll,* pero connota en particular un modo de andar fácil y sin esfuerzo <he could often be seen *ambling* around the neighborhood>.

• **Mosey,** un término coloquial, significa mover en una manera casual o sin dirección <at 2:00 he *moseyed* downtown to hang out at the gas station>.

2. V. WANDER.

Savage 1. V. FIERCE. **2.** V. BARBARIAN.

Save 1. Save, preserve, conserve, safeguard significan mantener a salvo de daño, del deterioro o de la pérdida.

• **Save** en esta conexión, puede indicar el tomar ciertas medidas para proteger contra el peligro de pérdida, daño o destrucción <*saved* his papers in a vault>. ***ant*** spend, consume

• **Preserve** recalca una resistencia contra las agencias destructoras, e indica el uso de métodos y esfuerzos para mantener una cosa intacta o en existencia <*preserve* food for winter use>.

• **Conserve** connota el mantener a salvo y en buen estado, e indica el evitar el uso innecesario o el desperdicio, la pérdida o el daño <made every effort to *conserve* fuel>. ***ant*** waste, squander

• **Safeguard** frecuentemente connota el tomar precauciones contra los peligros que son meramente posibles <the importance of *safeguarding* our basic rights>.

2. v. RESCUE.
3. v. DEFEND.

Savoir faire 1. v. TACT. **2.** v. CONFIDENCE.

Savory v. PALATABLE.

Savvy v. SHREWD.

Say 1. Say, utter, tell, state significan poner en palabras.

• **Say** básicamente quiere decir articular palabras <*say* each word carefully and clearly>, pero puede emplearse para reportar algo que se ha expresado vocalmente <he *said* he would be home soon>, o para indicar el hecho de poner en habla o por escrito <be careful what you *say* to that man>.

• **Utter** recalca el uso de la voz y el acto de poner en palabras habladas <*uttered* a faint response>, y es apropiado para hacer referencia a sonidos vocales que no son palabras <*uttered* a moan>.

• **Tell** recalca el impartir una idea o una información, y puede referirse a una comunicación escrita u oral, o a algún otro método de presentar una idea <*told* us the story of her life>.

• **State** puede sustituir a *say* cuando se desea indicar más claridad <*stated* their objections to the proposal>.

2. v. ASSERT.
3. v. DECLARE.
4. v. EXPRESS.

Scale v. ASCEND.

Scam v. DECEPTION.

Scandal v. OFFENSE 2.

Scant v. MEAGER.

Scanty v. MEAGER.

Scarce v. INFREQUENT.

Scared v. FEARFUL.

Scathing v. CAUSTIC.

Scatter, disperse, dissipate, dispel, disband, diffuse significan causar que (algo) se separe o se disuelva.

• **Scatter** indica la acción de una fuerza que impele fragmentos de unidades irregularmente en varias direcciones <it took only a yell to *scatter* the dogs>. ***ant*** gather

• **Disperse** indica una separación más vasta de las unidades y una disolución completa de la masa o del grupo <police *dispersed* the crowd>. ***ant*** assemble, congregate, collect

• **Dissipate** recalca una desintegración o disolución total así como una desaparición final <the fog was slowly *dissipated* by the morning sun>. ***ant*** accumulate, concentrate *(esfuerzos, pensamientos)*

• **Dispel** recalca el ahuyentar o desechar mediante el esparcimiento o algo similar <a strong statement that *dispelled* the public's doubts>.

• **Disband** connota el romper una organización <*disbanded* the army>.

• **Diffuse** sugiere el esparcir libre y ampliamente, y frecuentemente derrochadoramente <the lampshade helped *diffuse* the light>.

Scent 1. v. FRAGRANCE. **2.** v. SMELL.

Scented v. FRAGRANT.

Scheme 1. V. PLAN. **2.** V. PLOT.
Scholarly V. LEARNED.
Scholarship V. KNOWLEDGE.
School V. TEACH.
Scoff 1. Scoff, jeer, gibe, sneer, flout significan mostrar uno su desprecio mediante el escarnio y la mofa.

• **Scoff** recalca un escarnio motivado por la insolencia, la falta de respeto o la incredulidad <*scoffed* at all religion>.

• **Jeer** connota un escarnio que es más tosco y que no discrimina <the crowd *jeered* the visiting team>.

• **Gibe** indica una mofa que se hace en tono amistoso o sarcástico <*gibed* at him for repeatedly missing the ball>.

• **Sneer** recalca el insultar mediante un gesto, una manera de hablar o un tono de voz que expresa desprecio <*sneered* at anything romantic>.

• **Flout** recalca el mostrar desprecio al rehusarse a aceptar, o al negar la verdad o el poder de una cosa <*flouted* the conventions of society>. ***ant*** revere

2. V. RIDICULE.

Scold 1. Scold, upbraid, berate, rail, revile, vituperate, bawl out, lambaste significan reprochar enérgica y abusivamente.

• **Scold** indica una reprimenda que se hace en un estado de irritación o mal humor, ya sea justa o injustamente <released her anger at her husband by *scolding* the children>.

• **Upbraid** indica el censurar por motivos específicos y generalmente justificables <the governor *upbraided* his aides for their poor research>.

• **Berate** connota un regaño que es prolongado y que suele ser abusivo <*berated* by his father>.

• **Rail,** usado con *at* o *against,* recalca el reprender de manera desenfrenada <*railed* loudly at the whims of fate>.

• **Revile** indica un ataque difamatorio y abusivo motivado por la ira o el odio <his latest policies were *reviled* in the press>. ***ant*** laud

• **Vituperate** connota el injuriar de forma violenta y abusiva <a minister who preferred *vituperating* to comforting>.

• **Bawl out** es un término coloquial que significa regañar severamente <got *bawled out* by the boss when he returned>.

• **Lambaste** significa atacar verbalmente, tan violentamente como si fuese una paliza física <loudly *lambasted* his opponents on the floor of the senate>.

2. V. REPROVE.

Scope V. RANGE.
Scout V. DESPISE.
Scowl V. FROWN.
Scrap *vb* V. DISCARD.
Scrap *n* V. PARTICLE.
Scrawny V. LEAN.
Screen V. HIDE.
Scruple V. QUALM.
Scrupulous 1. V. CAREFUL. **2.** V. UPRIGHT.

Scrutinize, inspect, examine, study, peruse, pore over significan mirar o revisar cuidadosamente, generalmente de manera crítica.

• **Scrutinize** recalca la aplicación de una observación muy detenida, y atención a los más pequeños detalles <closely *scrutinized* the bill from the hospital>.

• **Inspect** indica un escrutinio minucioso en busca de errores o defectos <*inspected* the car for signs of damage>.

• **Examine** connota un escrutinio o una investigación que se hace para determinar la naturaleza, la condición o la calidad de una cosa <*examined* the gems to see if they were genuine>.

• **Study**, un término amplio, connota leer atentamente con la intención de aprender <had *studied* the matter for weeks>.

• **Peruse** generalmente indica examinar o estudiar en detalle <she gave them time to *peruse* the contract>.

• **Pore over** indica leer o estudiar atentamente <she found him *poring over* his chemistry books>.

Seclusion V. SOLITUDE.

Secret, covert, stealthy, furtive, clandestine, surreptitious, underhanded significan que existe o fue hecho sin llamar la atención o sin ser observado.

• **Secret** indica la ocultación por cualquier motivo <a *secret* meeting>.

• **Covert** recalca el hecho de no estar abierto o declarado <making *covert* payments to several senators>. ***ant*** overt

• **Stealthy** connota el tomar medidas para evitar ser visto u oído, sobre todo en conexión con alguna fechoría <thought he heard *stealthy* footsteps approaching the door>.

• **Furtive** indica un sigilo taimado o cauteloso <the two had been exchanging *furtive* glances across the room>. ***ant*** forthright, barefaced, brazen

• **Clandestine** indica un secreto, normalmente con fines malvados o ilícitos <a *clandestine* love affair>. ***ant*** open

• **Surreptitious** se aplica a una acción o actividad que se hace en secreto, de manera de evitar la detección, y en violación de la ley la costumbre, o la autoridad <conducting a *surreptitious* investigation of the woman's background>. ***ant*** brazen

• **Underhanded** recalca una intención de defraudar o engañar <the *underhanded* practices of used-car dealers>. ***ant*** aboveboard

Secrete V. END.

Section V. PART.

Secure *adj* V. SAFE.

Secure *vb* **1.** V. ENSURE. **2.** V. GET. **3.** V. DEFEND. **4.** V. FASTEN.

Sedate 1. V. SERIOUS. **2.** V. CALM.

Seduce V. LURE.

See 1. See, behold, view, survey, observe, notice, note, perceive, discern, visualize significan obtener conocimiento de algo mediante la visión física, o a veces, mental.

• **See** puede usarse para indicar poco más que el uso de los órganos de la vista <he can't *see* the crowd because he's blind>, pero con mayor frecuencia indica un reconocimiento o una apreciación de lo que se encuentra ante los ojos de uno <went to *see* a ballgame>, o el ejercicio de otras facultades, incluso una imaginación vívida <I can *see* her plainly as she looked forty years ago>, o la visión mental <the only one who *saw* the truth> o los poderes de deducción <only his wife could *see* that he was nervous>.

• **Behold** conlleva una indicación más fuerte de impresión ocular y de reconocimiento específico, y también connota el mirar a lo que se está viendo <had never *beheld* such beauty>.

• **View** suele indicar el ver, mental o físicamente, lo que se presenta ante uno o lo que puede examinarse en detalle, y a menudo indica un modo particular de mirar una cosa, o el fin con el que se considera esta misma <would always *view* each painting from various angles>.

• **Survey** indica con mayor frecuencia un escrutinio o una inspección detallada que se hace con los ojos o con la mente, y que produce una imagen o una idea de algo como un todo <carefully *surveyed* the scene before entering the room>.

• **Observe** indica el prestar atención a algo en particular y no pasarlo por alto <closely *observed* their reaction to his question>.

• **Notice** suele indicar alguna reacción específica a lo que se ve, o a veces a lo que se oye, se siente o se aprecia, como el hacer una nota mental o un comentario acerca de ello <*noticed* that the door was unlocked>.

• **Note** suele connotar el grabar uno sus impresiones, a veces por medio de una nota mental, o a veces mediante la escritura o el habla <using his map he *noted* every stream and hill we passed>.

• **Perceive** conlleva una fuerte indicación del uso de la mente en la observación e indica el asir u obtener conocimiento de una cosa, no sólo mediante el sentido de la vista, sino por medio de cualquiera de los sentidos, y a menudo connota una aguda visión mental o una penetración especial <she now *perceived* the danger of their situation>.

• **Discern** suele indicar poco más que el distinguir una cosa por medio de los ojos <peering at the photo, he *discerned* a dim human shape at the edge of the woods>, pero indica más específicamente una capacidad de percibir profundamente o de diferenciar o discriminar lo que los sentidos perciben <trying to *discern* her meaning>.

• **Visualize** significa el ver o formar una imagen mental de algo <even when she described it slowly he couldn't *visualize* it>.

2. See, look, watch significan percibir algo mediante el uso de los ojos.

• **See** recalca el hecho de recibir impresiones visuales <she *sees* well with her new glasses>.

• **Look** recalca el dirigir los ojos hacia una cosa o fijarlos en ésta <*looked* at himself in the mirror>.

• **Watch** indica el seguir uno con los ojos una cosa para mantenerla bajo observación constante <*watching* the clock as the seconds ticked by>.

3. V. GAZE.

Seedy V. UNKEMPT.

Seem, look, appear, act, behave, sound significan dar la impresión de ser tal y como se describe sin ser necesariamente así en realidad.

• **Seem** suele connotar una opinión que se basa en impresiones subjetivas y en una reacción personal <the children *seemed* well>.

• **Look** indica una opinión basada en la impresión visual general <she *looks* worried>.

• **Appear** puede comunicar las mismas indicaciones que *look,* pero connota a menudo una impresión obviamente distorsionada <her explanation *appeared* to be true>.

• **Act, behave** significan actuar, funcionar o reaccionar en una manera en particular <she *acted* as if something were wrong> <the cows were *behaving* oddly>.

• **Sound** significa dejar una impresión, especialmente al escuchar <that plan *sounds* good to me>

Seeming V. APPARENT.

Segment V. PART.

Segregate V. SEPARATE *vb.*

Seize V. TAKE.

Select, exclusive, choice, chosen significan que destaca debido a su carácter o calidad superior.

• **Select** se refiere a uno que se ha elegido con discriminación en preferencia a otro de la misma clase <invited only a *select* audience>, o puede usarse en el sentido de *superior* o *exceptional* con poca o ninguna connotación de elección <a *select* band of soldiers>. ***ant*** indiscriminate

• **Exclusive** indica esencialmente un carácter que pone a un lado o elimina cualquier cosa que no es compatible o congruente <these two beliefs seem mutually *exclusive*>, pero con respecto a personas, grupos o instituciones, suele connotar una impresión de superioridad como el motivo por el cual se elimina lo que es considerado inferior a ciertas normas impuestas o a requisitos exigentes y críticos <membership in an *exclusive* club>.

• **Choice** generalmente describe mercancía de alta calidad especial <selecting the *choicest* fruit>.

• **Chosen** connota estar marcado para favor o un privilegio especial <an opportunity for the *chosen* few>.

Selection V. CHOICE *n.*

Self-assertive V. AGGRESSIVE.

Self-denial V. RENUNCIATION.

Self-possession V. CONFIDENCE.

Self-restraint V. TEMPERANCE.

Self-righteous V. HYPOCRITICAL.

Selfsame V. SAME.

Send for V. SUMMON.

Sensation, sense, feeling, perception, consciousness, impression significan el poder de responder o el acto de responder a los estímulos.

• **Sensation** puede enfocar la atención en el hecho de la percepción por medio de los órganos del sentido, o una percepción similar, ya sea con o sin comprensión <felt a tingling *sensation*>, pero connota a menudo no sólo el reconocimiento sino también reacciones intuitivas <the *sensation* that he was being watched>.

• **Sense** puede aplicarse específicamente a cualquiera de los poderes básicos de percepción <the *sense* of smell>, pero en su aplicación típica al poder o acto de responder a un estímulo, tiende a connotar conocimiento intelectual y una conciencia plena <a *sense* of loss>.

• **Feeling** puede aplicarse a sensaciones como el tacto, el calor, el frío o la presión, que se perciben mediante la piel <so cold that she had lost all *feeling* in her fingers> o a una reacción compleja a un estímulo que incluye la sensación, la emoción, y cierto grado de pensamiento <a vague *feeling* of doubt>.

• **Perception** connota una imagen o un concepto mental <a widespread *perception* that things weren't going well>.

• **Consciousness** connota el conocimiento de un objeto, estado o hecho externo <her *consciousness* of her lower-class background>.

• **Impression** significa una imagen creada en la mente <he had the *impression* that he was being watched>.

Sense 1. Sense, common sense, judgment, wisdom, intelligence significan la capacidad de llegar a conclusiones inteligentes.

• **Sense** indica una capacidad confiable para juzgar y decidir con solidez, prudencia e inteligencia <never thought her daughter had much *sense*>.

• **Common sense** connota un nivel promedio de tal capacidad, a menudo combinada con una astucia innata pero sin sofisticación o conocimientos especiales <he hated theories and claimed he always relied on *common sense*>.

• **Judgment** indica una sensatez que es moderada y refinada por la experiencia, la educación y la madurez <just another 16-year-old with terrible *judgment*>.

• **Wisdom** indica sensatez y juicio mucho más alto del promedio <*wisdom* based on years of experience>. ***ant*** folly

• **Intelligence**, un término amplio, connota la habilidad de aprender, entender, resolver problemas o tratar con situaciones nuevas <everyone was impressed with her *intelligence*>.

2. V. SENSATION.

3. V. MEANING.

4. V. FEELING.

Sensible V. WISE.

Sensitive V. LIABLE.

Sensual 1. V. CARNAL. **2.** V. SENSUOUS.

Sensuous 1. Sensuous, sensual, luxurious, hedonistic significan que está relacionado con el placer o lo da mediante la gratificación de los sentidos.

• **Sensuous** indica una gratificación cuyo fin es el placer estético <a *sensuous* Renaissance painting of a nude woman>.

• **Sensual** tiende a indicar la gratificación de los sentidos o de los apetitos físicos como el fin en sí <led a life devoted to *sensual* pleasure>.

• **Luxurious** connota el dar o darse placer sensual mediante la comodidad del cuerpo, el languidez y una plácida paz mental <a long, *luxurious* breakfast>.

• **Hedonistic** significa ser devoto al placer <the city was famous for its *hedonistic* carnival>.

2. V. CARNAL.

Sentiment V. FEELING.

Separate *vb* **Separate, divide, sever, divorce, split, detach, segregate, disconnect** significan sufrir o causar una desunión o inconexión.

• **Separate** puede indicar cualquiera de varias causas, tales como la dispersión, el apartar uno de los demás en un grupo, o la presencia de una cosa que interviene <careful to *separate* her personal life from her career>. ***ant*** combine

• **Divide** indica el separar y organizar en piezas, grupos o secciones mediante un corte, rompimiento o ramificación <civil war *divided* the nation>.

• **Sever** indica violencia, particularmente en la acción de quitar una parte o miembro <his hand had been *severed* by a chain saw>.

• **Divorce** indica la separación de dos cosas que suelen actuar mutuamente e ir juntas <his worried friends think he's now completely *divorced* from reality>.

• **Split** significa dividir en partes o porciones, a veces por la fuerza <civil war had *split* the country in two>.

• **Detach** connota el separar de algo más grande, sin violencia ni daño <carefully *detached* the bottom part of the bill>.

• **Segregate** significa separar o apartar de otros <*segregated* the patients with infectious diseases from the others>.

• **Disconnect** significa cortar una conexión <for the sake of safety he *disconnected* the wire>.

Separate *adj* **1.** V. DISTINCT. **2.** V. SINGLE.

Sequential V. CONSECUTIVE.

Serene V. CALM.

Serenity V. EQUANIMITY.

Serious, grave, solemn, sedate, staid, sober, earnest, somber, no-nonsense, weighty significan que no es ligero o frívolo.

• **Serious** indica una atención hacia lo que realmente importa <prefers romance novels to *serious* fiction>. ***ant*** light, flippant

• **Grave** indica tanto seriedad como dignidad en la manera de expresarse o en la actitud <a *grave,* unsmiling man>.

• **Solemn** connota una gravedad impresionante que es libre de toda frivolidad <the funeral was a *solemn* occasion>.

• **Sedate** indica una seriedad serena y decorosa <the bride remained *sedate* amidst the frenzy of activity>. ***ant*** flighty

• **Staid** connota una sobriedad firme y acostumbrada, y un escrupuloso autocontrol <her dinner parties were *staid* affairs>.

• **Sober** recalca la seriedad de propósito y la ausencia de toda ligereza o frivolidad <a *sober* look at the situation>.

• **Earnest** connota sinceridad de propósito, y a menudo, el celo <an *earnest* young minister>.

• **Somber** puede implicar un humor que varía desde serio hasta lúgubre y deprimido <the mood in the office on the day after the announcement was *somber*>.

• **No-nonsense,** un término informal, describe una actitud enfáticamente práctica y metódica <the new boss brought a *no-nonsense* approach to the department>.

• **Weighty** indica gran importancia <there are several *weighty* matters still on the senate's agenda>.

Servile V. SUBSERVIENT.

Servitude, slavery, bondage significan el estado de estar sometido a un amo.

• **Servitude** indica la ausencia de libertad para determinar uno su curso de acción o estilo de vida <a man sentenced to penal *servitude*>.

• **Slavery** indica sometimiento a un amo que es dueño de la persona de uno y que puede tratar a uno como propiedad <captured and sold into *slavery*>.

• **Bondage** indica el estar atado por obligación a una ley o a una restricción similar, a menudo física, que tiene a uno en un estado de sumisión total <the *bondage* of the Hebrews in Egypt>.

Set *n* **Set, circle, coterie, clique, crowd** significan un grupo de personas que es más o menos cerrado y exclusivo.

• **Set** se aplica a un grupo relativamente grande, y normalmente social, de personas que tienen intereses o gustos en común <the cocktail-party *set*>.

• **Circle** indica un centro común del grupo, por ejemplo, una persona, una actividad o una causa <his *circle* of friends>.

• **Coterie** se aplica a un círculo que es pequeño, selecto o exclusivo <surrounded by a *coterie* of advisers>.

• **Clique** suele connotar una exclusividad que es egoísta o arrogante, y puede aplicarse en particular a un grupo pequeño o disidente dentro de un círculo o grupo más grande <most of the 11th-grade girls were members of *cliques*>.

• **Crowd** puede connotar un grupo de personas que tienen algo en común <that's the *crowd* she socializes with these days>.

Set aside V. ALLOT.

Setting V. BACKGROUND.

Settle 1. Settle, establish, fix significan poner seguramente en posición.

• **Settle** conlleva una connotación más fuerte de poner en un lugar o condición de estabilidad, comodidad o seguridad <slowly *settled* into their new home>.

• **Establish** tiende a poner menos énfasis en el hecho de poner algo en su lugar que en el fomento y cuidado subsiguiente que lo ayuda a hacerse estable y fijo <*establish* a settlement>. ***ant*** uproot

• **Fix** recalca la permanencia y la estabilidad <*fixed* the pole firmly in the ground>.

2. V. DECIDE.

Sever V. SEPARATE.

Severe 1. Severe, stern, austere, ascetic significan que tiende hacia, o es caracterizado por, una estricta disciplina y un firme control.

• **Severe** indica normas que se hacen cumplir sin indulgencia o relajación, y puede connotar dureza <the *severe* style of dress demanded by their religion>. ***ant*** tolerant, tender

• **Stern** recalca la inflexibilidad y la inexorabilidad del temperamento o el carácter <a *stern* judge>. ***ant*** soft, lenient

• **Austere** recalca la ausencia de calor, color o sentimiento y puede indicar un riguroso control, simplicidad, o abnegación <his architectural designs are *austere* but impressive>. ***ant*** luscious *(de frutas),* warm, ardent *(de personas, sentimientos),* exuberant *(del estilo o cualidad)*

• **Ascetic** indica abstención del placer, confort o lujos como una pauta de disciplina espiritual o de autodisciplina <the *ascetic* life of the monks>. ***ant*** luxurious, voluptuous

2. V. RIGID.

Shabby V. UNKEMPT.

Shackle V. HINDER.

Shade V. COLOR.

Shadow V. FOLLOW.

Shake 1. Shake, tremble, quake, totter, quiver, shiver, shudder, quaver, wobble, teeter significan exhibir un movimiento que vibra, vacila u oscila, a menudo como una evidencia de inestabilidad.

• **Shake** puede aplicarse a cualquiera de estos movimientos, a menudo con una connotación de brusquedad e irregularidad <he was *shaking* with rage>.

• **Tremble** se aplica específicamente a un estremecimiento ligero y rápido <the girl was actually *trembling* with fear>.

• **Quake** puede usarse en vez de *tremble,* pero suele conllevar una connotación más fuerte de agitación violenta o extrema, proveniente ya sea de una convulsión interna, como en el caso de un terremoto, o de un evento externo que hace estremecer a una persona o cosa en sus fundaciones <his voice *quaking* with emotion>.

• **Totter** suele indicar una gran debilidad física como aquella que es asociada con la infancia, la vejez extrema o la enfermedad, y suele connotar temblores que impiden o entorpecen el movimiento casi totalmente o que auguran una caída o un colapso <an elderly lady *tottering* down the street>.

• **Quiver** puede connotar un temblor ligero y muy rápido <leaves that *quiver* in the slightest breeze>, o bien puede connotar el miedo o la pasión, e indicar una tensión emocional <the boy was trying not to cry but his lips were *quivering*>.

• **Shiver** connota típicamente el efecto del frío, el cual produce un estremecimiento momentáneo <*shivering* from the cold>, pero puede aplicarse a un estremecimiento que resulta de la anticipación, de un presentimiento, o de un temor vago <*shivered* at the sight of the prison>.

• **Shudder** suele connotar un temblor breve o pasajero que afecta al cuerpo o masa en su totalidad, y es el efecto de algo horrible o repugnante <began to *shudder* uncontrollably>.

• **Quaver** a veces indica una vibración y fluctuación irregular, particularmente como efecto de algo que perturba, pero recalca a menudo una cualidad trémula, particularmente con referencia a las voces afectadas por la debilidad o la emoción <the child's voice *quavered* with fear>.

• **Wobble** indica una inestabilidad que se manifiesta en un movimiento tambaleante, o en una característica temblorosa de una masa de carne suave o de una gelatina, o puede aplicarse a la inestabilidad de un mueble desvencijado <the table *wobbles* badly>.

• **Teeter** indica una inestabilidad que se revela en movimientos de sube y baja <a drunk *teetering* on the sidewalk>.

2. Shake, agitate, rock significan moverse, hacia arriba y hacia abajo, o de un lado para otro, y con cierta violencia.

• **Shake** conlleva a menudo una connotación de propósito <*shake* well before using>.

• **Agitate** connota un prolongado sacudir o remover <the wind was *agitating* the water's surface>. ***ant*** quiet, lull, still

• **Rock** connota un balancear o mecer que suele ser producido por un impacto o trastorno violento <the building was *rocked* by the explosion>.

3. V. SWING.

Shallow V. SUPERFICIAL.

Sham *n* V. FRAUD.

Sham *vb* V. ASSUME.

Shame V. DISGRACE.

Shameless 1. Shameless, brazen, barefaced, impudent, blatant, outrageous, unabashed significan caracterizado por atrevimiento y la falta de un sentido de vergüenza.

• **Shameless** indica una falta de restricciones efectivas, como por ejemplo, la modestia, una conciencia activa o un sentido de decencia <his novel was a *shameless* imitation of a recent best-seller>.

• **Brazen** añade a *shameless* una indicación de insolencia desafiante <her *brazen* attempts to catch a rich man as a husband>. ***ant*** bashful

• **Barefaced** indica la ausencia de todo intento de esconder o disfrazar la transgresión de uno, y connota una extrema desfachatez <a *barefaced* lie>. ***ant*** furtive

• **Impudent** añade a *shameless* indicaciones de un descarado desafío de las consideraciones de modestia o decencia <an *impudent* reply to a polite question>. ***ant*** respectful

• **Blatant** connota ser completamente obvio en una manera crasa u ofensiva <a *blatant* attempt to influence the jury>.

• **Outrageous** sugiere ir mucho más allá de los límites de la decencia, el decoro o el buen gusto <the *outrageous* charges against him included murder and treason>.

• **Unabashed** connota ser no apologético <an *unabashed* fan of old cartoons>.

2. V. FLAGRANT.

Shape *n* V. FORM.

Shape *vb* V. MAKE.

Share *vb* **Share, participate, partake, take part** significan tener, conseguir o usar en común con otro u otros.

• **Share** puede indicar que uno, como poseedor original, concede a otro el uso, disfrute, o posesión parcial de una cosa, o puede indicar simplemente un uso o una posesión mutua <*shared* my tools with the others>.

• **Participate** indica el tener o tomar parte en una empresa, actividad o discusión <most of the students *participate* in sports>.

• **Partake** indica el aceptar o adquirir una porción, particularmente de comida o bebida <the bride's mother refused to *partake* in the wedding>.

• **Take part** significa participar o compartir <every year they *took part* in the ceremony>.

Share *n* V. PART.

Sharp 1. Sharp, keen, acute significan tener o demostrar una competencia alerta y una comprensión clara.

• **Sharp** indica una percepción rápida, inventiva ingeniosa, o a veces una astucia taimada <not well educated but very *sharp*>. ***ant*** dull, blunt

• **Keen** connota rapidez, entusiasmo y una mente perspicaz y penetrante <a *keen* observer of politics>. ***ant*** blunt

• **Acute** indica el poder de penetración, y puede connotar sutileza, profundidad y perspicacia <an *acute* sense of rhythm>. ***ant*** obtuse

2. V. INTELLIGENT.

3. V. SHREWD.

Shatter V. RUIN *vb.*

Shed V. DISCARD.

Sheer V. STEEP.

Shelter *n* **Shelter, retreat, refuge, haven, asylum, sanctuary, hideaway, hideout** significan el estado o un lugar en el que uno está seguro o a salvo de lo que amenaza o inquieta.

• **Shelter** indica la protección temporal de una barrera o un techo contra algo que podría causar daño o molestia <sought *shelter* from the storm in a cave>.

• **Retreat** recalca un retiro, normalmente voluntario, del peligro o la molestia, y un escape hacia un lugar seguro o pacífico <led his army in a *retreat*>.

• **Refuge, haven** indican el intentar huir de cualquier cosa que amenaza o acosa <sought *refuge* in the barn> <his home no longer felt like a *haven* to him>.

• **Asylum** añade a *refuge* la indicación de encontrar la seguridad, y el estar a salvo de ser capturado <was granted political *asylum*>.

• **Sanctuary** recalca la inviolabilidad de un refugio y la reverencia que se le debe <a wildlife *sanctuary*>.

• **Hideaway, hideout** significan un lugar de refugio o de ocultación <a rural cottage that they called their *hideaway*> <the apartment had served as a *hideout* for terrorists>.

Sheltered V. SAFE.

Shelter *vb* V. HARBOR.

Shield V. DEFEND.

Shimmer V. FLASH.

Shine V. FLASH.

Ship V. BOAT.

Shipshape V. NEAT.

Shiver V. SHAKE 1.
Shock V. SURPRISE.
Shocking V. FEARFUL 2.
Shoot, branch, bough, limb, offshoot significan uno de los miembros de una planta que son brotes de un tallo, una base principal o una de sus divisiones.

• **Shoot** pone énfasis en el crecimiento y se aplica primordialmente al nuevo crecimiento a partir de un botón <only the strongest *shoots* actually survive>.

• **Branch** connota el extenderse mediante la división y la subdivisión, y se aplica típicamente a un miembro maduro que surge de un tallo o tronco primario o de una división o subdivisión de uno de éstos <the tree's first *branches* were thirty feet above the ground>.

• **Bough** puede sustituir a *branch* con referencia a un árbol o arbusto, sobre todo cuando la noción de follaje, de flor o de fruto es prominente <used pine *boughs* for Christmas decorations>.

• **Limb** suele aplicarse a una rama principal que surge directamente desde un tronco <the great *limbs* of the old oak>.

• **Offshoot** significa una excrescencia o una rama, y frecuentemente se usa en un sentido no físico <the venture began as an *offshoot* of a much larger project>.

Short V. BRIEF.
Shortcoming V. FAULT.
Shorten 1. Shorten, curtail, abbreviate, abridge significan reducir en extensión.

• **Shorten** indica una reducción en longitud o duración <the speech needs to be *shortened*>. ***ant*** lengthen, elongate, extend

• **Curtail** añade una indicación de cortar, lo cual de alguna manera impide el ser completo o suficiente <ceremonies *curtailed* because of the rain>. ***ant*** prolong, protract

• **Abbreviate** indica el hacer más corto, normalmente mediante la acción de omitir o cortar alguna parte <the company's name may be *abbreviated*>. ***ant*** lengthen, extend

• **Abridge** indica una reducción en alcance o extensión, con retención de los elementos esenciales y una totalidad relativa del resultado <*abridged* the novel for the audio version>. ***ant*** expand, extend

2. V. CONTRACT.
3. V. DECREASE.
Short-lived V. TRANSIENT.
Shortly V. PRESENTLY.
Shove V. PUSH.
Show 1. Show, manifest, evince, demonstrate, illustrate significan revelar hacia el exterior o hacer aparente.

• **Show** indica que lo que se revela debe deducirse a partir de acciones, apariencias o palabras <his early poems *showed* real talent>.

• **Manifest** indica una revelación más clara, más directa y más inmediata <*manifested* remarkable musical ability at an early age>.

• **Evince** indica el mostrar mediante marcas o señales externas <he *evinced* no interest in the project>.

• **Demonstrate** indica el mostrar mediante la acción o una muestra de sentimientos o evidencia <*demonstrated* her appreciation by sending a bouquet of flowers>.

• **Illustrate** connota aclarar mediante un ejemplo <these deaths *illustrate* the dangers of an impure drugs market>.

2. Show, exhibit, display, expose, parade, flaunt, feature, present significan presentar de una manera que invita la atención.

• **Show** indica el exponer a la vista para facilitar el ser visto o mirado por otros <*showed* his photos to the whole group>. ***ant*** disguise

• **Exhibit** recalca el presentar de manera prominente o abierta <*exhibited* her paintings at a gallery>.

• **Display** recalca el colocar en una posición para ser visto de manera provechosa o con gran claridad <*displayed* the new dresses in the store window>.

• **Expose** connota el sacar del escondimiento y mostrar, a menudo con cierta connotación de desenmascaramiento <sought to *expose* the company's illegal activities>.

• **Parade** indica el mostrar con ostentación o arrogancia <ladies *parading* in their expensive gowns>.

• **Flaunt** añade a *parade* un carácter descarado, presumido, y a menudo ofensivo <*flaunting* their wealth>

• **Feature** sugiere darle prominencia especial a algo <the show *featured* local musicians>.

• **Present** significa el traer a la atención de alguien <*presented* a petition to the legislature>.

3. V. REVEAL.

Showy 1. Showy, pretentious, ostentatious significan que hace, o es dado a hacer, demostraciones exteriores excesivas.

• **Showy** indica una apariencia imponente o llamativa, pero suele connotar una cualidad barata o de mal gusto <the *showy* costumes of the circus performers>. ***ant*** drab

• **Pretentious** indica una apariencia de importancia que no es justificada por el valor de la cosa o la posición de la persona <she had *pretentious* tastes>. ***ant*** unpretentious, modest

• **Ostentatious** recalca una demostración o un alarde que es llamativo o vanaglorioso, que puede o no ser ostentoso o pretencioso <an *ostentatious* mansion>. ***ant*** unostentatious, modest

2. V. GAUDY.

Shred V. PARTICLE.

Shrewd 1. Shrewd, astute, savvy significan agudo en la percepción y sólido en el juicio.

• **Shrewd** recalca la posesión o el efecto de una astucia práctica y realista, y un juicio que es sabio, aunque a veces egoísta <a *shrewd* businesswoman>.

• **Astute** connota perspicacia, ingenio, destreza, y a menudo, una incapacidad para ser engañado <an *astute* politician>. ***ant*** gullible

• **Savvy,** un término informal, connota ser adepto o sagaz <a *savvy* customer>.

2. V. INTELLIGENT.

3. V. CLEVER.
Shrink 1. V. CONTRACT. **2.** V. RECOIL. **3.** V. DECREASE.
Shrivel 1. V. WITHER. **2.** V. CONTRACT.
Shudder V. SHAKE 1.
Shun V. ESCAPE.
Shy 1. Shy, bashful, diffident, modest, reserved significan caracterizado por una indisposición a ser atrevido o a imponerse.

• **Shy** indica una reserva temerosa y el encogerse de la familiaridad o del contacto con los demás <he's *shy* around strangers>. ***ant*** bold, obtrusive

• **Bashful** indica una timidez miedosa o titubeante característica de la inmadurez <a *bashful* little boy hiding behind his mother>. ***ant*** brash, forward

• **Diffident** recalca una desconfianza que tiene uno en sus propias habilidades, opiniones o poderes, lo cual causa vacilación en la acción o la palabra <though *diffident* at first, he slowly became more confident>. ***ant*** confident

• **Modest** connota la ausencia de confianza o presunción indebida, o de atrevimiento o autoafirmación <very *modest* about his achievements>.

• **Reserved** sugiere reticencia que resulta del restringir las influencias de la precaución o la formalidad <her manner was formal and *reserved* but pleasant>.

2. V. TIMID.

Side, aspect, facet, angle, viewpoint significan una de las maneras posibles de ver, o de ser presentado a la vista.

• **Side** recalca uno de varios aspectos de los cuales algo se puede ver <the journalist had told only one *side* of the story>.

• **Aspect** puede recalcar el punto de vista de un observador y la limitación de lo que se ve o se considera <the financial *aspect* of divorce>.

• **Facet** indica uno de una multiplicidad de lados que de alguna forma se asemejan <the many *facets* of big-city life>.

• **Angle** connota un aspecto visto desde una perspectiva muy restringida o específica <a fresh *angle* for covering the political convention>.

• **Viewpoint** connota una posición desde la cual algo se considera o evalúa <as seen from the student's *viewpoint*>.

Sidekick V. PARTNER.
Sign 1. Sign, mark, token, symptom, reminder, indication significan un indicio perceptible de lo que no es directamente perceptible en sí.

• **Sign** se aplica a cualquier indicio que ha de ser percibido por los sentidos o la razón <interpreted her smile as a good *sign*>.

• **Mark** connota algo que se recalca o que es inherentemente característico de una cosa, a menudo en contraste con algo que es evidente al exterior <the bitter experience left its *mark* on him>.

• **Token** se aplica a algo que sirve como prueba o que brinda evidencia de algo intangible <sent a gift as a *token* of their gratitude>.

• **Symptom** connota un indicio, perceptible al exterior, de un cambio interno o una condición anormal <rampant violence is another *symptom* of the country's decline>.

• **Reminder** connota cualquier cosa usada para recordarle a alguien a hacer algo <left the empty box out as a *reminder* to buy a new one>.

• **Indication** sugiere un signo o símbolo <a high fever is an *indication* of a serious condition>.

2. Sign, signal, cue, nod, gesture significan algo, tal como un gesto o una acción, mediante el cual se expresa una orden o un deseo, o se da a conocer un pensamiento.

• **Sign** se aplica a cualquier medio por el cual se transmite información sin comunicación verbal <made a *sign* to the others to wait>.

• **Signal** suele aplicarse a un signo convencional y fácilmente reconocido que comunica una orden, una dirección o una advertencia <saw the coach's *signal*>, o bien puede aplicarse a un aparato mecánico que desempeña una función comparable <waiting for the traffic *signal* to change to green>.

• **Cue** connota una señal o un indicio <the younger children took their *cues* for behavior from the older ones>.

• **Nod** connota una indicación de aprobación o reconocimiento <the project received the *nod* from the committee>.

• **Gesture** sugiere un símbolo o una muestra <the speech was a *gesture* to the immigrant community>.

3. V. SYMBOL.

Signal V. SIGN 2.

Significance 1. V. IMPORTANCE. **2.** V. MEANING.

Silence V. SUPPRESS.

Silent 1. Silent, taciturn, reticent, reserved significan que demuestra restricción en el habla.

• **Silent** indica una costumbre de no decir más de lo que es necesario <her husband was the *silent* type>. ***ant*** talkative

• **Taciturn** indica una indisposición natural a hablar, y suele connotar la insociabilidad <the local people are usually *taciturn* around strangers>. ***ant*** garrulous

• **Reticent** indica una renuencia a expresar uno sus opiniones o a hablar con detenimiento, especialmente de asuntos personales <he was oddly *reticent* about his plans>. ***ant*** frank

• **Reserved** indica reticencia, y connota la influencia moderadora de la precaución o la formalidad sobre las interacciones cómodas e informales <she was as talkative as her husband was *reserved*>. ***ant*** effusive

2. V. STILL.

Silhouette V. OUTLINE.

Silken V. SLEEK.

Silky V. SLEEK.

Silly 1. Silly, foolish, asinine significan realmente o aparentemente deficiente en inteligencia.

• **Silly** connota el no actuar como un ser racional y el mostrar falta de sentido común, o comportarse de manera ridícula <someone had made a *silly* mistake>. ***ant*** sensible

• **Foolish** indica la cualidad de ser o parecer incapaz de usar uno su juicio, discreción o sensatez <she didn't enjoy looking *foolish* in front

of her friends>. ***ant*** smart

• **Asinine** connota el no usar uno de ninguna manera su racionalidad o percepción normal <in private he called the plan *asinine*>. ***ant*** judicious, sensible

2. V. LAUGHABLE.

3. V. STUPID.

Similar 1. Similar, analogous, like, alike, akin, parallel, homogeneous, uniform, identical, comparable, corresponding significan que se asemejan mucho entre sí.

• **Similar** indica tal semejanza que permite la posibilidad de confundir uno con otro <all the houses on the street are *similar*>. ***ant*** dissimilar

• **Analogous** se aplica a cosas que tienen muchas semejanzas pero que pertenecen a categorías esencialmente distintas <argued about how computers were *analogous* to brains>.

• **Like** indica un parecido o una semejanza que abarca desde la identidad virtual hasta un leve parecido <the two women had *like* minds>. ***ant*** unlike

• **Alike** indica el tener un fuerte parecido aunque obviamente distinto <sisters who looked *alike*>. ***ant*** unlike, different

• **Akin** connota un parecido más en esencia que en apariencia <the two diseases are *akin* to one another>. ***ant*** alien

• **Parallel** connota un marcado parecido en el curso del desarrollo de dos cosas <the *parallel* careers of the two actors>.

• **Homogeneous** indica una semejanza de un número de cosas en cuanto a tipo, variedad o clase <a *homogeneous* population>. ***ant*** heterogeneous

• **Uniform** indica una semejanza consistente y una falta de variación en existencia, apariencia u operación <the *uniform* application of the law>.

• **Identical** indica o una igualdad de esencia o una correspondencia sin diferencias perceptibles o significantes <discovered that the two students had submitted *identical* papers>. ***ant*** different

• **Comparable** connota ser similar y apto para comparación <the salaries at the two companies are *comparable*>.

• **Corresponding** sugiere tener la misma relación con respecto a enteros similares <pointed out the *corresponding* features in the two software programs>.

2. V. SAME.

Similarity V. LIKENESS.

Simple 1. V. EASY. **2.** V. PLAIN.

Simulate 1. V. ASSUME. **2.** V. COPY.

Simultaneous V. CONTEMPORARY.

Sin V. OFFENSE 2.

Sincere 1. Sincere, wholehearted, heartfelt, hearty significan genuino en sentimiento o en expresión.

• **Sincere** recalca la ausencia de hipocresía, fingimientos o de cualquier adorno o exageración que falsifica <offered a *sincere* apology>. ***ant*** insincere

• **Wholehearted** connota sinceridad y una devoción sincera sin reservas o dudas <promised our *wholehearted* support to the cause>.

• **Heartfelt** connota profundidad de sentimiento genuino que se expresa exteriormente <a gift expressing our *heartfelt* gratitude>.

• **Hearty** connota honestidad, calor y exuberancia en la demostración del sentimiento <received a *hearty* welcome at the door>.

2. V. FRANK.

3. V. STRAIGHTFORWARD.

Sinful 1. V. BAD. **2.** V. IMMORAL.

Single 1. Single, sole, only, unique, separate, solitary, particular, lone, distinct, individual, specific significan uno, a diferencia de dos o más, o de todos los demás.

• **Single** indica el no estar acompañado de otro, o apoyado por otro, o estar en unión o combinación con otro <she mentioned a *single* example>. ***ant*** multiple

• **Sole, only** se aplican al único que existe, actúa, tiene poder de relevancia o debe ser considerado <my *sole* reason for moving there> <the *only* suit he owns>.

• **Unique** se aplica al único que existe de su especie o carácter <every snowflake is *unique*>.

• **Separate** recalca la cualidad de ser distinto o estar desconectado de todos los demás <*separate* issues that shouldn't be discussed together>.

• **Solitary** indica tanto el estar solo como el estar aislado <he led a *solitary* life>.

• **Particular** indica una distinción, singular o numérica, de otras instancias, ejemplos o miembros de una clase <a *particular* type of jacket>. ***ant*** general

• **Lone** es un término neutral que significa sencillo <a *lone* bird on the lawn>.

• **Distinct** sugiere ser distinguible por la vista o la mente <they regard themselves as a *distinct* ethnic group>.

• **Individual** describe un solo ejemplo en oposición al grupo mayor <he liked several *individual* paintings but didn't appreciate the artists' work as a whole>.

• **Specific** sugiere una calidad o un carácter que distingue una clase o un grupo <students who require more *specific* instructions>.

2. V. SPECIAL.

Singular V. STRANGE.

Sinister 1. Sinister, baleful, malign significan que presenta una seria amenaza de un mal o un desastre.

• **Sinister** se aplica a lo que amenaza en apariencia o reputación, y connota un sentimiento general o vago de temor o aprensión por parte del observador <she thought there was something *sinister* about the man's smile>.

• **Baleful** atribuye un carácter pernicioso o destructivo que opera a un nivel abierto o cubierto <the *baleful* glare of their teacher>.

• **Malign** se aplica a algo que es intrínsecamente malo o nocivo <people who regard all foreign influence as *malign*>. ***ant*** benign

2. V. OMINOUS.

Site V. PLACE.
Situation V. STATE.
Skeleton V. STRUCTURE.
Skepticism V. UNCERTAINTY.
Sketch V. COMPENDIUM.
Skewed V. CROOKED.
Skill 1. Skill, ease, facility, dexterity, fluency significan el poder de hacer algo sin evidencia alguna de esfuerzo.

• **Skill** sugiere la habilidad que viene del entrenamiento o la práctica <admired his *skill* as a sailor>.

• **Ease** indica la ausencia de tensión, cuidado o vacilación, lo cual resulta en una suave eficiencia de funcionamiento <amazed at the *ease* with which he steered the huge truck>. ***ant*** effort

• **Facility** suele ser muy cercano a *ease,* pero a veces connota una superficialidad pretenciosa más que verdadera comodidad <her *facility* with words>.

• **Dexterity** indica una capacidad o competencia como la que resulta del entrenamiento y la práctica <admired her mother's *dexterity* with a needle and thread>. ***ant*** clumsiness

• **Fluency** connota la habilidad para hacer algo de una manera que parece ser fácil y sin esfuerzo, especialmente el hablar un idioma extranjero <she had achieved *fluency* in German>.

2. V. ART.
Skilled V. PROFICIENT.
Skillful V. PROFICIENT.
Skimpy V. MEAGER.
Skinny V. LEAN.
Skulk V. LURK.
Slack 1. V. LOOSE. **2.** V. NEGLIGENT.
Slacken V. DELAY 1.
Slander V. MALIGN.
Slang V. DIALECT.
Slant, slope, lean, tilt, tip significan divergir o hacer divergir de la vertical o la horizontal.

• **Slant** indica una divergencia física notable sin indicar nada en cuanto al grado de divergencia <the roof of the house *slanted* down to the garage>.

• **Slope,** a menudo intercambiable con *slant,* puede preferirse cuando se quiere hacer referencia a una divergencia gradual de un lado o una superficie <the land *slopes* to the east>.

• **Lean** puede recalcar el dar una dirección específica a una inclinación <*leaned* the ladder against the wall>, o el deseo o el acto de descansar, real o figuradamente, sobre algo que apoya <*leaning* back in his chair>.

• **Tilt** connota inclinarse o causar que algo o alguien se incline hacia un lado <she *tilted* her head back>.

• **Tip** sugiere estar inclinado o sesgado <support from this small party *tipped* the balance in their favor>.

Slanted V. CROOKED.

Slap V. STRIKE.
Slaughter V. MASSACRE.
Slavery V. SERVITUDE.
Slavish V. SUBSERVIENT.
Slay V. KILL.
Sleek, slick, glossy, silken, silky, glassy, polished significan que tiene una superficie o apariencia lisa o brillosa.

• **Sleek** connota una cualidad lisa o brillosa que resulta de una esmerada atención al arreglo personal, o a una excelente condición física <a *sleek* racehorse>.

• **Slick** connota una cualidad extremadamente lisa que resulta en una superficie poco segura o resbaladiza <slipped and fell on the *slick* floor>.

• **Glossy** connota una superficie que es lisa y muy pulida <*glossy* photos>.

• **Silken** y **silky** indican una cualidad tan suave y lustrosa como la seda <her *silken* hair> <*silky* fabrics>.

• **Glassy** connota ser tan liso y brilloso como el cristal <there was no wind, and the lake was *glassy*>.

• **Polished** sugiere ser alisado y brillado al pulir <the *polished* surface>, o en un sentido no físico, bien refinado y perfeccionado <she gave a *polished* performance>.

Sleepy, drowsy significan que tiene o induce el deseo de dormir.

• **Sleepy** se aplica a lo que parece estar a punto de quedarse dormido <put her two *sleepy* children to bed>, o a lo que induce tal estado <a *sleepy* little town>.

• **Drowsy** connota más la pesadez y la languidez que se sienten al tener sueño, que la necesidad de dormir en sí <grew *drowsy* in the heat>.

Slender V. THIN.
Slice V. PART.
Slick 1. V. SLEEK. **2.** V. SLY.
Slight *adj* V. THIN.
Slight *vb* V. NEGLECT.
Slim V. THIN.
Sling V. THROW.
Slink V. LURK.
Slip 1. V. ERROR. **2.** V. LAPSE.
Slither V. CREEP.
Slope V. SLANT.
Slothful V. LAZY.
Slough V. DISCARD.
Slow V. DELAY 1.
Sluggish V. LAZY.
Sluggishness V. LETHARGY.
Sly, cunning, crafty, foxy, wily, slick, devious, sneaky significan que logra, o busca lograr, sus fines por medios arteros.

• **Sly** indica sigilo, falta de franqueza y habilidad para esconder uno sus propósitos y métodos <her *sly* attempts to find out what he knew>.

• **Cunning** connota el uso creativo de información, que a veces es limitada, para lograr un fin ambicioso o evasivo <a *cunning* and dangerous opponent>.

• **Crafty** indica inteligencia y sutileza en el método <a *crafty* trial lawyer>.

• **Foxy** indica una astucia inteligente y cautelosa que suele estar fundamentada en la experiencia en tratos mañosos <the president had outwitted his opponents with his *foxy* strategy>.

• **Wily** es un término un poco gracioso que implica decepción y destreza <his *wily* attorney>

• **Slick** recalca la zalamería y la decepción <a *slick* salesman>.

• **Devious** connota el emplear métodos irregulares y usualmente deshonestos <his *devious* attempts to influence the manager>.

• **Sneaky,** otro término un poco gracioso, significa ser sigiloso y generalmente poco limpio <a *sneaky* way to get to the front of the line>.

Smack V. STRIKE.

Small, little, diminutive, petite, minute, tiny, miniature significan que es notablemente inferior al tamaño medio.

• **Small** suele ser intercambiable con *little,* pero se aplica más al tamaño relativo determinado por capacidad, valor o número <a *small* amount>. ***ant*** large, big

• **Little** es más absoluto en su indicación, y suele connotar una magnitud inferior a la que es usual, esperada o deseada <a *little* boy>. ***ant*** big, great

• **Diminutive** indica una pequeñez excepcional o anormal <a *diminutive* dancer who looked like a child>.

• **Petite** se aplica primordialmente a niñas y mujeres, e indica notable pequeñez y esbeltez <clothing for *petite* women>.

• **Minute** indica extrema pequeñez <a *minute* amount of caffeine>.

• **Tiny** es un equivalente informal de *minute* <*tiny* cracks in the painting>. ***ant*** huge

• **Miniature** se aplica a una reproducción proporcionada con exactitud en una escala muy pequeña <a dollhouse with *miniature* furniture>.

Smarmy V. FULSOME.

Smart V. INTELLIGENT.

Smear V. MALIGN.

Smell 1. Smell, scent, odor, aroma significan la cualidad que hace que algo sea perceptible al olfato.

• **Smell** indica solamente la percepción, sin connotar la cualidad, el carácter o el origen <the room had an odd *smell*>.

• **Scent** se aplica al olor característico despedido por una sustancia, un animal o una planta, y recalca el origen de la sensación <the dogs had picked up the fox's *scent*>.

• **Odor** puede indicar un olor que es más fuerte o más fácil de distinguir, o bien puede ser equivalente a *smell* <a cheese with a strong *odor*>.

• **Aroma** connota un olor que es algo penetrante, a veces acre, pero agradable por lo general <the *aroma* of fresh coffee>. ***ant*** stink, stench

2. V. FRAGRANCE.

Smelly V. STINKING.

Smidgen V. PARTICLE.

Smog V. HAZE.

Smooth 1. V. EASY. **2.** V. LEVEL. **3.** V. SUAVE.

Smother V. SUFFOCATE.

Smuggled, bootleg, contraband significan transportado en desafío a la ley.

• **Smuggled** se aplica a lo que se trae a un área o se saca de ella, sobre todo para evitar el pago de impuestos o para contravenir la ley <*smuggled* diamonds from South Africa>.

• **Bootleg** se refiere a una sustancia material que se pone a la venta o se distribuye en desafío a la prohibición o a las restricciones legales sobre su uso <selling *bootleg* whiskey>.

• **Contraband,** a menudo intercambiable con *smuggled,* se aplica específicamente a algo cuya exportación a partidos beligerantes está prohibida y por lo tanto sujeto a la confiscación <a shipment of *contraband* goods>.

Snap V. JERK.

Snare V. CATCH.

Snatch 1. V. TAKE. **2.** V. JERK.

Sneak V. LURK.

Sneaky V. SLY.

Sneer V. SCOFF.

Snide V. DEROGATORY.

Snobbish V. PROUD.

Snug V. COMFORTABLE.

Soak 1. Soak, saturate, drench, steep, impregnate significan permear o permearse con un líquido.

• **Soak** indica una inmersión, normalmente prolongada, que resulta en estar completamente mojado, ensuavizado o disuelto <*soak* the clothes to remove the stains>.

• **Saturate** indica una absorción que llega al punto en que no se puede contener más líquido <gym clothes *saturated* with sweat>.

• **Drench** indica el mojarse por completo con algo que cae sobre uno o puede verterse sobre uno <the cloudburst *drenched* us to the skin>.

• **Steep** connota una inmersión y un remojo que resulta en la extracción de una esencia por el líquido <tea must be *steeped* in boiling water>.

• **Impregnate** indica la completa penetración de una por otra <a cake *impregnated* with brandy>.

2. V. INFUSE.

Soak up V. ABSORB.

Soar V. RISE.

Sober 1. Sober, temperate, abstinent, disciplined significan que tiene o demuestra dominio de sí mismo y de sus apetitos.

• **Sober** indica moderación en el uso de la comida, y en particular, de la bebida <even after three drinks he seemed completely *sober*>, y puede connotar compostura bajo tensión y el estar libre de excesos emocionales <a *sober* analysis of the situation>. ***ant*** excited, drunk

• **Temperate** recalca la moderación e indica control a tal punto que nunca excede uno los límites de lo que es apropiado o debido <wrote a *temperate* response to a nasty letter>. ***ant*** intemperate

• **Abstinent** significa abstenerse voluntariamente de algo placentero, especialmente el alcohol o el sexo <managed to remain *abstinent* even at bars with his friends>.

• **Disciplined** significa estar entrenado y controlado, especialmente tener auto control <took a *disciplined* approach to her studies>.

2. v. SERIOUS.

Sobriety v. TEMPERANCE.

Sociable v. GRACIOUS.

Society v. ARISTOCRACY.

Sock v. STRIKE.

Soft, bland, mild, gentle, balmy significan carente de dureza, aspereza o intensidad.

• **Soft** indica el moderar todo lo que es vívido, intenso o forzoso hasta hacerlo agradable y aliviador <took a walk in the *soft* evening air>.

• **Bland** indica la ausencia de todo lo que pueda molestar, estimular o irritar, y puede connotar inspidez <spent a week on a *bland* diet>. ***ant*** pungent, piquant, savory, tasty

• **Mild** recalca la moderación o restricción de fuerza o intensidad <*mild* weather>, y suele aplicarse a lo que induce una sensación de belleza tranquila o serenidad <spoke to the patient in a *mild* tone>. ***ant*** fierce, harsh

• **Gentle** se aplica a cosas que son placenteras y agradables cuando podrían ser ásperas, duras, feroces, fuertes o irritantes, y que producen una sensación de placidez, tranquilidad o de poder moderado <a *gentle* rain>. ***ant*** rough, harsh

• **Balmy** connota una cualidad refrescante y a veces regocijante, a menudo acompañada de una ligera fragancia <a *balmy* day in early spring>.

Soft-soap v. COAX.

Soil v. CONTAMINATE.

Solace v. COMFORT.

Sole v. SINGLE.

Solemn 1. v. SERIOUS. **2.** v. CEREMONIAL.

Solicit 1. v. ASK. **2.** v. INVITE.

Solid 1. v. FIRM. **2.** v. VALID.

Solidarity v. UNITY.

Solitary 1. v. ALONE. **2.** v. SINGLE.

Solitude, isolation, seclusion, privacy significan la condición de uno que está solo.

• **Solitude** recalca la condición de estar solo y la falta de contacto, y puede indicar el estar aislado, por deseo o por compulsión, de los compañeros de costumbre <enjoyed the *solitude* of his cabin in the woods>.

• **Isolation** recalca una separación involuntaria de los demás <the *isolation* of the mountain village during winter>.

• **Seclusion** connota el encerrarse o apartarse de los demás, y suele connotar el separarse deliberadamente del mundo o retirarse a una vida tranquila <lived by herself in bucolic *seclusion*>.

• **Privacy** connota reclusión o libertad de una intrusión indeseada <valued her *privacy* and often didn't answer the phone>.

Somber V. SERIOUS.

Soon V. PRESENTLY.

Soothe V. RELIEVE.

Sophisticated 1. Sophisticated, worldly, blasé, cultured, cultivated, urbane, cosmopolitan significan que tiene experiencia con las cosas del mundo.

• **Sophisticated** indica, ya sea refinamiento, urbanidad, astucia y cultura <all her guests were rich and *sophisticated*>, o bien, una afectación en la manera de ser, un refinamiento excesivo y una falta de entusiasmo <too *sophisticated* to enjoy such simple pleasures>. ***ant*** unsophisticated

• **Worldly** recalca una enajenación de intereses espirituales y una dedicación a la felicidad en este mundo <her *worldly* air>. ***ant*** unworldly

• **Blasé** indica una falta de receptividad hacia los placeres comunes como resultado de un exceso, real o afectado, de experiencia y de refinamiento <the kind of *blasé* travelers who had been everywhere>.

• **Cultured, cultivated** significan bien educado y refinado <a *cultured*, well-read gentleman> <a well-dressed couple with a *cultivated* air>.

• **Urbane** connota el tipo de estímulo y porte que proviene de una experiencia social amplia <rarely met such *urbane* people in rural America>.

• **Cosmopolitan** sugiere sofisticación, modales y abarcamiento internacional <a *cosmopolitan* group that included French, Germans, and Italians>.

2. V. SUAVE.

Sordid V. MEAN.

Sorrow 1. Sorrow, grief, anguish, woe, regret, heartache significan aflicción mental.

• **Sorrow** indica un sentido de pérdida o de culpabilidad y remordimiento <the nation's *sorrow* on the death of the president>. ***ant*** joy

• **Grief** indica un penoso dolor por una causa inmediata <he was the source of much *grief* to his father>. ***ant*** joy

• **Anguish** connota una pena o un temor atormentador y a menudo persistente <the *anguish* of the hostages>. ***ant*** relief

• **Woe** indica una pena o miseria profunda o inconsolable <told them a tale of *woe*>.

• **Regret** indica un dolor causado por una profunda desilusión, una esperanza sin fruto o un remordimiento inútil <never felt a moment of *regret* following the divorce>.

• **Heartache** significa angustia o tristeza intensa <her *heartache* over

the death of her sister>.
2. V. DISTRESS.
Sorry V. CONTEMPTIBLE.
Sort V. TYPE.
Soul, spirit, psyche significan una entidad inmaterial que es distinguible del cuerpo.

• **Soul** puede preferirse cuando se desea poner énfasis en la entidad como algo que tiene funciones, responsabilidades, aspectos o un destino <praying for the *souls* of the dead>, o cuando el énfasis es en la relación con una entidad material a la cual le da vida o poder <the *soul* of the nation>. ***ant*** body

• **Spirit** puede elegirse cuando se desea recalcar la cualidad, la constitución o la actividad de la entidad <the army's fighting *spirit*>, o puede connotar la antítesis de algo material <the *spirit* of Christmas>.

• **Psyche** puede indicar alma, personalidad o mente <seeking to penetrate his *psyche*>.

Sound *adj* **1.** V. HEALTHY. **2.** V. VALID.
Sound *n* **Sound, noise** significan una sensación o un efecto que resulta de la estimulación de los receptores auditivos.

• **Sound** puede aplicarse a cualquier cosa que se oye y que es, en sí, completamente neutral en cuanto a indicación <*sounds* of fighting outside his window>. ***ant*** silence

• **Noise** se aplica al sonido que es desagradablemente fuerte o discordante, o cuya percepción constante es una molestia <the constant *noise* and bustle of the city>, o que no es adecuada a la situación, y por lo tanto molesta <wakened by a *noise* late at night>.

Sound *vb* V. SEEM.
Sour V. SULLEN.
Source **1.** V. ORIGIN. **2.** V. CAUSE.
Sovereign **1.** V. DOMINANT. **2.** V. FREE *adj.*
Spacious, capacious, ample, roomy significan más grande que la media en extensión o capacidad.

• **Spacious** indica gran longitud y amplitud, y a veces, altura <a *spacious* living room>.

• **Capacious** recalca la capacidad de contener o retener en cantidades excepcionales o a un nivel excepcional <stuffed everything into her *capacious* suitcase>. ***ant*** exiguous

• **Ample** indica el tener un tamaño, extensión o cantidad que sobrepasa lo que se considera adecuado, y puede connotar plenitud, volumen o la falta de restricciones incómodas <they had been given *ample* opportunity to respond>. ***ant*** meager

• **Roomy** connota tener amplio espacio <the car is very *roomy* for its length>.

Span V. RANGE *n.*
Spar V. COMPETE.
Spare **1.** V. LEAN. **2.** V. MEAGER.
Sparing **1. Sparing, frugal, thrifty, economical** significan cuidadoso en el uso del dinero o recursos.

• **Sparing** recalca la abstención y la reserva <Mother was *sparing* in

the use of butter>. ***ant*** lavish

• **Frugal** indica sencillez y templanza y connota la ausencia de lujo y ostentación <an old couple with *frugal* habits>. ***ant*** wasteful

• **Thrifty** connota la buena administración y la diligencia junto con la frugalidad <generations of *thrifty* farmers>. ***ant*** wasteful, spendthrift

• **Economical** recalca la administración prudente, la ausencia de derroche o despilfarro y el uso eficiente de recursos <railroads are an *economical* means of freight transport>. ***ant*** extravagant

2. v. STINGY.

Sparkle v. FLASH.

Sparkling v. LIVELY.

Sparse v. MEAGER.

Spasm v. FIT *n.*

Spasmodic v. FITFUL.

Spat v. QUARREL.

Speak 1. Speak, talk, converse, chat significan articular palabras con el fin de expresar uno sus pensamientos.

• **Speak** puede referirse a cualquier articulación del habla, sea coherente o desconectada, sin importar si se hace en relación con oyentes o no <too weak to *speak* clearly>.

• **Talk** suele indicar uno o más oyentes, junto con una conversación o discurso relacionado <enjoyed *talking* about their children>.

• **Converse** indica un intercambio hablado de pensamientos y opiniones <he found them happily *conversing* in the next room>.

• **Chat** significa hablar en una manera informal o familiar <two young mothers *chatting* over coffee>.

2. v. SAY.

3. v. EXPRESS.

Special 1. Special, specific, particular, individual, unique significan perteneciente a, o relacionado con, una cosa o clase.

• **Special** recalca el poseer una cualidad, un carácter, una identidad o un uso que es distintivo <*special* occasions such as holidays>.

• **Specific** indica una relación propia y única con una clase, una categoría o un individuo <children with *specific* nutritional needs>. ***ant*** nonspecific, unspecific, generic

• **Particular** recalca lo distintivo de algo como un individuo <this nephew was her *particular* favorite>. ***ant*** general, universal

• **Individual** indica una referencia inequívoca a uno que pertenece a una clase o a un grupo <each country must find an *individual* solution to the problem>. ***ant*** general

• **Unique** significa solo e inigualable <every brain is *unique*>.

2. v. SINGLE.

3. v. CHARACTERISTIC.

Specific 1. v. EXPLICIT. **2.** v. SPECIAL. **3.** v. SINGLE.

Specify 1. v. MENTION. **2.** PRESCRIBE.

Specimen v. INSTANCE.

Speck v. PARTICLE.

Spectator, observer, beholder, onlooker, witness, eyewitness, bystander

significan uno que ve o mira una cosa.

• **Spectator** puede usarse para denotar a uno que asiste a una exhibición, función o diversión en la que el atractivo principal no supone el uso del oído <*spectators* at a football game>.

• **Observer** puede o no indicar la intención de ver, pero suele connotar que presta uno mucha atención a los detalles, e incluso a menudo toma nota de ellos <a keen *observer* of Mexican politics>.

• **Beholder** a veces conlleva una fuerte indicación de observar o contemplar fijamente, y puede aplicarse con frecuencia a uno que ha mirado fijamente a una persona o cosa y ha obtenido una impresión clara y precisa <the eye of the *beholder*>.

• **Onlooker** connota cierta informalidad o indiferencia, junto con una falta de participación <had to push through a crowd of *onlookers*>.

• **Witness** denota particularmente a uno que tiene conocimiento de primera mano y es, por lo tanto, competente para dar testimonio <there were a number of *witnesses* to the murder>.

• **Eyewitness** indica más explícitamente la vista como la fuente del conocimiento <there were no *eyewitnesses* of the crash>.

• **Bystander** denota primordialmente a uno que se encuentra al margen de un acontecimiento, o que simplemente está presente en algún lugar <a *bystander* was injured by the explosion>.

Speculate 1. V. THINK 2. **2.** V. CONJECTURE.

Speculative 1. V. THEORETICAL. **2.** V. THOUGHTFUL 1.

Speed V. HASTE.

Speedy V. FAST.

Spell out V. EXPLAIN.

Spend 1. Spend, disburse, lay out significan pagar por algo que se ha recibido o se ha esperado.

• **Spend** connota el mero hecho de pagar <*spends* a lot at restaurants every week> e indica el agotar o consumir lo que se usa <*spent* months trying to find a satisfactory house>. ***ant*** save

• **Disburse** indica el pagar dinero proveniente de un fondo, pero puede también indicar la distribución, por ejemplo a pensionistas o herederos, y recalca a menudo el actuar bajo autoridad <the government office that *disburses* the funds>.

• **Lay out** es un término informal que significa gastar <for the best model he'll have to *lay out* $400 more>.

2. V. WASTE.

Spew V. POUR.

Sphere V. RANGE *n*.

Spirit 1. V. COURAGE. **2.** V. SOUL.

Spirited V. LIVELY.

Spite V. MALICE.

Splendid 1. Splendid, resplendent, gorgeous, glorious, sublime, superb significan impresionante de manera extraordinaria o trascendente.

• **Splendid** indica el eclipsar lo que es usual o de costumbre <the wedding was a *splendid* occasion>. ***ant*** unimpressive

• **Resplendent** connota un esplendor brillante o ardiente <the church was *resplendent* in its Easter decorations>.

• **Gorgeous** indica un esplendor rico, ostentoso o elaborado, sobre todo en la exhibición de color <a *gorgeous* red dress>.

• **Glorious** connota un resplandor que intensifica la belleza, o un estado que es eminentemente digno de admiración, fama, o distinción <a *glorious* sunset>.

• **Sublime** indica una exaltación o elevación que es casi incomprensible al ser humano <the *sublime* grandeur of the mountains>.

• **Superb** connota una magnificencia, brillantez, esplendor o excelencia del más alto grado concebible <the restaurant's *superb* cuisine>.

2. V. GRAND.

Split 1. V. TEAR. **2.** V. SEPARATE *vb.*

Splutter V. STAMMER.

Spoils *n* **Spoils, plunder, booty, loot** significan algo que se quita de otro por la fuerza o con astucia.

• **Spoils,** o más comúnmente, *spoils,* se aplica a lo que corresponde, por derecho o costumbre, al vencedor en una guerra o en una contienda política <the *spoils* of public office>.

• **Plunder** se aplica a lo que se quita, no sólo en un contexto de guerra, sino también en el robo, el bandolerismo, el soborno y la estafa <retired from his job in the corrupt customs office with years' worth of *plunder*>.

• **Booty** añade a *plunder* la característica de ser compartido entre cómplices <the troops divided their *booty*>.

• **Loot** se aplica en especial a lo que se quita de las víctimas de una catástrofe <hauling bags of *loot* out of the flooded supermarket>.

Spoil *vb* **1.** V. DECAY. **2.** V. INDULGE.

Spoken V. VOCAL 1.

Sponge V. PARASITE.

Spontaneity, abandon significan una expresión libre y desinhibida del pensamiento o del sentimiento, o un humor o estilo caracterizado por ella.

• **Spontaneity** connota una cualidad plenamente natural y desafectada, y puede connotar la frescura, la falta de deliberación o la obediencia hacia el impulso del momento <he enjoyed her lively *spontaneity* and wit>.

• **Abandon** puede expresar el hecho de dejarse llevar libremente por un impulso, e indica la pérdida del autocontrol, o bien puede indicar la ausencia o la impotencia de cualquier intento de moderar la expresión plena, libre o natural del sentimiento <everyone was drinking with *abandon*>. ***ant*** self-restraint

Spontaneous, impulsive, instinctive, automatic, mechanical, reflexive, involuntary significan que actúa o es activado sin deliberación.

• **Spontaneous** indica la ausencia de provocación y connota la naturalidad <the crowd burst into *spontaneous* applause>. ***ant*** studied

• **Impulsive** indica el actuar bajo la presión de la emoción o el ánimo del momento, aparentemente sin consideración o volición <an *impulsive* decision>. ***ant*** deliberate

• **Instinctive** recalca la acción espontánea, sin juicio ni voluntad <an *instinctive* reaction>. ***ant*** intentional

• **Automatic** indica una acción rápida que no depende de la mente o las emociones, y connota una reacción previsible e invariable <after months of training his responses had become *automatic*>.
• **Mechanical** recalca el carácter poco animado, y a menudo somero, de la reacción <he recited the facts in a *mechanical* way>.
• **Reflexive** significa estar caracterizado por un comportamiento habitual e irreflexivo <a *reflexive* response>.
• **Involuntary** sugiere no estar controlado por la voluntad <the *involuntary* twitching of his mouth>.

Spoof V. CARICATURE.
Sporadic 1. V. INFREQUENT. **2.** V. FITFUL.
Spot V. PLACE.
Sprain V. STRAIN.
Spread V. EXPAND.
Sprightly V. LIVELY.
Spring, arise, originate, derive, flow, issue, emanate, stem, emerge significan salir o brotar de algo, y así venir a la existencia.
• **Spring** indica un surgimiento rápido o súbito <a brilliant idea that had *sprung* out of nowhere>.
• **Arise** puede comunicar el hecho de venir a la existencia o a la atención, a menudo sin connotación alguna en cuanto al estado anterior <doubts about the research soon *arose*>, o puede indicar la causalidad <mistakes often *arise* from haste>.
• **Originate** indica una fuente o un punto de partida específico <the famous theory that *originated* with Charles Darwin>.
• **Derive** indica una existencia previa en otra forma <their legal system *derives* from British colonial law>.
• **Flow** añade a *spring* una connotación de abundancia o de facilidad de inicio <the belief that all good *flows* from God>.
• **Issue** connota el surgir de un estado de confinamiento o de un receptáculo <shouts of joy *issued* from the team's locker room>.
• **Emanate** se aplica al paso de algo inmaterial, tal como un principio o un pensamiento, pero con poca connotación de alguna fuerza causal <music *emanating* from somewhere down the hall>.
• **Stem** indica originar, mediante la división o la ramificación, de algo como un brote o un desarrollo subordinado <their defeat *stemmed* from a long series of errors>.
• **Emerge** significa volverse conocido, aparecer o evolucionar <new problems now *emerged*>.

Springy V. ELASTIC.
Spry 1. V. AGILE. **2.** V. LIVELY.
Spur V. MOTIVE.
Spurn V. DECLINE.
Spur-of-the-moment V. EXTEMPORANEOUS.
Squabble V. QUARREL.
Squander V. WASTE.
Square V. AGREE 3.
Squat V. STOCKY.
Squelch V. SUPPRESS.
Stable 1. V. LASTING. **2.** V. STEADY.

Stage V. PERIOD.
Stagger 1. V. REEL. **2.** V. SURPRISE.
Staid V. SERIOUS.
Stain 1. V. STIGMA. **2.** V. BLEMISH.
Stale V. TRITE.
Stalk V. FOLLOW.
Stall V. HESITATE.
Stalwart V. STRONG.
Stammer, stutter, splutter significan hablar con titubeos o hesitación.
• **Stammer** indica una inhibición temporal causada por el miedo, la vergüenza o el choque <*stammered* his thanks>.
• **Stutter** suele connotar un defecto habitual caracterizado por la repetición de sonidos, pero puede aplicarse a una manifestación similar que se debe a una causa temporal <he often *stutters* when he's excited>, o incluso, al igual que *stammer,* puede aplicarse a algo que sigue las pautas de un tartamudeo <the engine *stuttered* to life>.
• **Splutter** significa decir o hablar precipitadamente y confusamente <surprised and embarrassed, he *spluttered* out some nonsense about his opponents>.
Stance V. POSITION 1.
Stand *n* V. POSITION 1.
Stand *vb* V. BEAR.
Standard *n* **1. Standard, criterion, gauge, yardstick, touchstone, benchmark, measure, norm** significan medios de determinar lo que una cosa debería ser.
• **Standard** se aplica a cualquier regla, principio o medida autoritaria mediante la cual se puede medir el valor, las cualidades o la naturaleza de algo <the book is a classic by any *standard*>.
• **Criterion** puede aplicarse a cualquier cosa que sirve como prueba de calidad, y que puede o no formularse como una regla o un principio <there are no strict *criteria* for judging the quality of art>.
• **Gauge** se aplica a un medio de probar o medir una dimensión particular, tal como el grosor, la profundidad, el diámetro o alguna cualidad o aspecto en particular <a good *gauge* of public opinion>.
• **Yardstick** puede reemplazar de manera más informal a *standard* o *criterion,* y suele indicar más la cantidad que la calidad <the movie was a flop by most *yardsticks*>.
• **Touchstone** connota una prueba sencilla de la autenticidad o el valor de algo intangible <fine service is one *touchstone* of a first-class restaurant>.
• **Benchmark** connota un estándar por el cual otros pueden medirse o juzgarse <the climate treaty established *benchmarks* by which nations can measure their progress>.
• **Measure** significa una base o un estándar de comparación <wealth is not a *measure* of happiness>.
• **Norm** puede indicar bien sea un estándar autoritario <the committee adopted *norms* for various milk products> o simplemente un promedio <her excellent performance does not represent the *norm*>.
2. V. MODEL.
Standard *adj* **1.** V. COMMON. **2.** V. REGULAR.

Standby v. RESORT.
Standing v. STATE.
Standpoint v. POSITION.
Stare v. GAZE.
Start *vb* v. BEGIN.
Start *n* v. ORIGIN.
Stash v. HIDE.
State *n* **State, condition, situation, status, standing** significan la manera en la que uno manifiesta su existencia, las circunstancias bajo las cuales uno existe o por medio de las cuales recibe uno un carácter definido.

- **State** indica muy a menudo la suma de las cualidades que una existencia supone en un tiempo y lugar en particular <the present *state* of the economy>.
- **Condition** indica de manera más específica el efecto de influencias inmediatas o temporales <her grandmother's *condition* declined steadily over several months>.
- **Situation** indica un arreglo de circunstancias que resulta en una condición en particular, tal como la vergüenza, la ventaja o la dificultad <the changing political *situation*>.
- **Status** se aplica al estado o la condición de uno, determinado de manera específica, para uso administrativos legales, o por consideraciones sociales o económicas <asked about the current *status* of the project>.
- **Standing** indica la posición o condición de uno en la sociedad o en una profesión, o la posición de alguien o algo relativo a un estándar de logro <improved his *standing* among his peers>.

State *vb* v. SAY.
Stately 1. v. GRAND. **2.** v. CEREMONIAL.
Stature 1. v. QUALITY 2. **2.** v. HEIGHT.
Status v. STATE.
Statute v. LAW.
Staunch v. FAITHFUL.
Stay 1. Stay, remain, wait, linger significan continuar en un mismo lugar por un tiempo notable.

- **Stay** recalca permanecer en un lugar, o a veces, una situación, y puede connotar el estatus del visitante <*stayed* in the same job for over forty years>.
- **Remain** suele ser intercambiable con *stay,* pero significa específicamente quedarse atrás o quedarse cuando todos los demás se han ido <one of them *remained* behind to guard the luggage>.
- **Wait** indica el permanecer en un estado de expectativa o preparación <*waiting* for an answer to her letter>.
- **Linger** puede añadir una indicación de demora deliberada, o de estar indispuesto a irse <they *lingered* over a second cup of coffee>.

2. v. RESIDE.
Steadfast v. FAITHFUL.
Steady, even, constant, stable, uniform, consistent, unchanging significan que no varía a lo largo de un curso o una extensión.

- **Steady** indica regularidad y falta de fluctuación o de interrupción de movimiento <ran the race at a *steady* pace>, o fijeza de posición

<*steady* as a rock>. ***ant*** unsteady, nervous, jumy

• **Even** connota un equilibrio o una falta de variación en cualidad o carácter <read the statement in an *even* voice>.

• **Constant** sugiere una ocurrencia o recurrencia uniforme o persistente <in *constant* pain>.

• **Stable** connota estar firmemente establecido, estable e invariante <a *stable* rate of inflation> <the doctor says she's in *stable* condition>.

• **Uniform** sugiere que no es variable o variante <adopted *uniform* procedures> <a *uniform* appearance>.

• **Consistent** connota estar libre de variación o contradicción <the *consistent* good news had increased the president's popularity>.

• **Unchanging** connota ser constante e invariable <a church that believes in *unchanging* truths>.

Steal 1. Steal, pilfer, filch, swipe significan tomar una cosa de una persona sin su conocimiento o permiso.

• **Steal** puede aplicarse a cualquier acción subrepticia de tomar una cosa, sea ésta tangible o intangible <*steal* jewels> <he would *steal* a look at her from time to time>.

• **Pilfer** indica el robar de forma repetida y sigilosa, y en pequeñas cantidades <fired from his job for *pilfering* from the company>.

• **Filch** añade a *pilfer* una connotación de rapidez <kids who would *filch* an apple from the fruit stand when no one was looking>.

• **Swipe** es un término coloquial para robar, generalmente involucrando un objeto o una cantidad pequeña de dinero <his brother had *swiped* his favorite T-shirt>.

2. V. LURK.

Stealthy V. SECRET.

Steep *adj* **Steep, abrupt, precipitous, sheer** significan que tiene una inclinación que se aproxima a la perpendicular.

• **Steep** indica una pendiente que es tan pronunciada que hace difícil el subir o bajar <a *steep* staircase>.

• **Abrupt** indica una pendiente más pronunciada y una súbita ruptura del nivel <the stock market's *abrupt* decline>. ***ant*** sloping

• **Precipitous** se aplica a una inclinación tan pronunciada que se aproxima a la vertical <the airplane went into a *precipitous* dive>.

• **Sheer** connota una extensión perpendicular ininterrumpida <rock climbers ascending the *sheer* cliffs>.

Steep *vb* **1.** V. SOAK. **2.** V. INFUSE.

Steer 1. V. GUIDE. **2.** V. CONDUCT.

Stem V. SPRING.

Stereotyped V. TRITE.

Sterile, barren, unfruitful, infertile significan que no tiene el poder de reproducirse o de dar fruto.

• **Sterile** indica la incapacidad de reproducirse o de dar fruto, literal o figurado, debido a un defecto orgánico o una causa semejante <a *sterile* imagination>. ***ant*** fertile

• **Barren** se aplica básicamente a una mujer o a un matrimonio que no produce hijos, y puede indicar asimismo la falta del rendimiento o la ganancia que se esperaba <*barren* land>. ***ant*** fecund

• **Unfruitful** puede sustituir a *barren* en cualquiera de sus aplica-ciones, poniendo énfasis en el hecho de no dar fruto <the attempt proved *unfruitful*>. ***ant*** fruitful

• **Infertile** suele intercambiarse con *sterile* <an *infertile* egg>. ***ant*** fertile

Stern V. SEVERE.

Stick, adhere, cling significan unirse o conectarse estrechamente.

• **Stick** indica un acoplamiento que se produce al fijar con pegamento o adhesivo, o una acción similar <the label will *stick* when pressed>.

• **Adhere** suele intercambiarse con *stick,* pero a veces indica que las partes, que normalmente son distintas, van uniéndose o fusionándose <they chose to *adhere* to their original plan>.

• **Cling** indica un acoplamiento o conexión que se logra al agarrar con los brazos o con los zarcillos <the children *clung* to their mother's legs>.

Stiff, rigid, inflexible, tense, wooden significan difícil de doblar o de animar.

• **Stiff** puede aplicarse a cualquier grado de esta condición <muscles will become *stiff* if they aren't stretched>. ***ant*** supple, relaxed

• **Rigid** se aplica a algo tan tieso que no se puede doblar sin romperse <a *rigid* board>. ***ant*** elastic, flexible

• **Inflexible** recalca la falta de elasticidad o maleabilidad <shoes with *inflexible* soles>. ***ant*** flexible

• **Tense** connota el estirar o forzar al punto en que se pierde la elasticidad o la flexibilidad <he looked *tense* and unhappy>. ***ant*** expansive

• **Wooden** connota la dura inflexibilidad y seca rigidez de la madera, y connota asimismo una cualidad tiesa, y a menudo una torpe o pesada falta de vida <moved in a *wooden* manner>.

Stifle 1. V. SUFFOCATE. **2.** V. SUPPRESS.

Stigma, blot, stain, taint significan una marca de vergüenza o desprestigio.

• **Stigma** puede indicar la deshonra o la vergüenza pública <the *stigma* of bankruptcy>, pero se aplica con mayor frecuencia a una actitud u opinión negativa que se impone sobre algo para traerle desprestigio o desaprobación <the *stigma* now attached to smoking>.

• **Blot, stain** indican una marca que disminuye, pero no extingue, el honor de un nombre o reputación <a *blot* on the family name> <a *stain* on her record>.

• **Taint** connota una marca o una influencia contaminante <the *taint* of scandal>.

Still, quiet, silent, hushed significan que no hace ruido o revuelo alguno.

• **Still** se aplica a lo que es inmóvil, y añade la indicación de silencio total <at night everything was *still*>. ***ant*** stirring, noisy

• **Quiet,** al igual que *still,* puede indicar la ausencia de todo movimiento o sonido perceptible, o de ambos, pero indica con frecuencia la ausencia de emoción o de turbulencia, y puede connotar la tranquilidad, la serenidad o el reposo <a *quiet* town>.

• **Silent** puede aplicarse a un movimiento o revuelo que no es acompañado por un sonido, y conlleva una fuerte impresión de silencio <the crowd had fallen *silent*>. ***ant*** noisy

• **Hushed** frecuentemente sugiere la clase de silencio que refleja asombro, reverencia o respeto <the *hushed* atmosphere of a museum>.

Stimulate V. PROVOKE.

Stimulus V. MOTIVE.

Stinging V. CAUSTIC.

Stingy, miserly, cheap, ungenerous significan estar indispuesto o mostrar indisposición a compartir con otros.

• **Stingy** indica una marcada falta de generosidad <trying to save money without seeming *stingy*>. ***ant*** generous

• **Miserly** connota una penuria motivada por una avaricia obsesiva y el placer morboso de acumular posesiones <a *miserly* company that pays low salaries>.

• **Cheap** es un término informal que significa tacaño <my *cheap* uncle>.

• **Ungenerous** significa carente de generosidad, bien sea financiera o emocional <she sometimes hated herself for thinking *ungenerous* thoughts about her sisters>. ***ant*** generous

Stinking, putrid, rank, reeking, smelly significan tener un olor malo o desagradable.

• **Stinking** connota lo malo o lo repugnante <prisoners were held in *stinking* cells>.

• **Putrid** indica en particular el olor repugnante que despide la materia orgánica en descomposición <the *putrid* smell of the garbage bins in the summer heat>.

• **Rank** connota un olor fuerte y desagradable, pero no necesariamente ofensivo <the *rank* smell of old cigar smoke>. ***ant*** balmy

• **Reeking** connota dar o estar impregnado por un olor fuerte u ofensivo <a room *reeking* of incense>.

• **Smelly**, un término informal, simplemente significa tener un mal olor <he disliked *smelly* cheeses>.

Stipend V. WAGE.

Stipulate V. PRESCRIBE.

Stir *n* **Stir, bustle, flurry, fuss, ado, commotion, hubbub, to-do** significan señas de emoción o de prisa que acompañan un acto, una acción o un evento.

• **Stir** connota un enérgico o agitado movimiento o reacción, particularmente de una muchedumbre <caused a great *stir*>. ***ant*** tranquillity

• **Bustle** indica una actividad ruidosa, impertinente, y a menudo, vanidosa <the hustle and *bustle* of city life>.

• **Flurry** recalca la agitación nerviosa y una prisa excesiva <a *flurry* of activity>.

• **Fuss** añade a *flurry* mayor revuelo o confusión, y connota una preocupación o un esfuerzo que no es necesario <wondered what all the *fuss* was about>.

• **Ado** puede connotar alboroto o un desperdicio de energías <go to work without more *ado*>, o puede indicar problemas o dificultades a superar <there was much *ado* about the new baby>.

• **Commotion** connota un disturbio agitado <heard a *commotion* on the street>.

• **Hubbub** sugiere confusión, tumulto o un alboroto <searching for a friend in the *hubbub* of the celebration>.

• **To-do** connota un agitar o un alboroto <there was a big *to-do* when the news got around>.

Stir *vb* **1. Stir, rouse, arouse, awaken, waken, rally, galvanize, agitate, whip up** significan moverse de la aquiescencia o el letargo a la actividad o la acción.

• **Stir** suele connotar el inducir a la acción o a la expresión de lo que es latente o durmiente, por algo que agita o que perturba <news events that *stirred* the public>; puede también indicar la evocación de emociones que son profundas e inquietantes pero generalmente agradables <a sight that *stirred* pity>.

• **Rouse** connota el provocar a alguien a una actividad vigorosa e interrumpir consecuentemente su descanso al darle un susto o un sobresalto <*roused* from sleep by the noise>.

• **Arouse** suele significar poco más que inducir a la acción, sin connotación alguna de una acción consecuente <his activities *aroused* her suspicions>. ***ant*** quiet, calm

• **Awaken, waken** indican con frecuencia el fin del sueño, o connotan el estimular los poderes mentales o espirituales a la actividad <*awakened* the conscience of the nation> <hoping to *waken* her old feelings for him>. ***ant*** subdue

• **Rally** indica el reunir fuerzas difusas con el fin de incitar o despertar del letargo o la inacción a la acción <*rallied* her strength for a final effort>.

• **Galvanize** connota ser estimulante o emocionante como si fuese por un choque eléctrico <hoping to *galvanize* world opinion on the subject of climate change>.

• **Agitate** sugiere emocionar y frecuentemente preocupar a alguien <it was obvious that something was *agitating* her>.

• **Whip up** connota incitar <a speech intended to *whip up* public support for the war>.

2. V. PROVOKE.

3. V. INCITE.

4. V. VITALIZE.

Stir up V. INCITE.

Stocky, stubby, squat, dumpy, stout significan que es relativamente compacto o tiene un cuerpo que lo es.

• **Stocky** connota una solidez amplia y compacta <a *stocky,* powerful man>. ***ant*** slim, skinny

• **Stubby** recalca la falta de estatura o longitud, y una anchura real o aparente <he had *stubby* fingers>.

• **Squat** suele connotar una falta de estatura que es poco atractiva <a *squat* little man in rumpled clothes>. ***ant*** lanky

• **Dumpy** suele connotar una falta de estatura, de formas y de gracia en el cuerpo <an ill-fitting dress that made her look *dumpy*>. ***ant*** svelte, slim

• **Stout** connota ser voluminoso o gordo <a *stout* fellow who gave an impression of strength>. ***ant*** skinny

Stoic V. IMPASSIVE.

Stolid V. IMPASSIVE.

Stomach V. BEAR.

Stoop, condescend, deign significan descender uno de su nivel de rango o de dignidad para hacer algo.

• **Stoop** puede indicar un descenso en la dignidad, o de un alto nivel moral a uno más bajo <amazed that one of his colleagues had *stooped* so low>.

• **Condescend** suele indicar una superioridad afectada y el descender, por parte de uno que goza de un alto rango o posición, para relacionarse con inferiores sociales <once a year the manager *condescended* to mingle with the employees>. ***ant*** presume

• **Deign** connota una condescendencia renuente por parte de una persona altiva, arrogante o desdeñosa <scarcely *deigned* to speak with her poor relations>.

Stop, cease, quit, discontinue, desist, halt, leave off significan suspender la actividad o causar su suspensión.

• **Stop** se aplica a la acción, al progreso o a lo que está operando o progresando, y puede indicar un carácter súbito y definitivo <*stopped* the conversation>. ***ant*** start

• **Cease** se aplica a estados, condiciones o a la existencia, y puede indicar un carácter gradual y un grado de finalidad <at nightfall the fighting *ceased*>.

• **Quit** puede recalcar la finalidad o lo abrupto de la acción de parar o de cesar <the engine sputtered, then *quit* altogether>.

• **Discontinue** se aplica al paro de una actividad o práctica habitual <the company has *discontinued* manufacturing trucks>. ***ant*** continue

• **Desist** indica abstención o control como el motivo para el paro o la cesación <a judge had ordered them to *desist*>. ***ant*** persist

• **Halt** significa parar, frecuentemente de repente <demonstrators had *halted* the traffic>.

• **Leave off** significa detenerse o descontinuar, frecuentemente en una manera casual <started again where he had *left off*>.

Stopgap V. RESORT.

Storm V. ATTACK *vb.*

Story 1. Story, narrative, tale, anecdote, yarn significan un relato de acontecimientos que es menos elaborado que una novela.

• **Story** es el término más general, y puede aplicarse a una tradición legendaria <the *story* of King Arthur>, o a un relato oral o escrito, verídico o ficticio, en prosa o en verso, y que es típicamente diseñado para informar o divertir, y que suele tratar de una serie de incidentes o eventos relacionados <telling the *story* of the opera>.

• **Narrative** tiene mayor tendencia a indicar un contenido más verídico que imaginativo <his journal is the only *narrative* of the expedition>.

• **Tale** puede connotar un relato informal, de estructura flexible, que suele tratar de sucesos legendarios o imaginativos <*tales* of the Greek heroes>.

• **Anecdote** se aplica a una historia breve que trata de un incidente pequeño, diferenciado y a menudo cómico, y que puede ilustrar una verdad o un principio, o iluminar un asunto <the biography was full of funny *anecdotes*>.

• **Yarn** suele connotar un cuento largo y poco creíble acerca de alguna emocionante aventura, y que es quimérico o fantástico y carece de un desenlace claro <telling *yarns* around the campfire>.

2. V. MYTH.

Stout 1. V. STRONG. **2.** V. STOCKY.

Straightforward 1. Straightforward, forthright, aboveboard significan libre de todo lo que pueda ser deshonesto o secreto.

• **Straightforward** se aplica a todo lo que es consistentemente directo y libre de desviaciones o evasiones <a *straightforward* answer>. ***ant*** roundabout

• **Forthright** se aplica a algo que va directamente al grano, sin rodeos o titubeos <a *forthright* approach to the problem>. ***ant*** subtle

• **Aboveboard** describe una acción o un método que es libre de todo indicio de engaño o de duplicidad <honest and *aboveboard* in all her business dealings>. ***ant*** underhand, underhanded

2. V. FRANK.

3. V. SINCERE.

Strain 1. Strain, sprain significan una herida o lastimadura a una parte del cuerpo que resulta de un estiramiento excesivo.

• **Strain,** que es el término más general y menos técnico, suele connotar exceso en el uso, el ejercicio o el esfuerzo como causa, e indica una herida o lastimadura que puede abarcar desde una leve dolencia o rigidez hasta un daño que incapacita <had stopped exercising because of back *strain*>.

• **Sprain** regularmente indica lastimarse una articulación, debido normalmente a una torcedura que estira o desgarra los ligamentos o la membrana, y que resulta en hinchazón, dolor y la incapacitación de la articulación <twisted her ankle and suffered a bad *sprain*>.

2. V. STRESS.

Strange 1. Strange, singular, unique, peculiar, eccentric, erratic, odd, curious, queer, quaint, outlandish, unusual significan que se desvía o varía de lo ordinario, usual o lo esperado.

• **Strange** recalca falta de familiaridad y puede aplicarse a lo foráneo, lo anormal, lo inexplicable o lo nuevo <heard a *strange* noise>. ***ant*** familiar

• **Singular** connota individualidad o una rareza desconcertante <his ideas were always *singular* and highly imaginativer>.

• **Unique** indica el carecer de iguales o de un paralelo conocido <a career *unique* in the history of science>.

• **Peculiar** indica un carácter marcadamente distintivo <the problems *peculiar* to such neighborhoods>.

• **Eccentric** connota una divergencia de lo usual o normal, particularmente en el comportamiento <she became increasingly *eccentric* as she aged>.

• **Erratic** recalca una desviación o un alejamiento caprichoso o impredecible de lo normal o lo esperado <disturbed by his friend's *erratic* behavior>.

• **Odd, curious** se aplican a una desviación, posiblemente fantástica, de lo regular o lo esperado <she has an *odd* sense of humor> <she had received a *curious* letter from someone calling himself "Your Friend">.
• **Queer** connota una rareza sospechosa, y a veces siniestra <a *queer* feeling about the place came over him>.
• **Quaint** connota una rareza chapada a la antigua pero agradable <a *quaint* little village in the mountains>.
• **Outlandish** se aplica a lo que es grosero, extraño o brutal <many of the local customs and superstitions seemed *outlandish* to her>.
• **Unusual** en un término neutral que significa raro <an *unusual* amount of rain for February>.
2. V. SPECIAL.
3. V. WEIRD.
4. V. FANTASTIC.
Strangle V. SUFFOCATE.
Stratagem V. TRICK.
Strategy 1. Strategy, tactics significan un aspecto de la ciencia militar.
• **Strategy** se aplica al arte o la ciencia del planeamiento militar fundamental que trata del uso efectivo de las fuerzas en la guerra <a military *strategy* based on air power>.
• **Tactics** se aplica al uso de fuerzas en el campo o en acción, y connota la presencia de una fuerza enemiga <known for their daring *tactics* in battle>.
2. V. PLAN.
Stray 1. V. WANDER. **2.** V. SWERVE.
Stream V. POUR.
Strength V. POWER.
Strengthen V. IMPROVE.
Strenuous 1. V. VIGOROUS. **2.** V. HARD.
Stress, strain, pressure, tension significan la acción o el efecto de una fuerza ejercida sobre o dentro de una cosa.
• **Stress** y **strain** son los términos más inclusivos, y se aplican a una fuerza que tiende a deformar un cuerpo <the weight of the snow put *stress* on the roof> <the bridge collapsed under the tremendous *strain* of the impact>.
• **Pressure** se aplica generalmente a una tensión producida por la acción de poner peso sobre una superficie o de empujar contra ella <normal atmospheric *pressure*>.
• **Tension** se aplica a cualquiera de las dos fuerzas equilibradoras que causan o tienden a causar el alargamiento de un cuerpo elástico, o bien puede aplicarse a la rigidez que resulta en el cuerpo <tested the *tension* of the ropes>.
Stretch V. EXTEND.
Strict V. RIGID.
Strident 1. V. LOUD. **2.** V. VOCIFEROUS.
Strife V. DISCORD.
Strike 1. Strike, hit, slap, swat, punch, whack, sock, belt, smack significan entrar en contacto o llevar al contacto con un fuerte golpe.
• **Strike** puede indicar básicamente el dirigir y asestar un golpe con la mano, un arma o una herramienta, y con una fuerza moderada o

intensa <the tree had been *struck* by lightning>.

• **Hit** suele recalcar el impacto del golpe, o la reacción de la persona o cosa que lo recibe <the children were *hitting* each other>.

• **Slap** se aplica primordialmente al acto de golpear con la mano abierta, e indica un golpe que es agudo, o que hace escocer, y que se asesta con la palma de la mano <waves *slapped* against the boat>.

• **Swat** connota un golpe que bofetea con fuerza, y que se da con un instrumento tal como un matamoscas o un bate de béisbol <he could *swat* a baseball out of the ballpark>.

• **Punch** indica un golpe rápido y agudo dado con el puño o algo similar <*punched* him in the face>.

• **Whack**, un término informal, significa pegar, generalmente con un implemento <*whacked* the bull on its nose>.

• **Sock, belt, smack** son términos informales que significan pegar, generalmente con un puño o un implemento <*socked* him in the jaw> <*belted* the ball straight into the pitcher's glove> <told how she had *smacked* the guy right in the face>.

2. v. AFFECT.

Striking v. NOTICEABLE.

Stringent v. RIGID.

Strive v. ATTEMPT.

Stroke 1. v. CARESS. **2.** v. TOUCH.

Stroll v. SAUNTER.

Strong, stout, sturdy, stalwart, tough, tenacious, hardy, robust significan que demuestra el poder de resistir o de aguantar.

• **Strong** puede indicar un poder derivado del vigor de los músculos, la voluminosidad del cuerpo, la solidez estructural, o bien los recursos intelectuales o espirituales <a *strong* desire to succeed>. ***ant*** weak

• **Stout** connota la capacidad de tolerar tensión, dolor, o el uso fuerte y prolongado sin flaquear <took a *stout* walking stick>.

• **Sturdy** indica una fuerza derivada de un vigoroso crecimiento, determinación de espíritu o solidez de construcción <*sturdy* boots>.

• **Stalwart** connota una fiabilidad inquebrantable y connota una gran fuerza física, mental o espiritual <his most *stalwart* supporters>.

• **Tough** connota ser capaz de aguantar esfuerzo, adversidad o labor severa <*tough* soldiers>.

• **Tenacious** connota fuerza en capturar, retener, aferrarse a algo o en mantener algo unido <the invading army faced a *tenacious* insurgency>.

• **Hardy** significa robusto y fuerte, y frecuentemente se usa para describir las plantas al igual que a las personas <a *hardy* pine found on top of mountains>.

• **Robust** connota salud, fuerza y vigor <her children were *robust* and energetic>.

Strong-arm v. FORCE *vb.*

Structure, anatomy, framework, skeleton, composition, makeup significan las partes de un todo, o el arreglo de las partes en un todo.

• **Structure,** el término más general, se refiere a cualquier todo entero, natural o artificial, material o inmaterial, y puede usarse específicamente en relación con las partes o los arreglos que dan a un todo su forma o naturaleza distintiva <studied the *structure* of the atom>.

• **Anatomy** se aplica principalmente a la estructura de un organismo o a cualquiera de sus partes <the *anatomy* of the heart>.

• **Framework** se usa primordialmente en relación con una construcción artificial de apoyo que sirve de sostén o de guía, pero que no es visible en el todo final <the *framework* of a sofa> <constructing the necessary legal *framework*>.

• **Skeleton** se aplica al armazón óseo del cuerpo animal <found only the *skeleton* of a mouse>, o puede indicar ya sea un diseño cuidadosamente elaborado y articulado, o una concepción incompleta del todo que sirve como punto de partida <she had produced a *skeleton* of her novel>.

• **Composition** connota la constitución general de algo, frecuentemente una mezcla de ingredientes <worried about the *composition* of the committee>.

• **Makeup** generalmente significa composición o constitución mental <the dog's genetic *makeup*>.

Struggle *n* V. BATTLE.

Struggle *vb* V. COMPETE.

Strut, swagger significan asumir un aire de dignidad o de importancia.

• **Strut** connota una afectación pomposa de dignidad, especialmente en la manera de andar o en el comportamiento <*strutting* like a peacock>.

• **Swagger** indica una convicción ostentosa por parte de uno de su propia superioridad, que se manifiesta a menudo en el caminar con una actitud insolente y un modo de ser prepotente <the team *swaggered* onto the field>.

Stubborn V. OBSTINATE.

Study 1. V. CONSIDER. **2.** V. SCRUTINIZE.

Stuff V. SATIATE.

Stuffed V. FULL.

Stun V. SURPRISE.

Stupefy V. SURPRISE.

Stupendous V. MONSTROUS.

Stupid 1. Stupid, dull, dense, dumb, idiotic, brainless significan que carece o parece carecer del poder de absorber ideas o impresiones.

• **Stupid** indica un estado mental torpe o confuso que puede ser hereditario o temporal <all their questions seemed *stupid* to her>. ***ant*** intelligent

• **Dull** connota una mente lenta o aletargada que puede resultar de una enfermedad, una depresión o un choque <a *dull* student>. ***ant*** clever, bright, sharp

• **Dense** indica una insensibilidad estúpida hacia las ideas o las impresiones <his sister usually wasn't quite so *dense*>. ***ant*** bright

• **Dumb** se aplica a una torpeza que exaspera, o una falta de comprensión <too *dumb* to figure out what's going on>.

• **Idiotic, brainless** son términos potencialmente insultantes que implican una completa falta de sentido común <shouted that the memo was *idiotic*> <another of her brother's *brainless* stunts>.

2. V. SILLY.
Stupor V. LETHARGY.
Sturdy V. STRONG.
Stutter V. STAMMER.
Style V. FASHION.
Suave 1. Suave, urbane, diplomatic, smooth, courtly, ingratiating significan que posee un grado agradable de tacto y buenos modales.

• **Suave** connota una habilidad específica de tratar a otros con facilidad y sin fricción <the restaurant's *suave* waiters>.

• **Urbane** indica un alto grado de refinamiento y compostura que es fruto de una vasta experiencia social <the ambassador was *urbane* and charming>.

• **Diplomatic** recalca una habilidad para tratar situaciones delicadas con tacto y con éxito <her *diplomatic* way of dealing with difficult social situations>. ***ant*** undiplomatic

• **Smooth** connota con frecuencia una suavidad excesiva y deliberadamente asumida <she never trusted *smooth* salesmen>.

• **Courtly** connota la elegancia de manierismo, frecuentemente incluyendo el hábito de adulación insincera e inofensiva <charmed by the elderly man's *courtly* manners>.

• **Ingratiating** generalmente connota una conducta intencionada a ganar favor, frecuentemente a través de la adulación <he showed up with a box of chocolates and an *ingratiating* smile>.

2. V. SOPHISTICATED.
Subdue V. CONQUER.
Subject *n* V. CITIZEN.
Subject *adj* V. LIABLE.
Subjugate V. CONQUER.
Sublime V. SPLENDID.
Submission V. SURRENDER.
Submissive 1. V. TAME. **2.** V. OBEDIENT. **3.** V. SUBSERVIENT.
Submit 1. V. YIELD. **2.** V. OFFER. **3.** V. PROPOSE.
Subservient 1. Subservient, servile, slavish, menial significan que demuestra, o es caracterizado por, una conformidad extrema o una obediencia servil.

• **Subservient** indica el comportamiento sumiso o servil de uno que es consciente de su posición subordinada <claimed that women were still expected to be *subservient* to men>. ***ant*** domineering, overbearing

• **Servile** connota un bajo estatus y una sumisión baja o aduladora <the *servile* manners of the young immigrant maid>. ***ant*** authoritative

• **Slavish** connota un servilismo despreciable o vil <his *slavish* devotion to his wife>. ***ant*** independent

• **Menial** recalca la humildad y la degradación asociada con uno que trabaja en una ocupación económicamente o socialmente inferior <tired of working at *menial* jobs>.

2. V. OBEDIENT.
Subside 1. V. ABATE. **2.** V. DECREASE.
Substantiate 1. V. CERTIFY. **2.** V. CERTIFY.
Substitute V. REPLACE.

Substructure V. BASE *n*.
Subterfuge V. DECEPTION.
Succeed 1. Succeed, prosper, thrive, flourish significan alcanzar, o estar alcanzando un fin deseado.

• **Succeed** indica la antítesis de *fail,* y puede aplicarse ampliamente tanto a personas como a cosas <finally *succeeded* on her third attempt>. ***ant*** fail

• **Prosper** conlleva una indicación de un éxito que es continuo o duradero y que está creciendo <they *prospered* in all their business ventures>.

• **Thrive** añade la indicación de un vigoroso crecimiento, a menudo debido a ciertas condiciones, o a pesar de ellas <plants that *thrive* in acid soil>.

• **Flourish** indica un vigoroso estado de crecimiento y expansión, sin señas de decadencia o deterioro, pero sin indicación alguna en cuanto a la duración de este estado <the church *flourished* in the Middle Ages>. ***ant*** languish

2. V. FOLLOW 1.
Success V. VICTORY.
Successive V. CONSECUTIVE.
Succinct V. CONCISE.
Succumb V. YIELD.
Sudden V. PRECIPITATE.
Suffer V. BEAR.
Suffering V. DISTRESS.
Sufficient, enough, adequate significan que es lo que hace falta o lo que se desea.

• **Sufficient** connota una cantidad o una extensión que satisface exactamente una necesidad <had supplies *sufficient* to last a month>. ***ant*** insufficient

• **Enough** es menos exacto, y más aproximado, que *sufficient* <do you have *enough* food>.

• **Adequate** puede indicar el satisfacer con trabajo un requisito <his clothes weren't *adequate* for the cold weather>. ***ant*** inadequate

Suffocate, asphyxiate, stifle, smother, choke, strangle significan interrumpir el curso normal de la respiración.

• **Suffocate** suele indicar la imposibilidad de respirar debido a una carencia de oxígeno, la presencia de gases nocivos o una interferencia con el pasaje del aire que va a los pulmones o viene de ellos <he had *suffocated* in an avalanche>.

• **Asphyxiate** suele referirse a situaciones en las que se produce la muerte debido a la falta de oxígeno o la presencia de un gas tóxico <several people were *asphyxiated* by the fumes>.

• **Stifle** se usa apropiadamente en relación con situaciones en las que la respiración resulta difícil o imposible debido a un nivel inadecuado de aire fresco <she *stifled* a yawn>.

• **Smother** puede usarse en situaciones en las que el nivel de oxígeno es o parece ser inadecuado para la vida, y suele connotar una cortina aplastante de humo, polvo o de impurezas en el aire <the prisoner had been *smothered* while he was sleeping>.

• **Choke** connota una interferencia positiva con la respiración, por ejemplo, mediante la compresión, la obstrucción o una inflamación severa de la garganta <*choked* on a bit of apple>.

• **Strangle,** semejante a *choke,* indica más consistentemente una interferencia seria o mortal <two drug dealers had been *strangled* to death>.

Suffuse V. INFUSE.

Suggest 1. Suggest, imply, hint, intimate, insinuate, indicate significan comunicar una idea indirectamente.

• **Suggest** puede recalcar el poner en la mente como efecto de una asociación de ideas, de un despertar del deseo o del inicio de un hilo de pensamientos <this news *suggests* that the administration is less confident than it claims>.

• **Imply** es cercano a *suggest,* pero puede indicar una relación más clara o más lógica entre la idea no expresada y la que se ha expresado <these latest statements *imply* that the policy has changed>. ***ant*** express

• **Hint** indica el uso de un indicio leve o remoto, con apenas un mínimo de declaración abierta <she *hinted* that she needed a job>.

• **Intimate** recalca la delicadeza del indicio, sin connotar alguna falta de franqueza <he quietly *intimated* that his boss wasn't healthy>.

• **Insinuate** se aplica al acto de comunicar una idea, normalmente desagradable, de manera taimada y poco limpia <*insinuated* that the marriage wasn't a happy one>.

• **Indicate** connota señalar algo físicamente o sugerir algo bien sea verbalmente o de alguna otra manera <without quite saying so, she *indicated* that she approved>.

2. V. PROPOSE.

Suitable V. FIT *adj.*

Sulky V. SULLEN.

Sullen 1. Sullen, glum, morose, sulky, dour, gloomy, sour, moody, cranky significan que muestra un temperamento desagradable o severo.

• **Sullen** indica un mal humor, caracterizado por el silencio y una indisposición a ser sociable o cooperativo <their teenage daughter was *sullen* and silent at dinner>.

• **Glum** connota un desánimo silencioso <the whole team was *glum* following the defeat>. ***ant*** cheerful

• **Morose** añade a *glum* un elemento de amargura <became *morose* after the death of his wife>. ***ant*** blithe

• **Sulky** connota un resentimiento infantil que se expresa con hosquedad y mal humor <he was always *sulky* after an argument>.

• **Dour** connota una amargura que es superficialmente severa, obstinada y sombría <a *dour* old man>.

• **Gloomy** indica una depresión en el temperamento que da una impresión de amargura o severidad <the bad news put everyone in a *gloomy* mood>. ***ant*** cheerful

• **Sour** connota irritabilidad u hosquedad <hadn't expected such a *sour* response from him>.

• **Moody** sugiere una tendencia a tener estados de ánimos sombríos o deprimentes <she knew better than to ask her *moody* husband for help in the morning>.

• **Cranky** connota una afectación irritable y una prontitud a la ira <his *cranky* boss had been yelling at everyone all day>.

2. V. IRASCIBLE.

Sum, amount, number, aggregate, total, whole, quantity, entirety significan todo lo que está presente en un grupo o una masa.

• **Sum** se aplica al resultado de una adición de números o de particulares <the total *sum* is due by the end of the month>.

• **Amount** indica el resultado de combinar sumas o pesos o medidas en un todo <the *amount* of cotton raised last year>.

• **Number** indica el conjunto contable de personas o cosas <a large *number* of applicants>.

• **Aggregate** indica el contar o considerar en conjunto todos los individuos o particulares de un grupo o colección <the *aggregate* of the company's debts>.

• **Total** connota lo completo o lo inclusivo del resultado, y puede recalcar la magnitud en el resultado <a *total* of 328 paying customers>.

• **Whole** pone énfasis en la unión de lo que se suma <the *whole* of Russia was affected by the defeat>.

• **Quantity** se aplica a cosas que se miden en volumen a pesar de ser contables <a small *quantity* of uranium>, o bien, a cualquier cosa que se puede medir en extensión, duración, volumen, magnitud, intensidad o valor <the *quantity* of work performed>.

• **Entirety,** usado frecuentemente en la frase *in its entirety*, es una palabra enfática para el todo <she claimed she had read the huge file in its *entirety*>.

Summary *adj* V. CONCISE.

Summary *n* V. ABRIDGMENT.

Summit, peak, pinnacle, climax, apex, culmination, top, zenith significan el punto más alto que se ha alcanzado o que se puede alcanzar.

• **Summit** indica el nivel más alto que se puede alcanzar <the mountain's *summit*>.

• **Peak** connota el punto más alto alcanzado en un curso o durante un tiempo específico <a *peak* in oil prices>.

• **Pinnacle** connota una altura que causa mareos y que es poco segura <the *pinnacle* of success>.

• **Climax** indica el punto más alto en una serie ascendiente <the moon landing marked the *climax* of the program>.

• **Apex** indica el punto en el cual las líneas o procesos ascendientes convergen, y en el cual todo se concentra <Dutch culture reached its *apex* in the 17th century>. ***ant*** nadir

• **Culmination** connota un ápice que es fruto de un crecimiento o desarrollo <the *culmination* of the American civil rights movement>.

• **Top,** un término amplio, connota el punto o grado más alto <at the *top* of the diagram>. ***ant*** bottom

• **Zenith** generalmente se usa en un sentido no físico, excepto en astronomía <at the *zenith* of her career>. ***ant*** nadir

Summon, call, cite, convoke, convene, muster, send for significan exigir la presencia de algo o alguien.

• **Summon** indica el ejercicio de autoridad y puede indicar un mandato, una orden imperativa o urgencia <*summoned* by the court as a witness>.

• **Call** puede usarse menos formalmente y menos enfáticamente en lugar de *summon* <the president *called* the legislature back for a special session>.

• **Cite** indica el llamar a una corte, normalmente para responder a un cargo <*cited* for drunken driving>.

• **Convoke** indica un llamado a reunirse, especialmente con fines deliberativos o legislativos <*convoked* an assembly of the world's leading botanists>.

• **Convene** es un poco menos formal o enfático que *convoke* <*convened* the meeting at 3:00>.

• **Muster** connota el llamar un número de cosas que forman un grupo con el fin de exhibirlas o usarlas en conjunto para algún propósito <*mustered* the troops for an inspection>.

• **Send for** significa pedir que venga por medio de un mensaje <they *sent for* a doctor>.

Sumptuous V. LUXURIOUS.

Sundry V. MISCELLANEOUS.

Sunny V. BRIGHT.

Superb V. SPLENDID.

Supercilious V. PROUD.

Superficial 1. Superficial, shallow, cursory, uncritical, casual, perfunctory significan que carece de profundidad, amplitud o solidez.

• **Superficial** indica el tener interés solamente en los aspectos obvios o exteriores, y el evitar temas fundamentales <a *superficial* discussion of the article>. ***ant*** exhaustive

• **Shallow** es algo más despectivo en su indicación de falta de profundidad en sabiduría, razonamiento, emociones o carácter <she thought he was good-looking but *shallow*>. ***ant*** deep

• **Cursory** connota una prisa y una indiferencia que pueden causar una falta de esmero o descuido al detalle <a *cursory* reading of the work>. ***ant*** painstaking

• **Uncritical** indica una superficialidad inapropiada para un crítico o un buen juez <her *uncritical* attitude>. ***ant*** critical

• **Casual** connota estar hecho sin intención seria <wondered if his visit had been as *casual* as it seemed>.

• **Perfunctory** connota ser superficial, mecánico o que no resulta de interés real <the interview was so *perfunctory* that she knew she wouldn't be getting the job>.

2. V. OUTER.

Supersede V. REPLACE.

Supervise V. CONDUCT.

Supervision V. OVERSIGHT.

Supplant V. REPLACE.

Supple 1. Supple, limber, lithe, graceful significan que muestra libertad y facilidad en los movimientos del cuerpo.

• **Supple** recalca la flexibilidad de los musculos y las articulaciones, así como una perfecta coordinación, facilidad y rapidez de movimiento <he cut a long *supple* branch for a fishing rod>. ***ant*** stiff

• **Limber** indica flexibilidad, facilidad y rapidez de movimiento, pero sin recalcar la excelencia de la coordinación o la gracia <envied the *limber* bodies around her at the health club>.

• **Lithe** connota un cuerpo esbelto y flexible, y movimientos ágiles y gráciles <the *lithe* form of a tiger>.

• **Graceful,** un término amplio, puede describir las formas y la expresión verbal al igual que el movimiento <soccer players who were *graceful* even when they stumbled>.

2. V. ELASTIC.

3. V. PLIABLE.

Supply 1. V. PROVIDE. **2.** V. FURNISH.

Support 1. Support, uphold, advocate, back, champion significan favorecer activamente a alguien o algo que tiene mucha oposición.

• **Support** es el menos explícito en cuanto a la naturaleza de la ayuda brindada <the whole family *supported* the same candidate>. ***ant*** buck

• **Uphold** indica el dar un apoyo prolongado a algo que está bajo ataque <the high court *upheld* the conviction>. ***ant*** subvert

• **Advocate** recalca el alegar o insistir verbalmente <religious leaders who *advocated* violence>. ***ant*** impugn

• **Back** connota el apoyar mediante el dar ayuda a uno que está fallando o cayendo <Europe refused to *back* the call for sanctions>.

• **Champion** connota una defensa pública de personas que son injustamente atacadas o demasiado débiles para alegar su propia causa <*championed* the rights of Indians>.

2. V. APPROVE.

3. V. MAINTAIN.

4. V. ADVANCE.

Supporter V. FOLLOWER.

Suppose V. CONJECTURE.

Suppress 1. Suppress, repress, stifle, silence, censor, squelch significan contener, de manera más o menos forzosa, a uno que busca un escape.

• **Suppress** indica el aplacar o el contener completamente, normalmente mediante el uso de poder o violencia grande u opresiva <*suppressed* the revolt> <*suppressed* a laugh>.

• **Repress** indica poco más que el refrenar o contener, y a veces connota que lo que se contiene puede manifestarse de nuevo o de diferente manera <for years she had *repressed* these desires>.

• **Stifle** connota retener de la circulación o de la expresión <the dissenting voices that the government had *stifled* for years>.

• **Silence** connota el restringir la expresión <he attempted to speak but was *silenced*>.

• **Censor** sugiere suprimir o borrar algo que se cree es objetable

<army officials regularly *censored* the soldiers' letters>.

• **Squelch** significa suprimir completamente <having taken power, he set out to *squelch* the democratic opposition>.

2. V. CRUSH.

Supremacy, ascendancy, dominance, preeminence, primacy significan la posición de ser primero, como en el rango, el poder o en la influencia.

• **Supremacy** connota una superioridad sobre todos los demás que usualmente es perfectamente aparente o generalmente acetada <the *supremacy* of Shakespeare among English dramatists>.

• **Ascendancy** a veces connota supremacía, pero su idea principal es de una dominancia emergente o de un uso autocrático del poder <Russia's long *ascendancy* over Poland>.

• **Dominance** significa una posición de control o comando especialmente en la jerarquía social <the largest of the remaining apes quickly established his *dominance*>.

• **Preeminence** connota un rango, una dignidad o una importancia superior <Japan's *preeminence* in the field of solar power>.

• **Primacy** significa el estado de ser el primero, especialmente en importancia <emphasized the *primacy* of reducing the national debt>.

Supreme V. DOMINANT.

Sure, certain, positive, confident, convinced significan que no tiene duda o incertidumbre alguna.

• **Sure** suele recalcar un sentimiento de confianza que es sujetivo o intuitivo <felt *sure* he had forgotten something>. ***ant*** unsure

• **Certain** puede aplicarse al hecho de basar una conclusión o convicción en razones definitivas o evidencia incuestionable <the police aren't *certain* about the cause of the explosion>. ***ant*** uncertain

• **Positive** intensifica la certeza o confianza, y puede indicar una convicción dogmática o la expresión forzosa de ella <she's now *positive* that he is the killer>. ***ant*** doubtful

• **Confident** connota estar lleno de convicción, frecuentemente convicción de las propias capacidades de uno <she seemed *confident* about her facts>.

• **Convinced** connota ser persuadido <by now he was *convinced* of the genuineness of the evidence>.

Surge 1. V. POUR. **2.** V. RISE.

Surmise V. CONJECTURE.

Surpass V. EXCEED.

Surprise 1. Surprise, waylay, ambush significan atacar a uno que está desprevenido.

• **Surprise** en su uso militar técnico, puede indicar una planificación estratégica así como operaciones secretas cuyo fin es el de agarrar al enemigo desprevenido <*surprise* the enemy>, pero en su uso general suele connotar el agarrar a la desprevenida por pura casualidad <police *surprised* a burglar leaving the house>.

• **Waylay** comúnmente indica el estar al acecho en una vía pública, a menudo oculto <bandits who *waylaid* travelers on lonely roads>, pero a veces no indica más que el interceptar y detener <there she

was *waylaid* by several students with questions>.

• **Ambush** evoca la imagen de asaltantes potenciales ocultos en un matorral y suele usarse en conexión con la guerrilla <*ambushed* by rebel forces>.

2. Surprise, astonish, astound, amaze, flabbergast, stagger, floor, stupefy, stun, shock significan causar una fuerte impresión por no ser esperado.

• **Surprise** recalca el causar sorpresa, asombro o estupefacción por ser inesperado en un lugar o momento dado <*surprised* to find his mother in a bar>.

• **Astonish** connota una sorpresa tan grande como para que parezca ser increíble <the swiftness of his success *astonished* even him>.

• **Astound** recalca un efecto emocional pasmoso o abrumador causado por sucesos que son increíbles pero verídicos <news of the bombing of Hiroshima *astounded* and appalled the world>.

• **Amaze** connota cierto efecto de desconcierto, perplejidad o fascinación <*amazed* by the size of the mansion>.

• **Flabbergast** puede connotar un desconcierto o consternación, así como un asombro que deja a uno atónito <*flabbergasted* by the cost of the meal>.

• **Stagger, floor** significan asombrar absolutamente, como si causara suficiente sorpresa como para hacer que alguien se tambalee hacia atrás o caiga al suelo <*staggered* by these new revelations> <he was *floored* by her announcement that she was leaving>.

• **Stupefy, stun** connotan quedar sin sentido o mareado por algo <*stupefied* with horror as he watched the city burn> <seemed *stunned* at how quickly his life was falling apart>.

• **Shock** connota que causa sorpresa, terror, horror o disgusto <*shocked* by such cruelty>.

Surreal V. FANTASTIC.

Surrender *n* **Surrender, submission, capitulation** significan el ceder uno su persona, sus fuerzas o sus posesiones a otra persona o potencia.

• **Surrender,** tanto en su uso militar como en su uso general, tiende a indicar el ceder todo y el depender de la clemencia o la humanidad de una potencia más fuerte <the unconditional *surrender* of all enemy forces>.

• **Submission** pone énfasis en el reconocimiento del poder o la autoridad de otro, y connota a menudo la pérdida de independencia <he had beaten his dog into *submission*>. ***ant*** resistance

• **Capitulation** puede recalcar condiciones acordadas entre dos personas o grupos que son partes de una rendición, pero recalca a menudo lo completo o lo final de la rendición <the sudden *capitulation* of the entire army>.

Surrender *vb* V. RELINQUISH.

Surreptitious V. SECRET.

Surround V. CONTAIN.

Surveillance V. OVERSIGHT.

Survey *n* V. COMPENDIUM.

Survey *vb* V. SEE 1.

Survive 1. V. CONTINUE. **2.** V. PERSEVERE.
Susceptible V. LIABLE.
Suspect V. CONJECTURE.
Suspend V. DEFER.
Suspicion V. UNCERTAINTY.
Swagger V. STRUT.
Swallow V. BEAR.
Swarm V. TEEM.
Swat V. STRIKE.
Sway *vb* **1.** V. AFFECT. **2.** V. SWING 2.
Sway *n* V. POWER 3.
Sweep V. RANGE.
Sweeping V. INDISCRIMINATE.
Sweet, engaging, winning, charming, adorable, delightful, appealing significan definitivamente agradable o encantador, y libre de todo lo que puede ser irritante o desagradable.

• **Sweet** suele ser un término de aprobación leve y general que se aplica a lo que agrada o atrae sin conmover profundamente <what a *sweet* little cottage>, pero a veces puede connotar un exceso empalagoso de algo que es agradable en moderación <a *sweet* smell>. ***ant*** sour, bitter

• **Engaging** suele recalcar el poder de atraer, y a menudo, de ocupar una atención favorable <an *engaging* smile>.

• **Winning** es cercano a *engaging* pero tiende a recalcar el poder de agradar o de encantar <his daughter's *winning* personality>.

• **Charming** significa extremadamente deleitable <all her friends said they found her parents *charming*>.

• **Adorable,** un término un poco coloquial, connota altamente encantador y adorable <what an *adorable* child>.

• **Delightful** significa altamente agradable <the entire evening had been *delightful*>.

• **Appealing** connota tener atracción <the book needs a more *appealing* title>.

Sweet-talk V. COAX.
Swell V. EXPAND.
Swerve, veer, deviate, depart, digress, diverge significan virar o apartarse de un rumbo directo.

• **Swerve** connota un viraje que es algo abrupto, ya sea en el sentido físico, mental o moral <he *swerved* to avoid hitting a dog>.

• **Veer** indica un significante cambio de dirección, que a menudo se hace bajo una influencia externa <at that point the road *veers* to the right>.

• **Deviate** indica el virar o apartarse de un curso acostumbrado o prescrito, y suele connotar irregularidad <the witness never *deviated* from her story>.

• **Depart** indica el virar o apartarse de un curso o tipo tradicional o convencional <his speech *departed* several times from the written text>.

• **Digress** se aplica a un alejamiento del asunto que se está tratando <their teacher frequently *digressed* into unrelated topics>.

• **Diverge** puede ser equivalente a *depart* pero connota con frecuen-

Syndicate v. MONOPOLY.
Synopsis v. ABRIDGMENT.
Synthetic v. ARTIFICIAL.
System v. METHOD.
Systematize v. ORDER.

T

Tab v. PRICE.
Taciturn v. SILENT.
Tact, poise, savoir faire, diplomacy significan habilidad y gracia en el trato con los demás.

- **Tact** indica una percepción delicada y considerada de lo que es idóneo o apropiado bajo ciertas circunstancias <her *tact* in dealing with difficult customers>. ***ant*** awkwardness
- **Poise** puede indicar tanto tacto como habilidad, pero recalca la serenidad y la facilidad al enfrentar situaciones difíciles <by 20 he already had the social *poise* of a much older man>. ***ant*** clumsiness
- **Savoir faire** suele recalcar la experiencia mundana, así como el conocimiento certero de lo que es apropiado u oportuno en situaciones diversas <admired her uncle's confidence and *savoir faire*>.
- **Diplomacy** sugiere destreza en manejar los asuntos sin despertar hostilidad <his *diplomacy* in dealing with his brothers>.

Tactics v. STRATEGY.
Tactless v. IMPROPER.
Tail v. FOLLOW.
Taint *vb* v. CONTAMINATE.
Taint *n* v. STIGMA.
Take 1. Take, seize, grasp, clutch, snatch, grab, collar significan tomar o capturar con la mano o una acción similar.

- **Take** es un término general, que puede aplicarse a cualquier manera de poner uno bajo su control una cosa <*took* the knife out of the infant's hands>.
- **Seize** indica un esfuerzo súbito y forzoso de tomar posesión de una cosa tangible, o de comprender una cosa impalpable y fugaz <*seized* the ball in midair>.
- **Grasp** recalca el tomar una cosa de tal manera que se tiene firmemente bajo control <simply *grasp* the handle and pull>.
- **Clutch** recalca avidez o ansiedad al tomar o asir algo, y puede indicar que no se ha podido realizar la acción <*clutching* her bag tightly as she pushed through the crowd>.
- **Snatch** connota una acción más súbita o rápida <*snatched* a doughnut before running out the door> y puede connotar una cualidad sigilosa <criminals who *snatch* women's purses on the street>.
- **Grab** indica tosquedad o grosería, y suele indicar una arrogante falta de respeto hacia los derechos de los demás <*grabbed* her roughly by the arm>.

• **Collar,** un término informal, significa arrestar o agarrar <the police *collared* two suspects an hour later>.

2. v. RECEIVE.

Takeoff v. CARICATURE.

Take part v. SHARE.

Take place v. HAPPEN.

Tale v. STORY.

Talent v. GIFT.

Talisman v. FETISH.

Talk v. SPEAK.

Talkative, loquacious, garrulous, voluble significan dado a hablar o charlar.

• **Talkative** puede indicar el estar dispuesto a hablar, o una tendencia a gozar de la conversación <not the *talkative* type who would enjoy a party>. ***ant*** silent, quiet

• **Loquacious** connota fluidez y facilidad en el habla, así como una tendencia inapropiada a hablar mucho <a *loquacious* spokesman for the company>.

• **Garrulous** indica una elocuencia ordinaria, aburrida y que divaga <a *garrulous* gentleman sitting next to him who had talked for the whole trip>. ***ant*** taciturn, reserved

• **Voluble** connota una elocuencia que es libre, sencilla e interminable <she found the Italians far more *voluble* than the French>. ***ant*** reticent

Tall v. HIGH.

Tally v. AGREE 3.

Tame 1. Tame, submissive, meek significan dócil o incapaz de afirmar su propia voluntad.

• **Tame** indica una falta de independencia y de espíritu que permite, o que resulta de, la dominación por parte de otros <their chickens were as *tame* and friendly as cats>. ***ant*** fierce, untamed, wild

• **Submissive** indica el estado de ánimo de uno que ha cedido su voluntad al control de otro, y que obedece o acepta incondicionalmente <*submissive* to authority>. ***ant*** rebellious, stubborn

• **Meek** sugiere sumisión, paciencia y falta de resentimiento <so *meek* that she actually walked behind her husband>. ***ant*** feisty.

2. v. OBEDIENT.

Tamper v. MEDDLE.

Tangent v. ADJACENT.

Tangible v. PERCEPTIBLE.

Tantalize v. WORRY.

Tantrum v. FIT.

Tap, knock, rap significan golpear o pegar audiblemente.

• **Tap** indica dar un golpe leve, y por lo general, repetidas veces <*tapped* on the window to attract her attention>.

• **Knock** indica un golpe más firme, a veces semejante a un martillazo, y que produce un sonido más fuerte <the concierge *knocked* loudly at 7:00 to awaken us>.

• **Rap** connota un golpe vigoroso y fuerte que se da sobre una superficie dura y que produce un ruido seco y fuerte o una serie de sonidos <*rapped* the table with his knuckles>.

Tardy, late, overdue, belated, delayed significan que no llega, no se hace o no ocurre a la hora supuesta, debida o esperada.

• **Tardy** indica una falta de puntualidad o un retraso causado por lentitud en el progreso, o con mayor frecuencia, una demora en comenzar <made excuses for his *tardy* arrival>. ***ant*** prompt, on time

• **Late** suele connotar el no venir o el no tener lugar a la hora indicada debido al aplazamiento, la lentitud o la interferencia <he was *late* for work most mornings>. ***ant*** early, punctual, prompt

• **Overdue** puede aplicarse a algo cuyo plazo se ha vencido pero que no se ha atendido <an *overdue* library book>, lo que se ha esperado o se ha previsto y sigue sin llegar <our guests are *overdue*>, o lo que lógicamente podría haber ocurrido o aparecido mucho antes <tax reform is long *overdue*>. ***ant*** early, on time

• **Belated, delayed** connota retrasado más del tiempo usual o esperado <a *belated* birthday card> <a *delayed* reaction>. ***ant*** timely

Target V. INTENTION.

Tart V. PUNGENT.

Task 1. Task, duty, job, chore, assignment significan un trabajo que tiene que hacerse.

• **Task** indica normalmente un trabajo específico, impuesto por una persona con autoridad o por las circunstancias <performed a variety of *tasks* for the company>.

• **Duty** indica una obligación de llevar algo a cabo, o una responsabilidad por su realización <the *duties* of a lifeguard>.

• **Job** se aplica a un trabajo que se hace voluntariamente o a un trabajo servil que se ha asignado, y puede connotar a veces cierta dificultad o importancia <the *job* of reducing the company's size>.

• **Chore** indica una actividad rutinaria que se necesita para mantener un hogar o una granja, y puede recalcar lo aburrido de la actividad <every child had a list of *chores* to do>.

• **Assignment** indica un trabajo, definido y limitado, asignado por uno con autoridad <their class *assignment* was to read the next two chapters>.

2. V. WORK.

Taste, flavor significan la propiedad de una sustancia que hace que ésta sea perceptible por el sentido gustativo.

• **Taste** indica simplemente la propiedad <the *taste* of honey>.

• **Flavor** connota la interacción de los sentidos del gusto y del olfato <trying to sort out the dessert's many *flavors*>.

Tasty V. PALATABLE.

Taunt 1. V. RIDICULE. **2.** V. BAIT.

Taut V. TIGHT.

Tawdry V. GAUDY.

Taxing V. ONEROUS.

Teach, instruct, educate, train, school, coach, tutor, indoctrinate significan lograr que uno adquiera conocimientos o capacidad.

• **Teach** se aplica a cualquier manera de impartir información o capacidad con el fin de que otros aprendan <*taught* them how to ski>.
• **Instruct** connota una enseñanza formal o metódica <*instructing* the new employees>.
• **Educate** indica el intento de sacar y desarrollar capacidades latentes <schools that *educate* students for the real world>.
• **Train** recalca el impartir instrucción o ejercicios con un fin específico <*trained* foreign pilots to operate the new aircraft>.
• **School** indica el entrenar o disciplinar, especialmente en algo que es difícil de dominar o de soportar <all the graduates were well *schooled* in economics>.
• **Coach** connota entrenar intensamente, especialmente en atletismo <*coached* the basketball team>.
• **Tutor** sugiere enseñar o guiar individualmente, especialmente para un propósito particular <she was *tutored* in English by a college student>.
• **Indoctrinate** sugiere llenar a alguien con opiniones o principios, generalmente de tipo partidista <young army recruits being *indoctrinated* with military values>.
• **Tear, rip, split** significan separar por la fuerza.
• **Tear** indica una separación forzosa que deja bordes u orillas irregulares <had *torn* a page out of the book>.
• **Rip** indica una separación que se hace con un solo movimiento rápido, a menudo hecho a lo largo de una costura o articulación <*ripped* her jacket on a bush>.
• **Split** indica un corte o una ruptura en una dirección continua, derecha, y a menudo longitudinal, o que se hace en la dirección del grano o de las capas <*splitting* wood for burning>.

Tease 1. V. WORRY. **2.** V. RIDICULE.
Technique V. METHOD.
Tedious V. DULL.
Tedium, boredom, ennui, monotony significan un estado de descontento y abatimiento.
• **Tedium** suele connotar una monotonía y un desánimo que resultan de una inactividad irritante o de lo aburrido de una ocupación <the *tedium* of listening to one long lecture after another>. ***ant*** excitement
• **Boredom** añade connotaciones de apatía, de malestar y de ser deprimente que acompañan algún ambiente, situación, o compañía que no estimula o desafía <*boredom* had set in after a couple of hours>. ***ant*** interest
• **Ennui** recalca un profundo descontento o abatimiento de espíritu, y suele connotar una depresión física y aburrimiento <the *ennui* of these wealthy young Europeans>. ***ant*** enthusiasm
• **Monotony** connota una igualdad tediosa <hated the *monotony* of her workdays>. ***ant*** variety

Teem, abound, swarm, overflow significan estar plenamente abastecido de una cosa o ser rico en ella.
• **Teem** indica productividad o fecundidad <rivers *teeming* with fish>.

• **Abound** indica plenitud de números o de cantidad, y suele recalcar una profusión <oaks *abound* in the local forests>.
• **Swarm** suele recalcar movimiento y amontonamiento, pero puede connotar una infestación <apartment houses in the slums *swarming* with rats>.
• **Overflow** añade a *abound* la noción de atestar o de exceder la capacidad de alguien o de algo para contener o usar una cosa <the churches were *overflowing* that Sunday>.

Teeter 1. V. SHAKE 1. **2.** V. REEL.
Tell 1. V. REVEAL. **2.** V. SAY. **3.** V. INFORM.
Telling V. VALID.
Temerity, effrontery, audacity, nerve, gall, chutzpah significan un atrevimiento abierto o flagrante.
• **Temerity, effrontery** connota un atrevimiento descarado que surge de la impetuosidad y del desprecio del peligro <after insulting her, he'd had the *temerity* to ask for a favor> <had the *effrontery* to tell me how to do my job>.
• **Audacity** indica el ignorar las restricciones comúnmente impuestas por la convención o la prudencia <secretly admired his *audacity*>.
• **Nerve,** un equivalente informal de *effrontery,* recalca el atrevimiento <the *nerve* of that guy!>.
• **Gall** es parecido a *nerve* y *cheek,* pero pone énfasis en la insolencia <she'd had the *gall* to claim that she'd been in favor of the idea from the beginning>.
• **Chutzpah** añade a *nerve* y a *gall* la noción de una suprema confianza en sí mismo <the *chutzpah* to claim that the war hero had been a coward>.

Temper *n* V. DISPOSITION.
Temper *vb* V. MODERATE *vb.*
Temperament V. DISPOSITION.
Temperamental V. FICKLE.
Temperance, sobriety, abstinence, self-restraint significan autocontrol en la gratificación de los apetitos y deseos.
• **Temperance** indica una moderación habitual y el uso de la discreción en cualquier actividad; en referencia al uso de bebidas embriagantes, no indica moderación sino abstención <*temperance* and moderation were once thought of as important middle-class virtues>. ***ant*** excess, dissipation
• **Sobriety** connota el evitar todo exceso, a menudo el exceso en la bebida que lleva a la embriaguez; puede asimismo connotar un carácter serio y el evitar cualquier ostentación <his mother's flamboyance was in sharp contrast to his father's *sobriety*>. ***ant*** drunkenness, excitement, flamboyance
• **Abstinence** indica una privación voluntaria <practiced sexual *abstinence*>. ***ant*** self-indulgence, hedonism
• **Self-restraint** connota control sobre la expresión de los deseos, los impulsos, las emociones o los pensamientos de uno <an impulsive teenager lacking in *self-restraint*>. ***ant*** self-indulgence, extravagance

Temperate 1. V. SOBER. **2.** V. MODERATE *adj.*

Temporary V. PROVISIONAL.
Tempt V. LURE.
Tenacious V. STRONG.
Tenacity V. COURAGE.
Tend, attend, mind, watch, guard, oversee significan hacerse cargo de algo o cuidar a alguien o algo.

• **Tend** connota la necesidad de recibir atención constante o repetida <the garden and grounds need to be *tended*>.

• **Attend** tiende a recalcar el hacerse cargo de algo, y su uso es, por lo tanto, adecuado en situaciones relacionadas con servicios profesionales o actividades especializadas <the doctor who *attended* his mother>.

• **Mind** es muy cercano a *tend,* pero connota específicamente el guardar o proteger contra el daño o el fracaso <her neighbor *minds* the children after school>.

• **Watch,** que suele ser cercano a *mind,* puede indicar una relación más constante o más profesional, o connotar una apremiante necesidad de prevenir un peligro <a guard was hired to *watch* the store at night>.

• **Guard** sugiere proteger, preservar o vigilar algo <she *guarded* her privacy carefully>.

• **Oversee** sugiere supervisar <he had the task of *overseeing* the move to the new building>.

Tendency, trend, drift significan movimiento en una dirección particular o con un carácter particular.

• **Tendency** indica una inclinación que a veces puede llegar a ser una fuerza impelente <a *tendency* to slur his consonants>.

• **Trend** se aplica a la dirección general mantenida por un curso sinuoso o irregular <the long-term *trend* of the stock market>.

• **Drift** puede aplicarse a una tendencia cuya dirección o curso puede ser determinado por fuerzas externas <the *drift* of the population into the cities>, o puede aplicarse a una tendencia subyacente u oscura del significado o del discurso <had noticed the *drift* of her conversation>.

Tender V. OFFER.
Tenet V. DOCTRINE.
Tense 1. V. STIFF. **2.** V. TIGHT.
Tension V. STRESS.
Tentative V. PROVISIONAL.
Tenuous V. THIN.
Term V. PERIOD.
Terminal V. LAST.
Terminate V. CLOSE *vb.*
Termination V. END.
Terminus V. END.
Terrestrial V. EARTHLY.
Terrible V. FEARFUL 2.
Territory V. RANGE *n.*
Terror V. FEAR.
Terse 1. V. CONCISE. **2.** V. BRIEF.
Testy V. IRASCIBLE.
Thankful V. GRATEFUL.

Theatrical V. DRAMATIC.

Theft, larceny, robbery, burglary, piracy significan al acto o el crimen de robar o hurtar.

• **Theft** indica el tomar y quitar la propiedad de otra persona, normalmente sigilosamente y sin su consentimiento <the *theft* of an idea can be more serious than the *theft* of money>.

• **Larceny,** usado primordialmente en contextos legales, se aplica a un robo simple y directo en el cual una persona se apodera de la propiedad de otra <*larceny* is "grand" or "petty" according to the value of what was stolen>.

• **Robbery,** en su uso estricto, indica el uso de la violencia o de la amenaza de violencia al quitar la propiedad de otro <the boy had been seriously injured in the course of a *robbery*>.

• **Burglary** indica el entrar, ilegalmente y por la fuerza, en una propiedad encerrada con el fin de cometer un crimen, normalmente un robo o hurto <to prevent *burglary,* all the houses had alarms>.

• **Piracy** connota no solamente un robo en alta mar <hanged for *piracy* in 1765> sino la violación de los derechos de autor por medio del uso no autorizado del trabajo de otra persona <nations that permit *piracy* of software, films, music, and books from other countries>.

Theme V. MELODY.

Then V. THEREFORE.

Theoretical, speculative, academic, hypothetical, abstract significan que trata primordialmente de abstracciones y teorías.

• **Theoretical** puede aplicarse a ramas del saber que tratan de deducciones basadas en hechos observados, así como las leyes y teorías que las explican <*theoretical* physics has provided the foundation for applied physics>, pero puede asimismo indicar un divorcio de la realidad que resulta en una percepción distorsionada de las cosas, o una falta de experimentación y de experiencia en el uso real <considered both the *theoretical* and practical aspects of the plan>. ***ant*** applied, practical

• **Speculative** puede sobrepasar a *theoretical* en dar importancia al acto de teorizar, e indica con frecuencia un uso audaz de la imaginación en la manipulación de las ideas <a fascinating but highly *speculative* new theory>.

• **Academic,** en este uso, suele ser despectivo y tiende a recalcar una tendencia a concentrarse, a menudo excesivamente, en cosas abstractas a expensas de la realidad o de asuntos prácticos <claimed that her knowledge of human nature was purely *academic*>.

• **Hypothetical** describe una suposición tentativa, frecuentemente hecha para discusión <for the sake of argument, she described a *hypothetical* situation>.

• **Abstract** sugiere impersonal o desprendido y especialmente no relacionado con una instancia específica <with no real enemy attack for comparison, the proposed scenario seemed rather *abstract*>. ***ant*** concrete

Theory V. HYPOTHESIS.

Therefore, thus, hence, consequently, then, accordingly significan como resultado o concomitante.

• **Therefore, thus** recalca la conclusión deducida lógicamente que introduce <there were unusually low tax revenues, and *therefore* large deficits> <the cow is regarded as holy and *thus* is protected>.
• **Hence** es a menudo intercambiable con *therefore,* pero tiende a recalcar más la importancia de lo que precede <the storm will affect the airlines' schedules, and *hence* your own>.
• **Consequently** tiende a connotar motivos buenos o razonables, o una fuerte posibilidad lógica <the remaining panels are the highest and *consequently* the hardest to paint>.
• **Then,** cuando se usa para indicar una secuencia lógica, se emplea primordialmente en la cláusula o conclusión consecuente de una frase condicional <if A is true, *then* B must be false>.
• **Accordingly** suele indicar una secuencia lógica o causal, pero connota que la consecuencia es más natural o usual que necesaria o inevitable <she knew who would be on the committee and planned her presentation *accordingly*>.

Thick V. CLOSE *adj.*

Thin, slender, slim, slight, tenuous significan que no es grueso, amplio, abundante o denso.
• **Thin** indica una extensión relativamente pequeña entre dos superficies, o en diámetro <*thin* wire>, o puede bien connotar falta de sustancia, riqueza o abundancia <soup that was *thin* and tasteless>. ***ant*** thick, fat, wide
• **Slender** indica delgadez o magrez, a menudo acompañadas de gracia y proporción <the chair's *slender* legs>. ***ant*** broad
• **Slim** se aplica a una esbeltez que connota fragilidad o escasez <the plan had only a *slim* chance of success>.
• **Slight** indica pequeñez al igual que delgadez <though he was as *slight* as a boy, he was wiry and strong>. ***ant*** stout
• **Tenuous** indica una extrema delgadez, delicadeza o falta de sustancia y de firmeza <had *tenuous* family connections with the president>.

Thing 1. Thing, object, article, entity, item significan algo que se considera tiene una existencia real, distinta y demostrable.
• **Thing** puede aplicarse no solamente a todo lo que puede conocerse directamente mediante los sentidos, sino también a algo cuya existencia puede deducirse de sus señas y efectos <he says *things* like that all the time>; en su uso más restringido, puede referirse a una entidad que existe en el espacio y en el tiempo, a diferencia de una que sólo existe en el pensamiento <happiness isn't a *thing* you can simply acquire>, o bien puede aplicarse a una entidad inanimada, a diferencia de seres vivientes, y sobre todo de personas <the only *thing* missing was a piano>.
• **Object** recalca la existencia aparte del observador, y suele aplicarse normalmente a algo que está puesto o puede ponerse delante de uno para ser visto, considerado o contemplado <racism as an *object* of study>, o que tiene cuerpo, y usualmente, sustancia y forma <stumbled over a soft *object* in the dark room>.
• **Article** se usa primordialmente para denotar objetos que son vistos como miembros de un grupo o clase <picked up several *articles* of clothing that the boy had dropped>.

• **Entity** puede significar cualquier cosa que tiene realidad y existencia separada y distinta <for Hindus, God and the soul are not separate *entities*>.

• **Item** sugiere una cosa o un objeto separado, especialmente uno enumerado en una lista <every *item* on her shopping list>.

2. V. AFFAIR.

Think 1. Think, conceive, imagine, realize, envisage, envision, visualize significan formar una idea de algo.

• **Think** indica la entrada de una idea en la mente de uno, ya sea con o sin consideración o reflexión deliberada <I've *thought* of a good story>.

• **Conceive** connota el formar, adelantar, y normalmente, proponer una idea, un plan o un proyecto <the plan they had *conceived* for the building complex>.

• **Imagine** recalca una visualización <trying to *imagine* what she'd been thinking>.

• **Realize** recalca el comprender la importancia de algo vívidamente concebido o imaginado <only slowly *realized* the size of the task>.

• **Envisage, envision** indican el concebir o imaginar algo de manera particularmente nítida o detallada <*envisaged* a totally computerized operation> <*envisioned* a world free from hunger>.

• **Visualize** sugiere crear una imagen mental <trying to *visualize* the landscapes described in the book>.

2. Think, reflect, reason, speculate, deliberate significan usar uno los poderes de concebir, juzgar o deducir.

• **Think** es un término general y puede aplicarse a cualquier actividad de la mente, pero cuando se usa solo tiende a connotar el alcanzar ideas o conclusiones claras <a course that actually teaches you how to *think*>.

• **Reflect** connota la consideración deliberada de algo que viene a la mente o que se recuerda <*reflected* on fifty years of married life>.

• **Reason** recalca un pensamiento que es lógico y consecutivo <*reasoned* that the murderer and victim must have known each other>.

• **Speculate** indica un razonamiento sobre cosas que son teóricas o problemáticas <historians have *speculated* about the colony's fate>.

• **Deliberate** connota un razonamiento y una consideración lenta o cuidadosa antes de formar una opinión o idea, o de llegar a una conclusión o decisión <the jury *deliberated* for five hours>.

3. V. KNOW.

Thirst V. LONG.

Thorough V. DETAILED.

Thoroughgoing V. OUTRIGHT.

Though, although, while significan a pesar del hecho.

• **Though** puede usarse para introducir un hecho establecido <*though* we have put men on the moon, we haven't stopped wars>, o una hipótesis o admisión de una posibilidad o probabilidad <*though* rain seemed likely, they decided to go anyway>.

• **Although** suele ser intercambiable con *though* y puede introducir la afirmación de un hecho <*although* she ran her fastest race, she only received third prize>.

• **While** significa *though* o *although* y generalmente aplica a cosas que ocurren al mismo tiempo <*while* the two were polite with each other, there was no longer much fondness between them>.

Thought v. IDEA.

Thoughtful 1. Thoughtful, reflective, speculative, contemplative, meditative, pensive significan que es caracterizado por el poder de pensar de manera profunda o concentrada, o que demuestra este poder.

• **Thoughtful** puede indicar ya sea el acto de pensar de forma concentrada o la disposición a aplicarse a pensar cuidadosa y seriamente sobre problemas o cuestiones específicas <had written a *thoughtful* paper on the subject>.

• **Reflective** connota el uso del análisis o del razonamiento lógico con un fin específico <the sermons were always calm and *reflective*>.

• **Speculative** connota una tendencia a pensar acerca de cosas tan abstractas o incognoscibles que cualquier conclusión tendría que ser incierta; el término connota con frecuencia el teorizar con muy poca consideración de la evidencia <various *speculative* theories about climate change in the Pleistocene epoch>.

• **Contemplative, meditative** indica una atención que se fija en el objeto del pensamiento o en un hábito de la mente <led a calm, *contemplative* life in retirement> <the music was soft and *meditative*>.

• **Pensive,** el cual no es siempre distinguible de *meditative,* puede conllevar indicaciones de ensueño, añoranza o melancolía <her mood had been *pensive* all day>.

2. Thoughtful, considerate, attentive significan consciente de los demás.

• **Thoughtful** suele indicar una preocupación desinteresada en los demás, así como la capacidad de anticipar las necesidades o los deseos de otro <the thank-you note was a *thoughtful* gesture>. ***ant*** thoughtless

• **Considerate** recalca una preocupación por los sentimientos o las angustias de otros <the most *considerate* man she had ever known>. ***ant*** inconsiderate

• **Attentive** recalca que la consideración es continua y que se demuestra mediante repetidos actos de gentileza <a wonderfully *attentive* host>. ***ant*** inattentive, neglectful

Thrash v. SWING 1.

Threatening v. OMINOUS.

Thrifty v. SPARING.

Thrill, electrify, enthuse, excite significan llenar de emociones que agitan o provocan.

• **Thrill** suele connotar el ser penetrado por una emoción generalmente estimulante que hace desbordar de placer, horror o entusiasmo <*thrilled* by the final moments of the game>.

• **Electrify** connota un estímulo súbito, violento y asombroso que puede compararse con una corriente eléctrica <the news *electrified* the community>.

• **Enthuse,** un término informal, indica el provocar o sentir entusiasmo <it took a lot to *enthuse* her about anything>.

• **Excite** sugiere despertar una fuerte respuesta emocional <these dis-

coveries *excited* great interest in the scientific community>.

Thrive V. SUCCEED.

Throe V. FIT *n.*

Throng V. CROWD.

Throw, cast, toss, fling, hurl, pitch, sling, lob, chuck significan causar que algo se mueva con rapidez por el espacio mediante un movimiento o una fuerza de propulsión.

• **Throw** es general e intercambiable con los otros términos, pero puede indicar en particular un movimiento de propulsión que se realiza con el brazo <can *throw* the ball over the far fence>.

• **Cast** suele indicar ligereza en la cosa que se tira, y a veces indica un esparcir <*casting* occasional glances at the girl across the room>.

• **Toss** connota tirar algo de forma ligera o descuidada, y puede indicar un movimiento hacia arriba <*tossed* her jacket onto the floor>.

• **Fling** recalca el tirar algo vigorosamente con cierto grado de puntería y control <*flung* himself onto the bed>.

• **Hurl** indica impulsar algo con fuerza y poder, como si se estuviese tirando algo masivo y pesado <*hurled* the bottle across the room>.

• **Pitch** connota el tirar algo con cuidado hacia un blanco <*pitching* for the Red Sox>, o tirar de forma descuidada y ligera <*pitched* the broken watch into the wastebasket>.

• **Sling** connota el impulsar con un movimiento amplio, normalmente de forma súbita y con fuerza <*slung* the bag over his shoulder>.

• **Lob** connota lanzar o pegar fácilmente, generalmente con un gran arco <he was out on the lawn *lobbing* balls to his son>.

• **Chuck,** un término informal y coloquial, simplemente significa lanzar <surprised him by *chucking* a fast one>, pero frecuentemente también significa desechar como si fuese tirándolo en el bote de basura <suddenly *chucked* his whole career>.

Throw away 1. V. DISCARD. **2.** V. WASTE.

Throw out V. EJECT.

Thrust V. PUSH.

Thunderous V. LOUD.

Thus V. THEREFORE.

Thwart V. FRUSTRATE.

Tidy V. NEAT.

Tie, bind, moor, lash significan hacer fijo o seguro.

• **Tie** indica el uso de una cuerda, como una soga, una cadena o una tira, para unir una cosa que puede moverse a una cosa que es estable <*tying* a ribbon around the gift package>. ***ant*** loose, undo, untie

• **Bind** indica el uso de una banda o un lazo para unir dos o más cosas con firmeza <the shared history that *binds* old friends together>. ***ant*** loose, unloose, releas

• **Moor** connota asegurar algo, generalmente un bote, con un cable o un ancla <*moored* the small boat to the dock>.

• **Lash** connota atar algo con, o como si fuese con, una cuerda <*lashed* the huge fish to the side of his boat>.

Tiff v. QUARREL.

Tight 1. Tight, taut, tense significan jalado o estirado hasta el límite, o hasta el punto en que deja de haber holgura o falta de tensión.

• **Tight** indica el tirar una cosa hacia otra, o estirar una cosa alrededor de otra de tal manera que la holgura desaparece totalmente o casi totalmente, o de tal manera que se produce una atadura o una restricción <a *tight* belt>, o bien puede connotar la idea de apretar o restringir sin piedad <found themselves in extremely *tight* quarters>. ***ant*** loose

• **Taut** connota el tirar una soga o una tela al límite, o al punto en que toda holgura desaparece <all the ropes were now *taut*>, o bien puede connotar tensión nerviosa <their nerves were *taut*>. ***ant*** slack

• **Tense** puede preferirse cuando se desea indicar una severa tensión física o mental <every muscle was *tense*> <his boss looked *tense* and unhappy>. ***ant*** relaxed

2. v. DRUNK.

Tilt v. SLANT.

Timely, well-timed, opportune significan particularmente apropiado para el tiempo o la situación.

• **Timely** se aplica a lo que ocurre o aparece a la hora o en el momento cuando es más útil o valioso <a *timely* warning>. ***ant*** untimely

• **Well-timed** se aplica a lo que es tan oportuno que connota premeditación, cuidado o planificación <a *well-timed* attack>.

• **Opportune** describe algo que llega, a menudo por casualidad, en el mejor momento posible y contribuye hacia el provecho de todos los afectados <chose an *opportune* moment to speak to his boss>. ***ant*** inopportune

Timid 1. Timid, fainthearted, apprehensive significan miedoso o aprensivo al grado de vacilar o retraerse.

• **Timid** recalca la falta de valor y de atrevimiento, e indica una extrema precaución y un miedo de aventurarse en lo desconocido <he made several *timid* attempts to get her attention>.

• **Fainthearted** sugiere ser carente de valor y resolución <mocked his brother for being *fainthearted* about the plan>. ***ant*** courageous, bold

• **Apprehensive** connota ver el futuro con ansiedad o alarma <the children were clearly *apprehensive* around their new stepfather>. ***ant*** bold

2. v. COWARDLY.

Tinge v. COLOR.

Tint v. COLOR.

Tiny v. SMALL.

Tip *n* v. ADVICE.

Tip *vb* v. SLANT.

Tipsy v. DRUNK.

Tire, weary, fatigue, exhaust significan hacer o hacerse, incapaz de continuar o indispuesto a hacerlo.

• **Tire** indica el agotar las fuerzas o la paciencia de uno <the long ride *tired* us out>. ***ant*** refresh

• **Weary** indica el cansar al punto de no poder aguantar más <*wearied* of the constant arguments with his wife>.

• **Fatigue** connota el causar gran lasitud a causa de una gran tensión o un esfuerzo excesivo <*fatigued* by the long climb>. ***ant*** rest

• **Exhaust** indica el agotamiento total de las fuerzas físicas o mentales causado por un pesado esfuerzo <the shoveling had left him *exhausted*>. ***ant*** refresh

Tireless v. INDEFATIGABLE.

Titanic v. ENORMOUS.

Toady *n* v. PARASITE.

Toady *vb* v. FAWN.

To-do v. STIR *n*.

Toil v. WORK 1.

Token 1. v. SIGN 1. **2.** v. SYMBOL.

Tolerant v. FORBEARING.

Tolerate v. BEAR.

Tone v. COLOR.

Tool v. IMPLEMENT.

Top v. SUMMIT.

Torch v. LIGHT.

Torment *vb* v. AFFLICT.

Torment *n* v. DISTRESS *n*.

Torture v. AFFLICT.

Toss v. THROW.

Total *adj* v. WHOLE.

Total *n* v. SUM.

Tote v. CARRY.

Totter 1. v. REEL. **2.** v. SHAKE 1.

Touch 1. Touch, feel, handle, paw, finger, stroke significan conseguir una sensación, producirla o afectar con ella mediante el contacto físico o algo similar.

• **Touch** recalca el hecho, y puede indicar contacto físico o el uso de un utensilio <she *touched* the paint to see if it was dry>.

• **Feel** recalca la sensación inducida o experimentada <he *felt* around in the dark for the light switch>.

• **Handle** indica una examinación o exploración hecha con las manos o los dedos con el fin de determinar cualidades como la textura, el peso o la condición <she didn't like it when her customers *handled* the goods>.

• **Paw** suele connotar el tocar de manera torpe u ofensiva <*pawed* eagerly through the box>.

• **Finger** connota tocar o manejar algo <*fingering* her ring nervously as she spoke>.

• **Stroke** connota frotar suavemente en una dirección <gently *stroking* the cat>.

2. v. AFFECT.

3. v. MATCH.

Touching v. MOVING.

Touchstone v. STANDARD.

Touchy v. IRASCIBLE.

Tough 1. v. STRONG. **2.** v. FIRM. **3.** v. HARD.

Tow v. PULL.

Towering V. HIGH.
Toxic 1. V. DEADLY. **2.** V. PERNICIOUS.
Toxin V. POISON.
Toy V. TRIFLE.
Trace, track, trail significan una seña perceptible hecha por algo que ha pasado o desaparecido.

• **Trace** puede connotar cualquier línea, marca o efecto discernible que se deja atrás <the species had vanished without a *trace*>.

• **Track** indica una línea continua de marcas, huellas u olor que se puede seguir <the *tracks* of a large bear>.

• **Trail** puede significar la fragancia o el rastro de alguien o algo que ha pasado <the police were on his *trail*> o un camino establecido <followed the *trail* over the mountain>.

Track *n* V. TRACE.
Track *vb* V. FOLLOW.
Trade 1. V. BUSINESS. **2.** V. WORK.
Trademark V. CHARACTERISTIC.
Traffic V. BUSINESS.
Tragedy V. DISASTER.
Trail V. FOLLOW 2.
Trail *n* V. TRACE.
Train 1. V. TEACH. **2.** V. PRACTICE.
Traipse V. WANDER.
Trait V. QUALITY.
Tranquil V. CALM.
Transcend V. EXCEED.
Transfer V. GIVE.
Transfigure V. TRANSFORM.
Transform, metamorphose, transmute, convert, transfigure, mutate, morph significan cambiar una cosa en otra cosa o forma.

• **Transform** indica un cambio muy importante en la forma, la naturaleza o la función <*transformed* a small company into a corporate giant>.

• **Metamorphose** connota un cambio abrupto o sorprendente efectuado por algo como la magia, un poder sobrenatural o un proceso de desarrollo natural <in only a year these awkward 12-year-old girls had *metamorphosed* into graceful dancers>.

• **Transmute** indica el ser fundamentalmente transformado en un elemento o cosa superior <his anxieties had somehow been *transmuted* into a series of powerful novels>.

• **Convert** indica un cambio que adapta algo para un nuevo o diferente uso o función <*converted* the bedroom into a study>.

• **Transfigure** indica un cambio que exalta o que glorifica <her whole appearance seemed *transfigured* by love>.

• **Mutate** connota cambiar como si fuese por un proceso genético <the project had *mutated* into something much larger and more expensive>.

• **Morph** sugiere una transformación de una imagen o entidad a otra <watched the computer screen as the man's face *morphed* into an ape's>.

Transgression v. BREACH.

Transient, transitory, ephemeral, momentary, fleeting, evanescent, short-lived, passing, brief significan que dura o que permanece poco tiempo.

• **Transient** se aplica a lo que es breve en su duración o permanencia <a hotel primarily for *transient* guests>. ***ant*** permanent, long-term

• **Transitory** se aplica a lo que, por motivo de su naturaleza o esencia, tiene que cambiar, pasar o llegar a su fin <the kind of philosopher who regards life as a *transitory* phase>.

• **Ephemeral** indica brevedad de vida o duración <the *ephemeral* moods of a three-year-old>.

• **Momentary** connota el llegar e irse rápidamente, a menudo como una simple interrupción de un estado o curso más duradero <suffered some *momentary* feelings of guilt>.

• **Fleeting** es cercano a *fugitive,* pero recalca la dificultad o la imposibilidad de retener una cosa o impedir su fuga <a life with only *fleeting* moments of pleasure>. ***ant*** lasting

• **Evanescent** connota una existencia momentánea, una rápida desaparición y una cualidad ligera o frágil <a painter trying to capture the *evanescent* qualities of the sunset>.

• **Short-lived** indica una extrema brevedad de vida o existencia, a menudo de algo que se esperaba duraría más tiempo <his triumph turned out to be *short-lived*>.

• **Passing** connota pasar rápidamente <luckily her depression had been only a *passing* phase>. ***ant*** permanent

• **Brief** simplemente significa corto <only had time for a *brief* conversation>. ***ant*** long

Transitory v. TRANSIENT.

Translucent v. CLEAR 1.

Transmute v. TRANSFORM.

Transparent v. CLEAR 1.

Transport 1. Transport, ravish, enrapture, entrance significan llevar por una emoción fuerte y normalmente agradable.

• **Transport** indica el hecho de ser profundamente afectado por una emoción, como el gozo o la ira, que excede los límites normales y agita o excita <children *transported* with delight at the thought of Christmas>.

• **Ravish** puede indicar el ser capturado por la emoción, tal como el gozo o el deleite <*ravished* by the tropical sunset>.

• **Enrapture** indica el poner en un estado de éxtasis, y normalmente connota un intenso deleite en una de las artes <young girls *enraptured* with the ballet>.

• **Entrance** suele connotar el estar preso de algo como un trance efectuado por algo que provoca una emoción abrumadora <everyone was *entranced* by her grace, charm, and beauty>.

2. v. CARRY.

Transpose v. REVERSE.

Trap v. CATCH.
Travesty v. CARICATURE.
Treacherous 1. v. FAITHLESS. **2.** v. DANGEROUS.
Treasure v. APPRECIATE.
Treat, deal with, handle, manage significan tener que ver con un asunto de una manera específica.

• **Treat,** en el sentido de servir, hacer frente a un problema o hacer algo acerca de un asunto, suele ser acompañado de un contexto que indica la actitud, el temperamento o el punto de vista que determina la manera de actuar <her writing *treats* the subject of abortion realistically>.

• **Deal with** suele connotar el actuar con control o autoridad <they *dealt with* each problem as it arose>.

• **Handle** suele connotar manipulación y el colocar, usar, dirigir o disponer con la mano o algo parecido <able to *handle* an ax skillfully>.

• **Manage** connota manejar con destreza <she had *managed* the situation with tact>.

Tremble v. SHAKE 1.
Tremendous v. MONSTROUS.
Trenchant v. INCISIVE.
Trend 1. v. TENDENCY. **2.** v. FASHION.
Trepidation v. FEAR.
Trespass n v. BREACH.
Trespass *vb* **Trespass, encroach, infringe, invade** significan hacer avances en la propiedad, el territorio o los derechos ajenos.

• **Trespass** indica una intrusión que es injustificada, ilegal u ofensiva <signs warning the public not to *trespass* on their land>.

• **Encroach** connota una intrusión gradual o sigilosa en el territorio de otro, o la usurpación de derechos o posesiones <laws that *encroach* on our civil rights>.

• **Infringe** indica una invasión o usurpación en clara violación del derecho o la prerrogativa de otro <the product *infringes* on a patent held by someone else>.

• **Invade** indica una entrada definitiva, hostil y perjudicial en el territorio o la esfera de otro <the neighbors were always *invading* our privacy>.

Trial v. DIFFICULTY.
Tribute v. ENCOMIUM.
Trick *n* **Trick, ruse, stratagem, maneuver, gambit, ploy, wile, feint, hoax** significan un medio indirecto de alcanzar un fin.

• **Trick** puede indicar el engaño, la picardía, la ilusión y una intención que igual puede ser mala o inofensiva <his nephews always enjoyed his card *tricks*>.

• **Ruse** recalca el intento de engañar como resultado de dar una falsa impresión <gained an audience with the Pope through a *ruse*>.

• **Stratagem** indica un ardid que se usa para atrapar, burlar o sorprender un contrincante o enemigo <a series of *stratagems* designed to mislead the investigators>.

• **Maneuver** connota una manipulación diestra y hábil de personas o cosas con el fin de resolver un problema o evitar dificultades <the brilliant *maneuver* that ended the chess game>.

• **Gambit** se aplica a un truco o táctica que se usa para obtener una ventaja, a menudo como resultado de acosar o avergonzar a un contrincante <a new *gambit* in the peace negotiations>.

• **Ploy** puede añadir a *gambit* una connotación de finura o picardía <tried a new *ploy* in order to gain entrance to the club>.

• **Wile** connota el intento de atrapar o engañar con falsos encantos <used all her *wiles* to catch the attention of the CEO>.

• **Feint** indica el divertir o distraer con el fin de ocultar uno su verdadera intención <a quick *feint* that left his opponent's left side unguarded>.

• **Hoax** connota un acto de engaño con la intención de engañar <an elaborate *hoax* that fooled everyone for months>.

Trick *vb* V. DUPE.

Trickery V. DECEPTION.

Trifle, toy, dally, flirt significan tratar o actuar con una persona o cosa sin propósito serio.

• **Trifle** puede indicar una variedad de actitudes distintas como la picardía, la despreocupación, un desdén indulgente o un carácter levemente amoroso <he claimed she was *trifling* with his feelings>.

• **Toy** indica el actuar uno sin poner plena atención en lo que se hace, o sin ejercer seriamente sus poderes <*toying* with the idea of changing jobs>.

• **Dally** connota el entretenerse en ciertos pensamientos, planes o actividades simplemente como diversión o pasatiempo <likes to *dally* with the idea of writing a book>.

• **Flirt** indica un carácter superficial en el interés o en la atención que pronto pasa a otro objeto <liked to *flirt* with the prettiest girls>.

Trim V. NEAT.

Trite, hackneyed, chichéd, stereotyped, stale significan que carece de la frescura o novedad que evoca la atención o el interés.

• **Trite** se aplica a una frase o idea que en algún tiempo fue efectiva, pero que ya no lo es por ser familiar desde hace demasiado tiempo <his conversation was full of *trite* expressions>. ***ant*** original, fresh

• **Hackneyed, clichéd** se aplica a lo que se ha gastado por el uso excesivo al punto de volverse aburrido y sin sentido <all the songs' lyrics are *hackneyed* and predictable> <using *clichéd* expressions>.

• **Stereotyped** indica el caer sin variación en el mismo patrón o forma imitativa <his views about Indians are *stereotyped* and out-of-date>.

• **Stale** connota haber perdido cualquier sabor o interés debido al ser muy viejo o haberse usado demasiado <told a lot of *stale* jokes>.

Triumph V. VICTORY.

Trouble *n* V. EFFORT.

Trouble *vb* **Trouble, distress, ail, vex** significan causar inquietud o molestia.

• **Trouble** connota el perder la tranquilidad e indica un elemento perturbador que interfiere con la eficiencia, la conveniencia, la comodidad, la salud o la serenidad <*troubled* by sleeplessness for weeks>.

• **Distress** indica el estar bajo tensión o presión, y tener como consecuencia estrés, dolor, inquietud o congoja <*distressed* by the sight of suffering>.

• **Ail** indica que algo no especificado ha fallado, y a menudo connota una intención de encontrar la causa con el propósito de ayudar o de corregir el problema <wondered what was *ailing* her child>.

• **Vex** significa molestar, afligir o desconcertar <*vexed* by her husband's habits>.

True V. REAL.

Trust *n* V. MONOPOLY.

Trust *vb* V. RELY.

Trusty V. FAITHFUL.

Truth, veracity, reality, actuality, accuracy significan la cualidad de permanecer cerca de los hechos o de la realidad y el evitar la distorsión o la deformación.

• **Truth** puede aplicarse a una abstracción ideal que corresponde a una realidad o cualidad universal o generalizada de las declaraciones, los actos o los sentimientos que se adhieren a la realidad y evitan el error o la falsedad <determined to discover the *truth* about her death>. ***ant*** untruth, lie, falsehood

• **Veracity** indica una rígida y constante adhesión, observancia o respeto a la verdad <doubted the *veracity* of his story>.

• **Reality, actuality** significan la calidad o el estado de ser real <the *reality* of the situtation only slowly became clear to her> <in *actuality,* the best students are those who are physically active>.

• **Accuracy** sugiere corrección y precisión <couldn't trust the *accuracy* of her memories>.

Try 1. V. AFFLICT. **2.** V. ATTEMPT.

Tug 1. V. PULL. **2.** V. JERK.

Tumor, malignancy, cancer significan un bulto o masa anormal de tejido.

• **Tumor** puede aplicarse a cualquier bulto de este tipo en el cuerpo de una persona, animal o planta, así como a varias otras dilataciones <had had a benign brain *tumor* removed>.

• **Malignancy** se aplica a una neoplasia que constituye una amenaza a la vida por su proliferación incontrolada y su tendencia a invadir tejidos <X-rays revealed a *malignancy* in his lung>.

• **Cancer** es el término técnico y popular que se usa normalmente para denotar una neoplasia maligna <finally told his friends that he had *cancer*>.

Tumult 1. V. COMMOTION. **2.** V. DIN.

Tune V. MELODY.

Turbulence V. COMMOTION.

Turgid V. INFLATED.

Turmoil V. COMMOTION.

Turn V. CURVE.

Turn down V. DECLINE.

Turning point V. JUNCTURE.

Tutor V. TEACH.
Twinkle V. FLASH.
Twitch V. JERK.
Type, kind, sort, nature, ilk, description, character, class, variety significan una cantidad de individuos considerados como un grupo por poseer una o más cualidades en común.

• **Type** puede connotar una similaridad fuerte y claramente marcada en todas las unidades incluidas lo cual hace patente lo distintivo del grupo <one of the three basic body *types*>.

• **Kind** puede ser indefinido y puede incluir cualquier tipo de clasificación <that *kind* of ice cream>, o puede connotar criterios naturales o intrínsecos <a zoo with animals of every *kind*>.

• **Sort** suele ser cercano a *kind,* y puede connotar cierto tono de desprecio <not the *sort* of person we'd want to hire>.

• **Nature** puede indicar más una semejanza inherente y esencial que parecidos obvios o superficiales <the similar *nature* of the two problems>.

• **Ilk,** un término informal, puede connotar un agrupamiento que se basa en condición, actitud o temperamento <didn't much like guys of that *ilk*>.

• **Description** indica un grupo caracterizado por una concordancia en todos los detalles de un tipo según su descripción o definición <identified several suspects of that *description*>.

• **Character** recalca los criterios que dan una cualidad distintiva o individual a un grupo <liked the dreamy *character* of her writing>.

• **Class** connota un grupo que comparte atributos comunes <researchers worried about this whole *class* of diseases>.

• **Variety** implica el que algo difiera de otros de la misma clase general <that *variety* of rose>.

Typical V. REGULAR.
Tyrannical V. ABSOLUTE.

U

Ubiquitous V. OMNIPRESENT.
Ugly 1. Ugly, hideous, unsightly significan que no es ni agradable ni bello, especialmente a la vista.

• **Ugly** puede aplicarse no sólo a lo que resulta desagradable a la vista, sino también a lo que ofende los otros sentidos o provoca repugnancia, pavor o aversión moral en la mente <large, *ugly* industrial buildings>. ***ant*** beautiful

• **Hideous** recalca la reacción personal y el horror y aborrecimiento inducido por algo considerado extremadamente feo, ya sea en el interior o el exterior <a hurricane that caused *hideous* destruction>.

• **Unsightly** suele referirse a una cosa material que puede ser contemplada por la vista sin placer alguno, y connota cierta aversión <an *unsightly* junkyard full of rusting cars>.

2. V. REPUGNANT.

Ultimate 1. V. LAST. **2.** V. CONCLUSIVE.

Unabashed V. SHAMELESS.

Unadorned V. PLAIN.

Unafraid V. BRAVE.

Unambiguous V. EXPLICIT.

Unassuming V. HUMBLE.

Unbalanced V. INSANE.

Unbecoming V. IMPROPER.

Unbelief 1. Unbelief, disbelief, incredulity significan la actitud o el estado de ánimo de uno que no cree.

• **Unbelief** recalca la ausencia de la creencia, particularmente en lo que respecta a algo que está por encima, o más allá, de la experiencia o capacidad de uno <a devout Catholic saddened by his children's *unbelief*>. ***ant*** belief, faith

• **Disbelief** indica un rechazo positivo de algo que se ha afirmado o avanzado <reacted to the news with *disbelief*>.

• **Incredulity** connota una disposición a rehusarse a creer o a aceptar <his *incredulity* at the government's stupidity>.

2. V. UNCERTAINTY.

Unbending V. RIGID.

Unbiased V. FAIR.

Uncalled-for V. UNJUSTIFIED.

Uncanny V. WEIRD.

Uncertain V. DOUBTFUL.

Uncertainty 1. Uncertainty, doubt, skepticism, suspicion, mistrust, ambivalence, distrust, misgiving significan falta de certeza en cuanto a alguien o algo.

• **Uncertainty** recalca una falta de certeza que puede abarcar desde el no estar totalmente seguro de algo, hasta el no saber casi nada en cuanto a un desenlace o resultado <general *uncertainty* about the program's future>. ***ant*** certainty

• **Doubt** connota tanto incertidumbre como la incapacidad de tomar una decisión <plagued by *doubts* about the upcoming wedding>. ***ant*** certitude, confidence

• **Skepticism** indica un estado de ánimo habitual o una reacción acostumbrada que es caracterizada por una indisposición a creer sin evidencia concluyente <an economic forecast that was met with *skepticism*>. ***ant*** gullibility

• **Suspicion** recalca la carencia de fe en la verdad, la realidad, lo justo o lo fiable de una persona o cosa <viewed the new neighbors with *suspicion*>. ***ant*** trust

• **Mistrust** indica una duda genuina que se fundamenta en la sospecha <had a great *mistrust* of all doctors>. ***ant*** assurance, trust

• **Ambivalence** connota sentimientos simultáneos y contradictorios hacia algo <frustrated by her boyfriend's *ambivalence* about marriage>. ***ant*** certainty

• **Distrust** sugiere una falta de confianza <the voters' normal *distrust*

of politicians' promises>. ***ant*** trust

• **Misgiving,** que generalmente se usa en el plural, connota un sentimiento de duda o sospecha, especialmente acerca de un evento futuro <her growing *misgivings* about the weather on the mountain>. ***ant*** confidence

2. V. UNBELIEF.

Unchanging V. STEADY.

Unclear V. OBSCURE.

Uncluttered V. NEAT.

Uncommon V. INFREQUENT.

Uncomplimentary V. DEROGATORY.

Unconcerned V. INDIFFERENT.

Uncouth V. RUDE.

Uncritical V. SUPERFICIAL.

Unctuous V. FULSOME.

Underhanded V. SECRET.

Undependable V. FICKLE.

Undermine V. WEAKEN.

Underpinning V. BASE *n.*

Understand, comprehend, appreciate, grasp, fathom significan tener una idea clara o completa acerca de algo.

• **Understand** puede recalcar el hecho de haber captado algo en la mente <*understood* the instructions>.

• **Comprehend** recalca el proceso mental de llegar a un resultado <failed to *comprehend* the entire process>.

• **Appreciate** indica una evaluación justa del valor de una cosa, y se usa a menudo en referencia a algo que podría fácilmente juzgarse mal <doesn't *appreciate* the risks involved>.

• **Grasp** significa comprender, como si estuviese agarrando algo con la mente <hours later he suddenly *grasped* the meaning of her remark>.

• **Fathom** sugiere mentalmente penetrante y llegar a un entendimiento <a mathematical principle he never managed to *fathom*>.

Understanding V. REASON.

Undo V. NULLIFY.

Undue 1. V. EXCESSIVE. **2.** V. UNJUSTIFIED.

Undulate V. SWING.

Undying V. LASTING.

Unearth V. DISCOVER.

Unearthly V. WEIRD.

Uneasiness V. CARE.

Uneducated V. IGNORANT.

Unending V. CONTINUAL.

Unerring V. INFALLIBLE.

Unethical V. IMMORAL.

Uneven V. ROUGH.

Unfaithful V. FAITHLESS.

Unfathomable V. MYSTERIOUS.

Unflagging V. INDEFATIGABLE.

Unflappable V. COOL.
Unfruitful V. STERILE.
Ungenerous V. STINGY.
Ungovernable V. UNRULY.
Unhappiness V. SADNESS.
Unhinged V. INSANE.
Uniform 1. V. SIMILAR. **2.** V. STEADY.
Uninterested V. INDIFFERENT.
Union V. UNITY.
Unique 1. V. SINGLE. **2.** V. STRANGE. **3.** V. ALONE. **4.** V. CHARACTERISTIC. **5.** V. SPECIAL.
Unite V. JOIN.
Unity 1. Unity, solidarity, integrity, union, oneness, cohesion, cohesiveness significan una combinación de partes, individuos o elementos en un todo efectivo, o la cualidad de un todo compuesto por partes asociadas.

• **Unity** indica la cualidad de ser uno, particularmente en algo cuyos elementos o partes son variadas y diversas <the party will collapse if it can't maintain its *unity* on this issue>. ***ant*** diversity

• **Solidarity** indica una unidad presente en un grupo o una clase que la hace capaz de manifestar su fuerza o de ejercer su influencia como uno <an ethnic minority with a strong sense of *solidarity*>.

• **Integrity** denota una unidad que indica la exactitud de la asociación y de la interdependencia de las partes, así como lo perfecto o lo completo del todo <hoping to defeat the builders and preserve the park's *integrity*>.

• **Union** indica una integración completa y una cooperación armoniosa de las partes, del cuerpo o de la organización, que resulta de tal unificación <the *union* of thirteen diverse colonies to form one nation>.

• **Oneness** connota unidad, generalmente en un sentido espiritual <a sermon about mankind's *oneness* with nature>.

• **Cohesion, cohesiveness** connota unidad que resulta del quedarse juntos apretadamente <strengthening the nation's *cohesion* by weakening tribal loyalties> <these events threatened to destroy the movement's *cohesiveness*>.

2. V. HARMONY.

Universal 1. Universal, general, generic, global significan característico de, relacionado a o que abarca o afecta todo.

• **Universal** indica referencia a todos sin excepción en la clase, categoría o género bajo consideración <declared a *universal* amnesty>. ***ant*** particular, individual

• **General** indica referencia a todos o a casi todos <the theory has gained *general* acceptance>, o en referencia a tales cosas como las palabras, el lenguaje, las ideas o las nociones, connota una falta de precisión <got the *general* idea>.

• **Generic** indica referencia a todos los miembros de un género, y puede aplicarse en particular a tales cosas como las cualidades, las características o las semejanzas que sirven como guías de identificación <*generic* drugs are cheaper than brand-name drugs>. ***ant*** specific

• **Global** implica en todo el mundo <a *global* epidemic> o universal en contextos de computación <a *global* search through his entire hard drive>.

2. V. WHOLE.

3. V. OMNIPRESENT.

Unjustifiable V. EXCESSIVE.

Unjustified, unwarranted, gratuitous, uncalled-for, undue significan hecho sin necesidad, compulsión, autorización, o provocación.

• **Unjustified, unwarranted** connota carente de razón fundamental <he assured her that her jealousy was *unjustified*> <the government's *unwarranted* intrusion into his privacy>. ***ant*** justified, warranted

• **Gratuitous** generalmente aplica a algo ofensivo o desagradable dado o hecho sin provocación <a *gratuitous* insult>. ***ant*** deserved

• **Uncalled-for** connota una impertinencia gratuita o una absurdidad lógica <resented her *uncalled-for* advice>.

• **Undue** significa excesivo <claimed that the police had used *undue* force>. ***ant*** appropriate, proper

Unkempt, dowdy, bedraggled, shabby, seedy, rumpled significan deficiente en limpieza, frescura, y elegancia, especialmente en la vestimenta o la apariencia.

• **Unkempt** connota tener el pelo sin peinar o generalmente en una condición abandonada o sucia <arrived at the party looking rather *unkempt*>. ***ant*** neat

• **Dowdy** puede sugerir una falta completa de gusto que resulta de la combinación de lo desarreglado, lo deslustrado y lo insípido <an old hotel with an imposing but *dowdy* appearance>. ***ant*** well-kept

• **Bedraggled** connota ser dejado mojado y flácido o sucio como si fuese debido a la lluvia o al lodo <on the doorstep in the rain stood two *bedraggled* children>.

• **Shabby** sugiere estar raído y desgastado, vestido en ropas desgastadas o generalmente en pobres condiciones <the house was even *shabbier* than its owner>.

• **Seedy** connota ser de aspecto ruinoso o de mala reputación <her old neighborhood had gotten *seedy* and felt dangerous>. ***ant*** well-kept

• **Rumpled** indica estar arrugado <her boss wore *rumpled* suits and kept a messy office>.

Unlawful, illegal, illegitimate, illicit, criminal, outlawed, banned, forbidden, prohibited significan que no está en conformidad con la ley.

• **Unlawful** indica falta de conformidad con una ley de cualquier tipo <*unlawful* conduct>. ***ant*** lawful

• **Illegal** a menudo recalca la falta de conformidad con lo que es permitido por la ley tal y como es definida por los estatutos y administrada por las cortes <an *illegal* U-turn>. ***ant*** legal

• **Illegitimate** tiende a ser algo estrecho en su referencia, y suele aplicarse a niños nacidos fuera del matrimonio, o a una relación que produce tal resultado <an *illegitimate* child>, pero puede referirse a algo que no es apropiado según las reglas de la lógica, las autoridades o los antecedentes <an *illegitimate* argument>. ***ant*** legitimate

• **Illicit** puede indicar falta de conformidad con una ley reguladora <she suspected that the business was *illicit*>, pero puede aplicarse también a algo que se obtiene, se hace o se mantiene de manera ilegal o ilegítima <an *illicit* love affair>.

• **Criminal** sugiere que involucra un crimen <evading arrest is itself a *criminal* offense>.

• **Outlawed, banned** connota que está bajo prohibición <the *outlawed* Communist Party> <*banned* substances>. ***ant*** legal, lawful

• **Forbidden, prohibited** significan no ser permitido por las leyes o reglas <smoking was *forbidden* in his mother's house> <bringing wild animals into the country is generally *prohibited*>. ***ant*** permitted, allowed

Unmindful V. FORGETFUL.
Unmitigated V. OUTRIGHT.
Unnatural V. IRREGULAR.
Unplanned V. ACCIDENTAL.
Unproductive 1. V. VAIN. **2.** V. FUTILE.
Unreasonable V. IRRATIONAL.
Unreliable V. INCONSTANT.
Unruffled V. COOL.

Unruly, ungovernable, intractable, refractory, recalcitrant, willful, headstrong, wild, rebellious, rambunctious significan que no es sumiso hacia el gobierno o el control.

• **Unruly** indica una indisposición a someterse a la disciplina, o una incapacidad para la disciplina, y suele connotar un carácter caprichoso o turbulento <*unruly* children>. ***ant*** docile

• **Ungovernable** puede indicar la incapacidad de controlarse o de ser controlado, así como una cualidad rebelde o inmoderada <*ungovernable* rage>. ***ant*** docile

• **Intractable** connota una testaruda resistencia a la dirección o el control <the farmers were *intractable* in their opposition to the new taxes>.

• **Refractory** recalca la resistencia a los intentos de manejar o de moldear <special schools for *refractory* children>.

• **Recalcitrant** connota una resistencia determinada o un desafío rebelde y deliberado a la voluntad o la autoridad de otro <the unions remained *recalcitrant* and refused to negotiate>.

• **Willful** indica una determinación obstinada, y a menudo caprichosa, a hacer uno lo que le parezca <a *willful* and difficult child>. ***ant*** obedient

• **Headstrong** connota una obstinación que resiste la moderación, el consejo, o la sugerencia <a *headstrong* young officer who was needlessly endangering his troops>.

• **Wild** connota ser incontenible o incivilizado <their dirty, barefoot children seemed to have grown up *wild*>.

• **Rebellious** connota resistir tratamiento o manejo <another *rebellious* teenager with no father>. ***ant*** submissive

• **Rambunctious** sugiere una exhuberancia descontrolada <as a child he had been *rambunctious* and happy>.

Unsafe V. DANGEROUS.
Unseemly V. IMPROPER.
Unsettle V. DISQUIET.
Unsightly V. UGLY.
Unsophisticated V. NATURAL.
Unspeakable V. HATEFUL.
Unstable V. FICKLE.
Untangle V. EXTRICATE.
Untiring V. INDEFATIGABLE.
Untroubled V. CALM.
Untruthful V. DISHONEST.
Unusual 1. V. ABNORMAL. **2.** V. IRREGULAR. **3.** V. STRANGE.
Unwarranted V. UNJUSTIFIED.
Unwilling V. DISINCLINED.
Unyielding 1. V. INFLEXIBLE. **2.** V. OBSTINATE.
Upbraid V. SCOLD.
Upheaval V. COMMOTION.
Uphold V. SUPPORT.
Upper class V. ARISTOCRACY 1.
Upright 1. Upright, honest, just, conscientious, scrupulous, honorable significan que tiene o demuestra un estricto respeto hacia lo que es moralmente correcto.

• **Upright** indica una estricta adhesión a los principios morales <her parents were *upright* members of the community>.

• **Honest** recalca el reconocimiento de tales virtudes como la veracidad, la franqueza y la justicia, así como la adhesión a éstas <afraid that her son hadn't been *honest* with her>. ***ant*** dishonest

• **Just** recalca una elección consciente, así como la puesta en práctica regular, de lo que es correcto o imparcial <this wouldn't happen in a *just* society>. ***ant*** unjust

• **Conscientious** indica un sentido moral activo que gobierna todas las acciones de uno, y recalca los grandes esfuerzos hechos por uno que trata de actuar según su conciencia <a *conscientious* worker>.

• **Scrupulous,** al igual que *conscientious,* connota la acción de un sentido moral en todo lo que uno hace, pero recalca en particular la meticulosa atención a los detalles de moralidad o de conducta <*scrupulous* about following the rules>. ***ant*** unscrupulous

• **Honorable** connota la firme observación de las normas de la buena conducta, así como el orientarse por un elevado sentido del honor y del deber <the *honorable* thing for her to do would be to resign immediately>. ***ant*** dishonorable, shameful

2. V. MORAL.
3. V. VERTICAL.

Uprising V. REBELLION.
Uproar V. DIN.
Uproot V. EXTERMINATE.
Upset V. DISQUIET.

Upshot V. EFFECT.
Urbane 1. V. SUAVE. **2.** V. SOPHISTICATED.
Use *n* **Use, usefulness, utility** significan una capacidad para servir un fin o propósito.

• **Use** indica poco más que la idoneidad para ser empleado para un propósito dado <she hated to throw away anything that might have some *use*>.

• **Usefulness** se emplea primordialmente con referencia a cosas definidas y concretas que sirven, o son capaces de servir, un propósito práctico <demonstrated the method's *usefulness*>. ***ant*** uselessness

• **Utility** puede diferir de *usefulness,* sobre todo en su uso técnico, mediante la indicación de una propiedad medible o de una propiedad que puede verse como una abstracción <the table was beautiful but lacked *utility*>.

Use *vb* **1. Use, employ, utilize, apply, exercise** significan poner al servicio de algo, particularmente para alcanzar un fin o para dar un valor práctico.

• **Use** indica el aprovechar una cosa como un medio o un instrumento hacia un fin <*used* a small tool for the task>.

• **Employ** connota el usar una persona o cosa que está disponible pero desocupada o inactiva, y el ponerla a trabajar o a realizar alguna acción provechosa <*employed* better techniques>.

• **Utilize** puede connotar el descubrimiento de un uso nuevo, provechoso o práctico para alguna cosa que podría haberse pasado por alto o desechado <the mill managed to *utilize* every part of the plant>.

• **Apply** recalca el poner una cosa en contacto o en relación con otra de tal manera que demuestra su utilidad o adquiere un valor práctico <a job that let her *apply* all her professional knowledge>.

• **Exercise** connota usar o ejercer <*exercised* her influence on her brother's behalf>.

2. V. HANDLE.
Useful V. PRACTICABLE.
Usefulness V. USE.
Use up V. DEPLETE.
Usual 1. Usual, customary, habitual, wonted, accustomed, routine significan familiar, como resultado de la repetición frecuente o regular.

• **Usual** recalca la ausencia de lo extraño o inesperado y puede aplicarse a todo lo que es normal <my *usual* order for lunch>. ***ant*** unusual

• **Customary** se aplica a lo que está en conformidad con las prácticas, convenciones o usos de un individuo o comunidad <a *customary* waiting period before remarrying>. ***ant*** occasional

• **Habitual** connota una práctica que queda fijada o establecida después de mucha repetición <their *habitual* walk after dinner>. ***ant*** occasional

• **Wonted** recalca la habituación, pero suele aplicarse a lo que se favorece, se busca o se cultiva con determinación <they could count on his *wonted* patience>. ***ant*** unwonted

• **Accustomed** es menos enfático que *wonted* o *habitual* en la connotación de un hábito fijo o una costumbre invariable <accepted the compliment with her *accustomed* modesty>. ***ant*** unaccustomed

• **Routine** connota ordinario, repetitivo o establecido como una práctica <a *routine* inspection>.

2. V. REGULAR.

Usurp V. APPROPRIATE.

Utensil V. IMPLEMENT.

Utility V. USE *n.*

Utilize V. USE *vb.*

Utter 1. V. EXPRESS. **2.** V. SAY. **3.** V. OUTRIGHT.

V

Vacant V. EMPTY.

Vacillate V. HESITATE.

Vacuous V. EMPTY.

Vague V. OBSCURE.

Vain 1. Vain, idle, empty, hollow, unproductive significan que es algo que carece de valor o importancia.

• **Vain** indica una ausencia de valor o mérito que puede ser absoluta o relativa <the *vain* hope that her alcoholic husband would someday give up drinking>.

• **Idle** connota que carece de la capacidad para el uso o el efecto provechoso <she thought it was *idle* to speculate about how her life might have been different>.

• **Empty** y **hollow** connotan la ausencia engañosa de auténtica sustancia, solidez, legitimidad o valor <another of the government's *empty* promises> <a *hollow* victory>.

• **Unproductive** connota no producir resultados, beneficios o ganancias <her search for the missing documents was *unproductive*>.

2. V. FUTILE.

Valiant V. BRAVE.

Valid 1. Valid, sound, cogent, convincing, telling, solid, compelling significan que posee una fuerza tan poderosa que compele la atención, y normalmente, la aceptación.

• **Valid** indica el ser apoyado por la verdad objetiva, o por una autoridad generalmente aceptada <no *valid* excuse for missing work>. ***ant*** invalid

• **Sound** indica un fundamento de razonamiento impecable o motivos sólidos <a *sound* proposal>. ***ant*** unsound, dubious

• **Cogent** puede recalcar ya sea el peso de un argumento y una evidencia sólida, o la lucidez de la presentación <a *cogent* argument that won over the jury>.

• **Convincing** el poder de vencer la duda, la oposición o la renuencia a aceptar una cosa <the chief justice made a *convincing* case for court reform>. ***ant*** unconvincing

• **Telling** recalca un efecto inmediato y crucial que penetra hasta el punto principal de un asunto, y puede o no indicar solidez y validez <his remark was followed by a *telling* silence>.

• **Solid** connota sólido y confiable <he had no *solid* reasons not to believe her>.

• **Compelling** describe algo que demanda atención debido a sus cualidades convincentes <made a *compelling* argument in favor of the proposal>.

2. V. PLAUSIBLE.

3. V. RATIONAL.

Validate V. CERTIFY.

Valor V. HEROISM.

Valuable V. COSTLY.

Value 1. V. APPRECIATE. **2.** V. ESTIMATE.

Vanity V. PRIDE *n.*

Vanquish V. CONQUER.

Vapid V. INSIPID.

Various V. DIFFERENT.

Vary V. CHANGE.

Vast V. ENORMOUS.

Veer V. SWERVE.

Venerable V. OLD.

Venerate V. REVERE.

Vengeful V. VINDICTIVE.

Venial, pardonable, forgivable, excusable significan que no merece castigo o la imposición de una pena.

• **Venial** suele indicar lo contrario de *grave, serious* o *grievous,* o en su uso teológico, lo opuesto de *mortal,* y por consiguiente se aplica a lo que es trivial, inofensivo o involuntario <joked that his wife's habitual lateness was a *venial* sin>. ***ant*** heinous, mortal

• **Pardonable** indica que hay una excusa de justificación que hace que la falla o el error no sea digno de consideración <his *pardonable* pride about his daughter's success>. ***ant*** unpardonable

• **Forgivable, excusable** describen errores que merecen ser perdonados o excusados por su insignificancia o circunstancias extenuantes <his outburst was *forgivable* under the circumstances> <claimed that her attitudes were *excusable* because of her upbringing>. ***ant*** unforgivable, inexcusable

Venom V. POISON.

Vent V. EXPRESS.

Venturesome V. ADVENTUROUS.

Veracity V. TRUTH.

Verbal V. ORAL.

Verbose V. WORDY.

Verge V. BORDER.

Verify V. CERTIFY.

Veritable V. AUTHENTIC.

Vernacular V. DIALECT.

Versatile 1. Versatile, all-around, adaptable significan que es caracterizado por una capacidad o utilidad muy variada, o que la demuestra.

• **Versatile,** cuando se aplica a las personas, recalca una variedad de aptitudes y una facilidad que permite a uno ir de una actividad a otra sin perder la efectividad o la pericia <a *versatile* musician>; cuando se aplica a las cosas, recalca sus múltiples y diversas cualidades, usos o posibilidades <his small truck was *versatile* and reliable>. ***ant*** limited

• **All-around** indica un desarrollo que es completo o simétrico, y tiende a connotar una aptitud que es más general que especializada o sobresaliente <an *all-around* athlete>.

• **Adaptable** connota ser capaz de cambiar para acomodar varias circunstancias diferentes <the kind of cheerful and *adaptable* employee that companies are looking for>. ***ant*** inflexible

2. V. PLIABLE.

Vertical, perpendicular, plumb, upright significan que se encuentra a un ángulo recto de una línea base.

• **Vertical** connota una línea o dirección que sube directamente hacia un cenit <an almost *vertical* cliff>. ***ant*** horizontal

• **Perpendicular** puede recalcar lo recto de una línea que forma un ángulo recto con cualquier otra línea, no necesariamente horizontal <a house's beams are always *perpendicular* to its upright studs>. ***ant*** parallel

• **Plumb** puede recalcar una verticalidad exacta determinada por la gravedad de la tierra (como la que se determina con una plomada) <making sure that the wall is *plumb*>.

• **Upright** significa en una posición vertical <the box was leaning *upright* against the wall>.

Very V. SAME.

Vessel V. BOAT.

Vex V. ANNOY.

Vibrate V. SWING 2.

Vice **1.** V. FAULT. **2.** V. OFFENSE 2.

Vicious 1. Vicious, nefarious, infamous, corrupt, degenerate, depraved significan sumamente reprensible u ofensivo en carácter, naturaleza o conducta.

• **Vicious** puede ser directamente contrario a *virtuous* en la indicación de depravación moral, o bien puede connotar malignidad, crueldad o una violencia destructora <a *vicious* gangster wanted for murder>. ***ant*** virtuous

• **Nefarious** connota una flagrante violación de leyes o tradiciones de conducta que son de larga tradición <such *nefarious* activities as pornography and prostitution>.

• **Infamous** indica una maldad vergonzosa y escandalosa <the most *infamous* of Stalin's concentration camps>.

• **Corrupt** recalca una pérdida de integridad o probidad moral que lleva a uno a traicionar sus principios o sus obligaciones juradas <the city's *corrupt* politicians>. ***ant*** clean

• **Degenerate** sugiere el haber caído de una condición más alta a una que es particularmente malvada o debilitada <her uncle was a *degenerate* drug addict>.

• **Depraved** significa moralmente corrupto, malo o perverso <her niece's behavior was so *depraved* that she couldn't bring herself to

talk about it>.

2. V. HATEFUL.

3. V. BAD.

Vicissitude V. DIFFICULTY.

Victim, prey, quarry significan uno que ha sido matado o herido para los fines del que mata o hiere.

• **Victim** se aplica básicamente a un ser viviente que ha sido matado como sacrificio a una divinidad, pero en su uso más general se aplica a uno que ha sido matado, herido, arruinado o maltratado, ya sea por una persona cruel o por una potencia impersonal que no admite ninguna resistencia efectiva <*victims* of wars and disasters>.

• **Prey** se aplica básicamente a animales que son cazados y matados para servir de alimento a otros animales, y suele extenderse a una víctima de algo que evoca un depredador rapaz <she feared that her elderly mother was an easy *prey* for thieves>.

• **Quarry** se aplica básicamente a una víctima de la caza, y en su uso más general, puede aplicarse tanto a uno que es intensamente perseguido como a uno que ha sido tomado por un cazador <the detective had stalked his *quarry* relentlessly for two years>.

Victory, conquest, triumph, win, success significan un resultado exitoso en una competencia o lucha.

• **Victory** recalca el hecho de ganar contra un oponente o contra probabilidades desfavorables <his surprising *victory* in the election>. ***ant*** defeat

• **Conquest** recalca la subyugación o el dominio de un oponente derrotado, ya sea un antagonista personal o una empresa difícil <the *conquest* of the Incas by Pizarro>.

• **Triumph** connota una brillante o decisiva victoria, o una conquista apabullante, y suele connotar elogio y satisfacción personal para el ganador <this final victory was a particular *triumph* for the new coach>. ***ant*** upset

• **Win,** un término un poco informal cuando se usa como sustantivo, es sinónimo con *victory* <the team's *win* on Tuesday puts them in second place>. ***ant*** loss

• **Success** connota un resultado favorable o deseable <wished her *success* on the test> y, más ampliamente, la obtención de riqueza o eminencia <envied his brother's wealth and *success*>. ***ant*** failure

View *n* V. OPINION.

View *vb* V. SEE 1.

Vigilant V. WATCHFUL.

Vigorous, energetic, strenuous, dynamic, robust significan que posee mucha fuerza y vitalidad.

• **Vigorous** añade una indicación de tener una capacidad inagotable para la actividad, o frescura o robustez <he was still *vigorous* and sharp at 78>. ***ant*** weak, feeble

• **Energetic** connota la capacidad para una actividad intensa, que puede ser animada o forzada <the most *energetic* tourists make the three-hour hike to the beautiful mountain lake>. ***ant*** sluggish, lethargic

• **Strenuous** connota lo que es arduo o desafiante, y evoca una reacción que es consistentemente vigorosa <moved to Alaska in search of

the *strenuous* life>. ***ant*** restful, relaxing

• **Dynamic** significa forzoso y energético <a *dynamic* company needs a *dynamic* leader>. ***ant*** passive

• **Robust** connota fuerza, salud vigorosa y resistencia a lesión <a *robust* youth with broad shoulders, strong legs, and boundless energy>. ***ant*** frail, sickly

Vile V. BASE *adj.*

Vilify V. MALIGN.

Vindicate V. EXCULPATE.

Vindictive, vengeful significan que demuestra un deseo de venganza, o es motivado por él.

• **Vindictive** tiende a indicar que la reacción es intrínseca a la naturaleza del individuo, y puede usarse en casos en los que no existe una queja específica que pueda servir de motivo <*vindictive* by nature, she used gossip as her weapon>.

• **Vengeful** tiende a recalcar más el estado de uno que ha sido específicamente provocado a tomar acción y que se encuentra truculentamente preparado para vengarse, y puede aplicarse también a un agente o arma mediante el cual se puede cobrar una venganza <a demanding woman with a *vengeful* streak>.

Violation V. BREACH.

Virile V. MASCULINE.

Virtually, practically, almost, effectively significan que no es algo totalmente o realmente, pero que llega tan cerca a serlo que la diferencia es insignificante.

• **Virtually** puede indicar una diferencia meramente aparente entre la imagen exterior y la realidad interior <the prime minister had become *virtually* a dictator>.

• **Practically** indica una diferencia entre lo que satisface las exigencias ordinarias o prácticas y algo que sería más formal o absoluto <the road is *practically* finished>.

• **Almost,** un término usado amplia y frecuentemente, connota ser muy cercano pero no exactamente o enteramente, y es usado en muchos contextos, incluyendo aquellos que conciernen personas y cosas <*almost* all the children>, tiempo <*almost* 5:00> y distancia <we're *almost* home>.

• **Effectively** connota tener el mismo efecto que la acción o condición declarada <a mistake that *effectively* doomed his candidacy>.

Virtuous V. MORAL.

Virus V. POISON.

Visionary V. IMAGINARY.

Visit, call significan el venir a un lugar para quedarse con alguien por un tiempo, normalmente breve.

• **Visit** se aplica a cualquier ocasión de este tipo, sea larga o breve, sin importar su índole, causa o propósito <a short *visit* to her cousins in London>.

• **Call** se aplica a una visita breve, normalmente formal, con fines sociales o profesionales <the salesmen make at least six *calls* each day>.

Vital 1. V. ESSENTIAL. **2.** V. LIVING.

Vitalize 1. Vitalize, energize, activate significan despertar a la actividad, a la animación o a la vida.

• **Vitalize** puede recalcar el despertar de algo más o menos inerte o sin vida, a menudo mediante la transmisión de un ímpetu o de una fuerza <hoped yoga might help *vitalize* her mind and body>.
• **Energize** indica un despertar a la actividad o una preparación para la actividad, que se realiza mediante la impartición de fuerza o la provisión de una fuente de energía <a talk intended to *energize* the salespeople>.
• **Activate** indica el pasar de un estado inactivo a un estado activo, y recalca la influencia de un agente externo en el despertar a la actividad <the switch *activates* the outdoor lights>.
2. v. REFRESH.
3. v. PROVOKE.
Vituperate v. SCOLD.
Vituperation v. ABUSE.
Vivacious v. LIVELY.
Vivid v. GRAPHIC.
Vocal 1. Vocal, oral, spoken, verbal significan expresado por la voz, o relativo a tal expresión.
• **Vocal** indica el uso de la voz, pero no necesariamente el uso del habla o del lenguaje <preferred *vocal* music to instrumental music>.
• **Oral** indica el uso de la voz en vez del uso de la mano (de la escritura o la comunicación mediante señas) <the tribe's *oral* traditions>. ***ant*** written
• **Spoken,** que significa oral, frecuentemente se usa en contraste con una palabra tal como *written* <*spoken* English is often more difficult for learners to understand than written English>. ***ant*** written
• **Verbal** hoy en día generalmente significa oral <he felt stupid for having relied on his boss's *verbal* promise>. ***ant*** written
2. Vocal, articulate, fluent, eloquent, voluble, glib significan capaz de expresarse claramente o con facilidad.
• **Vocal** suele indicar una capacidad para responder eficazmente en una ocasión que exige la expresión libre, y a veces contundente, insistente o enfática de las ideas u opiniones de uno <one of the president's most *vocal* critics>.
• **Articulate** indica el uso de lenguaje que revela o transmite clara y precisamente lo que se desea expresar <surprised by how *articulate* this uneducated girl could be>. ***ant*** inarticulate
• **Fluent** puede aplicarse a la facilidad y la comodidad en el uso de un idioma extranjero <a *fluent* speaker of French>.
• **Eloquent** suele indicar la fluidez, pero tiende a connotar el estímulo de una fuerte emoción, así como su expresión en un lenguaje fervoroso y conmovedor <gave an *eloquent* speech>.
• **Voluble** tiende a expresar cierto desdén, y connota un flujo verbal que no se puede contener con facilidad <she was most *voluble* on the subject of women's rights>.
• **Glib** también suele ser desdeñoso, e indica un carácter superficial o vacío en lo que se dice, o un carácter poco fiable en la persona que habla <annoyed by his shallow, *glib* remarks>.
Vociferous 1. Vociferous, strident significan tan fuerte, ruidoso o insistente que llama la atención.

• **Vociferous** indica un gritar o llamar que es vehemente y ensordecedor, o bien una presentación urgente e insistente de peticiones, excusas o exigencias <the group that was most *vociferous* in its criticism>.
• **Strident** connota un ruido fuerte y discordante <woken by the *strident* squawking of the birds>.
2. V. LOUD.
Vogue V. FASHION.
Voice V. EXPRESS.
Void V. EMPTY.
Voluble 1. V. TALKATIVE. **2.** V. VOCAL 2.
Volume V. BULK.
Voluntary, intentional, deliberate, willful, willing significan que se hace o se produce por propia voluntad.
• **Voluntary** indica libertad y espontaneidad en la elección o la acción, sin coacción externa <made a *voluntary* contribution>. ***ant*** involuntary
• **Intentional** recalca el estar consciente del fin que se ha de lograr <his *intentional* concealment of information relevant to the case>. ***ant*** unintentional, instinctive
• **Deliberate** indica plena conciencia de la naturaleza y de las consecuencias del acto que se ha llevado a cabo <wondered if the error had been *deliberate*>. ***ant*** careless
• **Willful** añade a *deliberate* la indicación de estar obstinadamente determinado a actuar uno según su propia voluntad <the company's *willful* ignorance about the pollution it had caused>.
• **Willing** el estar absolutamente dispuesto a acceder o a anticiparse a los deseos de otro <a *willing* participant in the experiment>. ***ant*** unwilling, unwitting
Voracious 1. Voracious, gluttonous, ravenous, rapacious, piggish significan excesivamente codicioso.
• **Voracious** se aplica especialmente al acto habitual de hartarse con algo que satisface un apetito <teenagers are often *voracious* eaters>.
• **Gluttonous** se aplica al deleite en el comer o en la adquisición de cosas, particularmente cuando se va más allá de la necesidad o de la saciedad <her dogs were always *gluttonous*>. ***ant*** abstemious
• **Ravenous** indica un hambre excesiva, y connota métodos violentos o codiciosos de obtener o consumir cualquier cosa que pueda satisfacer un apetito <football practice usually gives them *ravenous* appetites>.
• **Rapacious** suele connotar una tendencia a adquirir cosas de manera excesiva y absolutamente egoísta, o la avaricia <*rapacious* builders were buying up all the farmland>.
• **Piggish** es un término coloquial e insultante para una cruda avaricia egoísta <he said the corporations were just being their usual *piggish* selves>.
2. V. COVETOUS.
Vouch V. CERTIFY.

W

Wage, salary, stipend, pay, fee, compensation, income, earnings significan el precio que se paga por un servicio o trabajo.

- **Wage** suele usarse en su forma plural, *wages,* y se aplica a una cantidad de dinero que se paga, normalmente por trabajo físico, y calculado según el número de horas que se ha trabajado, generalmente en intervalos semanales <wondered why people with dirty and difficult jobs rarely receive decent *wages*>.
- **Salary** se aplica a una compensación a tasa fija, normalmente anual, que se paga a plazos en intervalos regulares, y connota que los servicios en cuestión requieren de entrenamiento o de alguna capacidad especial <negotiated with her boss for a higher *salary*>.
- **Stipend** añade a *salary* la noción de ingresos regulares, tales como una pensión o una beca que se paga independientemente de haber prestado algún servicio simultáneamente <her fellowship included a small *stipend*>.
- **Pay** puede sustituir a cualquiera de los términos precedentes, y es el único de estos que se usa en combinación o como modificador <a day's *pay*> <careful not to lose his *pay* envelope>.
- **Fee** se aplica al precio que se pide, normalmente en la forma de un cobro fijo, por un servicio profesional en particular <the pianist's *fee* for a concert>.
- **Compensation** connota pago o remuneración, incluyendo pago a trabajadores desempleados o lesionados <the *compensation* offered, including salary, bonuses, and stock options, seemed generous>.
- **Income** significan las ganancias recibidas, generalmente en una manera regular, del trabajo o la inversión de uno <his yearly *income* from salary and stock dividends was about $110,000>.
- **Earnings** connota las cantidades ganadas a través del trabajo o los servicios <her *earnings* from the job weren't enough for her to afford a car>.

Wait V. STAY.

Waive V. RELINQUISH.

Waken V. STIR *vb.*

Wan V. PALE 1.

Wander 1. Wander, stray, roam, ramble, rove, range, traipse, meander significan moverse de un lugar a otro sin rumbo o propósito específico.

- **Wander** indica el no tener un curso fijo a seguir, así como una actitud indiferente hacia ello <found him drunkenly *wandering* the city streets>.
- **Stray** conlleva una indicación más fuerte de desviarse de un curso fijo o apropiado, y puede connotar el haberse perdido <a calf from a nearby farm had *strayed* into their field>.
- **Roam** connota el deambular libremente, a menudo por grandes distancias, y suele connotar cierto disfrute <liked to *roam* through the woods>.

• **Ramble** recalca el descuido y la indiferencia hacia el curso u objetivo, y connota el extraviarse más allá de los límites o una falta de atención hacia los detalles de orientación <the speaker *rambled* on for almost two hours>.
• **Rove** connota el vagar de manera vigorosa y a veces determinada <his gaze *roved* slowly over the audience>.
• **Range** añade a *rove* un énfasis en la extensión del territorio recorrido, y suele usarse cuando no se desea connotar un vagabundeo en el sentido literal <the lecture *ranged* widely over Eastern and Western philosophy>.
• **Traipse** indica un curso que es errático a pesar de ser determinado y vigoroso <*traipsing* around town looking for fun>.
• **Meander** indica un curso sinuoso o intrincado que connota un vagabundeo lánguido o sin rumbo <the river *meanders* for miles through rich farmland>.
2. V. SAUNTER.
Wane V. ABATE.
Want *n* V. POVERTY.
Want *vb* **1.** V. DESIRE. **2.** V. LACK.
Warlike V. MARTIAL.
Ward off V. PREVENT 2.
Warn, forewarn, caution significan informar a uno sobre un peligro o riesgo inminente o posible.
• **Warn** puede abarcar desde una simple advertencia a vigilar o a cuidarse de alguna cosa, hasta una admonición o incluso el amenazar con violencia o represalias <the coastal towns had been *warned* about the hurricane>.
• **Forewarn** recalca lo oportuno de la advertencia, indicando que ésta se hace en anticipación de un riesgo o peligro previsto <patients must be *forewarned* about these side effects>.
• **Caution** recalca el aconsejar que alguien se proteja, o connota precauciones contra un riesgo o peligro previsto o presente <the doctor *cautioned* him against overeating>.
Warp V. DEFORM.
Warrant V. JUSTIFY.
Wary V. CAUTIOUS.
Waste 1. Waste, squander, dissipate, fritter, consume, throw away significan gastar o utilizar inútilmente, o sin provecho o utilidad razonable o normal.
• **Waste** suele indicar un gasto descuidado o despilfarrador <*wasted* her money on expensive clothes>, pero puede también indicar un gasto infructuoso o inútil <why *waste* time on this?>. ***ant*** save, conserve
• **Squander** recalca un gasto imprudente y derrochador que tiende a agotar los recursos <he felt he had *squandered* his life>.
• **Dissipate** indica una pérdida como consecuencia de la extravagancia y suele indicar un agotamiento total de los recursos disponibles <realized they had *dissipated* all their resources>.
• **Fritter** suele usarse con *away,* e indica el agotar uno sus recursos, poco a poco, en cosas sin importancia o un beneficio proporcionado

<*frittered* away the entire afternoon>.

• **Consume** puede indicar un gasto o desperdicio devorador <it took only ten minutes for the fire to *consume* the entire house>.

• **Throw away** significa descartar o malgastar <she told him he had *thrown away* a great opportunity>.

2. v. RAVAGE.

Watch 1. v. SEE. **2.** v. TEND.

Watchful 1. Watchful, vigilant, alert significan estar al acecho de algo, particularmente el peligro o la oportunidad.

• **Watchful** es el término menos explícito <*watchful* mothers on the benches by the playground>.

• **Vigilant** connota una cuidadosa atención que es intensa y constante <the press is not always *vigilant* enough>.

• **Alert** recalca el estar listo y dispuesto para enfrentarse a un problema o un peligro, o para aprovechar una oportunidad <an *alert* neighbor had notified the police>.

2. v. CAUTIOUS.

Wave v. SWING 1.

Waver 1. v. HESITATE. **2.** v. SWING 2.

Way v. METHOD.

Waylay v. SURPRISE 1.

Wayward v. CONTRARY.

Weak 1. Weak, feeble, frail, fragile, infirm, decrepit, puny, flimsy significan que carece de la fuerza suficiente para tolerar la tensión, la presión o el esfuerzo vigoroso.

• **Weak** se aplica a una deficiencia o inferioridad en cualquier tipo de fuerza o poder <a *weak* government>. ***ant*** strong

• **Feeble** connota una debilidad extrema que inspira la compasión o el desdén <made only a *feeble* attempt to resist>. ***ant*** robust

• **Frail** indica la delicadeza y pequeñez de cuerpo o estructura, y el tener altas probabilides de fracasar o de destruirse <his *frail* grandfather>. ***ant*** vigorous

• **Fragile** indica la flaqueza, la incapacidad de aguantar el trato rudo o violento, y el tener altas probabilidades de destruirse <worried about his mother's *fragile* bones>. ***ant*** durable, unbreakable

• **Infirm** connota la inestabilidad, la mala salud y la inseguridad debido a una pérdida de fuerza como resultado de la vejez, de una enfermedad debilitante o de una vacilación del temperamento <the *infirm* elderly people in the nursing home>. ***ant*** healthy, well

• **Decrepit** indica el estar desgastado o agotado como consecuencia del uso prolongado o de la vejez <at 89 his father was lonely, *decrepit,* and depressed>. ***ant*** sturdy, robust

• **Puny** connota pequeño o inferior en tamaño, fuerza o importancia <his teammates looked *puny* next to the giants on the opposing team>. ***ant*** strapping

• **Flimsy** describe algo de construcción inferior <a cheap, *flimsy* table> o más ampliamente, algo sin valor o improbable <a *flimsy* excuse>. ***ant*** sturdy, valid, convincing

2. v. FRAGILE.

Weaken, debilitate, undermine, sap, cripple, disable significan perder la fuerza, la energía o el vigor, o causar tal pérdida.

• **Weaken** puede indicar la pérdida de la fuerza física, la salud, la solidez o la estabilidad, o la pérdida de la calidad, la intensidad o del poder <the disease had *weakened* her body's defenses against infection>. ***ant*** strengthen

• **Debilitate** connota una pérdida de fuerza o vigor que es menos marcada o más pasajera <the drug's *debilitating* effects>. ***ant*** invigorate

• **Undermine** connota un debilitamiento efectuado por algo que funciona de manera subrepticia o insidiosa, y connota el desplomarse o quebrantarse <his poor diet had *undermined* his health>. ***ant*** fortify, buttress

• **Sap** se aproxima a *undermine,* pero añade una connotación de vaciar o agotar las fuerzas <hunger and thirst had *sapped* his energy>. ***ant*** increase

• **Cripple** indica el causar una grave pérdida de funcionamiento como consecuencia de dañar o de quitar una parte o elemento esencial <inflation was *crippling* the economy>. ***ant*** cripple

• **Disable** suele connotar una súbita incapacitación o debilitamiento de las fuerzas o de la competencia <the *disabled* soldiers were soon discharged>. ***ant*** rehabilitate, heal

Wealthy v. RICH.

Weary v. TIRE.

Weigh v. CONSIDER.

Weight 1. v. IMPORTANCE. **2.** v. INFLUENCE.

Weird 1. Weird, eerie, uncanny, unearthly significan misteriosamente extraño o fantástico.

• **Weird** puede indicar una extrañeza sobrenatural o puede recalcar una cualidad rara o curiosa <heard a *weird* call from the woods>.

• **Eerie** connota el estar nerviosa o temerosamente consciente de la presencia de poderes misteriosos o malignos <the *eerie* calm before the storm>.

• **Uncanny** indica una cualidad rara o misteriosa que es desagradable o perturbadora <the woman's *uncanny* resemblance to his dead wife>.

• **Unearthly** significa sobrenatural o extraño <an *unearthly* greenish glow>.

2. v. STRANGE.

3. v. FANTASTIC.

Welcome v. PLEASANT.

Well v. HEALTHY.

Well-timed v. TIMELY.

Wet, damp, dank, moist, humid significan más o menos cubierto de líquido o empapado de él.

• **Wet** suele indicar la saturación, pero puede connotar el cubrir una superficie con agua o con alguna otra cosa, como pintura que aún no se ha secado <slipped on the *wet* pavement>. ***ant*** dry

• **Damp** indica una absorción leve o moderada, y suele connotar un grado incómodo de humedad <her clothes were still *damp* the next day>. ***ant*** dry

• **Dank** indica una humedad marcadamente desagradable o insalubre, y suele connotar la falta de aire fresco o de sol <the house's basement was *dank* and cold>.
• **Moist** se aplica a algo que está un poco húmedo o que no está completamente seco <kept the soil *moist* by watering it daily>.
• **Humid** se aplica a la presencia de un nivel oprimente de vapor de agua en aire caliente <the Amazon's climate is hot and *humid*>. ***ant*** arid

Wheedle V. COAX.
Whim V. CAPRICE.
Whirl V. REEL.
Whiten, blanch, bleach significan cambiar de un color original o natural al blanco o un color casi blanco.
• **Whiten** indica el blanquear o el hacer más blanco, a menudo mediante una aplicación superficial <toothpaste that claims to *whiten* teeth>. ***ant*** blacken
• **Blanch** indica el blanquear o el ponerse blanco, ya sea mediante la eliminación del color <*blanched* when she saw the accident scene>.
• **Bleach** indica la acción de la luz o de las sustancias químicas en la eliminación o disminución del color <the sun had *bleached* her hair blonde>.

Whole *adj* **1. Whole, entire, total, all, complete** significan que incluye toda cosa o persona sin excepción.
• **Whole** indica que nada se ha eliminado, ignorado, amainado o quitado <read the *whole* book>. ***ant*** partial
• **Entire** puede indicar el estar una cosa completa o perfecta, sin que le falte ninguno de sus elementos <the *entire* population of the town was wiped out>.
• **Total** indica que todo ha sido enumerado, pesado, medido o tomado en cuenta <the *total* cost will be much higher>, o puede indicar la ausencia de toda reservación <a *total* disaster>. ***ant*** partial
• **All** puede equivaler a *whole, entire* o *total* <*all* their money went to pay the rent>. ***ant*** part *(of)*
• **Complete** connota no solamente total <*complete* silence> o entero <the *complete* ballet> sino también terminado <the job is now *complete*>.
2. V. FULL.

Whole *n* V. SUM.
Wholehearted V. SINCERE.
Wholesale V. INDISCRIMINATE.
Wholesome V. HEALTHFUL.
Wicked V. BAD.
Wide V. BROAD.
Wield V. HANDLE.
Wile V. TRICK.
Willful 1. V. UNRULY. **2.** V. VOLUNTARY.
Willing V. VOLUNTARY.
Win V. GET.
Wince V. RECOIL.
Winning V. SWEET.

Wipe out v. EXTERMINATE.
Wisdom v. SENSE.
Wise 1. Wise, sage, judicious, prudent, sensible, sane significan que tiene o demuestra buen juicio.

• **Wise** connota el poseer un buen entendimiento de las personas y de las situaciones, así como una sensatez poco común para tratar con ellas, y puede indicar el tener mucha experiencia, conocimiento o aprendizaje <thought he had made a *wise* choice>. ***ant*** foolish, unwise

• **Sage** connota mucha experiencia, aprendizaje y sabiduría <her mother's *sage* advice>.

• **Judicious** recalca una capacidad para sopesar y juzgar y para llegar a conclusiones justas o decisiones sensatas <he had profited from *judicious* investments over many years>. ***ant*** injudicious

• **Prudent** se aplica a alguien que posee mucha sabiduría práctica, y por lo tanto es capaz de hacer uso de la moderación y del buen juicio <decided it would be *prudent* to wait until the storm was over>. ***ant*** imprudent

• **Sensible** se aplica a la acción que es guiada y moderada por el buen criterio y la racionalidad <the most *sensible* solution, though not the most exciting>. ***ant*** foolish, senseless

• **Sane** recalca la solidez mental, la racionalidad prudente y la sensatez <no *sane* person would take such a chance>. ***ant*** insane

2. v. SHREWD.
3. v. INTELLIGENT.
Wisecrack v. JOKE.
Wish v. DESIRE.
Wishy-washy v. INSIPID.
Wit, humor, irony, sarcasm, satire, repartee significan un modo de expresión que pretende interesar de manera graciosa o provocar la risa.

• **Wit** connota el poder de provocar la risa con comentarios que demuestran cierta inventiva o acierto verbal, e indica también una rapidez de percepción, sobre todo de lo incongruente <the *wit* of Oscar Wilde>.

• **Humor** indica la capacidad de percibir lo ridículo, lo cómico y lo absurdo de la vida, y de expresarlo con penetración y entendimiento y sin amargura <her sense of *humor*>.

• **Irony** se aplica a un modo de expresión en el cual el significado deseado es lo contrario del significado expresado <enjoyed the *irony* in remarks such as "Thank God I'm an atheist!">.

• **Sarcasm** se aplica a un tipo de expresión caracterizado por un humorismo feroz, normalmente un comentario irónico cuyo fin es el de cortar o herir <hurt by the reviewer's harsh *sarcasm*>.

• **Satire** se aplica a una escritura que saca a la luz, o pone en ridículo la conducta, las doctrinas o las instituciones, ya sea mediante la crítica directa, o con mayor frecuencia, mediante la ironía, la parodia o la caricatura <the play is a hilarious *satire* on Hollywood>.

• **Repartee** indica el poder o el arte de responder con rapidez, agudeza e ingenio, o a un intercambio de tales respuestas <the kind

of quick *repartee* usually heard only in movies>.

Withdraw v. GO.

Wither 1. Wither, shrivel, wilt significan perder o causar la pérdida de la frescura y la suavidad de aspecto.

• **Wither** indica la pérdida de la humedad vital, por ejemplo, de la savia o de los fluidos de los tejidos, con un descoloramiento o secamiento resultante <the leaves had *withered*>, o bien puede connotar una pérdida comparable de vigor, vitalidad o animación <support for the senator *withered* after the public scandals>. ***ant*** flourish

• **Shrivel** conlleva una impresión más fuerte de arrugamiento o encogimiento <the plants had *shriveled* after months of drought>. ***ant*** thrive

• **Wilt** connota perder firmeza, como una planta que carece de agua <by now the company's resistance had *wilted*>.

2. v. CONTRACT.

Withhold v. KEEP.

Withstand v. OPPOSE.

Witness *n* v. SPECTATOR.

Witness *vb* v. CERTIFY.

Witticism v. JOKE.

Witty 1. Witty, humorous, facetious, jocular significan que provoca, o busca provocar, la risa.

• **Witty** connota una mente alerta y rápida, y con frecuencia, una lengua cáustica <a *witty* dinner companion>.

• **Humorous** se aplica generalmente a cualquier cosa que tiende a provocar una risa cordial, y puede contrastar con *witty* en connotar un tono caprichoso o excéntrico <beloved for his *humorous* short stories>.

• **Facetious** recalca el deseo de hacer reír, y puede ser algo despectivo en su indicación de intentos torpes o inoportunos de ser gracioso <overheard her *facetious* comments at the funeral>.

• **Jocular** indica un temperamento que es habitualmente dado a las bromas y los chistes <though he tried to sound *jocular,* he couldn't hide his real emotion>.

2. v. LAUGHABLE.

Wobble v. SHAKE 1.

Woe v. SORROW.

Woebegone v. DOWNCAST.

Womanly v. FEMALE.

Wooden v. STIFF.

Wordy, verbose, redundant, long-winded significan que usa más palabras de las necesarias.

• **Wordy** puede también indicar el ser locuaz o parlanchín <a *wordy* speech that bored his audience>. ***ant*** succinct

• **Verbose** connota el producir un efecto soso, oscuro o impreciso <*verbose* reports that no one reads>. ***ant*** concise, laconic

• **Redundant** indica una superfluidad que nace de la repetición innecesaria o la elaboración excesiva <removed a lot of *redundant* prose from the memo>.

• **Long-winded** significa tediosamente largo al hablar o escribir <sat

patiently through another *long-winded* lecture>. ***ant*** concise

Work 1. Work, labor, toil, drudgery, grind significan una actividad que supone el esfuerzo o el empeño.

• **Work** puede indicar una actividad del cuerpo, la mente, una máquina o una fuerza natural, y puede aplicarse a un esfuerzo que se ha hecho o al producto de tal esfuerzo <too tired to do any *work*>. ***ant*** play

• **Labor** se aplica a un trabajo físico o intelectual que supone un gran esfuerzo que puede ser duro, arduo o fatigoso <believes that farmers are poorly paid for their *labor*>.

• **Toil** indica una labor que es prolongada y fatigosa <his years of back-breaking *toil*>.

• **Drudgery** connota una labor que es aburrida y fastidiosa <the job involves a good deal of *drudgery*>.

• **Grind** indica una labor deprimente y monótona que agota la mente o el cuerpo <the *grind* of performing the play eight times a week>.

2. Work, employment, occupation, calling, business, job, trade, profession, vocation significan una actividad, específica y sostenida, en la que uno participa, particularmente para ganarse la vida.

• **Work** puede aplicarse a toda actividad de provecho, ya sea remunerada o no <her *work* as a hospital volunteer>.

• **Employment** indica un trabajo para el cual uno es contratado y remunerado <found *employment* washing dishes>.

• **Occupation** indica un trabajo en el que uno participa regularmente o por preferencia, sobre todo como resultado de la capacitación o de la experiencia <his father's *occupation* was peanut farming>.

• **Calling** se aplica a una ocupación considerada como una vocación o profesión a la cual uno ha sido atraído por su naturaleza, sus gustos o sus aptitudes <at 18 he realized the ministry was his true *calling*>.

• **Business** puede usarse con el mismo sentido que *work* o *occupation,* pero connota a menudo una actividad comercial o en la administración de dinero y de asuntos <the *business* of managing a hotel>.

• **Job** puede significar ya sea una tarea específica <the roofing *job* took two weeks> o el empleo regular de uno <had held the same *job* for 18 years>.

• **Trade** generalmente connota una ocupación que requiere destreza manual o mecánica <the tools of her *trade*>.

• **Profession** connota un empleo que requiere conocimiento especializado y preparación académica extensiva <members of the legal and medical *professions*>.

• **Vocation,** originalmente un sinónimo para *calling,* ahora generalmente significa una ocupación seria <few young people take up the *vocation* of instrument-making>.

3. V. SERVITUDE.

4. V. POSITION 2.

Worldly 1. V. EARTHLY. **2.** V. SOPHISTICATED.

Worry *vb* **1. Worry, annoy, harass, harry, plague, pester, tease, tantalize, hassle, nag, beset** significan atormentar al punto de destruir la serenidad de uno, o de perturbar o irritar intensamente mediante actos persistentes.

• **Worry** indica un continuo incitar o atacar que empuja a uno a la desesperación o la derrota <the general's troops had *worried* the retreating army for days>.
• **Annoy** indica el alterar la compostura o serenidad mediante la intrusión, la interferencia o ataques maliciosos <*annoyed* by the mosquitoes and fatigued by the heat>.
• **Harass** indica persecuciones menores y exigencias excesivas que se hacen para cansar, distraer o debilitar a uno <constantly *harassed* by bill collectors>.
• **Harry** puede indicar una pesada e implacable opresión o maltrato <*harried* by the demands of her two jobs>.
• **Plague** indica una aflicción dolorosa, persistente y angustiante <the whole county was *plagued* by poverty>.
• **Pester** indica un acoso continuo con ataques pequeños y persistentes <constantly *pestering* her father with questions>.
• **Tease** connota un intento de sobreponerse a la resistencia de uno, o de suscitar la ira de uno por medio de burlas continuas o pequeños tormentos <children *teasing* a puppy>.
• **Tantalize** recalca el repetido despertar de esperanzas, seguido de la decepción <*tantalized* by the hints he had dropped>. ***ant*** satisfy
• **Hassle** es un término informal que significa acosar <I finally said yes just to keep my dad from *hassling* me anymore>.
• **Nag** significa irritar mediante un regaño o urgir constante <had *nagged* her for years about her smoking>.
• **Beset,** un término un poco anticuado, significa molestar o acosar <the early explorers were *beset* by stinging insects, stubborn infections, and persistent diseases>.

2. V. AFFLICT.
3. V. ANNOY.
4. V. BAIT.

Work *n* V. CARE.
Worship V. REVERE.
Wrangle V. QUARREL.
Wrath V. ANGER.
Wreck V. RUIN *vb.*
Wretched V. DESPONDENT.
Wrong V. INJUSTICE.

Yank V. JERK.
Yardstick V. STANDARD.
Yarn V. STORY.
Yearn V. LONG.
Yield 1. Yield, submit, capitulate, succumb, relent, defer significan rendirse o ceder ante alguien o algo que ya no se puede resistir.

• **Yield,** cuando se usa en referencia a una persona, indica el ser abrumado por la fuerza o por la súplica <*yielded* to the pressure from his party's leaders>, pero en referencia a una cosa, indica tales cualidades como la elasticidad o la debilidad, los cuales facilitan el ceder <any mattress will *yield* to the weight of a body>. ***ant*** withstand, defy

• **Submit** connota el entregarse completamente a la voluntad o al control de otro, después de haber resistido o luchado <willingly *submitted* to the inspection>. ***ant*** resist, withstand

• **Capitulate** recalca el hecho de poner fin a toda resistencia, y puede indicar el llegar a un acuerdo con un adversario, o la sumisión ante una fuerza contraria imposible de resistir <the government finally *capitulated* to the guerrillas' demands>.

• **Succumb** indica la debilidad y la impotencia por parte del que se rinde, o un poder arrasador por parte del que abruma <a Mexican film director who had *succumbed* to the lure of Hollywood>.

• **Relent** indica el ceder por motivo de piedad o lástima por parte del que lleva la ventaja <finally *relented* and let the kids stay up until midnight>.

• **Defer** indica el ceder o rendirse de forma voluntaria, motivado por el respeto, la reverencia o el afecto que se guarda hacia otro <he *deferred* to her greater expertise>.

2. V. RELINQUISH.

3. V. ASSENT.

Z

Zeal V. PASSION.

Índice español

Use este índice para encontrar un juego de sinónimos ingleses para una palabra en español.